Für Burschenschaft und Vaterland

Festschrift für den Burschenschafter und Studentenhistoriker
Prof. (FH) Dr. Peter Kaupp

Bernhard Schroeter (Hrsg.)
Burschenschaft Arminia auf dem Burgkeller, Jena

Bibliografische Information Der Deutschen Bibliothek:
Die Deutsche Bibliothek verzeichnet diese Publikation in der
Deutschen Nationalbibliografie; detaillierte bibliografische
Daten sind im Internet über http//dnb.de abrufbar.

 2006 Herstellung und Verlag:
Books on Demand GmbH, Norderstedt
ISBN 3-8334-4444-4

Professor (FH) Dr. phil. Peter Kaupp
B! Arminia a. d. B., Jena
Burschenschafter und Studentenhistoriker

Foto: Dr. rer. nat. Otto-Henning Wilhelms,
B! Arminia a. d. B., Jena

Dedikation

Inhaltsverzeichnis

Vorwort des Herausgebers (Bernhard Schroeter)	4
Zum Geleit (Uwe Janssen)	6
Tabula Gratulatorum	7
Curriculum Vitae von Dr. Peter Kaupp, Arminia a. d. B., Jena (Bernhard Schroeter)	14
Einige Anmerkungen zu neueren Beiträgen betreffend die Problematik von *„Staat und Nation"* in der Geschichte des *„Alten Reiches"* (1495-1806) (Klaus Malettke)	17
„Aller Welt zum erfreulichen Beispiel" Das Wartburgfest von 1817 und seine Auswirkungen auf die demokratischen deutschen Verfassungen (Peter Kaupp)	27

Aus: Einst und Jetzt, Bd. 48, Jahrbuch 2003 des Vereins für corpsstudentische Geschichtsforschung, S. 181-203

Vom Ringen um die Grundrechte - Eine Zeitreise (Peter Kaupp)	53
Von den Farben der Jenaischen Urburschenschaft zu den deutschen Farben - Ein Beitrag zur Frühgeschichte der Entstehung von Schwarz-Rot-Gold (Peter Kaupp)	63
Vor 150 Jahren entstand unsere Nationalhymne (Peter Kaupp)	99

zuerst erschienen in: ZPT – Zeitschrift für Post und Telekommunikation, Heft 9/1991, Starnberg, S. 24-27

Die vom preußischen Kammergericht am 4. August 1836 zum Tode verurteilten Burschenschafter. - Die Umwandlung der Todesurteile in Festungsarrest, die Begnadigung vom März 1838 und die anläßlich des Thronwechsels erfolgte Amnestie vom 10. August 1840 (Walter Schmidt)	110
„Zweier Herren Diener"? - Doppelmitgliedschaften bei studentischen Korporationen (Harald Lönnecker)	156
Freimaurerei und Burschenbrauch - Kontinuität von Ordenstraditionen im Korporationsstudententum (Peter Kaupp)	188

Aus: Einst und Jetzt, Bd. 46, Jahrbuch 2001 des Vereins für corpsstudentische Geschichtsforschung, S. 33-68

Der Eichplatz in Jena mit Burschenschaftereiche und
Burschenschafterdenkmal (Bernhard Schroeter)   231

zuerst erschienen im Handbuch der Burschenschaft 2005, S. 18-25,
überarbeitete und ergänzte Fassung.

Burschenschaft und Antisemitismus (Peter Kaupp)   245

„Sie (die ‚Klerikalen') stehen ja nicht einmal in der Judenfrage
auf unserem Standpunkt" - „Juden-" und „Klerikalenfrage"
in den Konventsprotokollen der Grazer Burschenschaft
Allemannia 1919/20. (Günter Cerwinka)   261

Warnung und Widerstand - Burschenschafter in Opposition
zum Nationalsozialismus (Peter Kaupp)   281

Aus: Korporierte im Widerstand gegen den Nationalsozialismus, hrsg. im
Auftrag des Österreichischen Vereins für Studentengeschichte von Peter
Krause und Herbert Fritz, Wien 1997, S. 91-105

Die integrierende Funktion studentischen Brauchtums - Eine
soziologische Betrachtung (Peter Kaupp)   300

Aus: Einst und Jetzt, Bd. 49, Jahrbuch 2004 des Vereins für corpsstudentische
Geschichtsforschung, 13-20

Goethe und die Burschenschaft (Peter Kaupp)   309

Aus: Einst und Jetzt, Bd. 48, Jahrbuch 2003 des Vereins für corpsstudentische
Geschichtsforschung, S. 205-226

Heinrich von Gagern als Burschenschafter in Heidelberg,
Göttingen und Jena (Peter Kaupp)   336

Überarbeitete Fassung eines Beitrags in den „Burschenschaftlichen Blättern"
1/99, S. 21-24

Der junge Lorenz vom Stein - Zur 170. Wiederkehr seines
Geburtstages am 15. November 1985 (Peter Kaupp)   349

zuerst erschienen in: Darstelllungen und Quellen zur Geschichte der deutschen
Einheitsbewegung im neunzehnten und zwanzigsten Jahrhundert. Im Auftrag der
Gesellschaft für burschenschaftliche Geschichtsforschung. Herausgegeben von
Christian Hünemörder in Verbindung mit Günter Cerwinka, Bernhard Diestelkamp,
Peter Kaupp, Klaus Malettke. Zwölfter Band, Heidelberg 1986, S. 167-185

Karl Marx als Waffenstudent - Burschenschafter an seinem
Lebensweg (Peter Kaupp)   368

zuerst erschienen in: Darstellungen und Quellen zur Geschichte der deutschen
Einheitsbewegung im neunzehnten und zwanzigsten Jahrhundert. Im Auftrag der
Gesellschaft für burschenschaftliche Geschichtsforschung. Herausgegeben von
Christian Hünemörder in Verbindung mit Günter Cerwinka, Bernhard Diestelkamp,

Peter Kaupp, Klaus Malettke. Fünfzehnter Band, Heidelberg 1994, S. 141-168

Frühe Prägungen - Aus den Erinnerungen des Soziologen
Ferdinand Tönnies an seine Studienzeit in Jena (1872/73)
(Peter Kaupp)   395

zuerst erschienen in: Darstelllungen und Quellen zur Geschichte der deutschen Einheitsbewegung im neunzehnten und zwanzigsten Jahrhundert. Im Auftrag der Gesellschaft für burschenschaftliche Geschichtsforschung. Herausgegeben von Christian Hünemörder in Verbindung mit Günter Cerwinka, Bernhard Diestelkamp, Peter Kaupp, Klaus Malettke. Fünfzehnter Band, Heidelberg 1994, S. 246-268

Nikolaus Lenau (Peter Kaupp)   425

zuerst erschienen in: SK Studentenkurier, Zeitschrift für Studentengeschichte, Hochschule und Korporationen, 17. Jahrgang der neuen Folge, Würzburg 2002, S. 5-8

Burschenschaftliche und korporationsstudentische Veröffentlichungen von Peter Kaupp   431

Vorwort des Herausgebers

Diese Festschrift ist meinem Bundesbruder und Studentenhistoriker Prof. (FH) Dr. Peter Kaupp, B! Arminia a. d. B. Jena, zu seinem 70. Geburtstag am 21. März 2006 gewidmet. Damit soll das Leben und Arbeiten Peter Kaupps als kenntnisreicher Studentenhistoriker und engagierter Burschenschafter gewürdigt werden.

Die Festschrift beginnt mit einem Lebenslauf und einer „*Tabula Gratulatorum*". Mit einem Eintrag darin wollen seine Bundes-, Verbands-, Waffen- und Farbenbrüder sowie seine Freunde auf diese Weise ihre persönliche Verbundenheit und Wertschätzung zum Ausdruck bringen

Darauf folgt eine Auswahl bedeutsamer Aufsätze von Peter Kaupp, die z. T. bereits in verschiedenen Zeitschriften erschienen sind und in dieser Festschrift zusammengefaßt veröffentlicht werden. Die Aufsätze stellen in ihrer Gesamtheit beinahe einen Abriß der Burschenschaftsgeschichte dar, der von den Anfängen mit dem Wartburgfest, über die Entstehung der deutschen Farben, der Nationalhymne und der verfassungsmäßigen Grundrechte bis hin zur Darstellung des Antisemitismus in der Burschenschaft und der Opposition von Burschenschaftern zum Nationalsozialismus reicht. Dazu kommen Betrachtungen über Freimaurerei und Burschenbrauch sowie dessen integrierende Funktion. Ergänzt wird die Festschrift durch Lebensbilder herausragender Persönlichkeiten, die entweder selbst Burschenschafter waren oder mit ihnen in Beziehung standen. Hier sind erwähnt der Jenaer Burschenschafter und Soziologe Ferdinand Tönnies, der „*Dichter des Weltschmerzes*", Nikolaus Lenau, sowie Heinrich von Gagern, erster Präsident des Frankfurter Paulskirchenparlaments. Dazu tritt der als Wegbereiter der deutschen Sozialwissenschaft bedeutende Kieler und Jenaer Burschenschafter Lorenz von Stein, der bereits vor Karl Marx die Bedeutung der sozialen Frage für die industrielle Gesellschaft erkannt hatte. Anschließend wird über Karl Marx als Waffenstudent und seinen burschenschaftlichen Freundeskreis berichtet. Ferner werden auch die Bezüge Johann Wolfgang von Goethes zur Burschenschaft dargelegt.

Besonders interessant ist es, in Peter Kaupps biographischen Beitrag über Karl Marx zu lesen, daß die Ikone der Kommunisten (und damit auch der linken antikorporativen Kritiker) in seiner Bonner Studentenzeit als Mitglied der „*Trierer Tischgesellschaft*" selbst ein trinkfester und fechtfreudiger (mindestens ein Duell!) Verbindungsstudent war. Und ausgerechnet einem Burschenschafter, dem Breslauer Friedrich Wilhelm Wolff, dem „*Kasematten-Wolff*", hat er als einzigem den 1.

Band seines Hauptwerkes „*Das Kapital*" gewidmet. Es wird auch wieder ins Gedächtnis gerufen, daß Marx für sein „*Kommunistisches Manifest*" wesentliche Gedanken bei dem vorgenannten Burschenschafter Lorenz von Stein abgeschrieben hat, ohne dies – wie es wissenschaftlich üblich ist - zu erwähnen.

Dazu kommen noch Beiträge befreundeter Studentenhistoriker, die auf diese Weise Peter Kaupps studentenhistorische Arbeit anerkennend würdigen wollen. Klaus Malettke berichtet über den Forschungsbedarf zur Problematik von „*Staat und Nation*" in der Geschichte des „*Alten Reiches*" (1495-1806). Ihm folgt ein Beitrag von Harald Lönnecker über Doppelmitgliedschaften bei studentischen Korporationen vor allem bei Burschenschaften und Sängerschaften. Den Beitrag über den Antisemitismus in der Burschenschaft im Allgemeinen von Peter Kaupp ergänzt Günter Cerwinka mit einer Auswertung der Konventsprotokolle seiner Grazer Burschenschaft Allemannia über die „*Juden-*" *und* „*Klerikalenfrage*" in den Jahren 1919/20. In seinem Beitrag über das Burschenschafterdenkmal und den Eichplatz in Jena verdeutlicht Bernhard Schroeter die burschenschaftliche Begeisterung und Opferbereitschaft sowie die Einbindung der Burschenschaft in die Jenaer Bürgerschaft, die Philister, wie sie in der Studentensprache hießen.

Besonders anrührend ist der Beitrag von Walter Schmidt über die 39 vom Berliner Kammergericht am 4. August 1836 zum Tode verurteilten Burschenschafter, die – wie der Jenaer Burschenschafter Fritz Reuter feststellte – zumeist nichts anderes getan hatten, als am hellichten Tag die deutschen Farben getragen zu haben. Sie sollten die „*einfache Todesstrafe durch das Beil*" oder - vier von ihnen - die „*geschärfte Todesstrafe mit dem Rade von oben herab*" erleiden.

Die Festschrift schließt mit einem Verzeichnis der zahlreichen studentenhistorischen und anderen wissenschaftlichen Veröffentlichungen von Peter Kaupp.

Ich danke dem Archivar der Deutschen Burschenschaft, Herrn Vbr. Dr. Harald Lönnecker, für seine hilfreichen Korrekturen

Köngen, zum 21. März 2006
Bernhard Schroeter
B! Arminia auf dem Burgkeller, Jena

Zum Geleit

Eine Festschrift für einen einzelnen Bundesbruder, wie hier für Professor (FH) Dr. Peter Kaupp, ist eine wahrlich herausragende und äußerst seltene akademische Ehrung, wofür dem Initiator und Herausgeber sowie allen als Verfasser Mitbeteiligten zu danken ist.

Unser Bundesbruder Peter Kaupp wird auf diese Weise aus Anlaß seines 70. Geburtstages zu Recht aufgrund seiner zahlreichen Veröffentlichungen zur studentischen und vor allem burschenschaftlichen Geschichte geehrt, die ja zugleich auch Teil der Geschichte deutschen Einheitsbewegung ist. Nicht ohne Grund zeichnete ihn daher auch kürzlich die Gesellschaft für burschenschaftliche Geschichtsforschung mit der Herman-Haupt-Medaille für seine studentenhistorischen Verdienste aus.

Als Sohn eines Burschenschafters war es für Peter Kaupp selbstverständlich, einer Burschenschaft beizutreten. So wurde er wie auch ich im Sommersemester 1958 in der Burschenschaft Arminia auf dem Burgkeller zu Mainz, die mit der glücklichen Wiedervereinigung unseres Vaterlandes an ihren Gründungsort Jena zurückkehrte, aktiv.

Ich lernte Peter Kaupp damals als einen sehr gewissenhaften Studenten kennen, der - wie mir schien - sein Studium mit größerem Ernst als wir jüngeren Consemester betrieb. Dennoch war er ein fröhlicher Mensch, der aktiv an unserem bunten und lebensfrohen Treiben als junger Student teilnahm. Und so ist er auch noch heute ernsthaft und gesellig. Die ersten gemeinsamen Semester schufen zwischen uns die Grundlage für eine geistige und menschliche Verbundenheit, die bis heute anhält.

Neben seiner beruflichen und wissenschaftlichen Tätigkeit fand er noch Zeit, in seiner Burschenschaft verschiedene Ämter zu übernehmen, wofür wir ihm sehr danken. Wir sind zugleich ein wenig stolz, ihn zu den Unsrigen zählen zu dürfen.

Unserem Bundesbruder Peter Kaupp wünsche ich weiterhin Schaffenskraft und zusammen mit seiner verehrten Gattin Christa, die er 1964 heiratete, viel Freude an seinen beiden Kindern und drei Enkeln.

Für diese Festschrift erhoffe ich mir eine große Leserschar, da ich meine, daß wir aus dem Wissen über die Vergangenheit auch Lehren für die Gegenwart und Zukunft ziehen können.

Liederbach, zum 21. März 2006
Uwe Janßen
Vorsitzender der Altherrenschaft
B! Arminia auf dem Burgkeller

Tabula Gratulatorum

Dr. agr. **Ulrich Andreae**, Barnitz
B! Arminia a. d. B., Jena

Heinz Wilhelm Auberg, Dipl.-Ing., Assessor des Bergfachs, Mülheim a. d. R.
C! Franconia Fribergensis im WSC zu Aachen
C! Silvana Tharandt/Sachsen im KSCV

Dr. jur. **Dietrich Bahls**, Heidelberg
C! Rhenania Straßburg zu Marburg, C! Suevia Heidelberg

Dr. jur. **Jürgen Behr**, Ltd. Ministerialrat a. D., Mainz
B! Arminia a. d. B., Jena

Klaus Beyersdorf, Diplom-Ingenieur, Coburg
B! Tuiskonia Karlsruhe,
Vorsitzender der VAB Coburg

Herbert Bippi, Diplom-Biologe, Stuttgart
B! Hohenheimia Stuttgart

Uwe Boerma, Westoverledingen,
B! Arminia a. d. B., Jena

Wolfgang Bork, Dipl.-Ing., Architekt, Leinfelden-Echterdingen
B! Rheno-Westfalia zu Koblenz, B! Arminia zu Leipzig

Dr. rer.pol. **Horst Bremser**, Steuerberater und Wirtschaftsprüfer, Lahnstein
B! Arminia a. d. B., Jena

Klaus Brückner, Assessor jur. und Steuerberater, Münster
Alte Hallesche Burschenschaft Rhenania-Salingia zu Düsseldorf

Dr. jur. **Eckart Busch**, Ministerialrat a. D., Wachtberg-Pech
Ehrenvorsitzender der Philisterschaft des Clausthaler Wingolf zu Marburg

Dr. rer. nat. **Wolfgang Clauß**, Diplom-Chemiker, Neustadt/Weinstraße
B! Teutonia Jena

Heinrich Diedler, Stade

Dietrich Dippe, Pullheim
B! Arminia a. d. B., Jena

Helge Dvorak, Diplom-Volkswirt, Wien
B! Olympia Wien

Dr. sc. agr. **Walter Egeler**, Stuttgart
B! Hohenheimia Stuttgart, B! Arminia Leipzig (Ehrenmitglied)
Träger des Ehrenbandes der Deutschen Burschenschaft

Dr. med. **Gerhard Eismann**, München
B! Arminia a. d. B., Jena

Wolfgang Eymann, Dipl.-Ing., Baudirektor a. D., Essen
B! Alania Aachen, B! Rugia Greifswald
Schatzmeister der Gesellschaft für burschenschaftliche
Geschichtsforschung, 2. Vorsitzender der VAB Essen

Frisch, Heiner E., Assessor jur., Abteilungsdirektor,
Oberstleutnant der Reserve
B! Germania Erlangen, B! Teutonia Jena

Hylko Fromme, Aßlar-Werdorf
B! Arminia a. d. B., Jena

Wilhelm Genscher, Apotheker, Oldenburg
B! Arminia a. d. B., Jena

Klaus Gerstein, Rechtsanwalt und Notar a. D., Siegen
C! Rheno-Guestphalia Münster, C! Rhenania Tübingen
Beauftragter des Arbeitskreises der Studentenhistoriker im Convent Deutscher Akademikerverbände

Aloye Gombault, Ministerialrat a. D., Jena
B! Arminia a. d. B., Jena
Ehrenvorsitzender der B! Arminia a. d. B., Jena

Dr. med. **Karl Gundermann**, Assenheim
B! Teutonia Freiburg

Christoph Haase, Ministerialrat a. D., Meckenheim
B! Arminia a. d. B., Jena

Heinz-Jürgen Häßner, Rechtsanwalt und Notar, Syke
B! Arminia a. d. B., Jena

Prof. Dr. -Ing. Dr.-Ing. E. h. **Gerhard Heimerl**, Stuttgart
Münchner Burschenschaft Franco-Bavaria,
Stuttgarter Burschenschaft Hilaritas

Günter Herberg, Mathematiker, Wiesbaden
B! Aminia a. d. B., Jena

Marco Hermann, Beutelsbach
Akad. Burschenschaft Markomannia Wien zu Passau

Dr. phil. **Hans-Joachim Hermes,** Flöha
B! Brunsviga Göttingen

Prof. Dr. rer. pol. **Jürgen Hesse,** Königsteins/Taunus
Geschäftsführer des Siegfried-Vögele-Instituts, Internationale
Gesellschaft für Dialogmarketing mbH.

Ronald Hoffmann, Assessor jur., Erfurt
B! Arminia a. d. B., Jena

Dr.-Ing. **Wolfgang Hohn,** Heidenheim a. d. Br.
Hannoversche Burschenschaft Arminia

Prof. Dr. phil. **Christian Wilhelm Hünemörder,** Weizenfeld
Bonner Burschenschaft Alemannia,

Martin Itschert, Ulm
Alte Straßburger Burschenschaft Germania zu Tübingen

Dirk Janßen, Geschäftsführer i. R., Villeneuve d'Asq/Frankreich
B! Arminia a. d. B.

Heinrich Kiefer, Diplom-Ingenieur, Obernburg
Aachen-Dresdner B! Cheruscia Dresden

Dr. **Peter Klatt,** Tierarzt i. R., Wiesbaden
B! Germania Gießen

Stefan Kluge, Diplom-Mediziner, Stuttgart
B! Arminia a. d. B., Jena

Dr. Ing. **Heinrich Knösel,** Planegg
B! Arminia Hannover

Prof. Dr. **Gert König,** Düsseldorf

Hans-Ulrich Kopp, MA, Geschäftsführer, Stuttgart
B! Danubia München

Heinz-Uwe Korell, Rechtsanwalt, Rastatt
B! Frankonia Heidelberg

Markus Lenz, Diplom-Kaufmann, Frankfurt am Main
Marburger B! Rheinfranken

Dr. Thomas Lehmann, Diesdorf
Vaterländische Akademische Vereinigung (VAV) Sedania zu Göttingen

Dr. rer. nat. **Hasso Lindner,** Diplom-Chemiker, Königswinter
B! Arminia a. d. B., Jena

Dr. **Wolfgang Lotz,** Dieburg

Ulrich Matthes, Oberstleutnant a. D., Jena
B! Arminia a. d. B., Jena

Dr. **Horst Menzinger,** Ministerialdirigent a. D., Wiesbaden
B! Germania Gießen

Günter Mönnich, Ministerialrat, Groß-Gerau
B! Arminia a. d. B., Jena

Dr. med. **Klaus Nelle,** Facharzt für Allgemeinmedizin, Koblenz
B! Arminia a. d. B., Jena

Dieter Neukamm, Oberstudienrat im Kirchendienst i. R.,
Windeck-Herchen
B! Arminia a. d. B., Jena

Dr. med. **Knud Ohnesorge,** Facharzt für Allgemeinmedizin,
Braunschweig
B! Arminia a. d. B., Jena

Karl Philipp, Direktor des Amtsgerichts a. D., Stuttgart
B! Germania Tübingen, B! Teutonia Jena

Andreas Rabenstein, stud. rer. oec., Igersheim
B! Arminia Leipzig, PV! Florian Geyer zu Kitzingen

Dr. Dr. **Birck Ravens,** Stederdorf
B! Germania-Halle zu Mainz, Halle-Leobener B! Germania

Henning Roeder, Diplom-Ingenieur, Bodolz/Bodensee
B! Alemannia Stuttgart

Dieter Sahm, Assessor jur., Mainz
B! Arminia a. d. B., Jena

Dr. med. **Hanns Dierk Scheinert,** Chirurg, Norderstedt
B! Arminia a. d. B., Jena

Winrich Scherres, Dipl.-Ing., Gifhorn
B! Cremonia zu Kiel im BDIC
B! Vandalia zu Homburg im BDIC

Hans-Jürgen Schlicher, Betriebswirt (VWA)
Münchener B! Alemannia, Trierer B! Germania

Wilhelm Schirmer, Diplom-Volkswirt, Sant Angelo di Drapia, Italien
B! Arminia a. d. B., Jena

Gerhard Schlotmann, Rechtsanwalt, Montabaur
B! Arminia a. d. B., Jena

Axel W.-O. Schmidt, Diplom-Soziologe, Erfurt
Würzburger Burschenschaft Arminia

Dr. med. **Wolf-Otto Schmidt**, Leverkusen
Burschenschaft der Krusenrotter zu Kiel,
Würzburger Burschenschaft Arminia

Peter Schneck, Assessor i. R., Stuttgart
Straßburger B! Arminia zu Tübingen

Prof. Dr. jur. utr. habil **Klaus-Peter Schroeder**, Heidelberg
B! Frankonia Heidelberg

Harry D. Schurdel, Publizist, Glücksburg (Ostsee)

Kurt Selle, Oberstudiendirektor a. D., Braunschweig
B! Holzminda Göttingen

Harald Seewann, Publizist, Graz
Münchener Burschenschaft Marcomannia,
Burschenschaft Germania zu Graz im CDC,
Technische Burschenschaft Marko-Germania zu Pinkafeld im CDC

Klaus Seiffert, Patentanwalt, Wiesbaden
B! Teutonia Karlsruhe

Axel Spies, Diplom-Wirtschaftmathematiker, Neuss
B! Arminia a. d. B., Jena

Walter Spieth, Diplom-Ingenieur, Weinheim
B! Arminia Stuttgart

Erich Stadler, Diplom-Ingenieur, Filderstadt
Prager Burschenschaft Arminia zu Bochum,
Aachen-Dresdener B! Cheruscia Dresden

Stammtisch Prof. Dr. Kaupp, Dieburg

- **Gerd Bochmann**, Breuberg
  B! Tuiskonia Karlsruhe
- **Jörg-Hagen Kirchner**, Dieburg
  Brünner B! Libertas zu Aachen
- Prof. (FH) **Peter Hartmann**, Diplom-Kaufmann, Laudenbach
  B! Hansea Mannheim
- **Heinz Köppen**, Diplom-Physiker, Groß-Zimmern
  Alte Darmstädter Burschenschaft Germania
- **Jürgen Kummer**, Diplom-Ingenieur, Mühltal
  B! Alemannia Marburg
- **Christian Mundelius**, Diplom-Ingenieur, Dieburg
  B! Gothia Düsseldorf
- **Asko Paßmann**, Diplom-Kaufmann, Darmstadt
  Berliner B! der Märker
- **Lutz Paulmann**, Diplom-Chemiker, Groß-Umstadt
  B! Thuringia Braunschweig, B! Ghibellinia zu Prag in Saarbrücken
- **Peter Stähr**, Diplom-Ingenieur, Dieburg
  Berliner Burschenschaft Allemannia

Dr. jur. **Thorolf Stegmann**, Ministerialdirigent a. D., Leinfelden-Echterdingen
B! Arminia a. d. B., Jena

Dr. rer. nat. **Werner Stoija**, Diplom-Chemiker i. R., Wiesbaden
B! Arminia Leipzig, B! Germania Kassel

Rolf Theobald, Diplom-Volkswirt, Kaiserslautern
B! Arminia a. d. B., Jena

Horst-Ulrich Textor, Dipl.-Ing., Mülheim/Ruhr
C! Franconia Friebergensis zu Aachen im WSC

Dr. rer. nat. **Konrad Thullen**, Apotheker, Eislingen
B! Arminia a. d. B., Jena

Ernst Rudolf Völger, Rechtsanwalt, Rödermark
B! Arminia Frankfurt-Leipzig, B! Adelphia Würzburg
B! Arminia zu Leipzig

Dr. rer. nat. **Karl-Dieter Völger**, Apotheker i. R., Bickenbach
Frankfurt-Leipziger Burschenschaft Arminia
B! Arminia Leipzig

Eckard Vogel, Griesheim
B! Teutonia Freiburg

Ulrich Vogel, Diplom-Physiker, Ingelheim
B! Arminia a. d. B., Jena

Henry Waldmann, Diplom-Kaufmann, Hamburg
Halle-Leobener Burschenschaft Germania, B! Normannia Jena

Prof. Dr. **Klaus Weinschenk**, Berlin
B! Normannia Jena

Dr. med. **Friedrich Weyer**, Internist, Hamburg
B! Arminia a. d. B., Jena

Dieter Wemme, Studiendirektor i. R., Schlangenbad,
Danziger Burschenschaft Allemannia zu Aachen

Dr. rer. nat. **Otto-Henning Wilhelms**, Diplom-Chemiker, Weinheim
B! Arminia a. d. B., Jena

Jürgen K. Wokoek, Diplom-Kaufmann, Hofheim/Taunus
Akad. B! Carolina zu Prag in München,
Alte Breslauer B! der Raczeks zu Bonn

Michael Wolfrum, Notar, Maintal
B! Bruna Sudetia, Wien

Dr. **Winfried Wunderlich**, Rossdorf
B! Arminia a. d. B., Jena

Ortwin Zeh, Oberstudienrat, Boppard
B! Arminia a. d. B., Jena

Dr. med. **Hein-Arne Zum Felde**, Arzt für Allgemeinmedizin, Selsingen
B! Arminia a. d. B., Jena

Dr. jur. **Günter W. Zwanzig**, Oberbürgermeister a. D., Erlangen
Christliche Studentenverbindung (CSV) Uttenruthita Erlangen,
Burschenschaft (B.) Vandalia auf dem Loretto (a. d. L.)
Freiburg/Breisgau, Burschenschaft (B.) Germania zu Göttingen,
Leipziger Burschenschaft (B.) Alemannia zu Bamberg,
Landsmannschaft (Lan) Südmark zu Innsbruck, Burschenschaft (B.)
Preußisch-Blau zu Bernau

Die **Jungburschenschaft des Wintersemesters 2005/06** der
B! Arminia a. d. B., Jena

Curriculum Vitae
Dr. Peter Kaupp, ⚜ (SS 58)
Burschenschaft Arminia auf dem Burgkeller, Jena

Der Soziologe, Historiker und Burschenschafter Professor (FH) Dr. Peter Kaupp wurde am 21. März 1936 in Barcelona als erstes von zwei Kindern des Diplom-Ingenieurs Werner Kaupp (B! Arminia Stuttgart) geboren, der dort für eine in Halle/Saale ansässige Pumpenfabrik als Repräsentant und Projekt-Ingenieur tätig war. Sein aus Freudenstadt/ Schwarzwald stammender Großvater, Dr. med. Herman Kaupp – Ehrensenator der Universität Tübingen, verheiratet mit einer Spanierin - praktizierte als Arzt in der dortigen deutschen Kolonie. Wegen des Beginns des spanischen Bürgerkriegs mußte die Familie Spanien verlassen und kehrte im Herbst 1936 zunächst nach Dresden zurück. Der Ausbruch des Zweiten Weltkriegs verhinderte eine Rückkehr nach Barcelona und daher wurde sein Vater 1939 in das Stammhaus des Unternehmens nach Halle/Saale versetzt. Hier wurde Peter Kaupp auch eingeschult.

Da sein Vater in der inzwischen für die Rüstungsindustrie tätigen Firma unabkömmlich war, mußte er keinen Militärdienst leisten. So überstand die Familie den Krieg unbeschadet in Halle. Aber nachdem die sowjetischen Besatzer nach Kriegsende das Unternehmen, in dem Kaupps Vater tätig war, demontiert hatten, mußte sich dieser nach einer neuen Stelle umsehen. Glücklicherweise fand er im technischen Dienst der Reichsbahn alsbald einen neuen Arbeitsplatz und die Familie verzog nach Leipzig. Wegen der schwierigen und aussichtslosen politischen und wirtschaftlichen Verhältnisse in der damaligen sowjetischen Besatzungszone floh die Familie im Herbst 1950 wie Hunderttausende anderer Deutsche auch unter Zurücklassung des größten Teils ihrer Habe über Westberlin in die Bundesrepublik. Da der Vater vorsorglich schon vorher Kontakte zu einer Pumpenfabrik in Wiesbaden geknüpft hatte, blieb der Familie der damals an sich übliche trostlose Aufenthalt in einem Durchgangslager erspart und sie konnte gleich nach Wiesbaden übersiedeln.

Hier besuchte Kaupp das Realgymnasium an der Oranienstraße und legte dort auch Ostern 1958 das Abitur ab. Im Sommersemester 1958 begann er zunächst ein Studium der Rechtswissenschaften an der Johannes-Gutenberg Universität Mainz. Gleichzeitig wurde er in der Burschenschaft Arminia auf dem Burgkeller zu Mainz aktiv. Wegen der deutschen Teilung und des Verbots jeglicher burschenschaftlichen Betätigung hatte die Burgkellerburschenschaft in Jena nicht weiter bestehen können und sich daher 1950 in Mainz unter Übernahme der 1949 gegründeten Burschenschaft Moguntia rekonstituiert. Als Sohn eines Burschenschafters war es für ihn selbstverständlich, ebenfalls einer Burschenschaft beizutreten. Wegen seiner auch historischen Verbundenheit fiel seine Wahl wie selbstverständlich auf eine Urburschenschaft. Während seiner viersemestrigen Aktivenzeit war er im WS 1959/60 Sprecher und 1962 Vertreter seines Bundes auf dem Burschentag in Nürnberg. Außerdem hat er drei ziehende Partien gefochten.

Nach drei Semestern wechselte Kaupp von der juristischen in die philosophische Fakultät und belegte die Fächer *„Vergleichende Kulturwissenschaft"*, *„Geschichte"*, *„Soziologie"* und *„Philosophie"*. 1964 promovierte er magna cum laude bei Professor Dr. phil., Dr. rer. nat. Anton Hilckman mit einer Arbeit über *„Das Judentum in der universalhistorischen Lehre Arnold J. Toynbees"*. Im gleichen Jahr heiratete er. Mit seiner Ehefrau Christa, Tochter eines Greifswalder Burschenschafters, hat Kaupp zwei Kinder und mittlerweile auch drei Enkelkinder.

Unmittelbar nach seiner Promotion arbeitete Kaupp als Fachredakteur für Kulturgeschichte in der Lexikon-Redaktion des Verlags F. A. Brockhaus in Wiesbaden. Während dieser Zeit verfaßte er auch zahlreiche Beiträge für die 18. Auflage des *„Großen Brockhaus"*.

1966 wechselte er als Wissenschaftlicher Assistent an den Lehrstuhl für Soziologie der Philosophischen Fakultät an der Johannes-Gutenberg-Universität. Lehrstuhlinhaber war der deutsch-österreichische Soziologe Professor Dr. Helmut Schoeck, der damals durch sein Hauptwerk *„Der Neid"* weithin bekannt geworden war. Eine beabsichtigte Habilitation brach Kaupp ab. Als Schüler eines bürgerlich-konservativen Soziologen hätte er sich unter seinen damals überwiegend linksorientierten Kollegen kaum behaupten können.

1969-1981 arbeitete er im Referat für Öffentlichkeitsarbeit im Wiesbadener Statistischen Bundesamt, zuletzt als Oberregierungsrat. Im Januar 1981 wechselte Kaupp als Professor an die Fachhochschule des Bundes für öffentliche Verwaltung, Fachbereich Post und Telekommunikation, in Dieburg (heute Fachhochschule Darmstadt, Standort Dieburg). Seine Lehrgebiete umfaßten hier Soziologie und Psychologie. In seinen letzten Berufsjahren lehrte er im Bereich Marketing Werbepsychologie und Konsumentenverhalten. Während seiner Lehrtätigkeit veröffentlichte er mehrere Bücher sowie Beiträge in Fachzeitschriften. Im Jahre 2001 ging er mit Erreichen der Altersgrenze in den Ruhestand.

Schon während seiner Aktivenzeit an der historischen Entwicklung der Burschenschaft interessiert, übernahm er als Alter Herr und Nachfolger seines Bundesbruders Werner Lippert (SS 1911) 1967 das Amt des Archivars der Burgkellerburschenschaft und gehörte damit dem erweiterten Vorstand der Arminia an. Seit 1996 ist er Schriftleiter der *„Burgkeller-Zeitung"*. Aus diesen Anfängen heraus begann Kaupp, sich wissenschaftlich mit der Geschichte der Burschenschaft zu befassen. Bücher, Festschriften, Aufsätze und Vorträge (insbesondere auf den Deutschen Studentenhistoriker-Tagungen) zeugen von seinem umfangreichen Wissen, das er sich auf diesem Gebiet erarbeitet hat (s. Veröffentlichungsverzeichnis).

Seit dem 14. Band (1992) ist Kaupp Mitherausgeber der *„Darstellungen und Quellen zur Geschichte der deutschen Einheitsbewegung im neunzehnten und zwanzigsten Jahrhundert"*, in denen er auch selbst mehrere Beiträge veröffentlicht hat. Außerdem ist er seit dem 1. Band (1996) Mitherausgeber des *„Biographischen Lexikons der Deutschen Burschenschaft"*. Kaupp ist ferner langjähriges Mitglied der Gesellschaft für burschenschaftliche Geschichtsforschung (GfbG) und der Deutschen Gesellschaft für Hochschulkunde (DGfH). Die GfbG hat ihn wegen seiner großen Verdienste um die studentenhistorische Forschung zum Abschluß ihrer Jahrestagung während des Burschentages 2005 in Eisenach mit der Herman-Haupt-Medaille ausgezeichnet. Die Herman-Haupt-Medaille wird seit 1929 nur an Personen verliehen, die sich um die burschenschaftliche Geschichtsforschung besonders verdient gemacht haben.

Bernhard Schroeter
B! Arminia auf dem Burgkeller, Jena (00/01)

Einige Anmerkungen zu neueren Beiträgen betreffend die Problematik von „Staat und Nation" in der Geschichte des „Alten Reiches" (1495-1806)

Klaus Malettke*

In einem am 18. September 2003 in der Frankfurter Allgemeinen Zeitung unter der Überschrift „*Einzige Bedingung war, es muß ein Monster sein. Dem Reichsgedanken paßte jede Staatsform: Zur Geisterdebatte über das alte Deutschland*" erschienenen Artikel beklagte der Münchner Historiker Wolfgang Burgdorf, daß in fast keinem Titel der diesjährigen zahlreichen Ausstellungen und Gedenkveranstaltungen aus Anlaß des Reichsdeputationshauptschlusses vom 25. Februar 1803[1], jenes letzten Reichsgrundgesetzes, mit dem das Ende des Heiligen Römischen Reiches deutscher Nation eingeleitet wurde, das Wort „*Reich*" vorkam. Er stellte fest: „*Hier zeigt sich Verlust der historischen Fernerinnerung, von dem Karl Heinz Bohrer gesprochen hat. Durch das sogenannte ‚Dritte Reich' ist der Reichsbegriff stigmatisiert worden.*"[2] Mit Rekurs auf die Reichsstaatspublizistik des 17. und 18. Jahrhunderts konstatierte Burgdorf, daß „*für keinen Diskutanten in Frage [stand], daß das Reich im Sinne der neuaristotelischen Politik ein Staat war, sonst hätte es keinen Sinn gehabt, über seine Staatsform zu streiten. Das Reich wurde als Staat mit Souveränität aufgefaßt, als Rechtsordnung, die das Verhältnis zwischen Obrigkeiten und Untertanen regelte.*"[3] Als Beleg für seine Argumentation nennt er u. a. auch die neueren Arbeiten von

---

* Dr. Klaus Malettke, Professor (em.) für Neuere Geschichte an der Philipps-Universität Marburg.

[1] Die im Prinzip aus drei Urkunden bestehenden Texte dieses Reichsgesetzes sind erneut abgedruckt in: Arno Buschmann (Hrsg.), Kaiser und Reich. Klassische Texte zur Verfassungsgeschichte des Heiligen Römischen Reiches Deutscher Nation vom Beginn des 12. Jahrhunderts bis zu Jahre 1806 in Dokumenten. Teil II: Vom Westfälischen Frieden bis zum Ende des Reiches im Jahre 1806, Baden-Baden, 2. Aufl. 1994, S.317-375.

[2] Wolfgang Burgdorf, Einzige Bedingung war, es muß ein Monster sein. Dem Reichsgedanken paßte jede Staatsform: Zur Geisterdebatte über das alte Deutschland, in: Frankfurter Allgemeine Zeitung vom 18. September 2003, S. 42. Vgl. dazu auch Wolfgang Burgdorf, „Reichskonstitution und Nation". Verfassungsreformprojekte für das Heilige Römische Reich Deutscher Nation im politischen Schrifttum von 1648 bis 1806 (= Veröffentlichungen des Instituts für Europäische Geschichte Mainz, Bd.173), Mainz 1998.

[3] Ebenda.

Dietmar Willoweit[4], Bernd Roeck[5] und Karl Härter[6]. Burgdorf schließt seinen Artikel mit folgendem Appell: *„In drei Jahren* [d. h. aus Anlaß des Austritts der Rheinbundfürsten aus dem Reichsverband am 1. August 1806 und der Niederlegung der Reichskrone durch Kaiser Franz II. am 6. August, K. M.] *sind die nächsten Ausstellungen über das Alte Reich zu erwarten. Sie dürfen mit gutem historischen Gewissen den Begriff des Staates in ihre Titel setzen. Dann könnten die Deutschen sich fragen, weshalb sie den Glauben an den Staat noch nicht verloren haben, obwohl alle Reformer und manche Juristen doch erzählen, daß er einem Monster ähnlich sieht."*[7]

Die Ausführungen Burgdorfs veranlaßten die in Münster lehrende Historikerin Barbara Stollberg-Rilinger zu einem Leserbrief, der in der Ausgabe der Frankfurter Allgemeinen Zeitung vom 27. September 2003 abgedruckt wurde. In dieser kritischen Stellungnahme liest man: *„Ihre Zeitung hat in letzter Zeit mehrfach dem Anliegen des Münchner Historikers Wolfgang Burgdorf Platz eingeräumt, dem Römisch-deutschen Reich der frühen Neuzeit das Etikett ‚Staat' zu verleihen. Diese Sicht repräsentiert freilich keinen avantgardistischen ‚neuesten Forschungsstand'. Sie bleibt vielmehr einer älteren, staatszentristischen Perspektive verhaftet und verrät einen erstaunlich naiven Begriffsrealismus. Ob das Alte Reich ein Staat war oder nicht, hängt augenscheinlich davon ab, wie man ‚Staat' definiert. Und nur wenn man die Bedeutung des Wortes so weit dehnt wie nur möglich, läßt sich das Reich darunter fassen. Damit verliert der Begriff aber alle Trennschärfe und wird für präzise Unterscheidungen untauglich. [...] Statt also viel Herzblut in diese alte Debatte fließen zu lassen, wendet sich deshalb die aktuelle Frühneuzeitforschung der spezifischen Eigenart und Fremdheit der vormodernen politischen Strukturen zu. Gerade daraus lassen sich neue Erkenntnischancen ziehen, und zwar nicht zuletzt aus gegenwartsorientiertem Interesse. Vielleicht stellt sich ja heraus, daß es*

---

[4] Dietmar Willoweit, Rechtsgrundlagen der Territorialgewalt, Köln, Wien 1975; ders. Deutsche Verfassungsgeschichte, München 1990.

[5] Bernd Roeck, Reichssystem und Reichsherkommen. Die Diskussion über die Staatlichkeit des Reiches in der politischen Publizistik des 17. und 18. Jahrhunderts, Stuttgart 1984.

[6] Karl Härter, Reichstag und Revolution 1789-1806, Göttingen 1992.

[7] Burgdorf (Anm. 2).

politische Strukturanalogien zwischen Vormoderne und Postmoderne gibt, die eben nichts mit souveräner Staatlichkeit zu tun haben."[8]

Nun hat in der Tat die neuere Forschung zur Geschichte des Heiligen Römischen Reiches deutscher Nation dessen spezifischen Charakter als eines politischen Verbandes herausgearbeitet, dem die Attribute zahlreicher anderer frühneuzeitlich-souveräner Territorialstaaten im Sinne des berühmten französischen Juristen und Staatstheoretikers Jean Bodin und erst recht die Merkmale des modernen National- und Machtstaats des 19. und 20. Jahrhunderts weitgehend fehlten. Es ist auch richtig, daß die im Gefolge des Zweiten Weltkrieges sich in besonderem Maße manifestierende Krise des kleindeutsch-borussischen Geschichtsbildes mit seiner Überbewertung des National-, Macht- und Anstaltsstaates die entscheidenden Voraussetzungen dafür schuf, um dem Alten Reich und seiner spezifischen politischen Organisation eine ihrer Bedeutung und ihren besonderen Strukturen angemessene Würdigung in der Historiographie zu verschaffen. Hielt man nach 1945 in der bundesrepublikanischen Geschichtswissenschaft zunächst noch einige Zeit an der Erforschung der Problematik der Entstehung des *„modernen Staates"* fest und verteidigte die Traditionen deutscher Geschichte, so äußerte sich dagegen seit den 1960er Jahren deutliche Kritik, die wesentlich durch die Rezeption von Ansätzen und Fragestellungen der systematischen Sozialwissenschaften, von der Forderung nach stärkerer Berücksichtigung sozialer und wirtschaftlicher Entwicklungen sowie von der Bereitschaft zum europäischen Vergleich geprägt war.[9] *„Es begann allgemein deutlich zu werden, daß das Bild des Reiches zwischen Interregnum und Reichsdeputationshauptschluß nicht mehr nur als (ungünstigenfalls) Zeit der Dekadenz oder (günstigenfalls) als Tragik interpretiert werden konnte."*[10] Ganz wesentlich haben die bekannten deutschen Historiker Heinrich Lutz, Hermann Schubert, Stephan Skalweit, Gerhard Oestreich, Fritz Dickmann, Konrad Repgen, Hermann Weber, Volker Press, Peter Moraw, Heinz Schilling, Anton

---

[8] Barbara Stollberg-Rilinger, Leserbrief, in: Frankfurter Allgemeine Zeitung vom 27. September 2003, S. 8.

[9] Im einzelnen waren solche neuen Forschungsansätze schon früher angelegt, so etwa bei Otto Brunner, Dietrich Gerhard, Karl Bosl, Heinz Gollwitzer, Werner Conze und Reinhart Koselleck.

[10] Volker Press, Das Römisch-Deutsche Reich – Ein politisches System in verfassungs- und sozialgeschichtlicher Fragestellung, in: Grete Klingenstein, Heinrich Lutz (Hrsg.), Spezialforschung und „Gesamtgeschichte". Beispiele und Methodenfragen der frühen Neuzeit, Wien 1981, S. 221-242. Zitat S. 223.

Schindling, Georg Schmidt und deren Schüler zu einer besseren Kenntnis der Geschichte sowie der spezifischen Strukturen und Erscheinungsformen des Alten Reiches beigetragen.[11] Im Unterschied zur älteren Forschung betrachten sie das Beziehungsgeflecht zwischen Kaiser und Reich als ein eigenständiges Handlungssystem, als eine spezifische Form politischer Organisation. Plädiert aber die moderne Forschung, so ist zu fragen, für einen Verzicht auf die Verwendung des Begriffes „Reich" und spricht sie diesem System jeglichen Charakter von Staatlichkeit ab? Anhand einiger neuester Gesamtdarstellungen und Untersuchungen soll im folgenden dieser Frage nachgegangen werden.

Zunächst ist zu konstatieren, daß von den Genannten keiner auf die Verwendung des Reichsbegriffes verzichtet, wobei jedoch nicht verschwiegen werden soll, daß dieser bei ihnen in gewissen Varianten auftaucht. Karl Otmar von Aretin, Volker Press, Peter Moraw, Heinz Schilling, Heinz Duchhardt, Dietmar Willoweit, Anton Schindling und andere arbeiten mit den Begriffen „Reich" bzw. „Altes Reich".[12] Im Hinblick auf den Terminus „Altes Reich" weist der Jenser Historiker Georg Schmidt in seiner 1999 erschienenen „Geschichte des Alten Reiches. Staat und Nation in der Frühen Neuzeit 1495-1806" allerdings zu

---

[11] Die bibliographischen Nachweise der wichtigsten Arbeiten dieser Historiker sind zu finden in: Klaus Malettke, Frankreich, Deutschland und Europa im 17. und 18. Jahrhundert. Beiträge zum Einfluß französischer politischer Theorie, Verfassung und Außenpolitik in der Frühen Neuzeit, Marburg 1994, S. 130-132, Anm. 7-19.

[12] Vgl. z. B. Peter Moraw, Volker Press, Probleme der Sozial- und Verfassungsgeschichte des Heiligen Römischen Reiches im späten Mittelalter und in der Frühen Neuzeit, in: Zeitschrift für Historische Forschung 2 (1975), S. 95-108; Volker Press, Kriege und Krisen. Deutschland 1600-1715, Stuttgart 1991, passim; ders., Adel im Alten Reich. Gesammelte Vorträge und Aufsätze, hrsg. von Franz Brendle und Anton Schindling, Tübingen 1998; Karl Otmar von Aretin, Das Alte Reich 1648-1806, Bd. 1: Föderalistische oder hierarchische Ordnung (1648-1684), Stuttgart 1993; Bd. 2: Kaisertradition und österreichische Großmachtpolitik (1684-1745), Stuttgart 1997; Bd. 3: Das Reich und der österreichisch-preußische Dualismus (1745-1806), Stuttgart 1997; Heinz Schilling, Aufbruch und Krise. Deutschland 1517-1648, Berlin 1994, passim; ders., Höfe und Allianzen. Deutschland 1648-1763, Berlin 1994, passim; Heinz Duchhardt, Deutsche Verfassungsgeschichte 1495-1806, Stuttgart, Berlin, Köln 1991, passim; ders., Europa am Vorabend der Moderne 1650-1800, Stuttgart 2002, S. 226-249; Dietmar Willoweit, Deutsche Verfassungsgeschichte. Vom Frankenreich bis zur Teilung Deutschlands, München 1990, passim; Anton Schindling, Reich und habsburgisch-bourbonischer Antagonismus in der Epoche des Westfälischen Friedens und des Immerwährenden Reichstags, in: Heinz Duchhardt (Hrsg.), Europas Mitte. Deutschland und seine Nachbarn, Bonn 1988, S. 118-122; ders., Die Anfänge des Immerwährenden Reichstags zu Regensburg. Ständevertretung und Staatskunst nach dem Westfälischen Frieden, Mainz 1991.

Recht darauf hin, daß er nur „*mit Hilfe zusätzlicher Erklärungen*" benutzt werden kann, „*weil* [er, K. M.] *auch auf Reichsitalien und damit auf primär lehensrechtliche Zusammenhänge angewandt wird.*"[13] Der durch die Bestimmungen des Wormser Reichstags von 1495 initiierte „*Institutionalisierungsschub*"[14] wirkte sich aber nur für einen enger gefaßten Raum des Reiches aus, denn die Wormser Regelungen „[waren] *für die außerdeutschen, zum Reichslehenssystem gehörenden Gebiete nicht gedacht*". Peter Moraw hat deshalb „*dieses staatliche Züge annehmende, engere oder ‚verdichtete' Reich*" mit dem Terminus „*Reichstagsdeutschland*" oder mit dem Quellenbegriff „*deutsches Reich*" terminologisch erfaßt. Damit wollte er „*das auf den Raum zwischen Alpen und Meer bezogene Handlungssystem von universalistischen oder lehensrechtlichen Reichskonzeptionen*"[15] abgrenzen. Die von Moraw für die Gebiete nördlich der Alpen eingeführte Unterscheidung in ein „*erbländisches Deutschland*", d. h. in eine „*königsnahe Zone*", in ein „*Reichstagsdeutschland*", das er als „*königsoffene Zone*" charakterisiert, sowie in die nördlichen „*königsfernen*" Gebiete ist zwar bis weit in das 16. Jahrhundert tragfähig, aber in der folgenden Zeit durchdrang das Reich mit seinen sich weiter ausbildenden staatlichen Grundzügen mehr und mehr auch die königsferne Zone. Deshalb ist die Verwendung der Begriffe „*Reichstagsdeutschland*" und „*königsferne Zone*" für die Entwicklungsphase seit dem späteren 16. Jahrhundert nicht mehr angebracht.

Gegen die auf Quellen beruhende Bezeichnung „*deutsches Reich*", die - zumeist mit negativer Akzentuierung - insbesondere von den Anhängern des kleindeutschen National-, Macht- und Anstaltsstaates borussischer Prägung im 19. und 20. Jahrhundert benutzt wurde, um das Reich *vor* 1806 von dem neuen deutschen Kaiserreich von 1871 abzugrenzen, formulierte Georg Schmidt folgende Bedenken: „*Mit diesem Titel, der vor 1800 auch den deutschen Besitzanspruch auf Reich und Kaisertum beinhaltete, wurden danach Gebietsansprüche an andere Staaten verknüpft. Der Gedanke staatlicher Expansion im Zeichen eines national aufgeladenen Reichs ist in der Frühen Neuzeit zwar in Ansätzen vorhanden, aber nicht zur Geltung gekommen. Die hier festzustellende Übereinstimmung von verstaatetem Reich und nationaler Zuordnung*

---

[13] Georg Schmidt, Geschichte des Alten Reiches. Staat und Nation in der Frühen Neuzeit 1495-1806, München 1999, S. 41.
[14] ebenda, S. 33.
[15] ebenda, S. 41.

könnte dennoch zu Mißverständnissen führen. Zwar trifft sie für den weit überwiegenden Teil des engeren Reichs zu, doch es bleiben Zonen, für die dies nicht gilt oder zweifelhaft ist: Savoyen, Lothringen, Böhmen und seine Nebenländer, Burgund sowie die südlichen Randgebiete des österreichischen Reichskreises. Mit Ausnahme der letzteren sind dies jedoch Gebiete, die keineswegs permanent dem politischen System des engeren Reichs zugeordnet werden können."[16]

Georg Schmidt, ein Schüler von Volker Press, plädiert deshalb in Anknüpfung an die insbesondere von seinem Lehrer propagierte Modellvorstellung vom Reich als einem *„politischen System"*, womit die mehr oder minder stark ausgeprägten und dauerhaften *„Verbindungen zwischen Teilen und Ganzem, tragende politische und soziale Strukturen, personelle Verflechtungen und Interaktionen zwischen den verschiedenen Gruppen, Schichten und Ständen, Kommunikationsbedingungen und Partizipationsmöglichkeiten, Austauschprozesse, Institutionen und Organisation"*[17] thematisiert werden sollten, für die Einführung eines anderen, d. h. präziseren Reichbegriffes. Dieser Begriff soll den spezifischen Gegebenheiten des Reiches, d. h. zum einen dessen komplexen Beziehungsgeflecht zwischen Kaiser und Reichsständen und dessen besonderen Strukturen gerecht werden und zum anderen das verstaatete engere Reich fassen, an dem *„nur die Stände beteiligt [waren], die sich vom und für das Reich mobilisieren ließen, indem sie auf dem Reichstag erschienen und die Lasten mittrugen"*.[18] Dieses engere, d. h. auf Deutschland hin orientierte Alte Reich nennt Schmidt *„Reichs-Staat"*. *„Dieser Quellenbegriff des 17. und 18. Jahrhunderts steht in programmatischer Absicht für den gesamtstaatlichen Zusammenhang von Kaiser und deutschen Reich[sständen]: ‚Reichs-Staat oder Reichs-Staats-Verfassung, Status Imperii Romano Germanici Publicus, ist eigentlich nichts anders, als die Verhältniß des darzu gehörigen Ober-Haupts und Glieder [...]'. Im Sinne dieser Definition, die im Zedler, dem wichtigsten deutschsprachigen Universallexikon des 18.Jahrhunderts, erschien, und analog zur Verwendung des Begriffs in der Reichsstaatsrechtslehre, markiert die Schreibung mit Bindestrich ‚neue Erfahrungen und Hoffnungen' - ein Reich, das zwar Staat ist, dessen Staatsbildung aber nie abgeschlossen werden konnte."*[19] Unter frühneuzeitlichem Staat, früh-

---

[16] ebenda, S. 41 f.
[17] ebenda, S. 41.
[18] ebenda, S. 42.
[19] Ebenda.

neuzeitlicher Staatlichkeit, versteht Schmidt „ - *fern aller Vorstellungen vom Gesellschaftsvertrag, von einer sittlichen Idee oder einem geistigen Wesen - eine begrenzte, möglichst stabile und im Kern auf Dauer angelegte Handlungseinheit, die dem Einzelnen Schutz und Sicherheit bot, Auseinandersetzungen regulierte und Entscheidungen setzte. Sie sollte Friedenswahrung nach innen, Angriff oder Abwehr nach außen garantieren.*"[20]

Frühneuzeitliche Staatlichkeit konkretisierte sich in sehr unterschiedlichen Ausprägungen und Reichweiten. „*Auch was nicht* [wie z. B. bei Jean Bodin, K. M.] *auf die ‚Summierung sämtlicher Hoheitsrechte und Machtsprüche des Fürsten' zielte, sondern sich mit der ‚Summierung der gestuften Rechts- und Lebensordnung der Ständegesellschaft' zufrieden gibt, ist Staat. Mit ‚Verstaatung' oder ‚Staatsbildung' sind somit alle Intensivierungsprozesse gemeint, die als dynastische Konzentration von Landesherrschaft im hohen Mittelalter begannen und sich über die Unterordnung des Adels, der Kirche und der ständischen Korporationen, über die Zentralisierung der Verwaltung, die Steigerung der verfügbaren Ressourcen [Steuern] und die Kontrolle legitimer Gewaltanwendung zur modernen Staatlichkeit entwickelten. Der frühneuzeitliche Staat ist Zustandbeschreibung für vergleichsweise differenzierte Gemeinwesen, bleibt jedoch auch Prozeß- und Zielkategorie [...]. Das Reich stand zwar auch weiterhin in einer mittelalterlich-universalistischen Tradition, läßt sich aber im Hinblick auf die deutschen Lande ‚als Einheit wie die anderen europäischen frühmodernen Königreiche' begreifen.*"[21]

Um die komplexen und komplizierten Strukturen der politischen Organisation, das gestufte Verfassungsgefüge des Reiches auch begrifflich zum Ausdruck zu bringen, verwendet Schmidt die Modellvorstellung vom „*System komplementärer Staatlichkeit*" bzw. vom „*komplementären Reichs-Staat*". Diese Begrifflichkeit entwickelte er in Analogie zu den Darlegungen des bekannten Staatsrechtslehrers des ausgehenden 18. Jahrhunderts Johann Stephan Pütter. Dieser stellte in seinen „*Beyträge*[n] *zum Teutschen Staats- und Fürsten-Rechte*", die im Jahre 1777 erschienen, fest, daß das Reich „*aus mehreren besonderen, jedoch einer gemeinsamen höheren Gewalt noch untergeordneten Staaten beste-*

---

[20] ebenda, S. 43.
[21] Ebenda.

*het".*²² Mit dem Zusatz „*komplementär*" zum Begriff „*Reichs-Staat*" will Georg Schmidt verdeutlichen, „*daß das, was gemeinhin als einheitliche Staatsgewalt gedacht wird, im Reichs-Staat auf unterschiedliche Ebenen verteilt war. Dabei organisierten – idealtypisch aufgefächert - das Reich Außenverteidigung und Rechtssystem, die Reichskreise Exekutionswesen und Infrastruktur, die Territorialstaaten Verwaltung und Disziplinierung der Untertanen. Die These legt daher nahe, daß der gesamtstaatliche Rahmen ein unverzichtbarer Bestandteil territorialer Staatlichkeit war und nicht - wie die ältere Forschung glaubte - deren selbständige Entwicklung blockierte.*"²³

Die im Reichsabschied von 1495 enthaltenen und durchaus auch appellativ intendierten Formulierungen wie „*Heiliges Reich und deutsche Nation*", „*das Heilige Römische Reich in Deutscher Nation*" bzw. „*Heiliges Römisches Reich deutscher Nation*" brachten offenbar die Vorstellung zum Ausdruck, daß der Zusatz „*deutsch*" in politischer Hinsicht auch einheitsfördernd sein konnte. „*Dabei spielte es in diesem Zusammenhang keine Rolle, ob Nation ausschließlich die Ständenation meinte oder schon eine vage Vorstellung von einer Zugehörigkeitsgemeinschaft aller Deutschen transportierte. Als politisches System komplementärer Staatlichkeit wurde das Reich zur staatlichen Konkretisierung Deutschlands - eine auch ‚nach außen gerichtete Unterscheidung [...] von anderen Nationen'.*"²⁴ Unbestreitbar ist, daß bereits zu Beginn des 16. Jahrhunderts die Formel „*deutsche Nation*" als Mobilisierungsbegriff gegenüber den „*Welschen*" und dem Erbfeind der Christenheit, den „*Türken*", Verwendung fand. Durch die deutschen Humanisten wurde die Entwicklung einer auf eine nationale Identität der Deutschen innerhalb des „*komplementären Reichs-Staates*" abzielenden Vorstellung beflügelt. Einen weiteren Schub erhielt diese Entwicklung durch die Reformation, wobei durch Luther und Hutten speziell die „*deutsche Freiheit*" zur „*Stärkung der eigenen Identität gegen andere Nationen ins Feld*"²⁵ geführt wurde. Wenn in Anknüpfung an die Vorstellung von der „*deutschen Freiheit*" beispielsweise die französischen Könige des Ancien Régime immer wieder betonten, Protektoren der *libertés germaniques* zu sein, dann hatten sie dabei allenfalls am Rande dieses

---

[22] Johann Stephan Pütter, Beyträge zum Teutschen Staats- und Fürsten-Rechte, Teil I, Göttingen 1777, S. 30f.; vgl. auch Schmidt, Geschichte des Alten Reiches, S. 44.
[23] Schmidt, Geschichte des Alten Reiches, S. 44.
[24] Ebenda.
[25] ebenda, S. 48.

Identität stiftende Merkmal im Auge. Vielmehr verbargen sich dahinter sehr konkrete politische Ambitionen Frankreichs, nämlich die Stärkung der Reichsstände gegenüber dem Kaiser, gegenüber dem stets als reale oder potentielle Gefahr angesehenen Haus Habsburg.

Die Formeln „*deutsche Nation*" und „*Deutschland*" waren am Beginn der Neuzeit im wesentlichen noch „*kontextbezogene Kategorien*". Dies änderte sich mit dem Verstaatungsvorgang des „*engeren Reiches*". „*Der Trennungsprozeß von der römischen Tradition war mit der Staatlichkeit des deutschen Reichs und mit der Aneignung einer germanischen Vergangenheit [...] unumkehrbar geworden. Stolz und neues Selbstbewußtsein spiegelt die nun auch in Deutschland häufiger gebrauchte Bezeichnung des römischen Königs als rex Germaniae.*"[26] Insgesamt bleibt festzuhalten, daß der politische Formierungsprozeß des „*komplementären Reichs-Staates*" durch Vorstellungen von einer „*nationalen Zugehörigkeitsgemeinschaft*" ergänzt worden ist, von Vorstellungen, die sich in verschiedener Weise - oft zur Abgrenzung gegenüber allem Fremden bzw. bei der Abwehr auswärtiger Bedrohungen - artikulierten.

Aus dem Dargelegten ergibt sich, daß sicherlich Kritik berechtigt ist, wenn das Reich ganz pauschal und ohne präzisierende Ergänzungen als „*Staat*" bezeichnet wird. Es ist aber völlig abwegig, aus Gründen modischer „*political correctness*" auch noch den Begriff „*Reich*" verbannen zu wollen, der durch die moderne Frühneuzeitforschung in begrifflicher und inhaltlicher Hinsicht so sehr geschärft und präzisiert worden ist, daß seine Verwendung nur bei völligen Ignoranten falsche Assoziationen mit dem „*Dritten Reich*" bzw. mit dem Kaiserreich von 1871 auslösen könnte.

Das Spannungsverhältnis zwischen monarchischem Prinzip und reichsständischer Libertät gehört zu den charakteristischen Merkmalen der Reichsgeschichte. Der verfassungsgeschichtliche und politische Prozeß war „*nicht ein kontinuierlicher, etwa ein ständig und unaufhaltsam fortschreitender Verfall der kaiserlichen Macht*".[27] In der Realität wies dieser Prozeß mehrere Auf- und Abbewegungen auf. Es lassen sich verschiedene Phasen der Auseinandersetzung zwischen Kaiser und Reichsständen feststellen. Dabei erlangte manchmal die eine, dann die andere

---

[26] ebenda, S. 50.

[27] Fritz Dickmann, Der Westfälische Friede und die Reichsverfassung, in: Forschungen und Studien zur Geschichte des Westfälischen Friedens. Vorträge bei dem Colloquium französischer und deutscher Historiker vom 28.-30. April in Münster, Münster 1965, S. 5-32. Zitat S. 10 f.

Seite deutliche Vorteile. Es wäre aber völlig falsch, diesen Prozeß als eine Abfolge permanenter Konfrontation zu interpretieren. Eine solche Interpretation würde den nicht zu leugnenden Phasen eines vielfältigen Mit- und Nebeneinanders von Kaiser und Reichsständen nicht gerecht, Phasen, die sowohl in zeitlicher als auch in regionaler Hinsicht zu differenzieren sind. In den modernen Darstellungen der Geschichte Deutschlands in der Frühen Neuzeit, insbesondere in denjenigen, die stärker die politischen Entscheidungsprozesse thematisieren, wird im allgemeinen dieser zentrale Fragenkomplex gebührend berücksichtigt. Etwas mehr und ihrer jeweiligen Bedeutung entsprechend einbezogen werden sollte aber auch die Rolle der mindermächtigen und kleinen Reichsstände auf den Reichstagen bzw. auf dem seit 1663 immerwährend tagenden Reichstag. In modernen Geschichten Deutschlands während der Frühen Neuzeit werden natürlich auch die historisch-demographischen Gegebenheiten, die sozialen und wirtschaftlichen Prozesse sowie die religiösen und kulturellen Entwicklungen behandelt. Weniger aufgegriffen werden Fragen und Themen der Mentalitäts- und Perzeptionsgeschichte. Auf diesen Gebieten bestehen noch gewisse Forschungsdesiderata.

„Aller Welt zum erfreulichen Beispiel"
Das Wartburgfest von 1817 und seine Auswirkungen auf die demokratischen deutschen Verfassungen

Peter Kaupp

"Gruß zuvor! Liebe Freunde! Da in diesem Jahr das Reformationsjubiläum gefeiert wird, so wünschen wir, gewiß mit allen braven Burschen, [...] es auch in unsrer Art zu feiern. Um aber nicht in Collision zu kommen mit jenen übrigen Feierlichkeiten, welche durch uns leicht gestört werden könnten, und da auch das Siegesfest der Schlacht bei Leipzig in diese Zeit fällt, so sind wir darüber einig geworden, dieses Fest am 18 ten Oct. 1817 und zwar auf der Wartburg zu feiern [...] in drei schönen Beziehungen, nämlich der Reformation, des Sieges bei Leipzig, und der ersten freudigen und freundschaftlichen Zusammenkunft deutscher Burschen von den meisten vaterländischen Hochschulen am dritten großen Jubiläum der Reformation [...] Zu diesem feierlichen Tage laden wir Euch demnach freundschaftlichst ein, und bitten Euch in großer Menge, als möglich, und falls dieß sich nicht machen sollte, doch gewiß durch einige Abgeordnete Theil zu nehmen [...] Ueberhaupt aber ersuchen wir Euch, [...] nichts zu unterlassen, was dieses Fest von vielen gefeiert und so aller Welt zum erfreulichen Beispiel machen kann."[1]

Mit diesen Worten lud der damals einundzwanzigjährige Student der Rechte Robert Wesselhöft - begeisterter Anhänger des „*Turnvaters*" Friedrich Ludwig Jahn, Mitgründer der Burschenschaft 1815 in Jena und neben Scheidler, Horn und Riemann einer der führenden Repräsentanten der Jenaischen Burschenschaft - am 11. August 1817 „*im Namen der Burschenschaft zu Jena*" zum Wartburgfest ein. Von wem die Anregung stammte, die Erinnerung an die Reformation von 1517 und an den Sieg

---

[1] Kieser, Dietrich Georg: Das Wartburgfest am 18. October 1817. Jena 1818. S. 16f., zit. nach Asmus, Helmut: Das Wartburgfest. Studentische Reformbewegung 1770-1819. Magdeburg 1995. S. 12. Rede abgedruckt bei Steiger, Günter: Urburschenschaft und Wartburgfest. 2. Aufl. 1991 Leipzig u. a. S. 248f.. Aus jüngerer Zeit sind zu diesem Thema noch nachzutragen: Hirche, Walter: Die aktuelle Bedeutung des Wartburg-Festes von 1817. Hannover 1988; Rolbetzki, Dietrich [Red.]: Wartburgfest 1817. Aufbruch zur deutschen Einheit. Hrsg. von der Landeszentrale für politische Bildung Baden-Württemberg. Stuttgart 1991; Bauer, Joachim: Das Wartburgfest 1817. Hrsg. von der Landeszentrale für politische Bildung Thüringen. Erfurt 1995; Wolf, Heinz: Das Wartburgfest 1817. Hrsg. von der Landeszentrale für politische Bildung Thüringen. Erfurt 1995; Sudholt, Gerd [Hrsg.]: 180 Jahre Wartburgfest. Berg am Starnberger See 1997.

in der Völkerschlacht von Leipzig 1813 als nationales deutsches Studentenfest auf der Wartburg zu feiern, wissen wir nicht. Sowohl Hans Ferdinand Maßmann als auch sein Freund und Bundesbruder Christian Eduard Leopold Dürre - zwei der ersten und engsten Freunde des „*Turnvaters*" Jahn, von Berlin an die „*Salana*" gewechselt und dort Hauptinitiatoren der Turnbewegung - haben darauf Anspruch erhoben. Es ist nicht ausgeschlossen, daß die Anregung von Jahn selbst stammte, der über die Vorbereitungen des Festes recht genau orientiert war und ursprünglich selbst daran teilnehmen wollte. Auch das von Ernst Moritz Arndt – neben Jahn und Fichte der dritte bedeutende geistige Wegbereiter der Burschenschaft - bereits 1814 in seiner Schrift „*Ein Wort über die Feier der Leipziger Schlacht*" skizzierte Programm solcher Feiern glich bis in die Details, z. B. der mit Eichenlaub geschmückten Festtracht, dem Ablauf und dem äußeren Bild des Wartburgfestes.[2]

Nach dem Zeugnis des Jahn-Jüngers Hans Ferdinand Maßmann soll der Gedanke zum Wartburgfest bereits im Herbst 1816 während eines Gespräches über das Vaterland entstanden sein, das er mit dem Gießener Studenten Karl Pfaffenberger-Hoffmann geführt hatte. Pfaffenberger gehörte zum linken Flügel der Burschenschaft und war ein Stiefsohn des in Rödelheim bei Frankfurt a. M. lebenden Justizrates Karl Heinrich Willhelm Hoffmann, des wohl bedeutendsten Vertreters des nationalliberalen, die politische Einheit Deutschlands erstrebenden „*Hoffmannschen*" Geheimbundes von 1814/15 und der Adressenbewegung hatte 1815 ein Buch „*Des Teutschen Volkes feuriger Dank- und Ehrentempel*" herausgegeben, in dem für patriotische Erinnerungsfeiern an die Völkerschlacht bei Leipzig geworben wurde.[3] Pfingsten 1817 trafen sich Vertreter der Halleschen und Jenaischen Burschenschaft in Naumburg und beschlossen dort, „*um eine engere Verbindung zwischen den / Studenten der / deutschen Hochschulen zu erstreben, an alle* [!] *Universitäten zu schreiben und zu einer Versammlung auf der Wartburg* [...] *einzuladen*"[4]. Da die Hallesche Burschenschaft zu jener Zeit intern zer-

---

[2] Dazu und zum folgenden vgl. Steiger (wie Anm. 1), S. 85 ff.
[3] Anm. der Schriftleitung: Karl Hoffmann hatte als Student in Gießen 1787/88 der Landsmannschaft der Rheinländer (später der Franken) und dem Schwarzen Orden (der Harmonie) angehört. Vgl. Groos, Fritz: Die erste und zweite Franconia zu Gießen (1788-1795 und 1801-1814) im Spiegel des politischen und studentengeschichtlichen Zeitgeschehens. In: Einst und Jetzt 7 (1962), S. 49-79. - Auch mehrere andere geistige Väter der Burschenschaft wie Jahn, Fichte und Ernst Moritz Arndt waren ehemalige Ordensbrüder. Vgl. Hümmer, Hans Peter: Tradition und Zeitgeist an der Wiege der Burschenschaft. Eine Bestandsaufnahme aus corpsstudentischer Sicht. In: Einst und Jetzt Bd. 37. 1992. S. 93-113.
[4] Staatsarchiv Wiesbaden: Abt. 210, Nr. 2790 b, Bd. 14, § 3 a. Zit. nach Steiger (wie Anm. 1), S. 86.

stritten war und bereits unter scharfer politischer und polizeilicher Beobachtung stand, übernahm Jena allein die Vorbereitung und Durchführung des Festes.

Robert Wesselhöft (1796-1852,
Urburschenschaft-Jena 1815, Altersbild); Vetter von Friedrichjohannes
Frommann in dessen Elternhaus er Goethe kennen lernte; lud am 11. August
1817 als Sprecher „im Namen der Burschenschaft Jena" zum Wartburgfest ein;
mit seinem zwei Jahre älteren Bruder Wilhelm einer der wenigen Mitunterzeichner der „Grundsätze und Beschlüsse des 18. Octobers", im Zuge der
berüchtigten „Demagogenverfolgung" 1824-1831 in Köpenick und Magdeburg
inhaftiert, 1843 in absentia Dr. med. in Basel, 1846-1852 in den USA, dort mit
seinem Bruder in Brattleboro (Vermont) Leitung einer Kaltwasserheilanstalt
und Wegbereiter der Homöopathie.
Stiftung Weimarer Klassik Goethe-Schiller-Archiv

Wichtiger als die Frage nach den Anregern ist die Tatsache, daß die Initiative offenbar von burschenschaftlichen Turnern im Umkreis von Jahn ausging, die von Berlin nach Jena gekommen waren. Das Wartburgfest von 1817 war als erstes national-gesamtdeutsches Treffen von außerordentlicher Bedeutung, nicht nur für die Geschichte des Korporationsstudententums, speziell der Burschenschaft, sondern auch für die demokratisch-politische Entwicklung in Deutschland. Anders als das spätere Hambacher Fest von 1832 war es aber keine weinselige volksfestartige Massenversammlung, sondern eine von hohem sittlichen Ernst getragene, rein studentische Veranstaltung. Dem ausgesprochen protestantischen Charakter des Festes entsprechend wurden lediglich die Studentenschaften (und zwar Burschenschaften und Landsmannschaften/Corps) der ganz oder überwiegend protestantischen Universitäten eingeladen, d. h. die katholischen Hochschulen (z. B. Würzburg), auch nicht die im deutsch-sprachigen Gebiet der Habsburger Monarchie gelegenen Universitäten Wien, Graz und Innsbruck, die schon damals durch die strenge Abschirmungspolitik Metternichs aus dem Gesichtskreis der deutschen Studentenschaft zu rücken begannen. Die Einladung löste überall Begeisterung aus. Der Gedanke einer erstmaligen übergreifenden Zusammenkunft deutscher Studenten ließ bereits in der Vorbereitung alle internen Streitigkeiten an einzelnen Hochschulorten zurücktreten und festigte die Einheit der Studentenschaft. Überschwenglich schrieben die Tübinger Studenten in ihrer Antwort u. a.: *„Wer sollte auch nicht wünschen, einem solchen Feste beizuwohnen, welches eine herrliche Veranlassung, einen so schönen Zweck, und einen so geheiligten Ort hat; einem Feste, wie noch keines gefeiert wurde, und vielleicht keines wieder gefeiert wird! [...] Mag auch immerhin mancher mit tiefer Traurigkeit sehen, wie so manche schöne Hoffnung vereitelt und so manche gerechte Erwartung des braven deutschen Volkes nicht erfüllt wurde: Den Jüngling muß die Hoffnung beleben, und das Gefühl, für die Zukunft sich mit Muth und Kraft dem Guten zu widmen, ihn mit Freude erfüllen."*[5]

Die Jenaische Burschenschaft muß sich der Zustimmung der Behörden ziemlich sicher gewesen sein, denn bei der Einladung lag die behördliche Zustimmung noch nicht vor. Erst am 21. September 1817, also über vier Wochen später, reichte sie bei der Universität einen offiziellen Antrag auf Genehmigung des Festes ein, der vom Rektor und einigen patriotischen Professoren wärmstens unterstützt wurde. Inzwischen hatten mehrere Regierungen - allen voran Hannover - von der geplanten Veranstaltung Wind bekommen und das weimarische Staatsministerium vor den gefährlichen politischen Folgen des Treffens gewarnt. Das Weimarer Ministerium ließ sich aber davon nicht beeindrucken und empfahl dem Großherzog Carl August die Genehmigung des Festes. Die Eisenacher Behörden wurden aufgefordert, dem Studententreffen Wohlwollen entgegenzubringen, die Räume der Burg zu öffnen sowie Holz für das geplante Freudenfeuer bereitzustellen. Gleichzeitig wurden die örtlichen Behörden jedoch aufgefordert, diskret Vorkehrungen für eventuell zu erwartende Exzesse zu treffen. Notfalls sollte auch, wie das Ministerium

---

[5] Antwortschreiben nach Jena, Tübingen 1. 9. 1817; bei Kieser (wie Anm. 1), S. 99-101, zit. nach Steiger (wie Anm. 1), S. 88.

empfahl, der Eisenacher Landsturm gegen die Studenten eingesetzt werden. Eisenachs Gastwirte, Metzger, Bäcker und Bierbrauer freuten sich auf ein gutes Geschäft. Mit Freude stellten die Bürger unentgeltlich ausreichend Privatquartiere zur Verfügung. Das Treffen versprach eine willkommene Abwechslung im eintönigen Alltag dieser biedermeierlichen Kleinstadt. Auch die Mädchen mögen sich in Erwartung so vieler Studenten gefreut haben. Der Gasthof zum Rautenkranz am Markt war von der Burschenschaft zum Empfangsbüro bestimmt worden. Hier gab es Quartierscheine, hier trugen sich die Teilnehmer ein. Durch Unterschrift mußte sich jeder Teilnehmer verpflichten, den Anordnungen des studentischen Festausschusses Folge zu leiten sowie weder Beleidigungen auszusprechen noch Händel anzufangen.

Hans Ferdinand Maßmann (1797-1834; Altersbildnis)
neben Friedrich Ludwig Jahn Hauptinitiator der Bücherverbrennung
auf dem Wartenberg vom 18. Oktober 1817.

Bei sonnigem Herbstwetter reisten insgesamt mehr als 450 Studenten aus fast allen Staaten des Deutschen Bundes zum Wartburgfest nach Eisenach, einzeln, häufiger in Gruppen, fast alle zu Fuß, das Bündel oder einen Ranzen auf dem Rücken. Bei einer Gesamtzahl von nur rund 8.500 damals an deutschen Universitäten Studierenden bedeutete das, daß etwa jeder zwanzigste damalige Student am Wartburgfest teilnahm. Hinzu kamen zahlreiche Altakademiker sowie deutsche und ausländische Studenten von Hochschulen, die keine Einladung erhalten hatten.[6] Zahlreiche Teilnehmer erlangten später in Politik, Literatur und Wissenschaft führende Positionen. Einigen von ihnen begegnen wir 1848/49 als Abgeordnete der Frankfurter Nationalversammlung. Zu den Teilnehmern gehörten u. a. der Dichter und Schriftsteller August Daniel von Binzer, der slowakische Dichter und Gelehrte Ján Kollár sowie der durch seinen Abenteuerroman „Rinaldo Rinaldini" (1799) bekannte Schriftsteller und Schwager Goethes, Christian August Vulpius. Aus Jena waren die liberalen Professoren Jakob Friedrich Fries, Dietrich Georg Kieser, Lorenz Oken und Christian Wilhelm Schweitzer gekommen.

Die historische Bedeutung des Wartburgfestes von 1817 für die demokratisch-rechtsstaatliche Entwicklung Deutschlands ist heute unbestritten. Malettke bezeichnet das Fest als *„die erste spontane politische Veranstaltung, in der sich freigebildete Gruppen unmittelbar und ohne obrigkeitliches Mandat oder Sanktion im Namen des ‚Volkes' und für das ganze Volk zu Wort meldeten."*[7] Der eigentliche Verlauf des Festes ist schon von den Zeitgenossen (z. T. von Teilnehmern und Augenzeugen selbst) wiederholt ausführlich dargestellt und dokumentiert worden[8], so daß wir hier nicht in Einzelheiten darauf einzugehen brauchen. Paarweise, meist schwarz gekleidet, von Glockengeläut und festlicher Musik begleitet, zogen am frühen Morgen des 18. Oktober, es war ein sonniger Herbsttag, die Teilnehmer vom Marktplatz zur Wartburg. An der Spitze des Zuges mit dem Burschenschwert[9] in der Hand schritt als *„Burgvogt"*, Ordner und Anführer des Ganzen der Jenaer Student und spätere Philosophieprofessor Karl Herrmann Scheidler. Als einzige Fahne wurde die goldumsäumte rot-schwarz-rote Fahne der Jenaischen Burschenschaft, mit einem goldenen Eichenlaub in der Mitte, mitgeführt.[10] Einer

---

[6] Über die Zahl und soziale Struktur der Teilnehmer (mit namentlicher Auflistung) vgl. Steiger, Günter: Die Teilnehmer des Wartburgfestes von 1817. Erste Ausgabe der sog. „Präsenzliste". In: Darstellungen und Quellen zur Geschichte der deutschen Einheitsbewegung im neunzehnten und zwanzigsten Jahrhundert. Bd. 4. 1963. S. 65-133; und Steiger (wie Anm. IX, S. 95ff. und S. 280f.
[7] Malettke, Klaus [Hrsg.]: 175 Jahre Wartburgfest. 18. Oktober 1817-18. Oktober 1992. In Darstellungen und Quellen zur Geschichte der deutschen Einheitsbewegung im neunzehnten und zwanzigsten Jahrhundert. Bd. 14. Heidelberg 1992. S. 26.
[8] Außer den Darstellungen von Kieser (wie Anm. 1) und Oken (s. Anm. 14) vgl. u. a. Maßmann, Hans Ferdinand: Kurze und wahrhaftige Beschreibung des großen Burschenfestes auf der Wartburg bei Eisenach am 18ten und 19ten des Siegesmonds 1817. Eisenach 1817. Zeitgenössische Quellen und Literatur bei Erman, Wilhelm und Horn, Ewald: Bibliographie der deutschen Universitäten. 1. Teil. Leipzig und Berlin 1904. S. 673-677.
[9] Heute wieder im Besitz der Burschenschaft Arminia auf dem Burgkeller-Jena.
[10] Zum Schicksal dieser *„von den Frauen und Jungfrauen zu Jena am 31. März 1816"* ge-

der vier Fahnenbegleiter - Abgesandter der Erlanger Burschenschaft - war übrigens der unglückliche Karl Ludwig Sand, dessen späterer Mord an dem russischen Staatsrat und Dramatiker August von Kotzebue (1819) einen willkommenen Anlaß zur ersten „Demagogenverfolgung" bot.

Auf der Burg gegen zehn Uhr von den Eisenacher Behörden, den vier Jenaer Professoren sowie zahlreichen Ehrengästen erwartet, ergriff zuerst Heinrich Herrmann Riemann aus Ratzeburg als von der Jenaer Burschenschaft beauftragter Sprecher das Wort zu einer mutigen, selbstbewußten und vielbeachteten Rede.[11] Als Zweck des Treffens stellte er vor allem die Verantwortung der akademischen Jugend für das Schicksal des Vaterlands in den Vordergrund, „daß wir gemeinschaftlich das Bild der Vergangenheit uns vor die Seele rufen, um aus ihr Kraft zu schöpfen für die lebendige That in der Gegenwart; daß wir gemeinschaftlich uns berathen über unser Thun und Treiben, unsere Ansichten austauschen, [...] und endlich, daß wir unserm Volke zeigen wollen, was es von seiner Jugend zu erhoffen hat, welcher Geist sie beseelt, wie Eintracht und Brudersinn von uns geehrt werden, wie wir ringen und streben den Geist der Zeit zu verstehen. "[12] Anschließend sprach Professor Fries noch ein „kurzes Wort des Gefühls". Die Feier schloß in kirchlicher Form mit dem gemeinsamen Gesang des Chorals „Nun danket alle Gott" und einem von Dürre gesprochenen Schlußsegen, wie es beim protestantischen Gottesdienst üblich ist. Danach, wie während des ganzes Festes, erklangen Lieder aus einem gerade noch rechtzeitig fertiggestellten Liederbuch.[13]

---

stifteten Fahne (heute als gemeinsamer Besitz der Jenaischen Burschenschaften Arminia a. d. Burgkeller, Germania und Teutonia im Stadtmuseum Jena; im Saal der Wartburg hängt eine größere Kopie) vgl. Volquartz, Hans: Die Insignien der Jenaischen Burschenschaft und ihre Geschichte 1815-1965. Bochum-Langendreer 1965. Vgl. außerdem Kaupp, Peter „Lasset uns eine Farbe tragen, die Farbe des Vaterlands". Von den Farben der Jenaischen Urburschenschaft zu den deutschen Farben. Ein Beitrag zur Frühgeschichte von Schwarz-Rot-Gold. In: Jahrbuch der Hambach Gesellschaft 1990/91 (1991), S. 9-44, mit farbiger Abbildung der sogen. „Wartburgfahne" S. 23. (Anm. des Hrsg.: abgedruckt im folgenden Beitrag dieser Festschrift)

[11] Abgedruckt bei Steiger (wie Anm. 1), S. 250-252. Zu Riemann vgl. Koch, Friedrich: Heinrich Arminius Riemann, der Wartburgredner von 1817. Sein Leben und Wirken. 1922. Neuauflage Lahr 1992 (mit Bild).
[12] Zit. nach Steiger (wie Anm. 1), S. 250f.
[13] „Lieder von Deutschlands Burschen zu singen auf der Wartburg am achtzehnten October des Reformationsjubeljahrs 1817".

Liste der auf dem Wartenberg verbrannten Gegenstände. Aus: Oken, Lorenz: Der Studentenfrieden auf der Wartburg. Isis oder Enzyklopädische Zeitung Bd. 1. 1817. Sp. 1557-1558.

Vor einer etwas größeren um ihn gescharten Gruppe forderte der aus Vorderösterreich stammende, vaterländisch begeisterte Naturforscher Professor Oken die freiwillige Auflösung der *„Landsmannschaften"* und die rasche Bildung von alle Studenten umfassenden einheitlichen Burschenschaften auf den Hochschulen. Es sei eine Schande, *„durch Studieren es nicht weiter gebracht zu haben, als ein Thüringer, ein Hesse, ein Franke, ein Schwabe, ein Rheinländer geblieben zu sein".* Der Student müsse *„ein universaler Kopf und ein gebildeter Deutscher"* werden, kein engstirniger *„Provinzial-Landmann".* Entschieden lehnte er die kleinstaatliche Zersplitterung Deutschlands ab, warnte aber die Studenten zugleich mit Nachdruck, politisch zu weit vorzupreschen: *„Der Staat ist euch jetzt fremd und nur in sofern gehört er euer, als ihr einst* *wirksame Theile darinnen werden könnet. Ihr habt nicht zu bereden, was im Staat geschehen oder nicht soll; nur das geziemt euch zu überlegen, wie ihr einst im Staat handeln sollt, und wie ihr euch dazu würdig vorbereitet."*[14] Gegen 14 Uhr bewegte sich der Zug in gleicher Ordnung wie beim Aufzug wieder zur Stadt zurück. Dort fand gemeinsam mit dem Landsturm ein öffentlicher Festgottesdienst in der Eisenacher Hauptkirche statt. Anschließend kam es zu einer Verbrüderung mit dem Landsturm, der eigentlich als Schutz- und Ordnungsmacht gegen die Studenten gedacht war, und zu Vorführungen Jahnscher Turnübungen vor der staunenden Eisenacher Bevölkerung.

Am Abend versammelten sich die Festteilnehmer mit dem Landsturm und Eisenacher Bürgern zu einem Siegesfeuer auf dem nahen Wartenberg. Hier artikulierte der Jenaer Philosophiestudent und Fries-Schüler Ludwig Rödiger aus der Pfalz in seiner begeistert aufgenommenen, stark religiös gefärbten, pathetischen Ansprache am schärfsten den studentischen Protest, der in den vielzitierten Worten gipfelte: *„Wer bluten darf für das Vaterland, der darf auch davon reden, wie er ihm am besten diene im Frieden. So stehn wir unter freiem Himmel und sagen das Wahre und Rechte laut. Denn die Zeit ist gottlob gekommen, wo sich der Deutsche nicht mehr fürchten soll vor den Schlangenzungen der Lauscher und dem Henkerbeil der Tyrannen und sich niemand entschuldigen muß, wenn er vom Heiligen und Wahren spricht."*[15] Für den russischen Gesandten am Berliner Hof, Franz David von Alopeus, belegte die veröffentlichte und schnell vergriffene Rede deutlich eine revolutionäre Gesinnung der Studenten. Dagegen gewann Rödiger die Sympathie Professor Kiesers und vor allem Goethes, der nach der Lektüre seinen Beifall über die Rede aussprach. Als Rödiger den Dichter und Staatsminister im Dezember 1817 aufsuchte, mußte er an sich halten, wie er später vertraulich zu den Frommanns in Jena äußerte, dem *„lieben Jungen"* nicht *„um den Hals zu fallen und ihn tüchtig zu küssen."*[16]

---

[14] Oken, Lorenz: Der Studentenfrieden auf der Wartburg. In: Isis, XI und XII, 195, 1817. Hier zit. nach Steiger (wie Anm. 1), S. 114f.
[15] Rödiger, Ludwig: Ein deutsches Wort an Deutschlands Burschen gesprochen vor dem Feuer auf dem Wartenberg bei Eisenach. (1817). S. 17f.; hier zit. nach Steiger (wie Anm. 1), S. 119.
[16] Vgl. Frommann, F. J.: Das Frommansche Haus und seine Freunde. 3. Aufl. 1889. Hier zit. nach Steiger (wie Anm. 1), S. 122.

Ludwig Rödiger (1798-1866)
während seiner Rede auf dem Wartenberg am Abend des
18. Oktobers 1817, links sitzend Hans Ferdinand Maßmann
mit dem Korb der zu verbrennenden Gegenstände.
Kupferstich des Festteilnehmers F. Flohr 1817 (Ausschnitt).
Archiv Burschenschaft Arminia auf dem Burgkeller-Jena.

Der Protest eskalierte, als einige Burschenturner unter der Anführung von Maßmann (vielleicht unter geistiger Vaterschaft von Jahn) im Anschluß an Rödigers Feuerrede außerhalb des offiziellen Programms, aber wohl mit Zustimmung der Mehrzahl der noch Anwesenden, entsprechend kommentiert, Bücher (genauer: Makulaturballen, Bücher wären zu teuer gewesen) in das Feuer warfen, darunter vor allem Schriften von Gegnern des Turnwesens und der Burschenschaft, insbesondere des Schriftstellers August von Kotzebue, des verhaßten preußischen Polizeiministers Christoph Karl Heinrich von Kamptz und des jüdischen Schriftstellers Saul Ascher. Dem Autodafé zum Opfer fielen auch ein preußischer Ulanenschnürleib, ein österreichischer Korporalstock sowie ein kurhessischer Militärzopf - Symbole der verhaßten stehenden Heere und des Protestes gegen die sich in Geiste der Heiligen Allianz immer stärker durchsetzende restaurative Politik in Deutschland - sowie als Sinnbild der französischen Fremdherrschaft ein Exemplar des Code Napoleon, des damals fortschrittlichsten Rechtswerkes und insofern kein

Ruhmesblatt für die jugendlichen Veranstalter.[17] Derartige öffentliche Bücherverbrennungen hatten schon damals eine unglückselige lange Tradition und waren den Zeitgenossen nicht unvertraut. Im übrigen unterschied sich die „*Bücherbrennung auf der Wartburg 1817*" (wie es bis heute oft fälschlich heißt) grundlegend von der berüchtigten, planmäßig von oben herab durch die Nationalsozialisten inszenierten Bücherverbrennung vom Mai 1933.[18]

Der zweite Tag des Wartburgfestes verlief für die Öffentlichkeit weniger aufregend. Noch einmal versammelten sich am 19. Oktober fast alle Studenten in den Räumen der Burg, um auf hohem Niveau und in sachlicher, von gegenseitigem Respekt getragener Diskussion Fragen der studentischen Verantwortung gegenüber dem Staat zu diskutieren. Nach dem Verlesen einer schon vor dem Fest gedruckten und am Vortag verteilten Schrift von Fries[19] ergriff Friedrich Wilhelm Carové, Sprecher der Heidelberger Burschenschaft, das Wort zur letzten großen Rede des Wartburgfestes. Selbst Katholik, hatte er die konfessionellen Gegensätze überwunden, waren ihm - anders als bei manchen Jahnjüngern - Franzosenhaß und Judenfeindschaft fremd. „*Die Standesehre der Hochschüler mit der Volksehre zu versöhnen*", ermahnte er seine Mitbrüder, und verlangte, „*daß die Willkür ende, und daß das Recht gesichert werde [...] Und wie wir kein Unrecht gegen unsere Standesgefährten mehr üben wollen, so müssen wir auch allen übrigen Ständen ihr Recht nicht verkümmern, denn so lange noch ein Stand den anderen im Staate verachtet oder befeindet, so lange ist der Staat noch kein Staat, sondern ein krankhaftes Zwittergeschöpf*"[20] Die hohe Anforderungen stellende, auf philosophischen und historischen Anforderungen aufbauende Rede Carovés „*war die bedeutendste geistige Leistung des Festes*".[21] Danach wandten sich die Teilnehmer handfesten studentischen Fragen zu, insbe-

---

[17] Eine Aufzählung und Glossierung der auf dem Wartenberg verbrannten Bücher und Gegenstände bietet Lorenz Okens Aufsatz „*Der Studentenfrieden auf der Wartburg*". In: Isis. Bd. 1, 1817. XI und XII. Nr. 195. S. 1158.
[18] Dazu vgl. die Ausführungen des DDR-Historikers Steiger (wie Anm. 1), S. 126ff. - Zur Rolle Maßmanns und Jahns vgl. auch Treitschke, Heinrich von: Deutsche Geschichte im neunzehnten Jahrhundert. Bd. 2. 2. Aufl. 1917. S. 415 u. 429 und Ssymank, Paul: Das deutsche Studententum von den ältesten Zeiten bis zur Gegenwart. Leipzig 1910, S. 183 („*ein überflüssiges Satyrspiel*").
[19] Fries, Jakob Friedrich: Rede an die deutschen Burschen. (1817).
[20] Carové, Friedrich Wilhelm: Rede gehalten am 19ten October 1817 zu denen, auf der Wartburg versammelten, deutschen Burschen. (1817). Abgedruckt bei Steiger (wie Anm. 1), S. 253f. Zitat ebd.
[21] Steiger (wie Anm. 1), S. 137.

sondere den an vielen Universitäten immer noch vorhandenen Differenzen zwischen Landsmannschaften/Corps und Burschenschaften. Feste protokollierte Abmachungen wurden einem späteren Zeitpunkt überlassen. Zum Abschluß vereinte sich noch einmal ein großer Teil der Studenten in der Eisenacher Stadtkirche, um nach dem Gottesdienst das Abendmahl zu empfangen.

Friedrich Wilhelm Carové (1789-1852),
einer der Hauptredner auf dem Wartburgfest 1817.
(Fotozentrum Friedrich-Schiller-Universität Jena)
Carové, Katholik und Sprecher der Heidelberger Burschenschaft, folgte 1818
Hegel nach Berlin, wurde 1823 Privatdozent (sp. Professor) in Heidelberg und
war 1848 Mitglied des Frankfurter Vorparlaments.
Als „philosophischer Schriftsteller bemühte er sich insbesondere um die
Aussöhnung des Katholizismus mit neuen philosophischen Richtungen"
(Biographisches Lexikon der Deutschen Burschenschaft).

Die Auswirkungen des Wartburgfestes von 1817 sind bekannt und brauchen hier nicht näher dargestellt zu werden. Die Bücherverbrennung auf dem Wartenberg, die Ermordung des Dramatikers und russischen Staatsrates August von Kotzebue durch Karl Ludwig Sand (23. März 1819) führten im September 1819 zu den berüchtigten Karlsbader Beschlüssen, zur Einsetzung der Zentraluntersuchungskommission in Mainz und zur ersten sogenannten „*Demagogenverfolgung",* der zahlreiche Burschenschafter und liberale Professoren zum Opfer fielen.

Das bleibende und in den demokratischen deutschen Verfassungen nachwirkende Erbe des Wartburgfestes sind die *„Grundsätze und Beschlüsse des achtzehnen Octobers* [1817]"[22], denen wir uns im folgenden zuwenden wollen. Ziemlich sicher sind sie in den Tagen nach dem Wartburgfest durch Riemann und seinen Mecklenburger Landsmann Karl Johann Heinrich Müller aus Penzlin Ende 1817 ausgearbeitet und in einem burschenschaftsinternen, auf der *„Grünen Tanne"* in Jena tagenden Verein, dem auch Heinrich von Gagern, der spätere erste Präsident der Frankfurter Nationalversammlung 1848/49 angehörte, intensiv beraten worden. Eingeflossen ist dabei ein programmatischer Entwurf des liberalen Kieler Arztes und Professors Franz Hegewisch [23], den dieser seinem jungen Freund, dem Kieler Burschenschafter Justus Olshausen, zum Wartburgfest mitgegeben hatte. Vermutlich hat Olshausen diesen Entwurf an Riemann weitergegeben.

Unverkennbar in Geist und Formulierungen ist in den *„Grundsätzen und Beschlüssen"* der maßvolle Einfluß des bereits mehrfach erwähnten liberalen Jenaer Philosophieprofessors und Förderers der Burschenschaft, Heinrich Luden. Schon im Hauptbericht der Mainzer Zentraluntersuchungskommission lesen wir: *„Die 'Grundsätze und Beschlüsse des achtzehnten Octobers' [...] drücken sich über das Wünschenswerte in der Verfassung und Verwaltung von Deutschland zwar in dem Sinn der Einheit und Freiheit, aber in einer ruhigen und bestimmten, von den neblichten Phantastereien der jugendlichen und älteren Wartburgredner sehr entfernten Sprache aus (§ 257). Inhalt und Form derselben möchte wohl einen erfahreneren und geübteren Denker und eine gewandtere Feder verraten, als in der Regel bei dem Alter derjenigen vorausgesetzt werden kann, die sich vor der Welt dazu hätten bekennen sollen (§ 257)."* [24]

---

[22] Erster nahezu vollständiger Druck der *„Grundsätze und Beschlüsse des 18. Octobers, gemeinsam beraten, reiflich erwogen, einmütig bekannt und den studierenden Brüdern auf andern Hochschulen zur Annahme, dem gesamten Vaterlande aber zur Würdigung vorgelegt von den Studierenden zu Jena"* bei Herbst, Ferdinand: Ideale und Irrtümer des akademischen Lebens. (1823). S. 184-205, allerdings mit zahlreichen sinnentstellenden Fehlern und deutlichen Spuren der Zensur in den Grundsätzen 30, 31 und 34. Erste quellenkritische Veröffentlichung im Anhang des Aufsatzes von Ehrentreich, Hans: Heinrich Luden und sein Einfluß auf die Burschenschaft. In: Quellen und Darstellungen zur Geschichte der deutschen Einheitsbewegung im neunzehnten und zwanzigsten Jahrhundert. Bd. 4. 1913. Neuauflage 1966. S. 109-129.
[23] *„Vorschlag zu einigen Beschlüssen, welche am 18. October auf der Wartburg gefasst und ausgesprochen werden mögen".*
[24] Zit. nach Ehrentreich (wie Anm. 22), S. 109.

Heinrich Luden (1778-1874)
Historiker in Jena seit 1807, liberaler Förderer der Burschenschaft. Gegner der Revolution und der Bücherverbrennung. Federführend an den „Grundsätzen und Beschlüssen des 18. Octobers" [1817] beteiligt. Votierte für eine republikanische konstitutionelle Monarchie.
Lithographie von Friedrich August Fricke nach Zeichnung von £. Schenk.

Wie Riemann in seinen Erinnerungen berichtet, fand die programmatische Erklärung im Kreise seiner engeren Freunde *„völlige Billigung".* Das Vorsteherkollegium lehnte es jedoch von vornherein ab, *„solche Gegenstände zur Beratung zu bringen, weil die Burschenschaft als solche sich mit politischen Fragen nicht zu befassen habe".* Dennoch wurden die *„Grundsätze und Beschlüsse"* im Januar 1818 auf einer allgemeinen Studentenversammlung in Jena nicht nur zur Beratung, sondern sogar zur Abstimmung gestellt. Einigen, vor allem Rödiger, gingen die Forderungen nicht weit genug, andere hielten sie für zu weitgehend. *„Unzweifelhaft hätten wir eine große Menge von Unterschriften erhalten",* schreibt Riemann, *„wenn nicht plötzlich Scheidler aufgetreten wäre mit den Worten: ‚Ich gebe Euch das eine zu bedenken: wenn ihr das unterschreibt, so kriegt ihr künftig keine Stellen!' [...] Und vorbei war's mit aller Teilnahme."*[25] Die Warnung Scheidlers führte dazu, daß die Grundsätze und Beschlüsse von der Jenaer Burschenschaft nicht offiziell als Programm verabschiedet wurden.

---

[25] Ebd., S. 86.

Ein Deutschland ist, Ein Deutschland soll seyn und bleiben [...]" Nr. 1 und 2 der „Grundsätze und Beschlüsse des 18. Oktobers" 1817. Manuskript, Hauptstaatsarchiv Weimar.

Die oft noch unklaren, gelegentlich von einem etwas überspannten jugendlichen Idealismus und einem träumerischen, unrealistischen Nationalgefühl getragenen Forderungen des Wartburgfestes von 1817 haben erst in den Grundsätzen und Beschlüssen ihren konkreten Niederschlag und damit eine zukunftweisende politische Bedeutung gefunden. Auch wenn sie offiziell nicht beschlossen und nicht gedruckt, wohl aber durch viele Abschriften von Gleichgesinnten heimlich in ganz Deutschland verbreitet wurden, entsprachen sie sicher der politischen Grundstimmung der Mehrheit der Jenaischen Burschenschaft. Sie sind nicht nur für die Frühzeit der burschenschaftlichen, sondern auch der deutschen Einheits- und Verfassungsbewegung überhaupt von außerordentlicher Bedeutung. Die Grundsätze und Beschlüsse wurden bald - über studentische Forderungen hinaus - zu einem ersten geschlossenen Programm des deutschen Liberalismus und zu einem wichtigen Anstoß für den deutschen Verfassungsstaat. Im Vorwort kommt die Verantwortung für das Vaterland, die Universität und die eigene Ehre deutlich zum Ausdruck: *„Wir glauben dies dem Vaterlande schuldig zu sein, das auf uns rechnen soll und will, [...] den hohen Schulen, denen wir unsere Bildung verdanken, [...] aber auch unserer eigenen Ehre [...], denn wir können es nicht gleichgültig ansehen, daß man uns als tollkühne Gesellen darzustellen sucht, welche mit dem Heiligsten, das wir kennen, mit dem Vaterlande, ein Wagstück zu unternehmen verbunden seien."*[26] Gefordert wurden vor allem die Menschen- und Bürgerrechte. Unübersehbar kommt die soziale Komponente zum Ausdruck: Wir wollen *„uns der untersten Klassen der Gesellschaft um so lebendiger annehmen, je tiefer sie im Elende sind".*[27] Fast wie eine Präambel wird im Grundsatz Nr. 1 des Wartburgprogramms die Einheit Deutschlands gefordert: *„Ein Deutschland ist, und ein Deutschland soll sein und bleiben. Je mehr die Deutschen durch verschiedene Staaten getrennt sind, desto heiliger ist die Pflicht für jeden frommen und edlen deutschen Mann und Jüngling, dahin zu streben, daß die Einheit nicht verloren gehe und das Vaterland nicht verschwinde."*[28]

Die Hauptziele der *„Grundsätze und Beschlüsse"* galten, wie es Malettke bezeichnet hat[29], der Realisierung nationaler Einheit und konstitutioneller Freiheit sowie der Verwirklichung nationaler Repräsentation und Verfassung. Sie waren gegen den Partikular- und Polizeistaat sowie die Relikte der Feudalgesellschaft gerichtet. *„Dabei verbanden sich - nicht immer stimmig - Ideen der Französischen Revolution von Freiheit, Gleichheit, Brüderlichkeit, von Demokratie und aggressivem Rationalismus mit romantischen Vorstellungen von organischer Gemeinschaft, christlichem Charakter, mittelalterlichem Kaisertum und Enthusiasmus des Gemüts."*[30] In diesem 1817/18 von Mitgliedern der Jenaischen Bur-

---

[26] Ebd., S. 116.
[27] Beschluss Nr. 11, zit. nach Ehrentreich (wie Anm. 22), S. 128.
[28] Ebd., S. 117.
[29] Vgl. Malettke (wie Anm. 7), S. 20f.
[30] Nipperdey, Thomas: Deutsche Geschichte 1800-1866. Bürgerwelt und starker Staat. 2.

schenschaft entworfenen Katalog sind die klassischen Forderungen des deutschen Liberalismus enthalten, insbesondere Freiheit der Person, Sicherheit des Eigentums, Garantie der Meinungs- und Pressefreiheit, Einrichtung von Schwurgerichten, Durchsetzung von Ministerverantwortlichkeit sowie Gleichheit vor dem Gesetz. Mit Recht hat der Verfassungshistoriker Ernst Rudolf Huber deshalb die maßvollen, in ihrem Kern die Grundpositionen des deutschen Liberalismus widerspiegelnden *„Grundsätze und Beschlüsse"* als *„das erste deutsche Parteiprogramm"* bezeichnet. *„Es ist die erste programmatische Zusammenstellung der Leitgedanken des liberalen Nationalismus in Deutschland. Im Grund änderte sich bis 1848 und auch darüber hinaus an diesem schon 1817 formulierten liberal-nationalen Programm nichts mehr."*[31] Verfassungsgeschichtlich, d.h. der *„Grundsätze und Beschlüsse"* wegen, war das Wartburgfest *„die erste Manifestation des nationaldemokratischen Prinzips in Deutschland"*[32]

Was gemeinhin (selbst bei vielen Verfassungshistorikern) wenig bekannt, geschweige denn geläufig ist: Die programmatischen *„Grundsätze und Beschlüsse"* von 1817 flossen - wie im folgenden exemplarisch an einigen ausgewählten Grundrechten gezeigt werden soll - teilweise wörtlich in die Paulskirchenverfassung von 1849, in die Weimarer Verfassung von 1919 und in das Grundgesetz der Bundesrepublik Deutschland von 1949 ein.[33] An allen drei Gesetzeswerken haben Burschenschafter, z. T. in führenden Positionen mitgewirkt. Was die Teilnehmer des Wartburgfestes bereits 1817 mit unüberhörbar ethischen Anspruch formulierten: *„Die Leibeigenschaft ist das Ungerechteste und Verabscheuungswürdigste, ein Greuel vor Gott und jedem guten Menschen"*[34], heißt in §§ 166 und 167 der Paulskirchenverfassung sinnentsprechend, nur etwas nüchterner: *„Jeder Untertänigkeits- und Hörigkeitsverband hört für immer auf [...] Ohne Entschädigung sind aufgehoben: [...] Die aus dem guts- und schutzherrlichen Verbande fließenden persönlichen Abgaben und Leistungen".*

Aufl., München 1984. S. 102f.
[31] Huber, Ernst Rudolf: Deutsche Verfassungsgeschichte seit 1789. Bd. 1. 2. Aufl., Stuttgart 1967. S. 722; ähnlich auch Nipperdey (wie Anm. 30), S. 286-300.
[32] Huber (wie Anm. 31), S. 718.
[33] Zum folgenden vgl. Kühne, Jörg-Detlef: Die Reichsverfassung der Paulskirche. Vorbild und Verwirklichung im späteren deutschen Rechtsleben. 2. Aufl., Neuwied 1998; Ders.: Verfassungspolitik 1848/49 - Impulse und Lehren. In: Burschenschaftliche Blätter. Heft 1 (1999). S. 3f., und Brunck, Helma: Von der Wartburgfeier über die Paulskirche zum Grundgesetz. Ein Rechtsvergleich mit Beispielen [mit weiterführender Literatur]. S. 9-14.
[34] Grundsatz 28, zit. nach Ehrentreich (wie Anm. 22), S. 123.

Die Bedeutung, die den „*Grundrechten des deutschen Volkes*" beigemessen wurde, zeigt sich auch darin, daß sie von der Frankfurter Nationalversammlung bereits am 27. Dezember 1848 als selbständiges Gesetz verkündet wurde. Von den 37 Mitgliedern des bereits am 24. Mai gewählten vorbereitenden Ausschusses für den Entwurf einer Reichsverfassung waren 19 alte Burschenschafter, darunter mit Christian Gottlieb Schüler (Urburschenschaft-Jena 1816) ein Teilnehmer des Wartburgfestes.[35] Das „*Gesetz betreffend die Grundrechte des deutschen Volkes*" ist von Reichsverweser Erzherzog Johann sowie von den fünf Reichsministern (unter ihnen Heinrich von Gagern) unterschrieben. Die der Verabschiedung der Reichsverfassung vorausgehenden Grundrechte waren damit für das ganze Reichsgebiet gültig. Die in 14 Artikel gegliederten 60 Paragraphen, die nach nur zwei Lesungen in Kraft traten und nach einer Überarbeitung in die Reichsverfassung integriert wurden, „*hätten das Deutsche Reich zum modernsten Staat Europas gemacht.*"[36] Die Paulskirchenverfassung von 1849 wurde zwar am 28. März 1849 jure in Kraft gesetzt, blieb aber de facto unvollzogen, da eine Reichsgründung und damit ein Inkrafttreten der Verfassung vor allem an dem Widerstand des preußischen Königs scheiterte. Am 23. August 1851 erklärte die Bundesversammlung nahezu einstimmig die „*sogenannten Grundrechte*" für aufgehoben und zwang die Einzelstaaten, eigene Grundrechtskataloge „*außer Wirksamkeit zu setzen, in so fern sie mit den Bundesgesetzen oder den ausgesprochenen Bundeszwecken in Widerspruch stehen.*"[37]

Damit war die bedeutendste Leistung der Frankfurter Nationalversammlung offiziell zur Makulatur erklärt worden. Dennoch gingen von der Paulskirchenverfassung von 1849 maßgebliche Impulse für die Weimarer Verfassung von 1919 und das Grundgesetz von 1949 aus.[38] Der Verfassungshistoriker Martin Kriele hat es zutreffend auf die knappe Formel gebracht, unser heute geltendes Grundgesetz sei der Paulskirchenverfas-

---

[35] Vgl. Kaupp, Peter: Burschenschafter in der Paulskirche. Hrsg. von der Gesellschaft für burschenschaftliche Geschichtsforschung. Dieburg 1999. S. 98 und S. 137.
[36] Kraume, Herbert: Die Grundrechte. In: Einigkeit und Recht und Freiheit. Erinnerungsstätte für die Freiheitsbewegungen in der deutschen Geschichte. Katalog der ständigen Ausstellung. Bönen/Westf. 2002. S. 206.
[37] Vgl. Protokolle der Deutschen Bundesversammlung vom Jahre 1851. Frankfurt a. Main 1851. S.272ff.
[38] Vgl. Klötzer, Wolfgang: Grundrechte und Reichsverfassung 1848/49. In: Hessen – Verfassung und Politik. Hrsg. von Bernd Heidenreich und Klaus Böhme. Stuttgart, Berlin, Köln 1997. S. 170-189. Die vollständigen Gesetzestexte bei Schuster, Rudolf [Hrsg.]: Deutsche Verfassungen. 11. Aufl., München 1979. S. 29ff. (Paulskirchenverfassung), S. 99ff. (Weimarer Verfassung) und S. 137ff. (Grundgesetz).

Die Grundrechte des deutschen Volkes.
Kolorierte Lithographie von Adolph Schröter 1849.
Historisches Museum Frankfurt am Main.

sung sehr ähnlich, nur ohne die monarchistische Komponente.[39] Von

---

[39] Vgl. Kriele, Martin: Dialektische Prozesse in der Verfassungsgeschichte. In: Verfassungsstaatlichkeit. Festschrift Klaus Stern. München 1997. S. 16, zit. nach Kühne (wie Anm. 33), S. 3.

den 809 Abgeordneten waren etwa 160 Burschenschafter.[40] Heinrich von Gagern, erster Präsident des ersten freigewählten gesamtdeutschen Parlaments, war Heidelberger und Jenaer Burschenschafter. Zwar nicht Teilnehmer des Wartburgfestes, hatte er, wie bereits erwähnt, jedoch Anteil an den Beratungen für die „*Grundsätze und Beschlüsse des Wartburgfestes*" von 1817. Sein Heidelberger Bundesbruder (Teutone) Friedrich Wilhelm Carové hatte als Mitglied des Vorparlaments weitreichenden Einfluß und seine Eindrücke vom Wartburgfest quasi in die Paulskirchenversammlung mitgenommen.

Heinrich von Gagern (1799-1880),
Heidelberger und Jenaer Burschenschafter, vor dem Paulskirchenparlament
1848. Historisches Museum Frankfurt am Main.

Das allgemeine, freie Wahlrecht ausgenommen, blieben in der Reichsverfassung von 1871 die Grundrechte ausgeklammert, ihre Fixierung wurde den Länderverfassungen überlassen. Die prinzipielle Geltung der Grundrechte war nicht zweifelhaft, sie sind nachweislich in die einfache Gesetzgebung eingeflossen. Daß Bismarck den Grundrechten keine besondere Bedeutung beimaß, ist wohl auf seine Vorbehalte gegenüber der Revolution von 1848/49 zurückzuführen. Ansonsten sicherte im Kaiserreich eine weitgehend liberale Gesetzgebungspolitik rechtsstaatlichen

---

[40] Vgl. Kaupp (wie Anm. 35) und ders.: Das Wirken von Burschenschaftern in der Deutschen Nationalversammlung 1848. In: Burschenschaftliche Blätter. Heft 1 (1999), S. 15-20.

Schutz der Bürger.[41]

Erst im Zweiten Hauptteil der Weimarer Verfassung von 1919 (Art. 109 -181) tauchen die Grundrechte wieder auf. Ursprünglich sollten sie auch hier nicht aufgenommen wurden, doch setzte der Rat der Volksbeauftragten diese durch. Die an den abgebrochenen Versuch von 1848 anknüpfenden Grundrechte der mit schwerwiegenden Strukturfehlern behafteten Weimarer Verfassung[42] galten jedoch nicht unmittelbar, sondern nur als Auftrag des Staates. Sie waren - vereinfacht dargestellt - nur nach Maßgabe der Gesetze gültig, d.h. nur nach gesetzlicher Ausgestaltung anwendbar. Die Grundrechte konnten durch einfache Gesetze weitgehend eingeschränkt werden. Eine Bindung des Gesetzgebers stand nur auf dem Papier, die Grundrechte konnten nicht verfassungsgerichtlich durchgesetzt werden. Diese Verfassung stand auch deshalb auf tönernen Füßen, weil damals der erst 1949 in das Grundgesetz eingeführte Art. 79 *„Änderung des Grundgesetzes"* fehlte, wonach eine Änderung der Zustimmung von 2/3 der Mitglieder des Bundestages und von 2/3 der Stimmen des Bundesrates bedarf. Hitler hatte leichtes Spiel, die Weimarer Verfassung 1933 in sämtlichen verfassungsmäßigen Bestimmungen für ungültig zu erklären und die rechtsstaatlichen Grundlagen außer Kraft zu setzen. Die Grundrechte wichen der Diktatur und der Menschenverachtung.[43] Von weiten Kreisen insbesondere des Bildungsbürgertums und vielen Burschenschaftern abgelehnt, waren dennoch auch Burschenschafter eng mit der Weimarer Republik verbunden; erinnert sei hier nur an den Soziologen Max Weber, der an den Vorarbeiten zur Verfassung beteiligt war, an Gustav Stresemann (1923 Reichskanzler, bis 1929 Reichsaußenminister), an Eduard David (1919 erster Präsident der Weimarer Nationalversammlung, 1910-1920 mehrfach Reichsminister) und an Hermann Robert Dietrich (zeitweise Vizekanzler bzw. Landwirtschafts- und Finanzminister).

In der Voranstellung eines unmittelbar verbindlichen Grundrechtskatalogs und des zentralen Wertes der Menschenwürde (Art. 1 Abs. 1 GG) im Grundgesetz von 1949 spiegeln sich die unmittelbar vorangegangen Erfahrungen mit dem menschenverachtenden NS-Regime. Zu den Konsequenzen aus den Schwächen der Weimarer Verfassung gehören die

---

[41] Vgl. Kühne, Jörg-Detlef: 150 Jahre Revolution von 1848/49 - Ihre Bedeutung für den Deutschen Verfassungsstaat. In: Neue Juristische Wochenschrift 21 (1998), S. 1515; und Boldt, Hans: Deutsche Verfassungsgeschichte. Bd. 2: Von 1806 bis zur Gegenwart. München 1990.S. 180.
[42] Vgl. Bracher, Karl Friedrich: Die Entstehung der Weimarer Verfassung. Hannover 1963,S. 25.
[43] Vgl. Brunck (wie Anm. 33), S. 12.

uneingeschränkte Gültigkeit der Grundrechte (Anknüpfen an die Paulskirchenverfassung) und die Einrichtung einer echten Verfassungsgerichtsbarkeit. Anders als in der Weimarer Republik sind die Grundrechte unmittelbar geltendes Recht, bei dessen Verletzung sich jeder einzelne an die Gerichte wenden kann. Dem Parlamentarischen Rat, der das Grundgesetz für die Bundesrepublik Deutschland ausarbeitete und am 8. Mai 1948 verabschiedete, gehörten auch Burschenschafter an, etwa Hermann Höpker-Aschoff (1930-1932 Reichstagsabgeordneter, 1925-1931 preußischer Finanzminister, 1951 erster Präsident des Bundesverfassungsgerichts) und Werner Hofmeister (1947-1962 niedersächsischer Landtagsabgeordneter, 1947-1950 und 1959 niedersächsischer Justizminister).

Abschließend soll das Nachwirken der „*Grundsätze und Beschlüsse*" von 1817 in den drei genannten Verfassungswerken (z. T. bis in den Wortlaut hinein) an Hand einiger Grundrechte belegt werden[44], und zwar zur Freiheit der Person, zur Gleichheit vor dem Gesetz, zur Glaubens- und Gewissensfreiheit, zur Meinungs- und Pressefreiheit sowie zum Eigentum. Die Beispiele lassen sich zwanglos vermehren, etwa um die Einebnung der Adelsprivilegien, die Petitionsrechtgewährung und die Gerichtsverfassungsvorgaben.

Ihrer Satzung entsprechend bekennt sich die Burschenschaft zur freiheitlich-demokratischen Rechts- und Gesellschaftsordnung der Bundesrepublik Deutschland. In einer Zeit, als bis tief in das Lager der bürgerlichen Parteien die Wiedervereinigung Deutschlands als politisch inopportun, ja reaktionär abgeschrieben wurde, hat die Burschenschaft unbeirrt am Ziel der Wiedervereinigung festgehalten. Damit steht die Burschenschaft bis heute in der Tradition derjenigen ihrer Bundesbrüder, die seit dem Wartburgfest von 1817 mit seinen „*Grundsätzen und Beschlüssen*" an der Schaffung der demokratischen Verfassungen in Deutschland und an der Einheit Deutschlands z. T. maßgeblich beteiligt waren.

---

[44] Ausführlicher dazu vgl. Brunck (wie Anm. 33), S. 12-14.

Zur Gleichheit vor dem Gesetz			
Grundsätze und Beschlüsse 1817 (Nr. 7 und Nr. 19)	Paulskirchen Verfassung 1849 (§ 137)	Weimarer Verfassung 1919 (Art. 109)	Grundgesetz 1949 (Art. 3)
Alle Deutsche sind Brüder und sollen Freunde sein [...] Freiheit und Gleichheit ist das Höchste, wonach wir zu streben haben, und wonach zu streben kein frommer und ehrlicher deutscher Mann jemals aufhören kann. Aber es gibt keine Freiheit als in dem Gesetz und durch das Gesetz, und keine Gleichheit als mit dem Gesetz und vor dem Gesetz. Wo kein Gesetz ist, da ist keine Freiheit, sondern Herrschaft, Willkür, Despotismus. Wo kein Gesetz ist, da ist keine Gleichheit, sondern Gewalttat, Unterwerfung, Sklaverei.	*Vor dem Gesetz gilt kein Unterschied der Stände. Der Adel als Stand ist abgeschafft. Ale Standesvorrechte sind abgeschafft. Die Deutschen sind vor dem Gesetze gleich.*	*Alle Deutschen sind vor dem Gesetze gleich.*	*Alle Menschen sind vor dem Gesetz gleich. Männer und Frauen sind gleichberechtigt. Niemand darf wegen seines Geschlechtes, seiner Abstammung, seiner Rasse, seiner Sprache, seiner Heimat und Herkunft, seines Glaubens, seiner religiösen und politischen Anschauungen benachteiligt oder bevorzugt werden.*

Zur Freiheit der Person			
Grundsätze und Beschlüsse 1817 (Nr. 28)	Paulskirchen Verfassung 1849 (§ 138)	Weimarer Verfassung 1919 (Art. 114)	Grundgesetz 1949 (Art. 2)
Das erste und heiligste Menschenrecht, unverlierbar und unveräußerlich, ist die persönliche Freiheit.	*Die Freiheit der Person ist unverletzlich. Die Verhaftung einer Person soll, außer im Falle der Ergreifung auf frischer Tat, nur geschehen in Kraft eines richterlichen, mit Gründen versehenen Befehls. Dieser Befehl muß im Augenblicke der Verhaftung oder*	*Die Freiheit der Person ist unverletzlich. Die Verhaftung einer Person soll, außer im Falle der Ergreifung auf frischer Tat, nur geschehen in Kraft eines richterlichen, mit Gründen versehenen Befehls. Dieser Befehl muß im Augenblicke der Verhaftung oder innerhalb der nächsten*	*Die Freiheit der Person ist unverletzlich. In diese Rechte darf nur auf Grund eines Gesetzes eingegriffen werden.*

| | innerhalb der nächsten vierundzwanzig Stunden dem Verhafteten zugestellt werden. | vierundzwanzig Stunden dem Verhafteten zugestellt werden. | |

Zur Glaubens- und Gewissensfreiheit

Grundsätze und Beschlüsse 1817 (Nr. 6)	Paulskirchen Verfassung 1849 (§ 144)	Weimarer Verfassung 1919 (Art. 135 und 136)	Grundgesetz 1949 (Art. 4)
Die Lehre von der Spaltung Deutschlands in das katholische und in das protestantische Deutschland ist irrig, falsch, unglückselig. Es ist eine Lehre, von einem bösen Feinde ausgegangen [...] Wir Deutsche haben alle einen Gott, an den wir glauben, einen Erlöser, den wir verehren, ein Vaterland, dem wir angehören [...] Wenn wir im Sinne dieser Einheit fromm leben und ehrlich handeln, so hat keiner von uns den andern zur Rechenschaft zu ziehen, und alle können alles dem Allerbarmer vertrauensvoll anheimgeben.	Jeder Deutsche hat volle Glaubens- und Gewissensfreiheit. Niemand ist verpflichtet, seine religiöse Überzeugung zu offenbaren.	Alle Bewohner des Reichs genießen volle Glaubens- und Gewissensfreiheit. Die ungestörte Religionsausübung wird durch die Verfassung gewährleistet und steht unter staatlichem Schutz [...] Die bürgerlichen und staatsbürgerlichen Rechte und Pflichten werden durch die Ausübung der Religionsfreiheit weder bedingt noch beschränkt. Der Genuß bürgerlicher und staatsbürgerlicher Rechte sowie die Zugehörigkeit zu öffentlichen Ämtern sind unabhängig von dem religiösen Bekenntnis. Nie-mand ist verpflichtet, seine religiöse Überzeugung zu offenbaren.	Die Freiheit des Glaubens, des Gewissens und die Freiheit des religiösen und weltanschaulichen Bekenntnisses sind unverletzlich. Die ungestörte Religionsausübung wird gewährleistet.

Zur Meinungs- und Pressefreiheit			
Grundsätze und Beschlüsse 1817 (Nr. 31)	**Paulskirchen Verfassung 1849 (§ 143)**	**Weimarer Verfassung 1919 (Art. 118)**	**Grundgesetz 1949 (Art. 5)**
Das Recht, in freier Rede und Schrift seine Meinung über öffentliche Angelegenheiten zu äußern, ist ein unveräußerliches Recht jedes Staatsbürgers, das ihm unter allen Umständen zustehen muß [...] Wo Rede und Schrift nicht frei sind, da ist überhaupt keine Freiheit, da herrscht nicht das Gesetz, sondern die Willkür. Wer das Recht des freien Gedankenverkehrs durch Rede und Schrift den Bürgern zu entziehen, zu verkümmern und wegzukünsteln sucht, der begeht Frevel an seinem Volk.	*Jeder Deutsche hat das Recht, durch Wort, Schrift, Druck und bildliche Darstellung seine Meinung frei zu äußern. Die Pressefreiheit darf unter keinen Umständen und in keiner Weise durch vorbeugende Maßregeln, namentlich Zensur, Konzessionen, Sicherheitsbestellungen, Staatsauflagen, Beschränkungen der Druckereien oder des Buchhandels, Postverbote und andere Hemmungen des freien Verkehrs beschränkt, suspendiert oder aufgehoben werden.*	*Jeder Deutsche hat das Recht, innerhalb der Schranken der allgemeinen Gesetze seine Meinung durch Wort, Schrift, Druck und Bild oder in sonstiger Weise frei zu äußern. An diesem Rechte darf ihn kein Arbeits- oder Anstellungsverhältnis hindern, und niemand darf ihn benachteiligen, wenn er von diesem Rechte Gebrauch macht. Eine Zensur findet nicht statt*	*Jeder hat das Recht, seine Meinung in Wort, Schrift und Bild frei zu äußern und zu verbreiten und sich aus allgemein zugänglichen Quellen ungehindert zu unterrichten. Die Pressefreiheit und die Freiheit der Berichterstattung durch Rundfunk und Film werden gewährleistet. Eine Zensur findet nicht statt. Diese Rechte finden ihre Schranken in den Vorschriften der allgemeinen Gesetze, den gesetzlichen Bestimmungen zum Schutze der Jugend und in dem Recht der persönlichen Ehre*

Zum Eigentum

Grundsätze und Beschlüsse 1817 (Nr. 20)	Paulskirchenverfassung 1849 (§164)	Weimarer Verfassung 1919 (Art. 153)	Grundgesetz 1949 (Art. 14 und Abs. III)
Alle Gesetze haben die Freiheit der Person und die Sicherheit des Eigentums zum Gegenstande [...] Ebenso kann einem freien Manne von seinem Besitz nur das abgefordert werden, was er selbst bewilligt oder zu geben versprochen hat. Wo ein anderer ihm nehmen kann, was er will, wann er will, soviel er will, da herrscht die Gewalt	Das Eigentum ist unverletzlich. Eine Enteignung kann nur aus Rücksicht des gemeinen Besten, nur auf Grund eines Gesetzes und gegen gerechte Entschädigung vorgenommen werden.	Das Eigentum wird von der Verfassung gewährleistet. Sein Inhalt und seine Schranken ergehen sich aus den Gesetzen. Eine Enteignung kann nur zum Wohle der Allgemeinheit und auf gesetzlicher Grundlage vorgenommen werden. Sie erfolgt gegen angemessene Entschädigung.	Das Eigentum und das Erbrecht werden gewährleistet. Inhalt und Schranken werden durch die Gesetze bestimmt [...] Eine Enteignung ist nur zum Wohle der Allgemeinheit zulässig. Sie darf nur durch Gesetz oder auf Grund eines Gesetzes erfolgen, das Art und Ausmaß der Entschädigung regelt. Die Entschädigung ist unter gerechter Abwägung der Interessen der Allgemeinheit und der Beteiligten zu bestimmen.

Vom Ringen um die Grundrechte
Eine Zeitreise

Peter Kaupp

In den Tagen, da in Preußen unter der französischen Fremdherrschaft neues innerliches Leben zu keimen begann, da sich Preußen und ihm folgend das übrige Deutschland gegen seine Bedrücker erhob, entstand eine neue Jugend mit ganz neuem Bewußtsein ihrer Aufgabe und Bestimmung. Die Jugend, die 1813 sich selbst für das gemeinsame Vaterland auf dem Schlachtfeld geopfert hatte, wollte nun, nach ihrer Rückkehr in die Hörsäle, ihr neugewonnenes sittlich-religiöses Lebensideal im gesamten akademischen Leben verwirklichen und der Zerklüftung dieses Lebens in allerlei Parteiungen und Verbindungen Einhalt gebieten. Vielerorts fand sie ein in Liederlichkeit verkommenes, dem Trunke ergebenes Verbindungsleben in den sogenannten Orden und Landsmannschaften vor, die sich gegenseitig dünkelhaft und gehässig bekämpften. Unter der Devise „*Dem Biederen Ehre und Achtung"* – so der ursprüngliche Wahlspruch der Jenaer Burschenschaft – wollte eine neue akademische Jugend alle Standesunterschiede beseitigen. Den freien Menschen zu gestalten, erstrebten sie einen alle als Glieder umfassenden Bruderbund, der sein anderes großes Ziel in der Herstellung eines einigen und freien Vaterlandes sah. Dieser Individualismus der geläuterten Studenten setzte sich in einen neuen, freien Zusammenschluß, in freie Hingabe an die Idee des Ganzen, in selbstgesetzter und verantwortungsbewußter Mitarbeit an Volk und Staat um. So wollten die Burschenschafter lebendige Zeugen des Geistes von 1813 sein, damit nicht verloren gehe, was in den Tagen der Not an freier Tat und hingebungsvollem Gemeinbewußtsein geboren war.

Das Wartburgfest von 1817 zeigte zum ersten Male Deutschlands Hochschuljugend, die von den meisten deutschen Universitäten herbeigeströmt war, geeint für das große, gemeinsame Ziel: das deutsche Vaterland, die neu errungene Freiheit gegen alle äußeren und inneren Feinde zu verteidigen. Die kriegsfreiwillige Jugend von 1813 sah immer düsterer in die Zukunft. Sie erkannte, daß fast alle ihre Erwartungen von einem erneuerten, freien Volksleben durch ihre eigenen Regierungen vereitelt wurden. So wuchs in ihr mehr und mehr der Geist der Opposition gegen den bestehenden Zustand. Schärfsten Ausdruck fand diese Opposition in der Verbrennung reaktionärer Bücher und Symbole durch einige Jahn-Jünger außerhalb des offiziellen Festes. Die Obrigkeit reagierte mit der sogenannten „*Demagogenverfolgung"*, unter der von nun an die

Burschenschaften und alle anderen liberalen Bestrebungen zu leiden hatten.

Die drohenden Maßregeln der Regierung ließen es den Verantwortlichen geboten erscheinen, ihre politischen und sozialen Zielsetzungen zu Papier zu bringen, um nicht in den Verdacht revolutionärer Umtriebe zu geraten. Ebensowenig sollte man das Wartburgfest für eine vorübergehende bloße jugendliche Aufwallung ohne jeden politischen Sinn halten. So entstanden unter der Mitwirkung des Historikers Luden, einem der vorzüglichsten Förderer der Jenenser Burschenschaft, die *„Grundsätze und Beschlüsse des 18. Oktobers"* von 1817. Das Vorsteherkollegium lehnte diese von vornherein ab, da *„die Burschenschaft als solche sich mit politischen Fragen nicht zu befassen habe"*. Karl Herrmann Scheidler – gleich Riemann einer der Mitgründer der Burschenschaft in Jena – gab seinen jungen Bundesbrüder zu bedenken: *„wenn Ihr das unterschreibt, so kriegt Ihr künftig keine Stellen!"*. Dennoch wurden die *„Grundsätze und Beschlüsse"* zur Abstimmung gestellt. Wie es immer so ist: einigen gingen sie zu weit, anderen nicht weit genug. Ergebnis: nur sieben unterschrieben die Annahmeerklärung! Offiziell unveröffentlicht, aber insgeheim in ganz Deutschland verbreitet, beeinflußten die *„Grundsätze und Beschlüsse"* dennoch maßgeblich die späteren deutschen Verfassungen, bis hin zum Grundgesetz von 1949. *„Es ist die erste programmatische Zusammenstellung der Leitgedanken des liberalen Nationalismus in Deutschland"*, so der Verfassungshistoriker Ernst Rudolf Huber. *„Im Grund änderte sich bis 1848 und auch darüber hinaus an diesem schon 1818 formulierten liberal-nationalem Programm nichts mehr"*.

Lassen wir zunächst aber noch einmal in der gefühlsbetonten Sprache ihrer Zeit einige Dokumente und Zeitgenossen aus der Zeit der Urburschenschaft und des Wartburgfestes von 1817 zu Wort kommen:

Verfassung der Jenaischen Burschenschaft von 1815:

„Freiheit und Ehre sind die Grundtriebe des Burschenlebens ... Der Zweck all der Kränzchen, Orden und Landsmannschaften war kleinlich und sündhaft, und darum haben sie ihren Untergang gefunden, oder werden und müssen ihn noch finden. - Nur solche Verbindungen, die auf dem Geist gegründet sind, auf welchen überhaupt nur Verbindungen gegründet sein sollten, auf den Geist, der uns das sichern kann, was uns nächst Gott das Heiligste und Höchste sein soll, nämlich Freiheit und Selbständigkeit des Vaterlandes, nur solche Verbindungen benennen wir mit dem Namen einer Burschenschaft."

Heinrich Herrmann Riemann: Rede auf der Wartburg-Feier, 18. Oktober 1817:

„*Vier lange Jahre sind seit jener Schlacht verflossen; das deutsche Volk hatte schöne Hoffnungen gefaßt, sie sind alle vereitelt; alles ist anders gekommen, als wir erwartet haben; viel Großes und Herrliches, was geschehen konnte und mußte, ist unterblieben; mit manchem heiligen und edlen Gefühl ist Spott und Hohn getrieben worden ... In den Zeiten der Not haben wir Gottes Willen erkannt, und sind ihm gefolgt. An dem, was wir erkannt haben, wollen wir aber auch nun halten, solange ein Tropfen Blut in unsern Adern rinnt ... daß uns nicht blenden soll der Glanz des Herrscherthrones, zu reden das starke freie Wort, wenn es Wahrheit und Recht gilt: - daß nimmer in uns erlösche das Streben nach Erkenntnis der Wahrheit, das Streben nach jeder menschlichen und vaterländischen Tugend.- Mit solchen Grundsätzen wollen dereinst zurücktreten ins bürgerliche Leben. Fest und unverrückbar vor den Augen als Ziel das Gemeinwohl, tief und unvertilgbar im Herzen die Liebe zum einigen deutschen Vaterlande.*"

Ludwig Rödiger: Feuerrede auf dem Wartenberg 18. Oktober 1817:

„*In der Noth versprach man uns ein Vaterland zu geben, ein einiges Vaterland der Gerechtigkeit ... Denn Eins hat das deutsche Volk gewonnen, die Kraft des Selbstvertrauens – es will sich nicht wiederum wiegen lassen in den ehrlosen Schlaf; es kann nicht vergessen seine Schmach und sein jauchzendes brüderliches Erwachen zum Kampf ... Wer bluten darf für das Vaterland, der darf auch davon reden, wie er ihm am besten diene im Frieden. So stehn wir unter freiem Himmel und sagen das Wahre und Rechte laut. Denn die Zeit ist gottlob gekommen, wo sich ... niemand entschuldigen muß, wenn er vom Heiligen und Wahren spricht ... Wir haben nichts zu hoffen auf die Tugenden der Väter; die haben sich gelebt; nicht auf das Blut der Brüder, die sind gestorben groß und schön. Uns ist Alles gegeben ... So wollen wir denn thun, was bei uns steht. Du aber wirst es gut verwalten, du über den Gestirnen, auf daß, wenn nach hundert Jahren abermals die Flammen lohen von den Bergen und frohe Lieder aufwärts dringen, dann an dieser Stelle bessere und mehr erleuchtete stehen, dich zu segnen und auch uns zu rühmen als ihre wackeren Vorläufer. Von uns wird dann wohl keiner mehr da sein, sondern wir alle werden in den Gräbern liegen, und auf ihnen wird ein freies, frohes und glückliches Volk leben und wirken unter der Sonne.*"

Hans Ferdinand Maßmann, 24. Januar 1818:

„Wir wollten verbrennen und haben verbrannt ...: die Grundsätze und Irrlehren der Zwingherrschaft, Knechtschaft, Unfreiheit und Ungerechtigkeit, Unmännlichkeit und Unjugendlichkeit, Geheimkrämerei und Blindschleicherei, des Kastengeistes und der Drillerei (des Leibes und der Seele), die Machtwerke des Schergen-, Hof-, Zopf-, Schnür- und Perrückenteufels, der Unschönheit und Untugend – alles Schmach des Lebens und des Vaterlandes."

Friedrich Wilhelm Carové: Rede auf der Wartburgfeier, 19. Oktober 1817:

„Um das Unrecht zu bekämpfen, haben kräftige Geister wieder die Quellen des Rechts eröffnet, und im treuen und ehrlichen Forschen neben den wahren Begriffen von Freiheit und Recht auch die Mängel der Wirklichkeit entdeckt und mit ernsten Blicken darauf hingezeigt. Ja, schon tausende von Stimmen erheben sich in unsrem Volke, und verlangen, daß die Willkür ende, und daß das Recht gesichert werde ... Und wo wir kein Unrecht gegen unsere Standesgefährten mehr üben wollen, so müssen wir auch allen übrigen Ständen ihr Recht nicht verkümmern, denn so lange noch ein Stand den anderen im Staate verachtet und befeindet, so lange ist der Staat noch kein Staat"

Heinrich von Kamptz an Großherzog Carl-August, 9. November 1817:

„Eurer Königlichen Hoheit ist es ohne Zweifel bereits bekannt, daß ein Haufen verwilderter Professoren und verführter Studenten am 18ten vorigen Monats auf der Wartburg mehrere Schriften öffentlich verbrannt und dadurch ein Geständnis abgelegt haben, daß sie zu ihrer Widerlegung unfähig. Wenn in Eurer Königlichen Hoheit Staaten wahre Denk- und Preßfreiheit wirklich blüht, so ist mit derselben eine durch Feuer und Mistgabeln, von Schwärmern und Unmündigen geübte Zensur und ein terroristisches Verfahren gegen die Denk- und Preßfreiheit in anderen Staaten gewiß nicht vereinbar, und immer wird es für die Geschichte ein Rätsel bleiben, ... wie überhaupt unser Jahrhundert und ein deutscher boden durch einen solchen recht eigentlichen Vandalismus demagogischer Intoleranz so stark entwürdig und so tief entheiligt werden konnte ... Es sind Eurer Königlichen Hoheit eigne Gesetze, ... die in Höchst Ihrem eigenen Lande, von Höchst-Ihren eigenen Dienern, von Höchst-Ihren eigenen Unterthanen öffentlich verbrannt, oder, nach Absicht jener Feuer-Censoren, öffentlich verhöhnt und beschimpft sind."

Professor Lorenz Oken, in der Zeitschrift ISIS 1817:

„*Viele, die über Deutschland Rath halten, und mehr noch, die Unrath halten, könnten die Versammlung auf der Wartburg zum Muster nehmen ... Wir halten es, des ordentlichen Betragens aller ohne Ausnahme wegen, für [unsere] Pflicht, sie zu vertheidigen und werden es thun nach dem Maaße der Kraft, welche uns Gott verliehen hat*"

Professor Dietrich Georg Kieser, 1817:

„*Wäre die Wartburgsversammlung ohne Anfechtung geblieben, so würde jetzt außer den Teilnehmern kaum Einer mehr an dieselbe denken, geschweige denn von der derselben reden. Aber die Anfechtung hat sie groß gemacht. Mit Riesenschritten hat sie Ideen entwickelt, die damals nur als dunkle Ahnungen dem jugendlichen Geiste vorschwebten und durch die siegende Geistesgewalt, mit welcher sie sich über alle Anfeindungen triumphierend erhalten hat, hat sie statt der ursprünglichen Bedeutung einer höchst unschuldigen, rein gemütlichen und andächtig-frommen Zusammenkunft jetzt die Bedeutung eines politischen Festes gewonnen.*"

Neue Speyerer Zeitung vom 27. November 1817:

„*Hört man die Nachrichten aus Berlin, so sollte man meinen, auf dem Wartenberg sey eine wahre Hexen-Nacht gefeiert worden, wozu 600 rothkäppige Studenten auf Ziegenhörnern, Besenstielen und Ofengabeln herbeygefahren, und wo es auf nichts geringeres abgesehen gewesen sey, als den Mond vom Himmel herabzureißen und über Erd und Meer wilde Stürme zu erregen*"

August von Kotzebue, im „*Literarischen Wochenblatt*", 1818 und 1819:

„*Wir bekennen, daß wir uns nicht überzeugen können, daß die sogenannte akademische Freiheit edel und liberal zu nennen sei. Denn worin besteht sie? – In nichts anderem, als in der gänzlichen Freiheit jedes Studenten, lüderlich zu leben oder nicht, die Kollegien zu besuchen oder nicht, folglich etwas zu lernen oder nicht, sein Geld zu Rathe zu halten oder zu verschwenden, seine Schulden zu bezahlen oder die Philister zu prellen, sich anständig oder närrisch zu kleiden; alles nach Belieben ... Meine Überzeugung ist: daß es Katheder. Und Stuben-Gelehrten an der nöthigen Erfahrung und Weltkenntniß mangelt, um klar in die nächste Zukunft zu schauen, und daß folglich der Same, den sie in junge Gemüther streuen, nur bittere Früchte tragen werde ... Wahrlich! Jeder Vater muß jetzt zittern, einen Sohn auf die Universität zu schicken. Er muß ge-*

rade dann am meisten zittern, wenn der junge Mann lebhaft und geistreich ist, denn die Korallenklippen der Landsmannschaften, der Burschenschaften, der Turnkunst, ja sogar der Hörsäle, wo unverständige Professoren ihm sagen, daß er berufen ist, das Vaterland zu reformieren – lauern überall auf ihn, und niemand bürgt dem sorgenden Vater für die rechte Anwendung der kostbaren und nie wiederkehrenden Zeit seines Sohnes. Wäre denn nun nicht vernünftig und zweckmäßig, wenn die Veranstaltung getroffen würde, daß der Jüngling das tun müßte, weshalb er gekommen? daß er die Kollegia besuchen müßte? Daß er sittlich leben müßte? Nichts ist lächerlicher und albernen, als die Behauptung, daß durch die Aufhebung der akademischen Freiheit – wir nennen es Zügellosigkeit – das Genie den Spielraum verliere, sich frei zu entwickeln ... Jeder, der einen sorgenvollen Blick auf unsere heranwachsenden Söhne wirft, würde derjenigen Regierung herzlich danken, die den Anfang machte, von ihren Universitäten die Studentenwillkür zu verbannen, denn – bewahre uns Gott in Deutschland vor einer Revolution! – aber, sollte sich eine ereignen, was dürften wir, nach solchen Vorfällen, von unserer Jugend erwarten? – Und das schlimmste wäre, daß sie uns vorwerfen könnten: Ihr habt es selbst nicht besser gewollt."

Professor Dietrich Georg Kieser, 1817:

„Es ist die Pflicht der Burschenschaft, alles aufzubieten, um die Welt zu überzeugen, daß sie keine Revolutionäre seien, die mit dem Vaterlande ein gefährliches und verderbliches Spiel zu wagen geneigt wären. Die Grundsätze und Ansichten, wie wir sie uns durch das Studium der Geschichte und Politik angeeignet und im Leben bisher zur Richtschnur unseres Verhaltens gemacht hätten, sollten sie daher zu Papier bringen, der Gesamtheit der Studierenden zur Anerkennung vorlegen und durch den Druck veröffentlichen."

Der Dichter Karl Leberecht Immermann, 1836:

Der Dichter Karl Leberecht Immermann (1796-1840), selbst Teilnehmer an den Befreiungskriegen, läßt in seinem Zeitroman „Die Epigonen" (1836) einen Burschenschafter zu Wort kommen: „Die Zeit ist groß, wir müssen großes leisten, um vor ihr groß zu bestehen. Eingreifen müssen wir in ihre Räder, mit dem Strome schwimmen und die Dämme und Klippen zerbrechen, welche die Hölle ihm in den Weg thürmt. Jetzt sind wir dran, das Volk aufzuklären ... Auf einen Kopf oder ein paar krummgeschossene Knochen kommt es dabei nicht an; mehr als todtmachen könne sie uns nicht. Das Reich ist eingetheilt, es geht wieder in die zehn Kreise nach Homanns Karte; das war das Sicherste. Morgen wird be-

stimmt, was aus den Fürsten werden soll, ob wir sie alle erstechen müssen oder man wenigstens in betreff einiger Gnade vor Recht ergehen kann".

Aus den "*Grundsätzen und Beschlüssen des 18. Octobers*" 1817:

Vorwort: "Es scheint uns notwendig, daß wir die Grundsätze öffentlich aussprechen, von welchen die Feier des 18ten Octobers ausgegangen ist, und welche sich in allen gemeinsamen Handlungen dieses Tages bewährt haben. Wir glauben dies dem Vaterlande schuldig zu sein, das auf uns rechnen soll und will; wir glauben es schuldig zu sein den hohen Schulen, denen wir unsere Bildung verdanken; wir glauben es aber auch unserer eigenen Ehre schuldig zu sein, denn wir können es nicht gleichgültig ansehen, daß man uns als tollkühne Gesellen darzustellen sucht, welche mit dem Heiligsten, was wir kennen, mit dem Vaterlande ein Wagstück zu unternehmen verbunden seien ... Wir legen also hier die Grundsätze öffentlich dar, wie wir sie bisher durch Leben und Lehre gewonnen haben; wir legen sie in der Klarheit, Bestimmtheit und Einfachheit dar, die wir zu erreichen fähig sind; wir legen sie auf eine solche Weise dar, wie sie nach unserer Überzeugung von allen Teilnehmern der Warburgfeier gebilligt sein würden, wenn Zeit, Ort und Verhältnisse eine allgemeine Beratung und Verständigung möglich gemacht hätten ... Wir geben sie, um uns vor dem Vaterlande zu rechtfertigen, und um vor unserm Volk und unsern Fürsten zu erscheinen, wie wir sind ... Dieses möge die Grundlage eines vaterländischen Katechismus werden und immer mehr und mehr alle Deutschen über ihre heiligsten Pflichten verständigen."

Aus den Grundsätzen

1. Ein Deutschland ist, und ein Deutschland soll sein und bleiben.
7. Alle Deutschen sind Brüder und sollen Freunde sein.
19. Freiheit und Gleichheit ist das Höchste, wonach wir zu streben haben, und wonach zu streben kein frommer und ehrlicher deutscher Mann jemals aufhören kann. Aber es gibt keine Freiheit als in dem Gesetz und durch das Gesetz, und keine Gleichheit als mit dem Gesetz und vor dem Gesetz. Wo kein Gesetz ist, da ist keine Freiheit, sondern Herrschaft, Willkür, Despotismus. Wo kein Gesetz ist, da ist keine Gleichheit, sondern Gewalttat, Unterwerfung, Sklaverei.
20. Alle Gesetze haben die Freiheit der Person und die Sicherheit des Eigentums zum Gegenstande. Ein freier Mann kann nur gerichtet werden nach Satzungen, die er selbst als richtig und notwendig anerkannt hat. Wo der Mensch zu Befolgung solcher Vorschriften, die

von anderen kommen, genötigt wird, da herrscht die Gewalt. Gehorsam gegen die Gesetze ist des freien Mannes Ehre; Unterwürfigkeit unter Vorschriften ist das Zeichen einer versklavten Seele. Ebenso kann einem freien Manne von seinem Besitz nur das abgefordert werden, was er selbst bewilligt oder zu geben versprochen hat. Wo ein anderer ihm nehmen kann, was er will, wann er will, soviel er will, da herrscht die Gewalt. Wo Auflagen stattfinden, da herrscht Despotismus, wo Abgaben stattfinden, Freiheit.

24. Das deutsche Volk soll durch frei gewählte, und aus seiner Mitte frei gewählte Vertreter unter der Sanktion der deutschen Fürsten seine Verhältnisse ordnen, die Gesetze beschließen, die Abgaben bewilligen.

25. Jeder, von welchem der Staat Bürgerpflichten fordert, muß auch Bürgerrechte haben. Wer dem Feinde gegenüber als Mann stehen, bluten und sterben soll, der darf auch in der Versammlung der Bürger als Mann stehen, gelten, sprechen.
Jeder muß zu dem Bedürfnisse des Staates nach seinem Vermögen beitragen.

26. Ehrenvorzüge mannigfacher Art können unter den Bürgern, unbeschadet der Freiheit und Gleichheit, stattfinden und scheinen in einem Staate, dessen Oberhaupt ein Fürst ist, fas notwendig zu sein. Aber sie müssen von jedem Bürger gewonnen werden können, d. h. sie müssen an keine Bedingung geknüpft sein, welche zu erfüllen auch dem größten Geiste, der edelsten Anstrengung, der erhabensten Tugend, dem ausgezeichnetsten Verdienste vielleicht unmöglich sein möchte, weil nur der Zufall sie gewährt. Die Geburt ist ein Zufall.

28. Das erste und heiligste Menschrecht, unverlierbar und unveräußerlich, ist die persönliche Freiheit. Die Leibeigenschaft ist das Ungerechteste und Verabscheuungswürdigste, ein Greuel vor Gott und jedem guten Menschen.

30. Es gibt gegenwärtig für einen deutschen Mann und Jüngling keine dringendere Pflicht, als die Wahrheit zu sagen, laut zu sagen und zu versuchen, ob er vielleicht mit dieser Wahrheit das Ohr eines Fürsten treffe und das Herz eines Fürsten rühre.

31. Das Recht, in freier Rede und Schrift seine Meinung über öffentliche Angelegenheiten zu äußern, ist ein unveräußerliches Recht jedes Staatsbürgers, das ihm unter allen Umständen zustehen muß. Dieses Recht muß das Wahlrecht des Bürgers ergänzen, wenn er die reelle Freiheit behalten soll. Wo Rede und Schrift nicht frei sind, da ist

überhaut keine Freiheit, da herrscht nicht das Gesetz, sondern die Willkür.

Über den Mißbrauch der Freiheit in Rede und Schrift kann kein Buchstabe entscheiden und kein gewöhnlicher Staatsdiener, sondern nur ein Geschworenengericht, das aus gelehrten, unabhängigen und vaterländisch gesinnten Männern besteht und öffentlich vor allem Volk seine Sitzungen hält, seine Gründe entwickelt, seinen Ausspruch tut.

32. Überhaupt sind öffentliche Gerichtspflege und das Geschworenengericht in peinlichen Fällen die sicherste Bürgschaft für die gerechte Verwaltung des Rechts. Darum ist ihre Einführung zu erwünschen und zu erstreben.

Aus den Beschlüssen

4. Jeder Studierende, der auf Ehre hält und Tugend, soll ein freier deutscher Bursche sein, keinem unterworfen, keinem nachstehend, allen gleich, nur dem Gesetze gehorchend. Nur der größere Geist und die höhere Tüchtigkeit im Leben und in der Wissenschaft soll den Vorzug finden, den man ihr freiwillig einräumt.

Zusammenfassende Bewertung

Soweit wie in Frankreich kam es in Deutschland nicht, nur eine Minderheit - auch innerhalb der Burschenschaft - beschritt den Weg revolutionärer Gewalt, viele gingen ins Exil. Die Ermordung Kotzebues durch den Burschenschafter Sand (1819) und der unter Beteiligung von 40 Burschenschaftern gescheiterte Frankfurter Wachensturm (1832) lieferten der Obrigkeit, vor allem in Preußen, einen willkommenen Anlaß zur Verfolgung aller demokratisch-liberalen Bestrebungen. Die durch die französische Februarrevolution im März 1848 ausgelöste revolutionäre Bewegung in den deutschen Staaten – unter Beteiligung zahlreicher Burschenschafter – war, anders als in Frankreich, eine bürgerliche Revolution, in der vor allem liberale Reformen und nationale Einheit gefordert wurden. Wie das Verfassungswerk der Frankfurter Nationalversammlung scheiterte die *„deutsche Revolution"* am Widerstand der beiden Großmächte Preußen und Österreich, auch daran, daß es im damaligen Deutschland kein politisches oder wirtschaftlichen Zentrum gleich jenem von Paris oder London gab. Die Machtzentren in Berlin, Wien, München, Hannover oder Dresden waren früher oder später in der Lage, der dezentralisierten Revolution ihre Kräfte entgegenzusetzen.

Nach eingehender Diskussion wurde auch hier, wie so oft in den Gesetzgebungswerken, ein mehrheitlich akzeptierter Kompromiß gefunden. Aus § 13 des vorab verabschiedeten Grundrechtgesetzes wurde schließlich § 137 der Paulskirchenverfassung in der abschließenden Fassung, in der es u. a. heißt *„Vor dem Gesetz gilt kein Unterschied der Stände. Der Adel als Stand ist aufgehoben. Alle Standesvorrechte sind abgeschafft. Die Deutschen sind vor dem Gesetze gleich ... Die öffentlichen Ämter sind für alle Befähigten gleich zugänglich. Die Wehrpflicht ist für alle gleich; Stellvertretung bei derselben findet nicht statt"*

Was gemeinhin (selbst bei vielen Verfassungshistorikern) wenig bekannt ist: Die programmatischen *„Grundsätze und Beschlüsse"* von 1817 flossen teilweise wörtlich nicht nur in die Paulskirchenverfassung von 1849, sondern auch in die Weimarer Verfassung von 1919 und in das Grundgesetz der Bundesrepublik Deutschland von 1949 ein. An allen drei Gesetzeswerken haben Burschenschafter, z. T. in führenden Positionen mitgewirkt. Das allgemeine, freie Wahlrecht ausgenommen, blieben in der Bismarckschen Reichsverfassung von 1871 die Grundrechte ausgeklammert, ihre Fixierung wurde den Länderverfassungen überlassen. Ansonsten wurden nach der Reichsgründung die Vorstellungen von 1848/49 zumindest teilweise realisiert. Daß Bismarck den Grundrechten keine besondere Bedeutung beimaß, ist wohl auf seine Vorbehalte gegenüber der Revolution von 1848/49 zurückzuführen.

Die Bonner Verfassungsgeber suchten aus den Fehlern der Vergangenheit zu lernen. Die zweite deutsche Republik sollte bessere Überlebenschancen haben als die Weimarer Republik. Anders als die um absolute Wertneutralität bemühte Weimarer Reichsverfassung betonte das Grundgesetz anerkannte Wertvorstellungen, insbesondere die Würde des Menschen (Art. 1), die freie Entfaltung der Persönlichkeit (Art. 2 I) und das Gleichheitsgebot (Art. 3 I). Insbesondere mit Rücksicht auf die vorläufige Natur des Grundgesetzes - deshalb auch *„Grundgesetz"* und noch nicht *„Verfassung"* - wurde die Zahl der Grundrechte auf die wichtigsten Menschen- und Freiheitsrechte beschränkt.

Die Burschenschaft bekennt sich zu ihrer Tradition und damit auch zur freiheitlichen demokratischen Rechtsordnung, wie sie im Grundgesetz und den in ihm enthaltenen Grundrechten festgelegt ist.

Von den Farben der Jenaischen Urburschenschaft zu den deutschen Farben
Ein Beitrag zur Frühgeschichte der Entstehung von Schwarz-Rot-Gold

Peter Kaupp

Das Ereignis ist vielfach beschrieben worden: Am Morgen des 12. Juni 1815 rieben sich die Bürger des kleinen thüringischen Universitätsstädtchens Jena verdutzt ihre Augen über das geschäftige Treiben ihrer Studenten. Auf dem Markt versammelten sich die Landsmannschaften Vandalia, Thuringia, Franconia und Curonia. Zu ihnen gesellten sich die Renoncen und eine größere Zahl von *„Finken"*. Stand etwa wieder ein Zusammenstoß mit der Universität, der Bürgerschaft oder den Handwerksburschen bevor? Manche erinnerten sich wohl an den Juni 1811, als hitzige Studenten mit den Bürgern in Händel gerieten und den Gasthof *„Zum Engel"* zu stürmen versuchten. Dabei fielen Pistolenschüsse, viele wurden verletzt. Infolge der Untersuchung wurde eine Reihe von Studenten relegiert. Vielleicht dachten sie auch an den *„Lichtenhainer Tumult"* vom Juli 1808, als es auf dem Tanzboden in Lichtenhain zu einer schweren Schlägerei zwischen Handwerksburschen und Studenten kam. Damals mußte sogar die Garnison zeitweise durch Weimarer Husaren verstärkt werden.

Die friedliche Absicht wurde indes schnell offenbar, als sich ein vereinigter Zug, die Stadtmusik voran, über die Saale nach Camsdorf in Bewegung setzte. Vor dem Gasthaus *„Zur Tanne"* wurde mit dem Arndtschen Bundeslied *„Sind wir vereint zur guten Stunde"* das ernste Fest eröffnet. Nach einer kurzen Ansprache des bisherigen Vandalenseniors Horn senkten sich die Fahnen der Landsmannschaften als Zeichen der Auflösung. Der Verfassungsentwurf wurde vorgelesen und angenommen. Aus der Mitte der 113 anwesenden Stifter wurden die Amtsträger gewählt: neun Vorsteher und 21 Ausschußmitglieder. Ein zweites Arndtsches Lied *„Was ist des Deutschen Vaterland"* - eigens für diesen Anlaß von dem Studenten Cotta vertont - beendete die Gründungsfeier der Jenaischen Burschenschaft. Ihre Ziele, Organisationsform, Symbole und Insignien - insbesondere Verfassung, Wahlspruch, Siegel, Farben, Fahne, Zirkel, Tracht, Wappen, usw. - stehen zwar in der Tradition der deutschen Studentengeschichte, unterscheiden sich aber deutlich von anderen studentischen Verbindungen. Im folgenden sollen - ausgehend von der Verfassung der Urburschenschaft - Farben und Fahne der Jenaischen Burschenschaft, insbesondere die frühe Geschichte der Entwicklung zu den deutschen Nationalfarben, näher dargestellt werden.

Die Verfassung

„Nur solche Verbindungen", heißt es knapp und präzise in der Einleitung zur Verfassung, *„die auf den Geist gegründet sind, auf welchem überhaupt nur Verbindungen gegründet sein sollten, auf den Geist, der uns das sichern kann, was uns nächst Gott das Heiligste und Höchste sein soll, nämlich Freiheit und Selbständigkeit des Vaterlandes, nur solche Verbindungen benennen wir mit dem Namen einer Burschenschaft."*
Die Einleitung darf als durchaus selbständiges Werk der jugendlichen Verfasser angesehen werden, wenngleich der Einfluß der Jenaer Professoren Kieser, Oken und vor allem Ludens unverkennbar ist. Im übrigen läßt die Einleitung Beziehungen zum Jahn-Friesenschen Plan einer *„Ordnung und Einrichtung der Burschenschaften"* (1811), der *„Allgemeine Theil"* Beziehungen zu Snells Aufruf zur Bildung einer deutschen Freischar im *„Rheinischen Merkur"* vom 7. April 1815 erkennen. Nahezu drei Viertel der Einzelbestimmungen des *„Besonderen Theils"* sind - wie Haupt nachgewiesen hat - z. T. wörtlich den Verfassungen der Jenaer Vandalia und Thuringia bzw. dem Komment der Jenaischen Landsmannschaft von 1810 entnommen worden. Neu und typisch burschenschaftlich ist jedoch der vaterländische Geist, wie er in der Einführung des allgemeinen Teils seinen Ausdruck findet: *„Sichtbar muß auf Universitäten das Volksgefühl in eigener Bildung hervortreten, damit wir uns stets des gemeinsamen Vaterlandes erinnern und stets in der allgemeinen Volkstümlichkeit fortstreben mögen. Daher soll und darf auf deutschen Universitäten nur eine Einheit bestehen, alle Studierende müssen zu einer Verbindung gehören, alle müssen Mitglieder einer Burschenschaft werden."*

Die Verfassungsurkunde der Urburschenschaft wurde am 12. Juni 1815 von den anwesenden Mitgliedern des Vorsteher-Kollegiums bzw. des Ausschusses sowie von den Gründungsmitgliedern unterschrieben. Mitglieder des Ausschusses waren die bisherigen Senioren der aufgelösten Landsmannschaften. Erster Sprecher der Jenaischen Burschenschaft war der vormalige Vandalensenior Horn. Die Namen der Unterzeichner sind in der Stammliste der Mitglieder der Jenaischen Urburschenschaft enthalten. Diese Liste blieb erhalten, die Urkunde selbst gilt als verschollen.

Schon 1910 hat Haupt darauf hingewiesen, daß es eine zweite offizielle Ausfertigung der Verfassungsurkunde gegeben haben muß, die Ende WS 1815/16 hergestellt und deshalb z. T. von anderen Beamten des zweiten Semesters unterschrieben wurde.¹ „*Zur Beglaubigung, daß diese Verfassungs-Urkunde durch das Vorsteher-Collegium und den Ausschuß der Burschenschaft vorgetragen, und von derselben gebilligt und angenommen ist*", trägt diese Urkunde die Unterschriften von 36 Burschen, darunter abermals die von Horn aus Strelitz. Der Text wurde auszugsweise 1865 von den Gebrüdern Keil², 1903 von Zeiß³, 1929 von Schulze-Westen⁴, vollständig und kommentiert 1910 von Haupt⁵ abgedruckt. Eine faksimilierte Wiedergabe der beiden ersten Seiten des allgemeinen Teils bieten Goldschmidt u. a. 1928⁶ und Volquartz 1965.⁷ Das Original dieser Ausfertigung der Verfassungsurkunde befand sich bis zur Gründung der Kameradschaft „*Metzel*" 1937 auf dem Burgkeller⁸, seit 1936 in dem dort vom Städtischen Museum und dem Kreditverein Burgkeller eingerichteten „*Jenaischen studentengeschichtlichen Museum*". Letzteres wurde 1940 in das benachbarte Städtische Museum (Weigelstraße, 1. Stock), später in die sichere abgelegene Paradiesschule verlagert. Die Fahne von 1816, das Burschenschafterschwert, das „*Namen Verzeichniß derer, welche die Jenaische Burschenschaft gestiftet haben*" (sog. „*Stammbuch*" oder „*Stammliste*") und die Verfassungsurkunde von 1815/16 wurden am 7. Mai 1945 vom Rat der Stadt Jena dem Schulleiter Spindler „*zur vorübergehenden Sicherstellung*" übergeben und am 26. März 1949 vertraglich dem Rat der Stadt Jena (Kulturamt) „*zur treuhänderischen Verwahrung und Verwaltung*" übereignet.⁹ Alle diese Objekte befinden sich heute im Stadtmuseum Jena.

---

[1] Vgl. Haupt (1915), S. 91-93. Die Stammliste der Mitglieder der Jenaer Urburschenschaft hat Haupt ebd. S. 92 f. veröffentlicht.
[2] Vgl. Keil/Keil (1865) S. 94 ff.
[3] Vgl. Zeiß (1903) S. 7-25.
[4] Vgl. Schulze-Westen (1930) S. 37-42.
[5] Vgl. Haupt (1910) S. 118-161.
[6] Vgl. Goldschmidt (1928) Urkunde Nr. 2.
[7] Vgl. Volquartz (1965) nach S. 8. Die entsprechende Wiedergabe bei Haupt (1910) S. 122-124 stimmt damit wörtlich überein. Die auszugsweise Veröffentlichung des Allgemeinen Teils bei Schneider (1897) S. 555 weicht im Wortlaut etwas von den Wiedergaben bei Zeiß und Haupt ab; sie enthält auch einige Fehler, z. B. „*Gesammtsein* (statt Getrenntsein) *der verwandten deutschen Stämme*", vor allem aber „*Den Brüdern* (statt: dem Biedern) *Ehre und Achtung*".
[8] Vgl. auch BBL, WS 1895/96, S. 77. Die Angabe bei Schneider (1897) S. 555, wonach die „allererste Urkunde der Jenaischen Burschenschaft, unterschrieben von Ulrich (?), datiert vom 12. Juni 1815" mit anderen Papieren der Urburschenschaft sich 1897 unter Aktenstück R 77 XXVI im Berliner Staatsarchiv befand, beruht entweder auf einem Irrtum oder bezieht sich auf eine spätere (fehlerhafte?) Abschrift vom Original. Unter den von Haupt (1915) S. 92 f. aufgeführten Unterzeichnern und ersten Beamten der Urburschenschaft wird Ulrich nicht erwähnt. Nach Auskunft des Zentralen Staatsarchivs Merseburg vom 22. November 1985 beginnen die unter R(ep) 77 erhaltenen Akten erst 1819.
[9] Abschriften des Schriftwechsels und des Vertrags im Archiv der Jenaischen Burschen-

Vorliegende Fotoreproduktionen belegen, daß die heute in Jena vorhandene Urkunde identisch mit der von Haupt beschriebenen und von Goldschmidt u. a. sowie Volquartz auszugsweise wiedergegebenen Urkunde ist.

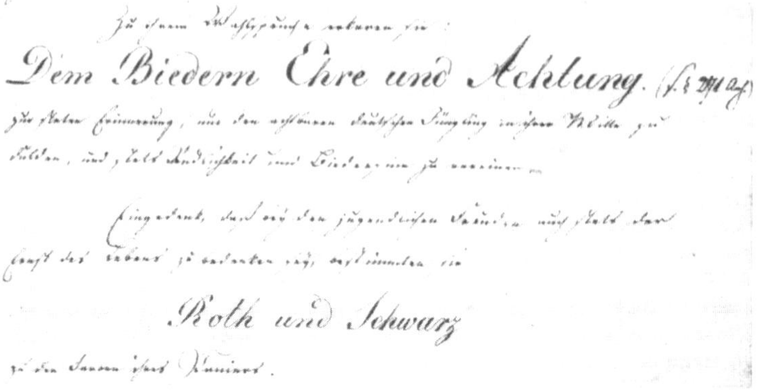
Dem Biedern Ehre und Achtung.

Roth und Schwarz

Abbildung 1: *Ausschnitt aus der Verfassungsurkunde der Jenaischen Burschenschaft (Abschrift 1815/16) mit dem ursprünglichen Wahlspruch „Dem Biederen Ehre und Achtung" sowie Benennung von „Roth und Schwarz" als „Farben ihres Paniers". (Stadtmuseum Jena)*

Von dem verschwundenen Original der Verfassungsurkunde vom 12. Juni 1815 wurde im WS 1815/16 mit Sicherheit eine, vielleicht zwei[10] oder gar drei Abschriften hergestellt, damit den vier Abteilungen, in die sich die erste Burschenschaft nach dem Alter ihrer Mitglieder gliederte[11], je eine Urkunde zur Verfügung stand.[12] Eine Abschrift befindet sich - wie erwähnt - im Stadtmuseum Jena, die andere im Besitz der Karlsruher Burschenschaft Teutonia. Die Jenaer und die Karlsruher Abschrift sind - bis auf wenige Ausnahmen[13] textgleich. An der Karlsruher Urkunde wurde mindestens seit dem 13. Januar 1816 nichts mehr geändert – allerdings mit einer bemerkenswerten Ausnahme: am 18. März 1816 beschloß die Jenaer Burschenschaft, anstelle ihres bisherigen Wahlspruches *„Dem Biederen Ehre und Achtung"* (wie er auch auf der Vorderseite des Vorderdeckels der Jenaer Abschrift enthalten ist, s. Abbildung 1) den Wahlspruch der Halleschen Teutonia, allerdings in der geänder-

---

schaft Arminia a. d. Burgkeller, Mainz, vgl. Volquartz (1965) S. 36 f. Schwert, Stammbuch und Fahne abgebildet bei Steiger (1980) S. 119.

[10] Brief von F. Ullmer an H. Haupt (Abschrift) vom 3. September 1919 (Archiv der Jenaischen Burschenschaft Arminia a. d. Burgkeller, Mainz).

[11] Vgl. Zeiß (1903) S. 20.

[12] Vgl. Benz (1907) S. 153 und Haupt (1910) S. 42 f.

[13] Vgl. Brief Ullmer an Haupt (s. Anm. 10).

ten Reihenfolge „*Ehre, Freiheit, Vaterland*", zu übernehmen. Diese Änderung findet sich in beiden Abschriften, und zwar jeweils als Zusatz von zweiter Hand.

Die Farben der Vandalia

„*Eingedenk, daß bey den jugendlichen Freuden auch stets der Ernst des Lebens zu bedenken sey*", heißt es in der Verfassung vom 12. Juni 1815 „*bestimmten sie Roth und Schwarz zu den Farben ihres Paniers ... Die Schärpen, welche bey feyerlichen Aufzügen gebraucht werden, sind schwarz und roth mit Gold durchwirkt*"[14] (siehe Abbildung 2). Rot und Schwarz waren die Farben der Lützower Jäger, die in den Befreiungskriegen gegen Napoleon I. schwarz umgefärbte Uniformen mit roten Vorstößen und Aufschlägen sowie gelben (goldenen) Knöpfen trugen. Durch die Dichtungen Körners („*Lützows wilde verwegene Jagd*"), der sich 1813 diesem Freikorps angeschlossen hatte, wurden diese Farben rasch volkstümlich.

Aus der symbolhaften Ableitung der Farben in der Verfassung der Urburschenschaft geht zunächst nicht zwingend hervor, ob die Gründer - unter denen sich zahlreiche ehemalige Lützower befanden, von denen viele (wie z. B. Horn und Riemann) zugleich Mitglied der Landsmannschaft Vandalia waren - 1815 die Farben der Lützower oder der Vandalia übernommen haben.[15] Letzteres könnte deshalb naheliegen, weil - wie Haupt nachgewiesen hat große Teile der burschenschaftlichen Verfassungsurkunde aus der Konstitution der Vandalia und dem Komment der Jenaischen Landsmannschaften übernommen worden sind. Haupt vermutet, „*daß auch die Wahl der Farben der Burschenschaft durch die Verbindungsfarben der Vandalen ... beeinflußt*"[16] wurde. Für eine mögliche Vermittlung kamen insbesondere die Vandalen Schnelle, Kaffenberger und Heinrichs in Betracht. Der Vandalensenior und Lützower Schnelle hatte aus Berlin eine Abschrift der Jahn-Friesenschen Burschenschaftsordnung von 1811 mit nach Jena gebracht. Kaffenberger und Heinrichs beide ebenfalls ehemalige Lützower und Mitglieder der Vandalia arbeiteten auf dem Burgkeller, dem Verbindungshaus der Vandalia, unter Verwendung der Jahn-Friesenschen Burschenschaftsordnung einen Verfassungsentwurf aus.

---

[14] Hervorhebung P. K
[15] Über den Ursprung der Farben der Burschenschaft und der deutschen Farben vgl. Wentzcke (1927, 1955).
[16] Haupt (1910) S. 34.

Für die von Schmidt[17] behauptete und u. a. von Bayer[18] wiederholte Behauptung, kein geringerer als Jahn habe Schwarz-Rot-Gold als Verbindungsfarben vorgeschlagen, mit der Erklärung, Schwarz-Gelb sei die alte deutsche Reichsfarbe gewesen und Rot bedeute das für die Freiheit vergossene Blut, gibt es keine Belege. Bayer[19] wie auch Keil[20] und Kalb[21] wenden sich damit gegen die zuerst von Leo (1817 Mitglied der Urburschenschaft und Teilnehmer am Wartburgfest, später Gegner der Burschenschaft) geäußerte Vermutung, daß die Jenaer Burschenschaft bei der freiwilligen Auflösung der Landsmannschaft Vandalia deren Farben Rot-Gold übernommen und ihnen das Schwarz vom Futter der Mütze des Studenten Horn hinzugefügt habe.[22]

Dieser „*Vandalen-Theorie*" - wie sie seit Fabricius[23] vor allem in der corpsstudentischen Literatur vertreten wird - steht jedoch entgegen, daß die Vandalia in Jena wie anderwärts als Panierfarben stets das dem Mittelschild des mecklenburgischen Wappens entnommene und durch Gold gehobene Blutrot führte.[24] Das fragwürdige Zeugnis von Probsthan ausgenommen (dazu s. u.), hat sich keiner der Stifter der Burschenschaft später, als die Farben Schwarz-Rot-Gold als deutsche Farben nationale Bedeutung erlangt hatten, auf das Vorbild der Vandalia berufen. Fabricius selbst entzog seiner Argumentation den Boden, als er 1898 die „*Constitution der Vandalischen Landsmannschaft in Jena vom 11. 1. 1811*" veröffentlichte und in ihr nur blutrote, nicht rotschwarze Bundesfarben fand: „*Die Farbe des Bundes ist: bluthigroth mit Gold*".[25] „*Bluthig roth gold*" (nicht Schwarz-Rot) waren auch die Farben der Vandalia zu Berlin und Rostock.[26] Der im Stadtmuseum Jena erhaltene kolorierte Kupferstich des Proektoratswechsels vom 8. August 1812 (Konrad Nr. 203) zeigt deutlich die rot-goldene Fahne der Vandalia (siehe Abbildung 2). Das burschenschaftliche Schwarz ist also hier nicht zu finden. Andererseits war Gold keine urburschenschaftliche Farbe (dazu s. u.). Außerdem ist es ziemlich unwahrscheinlich, daß die bisherigen Mitglieder

---

[17] Vgl. Schmidt (1890) S. 8
[18] Vgl. Bayer (1883) S. 25 und Anm. 18
[19] Vgl. Bayer (1883) S. 33 und Anm. 24
[20] Vgl. Keil (1883) S. 81
[21] Vgl. Kalb (1892) S. 104.
[22] Vgl. Schultheiß (1894) S. 192.
[23] Vgl. Fabricius (1894) S. 206, (1897/98) S. 298 und (1898) S. 301 ff. und 350 ff., ähnlich Borkowsky (1908), S. 251.
[24] Vgl. Haupt (1910) S. 34. Zu dieser Frage ausführlich und mit zahlreichen Belegen Wentzcke (1927) S. 121 ff. und 81 ff.
[25] Einst und Jetzt, Sonderheft 1983, S. 134. Die Constitution der Vandalia wurde erstmals von Fabricius (1898) S. 301 ff. veröffentlicht.
[26] Kater (1986) S. 14 mit Abb. S. 15.

der anderen sich zur Burschenschaft vereinigenden Landsmannschaften ohne weiteres die Farben dieser Landsmannschaft angenommen hätten. Die Farben der landsmannschaftlichen Vandalia sind übrigens nicht gleichzusetzen mit den Mecklenburger Farben. Als solche galten Blau-Rot-Gold. So befahl Herzog Carl zu Mecklenburg 1813 für alle über 19 Jahre alten Landeskinder die Anlegung einer „*Cocarde am Hute ... mit den Mecklenburgischen Farben, blau, roth, und goldgelb ... wonach also Jedermänniglich sich zu richten hat*".[27]

Abbildung 2: *Feierlichkeit. Gehalten von den Studierenden zu Jena bei dem Prorectoratswechsel am 8ten August 1812. Kolorierter Kupferstich (= Konrad Nr. 203). Der Stich zeigt deutlich die rot-goldene Fahne der Vandalia. (Stadtmuseum Jena)*

Die Farben der Thüringer

Fragwürdig ist auch der neuerliche Versuch, die Farben der Jenaischen Urburschenschaft zu den Farben der Jenaischen Landsmannschaft Thuringia bzw. dem Leipziger Corps Thuringia in Beziehung zu bringen. Die Vermutung, „*daß in den Burschenschaftler*[sic!]*farben die Grundfarbe der Vandalen kombiniert ist mit derjenigen der Thüringer, deren Bursch Scheidler neben den Vandalen unter den Gründern der Bur-*

---

[27] Hinweis von Dr. Tilse, Vandaliae Rostock, vermittelt durch Rainer Assmann III, Rhenaniae Tübingen, Guestphaliae Halle zu Münster. Die Farben führen zahlreiche Verbindungen mit Namen Obotritia.

schenschaft eine hervorragende Rolle spielte"[28], ist schon deshalb fragwürdig, weil Scheidler selbst später eine ganz andere Ableitung der Farben gegeben hat (dazu s. u.). Die Farben des Leipziger [!] Corps Thuringia, dem Körner zuletzt als Senior angehört hatte und dem er 1810 ein Bundeslied (mit der Schlußzeile *„hoch das schwarz-rot-grüne*[!] *Band"*) widmete, haben mit dem urburschenschaftlichen Rot-Schwarz sicher genauso wenig zu tun, wie die schwarz-weiß-roten[!] Farben der Jenaer Landsmannschaft Thuringia, der von den Gründern der Burschenschaft Scheidler und Vogel angehört hatten. Körner hatte, da er schon am 26. 8. 1813 in dem Gefecht bei Gadebusch gefallen war, auf die Gründung der Burschenschaft (und damit auf deren Farbenwahl) zwar einen großen ideellen, aber keinen persönlichen Einfluß.

Die Uniformfarben der Vandalen

Ernster zu nehmen ist der Versuch, Bundes- und Uniformfarben der Vandalen voneinander zu trennen und die rot-schwarzen Farben der Urburschenschaft auf die schwarz-rot-goldenen Uniformfarben der Landsmannschaft Vandalia zurückzuführen.[29] Tatsächlich heißt es in der Constitution der Jenaischen Vandalia von 1811: *„Die Landsmannschaftliche Uniform besteht in einem scharlachrothen Rock mit schwarzem Sammt am Kragen, an den Revers, an den Ärmelaufschlägen und an den Rabatten aufgeschlagen. Der Kragen wird mit einem Eichelkranz von Gold gestickt und ebenso die Armelaufschläge."* Aber auch für diese Ableitung liegt aus den Reihen der landsmannschaftlichen und anderen Gründer der Burschenschaft kein einziges Zeugnis vor. Auch ist es sicher kein Zufall, daß in der Verfassung der Burschenschaft von 1815 ausdrücklich von einem Waffenrock (statt der bei den Landsmannschaften üblichen Uniform) die Rede ist. Auch zeigte die erste Fahne der Urburschenschaft - wie noch zu zeigen sein wird - Rot und Schwarz ohne das goldene Eichenreis der Vandalen-Uniform. Gold und Eichenreis kamen erst später hinzu. Angesichts der vor allem durch die Lieder Körners entfachten nationalen Begeisterung für die Freiheitskriege und Lützows *„Schwarze Schar"* ist es außerdem wahrscheinlicher, daß sich die Jenaische Urburschenschaft bei der Farbenwahl nicht von den Jenaer Vandalen, sondern von dem Lützowschen Freikorps beeinflussen ließ. Im übrigen können weder die farbenfrohe aufwendige Vandalen-Uniform noch die nicht minder prächtige reichbestickte ebenfalls schwarz-rot-goldene, nur adeligen Ritterschaftsmitgliedern vorbehaltene mecklen-

---

[28] Kater (1986) S. 9 ff.
[29] Einst und Jetzt, Sonderheft 1983, S. 134. Hervorhebung P. K.

burgische Landstandsuniform[30] für das schlichtere und andersartige Festkleid der Jenaischen Urburschenschaft als Vorbild herangezogen werden. *„Die aus Arndts Munde laut herübertönende Mahnung zu einfacher deutscher Volkstracht führte zur Umbildung der farbenfrohen Chargiertenuniform der Landsmannschafter in einen schwarzen Waffenrock mit Aufschlägen von rotem Samt, die mit Eichelblättern von Gold verziert sein können."*[31] Die Unterkleidung bestand aus einfachen langen schwarzen Hosen. Dieses schlichte *„Festkleyd"* war der Uniform der Lützower (dazu s. u.) wesentlich ähnlicher als der prächtigen Uniform der Jenaer Vandalen. Dafür, daß die Vandalia 1811 mit den Farben Schwarz-Rot mit goldner Perkussion gegründet worden sein soll[32], liegt weder ein bildlicher noch ein textlicher Beleg vor. Das gilt auch für die Abbildung eines farbigen Stammbuchblattes von 1813, das einen Jenaer Vandalen mit schwarz-rot-goldener Schärpe zeigen soll.[33] Um die Ableitung der Farben der Jenaischen Urburschenschaft von den Farben bzw. der Uniform der Vandalia zusätzlich zu untermauern, liefert auch der Rückgriff auf die älteren Arbeiten von Erman, von Kekule und Stradonitz und Meyer-Erlach[34] keine neuen Argumente, die Wentzcke in seinem grundlegenden, 1955 überarbeiteten Standardwerk über den Ursprung der deutschen Farben nicht schon ausführlich diskutiert und widerlegt hat.

Frühe Legendenbildung: Heinrich von Treitschke und Amalie Nitschke

Letzteres gilt auch für die gelegentlich erneuerte[35], auf den Historiker von Treitschke zurückgehende, aber von diesem selbst später in Zweifel gezogene Behauptung, Amalie Nitschke habe der Urburschenschaft eine Fahne geschenkt und dafür die Farben der untergegangenen Vandalia gewählt. Schon Wentzcke hat dies als ein Beispiel dafür bezeichnet, *„wie früh sich die Legendenbildung einen festen Platz in der Geschichtsschreibung erobern konnte".*[36] Von Treitschke schrieb zwar 1885 in seiner *„Deutschen Geschichte"*: *„Ich halte es noch immer für wahr-*

---

[30] Vgl. Kater (1986) S. 12 f., farbige Abb. ebd. S. 8. Zur Ableitung von Schwarz-Rot-Gold aus den Uniformfarben der Lützower (mit Abb. eines Ulanen mit schwarz-rotem Lanzenfähnchen) bzw. aus der mecklenburgischen Landstandsuniform vgl. Schurdel (1988) S. 5 ff.
[31] Wentzcke (1955) S. 80. Hervorhebung P. K.
[32] Vgl. Kater (1986) S. 13.
[33] Vgl. Kater (1986) S. 9.
[34] Vgl. Kater (1986) S. 16 ff. mit Literaturangaben.
[35] Vgl. Kater (1986) S. 17 f.
[36] Wentzcke (1955) S. 80.

scheinlich, daß die alte Tradition, welche die Farben der Burschenschaft aus den Uniformfarben der Lützower herleitet, richtig ist."[37] Nach Abfassung des dritten Teils glaubte er jedoch zunächst, *„eine besser begründete Erklärung"*[38] gefunden zu haben. Danach habe er neuerdings im Dresdener Körner-Archiv eine Aufzeichnung des alten Lützowers Probsthan aus Mecklenburg gefunden (siehe Abbildung 3), worin dieser berichtet, daß seine Verwandte, Frl. Nitschke, in Jena der Burschenschaft bei ihrer Stiftung eine Fahne geschenkt und dazu die schwarz-rot-goldenen Farben der untergegangenen Vandalia gewählt habe. Es sei ihm (v. Treitschke) *„aber bisher nicht gelungen, ihre* (dieser Erzählung) *Richtigkeit nachzuweisen"*. In der vierten Auflage dieses Teils (1896) gibt von Treitschke fast wörtlich den gleichen Sachverhalt wieder, fügt jedoch ausdrücklich abschwächend hinzu: *„Es will mir aber nicht einleuchten, daß die im Kampfe mit den Landsmannschaften entstandene Burschenschaft sich die Farben einer Landsmannschaft angeeignet haben solle, wenn nicht etwa zufällig die Vandalen dieselben Farben trugen wie die Lützower."*[39] Es kann sich hier nur um einen Irrtum des hochbetagten Probsthan handeln, denn es gibt - wie erwähnt - bisher weder einen Beleg für schwarz-rot-goldene Farben der Vandalia, noch für die Verwendung einer entsprechenden Fahne bei Stiftung der Burschenschaft. Auch daß Probsthan als Mitbegründer die Gründung der Burschenschaft auf den Herbst 1815 legt (tatsächlich 12. Juni 1815), spricht nicht gerade für sein gutes Gedächtnis. Probsthan schreibt:

---

[37] H. v. Treitschke (1885) S. 756. Näheres bei Bender (1897/98) S. 251 und Wentzcke (1927) S. 123 f.
[38] Zum folgenden vgl. v. Treitschke (1885) S. 756. Anton Probsthan - stud. theol., am 13. Januar 1812 in die „Vandalische Verbindung" rezipiert - war ein Mitbegründer der Burschenschaft (gest. 1882). Das Dokument stammt wahrscheinlich aus dem Jahr 1875.
[39] H. v. Treitschke (1896) S. 756

> *Als im Herbst 1815 die Burschenschaft zu Stande gekommen war, wurde der Wunsch ausgeprochen, ein Panier zu haben. Ein Fräulein Amalie Nitschke in Jena, die Tante meines Schwiegersohnes, des Kaufmann Nitsche in Glogau, schenkte der Burschenschaft eine Fahne und hatte dazu die Farben der Vandalia, der Landsmannschaft der Mecklenburger, Schwarz, roth, Gold gewählt, da die Mecklenburger den Kampf gegen die Landsmannschaften mit Blut und Eisen durchgefochten und dieselben gesprengt hatten, So wurde die Fahne das Symbol der deutschen Einigkeit, und wurde 1848 überall als solches sogar bei dem Militair gebraucht, nach 1848 war die Tricolore als Symbol der Revolution verpönt, und hat der schwarz-weiß-rothen Fahne weichen müssen. Als nach 1817, nach dem Wartburfest die Dämagogen Hetze begann, wurde die Jenaische Fahne in die Schweiz gerettet, kam erst 1865 nach Jena zurück, wo sie sich noch jetzt befindet.*

Abbildung 3 *„Genealogie der deutschen Tricolore Schwarz, roth, Gold"*

Die Farben des Lützower Freikorps

Am 9. Februar 1813 baten die Majore a. D. von Lützow, von Helden gen. Sarnowski und von Petersdorff, die alle 1806/07 im Schillschen Korps gestanden hatten, in einem Immediatgesuch König Friedrich Wilhelm III. gemäß den Bestimmungen vom 3. Februar 1813 (nur Aufnahme von *„Ausländern"*, d. h. Nichtpreußen) um die Errichtung eines Freikorps. Durch Allerhöchste Kabinetts-Ordre (AKO) vom 18. Februar 1813 wurde dem Major a. D. von Lützow die Errichtung eines *„Königlich Preußischen"* (nach seinem Führer gewöhnlich *„Lützowschen"* genannten) Freikorps gestattet - u. a. mit der Auflage, *„schwarze Montirung ... nach ... noch zu gebender Vorschrift"* zu verwenden, da alte vorhandene Kleidungsstücke noch verwendet werden könnten.[40] Schon am 23. Februar 1813 konnte Scharnhorst Major a. D. von Lützow den vom König festgesetzten Etat für das Freikorps mitteilen. Für das Freikorps wurde danach die schwarze Farbe ausgewählt und bestimmt. Die Uniform der Infanterie, der Jäger-Eskadron und der Artillerie des Korps war eine lange mit zwei Reihen gelber Knöpfe besetzte Litewka aus schwarzem Tuch; Kragen, Aufschläge und Achselklappen waren ebenfalls aus schwarzem Tuch und hatten eine Einfassung aus rotem Tuch (siehe Abbildung 4). Die schwarzen Hosen hatten rote Biesen. Hinzu kam ein schwarzes Tschako mit messingner Agraffe und seitwärts herabfallen-

---

[40] Vgl. Urkundliche Beiträge ... (1914) S. 208.

dem Haarbusch bzw. eine schwarze Mütze, ähnlich dem späteren burschenschaftlichen Barett. Die Husaren- und Ulanen-Eskadrons trugen schwarze Dolmans ohne rote Einfassung. Nur die Tiroler Jägerkompanie unter Leutnant Riedl, einem ehemaligen Adjutanten Andreas Hofers, trug ihre traditionelle hechtgraue Uniform mit grünen Aufschlägen und einem aufgeschlagenen runden Hut. Dem Freikorps gehörten (entgegen der ursprünglichen Beschränkung) bald auch zahlreiche preußische Mitglieder an. Diese führten an der Kopfbedeckung die schwarz-weiße preußische Nationalkokarde, die seit der Bestimmung vom 22. Februar 1813 *„in Erwägung, daß die herzerhebende allgemeine Äußerung treuer Vaterlandsliebe ein äußeres Kennzeichen derselben für alle Staatsbürger erfordert"*[41], alle männlichen preußischen Untertanen am Hut zu tragen hatten.[42] Auch Jahn[43] hat die Uniform der Lützower in einem Brief an seine Braut in ähnlicher Weise, wie oben erwähnt, beschrieben: *„von Kopf bis zu Fuß ganz schwarz mit einem bescheidenen rothen Vorstoß und Aufschlag"*[44]. Alles in allem scheint die Ausstattung, zumindest anfangs, recht uneinheitlich, ja oft dürftig gewesen zu sein.[45] Daß aber Schwarz und Rot als die charakterisierenden Farben des Lützowschen Freikorps galten, geht schon aus verschiedenen Liedern des frühverstorbenen Dichters Theodor Körner (1791-1813), Adjutant Lützows, hervor, z. B.

Lied der schwarzen Jäger
Noch trauern wir im schwarzen Rächerkleide
Um den gestorbnen Muth,
Doch fragt man euch, was dieses Roth bedeute,
Das deutet Frankenblut."

Der Dichter Immermann, selbst Teilnehmer der Freiheitskriege, schrieb, daß die Lützower *„zum Zeichen, alle Farben des deutschen Lebens erst wieder aufblühen sollten, das farblose Schwarz trugen"*.[46] Napoleon I. nannte sie *„brigands noirs"* (schwarze Briganten). In Körners wohl berühmtesten Lied „Lützow's wilde Jagd" (1813) ist von *„schwarzen Ge-*

---

[41] Zit. nach Förster (1856) S. 150.
[42] Vgl. Urkundliche Beiträge ... (1914) S. 48 f
[43] Friedrich Ludwig Jahn wurde mit Kabinetts-Ordre vom 5. März 1813 als Sekondeleutnant in das Lützowsche Freikorps aufgenommen.
[44] Zit. nach Euler (1881) S. 278 f. Fast wörtlich in *„Der Abend in Mattiach"*, F. L. Jahns Werke Bd. 1 (1884) S. 501, vgl. ebd. Anm. 1 und Pröhle (1872) S. 122. Zur (Farb)Gestaltung der Lützowschen Uniform vgl. im wesentlichen übereinstimmend Förster (1864) S. 252, v. Mila (1878) S. 332 f., v. L. (1884)
[45] Vgl. Rapport vom 6. Juni1813, Stawitzky (1889) S. 42 und Urkundliche Beiträge ... (1914) S. 213.
[46] Zit. Nach v. Jagwitz (1892) S. 19

sellen", „schwarzen Jägern"', „schwarzen Reitern" usw. die Rede.

Abbildung 4: *Von den Uniformfarben des Lützowschen Freikorps übernahm die Burschenschaft die Farben Schwarz-Rot-Gold.*
(Gemälde von W. Friedrich [geb. 1846]: In der Dorfkirche von Rogau. Einsegnung des Lützowschen Freikorps vor dem Auszuge in den Kampf [28. März 1813], Ausschnitt.
Aus: Hermann-Müller-Bohm: Die deutschen Befreiungskriege Bd. 1, Berlin 1907, nach S. 320)

Abbildung 5:Das Gemälde von Georg Friedrich Kersting (1788-1857). Theodor Körner, Friesen und Hartmann auf Vorposten' (1815) zeigt rechts stehend Karl Friedrich Friesen (1784-1814, Turnlehrer und engster Mitarbeiter Jahns, zeitweise Adjutant v. Lützows), links sitzend den Dichter Karl Theodor Körner (1791-1813) und vor ihm liegend Hartmann - alle in den schwarz-roten Uniformfarben des Lützowschen Freikorps. Die Ähnlichkeit der Lützowschen Uniform (einschließlich der barettähnlichen Kopfbedeckung) mit der ‚altdeutschen' Tracht der Burschenschaft ist auffallend. (Nationalgalerie, Staatliche Museen Preußischer Kulturbesitz, Berlin)

Die schönste zeitgenössische farbige Darstellung stammt von dem Maler

Kersting, selbst Mitglied des Lützowschen Freikorps.[47] Sein Gemälde *„Theodor Körner, Friesen und Hartmann auf Vorposten"* (1815, Neue Nationalgalerie, Berlin-Charlottenburg) zeigt rechts stehend Karl Friedrich Friesen (1784-1814, Turnlehrer und engster Mitarbeiter Jahns, später Lützows persönlicher Adjutant; verfaßte 1811 mit Jahn die *„Ordnung und Einrichtung der Burschenschaften"*), links sitzend den Dichter Karl Theodor Körner (1791-1813), vor ihm lagernd Hartmann - alle in der schwarz-roten Uniform des Lützowschen Freikorps (siehe Abbildung 5). Eine andere farbige Darstellung fertigte der Lützower Oberjäger und passionierte Waidmann Meckel von Hembsbach.[48] Aus späterer Zeit stammen die Darstellungen von Kaiser[49], Knötel[50] und vor allem Hodlers berühmter *„Aufbruch der Jenenser Studenten"* (1909, Öl auf Leinwand, Schiller-Universität Jena).

Wentzcke irrt in seiner Annahme, daß die Lützower keine Fahnen besessen hätten.[51] Durch Allerhöchste Königl. Kabinetts-Ordre (AKO) vom 1. Januar 1815 wurde dem Infanterie-Regiment des Freikorps eine Fahne als Auszeichnung verliehen.[52] Von den dem Lützowschen Regiment (bzw. dem am 25. 3. 1815 aus demselben formierten Infanterie-Regiment Nr. 25) durch die AKO vom 3. Juni 1814, 28. September 1814 und 15. Juni 1815 zuerkannten drei neuen Fahnen wurden den Musketier-Bataillonen die ihnen bestimmten wegen ihres Verhaltens in der Schlacht bei Ligny (16. Juni 1815) durch die AKO vom 26. September 1815 vorenthalten, dem Füsilier-Bataillon dagegen die seinige am 1. November 1815 übergeben. Den Musketier-Bataillonen wurden die Fahnen gemäß AKO vom 24. Januar 1816 neu verliehen.[53] Mit Sicherheit führte demnach das Freikorps vor 1815 noch keine Fahne. Keine der später

---

[47] Georg Friedrich Kersting (1785-1847) folgte im April 1813 dem politischen Aufruf Theodor Körners und schloß sich - wie Joseph von Eichendorff, C. G. S. Heun (Heinrich Clauren), F. H. K. de la Motte Fouque, die Maler Friedrich Olivier, Philipp Veit und andere Künstler - dem Lützowschen Freikorps an. Von Kügelgen und Caspar David Friedrich mit Waffen und Geld ausgestattet, erhielt er von Goethe, der damals in Dresden weilte, den Waffensegen. Friedrich Förster, selbst Oberjäger im Lützowschen Freikorps, zufolge soll er Eleonore Prohaska, die sich als Mädchen dem Freikorps angeschlossen hatte, in ihrer Todesstunde am 5. Oktober 1813 Beistand geleistet haben. Als Leutnant kehrte Kersting hochdekoriert aus dem Freiheitskrieg zurück.
[48] August Albrecht Meckel von Hembsbach (1789-1829) gehörte zu den ersten Freiwilligen des Lützowschen Freikorps und avancierte dort zum Kompanie-, später zum Bataillons-Chirurgus. 1817 wurde er a. o. Professor der Medizin und Prorektor an der Universität Halle. Er starb 1829 als Professor der Anatomie in Basel.
[49] Abgebildet bei Stawitzky (1889).
[50] Abgebildet bei Knötel/Sieg (1937).
[51] Vgl. Wentzcke (1955) S. 85.
[52] Vgl. v. L. (1884) S. 26, so auch Stawitzky (1889) S. 21 und v. Jagwitz (1892) S. 256.
[53] Vgl. Geschichte der Kgl. Preußischen Fahnen ... (1889) S. 228.

verliehenen Fahnen zeigte jedoch den (damals noch gänzlich unüblichen) Dreifarb Schwarz-Rot-Gold. Allerdings wissen wir aus einer zeitgenössischen Darstellung, daß die Lützowschen Ulanen neben schwarzweißen auch schwarzrote[!] Lanzenfähnchen ohne jeden weiteren Zusatz führten[54] (siehe Abbildung 6) - nicht anders, wie die preußischen Ulanenregimenter ihre jeweiligen „Uniformfarben" und erst seit AKO vom 13. März 1815 die schwarz-weißen „Landesfarben" führten.

Abbildung 6: August Albrecht Meckel von Hembsbach (1789-1829)
Szene aus dem Leben des Lützowschen Freikorps.
Die Ulanen führten neben schwarz-weißen auch schwarz-rote Lanzenfähnchen.

Die Annahme einer schon 1813 (1812?) von den Berliner Frauen den Lützowern gestifteten Fahne aus rot und schwarzer Seide mit Goldfransen und der in Gold gestickten Inschrift „Mit Gott für's Vaterland", in deren Farbzusammenstellung man wohl später die Farben der „schwarzen Schar" erkennen wollte[55], wurde vom König abgelehnt. „*Dem von Lützowschen Freikorps die unter den patriotischen Geschenken bei ihnen eingegangene Fahne nach ihrem Antrage vom 29. d. M. zu verleihen*", schrieb König Friedrich Wilhelm III. am 8. April 1813 aus Breslau dem Antragsteller Staatsrat Graf zu Dohna-Wundlaken nach Berlin, „*muß Ich Bedenken nehmen, da Ich noch keinem von den neu errichte-*

---

[54] Vgl. Knötel/Sieg (1937) S. 44 und Pietsch (1966) S. 322.
[55] Wentzcke (1965) S. 101.

ten und zum Theil auch schon ins Feld marschirten Bataillonen und anderen Truppentheilen Fahnen bewilligt habe. Außerdem weicht die Form der oben bemeldeten sehr von der Form derjenigen ab, welche von Mir gegeben werden".[56] Diese Fahne wurde Jahn übergeben, wahrscheinlich als er 1813 vorübergehend in Lützower Uniform in Berlin weilte und von Gymnasiasten des *„Grauen Klosters"* bewundert und gefeiert wurde. Obwohl sie der Berliner Dürre - ein Schüler Jahns, ebenfalls Lützower und später Mitglied der Jenaischen Urburschenschaft - auf dem Weg zum Sammelpunkt Breslau bis nach Dresden gebracht hatte, zum *„sichtbaren Heerzeichen ist sie nicht geworden".*[57] Dürre selbst erwähnt, daß sie *„nie vor dem Feinde, selbst nicht zur Parade geflattert" habe.*[58] Von Treitschkes Annahme, daß die Lützower *„eine goldgestickte, schwarzrothe Fahne"*[59] geführt hätten, ist demnach irrig. Förster berichtet in seiner *„Geschichte der Freiheitskriege"*, daß in Jahns Dresdner Quartier Anfang April 1813 dieses für den Aufstand bestimmte deutsche Banner aufgepflanzt gestanden hätte.[60] In der Folgezeit hat Dürre die Fahne aufbewahrt und mitgeführt. Sie wurde zeitweilig unter einer Altardecke aufbewahrt. Die Lützower, darunter Studenten, Landsmannschafter und spätere Gründer der Burschenschaft, dürften sie gekannt haben. *„Da die Lützower sich mehr als deutsche denn als preußische Einheit begriffen, kann man ihr Feldzeichen als erste Fahne gesamtdeutschen Charakters in Schwarz-Rot-Gold bezeichnen".*[61] Daß der Lützower Jahn an dem Entwurf der Berliner Fahne mitgewirkt hat, ist nicht belegt, aber nicht auszuschließen. In den Nachträgen zu *„Jahns Leben"* von Eduard Dürre (in diesen Aufzeichnungen, Tagebüchern und Briefen, 1881 von seinem Sohn E. F. Dürre herausgegeben, der 1810 bis 1819 Jahn fast täglich in Berlin sah, ist darüber nichts enthalten. Über das weitere Schicksal dieser Fahne ist nichts bekannt, sie blieb leider nicht erhalten.

Dafür, daß die burschenschaftlichen Farben aus der Uniformtracht der Lützower abzuleiten sind[62], spricht nicht nur die burschenschaftliche Tradition, sondern auch die ausdrückliche Beschreibung der Festtracht

---

[56] Zit. nach Geschichte der Kgl. Preuß. Fahnen ... Bd. 2 (1889) S. 24, vgl. Wentzcke (1927) S. 134 ff. und (1955) S. 85 mit der jeweils dort angegebenen Literatur sowie Schurdel (1988) S. 5.
[57] Wentzcke (1955) S. 85.
[58] Dürre (1859) S. 45, zit. nach Wentzcke (1955) S. 85.
[59] H. v. Treitschke (1882) S. 422.
[60] Vgl. Förster (1864) S. 252.
[61] Schurdel (1988) S. 5.
[62] Vgl. Wentzcke (1927) S. 222 und ihm folgend Steiger in: Geschichte der Universität Jena (1958) S. 546.

in der Verfassung vom 12. Juni 1815 *(„... erwählten sie zu ihrem Feierkleide einen schwarzen Waffenrock mit Aufschlägen von rotem Sammet, die mit Eichelblättern von Gold verziert seyn können")* und das im wesentlichen übereinstimmende (wenngleich aus sehr viel späterer Zeit stammende) Zeugnis der Gründer Riemann, Horn und Scheidler. Anläßlich der 300-Jahrfeier der Universität Jena 1858 bestätigte Riemann (Vandale, Lützower, Festredner auf dem Wartburgfest von 1817): *„Die Burschenschaft trug, treu ihrem Ursprunge, die Farben der Lützower, nämlich schwarz und roth mit goldener Paspelierung."*[63] Ähnlich äußerten sich bei gleichem Anlaß Horn (Senior der Landsmannschaft Vandalia, neben Körner Flügelmann in der 1. Jägerkompanie des Lützower Freikorps, wie Riemann Mitbegründer der Jenaischen Burschenschaft und deren erster Sprecher) und bei der 50-Jahrfeier der Deutschen Burschenschaft 1865 Scheidler (ebenfalls alter Lützower und Mitbegründer der Burschenschaft): *„Wir in Jena wählten die Lützower Farben"*, schreibt Horn. *„Wenn Herr Professor Leo*[64] *in seinem Volksblatt hat behaupten wollen, daß meine Vandalenmütze das Roth zum schwarz-rothgoldnen Bande geliefert habe, so ist das ein historischer Irrthum von dem ‚großen' Historiker in Halle."*[65] Etwas mehrdeutig äußert sich Scheidler: *„Ihre Farben - schwarzrothgold - waren eigentlich zunächst die vom König Friedrich Wilhelm III. für das Lützow'sche Freicorps gewählten ... Jene Farben waren allerdings zugleich die alten deutschen Reichsfarben [?] und ließen überdies eine auch mehrfach gegebene symbolische Bedeutung zu, wie u. a. Horn sie bei unserem Jubiläum 1858 gab: „Schwarz als Bezeichnung der Nacht, die während der Fremdherrschaft über Deutschland lag, gold die Morgenröthe der errungenen Freiheit und roth das Herzblut, mit dem sie erkämpft ward."*[66] Im Kern werden diese Angaben der drei Mitbegründer der Urburschenschaft auch von Dürre[67] und den Gebrüdern Keil[68] bestätigt.

Die Fahnen der Urburschenschaft

Kronzeugen für die Ableitung von Schwarz-Rot-Gold aus den urburschenschaftlichen Farben Rot und Schwarz sind die beiden ältesten er-

---

[63] Riemann (1858)
[64] Heinrich Leo (1799-1878), Historiker, Professor in Jena und Halle, 1817 Mitglied der Jenaer Burschenschaft und Teilnehmer am Wartburgfest, zunächst Anhänger der politisch-radikalen *„Gießener Schwarzen"*, später führender Konservativer und Gegner der Burschenschaft.
[65] Karl Horn in: Fritz Horn (Sohn) (1859) S. 55.
[66] Scheidler (1865) S. 98.
[67] Vgl. Dürre (1881) S. 194.
[68] Vgl. Keil/Keil (1858) S. 363 und (1883) S. 69 ff.

haltenen Fahnen mit den deutschen Farben in Mainz und Jena. Daß schon bei der Gründung der Jenaischen Burschenschaft am 12. Juni 1815 eine eigene Fahne mitgeführt wurde - wie es allgemein angenommen wird[69] - ist allenfalls zu vermuten (solche Fahnen besaßen die alten Landsmannschaften und auch die 1814 gegründete Jenaer Wehrschaft), aber aus zeitgenössischen Quellen nicht zu belegen. So erwähnen z. B. weder Friedrich Heinrich Ranke (ein Bruder des Historikers Leopold von Ranke, 1816 Mitglied der Urburschenschaft) in seinen *„Jugenderinnerungen"*, noch Bechstein in seinem *„Berthold der Student oder Deutschlands erste Burschenschaft"* bei ihrer Schilderung der Gründungsfeier eine Fahne der Burschenschaft. Eine zeitgenössische bildliche Darstellung der Gründungsfeier ist nicht bekannt und auch bei Konrad[70] nicht nachgewiesen. Eine Fahne wird erstmals bei den Feiern zur Erinnerung an den Sieg von Belle Alliance (18. Juni 1816), den Einzug in Paris und die Völkerschlacht bei Leipzig (18. Oktober 1815) erwähnt.[71] Ullmer gibt - leider ohne näheren Beleg - an, daß die Fahne *„aus zwei einfachen gleichbreiten rot-schwarzen Bahnen ohne weiteren Schmuck"* bestand, *„nur ein Semester ... im Gebrauch (war)"* und *„wohl zum erstenmal bei der zweiten Siegesfeier der Schlacht bei Leipzig am 18. Oktober 1815 ... öffentlich geführt (wurde)"*.[72] Aus Berichten sowie von Darstellungen auf studentischen Stammbuchblättern wissen wir, daß die Burschenschaft bei der mehrtägigen Friedensfeier der Universität und der Stadt (anläßlich des am 20. November 1815 beschlossenen 2. Pariser Friedens) vom 18.-21. Januar 1816 eine Fahne mitführte. Nach dem Bericht von Frommann (1816 Mitglied der Urburschenschaft) wurde am 18. Januar 1816 beim Zug vom Collegiengebäude in die Stadtkirche zum Gottesdienst *„die Fahne der Burschenschaft"* mitgeführt. Dann zogen die Burschen zum Markt und stellten sich dort, in der Mitte der Fahne, in einem großen Viereck zum gemeinsamen Gesang auf. Am nächsten Tag pflanzte die Burschenschaft zusammen mit dem Landsturm auf der Brandstätte von 1806 eine junge Eiche.[73] Diese älteste Fahne der Jenaischen Burschenschaft bestand aus zwei gleichbreiten Bahnen. Ob sie oben Rot oder Schwarz zeigte, ist aus den beiden auf zeitgenössischen Stammbuchblättern vielfach abgebildeten kleinformatigen Schwarz-Weiß-Darstellungen nicht eindeutig zu erkennen. Der Schraffur nach scheint auf dem Blatt *„Die Pflanzung der freien Eiche am 19. Januar*

---

[69] So. z. B. Volquartz (1965) ,S. 13 und 18.
[70] Vgl. Konrad (1931).
[71] Vgl. Volquanz (1965) S. 13 (mit falschem Datum), Ullmer (1927/28) S. 10 und Wentzcke (1955) S. 80.
[72] Ullmer (1927/28) S. 10.
[73] Vgl. Haupt (1913) S. 44 f.

1816 am Friedens-Feste zu Jena"[74] Schwarz oben, auf dem Blatt *„Gottesdienstlicher Gesang auf öffentlichem Markte durch die Studierenden gehalten am Friedens-Feste, den 18. Jan. 1816"*[75] das (verfassungsgemäße!) Rot oben abgebildet zu sein. Zum Glück sind von letzterem zwei kolorierte Striche erhalten. Das Stammbuch Wilpert aus Aust/ Kurland[76] - erhalten in der Stadtbibliothek Jena - zeigt (siehe Abbildung 7) Rot oben. Ein von Mahl 1966 entdecktes Stammbuchblatt zeigt auf der datierten Schauseite den gleichen (ebenfalls kolorierten) Kupferstich. Die zweibahnige Fahne zeigt ebenfalls Rot oben. Die Widmung auf der Rückseite des Blattes stammt von Jenaer Theologiestudenten König I. vom August 1818.[77] Diese beiden Stammbuchblätter belegen, daß die Urburschenschaft von einem Dreifarb Schwarz-Rot-Gold noch nichts wußte. Sie widerlegen aber auch die Theorie vom Fortbestand der *„Vandalenfarben"*, in denen ja das Gold nicht fehlen dürfte.

Abbildung 7: *Koloriertes zeitgenössisches Stammbuchblatt mit Abbildung der ersten rot-schwarzen Fahne der Jenaischen Burschenschaft (= Konrad Nr. 213a 1).*
(Stammbuch Gustav Wilpert, Universitätsbibliothek Jena)

---

[74] Abb. in BBl., SS 1894, Nr. 6, S. 153, ferner bei Schneider (1897) S. 38, Borkowsky (1908) S. 252 und Steiger (1967) Bildteil Nr. 5; vgl. Konrad (1931) Ziff. 213a, Nr. 1.
[75] Abb. in BBl., SS 1894, Nr. 6, S. 152 und bei Borkowsky (1908) S. 253; vgl. Konrad (1931) Ziff. 213a, Nr. 3.
[76] Stud. iur., imm. 13. 12. 1814, Curone, Mitglied der Urburschenschaft, gest. 1851 in Riga als Rechtsanwalt.
[77] Mahl in: 150 Jahre Berliner Burschenschaft ... (1968) S. 61-66. Carl König, geb. in Mühlhausen (Sachsen), vor Jena in Halle, gest. 1846 in Anderbeck bei Halberstadt als Superintendent.

Diese Friedens- und Eichplatzfeier mag die Frauen und Jungfrauen Jenas angeregt haben, der jungen Burschenschaft ein neues farbenprächtigeres und repräsentativeres Banner zu stiften. Bereits zwei Monate später war es fertig. Am 31. März 1816 wurde zur Erinnerung an den zweiten Jahrestag der Einnahme von Paris auf dem Eichplatz ein ähnliches Fest gefeiert. Zu diesem Anlaß erhielt die Jenaische Burschenschaft von den *„Frauen und Jungfrauen zu Jena"* eine prächtige neue, in (Carmoisin)Rot-Schwarz-Rot dreigeteilte, goldumsäumte und mit einem goldenen Eichenzweig in der Mitte versehene Fahne, auf der links roten Bahn in schwarzer Seide die Widmung in deutscher Frakturschrift: *„Von den Frauen und Jungfrauen zu Jena am 31. März 1816"* (siehe Abbildung 8), als Spitze der Fahnenstange die Initialen des seit dem 18. März 1816 angenommenen neuen Wahlspruchs: E(hre), F(reiheit), V(aterland). An diesem Tag fand auf dem Eichplatz die feierliche Übergabe der neuen Fahne an die Burschenschaft statt, *„deren nun abtretendes erstes Banner hier letztmals [?] der alte Sachsensenior und jetzige Burschenschaftsvorsteher Netto trug".*[78] Gleichzeitig erhielt der bürgerliche Landsturm eine ähnliche, grün-weiß-grüne Fahne. Eine zeitgenössische Abbildung dieses Festes ist leider nicht bekannt.[79] Die Jenaische Burschenschaft bedankte sich für die neue Fahne mit einem siebenstrophigen Festgedicht. Der Verfasser *„Netto"* dürfte als Mitunterzeichner die Verfassungsurkunde noch recht gut gekannt haben. Denn in seinem Festgedicht zur Fahnenweihe heißt es u. a. ausdrücklich:

„Die Farben, Rot und Schwarz mit Gold umzogen,
Sie deuten einen tiefen, heil'gen Sinn:
Der Jüngling soll von jugendlichen Freuden
Den hohen Ernst des Lebens nimmer scheiden
Fest wie der goldne Saum die Fahn umwunden,
So sei er Gott und Vaterland verbunden!"[80]

Diese Fahne wurde am 18. Oktober 1817 zum Wartburgfest mitgeführt und bald zum *„Wahrzeichen der gesamten deutschen Burschenschaft"* (Schulze-Westen).[81] Wie bereits erwähnt, wurde weder die erste bzw. die

---

[78] Ullmer (1927/28) S. 11.- Heinrich Netto, geb. 6. 11. 1795 in Oberweimar, 1815 Saxonensenior, 1814-17 Studium der Theologie, gest. 1890 in Berlin als pensionierter Inspektor der Franckeschen Stiftungen in Halle.
[79] Die Abbildung bei Schneider (1897) S. 42 gibt nicht die Fahnenübergabe am 31. März 1816, sondern die Veranstaltung anläßlich der Friedensfeiern am 18. Januar 1816 wieder.
[80] Zit. nach Harzmann (1930) S. 34, Hervorhebung P. K.; vgl. Keil/Keil (1865) S. 116 und Schneider (1897) S. 41.
[81] Zu ihrer Geschichte vgl. Ullmer (1927/28) S. 10 ff., Schulze-Westen (1930) S. 321 ff. und Volquartz (1965) S. 18 ff.

zweite Fahne der Urburschenschaft von Amalie Nitschke geschenkt, noch wurden die Farben von ihr nach dem Vorbild der Vandalia gewählt, wie es neuerdings wieder angenommen wird (dazu s. oben). Wahrscheinlicher ist, daß sie die zweite Fahne gestickt hat. Daß 1817 der spätere Historiker Heinrich Leo barhäuptig „*die deutsche [schwarz-rot-goldene?] Fahne*" zum Wartburgfest mitgeführt habe[82], ist weder durch eine zeitgenössische Darstellung noch aus der Autobiographie Leos[83] zu belegen.

Abbildung 8: *Rot-schwarz-rote Fahne der Jenaischen Burschenschaft vom 31. März 1816. Sie wurde zum Wartburgfest 1817 mitgeführt. (Stadtmuseum Jena)*

Wenn Frommann in seinen „*Denkwürdigkeiten*" eine schwarz-rot-gol-

---

[82] Vgl. Meyers Konversationslexikon 4. Aufl. 1895.
[83] Vgl. Leo (1880) mit einer ausführlichen Schilderung seiner Teilnahme am Wartburgfest.

dene Fahne erwähnt („*Der 18. und 19. Oktober 1815* [sic!] *wurden in der Kirche, durch Feuer auf den Bergen und Tanz in Stadt und Dörfern gefeiert ... Bei dieser Gelegenheit schenkten die Frauen und Jungfrauen Jenas auch eine Fahne mit den Farben der Burschenschaft schwarzroth-gold [!], reich gestickt und befranzt*"[84], dann verwechselt er offensichtlich das Datum oder die zweite mit der ersten Fahne der Urburschenschaft. Das gilt auch für Bechstein, demzufolge schon am 19. Januar 1816 eine von den Frauen und Jungfrauen Jenas gewidmete „*Fahne in den Farben Schwarz, Roth, Gold*"[85] mitgeführt wurde - wozu allerdings die von ihm wiedergegebenen, nach vielfältigen Belegen eindeutig aber erst mit dem 31. März 1816 verbundenen Widmungsworte der Professorentochter sowie die Dankesrede von Horn[86] nicht passen.

Wenn Frommann 1870 und Bechstein 1850 (wie übrigens z. B. auch die Gründer Riemann 1858 und Scheidler 1865) - also zu einer Zeit, als sich der *Dreifarb* mit *abgewandelter Farbfolge* längst durchgesetzt hatte - *rückblickend* von schwarz-Rot-(Gold) sprechen, dann kann sich das nur auf die verfassungsgemäßen goldverzierten Farben Rot und Schwarz (im Falle der Fahne Gold als Paspelierung bzw. für das Eichenreis) beziehen. Die Farben der Urburschenschaft waren Rot und Schwarz; Gold kam erst später hinzu.[87] Auch beim 1. Burschentag in Jena (29. März - 3. April 1818), an dem Gründer der Burschenschaft teilnahmen, erinnerte man sich noch des Ursprungs der Burschenschaftsfarben aus der Lützower Uniform. „*Versammlung auf dem Markte. Die Jenaische Fahne wurde gebracht*", schrieb am 31. März 1818 der führende Breslauer Burschenschafter Ulrich an seinen Bundesbruder Kretschmer, „*Rot und Schwarz, die Farben der Lützower, und ein goldenes Eichenreis darin*". [88] Dies ist wohl der älteste Beleg für die urburschenschaftliche Fahne.

Wahrscheinlich ist die Fahne, die am 2. Dezember 1822 bei dem spektakulären Auszug von mehr als 400 Studenten nach Kahla mitgeführt wurde[89], mit der ältesten, vor dem 31. März 1816 verwendeten zweibahnigen goldumsäumten rot-schwarzen Fahne der Urburschenschaft identisch. Wenn die Gebrüder Keil[90] bei der Schilderung des spektakulären Aus-

---

[84] Zit. nach Haupt (1913) S. 44.
[85] Bechstein (1850) S. 179 f.
[86] Vgl. Ullmer (1927/28) S. 11.
[87] Vgl. Wentzcke (1955) S. 80 ff. und 88 ff.
[88] zit. nach Ullmer in: Handbuch für den deutschen Burschenschafter (1925) S. 53.
[89] Anlaß und Einzelheiten bei Keil/Keil (1858) S. 482 ff., Schneideck (1903), Zeiß (1903) S. 99 ff. und Geschichte der Universität Jena (1958) S. 372.
[90] Keil/Keil (1858) S. 489, so ihnen folgend auch Zeiß (1903) S. 102 und Ullmer (1927/28) S. 12.

zugs nach Kahla am 2. Dezember 1822 die mitgeführte schwarz-rot-goldene Fahne und Schneideck (d. i. Schneider)[91] in seinem Gedicht über deren Rückkehr am 7. Dezember 1822 das fehlende schwarz-rot-goldene Banner erwähnen, dann kann sich das Gold auch hier nur auf die Paspelierung einer zweibahningen rot-schwarzen Fahne beziehen. Als selbständige dritte Farbe setzte sich Gold erst später durch.

Die der Urburschenschaft am 31. März 1816 dedizierte rot-schwarz-rote Fahne mußte am 14. Juni 1822 dem Prorektor ausgeliefert werden, wurde jedoch kurz darauf entwendet und zunächst in einem geheimen Versteck in Jena, dann in dem benachbarten Dornburg im Rauchfang von Wedekind (1818 Mitglied der Urburschenschaft) verborgen[92], stand also bei dem Auszug gar nicht zur Verfügung. Daß sich die Burschenschaft ausgerechnet in dieser Zeit der Verfolgung für diesen Anlaß eine neue Fahne zulegte - wie es Volquartz vermutet[93] - ist unwahrscheinlich. Bei der nach Kahla mitgeführten und dort zurückgelassenen Fahne kann es sich also nur um die älteste, vor dem 31. März 1816 verwendete Fahne der Urburschenschaft handeln. Erst am 20. März 1848 - nachdem die Frankfurter Bundeszentralbehörde aufgelöst worden war - wurde die alte Fahne mit 80 Mann von der Burgkellerburschenschaft feierlich zurückgeholt. Die Fahne vom 31. März 1816 befand sich damals noch unter der Obhut von Schmid (1820 Mitglied der Germania) im Schweizer „Exil"; sie gelangte erst 1858 anläßlich der Feierlichkeiten zum 300jährigen Bestehen der Universität zurück nach Jena.[94] Um eine bedeutungslose „(Ersatz)fahne" (Ullmer) oder einen ersten „Dreifarb" (Volquartz) hätte man sicher nicht soviel festlichen Aufhebens gemacht!

Mit Sicherheit tritt die rot-schwarze Fahne der Urburschenschaft dann noch einmal 1865 anläßlich der 50jährigen Gründungsfeier der Jenaischen Burschenschaft in Text und Bild in Erscheinung. In der Ordnung für den Festzug[95] und in der Festbeschreibung von Wild[96] wird ausdrücklich zwischen „der Fahne" und „der Wartburgfahne" unterschieden. Eine Zeichnung von Prof. Doepler „Abholung und Begrüßung der Burschenschaftsfahne vor der Bibliothek", zeigt eine zweibahnige Fahne, allerdings mit der Schraffur (Rot?) unten und Schwarz oben.

---

[91] Schneideck (1903) S. 320 f
[92] Vgl. Ullmer (1927/28) S. 13 und Volquartz (1965) S. 22.
[93] Vgl. Volquartz (1960) S. 316.
[94] Vgl. Volquartz (1965) S. 24 f.
[95] Original im Archiv der Jenaischen Burschenschaft Arminia a. d. Burgkeller, Mainz; vgl. Volquartz (1965) S. 16 und (1960) S. 315 ff.
[96] Vgl. Wild (1865) S. 52.

Nach 1865 trat die ältere rot-schwarze Fahne gegenüber der jüngeren rot-schwarz-roten Fahne vom 31. März 1816, die durch die Mitführung zum Wartburgfest 1817 ihre nationale Weihe erhalten hatte und rasch einer größeren (nicht nur burschenschaftlichen) Öffentlichkeit bekannt wurde, in den Hintergrund. Jedenfalls wird über ihr Auftreten in der Öffentlichkeit nichts mehr berichtet. Auf jeden Fall wurde noch vor 1914 jeden 12. Juni eine rot-schwarze Fahne mit als Schmuckfahne im Festsaal des Jenauer Burgkellers entfaltet, von der man annehmen darf, daß sie mit der Gründerfahne identisch ist.[97] Die schlichte rot-schwarze Fahne mit goldener Paspelierung befindet sich heute im Besitz der Jenaischen Burschenschaft Arminia auf dem Burgkeller in Mainz (siehe Abbildung 9). Sie ist erheblich kleiner als die heute im Stadtmuseum Jena befindliche Fahne vom 31. März 1816 (siehe Abbildung 8). Das fachmännische Urteil der Bonner Fahnenfabrik lautet, daß sie durchaus aus den Jahren 1815/16 stammen könnte.[98] Die Fahne wurde 1982 aus Mitteln der Deutschen Burschenschaft fachmännisch restauriert und auf der Ausstellung des Landes Rheinland-Pfalz zum 150jährigen Jubiläum des Hambacher Festes vom 18. Mai bis 19. September 1982 ausgestellt.[99]

Die Legende von den alten deutschen Reichsfarben

Ungeachtet der moderneren dreibahnigen („*Trikolore*") und dekorativeren goldbestickten und -umsäumten Fahne vom 31. März 1816 wurden in Jena - getreu der Verfassung von 1815 - bis etwa 1825 nur zweifarbige rot-schwarze Burschenbänder getragen. Und wenn es im November 1819 im Urtext des berühmten Binzerschen Abschiedsliedes noch korrekt heißt: „*Das Band ist zerschnitten, war Roth, Schwarz und Gold*"[100], dann bezieht sich das Gold auf die Perkussion. Das 1983 geschaffene goldumsäumte rot-schwarze Festband der Jenaischen Burschenschaft greift auf die urburschenschaftliche Farbgebung zurück.

Die drei Worte „*Schwarz, Rot, Gold*" finden sich erstmals in einem Jenaer Stammbuch (29. Februar 1816). Derselbe Dreiklang ist 1816/17 an vereinzelten Burschenbändern in Heidelberg, Berlin und Breslau sowie von Binzers im Oktober 1817 auf der Fahrt zum Wartburgfest geschriebenen Lied „*Eisenach lebe*" (mit der Strophe „*Schwarz-Rot-Gold lebe*") zu erkennen. Im März 1817 erklang wohl erstmals in Heidelberg der Ruf

---

[97] Vgl. Volquartz (1960) S. 316.
[98] Vgl. Volquartz (1965) S. 16.
[99] Vgl. Hambacher Fest 1832-1982, Ausstellungskatalog (1982) S. 36 (Text) und S. 52 (Abb.).
[100] Im Archiv der Wartburgstiftung Eisenach, Wartburg. Abgebildet in: Geschichte der Universität Jena (1958) S. 359, vgl. Harzmann (1927) S. 229.

„*Vivat Schwarz-Rot-Gold*". Spätestens auf dem Wartburgfest (16.-18. Oktober 1817) - zu dem sich auf Einladung der Jenaer Burschenschaft 500 Studenten von fast allen deutschen Hochschulen versammelt hatten, um der 300-Jahrfeier der Reformation und der Leipziger Völkerschlacht von 1814 zu gedenken - erfuhr Schwarz-Rot-Gold auch eine politische Ausdeutung. Fortan standen diese Farben für die Forderung nach politischer Einheit und bürgerlichen Freiheitsrechten.

Abbildung 9: *Rot-schwarze Fahne der Jenaischen Burschenschaft von 1815/16. (Jenaische Burschenschaft Arminia a. d. Burgkeller, Mainz)*

Schon bei den Vorbesprechungen zum 2. Jenaer Burschentag (10.-18. Oktober 1818) war im Kreise der Jenaischen Burschenschaft angeregt worden, *„unsere Tracht und Farbe den anderen Burschenschaften als allgemeine zu empfehlen".*[101] Jetzt wurde der Antrag gestellt, *„daß eine allgemeine Farbe für die Burschenschaft bestimmt werde. Die ehemalige deutsche Farbe erschien dazu die passendste",* heißt es im Sitzungsbericht. Da keiner der Anwesenden darüber genauere Angaben machen konnte, wurde kein förmlicher Beschluß gefaßt. Erst später *soll* Robert Wesselhoeft Erkundigungen über diese Farben eingeholt und Mitteilung gemacht haben, daß Schwarz-Rot-Gold die alten Reichsfarben gewesen seien. Von wem er diese Auskunft erhielt, wissen wir nicht; vielleicht vom Turnvater Jahn in Berlin, vielleicht von dem Historiker Luden in Jena. Daß Wesselhoeft diese (wie wir heute wissen: falsche) Auskunft von Jahn erhielt, ist nicht ausgeschlossen. 1848 sagte dieser in seiner *„Schwanenrede": „Noch immer trage ich die deutschen Farben, so ich im Befreiungskriege aufgebracht, nachdem sie seit dem unglücklichen Bauernkriege verschollen gewesen."*[102] Leider fehlen die Belege dafür, daß Jahn die (vorgeblich) alten deutschen Reichsfarben Schwarz-Rot-Gold für das Banner des Lützowschen Freikorps vorgeschlagen hat.[103]. Ob dieser wirklich einen solchen Antrag gestellt hat, ist genausowenig belegt wie eine abschlägige Antwort König Friedrich Wilhelms III. an Jahn. Immerhin wissen wir aus einem von Pröhl in Jahns Nachlaß gefundenen und auf das Jahr 1813 datierten Blatt, daß dieser eine Art Freischar entworfen hatte, ganz ähnlich wie sie mit Ordre vom 18. Februar 1813 gegründet wurde.[104] Der Plan zur Gründung eines allgemeinen deutschen Freikorps war schon Ende 1812 in Berlin zwischen Jahn und Hardenberg besprochen worden[105]; auch mit Scharnhorst stand Jahn in Verbindung. Jahns Autorität und seine besonderen Fähigkeiten schienen für eine erfolgreiche Werbung besonders geeignet. Jahn (der sich selbst später in einer Eingabe an den König als *„Mitstifter und Werber der Lützower"* bezeichnete) und Friesen traten am 19. Februar als erste in das Lützowsche Freikorps ein.

Auch Friedrich Förster - Historiker der Befreiungskriege und früherer Jenaer Sachsensenior - setzt Waffenrock, schwarzes Tuch mit rotem Vorstoß und gelben Knöpfen in Beziehung zu den deutschen Farben.

---

[101] Zit. nach Wentzcke (1955) S. 88.
[102] F. L. Jahns Werke Bd. 2, 2. Hälfte (1887) S. 1056
[103] Vgl. ebd. Bd. 1 (1884) S. XVIf.
[104] Vgl. Pröhle (1872) S. 72 und Eckardt (1924) S. 202 f.
[105] Vgl. Briefe Jahns, hrsg. von W. Meyer (1913) S. 38; zum folgenden vgl. Schultheiß (1894) S. 83.

Ihm zufolge habe Jahn gewollt, daß die Mitglieder des (ursprünglich) *„ausländischen"* (d. h. nichtpreußischen) Freikorps nicht die preußische, sondern die deutsche (d. h. schwarz-rot-goldene) Kokarde an der Kopfbedeckung tragen sollten.[106] Vielleicht ist die Vermutung nicht ganz von der Hand zu weisen, daß Wesselhoeft mit der auf eine Autorität wie Jahn gestützten Ungenauigkeit über die alten deutschen Reichsfarben den Wunsch seiner Burschenschaft durchgesetzt hat, die Farben der Jenaischen Burschenschaft zu den Farben der allgemeinen Burschenschaft zu machen. *„Auf diese höchst unsichere Überlieferung geht die politische und staatsrechtliche Ausdeutung eines neuen ‚Dreifarbs' zurück!"* [107] Hier liegt der Ursprung der Legende, daß Schwarz-Rot-Gold die alten deutschen Reichsfarben gewesen seien und die Jenaische Burschenschaft bei ihrer Gründung 1815 bewußt daran angeknüpft habe. Von dem zweifelhaften Zeugnis Wesselhoefts abgesehen, liegt dafür aus der Zeit der Urburschenschaft kein Beleg vor. Die beiden ältesten erhaltenen Fahnen und ältesten Bänder verweisen vielmehr auf das goldumsäumte verfassungsgemäße Rot und Schwarz. Derartige Bänder setzten sich schon früh auch außerhalb Jenas durch. Schon Anfang 1818 übernahm die Hallesche Teutonia (ohne förmlichen Beschluß) anstelle der preußischen schwarz-weißen die goldverzierten rot-schwarzen Farben der Jenaer Burschenschaft. Seit 1819/20 sind beide Farben (mit oder ohne goldene Perkussion) in Würzburg, Erlangen, Gießen, Breslau, Heidelberg, Bonn, Göttingen, Marburg, Rostock, Tübingen und Greifswald nachzuweisen.[108] Erst nach 1825, meist noch später, trat Gold als *„gleichberechtigte"* dritte burschenschaftliche Farbe hinzu.

---

[106] Vgl. Euler (1881) S. 287.
[107] Wentzcke (1955) S. 79.
[108] Vgl. Wentzcke (1955) S. 93 mit weiteren Belegen,

Abbildung 10: *Johann Anton Alban Ramboux
,Rebekka und Elieser am Brunnen' (1819).
(Nationalgalerie, staatliche Museen Preußischer Kulturbesitz, Berlin)*

Die von zahlreichen Historikern immer wieder vertretene (und auch unter den späteren Verfassungsgebern von 1849, 1867, 1871, 1919 und 1949 verbreitete) Annahme, Schwarz-Rot-Gold lasse sich aus den alten deutschen Reichsfarben ableiten, hat sich - wie insbesondere Wentzcke nachgewiesen hat - als eine langlebige romantische Legende herausgestellt. Es gibt keine direkte Brücke von den mittelalterlichen Reichsfarben und Symbolen in unsere Zeit, auch wenn - namentlich in der nationalen Begeisterung während der Freiheitskriege und vor allem des Vormärz zahlreiche Schriftsteller, Dichter und Maler davon träumten. Typisch dafür ist z. B. das Gemälde „*Rebekka und Elieser am Brunnen*" (1819) des Nazareners J. A. A. Ramboux, das einen Engel mit schwarz-rot-goldenen Flügeln darstellt (siehe Abbildung 10). Im alten Reich bis 1806 gab es keine „*deutschen Farben*", auch keine zweifarbigen schwarz-roten bzw. schwarz-gelben oder dreifarbigen schwarz-weiß-roten, geschweige denn schwarz-rot-goldenen Fahnen. *„Deutsche Reichsfarben, geschweige denn eine deutsche Flagge, hatte es vordem nie gegeben."*[109] Ein einköpfiger schwarzer Adler mit roten Fängen und roter Zunge auf goldenem Grund ist schon auf dem Wappen König Heinrichs VII. (1220-1235), dargestellt in der Manessischen Handschrift (Zürich, 1. Hälfte des 14. Jahrhunderts) abgebildet (siehe Abbildung 11). Daraus kann man aber allenfalls die kaiserlichen Farben Schwarz-Gelb ableiten, die den Untergang des ersten Reiches (1806) überdauerten und mit der Kaiserwürde in Österreich lebendig blieben. Fäden in den kaiserlichen schwarz-gelben Farben hielten noch im 19. Jahrhundert die Akten der Demagogenverfolgung, die den verbotenen schwarz-rot-goldenen Farben der deutschen Einheitsbewegung galten, zusammen. Bismarck wußte darum, als er sich am 15. April 1850 im Erfurter Parlament empörte, daß die schwarz-rot-goldenen Farben *„nie die Farben des Deutschen Reiches gewesen sind (Unruhe auf der Linken, Bravo! rechts), wohl aber seit zwei Jahren die Farben des Aufruhrs und der Barrikaden (Beifall auf der Rechten)".*[110]

Abbildung 11: Wappen König Heinrichs VII. (1220-1235 in der Manessischen Handschrift (Zürich, 1. Hälfte des 14. Jahrhunderts).

„Symbol einer allgemeinen Verbrüderung zur Befürwortung der sogenannten Einheit Deutschlands"

Seit dem Hambacher Fest vom 27. Mai 1832 - anders als das ernste stu-

---

[109] Schurdel (1988) S. 8.
[110] Bismarck (Ausgabe 1924-25) Bd. 10, S. 96

dentische Wartburgfest von 1817 eher ein fröhliches Volksfest; Theodor Heuß nannte es *„die erste politische Volksversammlung der neueren deutschen Geschichte"* - gelten Schwarz-Rot-Gold unbestritten als deutsche Farben und Symbol der demokratischen Einheits- und Freiheitsbewegung in Deutschland. Über den Köpfen von 30 000 Teilnehmern aus allen Schichten der Bevölkerung und allen Teilen Deutschlands, insbesondere Südwestdeutschlands, wehte an diesem Tag ein Meer von schwarz-rot-goldenen Fahnen (wenngleich noch nicht immer in der uns heute vertrauten Reihenfolge). Die Männer trugen schwarz-rot-goldene Armbinden, Kokarden und Rosetten, die Frauen entsprechende Schleifen. Siebenpfeiffer - einer der Hauptredner - wollte die verschiedenen Landesfarben beseitigt wissen und trat in seinem Festgedicht für Schwarz-Rot-Gold als Nationalflagge ein.

Der Bundestag in Frankfurt a. M. - Organ des Deutschen Bundes (1815-1866) - reagierte prompt und verbot *„das öffentliche Tagen von Abzeichen in Bändern, Cocarden und dergleichen, sey es von In- oder Ausländern, in andern Farben als jenen des Landes, dem der, welcher solche trägt, als Unterthan angehört"*. Besonders schwer wurde das Tragen der schwarz-rot-goldenen Farben geahndet, die als ein *„ungesetzliches oder gar revolutionäre Zwecke andeutendes Abzeichen"* galten. Ihr Tragen sei als *„Attentat gegen die Sicherheit und die Verfassung des Bundes anzusehen"*. Es sei bekannt, heißt es in der Begründung zu diesem Verbot, *„daß die revolutionäre Fraktion eine eigene Kokarde und Fahnen von gleichen Farben in Aufnahme gebracht hat, um als Symbol einer allgemeinen Verbrüderung zur Befürwortung der sogenannten Einheit Deutschlands zu dienen"*. Auch der von einer kleinen Schar revolutionärer Burschenschafter als Fanal einer allgemeinen Volkserhebung gedachte, aber unzulänglich vorbereitete und mühelos niedergeschlagene Frankfurter Wachensturm vom 3. April 1833 stand unter diesem Zeichen. Männer wie Schurz, Arndt, Jahn, Uhland, Reuter, Hauff und Hoffmann von Fallersleben (Verfasser des *„Liedes der Deutschen"*), die unter Schwarz-Rot-Gold für die Idee der Einheit und Freiheit Deutschlands gewirkt hatten, wurden in den folgenden Jahren - vor allem in Preußen - rücksichtslos verfolgt. Dennoch waren die Gedanken von Einheit und Freiheit und ihr Symbol Schwarz-Rot-Gold nicht aus dem Bewußtsein des Volkes zu tilgen.

Unter dem Eindruck der Pariser Februarrevolution suchte die Bundesversammlung in Frankfurt a. M. bereits am 9. März 1848 die drohende Flut u. a. dadurch einzudämmen, daß sie in dem (irrigen) Glauben, *„die Bundesfarben der deutschen Vorzeit zu entnehmen, ... die vorgeblichen*

Farben des ehemaligen deutschen Reichspaniers - schwarz, rot, gold - zu ... Farben des Deutschen Bundes" bestimmte. Unter großem Jubel wurde am 23. März 1848 die Trikolore mit den deutschen Farben gehißt. Mit dem Bundesgesetz vom 13. November 1848 erneuerte die Frankfurter Nationalversammlung - der zahlreiche Burschenschafter (so der erste Präsident von Gagern) angehörten - den Beschluß vom 9. März. Riesige schwarz-rot-goldene Banner gaben der ersten deutschen Nationalversammlung zu Frankfurt a. M. einen festlichen Rahmen.

Die weiteren Stationen der Geschichte von Schwarz-Rot-Gold sind bekannt[111] und brauchen hier nicht näher dargestellt werden. Nach der Revolution von 1848 blieben Schwarz-Rot-Gold im Volksbewußtsein als Deutsche Farben lebendig. Noch während des Krieges von 1870/71 wurde das Schwarz-Weiß-Rot des Norddeutschen Bundes auf das neu gegründete Deutsche Reich übertragen und 1892 förmlich zur Nationalflagge erklärt. Die Deutschen in Österreich-Ungarn betrachteten Schwarz-Rot-Gold weiterhin als Deutsche Farben. 1918 entschied sich die Weimarer Republik für Schwarz-Rot-Gold. Die Bundesrepublik Deutschland (Art. 22 GG: *„Die Bundesflagge ist schwarz-rot-gold"*) und die Deutsche Demokratische Republik (Art. 2 der Verfassung: *„Die Farben der Deutschen Demokratischen Republik sind Schwarz-Rot-Gold"*) knüpften 1949 bewußt weder an die schwarz-weiß-rote Flagge des Kaiserreiches (und von 1933-1935 der Nationalsozialisten) noch an die Hakenkreuzflagge (seit 1935), sondern an das Schwarz-Rot-Gold der Weimarer Republik an.

Theodor Heuß - Mitglied des Parlamentarischen Rates und als solcher an der Ausarbeitung des Grundgesetzes beteiligt - berief sich bei der Farbwahl ausdrücklich auf die alten Farben der Burschenschaft, die in der deutschen Einheits- und Freiheitsbewegung des 19. Jahrhunderts eine führende Rolle gespielt hatte. Maßgebliche Grundgesetzkommentare führen bei der Kommentierung des Art. 22, gestützt auf gesicherte historische Forschung, Schwarz-Rot-Gold auf die Farben der Urburschenschaft bzw. des Lützowschen Freikorps zurück. Das gleiche gilt für einschlägige lexikalische Nachschlagewerke (z. B. Brockhaus-Enzyklopädie, Meyers Enzyklopädisches Lexikon). So heißt es z. B. im Kommentar zum Bonner Grundgesetz (Bonner Kommentar) unter Berufung auf Huber[112], Friedel[113] und Busch/Schernitzky/Drott[114] und wiederum

---

[111] Vgl. dazu Hattenhauer (1984) S. 9-39
[112] Vgl. Huber (1967) S. 710.
[113] Vgl. Friedel (1954) S. 24.
[114] Vgl. Busch/Schernitzky/ Drott (1954) S. 216.

Wentzcke[115] ausdrücklich: *„Diese Farbenwahl geht mit größter Wahrscheinlichkeit auf die aus überwiegend praktischen Gründen vorgenommene Uniformgestaltung (schwarze Uniform, rote Aufschläge, gelbe Knöpfe) der im Krieg gegen Napoleon berühmt gewordenen Lützowschen Jäger zurück, da mindestens acht der elf Gründungsmitglieder der Ur-Burschenschaft in dem Freikorps gekämpft hatten."*[116] Auch Hattenhauer[117] sowie namhafte moderne Nachschlagewerke zur neueren deutschen Geschichte[118] leiten Schwarz-Rot-Gold nicht aus den imaginären alten deutschen Reichsfarben, sondern von den schwarz-roten Uniformen des Lützowschen Freikorps ab.

Anmerkungen:

Abkürzungen:
BBl. = Burschenschaftliche Blätter
QuD = Quellen und Darstellungen zur Geschichte der Burschenschaft und der deutschen Einheitsbewegung

Literatur:

Bayer, E.: Die Entstehung der deutschen Burschenschaft, Berlin 1883.
Bechstein, L.: Berthold der Student oder Deutschlands erste Burschenschaft, Bd. 1, Halle 1850.
Bender, H.: Die Farben der Jenaischen Burschenschaft, in: BBl., SH 1897 S. 249-260.
Benz, A.: Geschichte der Burschenschaft Teutonia zu Karlsruhe 1857-1907, Karlsruhe 1907.
Bismarck, O. v.: Die gesammelten Werke (Friedrichsruher Ausgabe), Berlin 1924-35, Bd. 10.
Borkowsky, E.: Das alte Jena und seine Universität, Jena 1908.
Busch, O.; Schernitzky, A.; Drott, K.: Schwarz-Rot-Gold, 3. Aufl., Frankfurt a. M., Offenbach 1954.
Dürre, E.: Meine Turn-Erlebnisse, Dresden 1859.
Ders.: Aufzeichnungen, Tagebücher und Briefe aus einem deutschen Turner- und Lehrerleben, hrsg. von E. F. Dürre, Leipzig 1881.
Eckardt, F.: Fr. L. Jahn. Eine Würdigung seines Lebens und Wirkens, Dresden 1924.
150 [Einhundertfünfzig] Jahre Berliner Burschenschaft, Festschrift der Berliner Burschenschaft Arminia, Berlin 1968.

---

[115] Vgl. Wentzcke (1955) S. 83.
[116] Kommentar zum Bonner Grundgesetz (1982) S. 15
[117] Vgl. dazu Hattenhauer (1984) S. 11ff.
[118] Etwa Gebhardt (1970) S. 109, Handbuch der Deutschen Geschichte (1979) S. 84, Eschenburg in: Geschichte der Bundesrepublik Deutschland (1983) S. 506, Taddey (1983) S. 250 und Kaupp (1988) S. 78 f.

Einst und Jetzt, Sonderheft 1983 des Jahrbuchs des Vereins für corpsstudentische Geschichtsforschung, Constitutionen der Corps und ihrer Vorläufer 1810-1820.
Euler, C: Friedrich Ludwig Jahn. Sein Leben und Wirken, Stuttgart 1881.
Fabricius, W.: Die Gründung der Jenaischen Burschenschaft, in: BBl., SH 1894, S. 145-150, 173-175, 205-211 und 237-239.
Ders.: Die Farben der Jenaischen Urburschenschaft, in: BBl., SH 1897 S. 297-300.
Ders.: Die Jenenser Vandalia und ihr Antheil an der Gründung der allgemeinen Burschenschaft, in: Akademische Monatshefte, 15. Jg., 1898, H. 176, S. 301-309, H. 177, S. 350-356.
Förster, F.: Neuere und neueste Preußische Geschichte, Bd. 3, Berlin 1856.
Ders.: Geschichte der Befreiungs-Kriege 1813, 1814, 1815, 7. Aufl., 1. Bd., Berlin 1864.
Friedel, A.: Deutsche Staatssymbole, Frankfurt a. M. 1968.
Gebhardt, B.: Handbuch der deutschen Geschichte, 9. Aufl., hrsg. von H. Grundmann, Bd. 3, Stuttgart 1970.
Geschichte der Bundesrepublik Deutschland, Bd. 1, Stuttgart 1983.
Geschichte der Königlich Preußischen Fahnen und Standarten seit dem Jahre 1807, bearbeitet vom Königlichen Kriegsministerium, 2 Bde., Berlin 1889.
Geschichte der Universität Jena 1548/58-1958, Bd. 1, Jena 1958.
Goldschmidt, A.; Kaiser, H.; Thimme, H. (Hrsg.): Ein Jahrhundert Deutscher Geschichte. Reichsgedanke und Reich 1815—1919, 150 faksimilierte Urkunden und Aktenstücke, Berlin 1928.
Hambacher Fest 1832-1982, Ausstellungskatalog, Neustadt a. d. W. 1982.
Handbuch der Deutschen Geschichte, Bd. 3/1, 2. Tl., hrsg. von K.-G. Faber, Wiesbaden 1979.
Handbuch für den deutschen Burschenschafter, hrsg. von H. Haupt, 3. Aufl., Frankfurt a. M. 1925.
Harzmann, F.: „Wir hatten gebauet", in: BBl., SH 1927, S. 196.
Ders. (Hrsg.): Burschenschaftliche Dichtung in der Frühzeit bis auf unsere Tage, in: QuD, Bd. 12, Heidelberg 1930, S. 76.
Hattenhauer, H.: Deutsche Nationalsymbole, München 1984.
Haupt, H.: Die Jenaische Burschenschaft von der Zeit der Gründung bis zum Wartburgfest, in: QuD, Bd. 1, Heidelberg 1910 (2. Aufl. 1966) S. 18-113 und Ders. (Hrsg.): Verfassungsurkunde der Jenaischen Burschenschaft vom 12. Juni 1815, ebd. S. 114-161.
Ders.: Aus F. J. Frommanns Aufzeichnungen über seine Studentenzeit, in: QuD, Bd. 4, Heidelberg 1913, S. 39-47.
Ders.: Die Führer der Urburschenschaft vom 12. Juni 1815, in: BBl., SS 1915, Nr. 4, S. 91-93
Horn, F. (Hrsg.): Deutsche Blätter, Blüten und Knospen aus Jena, Jena 1859.
Huber, E. R.: Deutsche Verfassungsgeschichte seit 1789, Bd. 1, 2. Aufl., Stuttgart 1967.

Jagwitz, F. von: Geschichte des Lützowschen Freikorps, Berlin 1892.
Friedrich Ludwig Jahns Werke, hrsg. von C. Euler, 2 Bde., Hof 1884-87.
Die Briefe Friedrich Ludwig Jahns, hrsg. von Wolfgang Meyer, Leipzig 1913.
Kalb, W.: Die alte Burschenschaft und ihre Entwickelung in Erlangen mit bes. Berücksichtigung der Alten Germania, Erlangen mit bes. Berücksichtigung der Alten Germania, Erlangen 1892.
Kater, H.: Entstehung der Farben Schwarz-Rot-Gold, in: Kleeblatt. Zeitschrift für Heraldik und verwandte Wissenschaften, 2/1986, Sonderdruck, S. 7-20.
Kaupp, P.: Die Entstehung der Bundesfarben Schwarz, Rot, Gold, in: Benz, W.; Moos, D. (Hrsg.): Das Grundgesetz und die Bundesrepublik Deutschland: 1949-1989, Bilder und Texte zum Jubiläum, Gräfelding, München 1988, S. 78-79.
Keil, Richard; Keil, Robert: Geschichte des Jenaischen Studentenlebens, Leipzig 1858.
Dies.: Die Gründung der deutschen Burschenschaft in Jena, Jena 1865 (2. Aufl. 1883).
Knötel, H.; Sieg, H. (Hrsg.): Handbuch der Uniformkunde, 3. Aufl., Hamburg 1937.
Kommentar zum Bonner Grundgesetz (Bonner Kommentar), Art. 22, Zweitbearbeitung Klein, Dez. 1982, S. 15.
Konrad, K.: Bilderkunde des deutschen Studentenlebens, 2. Aufl., Breslau 1931. L., K. von: Adolf Lützow's Freikorps in den Jahren 1813 und 1814, gegenüber der in die preußischen
Jahrbücher, herausgegeben von Heinrich von Treitschke, im April 1883 aufgenommenen Darstellung von A. Koberstein, Berlin 1884.
Leo, H.: Meine Jugendzeit, Gotha 1880.
Meyers Konversationslexikon, 4. Aufl. Hildburghausen 1895.
Mila, A. von: Geschichte der Bekleidung und Ausrüstung der Kgl. Preußischen Armee in den Jahren 1808 bis 1878, Berlin 1878.
Pietsch, P.: Die Formations- und Uniformierungs-Geschichte des preußischen Heeres 1808-1914, 2 Bde., 2. Aufl., Hamburg 1963 und 1966.
Pröhle, H.: Heinrich Ludwig Jahn's Leben. Nebst Mitteilungen aus seinem literarischen Nachlasse, Berlin 1872.
Riemann, H. H.: Zur Jenaer Jubelfeier, in: Nationalzeitung, Nr. 381, vom 18. August 1858. Scheidler, H.: Die Entstehung der jenaischen Burschenschaft vom Jahre 1815, in: Leipziger Illustrirte Zeitung vom 5. August 1865.
Schmidt, U. R.: Das Wesen der Burschenschaft, 2. Aufl. Jena 1890.
Schneideck (d. i. G. H. Schneider): Der Auszug nach Kahla, Jena 1903.
Schneider, G. H.: Die Burschenschaft Germania zu Jena, Jena 1897.
Schultheiß, G.: Friedrich Ludwig Jahn. Sein Leben und seine Bedeutung, Berlin 1894. Schulze-**Westen, K.:** Das Vermächtnis der Urburschenschaft, 2. Aufl., Berlin 1930.
Schurdel, H. D.: Deutsche Nationalflaggen (II), in: Kleeblatt. Zeitschrift für Heraldik und verwandte Wissenschaften, 1/1988, S. 3-9.
Stawitzky, E. H. L.: Geschichte des Infanterie-Regiments von Lützow, 2. Aufl.,

Berlin 1889. **Steiger, G.:** Aufbruch. Urburschenschaft und Wartburgfest, Leipzig, Jena, Berlin 1967.
Ders.: Ich würde doch nach Jena gehn ..., Weimar 1980.
Taddey, G.: Lexikon der deutschen Geschichte, 2. Aufl., Stuttgart 1983.
Treitschke, H. von: Deutsche Geschichte im Neunzehnten Jahrhunden, Leipzig, 2. Tl. 1882, 3. Tl. 1885 (4. Aufl. 1896).
Ullmer, F.: Die Fahne der Urburschenschaft, in: BB1., WH 1927/28 S. 10.
Urkundliche Beiträge und Forschungen zur Geschichte des Preußischen Heeres, hrsg. vom großen Generalstabe, Kriegsgeschichtliche Abteilung II, 6. Bd.: Das Preußische Heer der Befreiungskriege, Berlin 1914.
Volquartz, H.: Betrachtungen zum 50jährigen Gründerfest der Jenaischen Burschenschaft 1865, in: Burgkellerzeitung, 1960, Nr. 5, S. 315-319.
Ders.: Die Insignien der Jenaischen Burschenschaft und ihre Geschichte 1815—1965, Bochum-Langendreer 1965.
Wentzcke, P.: Geschichte der Deutschen Burschenschaft, Bd. 1, QuD, Bd. 6, Heidelberg 1919 (2. Aufl 1965).
Ders.: Die deutschen Farben. Ihre Entstehung und Deutung sowie ihre Stellung in der deutschen Geschichte, QuD, Bd. 9, Heidelberg 1927 (Neubearbeitung 1955).
Wild, L.: Das fünfzigjährige Jubiläum der deutschen Burschenschaft, Jena 1865.
Zeiß, H.: Geschichte der alten Jenaischen Burschenschaft und der Burgkellerburschenschaft, seit 1859 Arminia a. d. B., Jena 1903.

Vor 150 Jahren entstand unsere Nationalhymne
Peter Kaupp

Anders als andere Völker haben wir Deutschen - sicher nicht unbeeinflußt durch den Mißbrauch von Seiten der Nationalsozialisten zwischen 1933 und 1945 - zu den Symbolen unserer nationalen Identität, z. B. Farben, Fahnen und Hymnen, eine merkwürdig ambivalente, ja distanzierte Beziehung. Schwarz-rot-goldene Fahnen spielen eigentlich nur noch bei offiziellen staatlichen Veranstaltungen sowie internationalen Messen Kongressen, Festspielen und Sportereignissen eine nennenswerte öffentliche Rolle. Die nationale Begeisterung vor und nach der Revolution in der DDR, die noch begleitet war von einem Meer schwarz-rotgoldener Fahnen (in der DDR anfangs noch mit, später ohne Hammer und Zirkel im Ährenkranz in der Mitte), ist inzwischen ziemlich verebbt und hat nüchterneren ökonomischen und sozialen Problemen Platz gemacht. Bechers DDR-Hymne von 1949 (mit der Zeile „*Deutschland, einig Vaterland"*) paßte nach dem Berliner Mauerbau von 1961 nicht mehr zur kommunistischen Abgrenzungspolitik. Sie durfte seit Anfang der siebziger Jahre nicht mehr gesungen werden; bei offiziellen Anlässen wurde nur noch die Melodie gespielt. Wegen der vermeintlich „*imperialistischen"* ersten Strophe wird bei feierlichen staatlichen, sportlichen, kulturellen u. a. Anlässen in der Bundesrepublik Deutschland allenfalls die dritte Strophe gesungen.

Im Zuge dieser Interpretation blieb auch die gemütvolle und gänzlich unverfängliche zweite Strophe auf der Strecke. Der Irrtum, unsere Nationalhymne bestünde nur aus der dritten Strophe, war - in Ermanglung einer eindeutigen Rechtsgrundlage - bis vor kurzem weit verbreitet. Auch wenn die Nationalhymne des wiedervereinigten Deutschlands seit dem 23. August 1991 offiziell nur noch aus der dritten Strophe besteht: von dem vielfach monierten „*imperialistischen"* Gedankengut der ersten Strophe war der gemütvolle Dichter („*Alle Vöglein sind schon da", „Ein Männlein steht im Walde"*) und Germanist August Heinrich Hoffmann von Fallersleben (1798-1874) weit entfernt, als er am 26. August 1841 auf der damals noch britischen Insel Helgoland das „*Lied der Deutschen"* dichtete. Daß daraus einmal die deutsche Nationalhymne werden würde, konnte er zu jener Zeit noch nicht ahnen. „*Wenn es einschlägt, so kann es ein Rheinlied werden"*, notierte der Dichter damals; ganze vier Louisdor zahlte ihm sein Verleger Campe dafür. Das Schicksal dieses vaterlandsliebenden, freiheitlichen und gemütvollen Achtundvierzigers, Volksliedsammlers, Dichters und Literaturwissenschaftlers ist typisch für das Los vieler aufrechter liberaler Demokraten jener Zeit: als Burschenschafter seiner freiheitlich-gesamtdeutschen Gesinnung wegen verdächtig, verlor Hoffmann von Fallersleben namentlich seiner höchst politischen „Unpolitischen Lieder" (1841/42, dort schon mit dem Refrain: „Kein Österreich, kein Preußen mehr/Ein einzig Deutschland hoch und hehr/ Ein freies Deutschland Gott bescher") wegen 1842 seine Professur an der Universität Breslau und mußte Preußen verlassen. Er führte ein unstetes Wanderleben und wurde erst 1848 rehabilitiert. Neben freiheitlich-patriotischer Lyrik verfaßte er zahlreiche Studenten-, Kinder- und Liebeslieder im Volkston. Hoffmann von Fallersleben starb 1874 in Corvey als Bibliothekar des Herzogs von Ratibor.

Heinrich Hoffmann von Fallersleben (1798-1874).

Auf eigenen Wunsch des Dichters wurde dem Text die Melodie der Kaiserhymne von 1797 („Gott erhalte Franz den Kaiser") von Joseph Haydn unterlegt und in dieser Form bereits im September 1841 im Verlag Julius Campe, Hamburg, publiziert. Ganz gewiß schrieb er das „Lied der Deutschen" nicht in jenem chauvinistisch-nationalistischen Sinn, den ihm später die Nationalsozialisten unterstellten und in dem ihn heute noch manche Politiker, Pädagogen und Publizisten interpretieren, sondern um damit die kleinstaatliche Zersplitterung Deutschlands seiner Zeit anzuprangern. Dieses Lied drückt die namentlich von der Burschenschaft seit ihrer Gründung 1815 in Jena und auf dem Wartburgfest von 1817 erhobene, seit dem Hambacher Fest von 1832 auch in breiten Schichten des deutschen Volkes verwurzelte Forderung nach Überwindung der deutschen Kleinstaaterei aus. Erinnern wir uns: dem 1815 auf dem Wiener Kongreß gegründeten Deutschen Bund gehörten nicht weniger als 38 souveräne Teilstaaten an. Es ist ein Lied auf die ersehnte Einheit der Nation, ein gemeinsames deutsches Vaterland und auf „Recht und Freiheit" als Grundforderungen der liberalen Verfassungsbewegung des Vormärz, die durch den Regierungsantritt Friedrich Wilhelms IV. von Preußen 1840 zunächst politischen Aufwind zu spüren vermeinte. Dies kommt nicht nur in der dritten Strophe („Einigkeit und Recht und Freiheit"), sondern auch in der freilich häufig im Sinne territorialer Ansprüche mißverstandenen ersten Strophe zum Ausdruck. Das zeitgeschichtliche Umfeld der Entstehung des Liedes macht indes deutlich, daß sich hier zwar durchaus vaterländische Begeisterung, aber keine gegen ausländische, d. h. nichtdeutsche Staaten gerichtete territoriale Ansprüche ausdrücken. Die Grenzaussagen des „Liedes der Deutschen" enthalten keine annexionistischen Aussagen. Mit „Belt" (Fehmarnbelt für Holstein), „Etsch" (ihr Oberlauf steht für das damals noch völlig deutsch besiedelte Südtirol) und „Maas" (sie durchfließt das damals deutsche Herzogtum Limburg, heute zu den Niederlanden gehörig) waren die Nord-, Süd- und Westgrenze des von Europa seinerzeit allgemein anerkannten Deutschen Bundes ziemlich genau umrissen. „Memel" (Ostpreußen) gehörte zwar dem Königreich Preußen, nicht aber dem Deutschen Bund an, wurde jedoch zu Recht (schon vor 1815) als kulturell zu Deutschland gehörig angesehen. Der Bonner Kommentar (Kommentar zum Bonner Grundgesetz) schreibt in Randnummer 91 zu Art. 22 GG: „*die entstehungszeitgeschichtliche Deutung des Liedes [ist] unzweifelhaft frei von gegen Drittstaaten gerichteten aggressiv-nationalistischen Tendenzen*".

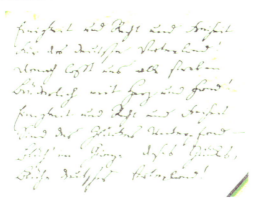

Dritte Strophe des „Liedes der Deutschen" von Hoffmann von Fallersleben.

Der Politikwissenschaftler Theodor Eschenburg - ein sicher unverdächtiger Zeuge, der zudem Ebert noch kannte - hat zu Recht darauf hingewiesen, daß der sozialdemokratische Reichspräsident Friedrich Ebert, von Beruf Sattler, der Unterscheidung zwischen Dativ und Akkusativ noch mühelos fähig war und bei der Proklamation des *„Liedes der Deutschen"* zur Nationalhymne 1922 - Hoffmann von Fallersleben ganz richtig interpretierend - gut und eindeutig gesagt habe, *„über alles"* bedeute hier nicht Deutschland über allen, sondern: *„Ich liebe Deutschland über alles".* Der Historiker Golo Mann, wie sein Vater ein entschiedener Gegner der nationalsozialistischen Gewaltherrschaft, hat betont, daß die Strophen des Deutschlandliedes *„freudiger, freundlicher und ganz gewiß unkriegerischer"* seien als manche anderen Hymnen mit ihren aggressiven Texten, etwa die amerikanische (*„Kampfesgefahr überm Wall... Blitze der Schlacht machen taghell die Nacht"*) oder die französische (*„das unreine Blut tränke unserer Äcker Furchen"*). Das umstrittene *„über alles"* seit nicht so zu verstehen, daß Deutschland besser sei als alle anderen Länder. Man sage ja auch, so Golo Mann, daß man seine Frau *„über alles"* liebe.

Das Kaiserreich von 1871 hatte keine Reichs- bzw. Nationalhymne. In der Volksgunst wetteiferten zunächst *„Die Wacht am Rhein"* und die Kaiserhymne *„Heil Dir im Siegerkranz",* ohne daß sich eines dieser Lieder durchsetzen konnte. Erst später gewann Hoffmann von Fallerslebens *„Lied der Deutschen"* an Bedeutung. Offiziell wurde es erstmals 1890 gesungen, als nach dem Erwerb der Insel Helgoland von Großbritannien (Tausch gegen Sansibar) auf Helgoland die Reichsflagge gehißt wurde.

Auch die Weimarer Reichsverfassung von 1919 traf keine Aussage über eine Nationalhymne. Doch wurde mit der Bestimmung des Deutschlandliedes zur Nationalhymne durch den sozialdemokratischen Reichspräsidenten Friedrich Ebert am 11. August 1922 (Verfassungstag) ein von der Bevölkerung weithin gebilligter Schritt unternommen. Das Lied war schon in den letzten Jahren der Kaiserzeit - nicht zuletzt durch seinen Bezug zum Vormärz und zu 1848 - sehr populär geworden. Im Dritten Reich blieb das Deutschlandlied Nationalhymne, doch wurde es in der Praxis meist mit dem nationalsozialistischen Kampflied *„Die Fahne hoch"* (Horst-Wessel-Lied) gekoppelt. Erst jetzt und in dieser Verbindung gewann das Deutschlandlied eine aggressiv-nationalistische, ja chauvinistische Tendenz (*„Denn heute hört uns Deutschland und morgen die ganze Welt"*) im militanten Sinne grenzverändernder territorialer Ansprüche (*„Heim ins Reich"*). Die Hymne wurde diskreditiert, ja pervertiert, ihr eine Tendenz untergeschoben, die weder dem gemütvollen patriotischen Burschenschafter Hoffmann von Fallersleben noch den Demokraten des Vormärz und von 1848 je in den Sinn gekommen wäre.

Selbstverständlich wurde die Nationalhymne im besiegten Deutschland von den Alliierten 1945 sofort verboten. Das Grundgesetz der Bundesrepublik Deutschland von 1949 trifft über die Nationalhymne keine Aussage. Ein Versuch des ersten Bundespräsidenten, Theodor Heuß, 1950 das Lied *„Land des Glaubens, deutsches Land"* (Text: Rudolf Alexander Schröder, Melodie: Hermann Reutter) als Hymne einzuführen, setzte sich bei der Bevölkerung genau so wenig durch wie das zuvor als Ersatz für die Nationalhymne gesungene *„Ich hab mich ergeben"* oder *„Freude schöner Götterfunken"*. Der sich erweiternde außenpolitische Spielraum machte es immer dringlicher, bei offiziellen staatlichen Veranstaltungen - wie sonst überall üblich - eine Nationalhymne zu spielen. In seinem Schreiben vom 29. April 1952 schlug Bundeskanzler Adenauer deshalb Bundespräsident Heuß vor, *„das Hoffmann-Haydn'sche Lied als Nationalhymne anzuerkennen. Bei staatlichen Veranstaltungen soll [!] die dritte Strophe gesungen werden"*. Mit Antwortschreiben vom 2. Mai 1952 kam der Bundespräsident dieser Bitte der Bundesregierung nach. Eine *„feierliche Proklamation"*, wie sie Ebert vorgenommen hatte, wollte er jedoch nicht vornehmen; sie war auch von der Bundesregierung nicht angeregt worden. Auch der damalige Oppositionsführer Kurt Schumacher (SPD) war der Meinung, daß man keine künstliche Nationalhymne schaffen, sondern - trotz der Diskreditierung durch die Nationalsozialisten - das Deutschlandlied als Nationalhymne wählen solle. Die Vertreter der drei Hohen Kommissare erklärten übereinstimmend, es sei eine deutsche Angelegenheit, die Nationalhymne zu bestimmen. Der amerikanische Hochkommissar Mc Cloy fügte hinzu: *„es ist nicht entscheidend, was die Völker singen, sondern wie sie handeln"*. In dem allgemein anerkannten Grundgesetz-Kommentar von Maunz-Dürig lesen wir (Randnr. 3 zu Art. 22 GG): *„Mitunter wird es (noch bis in die jüngste Zeit) als zweifelhaft angesehen, ob alle drei Strophen oder nur die dritte Strophe des ‚Deutschlandliedes' das Nationallied darstellen."*

Nach dem Wortlaut des Briefwechsels zwischen Bundeskanzler und Bundespräsidenten sollten ersichtlich alle drei Strophen das Nationallied bilden; nur bei staatlichen Veranstaltungen soll lediglich die dritte Strophe gesungen werden. Bei dieser Deutung des Briefwechsels steht es frei, bei nicht staatlichen Veranstaltungen alle drei Strophen (als Nationallied) zu singen. Und fast gleichlautend schreibt dazu der Bonner Kommentar (Randnr. 88 zu Art. 22 GG): *„Aus dem Briefwechsel ergibt sich eindeutig, daß das ganze aus drei Strophen bestehende ‚Lied der Deutschen'... die Nationalhymne der Bundesrepublik Deutschland ist,* *nicht anders als bereits in der Zeit der Weimarer Republik. Für die Organe, Behörden und Dienststellen der Bundesrepublik Deutschland ist dabei angeordnet, daß - falls bei ,staatlichen Veranstaltungen' gesungen wird - nur die dritte Strophe zum Vortrag kommt. Dies ... ändert aber gewiß nichts daran, daß Private frei sind, auch die ersten beiden Strophen der Nationalhymne zu singen".*

Offensichtlich in bewußter Anlehnung an den Briefwechsel Bundeskanzler Dr. Adenauers mit Bundespräsident Prof. Dr. Heuss von 1952 haben sich im August 1991 Bundespräsident Dr. von Weizsäcker und Bundeskanzler Dr. Kohl auf die dritte Strophe des vor 150 Jahren von Hoffmann von Fallersleben geschriebenen „*Liedes der Deutschen"* als Nationalhymne geeinigt. Nach wie vor bildet also ein Briefwechsel, d. h. weder ein Grundgesetzartikel noch ein Gesetz, die (nicht unproblematische) Grundlage unserer Nationalhymne. „*Die dritte Strophe des Hoffmann-Haydn'schen Liedes hat sich als Symbol bewährt"*, schrieb Bundespräsident Dr. von Weizsäcker am 19. August 1991 an Bundeskanzler Dr. Kohl. „*Sie bringt die Werte verbindlich zum Ausdruck, denen wir uns als Deutsche, als Europäer und als Teil der Völkergemeinschaft verpflichtet fühlen. Die dritte Strophe des Liedes der Deutschen von Hoffmann von Fallersleben mit der Melodie von Joseph Haydn ist die Nationalhymne für das deutsche Volk".* Eine nähere Begründung für den Verzicht auf die beiden ersten Strophen wird in diesem Schriftwechsel nicht gegeben. In allen seinen Strophen ist das Deutschlandlied nur noch „*ein Dokument deutscher Geschichte".* Leider wurde das „*Lied der Deutschen"* in der Vergangenheit „*auch in nationalistischer Übersteigerung mißbraucht"* und falsch interpretiert, aber ganz gewiß nur von Nationalsozialisten und nicht von der überwiegenden Mehrheit der Deutschen, die nach 1945 die drei Strophen im Sinne der Demokraten Hoffmann von Fallersleben und Friedrich Ebert, Adenauer und Heuss sangen, etwa am 3. Oktober 1990. Die mitunter geäußerte Befürchtung, vor allem im Ausland hätte man die erste Strophe (insbesondere nach der Wiedervereinigung) als ein Beleg ungebrochenen deutschen Nationalismus, ja Chauvinismus gesehen, ist wenig überzeugend. Ob man im Ausland wirklich Verständnis für die Kürzung der Nationalhymne hat? Dort käme man wohl kaum auf die Idee, die teilweise wirklich martialischen und nationalistischen Nationalhymnen (etwa Frankreichs, der USA oder Polens) mit Rücksicht auf das Ausland zu „*bereinigen".* Mit Schreiben vom 23. August 1991 an Bundespräsident Dr. von Weizsäcker hat Bundeskanzler Dr. Kohl diesem Vorschlag zugestimmt: „*Der Wille der Deutschen zur Einheit in freier Selbstbestimmung ist die zentrale Aussage der dritten Strophe des Deutschlandlieds. Deshalb stimme ich Ihnen namens der Bundesregierung zu, daß sie Nationalhymne der Bundesrepublik Deutschland ist"*.

Nationalhymnen kann man nur aus ihrem zeitgeschichtlichen Ursprung verstehen, man darf sie nicht an ihrer heutigen politischen Realität messen. Sie haben im übrigen eine ganz wesentliche symbolhafte, sozial integrierende, eher emotionale als rationale Funktion. Das verbindet sie mit vielen Äußerlichkeiten größerer und kleinerer menschlicher Gemeinschaften. Gerade weil die Nationalsozialisten das Deutschlandlied für ihre verbrecherischen imperialistischen Zwecke mißbraucht haben, sollten wir alles tun, unsere Hymne wieder in dem Sinn zu deuten, den ihr Hoffmann von Fallersleben bei der Niederschrift 1841, Friedrich Ebert bei der Proklamation 1922 und Konrad Adenauer mit Theodor Heuß bei der Wiedereinführung 1952 beigemessen haben: als Bekenntnis zum freiheitlichen demokratischen Rechtsstaat. Wir sollten das Lied im Sinne des Reichspräsidenten Friedrich Ebert singen, der in einer Kundgebung zum Verfassungstag am 11. August 1922 sagte: „*In Erfüllung seiner Sehnsucht soll unter den schwarz-rot-goldenen Fahnen der Sang von Einigkeit und Recht und Freiheit der festliche Ausdruck unserer vaterländischen Gefühle sein"*.

Abschrift

Der Bundespräsident   Bonn, den 19. August 1991

An den
Bundeskanzler der
Bundesrepublik Deutschland
Herrn Dr. Helmut Kohl
Adenauerallee 139/141
5300 Bonn 1

Sehr geehrter Herr Bundeskanzler,
die staatliche Einheit der Deutschen wurde rechtlich durch den Einigungsvertrag und den Beitritt der ehemaligen DDR zur Bundesrepublik Deutschland gemäß Artikel 23 des Grundgesetzes vollzogen. Seit dem 3. Oktober 1990 gilt auch die Nationalhymne der bisherigen Bundesrepublik für das vereinte deutsche Volk.

Das "Lied der Deutschen", von Hoffmann von Fallersleben vor hundertfünfzig Jahren in lauteren Gedanken verfaßt, ist seither selbst der deutschen Geschichte ausgesetzt gewesen. Es wurde geachtet und bekämpft, als Zeichen der Zusammengehörigkeit und gemeinsamen Verantwortung verstanden, aber auch in nationalistischer Übersteigerung mißbraucht. Als ein Dokument deutscher Geschichte bildet es in allen seinen Strophen eine Einheit.

Aufgrund des Briefwechsels zwischen Bundespräsident Heuss und Bundeskanzler Adenauer vom 29. April/2. Mai 1952 hat sich im Laufe der vergangenen Jahrzehnte die 3. Strophe des Liedes mit der Musik von Haydn als Hymne der Bundesrepublik Deutschland im Bewußtsein der Bevölkerung fest verankert. Gerade in der Zeit der Teilung hat sie den tiefen Wunsch der Deutschen nach Rechtsstaatlichkeit und nach Einheit in Freiheit ausgedrückt. Dieses Ziel haben sich unsere Landsleute in den Bundesländern Mecklenburg-Vorpommern, Brandenburg, Sachsen-Anhalt, Sachsen, Thüringen und im Ostteil von Berlin friedlich errungen.

Die 3. Strophe des Hoffmann-Haydn'schen Liedes hat sich als Symbol bewährt. Sie wird im In- und Ausland gespielt, gesungen und geachtet. Sie bringt die Werte verbindlich zum Ausdruck, denen wir uns als Deutsche, als Europäer und als Teil der Völkergemeinschaft verpflichtet fühlen.

Die 3. Strophe des Liedes der Deutschen von Hoffmann von Fallersleben mit der Melodie von Joseph Haydn ist die Nationalhymne für das deutsche Volk.

Mit freundlichen Grüßen
Unterschrift *Ihr R. Weizsäcker*

Brief des Bundespräsidenten an den Bundeskanzler vom 19. August 1991.

1952 bis 1991: alle drei Strophen des Deutschlandliedes waren die Nationalhymne

Briefwechsel zwischen Bundespräsident Theodor Heuss und Bundeskanzler Konrad Adenauer 1952
Aus: Bulletin des Presse- und Informationsamtes der Bundesregierung vom 6. Mai 1952.
(Abschrift)

Der Brief des Bundeskanzlers:

Bundesrepublik Deutschland   Bonn. 29.4.1952
Der Bundeskanzler

An den
Bundespräsidenten der Bundesrepublik Deutschland
Herrn
Prof. Dr. Theodor Heuss
B o n n

Sehr geehrter Herr Bundespräsident!
Die Frage einer »National-Hymne« ist in den vergangenen zwei Jahren wiederholt zwischen uns besprochen worden. Ich achtete, wenn auch mit Zweifel an dem Gelingen, Ihren Versuch, durch einen neuen Text und durch eine neue Melodie über die unliebsamen Zwischenfälle hinwegzukommen, die bei der Wiedergabe oder bei dem Absingen des »Deutschland-Liedes« sich ereignet haben; es sollte vermieden bleiben, hier einen neuen Streit in unser Volk zu tragen.

Sie haben mir selber gelegentlich zum Ausdruck gebracht, daß Sie das Bemühen als gescheitert betrachten müssen. Die Gründe mögen jetzt unerörtert bleiben. Als das Kabinett Sie vor Monaten durch mich bitten ließ, sich für die dritte Strophe des »Deutschland-Liedes« zu entscheiden, gab ich zu. daß Ihre damalige Gegenargumentation eine innere Berechtigung besaß.

Inzwischen ist nun die Frage dringend geworden, und ich muß den Wunsch der Bundesregierung darum pflichtgemäß wiederholen. Sie wissen selber um die Lage, in der bei amtlichen Veranstaltungen unsere ausländischen Vertretungen sich befinden. Ich will in diesem Augenblick die innerdeutschen Gefühlsmomente, deren Gewicht von uns beiden gleich hoch gewertet wird, gar nicht in Anschlag bringen. Es ist wesentlich der außenpolitische Realismus, der uns. Ihnen wie mir. nahelegen muß. die Entscheidung nicht weiter hinauszuzögern; ich möchte auch hoffen dürfen und glaube, dazu Grund zu haben, daß die innenpolitischen Vorbehalte, die sich auf den Mißbrauch des »Deutschland-Liedes« durch die Vernichter des alten Deutschland beziehen, an Schärfe verloren haben - war es doch der Reichspräsident Friedrich Ebert. der das »Deutschland-Lied« durch eine staatsmännische Entscheidung zur Nationalhymne erklärte.

Daher die erneute Bitte der Bundesregierung, das Hoffmann-Haydn'sche Lied als Nationalhymne anzuerkennen. Bei staatlichen Veranstaltungen soll die dritte Strophe gesungen werden.

Mit freundlichen Grüßen
Ihr
gez. Adenauer

Die Antwort des Bundespräsidenten

Der Präsident
der Bundesrepublik Deutschland   Bonn/Berlin, 2.5.1952

Sehr geehrter Herr Bundeskanzler!
Sie haben recht: ich wollte vermieden wissen, daß in öffentlichen Veranstaltungen mit einem vaterländischen Akzent, gleichviel wie ihre Ausdehnung oder wie ihr Rang sei, ein Mißklang ertöne, weil sehr, sehr viele Menschen unseres Volkes Haydns große Melodie nur eben als Vorspann zu dem »dichterich« und musikalisch minderwertigen Horst-Wessel-Lied im Gedächtnis haben, dessen banale Melodie den Marsch-Takt in ein Volksverderben abgab.

Doch das ist es nicht allein. Als mich die Frage nach einer Nationalhymne bewegte - und das liegt innerlich längst vor meiner Wahl zum Bundespräsidenten - glaubte ich, daß der tiefe Einschnitt in unserer Volks- und Staatengeschichte einer neuen Symbolgebung bedürftig sei, damit wir vor der geschichtlichen Tragik unseres Schicksals mit zugleich reinem und freiem Herzen, in klarer Nüchternheit des Erkennens der Lage bestehen werden. Ich weiß heute, daß ich mich täuschte. Ich habe den Traditionalismus und sein Beharrungsbedürfnis unterschätzt. Man hat mir wegen meines Planes manche herzhafte Zustimmung gegeben, und zwar aus schier allen heute wesentlichen politischen Gruppen, man hat mich bewegend, entrüstet, töricht, banal, in zahllosen Briefen, Telegrammen, Resolutionen belehrt, daß man in der Not die Vergangenheit nicht verleugne usw. usf. Wenn mich jemand über geschichtliches Würdegefühl belehren wollte, habe ich das kühl auf die Seite geschoben. Denn ich bin stolz und selbstbewußt genug, zu meinen, daß einige meiner in der Vergangenheit liegenden literarischen und wissenschaftlichen Arbeiten der deutschen Würde bekömmlicher waren als die Leistung mancher »prominenter« Protestler von heute, die besser schweigen.

Da ich kein Freund von pathetischen Dramatisierungen bin und mit mir selber im reinen bleiben will, muß ich nach meiner Natur auf eine »feierliche Proklamation« verzichten. Wenn ich also der Bitte der Bundesregierung nachkomme, so geschieht das in der Anerkennung des Tatbestandes.

Ich möchte daran zwei Erwartungen und Wünsche knüpfen. In den letzten Jahren habe ich, zum Teil durch recht prominente Mitglieder aus den Reihen der CDU, der FDP, der SPD Versicherungen erhalten, wie richtig, wie falsch das sei, was ich versucht habe - es wäre ein Glück, wenn nun das Kapitel der Parteiauffassungen abgeschlossen wäre, da auch in einigen Landtagen abgehandelt wurde. Zum anderen: Man hatte mir nahegelegt, bei der Freigabe von Helgoland den erwarteten Akt der »Proklamation« zu vollziehen, weil bekanntlich auf dieser Insel Hoffmann seine Verse gedichtet hat. Das ist nun so: Hoffmann von Fallersleben war ein Schwarz-Rot-Goldener, sogar leicht verärgert, daß nach 1870 sein Gedicht gar nicht in Aufnahme kam. Ich würde sehr froh sein, wenn alle, die sich jetzt in Briefen und Entschließungen und Artikeln so lebhaft zu ihm bekannt haben, auch die Folgerungen daraus weiter ziehen, und es wäre verdienstlich, Herr Bundeskanzler, wenn die Bundesregierung dafür sorgen könnte, daß diese Farben bei festlichen Anlässen, da man die Worte von Hoffmann von Fallersleben singen will und singen wird, nicht bloß an den Amtsgebäuden wehen, sondern von den Mitgliedern der Gruppen, die sich dafür in Beschlüssen erklärt haben, als das Symbol unseres Staates auch öffentlich bekannt würden.

Mit guten Grüßen
Ihr gez. Theodor Heuss

Literaturhinweise:

Ulrich Allwardt: einigkeit und recht und freiheit, nationale Symbole und nationale Identität, hrsg. von der Bundeszentrale für politische Bildung, Bonn 1985;
Helmuth Fechner: Das Lied der Deutschen. Unsere Nationalhymne. Information und Dokumentation, Bonn 1981;
Hans Hattenhauer: Deutsche Nationalsymbole, München 1984;
Hessisches Kultusministerium (Hrsg.): Die Nationalhymne. Handreichung für die Besprechung an den Schulen im Lande Hessen, Wiesbaden 1989;
Guido Knopp und Ekkehard Kuhn: Das Lied der Deutschen. Schicksal einer Hymne, Berlin und Frankfurt a. M. 1988;
Günter Spendel: Zum Deutschland-Lied als Nationalhymne, in: Juristen-Zeitung 1988, S. 744ff.;
Hans Tümmler: „Deutschland, Deutschland über alles." Unsere Nationalhymne. Information und Dokumentation, Bonn 1981.

Die vom preußischen Kammergericht am 4. August 1836 zum Tode verurteilten Burschenschafter.
Die Umwandlung der Todesurteile in Festungsarrest, die Begnadigung vom März 1838 und die anläßlich des Thronwechsels erfolgte Amnestie vom 10. August 1840

Walter Schmidt[*]

Die Geschichte der frühen Burschenschaften im Zeitraum von ihrer Gründung bis zur Revolution von 1848 ist zugleich eine Geschichte ihrer Verfolgungen und Repressionen.[1] Die Burschenschaften waren für die herrschenden Gewalten von Anfang an ein durchweg ungeliebtes Kind der Befreiungskriege, das man am liebsten sofort wieder aus der Welt geschafft hätte. Anfangs von Potentaten der deutschen Kleinstaaten zwar noch gerade geduldet, beobachtete man diese erste nationale Dimensionen annehmende Studentenorganisation nach der Demonstration des Wartburgfestes von 1817 mit zunehmendem Argwohn und Mißtrauen. Standen deren Ziele: nationale Einigung Deutschlands und Herstellung bürgerlicher Verhältnisse doch in diametralem Gegensatz zu den

---

[*] Prof. i. R. Dr. phil. habil. Dr. h.c. Walter Schmidt, Historiker, bis 1990/91 Mitglied der Akademie der Wissenschaften der DDR und Direktor des Zentralinstituts für Geschichte der Akademie der Wissenschaften der DDR, Mitglied der Leibniz-Sozietät Berlin, Mitglied des Wissenschaftlichen Beirats der Internationalen Marx-Engels-Stiftung (IMES) Amsterdam

[1] Eine spezielle generalisierende Geschichte der Burschenschaftsverfolgungen existiert zwar noch nicht; doch enthalten die vorliegenden Darstellungen über die Burschenschaften an den einzelnen Universitäten wie in ihrer Gesamtheit in diesem Zeitraum durchweg auch deren Verfolgungsgeschichte, so vor allem Paul Wentzcke, Geschichte der deutschen Burschenschaft, Bd. 1: Vor- und Frühzeit bis zu den Karlsbader Beschlüssen, Heidelberg 1919; Georg Heer, Geschichte der Deutschen Burschenschaft, Bd. 2: Die Demagogenzeit. Von den Karlsbader Beschlüssen bis zum Frankfurter Wachensturm, Heidelberg 1927; ders., Geschichte der Deutschen Burschenschaft, Bd. 3: Die Zeit des Progresses. Von 1833 bis 1859, Heidelberg 1929. Zu einzelnen Burschenschaften: Max Flemming, Geschichte der Hallische Burschenschaft von 1814-1860, Berlin 1933; Walter Nikolai, Die Breslauer Burschenschaft bis zum Ende der Demagogenverfolgungen 1817-1835, Berlin 1935; Otto Heinemann, Die alte Greifswalder Burschenschaft 1818-1834, in: QuD, Bd. 4, Heidelberg 1966; Georg Polster, Politische Studentenbewegung und bürgerliche Gesellschaft. Die Würzburger Burschenschaft im Kraftfeld von Staat, Universität und Stadt, Heidelberg 1989; speziell zu den Verfolgungen Walter Schmidt, Lebensschicksale. Verfolgte schlesische Burschenschafter aus dem frühen 19.Jahrhundert, in: Würzburger medizinhistorischen Mitteilungen, Bd. 22 2003, S. 449-521. Einen Einblick in die Problematik bieten viele Biographien in: Helge Dvorak, Biographisches Lexikon der Deutschen Burschenschaft, Band I: Politiker, Teilband 1-6, Heidelberg 1996-2005 (folgend BLB); im einzelnen siehe Peter Kaupp, „Ich habe ein gewagtes Spiel gespielt". Johannes Wit genannt Doering (1799-1853), in: GDS-Archiv für Hochschul- und Studentengeschichte, Bd. 6, 2002, S. 7-29.

auf dem Wiener Kongreß beschlossenen restaurativen Zuständen, der partikularstaatlichen Zersplitterung und einer halbabsolutistischen Fürstenherrschaft, und bildeten ihre Bestrebungen insofern auch eine reale Gefahr für den Bestand des 1815 institutionalisierten Herrschaftssystems in Deutschland. Das Attentat des Burschenschafters Karl Ludwig Sand im März 1819 auf den russischen Agenten Kotzebue bot den herbeigewünschten Anlaß, um durch die Karlsbader Beschlüsse vom 20. September 1819 die Burschenschaften unter Verbot zu stellen und systematisch zu verfolgen. Ihre Mitglieder, so man ihnen burschenschaftliche Aktivitäten nachweisen konnte, wurden fortan zunehmend hart bestraft.

Zwei Verfolgungswellen waren die seitdem in die Illegalität getriebenen Burschenschafter, nun offiziell als Demagogen stigmatisiert, in diesem Zeitraum ausgesetzt. Die erste Repressionsphase setzte nach den Karlsbader Beschlüssen ein, umfaßte die erste Hälfte der 1820er Jahre und fand einen gewissen Höhepunkt in der Verfolgung und Bestrafung der fast durchweg aus den Burschenschaften rekrutierten Mitglieder des so genannten Jünglingsbundes. Die zweite Welle der Demagogenverfolgungen hatte die nationalpolitischen Oppositionsbewegungen in Süddeutschland im Gefolge der Pariser Julirevolution von 1830, in die sich der politisch engagierte, germanisch orientierten Teil der Burschenschaft bereits direkt einschaltete, als Hintergrund. Sie wurde ausgelöst durch den Frankfurter Wachensturm von April 1833. Die daraufhin erneut gesamtdeutsch eingeleiteten Maßnahmen gegen die Burschenschaften erlangten die bisher größten Ausmaße. Das so genannte „*Schwarze Buch*" der Mainzer Bundeszentralbehörde von 1838[2] verzeichnete, obwohl es die verfolgten und bestraften Burschenschafter keineswegs vollständig erfaßte, insgesamt 1865 Namen, von denen die weitaus meisten, etwa die gute Hälfte, als Burschenschafter zu identifizieren sind. Man kann also davon ausgehen, daß damals in Deutschland etwa 900 Burschenschafter gerichtlich verfolgt und sicher mehr als die Hälfte von ihnen auch mit unterschiedlich langem Arrest in Festungen und Gefängnissen bestraft wurden. Preußen hatte daran ohne Frage den größten Anteil.

Preußen hatte bei der Repression der Burschenschaften von Anbeginn die Rolle eines Scharfmachers gespielt. Es verhängte in der Regel schon in der ersten Verfolgungsperiode die härtesten Strafen. Die Untersuchungen gegen die in Burschenschaften organisierten Studenten wurden

---

[2] Alphabetisches Verzeichnis derjenigen Personen, gegen welche nach den Akten der Centralbehörde bezüglich revolutionärer Umtriebe im Untersuchungswege eingeschritten worden ist. Abgeschlossen, den 8. August 1838, in: Geheimes Staatsarchiv Preußischen Kulturbesitz Berlin, I. HA (im folgenden: GStA) Rep. 77 Tit. 27 Nr. 32.

zunehmend den Universitätsbehörden entzogen und in den Verantwortungsbereich von Polizei und Justiz gegeben. Relegationen waren durchweg an der Tagesordnung, und zugleich wurden in wachsender Zahl die damals als Amts- oder auch Anstellungsunfähigkeit bezeichneten Berufsverbote ausgesprochen, die man allerdings nach Gnadengesuchen zumeist wieder aufheben lassen konnte. Auch schickten die preußischen Justizbehörden die aktivsten Burschenschafter, die Beamten und die Stifter von Burschenschaften zumal, für allerdings relativ kurze Zeit, etwa 4-8 Wochen, in „*polizeiliche Festungshaft*";[3] und sie verlangten danach natürlich Reue und das Versprechen, sich nie wieder an „*verbotenen Verbindungen*" zu beteiligen. Waren die ausgesprochenen Strafen vergleichsweise noch milde, so handelte es sich doch erstmalig um Massenverurteilungen von Studenten, was seine psychologische Wirkung nicht verfehlte.

Lediglich die Mitglieder des Jünglingsbundes traf - im Urteil des Breslauer Oberlandesgerichts vom März 1826 – bereits die ganze Härte der drakonischen Gesetze; denn ihnen wurde nicht nur Teilnahme an verbotenen Verbindungen, sondern wegen des auf Veränderung der gesellschaftspolitischen Verhältnisse abzielenden Programms und praktischer Tätigkeit in dieser Richtung „*das Verbrechen des Hochverrats*" zur Last gelegt. Die 28 zunächst jahrelang in Schloß Köpenick in Untersuchungshaft festgehaltenen und erst 1825 zum „*vorläufigen Strafantritt*" auf Festungen gebrachten Angeklagten erhielten Strafen zwischen 2 und 15 Jahren Festungsarrest,[4] die freilich nach Begnadigungsgesuchen auf ein Drittel reduziert wurden, so daß um 1830 alle Verurteilten wieder in Freiheit waren. Auf die Todesstrafe war zu diesem Zeitpunkt jedoch verzichtet worden.

Das änderte sich indes in der zweiten Verfolgungsperiode, die nach dem Frankfurter Wachensturm mit der Reaktivierung der Zentraluntersuchungsbehörde in Mainz, der Bildung einer Ministerialkommission zur Verfolgung politischer Verbrechen in Preußen und der Betrauung des Berliner Kammergerichts im Jahre 1835 mit der Untersuchung und Verurteilung „*politischer Verbrecher*"[5] Mitte 1833 einsetzte, zu den Kam-

---

[3] Vgl. dazu für schlesische Burschenschafter: Schmidt, Lebensschicksale.
[4] Gedrucktes Urteil des Oberlandesgerichts Breslau „*wider den Königlichen Lieutenant von der Lanken* und *Complicen*" vom 25.03.1826, in: GStA, Rep. 84a, Nr. 9825, Bl. 139-146.
[5] Kabinettsorder vom 25.04.1835, in: GStA, Rep. 84a Nr. 50161, Bl. 14; Friedrich Holtze, Geschichte des Kammergerichts in Brandenburg-Preußen, Berlin 1904, S. 130-133; Christina von Hodenberg, Die Partei der Unparteiischen. Der Liberalismus der preußischen Richterschaft 1815-1848/49, Göttingen 1996, S. 249-254.

mergerichtsurteilen der Jahre 1835 und 1836, insonderheit den Urteilen gegen die Burschenschaften auf den Universitäten in Bonn, Breslau, Erlangen, Greifswald, Halle, Heidelberg, Jena, Leipzig, München und Würzburg vom 4. August 1836 führte und erst mit dem Amnestieerlaß Friedrich Wilhelm IV. anläßlich seiner Thronbesteigung vom 10. August 1840 zum Abschluß kam. Es war dies das einzige Mal in der deutschen Geschichte, daß gemäß einem Urteilsspruch eine große Gruppe von Burschenschaftern auf einen Schlag gerichtlich zu Tode kommen sollte. Die folgende Dokumentation verzeichnet erstmals geschlossen alle 39 in diesen Kammergerichtsurteilen zum Tode verurteilten Burschenschafter, sucht ihren Weg von der Verhaftung bis zur Entlassung aus den jeweiligen Festungen sowie ihr „*politisches Verbrechen*" und das entsprechende Urteil festzuhalten. Erleichtert wurde dies dadurch, daß inzwischen fast alle der - zumindest gerichtlich - bereits dem Tode Geweihten in den sechs Bänden von Helge Dvoraks „*Biographischem Lexikon der deutschen Burschenschaften*",[6] herausgegeben im Auftrage der Gesellschaft für burschenschaftlichen Geschichtsforschung bereits eine kurze Biographie erhalten haben.

Zugrunde lag allen Urteilen des Berliner Kammergerichts aus den frühen Augusttagen des Jahres 1836 wiederum der Tatbestand des Hochverrats, den das Breslauer Oberlandesgerichtgericht ein Jahrzehnt zuvor noch mit hohen Festungsstrafen für hinreichend geahndet hielt. Es war also eine wesentliche Strafverschärfung eingetreten, die offenbar mit der neuen Situation nach 1830, den liberalen und demokratischen Bestrebungen im südwestdeutschen Raum und ihren Ausstrahlungen auf Preußen zu tun hatte. Zwar war Preußen selbst von liberaler und demokratischer Opposition oder gar revolutionären Bestrebungen noch weitgehend verschont geblieben, doch hatten die Bewegungen im Südwesten ihre Wirkungen auf Preußen nicht ganz verfehlt. Die Burschenschaften aber waren jetzt in besonderen Maße zu Mittlern revolutionärer Ideen geworden, nachdem sich deren politisch aktiver, germanischer Kern, der die Führung der „*Allgemeinheit*" übernommen hatte, seit dem Frankfurter Burschentag von Herbst 1831 und vollends auf dem Stuttgarter Burschentag von Ende 1832 entschlossen hatte, sich aktiv an politischen Aktionen zur Änderung der Gesellschaftsverhältnisse zu beteiligen und dabei, wenn nötig, auf Gewalt nicht zu verzichten.[7]

---

[6] BLB, I/1-6.
[7] Dazu Heer, Deutsche Burschenschaft, Bd. 2, S. 235-239; Bock, Bürgerlicher Liberalismus und revolutionäre Demokratie, In Jahrbuch für Geschichte, Bd. 13, Berlin 1975, S. 117f. und 141-145; Maren Ballerstedt und S. Gente, Die politische Reaktivierung und Differenzierung der Burschenschaften und ihre Teilnahme an den revolutionären Volksbewe-

Es waren durchweg diese signifikanten Politisierungs- und Radikalisierungstendenzen in den Burschenschaften, die den Herrschenden Sorge bereiteten und darum unter höchste Strafe gestellt werden sollten. Denn sie waren nicht nur an den Universitäten außerhalb Preußens, in Heidelberg, München, Würzburg und Jena zumal, sichtbar geworden, sondern hatten auch bei Burschenschaften an preußischen Universitäten, in Greifswald und Halle, in programmatischen Festlegungen von neuen, revidierten Verfassungen ihren Niederschlag gefunden. In Greifswald hatte Carl August Theodor Otto in der am 18. Februar und 1. März 1833 angenommenen neuen Konstitution nicht nur als Zweck die „*Herbeiführung einer freien, gerecht geordneten, volkstümlichen, den Bedürfnissen der Zeit entsprechenden, durch Staatseinheit gesicherten, das gesamte Deutsche Volk zu einem ferner ungetrennten Ganzen vereinigenden Verfassung Deutschlands*" fixiert, sondern als Pflicht der Burschenschafter auch beschließen lassen, „*diesen aufgestellten Zweck eifrig zu verfolgen, sowie zu jeder Zeit in das Bestehen zu verwerfender Regierungen Deutschlands gewaltsam einzugreifen*". Und in der Aufnahmeformel wurde dem Neueintretenden das Versprechen abverlangt, daß er „*diese Pläne mit Innigkeit ergreifen, für sein ganzes Leben verfolgen und an einem zu diesem Endzweck zu unternehmenden gewaltsamen Aufstande Theil nehmen wolle.*"[8] Diese Bestimmungen entsprachen inhaltlich voll und ganz den Beschlüssen des Stuttgarter Burschentages. Die entsprechende Passage in der überarbeiteten und Ende Januar/Anfang Februar 1833 angenommenen Verfassung der Halleschen Burschenschaft ging in die gleiche Richtung, übernahm die Formeln des Stuttgarter Burschentags.[9] „*Jeder, der fortan in den engeren Verein eintreten wollte, mußte der Überzeugung sein, daß nur auf revolutionärem Wege das Ziel der*

---

gungen sowie an den Organisationsbestrebungen der bürgerlich-antifeudalen Opposition in den Jahren 1824/25-1833, Diss. Magdeburg 1985; Sabine Kopf, Studenten im Deutschen Press- und Vaterlandsverein, in Helmut Asmus (Hg.), Studentische Burschenschaft und bürgerliche Umwälzung, Berlin 1992, S. 185-196.

[8] Zitiert nach Heinemann Greifswalder Burschenschaft, S. 206f.; siehe auch GStA I. HA Rep. 77 Tit. 28a Nr. 1 Bd. 9: Urteil gegen die Greifswalder Burschenschaft vom 04.08. 1836 (im folgenden: Greifswalder Urteil) Bl. 47-76; S. 74v: „*Die Greifswalder Burschenschaft in dieser Periode erscheint als eine entschieden revolutionäre Verbindung. Die Mitglieder mußten bei ihrer Aufnahme geloben, zur Herbeiführung der gewünschten Staatsform nötigenfalls Gewalt anzuwenden, an einer Revolution teilzunehmen. Sie machten sich daher, indem auch in den Königlich Preußischen Staaten eine geänderte Staatsform bezweckt wurde, durch ihre Mitgliedschaft des Hochverrats schuldig.*"

[9] Flemming, Hallischen Burschenschaft, S. 63-73. Vgl. auch Rep. 77 Tit. 28a Nr. 1 Bd. 6: Urteil gegen die Hallesche Burschenschaft vom 04.08.1836 (im folgenden: Hallesches Urteil), Bl. 283: Es „*muß auch der Tatbestand dahin stehend erachtet werden, daß die Hallesche Burschenschaft im Februar 1833 eine ausdrücklich revolutionäre Tendenz angenommen hat, mithin von dieser Zeit ab eine revolutionäre Verbindung bildet.*"

Burschenschaft zu einer Umgestaltung der Verfassung Deutschlands herbeigeführt werden kann."[10] Auch in dem - nach der Auflösung der Burschenschaft - durch Hermann Wagner ins Leben gerufenen Hallesche Kränzchenverein gab es germanische Bestrebungen, die jedoch nicht zum Zuge kamen.

Eben diese Neubestimmungen der Ziele und Wege galten als Hochverrat und machten diese Burschenschaften in den Augen des Kammergerichts zu *„hochverräterischen Verbindungen"*. Wer den Verfassungsänderungen, die eine aktive, die Anwendung revolutionärer Gewalt einschließende politische Mitwirkung an der Neugestaltung der Gesellschaft befürworteten, zugestimmt hatte und sich einer solchen Burschenschaft anschloß, war, wenn er es gestand oder es ihm nachgewiesen werden konnte, schon ein Hochverräter, gar nicht zu reden von denen, die die neue Aufgabenstellung von Burschenschaftsarbeit engagiert verbreitet und Verfassungsänderungen sogar formuliert und in den Versammlungen durchgesetzt hatten. Die Urteile haben da zwar recht genau differenziert, aber bei der Festlegung des Urteilsspruchs dann doch alles über einen Leisten geschlagen. Gegen die Argumente zahlreicher Verteidiger, daß Hochverrat nicht vorliegen könne, weil die Zielsetzungen der Verbindungen noch keine Unternehmen involvierten und der bloße Wille und Gedanke nicht zur Kognition des Kriminalrichters gehöre, setzte das Kammergericht: *„Letzteres ist zwar richtig, die ... Voraussetzung aber, daß hier nur ein verbrecherischer Wille, nicht eine Tat und ein strafbares Unternehmen vorliege, unbegründet. Das Unternehmen ist die Verbindung, das Zusammentreten mehrerer zur Ausführung ihrer hochverräterischer Zwecke."*[11] Auch das von Verteidigern vorgebrachte Argument, es könne höchstens von versuchtem Hochverrat die Rede sein, wurde mit der Begründung abgeschmettert, bereits die Mitgliedschaft in einer Verbindung, die sich eine Veränderung der Verfassung, zumal ohne Ausschluß revolutionärer Mitteln zum Zweck setze, sei vollendeter Hochverrat. *„Ein Versuch des Hochverrats ist nicht vorhanden."*[12]

Für Hochverrat sollte jetzt nur der Tod als Strafe gelten. Freilich machten die Richter einen Unterschied zwischen denen, die lediglich einer *„hochverräterischen Verbindung"* angehörten, und denen, die sich aktiv für die Realisierung ihrer Ziele eingesetzt hatten. Aber das sollte nur auf die Art und Weise Einfluß haben, wie einer dann vom Leben zum Tode

---

[10] Flemming, Hallische Burschenschaft, S. 66
[11] Greifswalder Urteil, Bl. 163v-164: Urteil zu Ernst Eduard Wilhelm Kähler (Hervorhebung von mir. W. Sch.).
[12] Ebenda, Bl. 100v: Urteil zu Riemschneider

gebracht wurde. Wer nichts getan hatte, um die Zielsetzungen in der Praxis zu realisieren, wem „*keine Handlung zur Last fällt, durch welche der Verbindungszweck durch Gewalt auf unmittelbare Weise hätte erreicht werden sollen*",[13] der wurde mit der „*einfachen Todesstrafe durch das Beil*" bestraft. Wer sich in den Augen des Gerichts indes aktiver praktischer Handlungen zur Verwirklichung der Ziele schuldig gemacht und dabei auch die Anwendung von Gewalt in Rechnung gestellt hatte, der sollte die Höchststrafe in Preußen, die „*geschärfte Todesstrafe*" erleiden, der *war „mit dem Rade von oben herab vom Leben zum Tode zu bringen*". Der überwiegenden Mehrheit, 35 des Hochverrats Angeklagten, gestand das Kammergericht mit obengenannter Begründung die einfache Todesstrafe zu.

Vier Burschenschafter – Karl Heinrich Brüggemann, Heinrich Jacoby, Hermann Müller-Strübing und Carl August Theodor Otto – hatten jedoch die „*geschärfte Todesstrafe*" zu gewärtigen, weil sie sich, wie das Gericht meinte, durch ihre Handlungen direkt praktisch für die Verwirklichung der formulierten Zwecke engagiert hatten.

Brüggemann war als Renonce in Bonn überhaupt nicht mit Strafe belegt worden und hatte wegen seiner „*aufreizenden Rede*" auf dem Volksfest in Wilhelmsbad am 22. Juni 1832 nur ein Jahr Festungsarrest erhalten; die Rede auf dem Hambacher Fest wie die Teilnahme am Pressverein war den Richtern jedoch immerhin jedes Mal schon den Tod durch das Beil wert; aber auch wegen seiner Teilnahme an der Heidelberger Burschenschaft war er nur mit der einfachen Todesstrafe bestraft worden. Die „*geschärfte*" Todesstrafe brachte ihm offensichtlich erst die Summation aller seiner „*Verbrechen*" ein.[14] In diesem Sinne hieß es auch im Heidelberger Urteil: „*Auf einfache Todesstrafe wäre zu erkennen, wenn wider den Inquisiten nicht andere Verbrechen vorlägen*". Offensichtlich wurde die Entscheidung über das endgültige Urteil über ihn, den Frontmann, der dem ganzen Prozeß gegen 206 Burschenschafter den Namen gegeben hat, erst zuletzt, möglicherweise „*kraft der oberrichterlichen Befugnis*" des Monarchen gefällt.[15]

---

[13] Urteil zu Wuthenow, in: Hallesches Urteil, Bl. 5.
[14] GStA, Rep. 97 VIII Spez. Band VII: Urteil zum Hambacher und Wilhelmsbader Fest und zum Pressverein, Bl. 2023; Rep. 77 Tit. 28a Nr. 1 Bd. 3 (Heidelberger Urteil), Bl. 232 f.; Bd. 5 (Bonner Urteil), Bl. 329ff; Rep. 97 VIII Gen. Band 6: Entwurf für den Druck aus dem Urteil vom 4. August 1836 contra Brüggemann et Cons., Bl. 2.
[15] Die Kabinettsorder vom 11.12.1836 war bisher nicht auffindbar. Ihr Inhalt ist nur aus den Publikationen der Todesurteile ableitbar.

Jacoby erhielt für die Unterstützung des Pressvereins lediglich sechs Monate Arrest; bei ihm war auch nicht die Teilnahme an der hochverräterischen Verbindung in Heidelberg und am dortigen revolutionären Klub, die jeweils mit der einfachen Todesstrafe gesühnt werden sollte, ausschlaggebend für die Verschärfung, sondern eindeutig seine Verwicklungen in das „*Frankfurter Attentat*". Im Urteil zum Frankfurter Wachensturm hieß es: Es wird erkannt wegen „*Teilnahme an einem Unternehmen, welches den gewaltsamen Umsturz der Verfassung des deutschen Bundes, mithin auch der Verfassung in den zum deutschen Bund gehörenden Ländern der Preußischen Monarchie bezweckten, auf Konfiskation seines Vermögens und den Tod durch das Rad von oben* [was interessanterweise später korrigierend für zuvor stehendes „*Tod durch das Beil*" eingefügt wurde!! W. Sch.]. *Die einfache Todesstrafe ist der Schwere seines Verbrechens nicht angemessen, da er am Frankfurter Attentat mitgewirkt hat und dieses einen beträchtlichen Schaden angerichtet hat.*"[16]

Müller-Strübing bekam wegen Teilnahme am Pressverein nur „*außerordentlich*" sechs Monate Arrest, hatte ebenfalls wegen Teilnahme am Heidelberger revolutionären Klub die einfache Todesstrafe erhalten und war wegen Majestätsbeleidigung nur zu zwei Jahren Festungshaft verurteilt worden. Entscheidend für sein verschärftes Todesurteil war – wie bei Jacoby – das Wissen um und die (freilich indirekte) Beteiligung am Frankfurter Wachensturm.[17]

Otto wurde vor allem deshalb so hart bestraft, weil er in Greifswald die Prinzipien von Stuttgart gewissermaßen eins zu eins in der neuen Verfassung umgesetzt hatte. „*Einer unmittelbaren gewaltsamen Handlung hat er sich zwar nicht schuldig gemacht. Dennoch trifft ihn als Stifter der revolutionären Greifswalder Burschenschaft eine geschärfte Todesstrafe.*"[18]

Drei der mit geschärfter Todesstrafe Bedachten wurde vor allem ihre Beteiligung an den revolutionären Bestrebungen in Südwestdeutschland zur Last gelegt, davon zwei indirekte Unterstützung des Frankfurter Wachensturms. Damit hob das Gericht die besondere Gefährlichkeit der organisierten revolutionären Bestrebungen in dieser Region ausdrücklich hervor und zielte auf abschreckende Wirkung. Otto konnte keine gewaltsame Handlung nachgewiesen werden. Er hat dieses höchste Strafmaß in

---

[16] Rep. 97 VIII Spez. Band VIII, Bl. 2258v.
[17] Ebenda, Bl. 2268v und 2271.
[18] Greifswalder Urteil, Bl. 86.

erster Linie wegen Übertragung der zu politischer Aktion verpflichtenden Beschlüsse der Allgemeinheit auf eine Verbindung an einer preußischen Universität, in Greifswald, erhalten. Daran wird deutlich, wie hoch das Gericht die Gefahr einschätzte, die mit der Gründung einer revolutionären burschenschaftlichen Verbindung im preußischen Staatsgebiet für den preußischen Staat entstehen könnte.

Letzteres wird nicht zuletzt auch dadurch unterstrichen, daß Mitglieder von als hochverräterisch eingeschätzten Burschenschaften an den beiden preußischen Universitäten die Mehrheit der zum Tode Verurteilten stellten: Halle 13 und Greifswald 14, also insgesamt 27 von 39 Verurteilten. Gewiß muß dabei auch in Anschlag gebracht werden, daß den preußischen Verfolgungsbehörden Studenten dieser Universitäten in größerer Zahl zum Opfer fielen als aus nichtpreußischen Universitäten. Doch setzt das die zuerst getroffene Feststellung nicht außer Kraft. Heidelberg und Jena waren mit je 5 Verurteilten vertreten; und für Teilnahme an der Würzburger bzw. Münchner Burschenschaft wurde je einer mit dem Tode durch das Beil bestraft.

Was die Studienrichtungen anbetrifft, denen die zum Tode Verurteilten angehörten, so stehen die Juristen mit weitem Abstand an der Spitze. Die Hälfte aller Verurteilten, insgesamt 19 studierten Rechtswissenschaften, gefolgt von immerhin 10 Medizinern; während aus der philosophischen Fakultät 5 kamen und 4 sich der evangelischen Theologie widmeten. Die altersmäßige Zusammensetzung weist ein bedeutendes Übergewicht der Geburtsjahrgänge 1809 bis 1812 auf. 33 Verurteilte waren zwischen 22 und 26 Jahren, als sie verhaftet wurden; 13 von ihnen, ein Drittel aller war 1811 geboren. Die beiden Ältesten waren Otto (Jahrgang 1807) und Schultze (Jahrgang 1808). Der Jüngste, Hornay zählte gerade 19 Jahre, als man ihn in die Hausvogtei brachte und war bei der Verurteilung 21 Jahre alt.

Das Gerichtsverfahren, dem alle angeklagten Burschenschafter und so auch die zum Tode Verurteilten in Preußen in den 1830er Jahren unterworfen waren, hatte nichts mit dem heutigen zu tun. Erst am Ende der 1840er Jahre wurden in Preußen mündliche und öffentliche Gerichtsverhandlungen eingeführt, bei denen die Angeklagten direkt den Richtern gegenüberstanden und sich selbst bzw. durch ihre Verteidiger in Rede und Gegenrede verteidigen konnten und unmittelbar danach auch den gefällten Urteilsspruch erfuhren. Bis dahin herrschte in Preußen die schriftliche und nichtöffentliche Criminal-Gerichtsbarkeit. Kriminalprozesse, die die Burschenschafter zu gewärtigen hatten, erfolgten auf der Grundlage der Kriminalordnung des *"Allgemeinen Criminalrechts für die Preußischen Staaten"* vom 11. Dezember 1805.[19] Darin war in über 500 Paragraphen genau festgelegt, in welcher Reihenfolge und wie vorzugehen war: von der Untersuchung und der Verhaftung über die Vernehmungen und die sog. Schlußverhöre sowie die Verteidigung bis zum Urteil, dem *„Erkenntnisse"* und dessen so genannter Publikation, also seiner Eröffnung durch die Gerichte, und der Möglichkeit eines Revisionsverfahrens, das *„Rechtsmittel der weiteren Verteidigung"* in Anspruch zu nehmen, wonach das Urteil angefochten und ein Appellationsgericht angerufen werden konnte; und schließlich die *„Vollstreckung des Erkenntnisses"*. Die Mündlichkeit endete in diesem Verfahren also beim Schlußverhör, das zwischen dem Inquirenten, dem vom jeweiligen Gericht nominierten Vernehmer, und dem Angeklagten in einem Inquisitoriat vor sich ging. Am Ende des Schlußverhörs wurde auch der Verteidiger hinzugezogen, wenn der Angeklagte einen solchen wünschte. Der Defensor erhielt die Verhörakten zur Anfertigung einer Verteidigungsschrift, die er dem Kammergericht einzureichen hatte.

Danach erfolgte die Bearbeitung der gesamten schriftlichen Verhörunterlagen und der Verteidigungsschrift durch das Gericht, um ein schriftliches Urteil zu fällen, was in der Regel eine gehörige Zeit in Anspruch nahm. Bei den meisten Burschenschaftern lagen zwischen den Schlußverhören (zumeist 1834) und den Urteilen (Anfang August 1836) zwei Jahre. Die Angeklagten wurden nach den Schlußverhören – wenn vom Urteil längere Strafzeiten zu erwarten waren und daher bei Entlassung aus der Untersuchungshaft auch die Fluchtgefahr zu groß erschien - zum *„vorläufigen Strafantritt"* auf Festungen gebracht. Die Burschenschafter selbst waren insofern daran interessiert, möglichst frühzeitig auf Festungen zu kommen, als die Untersuchungshaft fast nie auf die Strafe angerechnet wurde, sondern nur der Festungsarrest. Hinzu kam, daß die Bedingungen des Strafvollzugs auf den Festungen in der Regel günstiger waren als in den Inquisitoriaten während der Untersuchungshaft.

Das galt in besonderem Maße für die Berliner Hausvogtei, wohin sämtliche Burschenschafter, für die hohe Strafen zu erwarten waren, zumal die *„Hochverräter"*, zwecks abgestimmter zentralisierter Vernehmungen, aus allen Landesteilen konzentriert wurden. In der Hausvogtei, dem Inquisitoriat des preußischen Kammergerichts, regierte als Leiter Rudolf Dambach, ein ehrgeiziger, karrierebewußter und überaus williger Gehilfe des Scharfmachers in der Ministerialkommission Karl Albert von

---

[19] Allgemeines Criminal-Recht für die Preußischen Staaten, Erster Teil: Criminal-Ordnung, 3. unveränderter Abdruck, Berlin 1825 (im folgenden: Criminal-Ordnung).

Kamptz, den man aus der Provinz nach Berlin geholt hatte.[20] Er erwarb sich bei der zentralen Verfolgungsbehörde den „*Ruf eines ausgezeichneten Inquirenten*", weil er es sich mit Raffinesse und väterlichen Freundlichkeiten ins Vertrauen der Untersuchungsgefangenen einzuschleichen und ihnen Geständnisse zu entlocken wußte, die sie später teuer zu stehen kamen, aber auch mit Druck und Repressionen rücksichtslos umzugehen verstand. Bei den einsitzenden Burschenschaftern war „*Vater Dambach*" daher besonders gefürchtet.[21] Er kannte genau die Möglichkeiten, die die „*Criminal-Ordnung*" in den Paragraphen 291-299[22] dem Untersuchungsrichter bot, um „*halsstarrige und verschlagene Verbrecher*", die sich „*durch freche Lügen und Erdichtungen oder durch verstocktes Leugnen oder gänzliches Schweigen ... der verdienten Strafe*" zu entziehen drohten, zu sie belastenden Aussagen zu bringen. Die in diesen Bestimmungen auch möglichen körperlichen Züchtungen kamen gegenüber den Burschenschaftern zwar nie zur Anwendung, wohl aber gab es hinreichend Warnungen und Androhungen (etwa auf bewußt verlängerte Untersuchungshaft) wie auch Versprechungen auf günstige Urteile und folgende Begnadigungen, um die Inquisiten gefügig zu machen. Und Disziplinarstrafen waren dabei nicht die Ausnahme. Über Reinhard heißt es vielsagend im Abschlußurteil des Vernehmers: „*Die Untersuchungsakten charakterisieren ihn als einen außergewöhnlichen, hartnäckigen Lügner, der weder durch gütliche Vorstellungen noch durch die härtesten Disziplinarstrafen, die er teils durch gröbliche Contraventionen gegen die Hausordnung, teils durch offenbare Lügen verwirkt hat, zur Angabe der Wahrheit vermocht werden konnte.*" Er stand nicht allein, wenn er nach den Erfahrungen in der Hausvogtei meinte, „*die Festung würde mir ein himmlischer Aufenthalt sein.*"[23]

Die Abstrafung der Burschenschafter war in dieser Zeit die wichtigste Arbeit des Berliner Kammergerichts und wurde geradezu als Kampagne erledigt. Dafür spricht nicht zuletzt die Tatsache, daß – abgesehen von zwei bereits im Dezember 1835 gefällten Urteilssprüchen gegen Greifswalder und Breslauer Burschenschafter – die Hauptprozesse gegen Burschenschafter in Bonn, Breslau, Erlangen, Greifswald, Jena, Halle, Hei-

---

[20] Zu Dambach siehe Hodenberg, S. 136 und 252
[21] Über die Verhältnisse in der Hausvogtei und über Dambach siehe das Kapitel 12 *"Berlin un de Husvagtei"* in Fritz Reuters „*Ut mine Festungstid*", in: Reuters Werke in fünf Haupt- und drei Ergänzungsbänden, hg. von Karl Theodor Gaedertz, Bd. 2, Leipzig o. J., S.288-298.
[22] Criminal-Ordnung, S, 105-108.
[23] Zitiert nach Walter Schmidt, Carl Reinhard. Vom radikalen Burschenschafter zum Chef des Brüsseler „*Zeitungs-Correspondenz-Bureaus*", In: Cahiers d'etudes germaniques, Nr. 42, 2002: Marx et autres exilés. Etudes en l'honneur de Jacques Grandjonc, S. 26 und 24.

delberg Leipzig, München und Würzburg, die als Prozesse gegen Brüggemann bzw. Otto und Konsorten geführt wurden, mit Urteilen an einem Tag, dem 4. August 1836 endeten.[24] Doch vergingen weitere fünf Monate, bis die Verurteilten auf den Festungen erfuhren, wozu sie für ihre *„politischen Verbrechen"* bestraft worden waren. Erst im Laufe des Januar 1837 erfolgten die *„Publikationen"* der Urteile durch die für das für die jeweilige Festung zuständige Stadt- und Landgericht.

Die Publikationsprotokolle von Januar 1837 zeichnen sich – wie zu erwarten – durch bürokratische Nüchternheit aus. Interessiert hat die Justizangestellten durchweg nur, ob die Inquisiten in Revision gehen wollen, worüber sie sich binnen 10 Tagen zu entscheiden hatten, oder sich sofort – wie es im Amtsdeutsch hieß – „beruhigten", d. h. den Gnadenweg zu beschreiten beabsichtigten. Beides war ihnen ja gewissermaßen als Funken Hoffnung konzediert worden. Einige verlangten, um sich entscheiden zu können, die Urteilsbegründung, die man ihnen bei der Urteilseröffnung vorenthielt. Nur einer – Graffunder – gab zu Protokoll, daß er das Urteil für *„viel zu hoch"* halte. Über andere Reaktionen der Verurteilten erfährt man nichts. Es scheint, als ob alle die Verkündung gefaßt aufgenommen haben und sich damit abfanden. Besonderes emotionales Verhalten wird in keinem Protokoll vermerkt. Es sei denn, man deutet die Formulierung vom *„sich beruhigen"* dahingehend, daß wirklich auch verständliche Gefühle der Verzweiflung durchbrachen. Doch

---

[24] An diesem *4. August 1836* wurden insgesamt 206 Strafurteile gefällt. Die 39 Todesurteile machten immerhin knapp 20 Prozent aus. Siehe die *„Hauptliste"* der Verurteilten vom 04.08.1836 mit Angabe des Strafmaßes und Kurzbegründung in: Rep. 97 VIII Spez. Bd. VIII, Bl. 2371-2405. Doch hat das Kammergericht noch weit mehr Burschenschafter durch Urteile bestraft und die meisten von ihnen – nach den zumeist erteilten Begnadigungen - zwischen 6 Monaten und mehreren Jahren in den Kerker geschickt. Zu den 206 kommen noch 44 im Urteil gegen *Breslauer Burschenschafter vom 17.12.1835*; 42 im Urteil gegen *Greifswalder Burschenschafter vom 5.12.1835*; 10 im Urteil gegen die *Greifswalder Gesellschaft der Volksfreunde vom 17.12.1838*; 45 im Urteil gegen die *Hallesche Burschenschaft vom 07.05.1836*; 17 im Urteil gegen den *Halleschen Kränzchenverein vom 12.05. 1836*; 30 im Urteil gegen die *Jenaer Arminia vom 11.07.1836*: Das sind noch einmal 188 verurteilte Burschenschafter, insgesamt 394 durch Urteile bestrafte Burschenschafter. Die Zahl der Verfolgten liegt indes noch höher. Eine Vielzahl von Renoncen wurde ohne Prozeß mit *sechs Wochen Gefängnisarrest* bestraft, so ca. 80 *Greifswalder Renoncen* per kammergerichtlicher Resolution vom 30.07. und 19.10.1835. Nicht berücksichtigt ist hier die mindestens ebenso große, wenn nicht noch weit höhere Zahl derjenigen Renoncen oder Kommentburschen, die mit einem *„ernstlichen Verweis für ihr verwerfliches Tun"* und einer vorherigen schriftlichen Reueerklärung davon kamen. Alles in allem waren von den Verfolgungen durch das preußische Kammergericht in den Jahren 1833 bis 1840 mindestens 500 Burschenschafter betroffen. Es war zweifellos die massivste und umfassendste Kampagne der preußischen Staatsmacht zur politischen Disziplinierung der heranwachsenden Intelligenz.

läßt sich leicht ermessen, daß es die jungen Männer wie einen Schlag traf und nicht wenige geradezu in einen Schock versetzte, als sie erfuhren, daß sie drei Jahrzehnte oder gar lebenslänglich in Kerkern verbringen und erst als alte und gebrochene Mittfünfziger wieder frei sein sollten.

Der verhältnismäßig lange Zeitraum zwischen Urteilsfällung und der Eröffnung des Spruchs für die Verurteilten hatte einen besonderen Grund. Angesichts der - in der preußischen Justizgeschichte erstmaligen – massenhaften Todesurteile, die das Kammergericht ausgesprochen hatte, sah sich die Krone offenbar mehr als sonst zur Stellungnahme herausgefordert. Es darf angenommen werden, daß weder das preußische Staatsministerium noch der König selbst wirklich daran interessiert waren, die Todesurteile auch zu vollstrecken. Ein Entscheid, 39 junge Intellektuelle wegen Zugehörigkeit zu geheimen Studentenverbindungen zu morden, hätte das ohnehin geringe Renommee der schärfer als alle anderen deutschen Staaten strafenden preußischen Justiz auf einen absoluten Tiefpunkt gebracht und wäre in Deutschland selbst in den konservativen Kreisen wohl kaum auf Verständnis gestoßen. Dazu waren die „*Straftaten*", bei denen ja niemand zu Schaden gekommen war, alles andere als stichhaltig und ein Todesurteil dem auch in keiner Weise angemessen. Eine Massenvollstreckung von Todesurteilen an intellektuellen Eliten konnte auch Preußen nicht wagen. Da es aber in erster Linie um Abschreckung ging, sollten offenbar zunächst Höchststrafen zwar ausgesprochen, aber dann in nicht weniger abschreckend wirkende jahrzehntelang, ja lebenslänglich während Festungsarreststrafen umgewandelt werden.

Die preußische Justiz ersparte den zum Tode Verurteilten immerhin wenigstens die Eröffnung des nackten, brutalen Todesurteils und die – in der Regel erst nach einer Urteilspublikation mögliche -Beantragung des Rechtsmittels der weiteren Verteidigung, also einer Revision des Urteils der I. Instanz durch ein Appellationsgericht bzw. das Einreichen von Gnadengesuchen beim Monarchen, um das Urteil zu mildern. Das war die „*Gnade*" der am 11. Dezember 1836 erlassenen Kabinettsorder, mit der sämtliche Todesurteile faktisch aufgehoben und in langjährige Festungsstrafen umgewandelt wurden. Diese sollten freilich über das Strafmaß für *die* Verurteilten, denen das Kammergericht mit 25 Jahre Festungsarrest die in diesen Prozessen höchsten Kerkerstrafen zudiktiert hatte, noch hinausgehen. Es handelte sich bei dieser Kabinettsorder also nicht um einen herkömmlichen königlichen Begnadigungsakt, dem Gnadengesuche der Inquisiten vorausgegangen waren, auf die der König dann reagierte, sondern um in die Gerichtsbarkeit eingreifende Abänderungen eines ursprünglichen und den Verurteilten noch nicht bekannten Gerichtsurteils durch den König.[25] Friedrich Wilhelm III. nahm diese wesentliche Veränderung von 39 Urteilen kraft seiner *„oberrichterlichen Befugnis"* vor.[26] Auch bei der Urteils-*„Publikation"* sprach man nie von Begnadigung, sondern es hieß wie etwa bei Bohl, *„daß aber des Königs Majestät die Abänderung getroffen, daß er statt der verschärften Todesstrafe mit dreißigjährigen Festungs-Arrest bestraft werde."*[27] Alle zum Tode durch das Beil Verurteilten hatten nach dieser königlichen Order nun 30 Jahre Festungsarrest *„abzubüßen"*; und die vier, die gerädert werden sollten, bekamen die Perspektive, *„lebenswierig"*, also ihr ganzes Leben im Kerker zu schmachten. Zwischen dem 17. Januar und 1. Februar 1837 erhielten die *„Inquisiten"* auf ihren jeweiligen Festungen Kenntnis von dem Todesurteil und dessen königlicher Abänderung in Festungsarrest.[28]

Nur drei – Otto, Reinhardt und Wagner – entschlossen sich, in Revision zu gehen, die ihnen mit der Erkenntnis des Oberappellationsgerichts vom 27 Juni 1837 allerdings nur eine Bestätigung der per Kabinettsorder vom Dezember 1836 abgeänderten Strafen brachte.[29] Die anderen verzichteten darauf in der richtigen Erkenntnis, daß die *„weitere Verteidigung"* ihnen mit hoher Wahrscheinlichkeit keine Strafmilderung bringen würde, und beschritten sofort den ihnen im Urteil wie in der Kabinettsorder ausdrücklich offen gehaltenen Weg von Gnadengesuchen an den König, von denen sie sich größere Chancen erhofften. Bis Jahresende

---

[25] So nannte das Urteil des Ober-Appellations-Senats des Kammergerichts in der weiteren Verteidigungssache Otto und Genossen vom 27.06.1837: *„das im Gefolge der Allerhöchsten Kabinetts-Ordre vom 11. Dezember 1836 und mit der durch dieselbe festgesetzten Abänderung publizierte Erkenntnis des Kriminalsenats des Königlichen Kammergerichts vom 4. August 1836"*. Siehe GStAPK, Rep. 97 VIII Nr. 502, Bl. 12.
[26] So hieß es eindeutig im Protokoll der Publikation des Urteils zu Brüggemann am 31.01. 1837 im Fort Winiary/Posen: *„Die Kabinetts-Ordre vom 11. Dezember 1836, wodurch Seine Majestät der König kraft Ihrer Oberrichterlichen Befugnis die vorstehende Erkenntnis dahin abgeändert haben, daß Inquisit mit lebenswierigem Festungsarreste bestraft werden soll."* GStA, Rep. 77 Tit. 6 Lit B Nr. 42: Der Studiosus K. H. Brüggemann auf der Universität zu Heidelberg und aus Hopsten in Westfalen wegen Teilnahme an dem revolutionären Volksfeste auf Hambach und im Wilhelmsbade (im folgenden: Brüggemann-Akte), Bd. 5, Bl. 5v.
[27] GStA, Rep.77 Tit. 21 Lit. B Nr. 85, Bl. 97.
[28] Verzeichnis der Publikationen des Erkenntnis vom 4. August 1836, in: GStA, Rep. 97 VIII Nr. 494, Bl. 73-107.
[29] GStA, Rep. 77 Tit. 17 Nr. 84, adh. 6: Die Strafvollstreckung gegen die durch die Haupt-Erkenntnis vom 4. August 1836 zum Tode verurteilten Teilnehmer von hochverräterischen Verbindungen und Vereinen nach teilweiser Begnadigung derselben (im folgenden: Strafvollstreckungs-Akte), Bl. 30-113.

1837 hatten 32 der mit Höchststrafen bedachten Burschenschafter um königliche Gnade angehalten.[30] Hundeicker, von Massow, Reinhardt und Wagner waren indes schon ausgeschieden; denn ihnen war im Laufe dieses Jahres auf unterschiedliche Weise die Flucht gelungen; Ende Mai 1838 folgte ihnen noch Böninger ins Ausland nach.

Die für die Verfolgung der Burschenschaften zuständige Ministerialkommission, bestehend aus dem Justizminister Heinrich Gottlob von Mühler, dem Justizminister für Gesetzrevision von Kamptz und dem Innen- und Polizeiminister Gustav Rochus von Rochow, bereitete daraufhin dem König einen Begnadigungsvorschlag vor. Das Strafmaß der ursprünglich zu einfacher Todesstrafe Verurteilten sollte auf 10 Jahre (ein Drittel der vorher bestimmten 30 Jahre) reduziert werden; die beiden, welche geschärfte Todesstrafe erhalten hatten - Brüggemann und Jacoby -, sollten 15 Jahre weiter auf der Festung verbleiben.[31] Eine Kabinettsorder vom 26. März 1838 hielt sich genau an die von der Ministerialkommission gemachten Vorschläge und „*milderte*" das Strafmaß für die 30 Petenten mit einfacher Todesstrafe auf 10 Jahre und für die zu verschärften Todesstrafe verurteilten Brüggemann und Jacoby auf 15 Jahre.[32] In den folgenden Monaten wurde den Festungsstrafgefangenen die Begnadigung „*publiziert*". Alle weitergehenden, zumeist von besten Leumundszeugnissen seitens kommunaler oder kirchlicher Vertreter begleiteten Gnadengesuche der Gefangenen wie von deren Angehörigen verfielen wie schon zuvor der strikten Ablehnung.

Müller-Strübings Gnadengesuch vom 3. März 1838 war von der Ministerialkommission nicht befürwortet und an den König weitergereicht worden, weil es keinerlei Reue enthielt. Erst auf ein zweites, nun formal reuevoll verfaßtes Gesuch vom 6. August 1838 erhielt er per Kabinettsorder vom 9. Oktober 1838 ebenfalls die Reduzierung seines Strafmaßes auf 15 Jahre.[33] Otto hatte ein Gnadengesuch abgelehnt und stattdessen den Antrag gestellt, aus Preußen ausgewiesen zu werden und mit dem Versprechen, nicht mehr zurückzukehren, nach Amerika auszuwandern. Eine Kabinettsorder vom 3. März 1839 lehnte zwar – auf Vorschlag der Ministerialkommission, die befürchtete, die von Otto angebotene Lösung könnte bei anderen Schule machen – die Auswanderungsvariante

---

[30] Liste der um Gnade Anhaltenden vom 10. 02.1838, in: Die Strafvollstreckung, Bl. 9-10.
[31] Ministerialkommission an den König, 10.02.1838, in: Ebenda, Bl. 3-8.
[32] Strafvollstreckungs-Akte, Bl.12.
[33] GStA, Rep. 77 Tit. 6 Lit M Nr.81 (Müller-Strübing-Akte), Bd. 3, Bl. 111-115.

strikt ab, reduzierte aber gegen den Willen der Ministerialkommission jetzt sein Strafmaß auch auf 15 Jahre.[34]

Bewegung kam in die so genannten Strafvollstreckung der höchstbestraften Burschenschafter erst wieder im Herbst 1839. Und damit begann im Grunde die Vorgeschichte des Amnestieerlasses vom 10. August 1840.[35] Es war interessanterweise das Kammergericht selbst, das ein Gnadengesuch von Schramm für einen Vorstoß zu einer *"gleichzeitigen Begnadigung von 33 Inquisiten"*, also für eine generelle, auf Entlassung aller ursprünglich zum Tode Verurteilten aus der Haft abzielende Begnadigung nutzte. In einem Immediatbericht vom 21. Oktober 1839 hielten die Berichterstatter *„die Umstände, unter denen diese Verbrechen verübt wurden, so singulär, daß hier eine außerordentliche Gnade nicht am unrechten Orte zu sein scheint".*[36] Die Mehrheit der Angeklagten, in der damaligen Situation nach der Pariser Revolution politisch verführt, wäre sich *„der Größe des Verbrechens"* eines Hochverrats ohnehin nicht bewußt gewesen und hätte überdies nie *„die ernstliche Absicht zur Vollführung eines solchen Verbrechens"* gehabt. Auch hätten fast alle inzwischen bereut und könnten auf beste Zeugnisse über ihr Verhalten auf den Festungen verweisen. Der Zweck der harten Strafen sei inzwischen erreicht. Und ein Schutz *„der bedrohten Ruhe und Sicherheit des Staates"*, damals durchaus nötig, sei nicht mehr akut.

Es scheint geradezu unwahrscheinlich, aber ist nach dem Gang der Dinge doch offensichtlich, daß der einstmals überstrenge Hardliner Kamptz, zuständig für Gesetzesrevision, das Kammergericht zu dieser Attacke ermutigt hat. Denn in der sofort darum sich entwickelnden Kontroverse verteidigte er gegen seine beiden Kollegen in der Ministerialkommission Mühler und Rochow, die sofort massiv dagegen Front machten, die Meinung des Kammergerichts.[37] Er ging sogar soweit, zum ablehnenden Bericht der Ministerialkommission, den er zwar mitunterzeichnete, ein davon abweichendes eigenes Schreiben dem König zu übersenden, was Mühler und Rochow natürlich, freilich erfolglos zu verhindern suchten und darum um so mehr aufbrachte. Kamptz hielt den Zeitpunkt für eine umfangreiche Begnadigung für eingetreten; natürlich nur für die *„minder Gravierten"*; die eigentlichen Rädelsführer sollten ausgeschlossen

---

[34] GStA, Rep. 77 Tit. 21 Lit. O Nr. 12 (Otto-Akte), Bl. 204-221.
[35] Zum folgenden siehe ebenda, Bl. 123 ff.
[36] Ebenda, Bl. 124v-136; hier S. 125.
[37] Votum Rochows an Mühler, 02.12.1839; Gegenerklärung Rochows; Schreiben (Kamptz') an den König, o. D.; Votum Mühlers, 12.12.1839, in: Ebenda, Bl. 140-158.

bleiben.[38] Die offizielle Stellungnahme der Ministerialkommission für den König hielt es im gegenwärtigen Moment hingegen nicht für *„zulässig, die ... zur Sprache gekommene Begnadigung zu genehmigen"*.[39] Dagegen spreche erstens die besondere Gefährlichkeit der Burschenschaften; zweitens die Tatsache, daß gerade in jüngster Zeit wieder revolutionäre Umtriebe bekannt geworden seien; und drittens müsse schließlich verhindert werden, daß die zum Tode Verurteilten besser gestellt würden als die minder Strafwürdigen. Statt allgemeiner Begnadigung sei *„das bisherige System auch ferner zu verfolgen"*, nach dem jede Begnadigung einzeln und individuell im Gefolge von Gnadengesuchen vorzunehmen sei.

Über die Gründe für Kamptz' Haltung kann man nur Vermutungen anstellen, die allerdings eine gewisse Bestätigung in Festlegungen der knapp ein Jahr später erfolgten Amnestie finden. Ihm ging es offenbar darum, eine nicht gerade kleine Zahl von intellektuellen Eliten nicht auf Dauer zu Staatsfeinden werden zu lassen, sondern sie schrittweise in das Herrschaftssystem wieder zu integrieren. Die allgemeine politische Situation schien ihm dafür jetzt gegeben. Die Entscheidungen vom 10. August 1840 gingen dann genau in ebendiese von ihm vertretene Richtung. Mühler hingegen hatte wohl keine Hoffnungen mehr, daß der alte König noch zu einer grundsätzlichen Lösung der Frage bereit ist. Er wollte keinen vorzeitigen Konflikt mit der Krone provozieren und hoffte offensichtlich, wie eines seiner Schreiben in der Kontroverse recht pietätlos andeutet, auf eine Grundsatzentscheidung erst bei einem Thronwechsel;[40] und er sollte damit auch recht behalten. Rochow hingegen hat als Innen- und Polizeiminister aus so genannten Sicherheitsgründen bis zuletzt versucht, die Freilassung der Burschenschafter zu behindern und sie nach ihrer Entlassung weiter unter polizeilicher Beobachtung zu behalten.

Die Antwort Friedrich Wilhelms III. in diesem Streit innerhalb der Justiz- und Strafvollstreckungsbehörden nahm eindeutig für Mühler und Rochow Partei. Der König schloß sich in einer Kabinettsorder vom 26. Januar 1840 dem Votum der Ministerialkommission an und lehnte einen *„allgemeinen Erlaß ... der vorläufigen Freiheitsstrafen"* rundweg ab.[41] Es sollte weiter wie bisher verfahren werden. Jeder hatte sein Gnadengesuch einzureichen, und es war dann zu prüfen, ob er bereits einer Straf-

---

[38] Ebenda, Bl. 153-156.
[39] Ebenda, Bl. 145-152v.
[40] Schreiben Mühlers vom 12.12.1839, in: Strafvollstreckungsakte, Bl. 159f.
[41] Ebenda, Bl.161.

minderung würdig sei. Gleichwohl bewirkte dieser Vorstoß einen Fortschritt für die Festungsgefangenen. Aufgebrochen wurde jetzt die Bestimmung, daß alle zu einfacher Todesstrafe Verurteilten auch die *„begnadeten"* 10 Jahre absitzen sollten. Fortan sollte einem um Gnade Bittenden, sofern er schon die Hälfte davon, also fünf Jahre *„abgebüßt"* hatte, die Entlassung ermöglicht werden. Für die noch in Festungen sitzenden Höchstbestraften Brüggemann, Jacoby, Müller und Otto hingegen blieb hingegen alles beim alten. Ihnen wurden keine über die 15 Jahre Festung hinausgehenden Begünstigungen gemacht.

Erstmals umgesetzt wurde die neue Regelung durch eine weitere Kabinettsorder vom 18. April 1840,[42] nach der Graffunder aufgrund seines Gnadengesuchs in die Freiheit entlassen werden sollte und – die Mühlen der preußischen Justiz mahlten langsam - erst am 10. Juni 1840, also am Tag der Amnestie, die Festung auch verlassen konnte. Danach suchten noch Glasewald, Hecker, Ockardt, Stahlberg und Wachsmuth aus der neuen Bestimmung Nutzen zu ziehen.[43] Doch wurde die Behandlung ihrer Gesuche bereits von den neuen Entwicklungen überholt, die nach dem Tod Friedrich Wilhelms III. am 7. Juni 1840 einsetzten.

Fünf Wochen nach der Thronübernahme, am 15. Juli 1840, wies der neue König in einem Schreiben das Staatsministerium an, ihm einen Bericht zur *„Begnadigung politischer Verbrecher"* zu liefern;[44] denn er wolle anläßlich seiner Huldigung in Königsberg Begnadigungen stattfinden lassen und damit ein Vermächtnis seines Vaters erfüllen, der im letzten Willen Verzeihung gewünscht habe.[45] Das Staatsministerium stand damit unter enormem Zeitdruck, zumal Friedrich Wilhelm IV. bei der Huldigung im September bereits keine Burschenschafts-Häftlinge mehr auf den Festungen haben wollte, also der Amnestieerlaß in der ersten Augusthälfte verabschiedet werden sollte. Überlange Diskussionen zwischen den Ministern verboten sich da.

Die Federführung bei der Vorbereitung einer Amnestie war verständlicherweise dem Justizministerium übertragen. Es traten daher sofort Differenzen vor allem mit dem Innen- und Polizeiministerium zutage. Ro-

---

[42] Ebenda, Bl. 167.
[43] Kabinettsorder v. 16.07.1840, in: Ebenda, Bl.174.
[44] Hierzu und zum folgenden: GStA, I. HA Rep. 84a Nr. 18045: Die Begnadigungen beim Regierungsantritt Sr. Majestät des Königs Friedrich Wilhelm IV. (im folgenden: Begnadigungs-Akte) und Rep. 77 Tit. 17 Nr. 89, Bd. 1: Die den politischen Verbrechern bei der Huldigung Sr. Majestät des Königs zu gewährende Amnestie (im folgenden: Amnestie-Akte).
[45] Begnadigungs-Akte, Bl. 6.

chow reagierte anders als Mühler. Seine Überlegungen waren ausgesprochen restriktiver Natur; man solle doch erst einmal eine Auswahl derer treffen, die sich, durch ein Gutachten gestützt, gut geführt haben, und überdies sollten nur 2% der 10 000 Gefangenen in den Genuß einer Begnadigung kommen, also etwa 200.[46] Bereits zwei Tage nach der Anweisung Friedrich Wilhelms IV. meldete sich jedoch Kamptz erneut mit einer ganz anders gearteten, grundsätzlich positiven Stellungnahme zu Wort.[47] Er begrüßte die Absicht einer Amnestie der politischen Verbrecher und empfahl, sie *„soweit auszudehnen, als die öffentliche Sicherheit darunter nicht leidet"*. Er wiederholte sein schon im Oktober 1839 vorgetragenes politisch strategisches Anliegen, jetzt bei den jungen Eliten einen Schlußstrich zu ziehen und sie wieder an die Gesellschaft zu binden. Die verurteilten jungen Akademiker sollten allesamt amnestiert werden. *„In Ansehung der ersten Klasse würde ich keine Ausnahme von der Begnadigung machen."* Unter ihnen seien keine exaltierten bösartigen Leute wie bei älteren, *„schon in bürgerlichen Verhältnissen stehenden Männern, die sich an den Umtrieben beteiligten"*, und bei denen man weiterhin genau prüfen sollte. Die harte Strafe hätte überdies ihre Wirkung nicht verfehlt, was das Verhalten der Gefangenen auf den Festungen beweise. *„Eben diese Wirkung hat das Verfahren auch auf das größere Publikum gemacht und wird dieselbe ... durch diese Art der Gnade noch mehr verstärkt werden."* Allerdings mochte er *„nicht vorschlagen, die Begnadigungen im allgemeinen auch auf die Anstellungsfähigkeit auszudehnen"*. Deren Wiederverleihung sollte vielmehr davon abhängig gemacht werden, wie sich die Amnestierten fortan führten, ob sie sich von *„früheren politischen staatswidrigen Ansichten und Richtungen"* gelöst hätten. Eine allgemeine Amnestierung von Mitgliedern aus den Handwerkervereinen hielt er demgegenüber für *„sehr bedenklich"*, da es sich bei ihnen um *„von religiösen und moralischen Grundsätzen entfesselte Menschen"* handele und sie nach Entlassung ohnehin nur wieder weitermachen würden.

Mühler entwarf in der dritten Julidekade ein Votum, das schon auf eine Amnestie hinauslief, sich aber nicht nur auf die politischen Verbrechen beschränkte, sondern auch andere Bereiche des Zivillebens wie des Militärs betraf (die dann in einem zweiten Amnestieerlaß am 10. September 1840 zur Geltung kamen) und reichte es am 27. Juli beim Staatsministerium ein.[48] Er stützte sich dabei auf einen angeforderten Bericht des

---

[46] Ebenda, Bl. 2.
[47] Schreiben von Kamptz an Mühler, 17.07.1840, in: Begnadigungs-Akte, Bl. 100-101.
[48] Ebenda, Bl. 3, 25-37

Kammergerichts „*zur Begnadigungsangelegenheit*" vom 23. Juli, der im wesentlichen eine Geschichte der bisherigen preußischen generellen Begnadigungsakte von 1787, 1809, 1814, 1815 und 1839 bot und erläuterte, was unter politischen Verbrechen zu fassen ist und von welchen Prinzipien man sich bisher leiten ließ.[49] Auf dieses Votum reagierten der kommissarische Kultusminister Adalbert von Ladenburg, der Finanzminister Albrecht Graf von Alvensleben und der Kriegsminister Gustav von Rauch mit Voten, die sich aber fast ausschließlich auf den zweiten Teil des Mühler-Votums, auf Verurteilte aus dem militärischen Bereich bzw. auf Zoll- und Steuervergehen konzentrierten und sich auf das Problem der politischen Verbrechen nicht besonders einließen.[50] Zu einer Beratung des Erlasses zur Amnestie der politischen Verbrecher im Staatsministerium kam es nicht. Dazu blieb keine Zeit mehr. Denn dieser Teil der Gesamt-Amnestie wurde - offenbar unter dem Druck des Königs - gleichsam vorgezogen und verselbständigte sich. Im Staatsministerium wurden erst am 22. August und nun nur noch die Probleme des zweiten Amnestieerlasses vom 10. September 1840 beraten.[51] Des Innenministers v. Rochow Votum, und zwar erst vom 21. August, galt daher auch nur noch den Fragen des zweiten Erlasses.[52]

Am 9. August übergaben Mühler und Rochow gemeinsam den verlangten Entwurf eines Begnadigungserlasses für politische Verbrechen dem König. Er war dies bereits der Vorschlag für eine Amnestie. Allen, die sich „*des Hochverrats, des Landesverrats, der Majestätsbeleidigung, der Teilnahme an unerlaubten Verbindungen, der öffentlichen Erregung, des Mißvergnügens gegen die Regierung*" schuldig gemacht hatten, sollte die Freiheitsstrafe, die Vermögensstrafen und die Untersuchungskosten erlassen werden.[53] Allerdings wurden Verlust der Ehrenrechte, Amtssuspensionen, Anstellungsunfähigkeit und Degradierungen von der Begnadigung ausdrücklich ausgenommen. Kamptz' einschränkender Vorschlag war also noch voll aufgenommen. Auch sollten Flüchtige von der Amnestie ausgeschlossen bleiben. Im Staatsministerium war aber immerhin schon dafür plädiert worden, wenigstens denen, die keinen Hochverrat begangen hatten, die Anstellungsfähigkeit sofort wieder zu

---

[49] Ebenda, Bl. 7-24.
[50] Ebenda, Bl, 92-97 und 102-108.
[51] Die Protokolle des Preußischen Staatsministeriums 1817-1934/38, Bd. 3: 9. Juni 1840 bis 14. März 1848, bearbeitet von Bärbel Holtz, Hildesheim, Zürich, New York 2000, S. 44f.
[52] Begnadigungs-Akte, Bl. 109-112.
[53] Amnestie-Akte, Bl. 30v-33.

verleihen.⁵⁴ Es ist nicht feststellbar, auf wessen Initiative die restriktiven Beschränkungen zurückgingen. Ob Rochow sich gegenüber Mühler und anderen noch einmal durchsetzen konnte oder auch Mühler – wie ja auch Kamptz - eine so weitgehende Amnestie noch nicht befürwortete, muß offen bleiben. Aufrechterhalten blieben diese Beschränkungen der Staatsbürgerrechte dann jedoch nicht.

Die am 9. August noch fixierten Einschränkungen der Amnestie hinsichtlich der Anstellungsfähigkeit und Amtsenthebung, also eines weiter bestehenden Berufsverbots für die Amnestierten, waren in dem einen Tag später verkündeten Amnestieerlaß beseitigt Im Umkreis des Königs wurden sie binnen 24 Stunden restlos gestrichen. Es ist anzunehmen, daß Friedrich Wilhelm IV. selbst einen wirklichen Schlußstrich ziehen wollte und die Streichung der einschränkenden Passage auf seine Anordnung zurückging. Auch wurde nicht mehr der bislang sorgsam gepflegte Unterschied zwischen den Hochverrätern und den andern Burschenschaftern sowie zwischen den verschiedenen Arten von Hochverrat gemacht. Die einfache und verschärfte Todesstrafe spielte keine Rolle mehr. Alle verurteilten *„politischen Verbrecher"* waren nun gewissermaßen gleichgestellt. Statt dessen hieß es in dem am 10. August 1840 vom König signierten Erlaß⁵⁵ eindeutig und unmißverständlich: Es soll *„auch allen denen, die der Anstellungsfähigkeit für verlustig erklärt sind, solche wieder"* verliehen werden. Und auf eine Anfrage Rochows vom 28. November 1840, ob denn, da die Amnestie nur die Anstellungsfähigkeit wiederverliehen habe, dies für die Nationalkokarde nicht noch nachgeholt werden müsse,⁵⁶ ließ Friedrich Wilhelm IV. ihn Ende Dezember 1840 nachdrücklich wissen, daß mit der Anstellungsfähigkeit *„notwendig von selbst auch die Rückgewähr der Nationalkokarde verbunden"* ist.⁵⁷ Damit war endgültig klar, daß fortan keinerlei Beschränkungen für die Amnestierten mehr gelten sollten.⁵⁸ Bestehen blieben le-

---

⁵⁴ Ebenda, Bl. 34.
⁵⁵ Siehe Dok. I. Die Allerhöchste Amnestie-Order vom 10. August 1840 erschien zusammen mit der Order vom 10. September, die die Amnestie auf weitere von Zivilpersonen wie Militärs begangene Verbrechen ausdehnte, auch in: Ministerial-Blatt der gesamten inneren Verwaltung, Jg. 1840, S. 337-340. Diese Amnestie kam auch mehreren wegen Beteiligung an Tumulten verurteilten Arbeitern zugute. Vgl. Rep. 84a Nr. 50858, Bl. 14a-u: Hauptverzeichnis der Begnadigten des Oberlandesgerichts-Bezirks Hamm.
⁵⁶ GStA, Rep.89 Nr. 18669: Die bei Gelegenheit der Huldigung Seiner Majestät des Königs Friedrich Wilhelm IV. stattgefundenen Begnadigungen und Strafminderungen (unfoliiert)
⁵⁷ Amnestie-Akte, Bl. 138.
⁵⁸ In den Genuß der Amnestie kamen auch vier zum Tode verurteilte Teilnehmer *„der hochverräterischen Verbindung „Junges Deutschland'"*: der Buchdruckergeselle Friedrich Wilhelm Eduard Wagner aus Köslin, geb. 05.03.1811 in Marienwerder; der Nadlergeselle

diglich die im Vorschlag schon enthaltenen Einschränkungen für die Flüchtigen. Wer sich der Untersuchung oder Strafvollstreckung durch Flucht entzogen hatte, blieb zwar weiter von der Amnestie ausgeschlossen. Doch war den Flüchtigen konzediert, eine Begnadigung erhalten zu können, wenn sie innerhalb von sechs Monaten nach Preußen zurückkehren und von hier aus ein Gnadengesuch einreichen.

Fortan waren auch die einst zum Tode verurteilten Burschenschafter wieder freie preußische *„Untertanen"* mit allen ihnen zustehenden Staatsbürgerrechten. Ihre Entlassung von den Festungen, von Berlin aus durch das Justizministerium seit Anfang August vorbereitet,[59] erfolgte schlagartig und überrumpelte den Innenminister total. Friedrich Wilhelm IV. hatte Mühler angewiesen, die Amnestie hinsichtlich der politischen Verbrecher *„sofort zu exekutieren".*[60] Bereits am gleichen Tag, einen Tag nach dem Erlaß, am 11. August gingen Mühlers Schreiben an alle Festungskommandanten mit der Aufforderung ab, die Amnestierten umgehend zu entlassen.. Der Justizminister ließ entgegen der erneuten Verzögerungstaktik und des Kompetenzgerangels von Rochow[61] keinen Aufschub zu. Denn Rochow wollte der Entlassung erst noch eine langwierige Prüfung vorausschicken. Und überdies sei auch das Innenministerium, so protestierte er bei Mühler, für Schreiben an die Oberpräsidenten, Festungen und Zuchthäuser zuständig.

Auf ausdrücklichen Wunsch des Königs wurde der Amnestieerlaß nicht publiziert, sondern die Festungskommandanten und Gefängnisdirektoren nur intern darüber informiert und zu den entsprechenden Entlassungen angewiesen. Die Order selbst sollte erst bei der Huldigung an die Öffentlichkeit gelangen.[62] Friedrich Wilhelm IV. wollte diese Amnestie offensichtlich bei der Huldigung in Königsberg am 10. September mit der gleichzeitigen Erklärung präsentieren, daß alle Inhaftierten bereits auf freiem Fuß seien. Verhindern ließ sich die Veröffentlichung jedoch nicht. Die *„Leipziger Allgemeine Zeitung"* brachte den genauen Text,

---

Carl Friedrich Daniel, geb. 26.11.1812 in Vetschau; der Maurergeselle Franz Daniel Hax, geb. 27.10.1808 in Mühlheim und der Uhrmachergehilfe Eduard Heinrich Redecker aus Minden, geb. 25.04.1809. Siehe Die Amnestie, Bl. 110-132. Zu Redecker, der noch am 11. Mai 1840 vom Kammergericht zum Tode durch das Beil verurteilt worden war, siehe GStA, Rep, 97 XI Nr. 38.

[59] Verzeichnis von 47 Verurteilten, die begnadigt werden sollten, vom 09.08.1840, in: Amnestie-Akte, Bl. 55-56v.

[60] Friedrich Wilhelm IV. an Mühler, 11.08.1840, in: Begnadigungsakte, Bl. 62..

[61] Rochow an Mühler, 11.08.1840, in: Begnadigungs-Akte, Bl. 60; Rochows Protest vom 12.08.1840, in: Amnestie-Akte, Bl. 45.

[62] Friedrich Wilhelm IV. an Mühler, 11.08.1840, in: Begnadigungs-Akte, Bl. 62.

der ihr zugespielt worden war, am 21. August 1840, und von dort gelangte er in andere Blätter. Selbst einige offizielle Amtsblätter druckten ihn bereits Ende August ab. Friedrich Wilhelm IV. empörte sich zwar über die „*unzeitige*" Veröffentlichung des Erlasses, äußerte sein ausdrückliches „*Mißfallen*" und verlangte eine „*sorgfältige Recherche*" der Angelegenheit.[63] Sie verlief allerdings im Sande, nachdem die Redaktion der LAZ sich geweigert hatte, den Informanten preiszugeben, und sich auf anderen Wegen derjenige, der die Information preisgegeben hatte, nicht feststellen ließ.[64] Daraufhin ließ der Monarch am 31.12.1840 „*die Sache auf sich beruhen*".

Bereits in der dritten Augustdekade waren alle Festungen von Burschenschaftern frei. Die Entlassenen konnten dank der Festlegungen über die Anstellungsfähigkeit sofort ungehindert ihre sechs Jahre zuvor abgebrochene Ausbildung an den Universitäten und im Staatsdienst fortsetzen. Einige immatrikulierten sich auch bereits zum Wintersemester 1840/41. Trotz recht hartnäckiger Bemühungen Rochows, vor den Entlassungen noch genaue Prüfungen der Freigelassenen vornehmen und sie weiter polizeilich beaufsichtigen zu lassen, weswegen er deren Adressen bei der Ministerialkommission anforderte,[65] um die einzelnen Regierungen darüber zu informieren, wurde diese bisher bei Entlassenen übliche Polizeimaßnahme gegenüber den Burschenschaftern - bis auf eine Ausnahme, nämlich Otto – nicht mehr angewandt. Am 27. November 1840 mußte Rochow - sicher zähneknirschend – den Regierungspräsidenten mitteilen: „*Eine besondere polizeiliche Beaufsichtigung findet nicht statt und ist auch bezüglich der ... politischen Verbrecher einzustellen, die schon früher aus dem Untersuchungsarreste entlassen wurden und gegen die kein Urteil ergangen ist.*"[66] Er vergaß aber nicht, ein „*Verzeichnis der politischen Verbrecher*" mitzuschicken und hinzuzufügen; „*Es versteht sich jedoch von selbst, daß diesen Individuen nach Maßgabe der Umstände und ihres Verhaltens auch ferner diejenige Beachtung gewidmet werden muß, welche die Natur des von ihnen begangenen Verbrechens erheischt.*" Die Akten der Ministerialkommission, die in den Bestand des Innenministeriums übergingen, über die einzelnen verurteilten Burschenschafter enden daher durchweg mit der Entlassung aus der Festung. Lediglich die aus dem Ausland zwecks Einreichung eines Gna-

---

[63] Kabinettsorder v. 07.09.1840, in: GStA, Rep. 89, Nr. 18669.
[64] Hierzu Amnestie-Akte, Bl. 63-104 und 114.
[65] Ebenda und Ministerialkommission an Rochow, 29.09.1840, in: Ebenda, Bl. 117.
[66] Ebenda, Bl. 127.

dengesuchs zumeist nur für kurze Zeit zurückkehrenden Geflüchteten wurden sorgfältig registriert und beobachtet.[67]

Anfang Oktober 1840 war für die preußische Krone die sieben Jahre währende Periode der Burschenschaftsverfolgungen abgeschlossen. Was noch zu tun blieb, vor allem die Begnadigung der politisch Flüchtigen kam in die Hände der Justizministeriums. Am 5. Oktober 1840 zog Friedrich Wilhelm IV. den Schlußstrich. Er teilte der Ministerialkommission, dem zentralen Verfolgungsorgan Preußens, offiziell ihre Auflösung mit.[68] Ihre Aufgaben hätten sich erledigt. Kamptz und Rochow wurden von der Teilnahme an der Kommission entbunden und diese selbst aufgehoben. Die noch vorkommenden Geschäfte hatte der Justizminister zu übernehmen, dem auch die Akten übergeben werden sollten, sofern das Innenministerium kein Interesse daran hat, wo sie dann aber doch blieben. Das Außenministerium aber wurde angewiesen, in Frankfurt auf eine Beschleunigung der Auflösung der Zentral-Untersuchungsbehörde hinzuwirken.

Die nach oft sechsjähriger und bisweilen sogar noch längerer Kerkerhaft Mitte August 1840 von den Festungen heimkehrenden Burschenschafter haben die Möglichkeiten, die sich ihnen durch die Amnestie erschlossen, in den meisten Fällen voll genutzt. Sie studierten zuende, gingen in den Justiz- oder Schuldienst, promovierten, legten das medizinische Staatsexamen ab und ließen sich als Ärzte nieder. Und die meisten machten eine normale Karriere; viele wurden angesehene Staatsbeamte, nicht wenige später hochdekoriert. Insofern ging die Rechnung von Kamptz und anderen flexiblen preußischen Führungskräften auf. Die Mehrzahl der ehemaligen *„politischen Verbrecher"* und *„Hochverräter"* wurde nicht nur unauffällig in das Herrschaftssystem integriert, sondern oft auch zu dessen Stützen.

Eine nicht geringe Zahl von ihnen – Brüggemann, Grashof, Guitienne, Hornay, Krönig, Müller-Strübing, Reinhard, Schomburgk, Schramm, Schultze und Wachsmuth (immerhin ein Viertel) - bewahrte sich jedoch

---

[67] Vgl. Amnestie-Akte, Bl. 155ff. 166; 241: „*Verzeichnis von im Ausland lebenden flüchtigen politischen Verbrechers, die heimgekehrt sind*"; ferner Rep. 84a Nr. 9833-9835: Die Begnadigung flüchtiger politischer Verbrecher.
[68] GStA, Rep. 77 Tit. 17 Br. 84, Bd. 4: Schlußverfahren in den wegen geheimen Verbindungen und politischen Verbrechen in den Jahren 1833 und folgenden eingeleiteten Untersuchungen, desgleichen die Begnadigungen der Inculpaten in Folge der Allerhöchsten Ordre vom 10. August 1840, Bl. 10. Redecker aus Minden, geb. 25.04.1809. Siehe: Die Amnestie, Bl. 110.132. Vgl. dazu das Urteil des Kammergerichts vom 15.02.1838, in GStA, Rep. 77 Tit. 28a Nr. 9; zu Redecker, der noch am 11. Mai 1840 vom Kammergericht zum Tode durch das Beil verurteilt worden war, siehe GStA, Rep, 97 XI Nr. 38

den oppositionellen Geist der frühen dreißiger Jahre, den die bitteren und grausamen Erfahrungen der langen Kerkerhaft nicht gebrochen, sondern eher bestärkt und radikalisiert hatten. Fritz Reuter hat gerade darauf gezielt, als er die Frage „*worüm en ordentlich Minsch tauletzt en Demokrat warden kann*" am Schluß des 10. Kapitels seines „*Ut mine Festungstid*" kurz und knapp mit dem Satz beantwortet: „*Ik will nicks wider dorvon seggen, denn up Stu'ns noch, nah fiwuntwintig Johr, kriwwelt mi de Hut, wenn ik doran denk. Un denn wunnern sik de Lüd noch, wo einer Demokrat warden kann! As wi inspunt würden, wiren wi't nich, as wi rutekemen, wiren wi't all.*"[69] Als in der Revolution von 1848/49 offener Widerstand gegen die adlig-monarchische Macht auf die Tagesordnung trat und es galt, engagiert für eine demokratisch legitimierte bürgerliche Ordnung einzutreten, haben sie – zusammen mit zahlreichen anderen, ebenfalls auf den Festungen drangsalierten alten Burschenschaftern - sich für dieses Ziel in verschiedenen politischen Lagern in die Schanze geschlagen. Einige von ihnen – so Brüggemann, Hornay und Schramm, aber auch Schomburgk, der 1849 wegen Repressionen nach Australien auswanderte – mußten dabei erneut Verfolgungen und Restriktionen erleiden. Sie sind auch nach der Niederlage der Revolution ihren alten Idealen treu geblieben.

---

[69] Reuters Werke, Bd. 2, S,270 und 281.

Dokumentation
I
Die Allerhöchste Amnestie-Ordre vom 10 August 1840[70]

Eingedenk des Königlichen Wortes der Verzeihung in der letztwilligen Verordnung Meines in Gott ruhenden Vaters, will ich hiermit, denjenigen, welche während der Regierung Meines Vaters in Verkennung der ihrem angestammten Landesherrn schuldigen Treue und Ehrerbietung „des Hochverrats (Allg. Landr. Thl. II Tit. 20 §§ 91-99), *der Majestätsbeleidigung* (a.a.O. §§ 196-206), *der Theilnahme an unerlaubten Verbindungen* (Edikt vom 20. Oktober 1798 und Gesetz vom 7. Januar 1838), *der Erregung von Mißvergnügen gegen die Regierung*" sich schuldig gemacht haben, die wider sie verfügten Freiheits- und noch unvollstreckten Vermögensstrafen, mit Einschluß der ihnen auferlegten und noch nicht eingezogenen Untersuchungskosten, erlassen; in Ansehung derjenigen aber, gegen welche noch nicht rechtskräftig erkannt ist, die eingeleiteten oder noch einzuleitenden Untersuchungen niederschlagen, und auch allen denen, die der Anstellungsfähigkeit für verlustig erklärt sind, solche wieder verleihen. Von dieser Begnadigung und Abolition bleibt für jetzt ausgeschlossen, welcher sich durch die Flucht in das Ausland der Untersuchung oder Strafvollstreckung entzogen hat. Ich behalte mir jedoch weitere Bestimmung über diejenigen vor, welche innerhalb von sechs Monaten in ihre Heimat zurückkehren und von dort aus Meine Königliche Gnade besonders anrufen.

Keinem Angeschuldigten soll die Abolition wider seinen Willen zu Theil werden; es steht vielmehr jedem frei, die Fortsetzung der gegen ihn eröffneten Untersuchung zu verlangen. Ich rechne auf keinen persönlichen Dank, glücklich in dem Gefühle, ein heiliges Vermächtnis des Hochseligen Königs erfüllt und an sein Andenken neuen Segen geknüpft zu haben.

Sans-Souci, den 10. August 1840

Friedrich Wilhelm

---

[70] In: Beilage zu Nr. 38 des Justiz-Ministerial-Blatts vom 18.09.1840.

II
Biographisches Verzeichnis der zum Tode verurteilten Burschenschafter[71]

Vorbemerkung zur Reihenfolge der folgenden biographischen Angaben:
Lebensdaten; Studium; Burschenschaftsteilnahme; Verhaftung; Überführung zum vorläufigen Strafantritt; Urteil und Begründung; Entlassung oder Flucht; Haftzeit (U-Haft und Strafhaft); berufliche Karriere nach der Entlassung; politisches Engagement; Literatur und Quellen [BLB, I/1; S. = Helge Dvorak, Biographisches Lexikon der Deutschen Burschenschaft, Band I: Politiker, Teilband 1-6, Heidelberg 1996-2005.).

1. Böninger, Ernst Gustav
Lebensdaten: 26.11.1809 in Duisburg – 08.08.1848 in Baltimore
Studium: der Rechtswissenschaften in Bonn, Heidelberg und Berlin 1829-1833
Burschenschaft: Alte Bonner Burschenschaft 1829; Mitgründer der Alten Franconia-Heidelberg 1831
Verhaftung: 09.05.1834 als stud. jur. in Bonn und am 15.05.1834 in die Hausvogtei eingeliefert
Abführung zum vorläufigen Strafantritt auf die Festung: Silberberg am 21.03.1835
Kammergerichtsurteil vom 04.08.1836: gegen die Bonner Burschenschaft: Amtsunfähigkeit und 6 Jahre Festungsarrest; gegen die Heidelberger Burschenschaft: Wegen *„seiner Teilnahme an der hochverräterischen burschenschaftlichen Heidelberger Verbindung und am Pressverein mit dem Verlust der Nationalkokarde und der Konfiskation seines Vermögens zu bestrafen und mit dem Beile vom Leben zum Tode zu bringen."*
Flucht: Nachdem das Gesuch seines Bruders Carl Böninger, Präsident der Handelskammer in Duisburg, von März 1838, Gustav Böninger eine *„Entlassung ins Ausland"* zu gewähren und sofort nach Amerika auszuwandern, Ende April 1838 strikt abgelehnt worden war, gelang ihm in der Nacht vom 27. zum 28. 05.1838 die Flucht aus dem Allgemeinen Garnison-Lazarett der Festung Silberberg nach Frankreich und Lüttich/Belgien und schließlich in die USA. Er kam nach der Amnestie vom 10.08.1840 – wie von den preußischen Behörden verlangt – bereits am 30.12.1840 zu seiner verwitweten Mutter, die jahrelang zahlreiche Gnadengesuche eingereicht hatte, nach Duisburg, um den Antrag auf Begnadigung stellen zu können. Auf seinen Antrag hin wurde er am 02.06.1841 begnadigt. Er kehrte jedoch schon vorher umgehend nach Baltimore zurück
Haftzeit: 3 Jahre
Berufliche Karriere: Gründete 1840 zusammen mit seinem Bruder das Tabak-Kommissionsgeschäft *„Brothers Böninger"* in Baltimore

[BLB, I/1, S. 113f.; GStA, Rep. 77 Tit. 17 Nr. 89 Bd. 1, Bl. 195, 214ff.; Rep. 77 Tit. 28a Nr. 1 Bd. 3, Bl.234-240; Rep. 97 VIII Gen Vol. VI, Bl. 3; Rep. 77 Tit. 21 Lit. B Nr. 79, Bd. 1 und 2: Der Kandidat der Rechte Gustav Böninger aus Duisburg an burschenschaft-

---

[71] Eine vom Sekretär der Ministerialkommission v. Tzschoppe am 29. September 1840 zusammengestellte Liste der Begnadigten umfaßt 31 zum Tode verurteilte Burschenschafter. Hinzu kamen die drei Mecklenburger: Reuter, der bereits in mecklenburgische Haft nach Dömitz übergeben worden war und von dort entlassen wurde, sowie Jacoby und Müller-Strübing, die sofort nach Mecklenburg entlassen worden waren. Vermerkt wurde zugleich, daß fünf der zur Tode Verurteilten entflohen waren: Böninger, Hundeicker, v. Massow, Reinhard und Wagner. Damit waren alle 39 erfaßt. Siehe Amnestie-Akte, Bl. 105f.

lichen und sonstigen sträflichen Verbindungen; Rep. 97 VIII Nr. 399: Untersuchung wider den stud. juris Ernst Gustav Böninger aus Duisburg wegen Teilnahme an der Burschenschaft in Bonn; Amnestie-Akte, Bl. 195 und 214]

2. Bohl, Karl August
Lebensdaten: 20.02.1811(oder 1812) in Stralsund – 04.06.1870 in Rostock
Studium: der Rechtswissenschaften in Greifswald; wegen politischer Betätigung Ostern 1831 vom Gymnasium Stralsund verwiesen, hörte er ohne Immatrikulation seit Frühjahr 1831 theologische Vorlesungen, bestand im August 1832 vor der Universitätsprüfungskommission das Abitur und studierte nach Immatrikulation vom 07.11.1832 – 02.09.1833 Jura
Burschenschaft: Alte Arminia-Greifswald 1831. War Kneipwart, Pfleger, Fechtwart und Kassierer; Mitverfasser der neuen Konstitution, die sich für Beteiligung an einer Revolution zur Veränderung der bestehenden Verfassungen in Deutschland aussprach
Verhaftung: 27.03.1834 als stud. jur. in Stralsund und am 03.04.1834 in die Berliner Hausvogtei eingeliefert
Abführung zum vorläufigen Strafantritt auf die Festung: Silberberg am 27.08.1834
Kammergerichtsurteil vom 04.08.1836: gegen die Greifswalder Burschenschaft: Als einer der Tätigsten und Fähigsten erscheint er „*des Hochverrats geständig und es trifft ihn die ordentliche Strafe dieses Verbrechens*"; wegen Mitgliedschaft in einer geheimen hochverräterischen Verbindung und versuchter Unterstützung des Pressvereins Verlust der Nationalkokarde, Vermögenskonfiskation und die einfache Todesstrafe; Tod durch das Beil
Entlassung: 15.08.1840 aufgrund der Amnestie
Haftzeit: 6 Jahre und 5 ½ Monate
Berufliche Karriere: Privatlehrer in Stralsund, erwarb 1853 das Stralsunder Bürgerrecht und gehörte zuletzt dem Schulvorstand an

[BLB., I/1, S. 117; GStA, Rep. 77 Tit. 28a Nr.1 Bd. 9, Bl. 100-110; Rep. 77 Tit. 21 Lit. B Nr. 85: Der stud. jur. Carl August Bohl aus Stralsund wegen Teilnahme an der burschenschaftlichen Verbindung in Greifswald; Rep. 97 VIII Nr. 55: Untersuchung wider den stud. juris Carl August Bohl aus Stralsund wegen Teilnahme an der Burschenschaft in Greifswald]

3. Braun, August Wilhelm
Lebensdaten: 05.01.1811 in Beustrin bei Schievelbein/Pommern – 05.01.1872 in Grössin bei Schievelbein/Pommern
Studium: der Medizin in Greifswald 1831-1834
Burschenschaft: Alte Arminia-Greifswald 1831. War Fechtwart, Mitglied der Ferienkommission, Kassierer und Kränzchenleiter
Verhaftung: 18.03.1834 als stud. med. in Greifswald und am 26.03.1834 in die Berliner Hausvogtei eingeliefert
Abführung zum vorläufigen Strafantritt auf die Festung: Silberberg am 27.08.1834
Kammergerichtsurteil vom 04.08.1836: gegen die Greifswalder Burschenschaft: „*Seinem Geständnis zufolge fällt ihm das Verbrechen des Hochverrats zur Last". „Wegen Teilnahme an der hochverräterischen burschenschaftlichen Verbindung in Greifswald*" Verlust der Nationalkokarde, Konfiskation etwaigen Vermögens, einfache Todesstrafe – Tod durch das Beil
Entlassung: 15.08.1840 aufgrund der Amnestie
Haftzeit: 6 Jahre und 6 Monate
Berufliche Karriere: keine Fortsetzung des Medizinstudiums; widmete sich fortan der Landwirtschaft und wurde dank finanzieller Mittel und des Erbes der Mutter Rittergutsbesitzer in Grössin

[GStA, Rep. 77 Tit. 17 Nr. 89 Bd. 1, Bl. 128; Rep. 77 Tit. 21 Lit B Nr. 87: Der Stud. medic. August Wilhelm Braun wegen Teilnahme an der Greifswalder Burschenschaft; Rep. 97 VIII Nr. 54; Rep.97 VIII Nr. 617, Bl. 3-7;die Biographie erscheint 2007 in: BLB, Nachtragsband]

4. Brüggemann, Karl Heinrich
Lebensdaten: 29.08.1810 in Hopsten bei Münster – 01.07.1887 in Köln
Studium: der Rechts- und Staatswissenschaften sowie der Nationalökonomie in Bonn und Heidelberg
Burschenschaft: Germania-Bonn 1829, Fäßlianer-Heidelberg 1829, Alte Franconia-Heidelberg 1831. War führend in der Heidelberger Burschenschaft und Hauptvertreter der politischen Aktionen: Mitglied des Polenkomitees, Mitarbeiter des *„Westboten"*; Organisator des Protestes gegen das Verbot der Mitgliedschaft von Studenten im Pressverein; Teilnehmer und Redner auf dem Hambacher Fest im April 1832; Teilnehmer am Wilhemsbader Volksfest im Juni 1832
Verhaftung: unmittelbar nach dem Hambacher Fest vom 27.05.1832 vom Universitätsgericht in Heidelberg verhaftet; aber wieder freigelassen; nach Reklamation erneut verhaftet und von der bayerischen Justiz in Frankenthal arretiert; auf preußische Anforderung am 03.01.1833 an Preußen nach Köln ausgeliefert und nach einem Reskript der Ministerialkommission vom 13.12.1833 am 22.02.1833 in die Berliner Hausvogtei eingeliefert
Abführung zum vorläufigen Strafantritt auf die Festung: Posen am 28.11.1835
Kammergerichtsurteil vom 04.08.1836: gegen die Burschenschaft in Bonn: als Renonce mit keiner Strafe belegt; wegen der Rede in Wilhelmsbad ein Jahr Festungsarrest; gegen die Heidelberger Burschenschaft: *„als Mitglied einer Verbindung ... , deren Tendenz hinsichtlich Deutschlands und Preußens eine hochverräterische war"*, Verlust der Nationalkokarde, Vermögenskonfiskation und, weil ihm keine direkte Handlung zur Umsetzung der Ziele zur Last gelegt werden kann, Tod durch das Beil; auch für die Hambacher Rede und die Teilnahme am *Pressverein* jeweils eine einfache Todesstrafe. Insgesamt aber lautete das endgültige Urteil: *„Wegen Teilnahme an der hochverräterischen burschenschaftlichen Verbindung in Heidelberg, wegen seiner hochverräterischen Reden in Limburg Ende Juli 1831 und am Hambacher Feste, wegen seiner hochverräterischen Teilnahme am Pressverein und wegen Erregung von Unzufriedenheit und Mißvergnügen gegen die Preußische Regierung durch Rede und Schrift mit dem Verluste des Rechts, die Preußische Nationalkokarde zu tragen, und der Konfiskation seines Vermögens zu bestrafen und mit dem Rade von oben herab vom Leben zum Tode zu bringen".* Er verzichtete auf Revision, reichte 1837 ein Gnadengesuch ein und wurde am 26.03.1838 zu 15 Jahren Festungsarrest begnadigt
Entlassung: 14.08.1840 aufgrund der Amnestie
Haftzeit: 7 Jahre und 3 Monate
Berufliche und politische Karriere: Nach Ablehnung seines Gesuchs auf Habilitation in Berlin liberaler Journalist, 1842/43 Mitarbeiter der *„Rheinischen Zeitung";* 1845-1855 Chefredakteur der *„Kölnischen Zeitung";* nach der Entlassung als Chefredakteur auf Druck der preußischen Regierung von 1855 bis 1885 Mitarbeiter und *„Senior der Redaktion"* der Kölnischen Zeitung

[BLB. I/1, S. 144f.; GStA, Rep. 77 Tit. 6 Lit. B Nr. 42, Bl. 1-5; Rep. 77 Tit. 28a Nr. 1 Bd. 3 (Heidelberger Urteil), Bl. 186-234; Bd. 5 (Bonner Urteil), Bl. 329-334; Rep. 97 Gen. Vol. VI: Entwurf für den Druck aus dem Urteil vom 4. August 1836 contra Brüggemann et Cons., Bl. 2]

5. Glasewald, Franz Eduard
Lebensdaten: 24.03.1811 in Straach bei Wittenberg - 21.10.1876 in Anklam
Studium: der Medizin in Greifswald 1832-1834 und 1840-1844

Burschenschaft: Alte Arminia-Greifswald 1833
Verhaftung: 13.05.1835 als stud. med. in Greifswald und Überführung in die Berliner Hausvogtei am 15.05.1835
Abführung zum vorläufigen Strafantritt auf die Festung: Kolberg am 27.08.1834
Kammergerichtsurteil vom 04.08.1836: gegen die Greifswalder Burschenschaft: Wegen Teilnahme an der hochverräterischen geheimen Verbindung in Greifswald Vermögenskonfiskation, Verlust der Nationalkokarde und Tod durch das Beil
Entlassung: am 18.08.1840 aufgrund der Amnestie
Haftzeit: 4 Jahre und 6 1/2 Monate
Berufliche Karriere: Nach Studienabschluß und Promotion in Greifswald sowie Approbation Arzt und Armenarzt in Anklam von 1846 bis zum Tode.

[BLB, I/2, S. 138f.]

6. Graf, Adolph Gustav

Lebensdaten: 17.03.1810 in Rengersdorf/Lausitz – 08.12.1878 in Wollstein/Prov. Posen
Studium: der Rechtswissenschaften in Halle 1832-1835
Burschenschaft: Alte Germania Halle 1832. War an der Versammlung beteiligt, die den Anschluß an den Allgemeinen Verband beschloß, und kannte die neue Verfassung mit ihrer revolutionären Tendenz
Verhaftung: 31.01.1835 als stud. jur. in Halle und am 15.02.1835 in die Berliner Hausvogtei überstellt
Abführung zum vorläufigen Strafantritt auf die Festung: Magdeburg am 25.06.1835
Kammergerichtsurteil vom 04.08.1836: gegen die Hallesche Burschenschaft: „*Wegen Teilnahme an einer hochverräterischen Verbindung*" Verlust der Nationalkokarde, Vermögenskonfiskation und Tod durch das Beil
Entlassung: am 14.08.1840 aufgrund der Amnestie
Haftzeit: 5 Jahre und 7 Monate
Berufliche Karriere: 1842 Eintritt als Referendar in den preußischen Justizdienst, von 1850 bis zum Tode Richter in Wollstein, seit 1864 Kreisgerichtsrat

[BLB, I/ 2, S. 167]

7. Graffunder, Richard Wilhelm Joachim Jobst

Lebensdaten: 03.09.1812 in Küstrin – 30.11.1894 in Lübbecke/Westfalen
Studium: der Medizin in Greifswald 1831-1834 und in Halle 1840-1842
Burschenschaft: Alte Arminia-Greifswald 1831
Verhaftung: am 03.04.1834 als stud. med. in Greifswald und am 12.04.1834 in die Berliner Hausvogtei überstellt
Abführung zum vorläufigen Strafantritt auf die Festung: Pillau am 28.08.1834, wo er im Garnisonslazarett die Ärzte unterstützte
Kammergerichtsurteil vom 04.08.1836: gegen die Greifswalder Burschenschaft: „*Der Inquisit hat hiernach als Mitglied an einer Verbindung teilgenommen, die eine Änderung der Staatsverfassung und als äußerstes Mittel zur Erreichung dieses Zwecks Gewalt und, wenn nicht Erregung einer Revolution, doch Teilnahme an einem anderweit unternommenen Aufstande anerkennt.*" Wegen Mitgliedschaft in einer hochverräterischer Verbindung „*hat er sich des Hochverrats schuldig gemacht*". Daher Verlust der Nationalkokarde, Vermögenskonfiskation und Tod durch das Beil. Bei der Urteilsverkündung erklärte er die erkannte Strafe als „*viel zu hoch*"
Entlassung: am 10.06.1840 auf direkte Intervention Alexander von Humboldts und aufgrund einer Kabinettsorder vom 18.04.1840, wonach alle Verurteilten, deren Strafmaß nach der Begnadigung vom 26.03.1838 auf 10 Jahre festgelegt war, entlassen werden

können, sofern sie die Hälfte der Strafe, also 5 Jahre abgesessen hatten und ihre Straftaten bereuten
Haftzeit: 6 Jahre und 2 Monate
Berufliche Karriere: Nach Fortsetzung des Medizinstudiums 1840-1842 und Promotion in Halle von 1843 bis 1850 praktischer Arzt in Petershagen und Minden, 1850 Kreisphysikus, von 1857-1893 in Lübbecke

[BLB, I/2, S. 168f.]

8. Grashof, Franz Dominikus Hermann
Lebensdaten: 27.06.1809 in Brillon/Westfalen – 24.09.1867 in Lübecke
Studium: der Medizin in Würzburg Jena und Göttingen 1828-1834
Burschenschaft: Amicitia/Germania-Würzburg 1828; Germania-Jena 1832. Mitgründer der Würzburger Amicitia und deren Sprecher, beteiligt an der Verbreitung der revolutionären Flugschrift „*Der erste Mai*"; trat jedoch gegen Beteiligung an politischen Aktionen auf.
Verhaftung: Anfang Mai 1834 als stud. med. im Elternhaus in Meschede und am 15.05.1834 in die Berliner Hausvogtei eingeliefert
Abführung zum vorläufigen Strafantritt auf die Festung: Magdeburg am 19.07.1835. In Reuters „*Ut mine Festungstid*" der „*biedere Freund und treue Leidensgenosse*" und sein „*bester Freund*"
Kammergerichtsurteil vom 04.08.1836: gegen die Würzburger Burschenschaft: Wegen „*Teilnahme an der hochverräterischen Burschenschaft in Würzburg*" und „*Vergehens der Majestätsbeleidigung*" Verlust der Nationalkokarde, Vermögenseinzug und Tod durch das Beil
Entlassung: am 14.08.1840 aufgrund der Amnestie
Haftzeit: 6 Jahre und 4 ½ Monate
Berufliche Karriere: Buchhalter und Rendant beim Köln-Müsener Bergwerksverein; 1862 Stellvertretender Direktor der Lübecker Lebensversicherungs-AG
Politisches Engagement: 1848 führend in der demokratischen Bewegung und im Handwerkerverein in Meschede

[BLB, I/ 2, S. 170-172.]

9. Guitienne, Johann
Lebensdaten: 15.04.1809 in Niederaltdorf bei Saarlouis – 10.05.1889 in Niederaltdorf
Studium: der Rechtswissenschaften in Bonn, München, Heidelberg und Berlin 1829-1833
Burschenschaft: Alte Bonner Burschenschaft 1829; Germania-München 1831; Alte Franconia-Heidelberg 1832. Politisch aktiv im Pressverein, Teilnehmer am Frankfurter Burschentag 1831, auf dem politisches Eingreifen empfohlen wurde; 1832 Teilnehmer am Hambacher Fest; Mitwisser des Frankfurter Wachensturms.
Verhaftung: 30.04.1834 als stud. jur. in Berlin und sofortige Einlieferung in die Hausvogtei.
Abführung zum vorläufigen Strafantritt auf die Festung: Magdeburg am 25.03.1835, später nach Graudenz. In Reuters „*Ut mine Festungstid*" „*der Franzos*"
Kammergerichtsurteil vom 04.08.1836: gegen die Münchner Burschenschaft: „*Hiernach muß Guitienne als Mitglied einer hochverräterischen Verbindung, welche den gewaltsamen Umsturz der Verfassung in den zu Deutschland gehörenden Ländern des Königreichs Preußen wenigstens unter gewissen Verhältnissen mit bezweckte, angesehen und bestraft werden*". Als „Teilnehmer an hochverräterischen Verbindungen in München und Heidelberg und wegen seiner Teilnahme am Pressverein" Verlust der Charge des Landwehrleutnants, Verlust der Nationalkokarde, Konfiskation des Vermögens und die einfache Todesstrafe, ist „*mittels des Beils vom Leben zum Tode zu bringen*"

Entlassung: 14.08.1840 aufgrund der Amnestie
Haftzeit: 7 Jahre
Berufliche Karriere: Landwirt und Gutsbesitzer in Niederaltdorf
Politisches Engagement: in den vierziger Jahren Bürgermeisterverwalter; 1848 Mitglied des Vorparlaments und gewählter Abgeordneter der Versammlung zur Vereinbarung der Preußischen Staatsverfassung in Berlin; 1849 und 1855-1861 Abgeordneter der Zweiten Kammer in Preußen für Saarburg-Merzig-Saarlouis (Linker); 1853-1865 Mitglied des Rheinischen Provinziallandtags; 1872-1885 Bürgermeister in Niederaltdorf sowie Schulinspektor und Kreisdeputierter

[BLB., I/2, S. 202f.; GStA, Rep. 77 Tit. 21 Lit. G Nr. 40, Bd. 1 und 2: Der stud. jur. Lieutnant Johann Guitienne aus Niederaltdorf bei Saarlouis wegen Teilnahme an burschenschaftlichen Verbindungen; Rep. 77 Tit. 28a Nr. 1 Bd. 3 (Münchner Urteil), Bl.43v-48]

10. Hartwig (Hardwig), Karl (Siegmund) Simon

Lebensdaten: 22.03.1811 in Pritzwalk – 16.02.1874 in Pritzwalk
Studium: der Rechtswissenschaften in Halle und Berlin 1832-1834
Burschenschaft: Alte Germania-Halle 1832. Hat die Änderung der Verfassung mit revolutionären Tendenzen mitbeschlossen. Widerrief zwar das entsprechende Geständnis, da aber „unmotiviert" für das Gericht ohne Wirkung
Verhaftung: am 11.11.1834 als stud. jur. in Berlin und sofortige Einlieferung in die Hausvogtei
Abführung zum vorläufigen Strafantritt auf die Festung: Magdeburg am 10.06.1835
Kammergerichtsurteil vom 04.08.1836: gegen die Hallesche Burschenschaft: Aufgrund des Geständnisses die „*Strafe des Hochverrats verwirkt*". „*Wegen Teilnahme an einer hochverräterischen Verbindung*" Verlust der Nationalkokarde, Vermögenseinzug und Tod durch das Beil
Entlassung: 14.08.1840 aufgrund der Amnestie
Haftzeit: 5 Jahre und 10 Monate
Berufliche Karriere: Nach der ersten juristischen Prüfung 1841 Eintritt in den preußischen Justizdienst, 1847 Assessor am Berliner Kammergericht, 1850 Kreisrichter in Pritzwalk, seit 1862 Kreisgerichtsrat

[BLB., I/2, S. 238]

11. Hecker, Carl Andreas Philipp Friedrich

Lebensdaten: 22.03.1813 in Blankenburg bei Prenzlau/Uckermark – 09.09.1842 in Bourgen-Bresse, Arrondissement Bourges, Departement Ain/Frankreich
Studium: der Rechtswissenschaften in Greifswald 1832-1834
Burschenschaft: Alte Arminia-Greifswald 1832/33
Verhaftung: 16.05.1834 als stud. jur. in Greifswald und Überführung in die Berliner Hausvogtei
Abführung zum vorläufigen Strafantritt auf die Festung: Kolberg am 27.08.1834
Kammergerichtsurteil vom 04.08.1836: gegen die Greifswalder Burschenschaft: Wegen Teilnahme an einer „*hochverräterischen burschenschaftlichen Verbindung*" Verlust der Nationalkokarde, Vermögenskonfiskation und Tod durch das Beil
Entlassung: 17.08.1840 aufgrund der Amnestie
Haftzeit: 6 Jahre und 4 Monate
Berufliche Karriere: 1841 nach offizieller Übersiedlung nach Frankreich Sprachlehrer in Bourg-en-Bresse

[BLB., I/2, S. 265f].

12. Heintze, Heinrich Julius
Lebensdaten: 30.07.1811 in Görlitz – 17.04.1860 in der Nervenheilanstalt auf Sonnenstein bei Pirna
Studium: der Philosophie in Halle 1832-1835
Burschenschaft: Alte Germania-Halle 1832. Er war beteiligt an der Versammlung, die den Anschluß an den Allgemeinen Verband beschloß, und kannte die revolutionäre Tendenz der umgearbeiteten Verfassung; widerrief zwar dieses Geständnis, was aber, da „*unmotiviert*", ohne Wirkung auf das Urteil blieb
Verhaftung: Anfang Februar 1835 als stud. phil. in Halle und am 15.02.1835 Einlieferung in die Berliner Hausvogtei
Abführung zum vorläufigen Strafantritt auf die Festung: Magdeburg am 25.06.1835
Kammergerichtsurteil vom 04.08.1836: gegen die Hallesche Burschenschaft: „*Wegen Teilnahme an einer hochverräterischen Verbindung*" Verlust der Nationalkokarde, Konfiskation seines etwaigen Vermögens und Tod durch das Beil
Entlassung: wegen Krankheit am 02.08.1840 aufgrund einer Kabinettsorder vom 22.07.1840
Haftzeit: 5 Jahre und 6 Monate
Berufliche Karriere: Privatgelehrter, Übersetzer und Herausgeber englischen Dichtung; Mitarbeiter und Redakteur der Leipziger „*Illustrirten Zeitung*"

[BLB, I/2, S. 286]

13. Hesse, Johann Joseph
Lebensdaten: 07.02.1811 in Iburg bei Osnabrück – 07.01.1880 in Stuhm/Westpreußen
Studium: der Medizin in Greifswald 1832-1834
Burschenschaft: Alte Arminia-Greifswald 1832. War Kneipwart
Verhaftung: Anfang Mai 1834 als stud. med. in Greifswald und Einlieferung in die Berliner Hausvogtei am 10.05.1834
Abführung zum vorläufigen Strafantritt auf die Festung: Weichselmünde am 28.08.1834
Kammergerichtsurteil vom 04.08.1836: gegen die Greifswalder Burschenschaft: „*Wegen Teilnahme an der hochverräterischen burschenschaftlichen Verbindung in Greifswald*" Verlust der Nationalkokarde, Vermögenseinziehung und Tod durch das Beil
Entlassung: 16.08.1840 aufgrund der Amnestie
Haftzeit: 6 Jahre und 4 Monate
Berufliche Karriere: Fortsetzung des Medizinstudiums in Königsberg und Promotion 1840-1843; danach praktischer Arzt und Sanitätsrat in Stuhm
Politisches Engagement: Mitglied der städtischen Sanitätskommission und ab 1870 Stadtrat in Stuhm

[BLB, I/2, S. 321f.]

14. Hochbaum, Johann Christian
Lebensdaten: 17.11.1809 in Wittstock – vor dem 19.12.1855 in Berlin
Studium: Studium der evangelischen Theologie in Greifswald und Berlin 1831-1834
Burschenschaft: Alte Arminia-Greifswald 1831. War Kassierer
Verhaftung: 27.05.1834 als stud. theol. in Berlin und sofortige Einlieferung in die Hausvogtei
Abführung zum vorläufigen Strafantritt auf die Festung: Weichselmünde am 28.08.1834
Kammergerichtsurteil vom 04.08.1836: gegen die Greifswalder Burschenschaft: Wegen „*Teilnahme an der hochverräterischen burschenschaftlichen Verbindung in Greifswald*" Verlust der Nationalkokarde und des Landwehrkreuzes, Vermögenskonfiskation und Tod durch das Beil
Entlassung: 16.08.1840 aufgrund der Amnestie

Haftzeit: 6 Jahre und 3 Monate
Berufliche Karriere: Nach weiterem Theologiestudium in Berlin 1840/41 als cand. theol. wahrscheinlich Hauslehrer in Berlin

[BLB, I/2, S. 347]

15. Hornay, Ernst Jacob Wilhelm
Lebensdaten: 06.01.1815 in Recklinghausen – 17.01.1874 in Gau-Algesheim bei Bingen
Studium: der Philosophie und Philologie in Münster und Greifswald 1832-1834
Burschenschaft: Alte Arminia-Greifswald 1833
Verhaftung: 04.04.1834 als stud. phil. in Greifswald und am 03.05.1834 in die Berliner Hausvogtei eingeliefert
Abführung zum vorläufigen Strafantritt auf die Festung: Kolberg am 27.08.1834
Kammergerichtsurteil vom 04.08.1836: gegen die Greifswalder Burschenschaft: Entgegen dem Antrag des Verteidigers, der Freispruch vom Hochverrat beantragte, da sonst die verbrecherische Absicht bestraft werde, der indes keine „*äußere Handlung*" folgte, hatte er sich - nach Auffassung des Gerichts - durch sein Geständnis des Hochverrats schuldig gemacht. Wegen Teilnahme an einer „*hochverräterischen burschenschaftlichen Verbindung*" Verlust der Nationalkokarde, Vermögenskonfiskation und Tod durch das Beil
Entlassung: am 03.08.1840 aufgrund der Kabinettsorder vom 18.04.1840, wonach alle Verurteilten, deren Strafmaß nach der zweiten Begnadigung vom 26.03.1838 auf 10 Jahre festgelegt war, nach Abbüßen von fünf Jahren entlassen werden können.
Haftzeit: 6 Jahre und 4 Monate
Berufliche Karriere: 1842-1854 Ökonom, Grundbesitzer und Privatlehrer in Schönebeck bei Bremen; danach Bauerngutsbesitzer in Westfalen; seit 1862 Steinbruchbesitzer in Oberdollendorf bei Königswinter; zuletzt Rektor einer Privatschule in Gau-Algesheim; Schriftsteller und Sprachforscher; veröffentlichte ein Lehrbuch der englischen Sprache; stand in brieflichem und persönlichem Kontakt zu Alexander von Humboldt und publizierte Humboldt-Briefe
Politisches Engagement: 1848/49 führender Demokrat im Vegesacker Verein „*Einigkeit*" und Herausgeber einer „*Politischen Wochenschrift*"; wegen „*demokratischer Umtriebe*" 1849 zu zwei Monaten Zuchthaus verurteilt

[BLB, I/2, S. 402f.]

16. Hundeicker, August Wilhelm
Lebensdaten: 02.12.1811 in Schöningen bei Braunschweig – Sterbedaten unbekannt
Studium: der Rechtswissenschaften in Jena und Halle 1830-1834
Burschenschaft: Jenaische Burschenschaft 1830, Alte Germania-Halle 1832
Verhaftung: 14.05.1834 als stud. jur. im Elternhaus in Hötensleben und am 25.05.1834 Überstellung in die Berliner Hausvogtei
Abführung zum vorläufigen Strafantritt auf die Festung: Glatz am 29.12.1834; am 14.03.1836 nach Magdeburg verlegt
Kammergerichtsurteil vom 04.08.1836: gegen die Hallesche Burschenschaft, wo er mit 6 Jahren Festungsarrest und Amtsunfähigkeit bestraft wurde, und gegen die Jenaer Burschenschaft: Wegen „*Teilnahme an der hochverräterischen Verbindung in Jena und wegen Teilnahme an der Halleschen Burschenschaft*" Verlust der Nationalkokarde und Tod durch das Beil
Flucht: Im Januar 1837 wegen schwerer Krankheit zu seiner Familie entlassen; im August 1837 von dort aus Flucht über Hamburg in die USA. Am 28.10.1842 nach dem Amnestieerlaß Rückkehr nach Hotensleben und auf seinen Antrag vom 30.10.1842 am 07.04.1843 amnestiert
Haftzeit: 2 Jahre und 7 Monate

Berufliche Karriere: 1837-1842 Lehrer in Bordentown/USA; nach der Rückkehr nach Deutschland seit 1843 Lehrer in Flottbeck bei Altona
[BLB., I/2, S. 415]

17. Jacoby, Heinrich

Lebensdaten: 17.10.1811 in Alt-Strelitz/Mecklenburg – 24.01.1890 Wittstock
Studium: der Medizin in Berlin und Heidelberg 1831-1833 und 1840/41 in Berlin
Burschenschaft: Franconia-Heidelberg 1832. Mitglied des Vorstands, unterschrieb den Protest gegen das Verbot der Teilnahme am Pressverein; Mitglied des Heidelberger Klubs; Teilnehmer am Hambacher Fest; Mitwisser vom Frankfurter Wachensturm
Verhaftung: 29.05.1833 als stud. med. in Berlin, zunächst an der Universität inhaftiert, dann im Polizeigefängnis, der Stadtvogtei, und im Frühjahr 1834 in die Hausvogtei überstellt
Abführung zum vorläufigen Strafantritt auf die Festung: Posen am 28.11.1835
Kammergerichtsurteil vom 04.08.1836: gegen die Heidelberger Burschenschaft: „Wegen Teilnahme an einer, den gewaltsamen Umsturz des Preußischen Staates mitbezweckenden Verbindung auf den Tod durch das Beil erkannt"; wegen Unterstützung des Pressvereins: sechs Monate Festungsarrest; wegen Beteiligung am „Frankfurter Attentat": Wegen „Teilnahme an einem Unternehmen, welches den gewaltsamen Umsturz der Verfassung des deutschen Bundes, mithin auch der Verfassung in den zum deutschen Bund gehörenden Länder der Preußischen Monarchie bezweckte ... Konfiskation seines Vermögens und den Tod durch das Rad von oben. Die einfache Todesstrafe ist der Schwere seines Verbrechens nicht angemessen, da er zum Frankfurter Attentat mitgewirkt hat und dieses einen beträchtlichen Schaden angerichtet hat." Das Gesamturteil lautete: Er ist „wegen Teilnahme an einer hochverräterischen Verbindung in Heidelberg, am dortigen revolutionären Club, am Frankfurter Attentat und am Pressvereine mit Konfiskation seines Vermögens zu bestrafen und mit dem Rade von oben herab von Leben zum Tode zu bringen." Er verzichtete auf Revision und reichte 1837 ein Gnadengesuch ein, wurde am 26.03.1838 zu 15 Jahren Festungsarrest begnadigt.
Entlassung: 19.08.1840 aufgrund der Amnestie nach Strelitz
Haftzeit: 7 Jahre und 2 ½ Monate
Berufliche Karriere: Nach Abschluß des Medizinstudiums, Promotion und Approbation 1840/41 in Berlin zunächst Arzt in Ratzeburg/Mecklenburg, seit 1844 in Wittstock

[GstA, Rep.77 Tit. 21 Lit. J Nr. 9, Bd. 1 und 2: Die stud. medic. Heinrich Jacoby aus Altstrelitz und stud. theol Gustav Struck aus Rostock wegen Teilnahme an burschenschaftlichen Verbindungen 1833-1843; Rep. 77 Tit. 28a Nr. 1 Bd.3 (Heidelberger Urteil), Bl. 227v-235; Rep. 97 VIII Nr. 479: Die Untersuchung wider den vormaligen Heidelberger stud. med. Heinrich Jacoby aus Alt-Strelitz über seine Wissenschaft und Teilnahme an einer geheimen burschenschaftlichen Verbindung in Heidelberg; Rep. 97 VIII Nr. 467: Untersuchung wider den stud. med, Heinrich Jacoby aus Alt-Strelitz wegen Teilnahme an der Burschenschaft in Heidelberg und dem Frankfurter Attentat; ferner Acta inquisitionis wider ... 2. Jacoby Heinrich aus Alt-Strelitz wegen Hochverrat; und Nr.464, 478, 479, 480, 483 und 484; Rep. 97 VIII Gen. Band 6, Bl. 2; UA HU Berlin, Matrikel-Nr. 120/21. Rektorat; 549/23. Rektorat und 198/31. Rektorat (Auskunft von Frau Wolff v. 09.03.2003); Handbuch über den Königlich Preußischen Hof und Staat 1845-1852; Medicinal-Kalender für den Preußischen Staat 1854, 1855, 1867, 1877; Reichs-Medicinalkalender für Deutschland 1885; Wilhelm Axel, Die Mecklenburgischen Ärzte von den ältesten Zeiten bis zur Gegenwart, Schwerin 1901, S. 119, Nr. 647. Die Biographie erscheint 2007 im Nachtragsband des BLB]

18. Jungklaass, Karl Friedrich Wilhelm
Lebensdaten: 11.09.1912 in Schwedt a.d. Oder – nach 1885 wahrsch. in Bromberg
Studium: der Theologie und Philosophie in Halle 1832-1834
Burschenschaft: Alte Germania-Halle 1832. War im Ausschuß, Kränzchenleiter, Bibliothekar, Mitglied der Ehrengerichts und zeitweilig Sprecher
Verhaftung: am 12.11.1834 als stud. theol. in Berlin und sofort in die Hausvogtei eingeliefert
Abführung zum vorläufigen Strafantritt auf die Festung: Magdeburg am 20.05.1835
Kammergerichtsurteil vom 04.08.1836: gegen die Hallesche Burschenschaft: „*Jungklaass ist hiernach des Hochverrats geständig und überführt*"; „*wegen Teilnahme an einer hochverräterischen Verbindung*" Versetzung in die 2.Klasse des Soldatenstandes, Verlust der Nationalkokarde und des Landwehrkreuzes, Konfiskation seines etwaigen Vermögens und Tod durch das Beil
Entlassung: 14.08.1840 aufgrund der Amnestie
Haftzeit: 5 Jahre und 9 Monate
Berufliche Karriere: nach Studiumsabschluß und Examina seit 1843 Hilfslehrer, Lehrer und Collaborator an einer höheren Töchterschule in Stettin; 1850 Direktor des Lehrerseminars in Steinau/Schlesien; 1865 Schulrat bei der Regierung in Bromberg; 01.10.1885 Pensionierung mit Ernennung zum Geheimen Regierungsrat

[BLB, I/3, S. 42f.]

19. Kaehler, Ernst Eduard Alexander (Vetter von Nr. 20)
Lebensdaten: 11.09.1810 in Joachimsthal/Uckermark – 04.01.1870 in Berlin
Studium: der Rechtswissenschaft in Greifswald und Berlin 1831-1834
Burschenschaft: Alte Arminia-Greifswald 1831. Mitautor der neuen revolutionären Konstitution; Kneipwart, Fechtwart, Kränzchenleiter
Verhaftung: 14.06.1834 als Cand. jur. in Berlin und sofortige Einlieferung in die Hausvogtei
Abführung zum vorläufigen Strafantritt auf die Festung: Kolberg am 27.08.1834
Kammergerichtsurteil vom 04.08.1836: gegen die Greifswalder Burschenschaft: „*wegen Teilnahme an einer hochverräterischen burschenschaftlichen Verbindung*" Verlust der Nationalkokarde, Vermögenskonfiskation und Tod durch das Beil
Entlassung: 22.07.1840 aufgrund der Kabinettsorder vom 18.04.1840, wonach alle Verurteilten, deren Strafmaß nach der zweiten Begnadigung vom 26.03.1838 auf 10 Jahre festgelegt war, nach Abbüßen von fünf Jahren entlassen werden können.
Haftzeit: 5 Jahre und 9 Monate
Berufliche Karriere: Fortsetzung des Jurastudiums in Berlin 1840-1843; 1844-1864 Geheimer Sekretär bei der preußischen Hauptverwaltung der Staatsschulden in Berlin; seit 1864 Geheimer Sekretär a.D. in Berlin

[BLB, I/3, S. 48]

20. Kaehler, Johann Philipp Otto (Vetter von Nr. 19)
Lebensdaten: 01.06.1810 in Spremberg – 28.04.1868 in Lipke bei Landsberg/Warthe
Studium: der Medizin in Halle, Berlin und Greifswald 1831-1834
Burschenschaft: Alte Germania-Halle; Alte Arminia Greifswald 1832. In Greifswald Bibliothekar
Verhaftung: 05.05.1834 als stud. med. in Greifswald und am 07.05.1834 in die Hausvogtei eingeliefert
Abführung zum vorläufigen Strafantritt auch die Festung: Kolberg am 29.09.1834
Kammergerichtsurteil vom 04.08.1836: gegen die Hallesche Burschenschaft: Amtsunfähigkeit und sechs Jahre Festungsarrest; gegen die Greifswalder Burschenschaft: Ist „*des*

Hochverrats geständig"; *„wegen Teilnahme an einer hochverräterischen Verbindung"* Verlust der Nationalkokarde, Vermögenskonfiskation und Tode durch das Beil.
Entlassung: am 03.08.1840 aufgrund der Kabinettsorder vom 18.04.1840, wonach alle Verurteilten, deren Strafmaß nach der zweiten Begnadigung vom 26.03.1838 auf 10 Jahre festgelegt war, nach Abbüßen von fünf Jahren entlassen werden können
Haftzeit: 6 Jahre und 3 Monate
Berufliche Karriere: Fortsetzung des Medizinstudiums in Berlin 1840-1842 und Promotion; nach Approbation 1843 bis zum Tode Wundarzt in Lipke

[BLB, I/3, S. 48]

21. Krönig, Otto Hermann Rudolph

Lebensdaten: 28.05.1811 in Haynau/Schlesien – nach 1864 wahrsch. in Ober-Prietzen/Oberschlesien; genaue Sterbedaten unbekannt
Studium: der Philosophie und Geschichte in Breslau, Jena und Halle 1830-1834
Burschenschaft: Alte Arminia-Breslau 1831; Germania-Jena 1832. Mitglied des Press- und Vaterlandsvereins; Verbreiter politischer Schriften auf einer Reise in Süddeutschland 1832
Verhaftung: 15.04.1834 als Cand. phil. in Halle und am 17.04.1834 in die Berliner Hausvogtei eingeliefert
Abführung zum vorläufigen Strafantritt auf die Festung: Weichselmünde am 02.10.1834
Kammergerichtsurteil vom 04.08.1836: gegen die Jenaer Burschenschaft: Er *„hat sich durch seine Teilnahme an der älteren und neuen Germania des Hochverrats schuldig gemacht"*. Wegen „Teilnahme an der hochverräterischen burschenschaftlichen Verbindung Germania" und am Pressverein wie an der Breslauer Burschenschaft Verlust der Nationalkokarde, Vermögenseinzug und Tod durch das Beil
Entlassung: 16.08.1840 aufgrund der Amnestie
Haftzeit: 6 Jahre und 4 Monate
Berufliche Karriere: In den 1840er Jahren durch Heirat Gutsbesitzer im Kreis Öls/Schlesien; politischer Schriftsteller
Politisches Engagement: 1848/49 Initiator zahlreicher demokratischer Volksversammlungen und einer der *„Hauptwühler des Kreises"* Öls; 1849 erneut in Untersuchung und angeklagt wegen „versuchten Aufruhrs", im Februar 1850 von einem Breslauer Schwurgericht freigesprochen; in den 1850er Jahren im schlesischen „Lager der Umsturzpartei"; 1864 Autor einer *„Geschichte des deutschen Volkes vom Wiener Kongreß bis auf unsere Tage"*

[BLB, I/3, S. 181f.]

22. Massow, Ewald von

Lebensdaten: 27.10.1812 in Tankow/Neumark – nach 1865 im Westen der USA; genaue Sterbedaten unbekannt
Studium: der Rechtswissenschaft in Greifswald, Jena und Berlin 1831-1833
Burschenschaft: Germania-Jena 1831. Verbreitete nach Rückkehr vom Hambacher Fest das Hambacher Liederbuch ; beteiligte sich an der Verbrennung des Bundestagsbeschlusses gegen die Presse
Verhaftung: auf der Flucht nach Hamburg am 09.04.1834 als stud. jur. in Halberstadt und sofort in die Berliner Hausvogtei gebracht
Abführung zum vorläufigen Strafantritt auf die Festung: Glatz im September 1834; im März 1836 nach Posen und im April 1836 auf Gesuch der Mutter nach Kolberg verlegt
Kammergerichtsurteil vom 04.08.1836: gegen die Jenaer Burschenschaft; wegen Mitgliedschaft *„in der hochverräterischen Verbindung Germania, die eine Veränderung der Staatsverfassung auch mit Gewalt zum Ziele hatte, Unterstützung des Pressvereins und Majestätsbeleidigung"* Verlust des Adelstitels, der Nationalkokarde, Vermögenskonfiskation und Tod durch das Beil

Flucht: am 12.09.1838 aus der von der Mutter angemieteten Wohnung in Kolberg, wohin er nach einer Kabinettsorder vom 06.03.1838 aus gesundheitlichen Gründen gegen Zahlung von 5000 Taler polizeilich überwacht seine Strafe seit Frühsommer 1938 verbüßen durfte, in die USA
Haftzeit: 4 Jahre und 5 Monate. Machte von der Amnestie keinen Gebrauch
Berufliche Karriere: Siedelte sich bei Belleville/Illinois an, wohin wahrscheinlich auch die Mutter nachreiste, und lebte dort noch in der Mitte der 1860er Jahre

[BLB, I/4, S. 45f.]

23. Müller-Strübing, Hermann
Lebensdaten: 27.08.1812 in Neubrandenburg – 14.08.1893 in London
Studium: der Rechtswissenschaften in Berlin und Heidelberg 1831-1833
Burschenschaft: Alte Franconia-Heidelberg 1832. Mitglied des Heidelberger politischen Klubs; in die Vorbereitungen des Frankfurter Wachensturms verwickelt; unterstützte Flüchtige des Wachensturms
Verhaftung: 18.05.1833 als stud. jur. auf der Durchreise in Berlin, saß zunächst in der Stadtvogtei, dann in der Hausvogtei.
Abführung zum vorläufigen Strafantritt auf die Festung: Posen im November 1835
Kammergerichtsurteil vom 04.08.1836: gegen die Heidelberger Burschenschaft: Wegen Majestätsbeleidigung durch Verbreitung des Liedes „*Fürsten zum Land hinaus*" 2 Jahr Festungsarrest; wegen Teilnahme am Pressverein: sechs Monate Festungsarrest; zum „*Frankfurter Attentat*": Wegen „*Teilnahme an einem Unternehmen zum gewaltsamen Umsturz der deutschen Bundesstaaten und des deutschen Bundes ... Konfiskation seines Vermögens und Tod durch das Rad von oben*". Das Gesamturteil lautete: Ist wegen „*Teilnahme am revolutionären Klub in Heidelberg und am Frankfurter Attentat, wegen Majestätsbeleidigung und wegen Teilnahme am Pressverein mit Konfiskation seines Vermögens zu bestrafen und mit dem Rade von oben herab vom Leben zum Tode zu bringen*". Er verzichtete auf Revision, weil sie nichts bringe; sein erstes Gnadengesuch von Anfang März 1838 wurde wegen mangelnder Reue zurückgewiesen; Erst ein reuevolles Gesuch von Anfang August 1838 brachte ihm am 9.10.1838 eine Strafreduzierung auf 15 Jahre
Entlassung: am 14.08.1840 aufgrund der Amnestie
Haftzeit: 7 Jahre und 3 Monate
Berufliche Karriere: Nach Studienfortsetzung und Promotion zum Dr. phil. in Berlin und preußischer Ablehnung der Habilitation und einer Universitätslaufbahn in Berlin wie auch in Jena Schriftsteller und Literaturhistoriker und Verfasser von Dramen; nach Übersiedlung nach Frankreich und 1851 nach London Professor für Altgriechisch und Deutsch und bedeutender Altphilologe mit zahlreichen Arbeiten zur griechischen Geschichte und Literatur
Politisches Engagement: Mitarbeiter der „*Rheinischen Zeitung*" 1843; 1848 in Berlin Mitarbeiter der „*Berliner Zeitungshalle*" und in engem Kontakt mit Demokraten; Mitautor einer von Bakunin herausgegebenen Werbeschrift an die Slawen; Teilnehmer an der Pariser Demonstration vom 13.06.1849 für die römische Republik

[BLB, I/4, S. 159-162; Götz Langkau/Hans Pelger, Studien zur Rheinischen Zeitung und zu ihrer Forderung nach Handelsfreiheit und Grundrechten im Deutschen Bund. Mit einem Brief von Karl Marx an Hermann Müller-Strübing (1843); Trier 2003, S. 95-174; Rep. 97 VIII Spez. Band 7; Spez. Band 8, Bl. 2110, 2268-2271; Rep. 97 VIII Gen Band 6, Bl. 2v.]

24. Nethe, August Wilhelm
Lebensdaten: 06.03.1812 in Alten-Plathow bei Genthin – 28.05.1901 in Magdeburg
Studium: der Rechtswissenschaften in Halle 1830-1834

Burschenschaft: Alte Germania-Halle 1830. War Kneipwart, Schreiber und Mitglied der Kommission zur Umarbeitung der Konstitution; plädierte engagiert für den Anschluß an den Allgemeinen Verband
Verhaftung: am 30.06.1834 als Auskultator in Magdeburg und am 01.07.1834 in die Berliner Hausvogtei eingeliefert
Abführung zum vorläufigen Strafantritt auf die Festung: Glatz 15.05.18335; im Februar 1836 aus gesundheitlichen Gründen auf die Festung Posen verlegt
Kammergerichtsurteil vom 04.08.1836: gegen die Hallesche Burschenschaft: Wegen „Teilnahme an einer hochverräterischen Verbindung" Versetzung in die 2. Klasse des Soldartenstandes, Verlust der Nationalkokarde und des Landwehrkreuzes, Amtsentsetzung, Vermögenskonfiskation und Tod durch das Beil
Entlassung: am 10.08.1840, dem Tag der Verkündung der Amnestie, aber aufgrund der Kabinettsorder vom 18.04.1840, wonach alle Verurteilten, deren Strafmaß nach der zweiten Begnadigung vom 26.03.1838 auf 10 Jahre festgelegt war, nach Abbüßen von fünf Jahren entlassen werden können
Haftzeit: 6 Jahre und 1 Monat
Berufliche Karriere: 1841 Referendar; 1843 OLG-Assessor; 1844 Polizeirat; seit Dezember 1844 Bürgermeister von Burg
Politisches Engagement: Abgeordneter der Versammlung zur Vereinbarung der preußischen Staatsverfassung für Jerichow (Zentrumsfraktion, Steuerverweigerer); nach der Revolution Einstellung aller politischen Aktivität; von der Regierung dennoch mißtraut und zu Treueerklärungen gezwungen

[BLB, I/4, S. 192-194]

25. Ockhardt, Friedrich August
Lebensdaten: 15.07.1811 in Artern/Unstrut – 31.01.1886 in Waltershausen/Thür.
Studium: der Rechtswissenschaften in Jena und Halle 1831-1834
Burschenschaft: Germania-Jena 1831/32
Verhaftung: 07.04.1834 als Cand. jur. im Elternhaus in Wiehe und am 17.04.1834 in die Berliner Hausvogtei eingeliefert
Abführung zum vorläufigen Strafantritt auf die Festung: Kolberg am 27.10.1834
Kammergerichtsurteil vom 04.08.1836: gegen die Jenaer Burschenschaft: wegen „Teilnahme an der hochverräterischen Verbindung Germania" Vermögensentzug, Verlust der Nationalkokarde und Tod durch das Beil
Entlassung: am 15.08.1840 aufgrund der Amnestie; ging nach Wiehe zu den Eltern
Haftzeit: 6 Jahre und 4 Monate
Berufliche Karriere: Ging offenbar in die preußische Finanzverwaltung; war zuletzt Hauptsteueramtskontrolleur in Waltershausen

[BLB, I/4, S. 238; Harald Lönnecker (Bearb.), Burschenschafterliste Jena 1829-1846. S. 42, Nr. 736 (unveröffentlicht).]

26. Otto, Karl August Theodor
Lebensdaten: 10.11.1807 in Zerbst – 22.03.1851 in Wendhof bei Malchow/Mecklenburg
Studium: der evangelischen Theologie und Philologie in Halle, Erlangen und Greifswald 1827-1833
Burschenschaft: Alte Germania-Halle 1827; Alte Germania-Erlangen 1830; Alte Arminia-Greifswald 1832. In Halle 4 Monate Festungsarrest wegen Beteiligung am Karzersturm zu Silvester 1831; in Erlangen Schreiber und engagiert beim Versuch, die Breslauer Burschenschaft in die Allgemeinheit zu bringen; in Greifswald setzte er das revolutionäre germanische Prinzip in der Konstitution durch

Verhaftung: 28.12.1833 als stud. philolog. in Berlin und sofort in die Hausvogtei eingeliefert
Abführung zum vorläufigen Strafantritt auf die Festung: Stettin 21.06. 1836
Kammergerichtsurteil vom 04.08.1836: gegen die Burschenschaften in Halle, Erlangen und Greifswald. Während er im Halleschen und Erlanger Urteil lediglich zum Tode durch das Beil verurteilt wurde, lautete das Greifswalder Urteil wegen „*Mitwirkung an der Umarbeitung der Konstitution und Durchsetzung des germanischen Prinzips, Versuchen zur Gründung eines politischen Klubs, den Bemühungen um Beteiligung der Burschenschaft an Aufständen"* Konfiskation des Vermögens, Verlust der Nationalkokarde und vor allem wegen „*Stiftung der hochverräterischen burschenschaftlichen Verbindung in Greifswald"* – die „*verschärfte Todesstrafe" „Tod durch das Rad von oben".* Das Gesamturteil lautete: „*den Inquisit ... wegen seiner Teilnahme an den hochverräterischen Verbindungen in Erlangen und Halle und wegen Stiftung der hochverräterischen burschenschaftlichen Verbindung in Greifswald mit Verlust der Kokarde und Konfiskation seines Vermögens zu bestrafen und mit dem Rade von oben herab vom Leben zum Tode zu bringen."* Er ging in Revision, doch bestätigte das Erkenntnis des Ober-Appellationssenats des Kammergerichts vom 27.06.1838 nur das Urteil vom 04.08.1836 in der Abänderung vom 11.12.1836. Er bereute zu keinem Zeitpunkt seine Taten und beantragte am 05.11.1838 nicht Begnadigung, sondern eine „*lebenslängliche Verweisung aus dem Lande"* und die Erlaubnis, nach Amerika auswandern zu dürfen und nicht wieder zurückzukehren, was am 03.03.1839 abgelehnt und nur eine Reduzierung der Festungshaft auf 15 Jahre genehmigt wurde.
Entlassung: 14.08.1840 aufgrund der Amnestie. Er wurde - im Unterschied zu allen anderen Amnestierten - durch Kabinettsorder vom 31.01.1841 unter strenge Polizeiaufsicht gestellt
Haftzeit: 6 Jahre und 7 ½ Monate
Berufliche Karriere: seit Sommer 1841 Hauslehrer bei einem Gutsbesitzer in Beckentin bei Grabow in Mecklenburg, später in Wendhof bei Malchow; beabsichtigte, 1851 in die USA auszuwandern, starb aber unmittelbar vor der Abreise

[BLB, I/4, S. 261f.]

27. Reinhard, Karl Franz
Lebensdaten: 05.10.1809 in Kamen/Westfalen – 15.03.1847 in Gent
Studium: der Medizin in Bonn und Würzburg 1827-1832 und in Lüttich 1837-1839
Burschenschaft: Germania-Bonn 1830; Alte Germania-Würzburg 1832; Alte Franconia-Heidelberg 1832;
Verhaftung: 30.04.1834 als stud. med. und Einjährig-Freiwilliger in Münster und Anfang Mai Überführung in die Berliner Hausvogtei
Abführung zum vorläufigen Strafantritt auf die Festung: Magdeburg Anfang September 1835 *Kammergerichtsurteil vom 04.08.1836:* gegen die Bonner Burschenschaft: keine Bestrafung, es bleibt beim Urteil akademischen Senats; gegen die Heidelberger Burschenschaft: 15 Jahre Festungsarrest und Amtsunfähigkeit; gegen die Würzburger Burschenschaft: Wegen „*Teilnahme an hochverräterischen burschenschaftlichen Verbindungen"* Verlust der Nationalkokarde, Versetzung in die 2. Klasse des Soldatenstandes, Vermögenseinzug und die einfache Todesstrafe durch das Beil. Er ging in Revision, doch bestätigte die II. Instanz am 27.06.1838 nur das Urteil der I. Instanz mit den Abänderungen vom 11.12.1836.
Flucht: am 03.10.1837 gemeinsam mit Hermann Wagner aus der Festung Magdeburg über Hamburg, Helgoland und England nach Belgien. Auf seinen bei kurzzeitiger Rückkehr nach Kamen gestellten Antrag von Januar 1841 wurde er am 05.06.1841 amnestiert
Berufliche Karriere: Nach Abbruch des Medizinstudiums in Lüttich seit 1840 Sprachlehrer auf Schloß Brumagne bei Namur; 1844 Leiter eines demokratisch orientierten „*Zeitungs-*

Correspondenz-Bureaus" in Brüssel; 1846 Professor für deutsche Sprache am Gymnasium in Gent.

[BLB, I/5, S. 42f.; Walter Schmidt, Carl Reinhard. Vom radikalen Burschenschafter zum Chef des Brüsseler „*Zeitungs-Correspondenz-Bureaus"*, In: Cahiers d'etudes germaniques, Nr. 42, 2002: Marx et autres exilés. Etudes en l'honneur de Jacques Grandjonc, S. 17-32]

28. Reuter, Heinrich Ludwig Christian Fritz;
Lebensdaten: 07.11.1811 in Stavenhagen – 12.07.1874 in Eisenach
Studium: der Rechtswissenschaften in Rostock und Jena 1831-1833
Burschenschaft: Rostocker Allgemeinheit 1831/32, Jenaische Burschenschaft/Germania-Jena 1832
Verhaftung: Ende Oktober 1833 als stud. jur. auf der Durchreise in Berlin und Einlieferung zunächst ins Polizeigefängnis, die Stadtvogtei, und am 01.01.1834 in die Hausvogtei eingeliefert
Abführung zum vorläufigen Strafantritt auf die Festung: Silberberg am 12.11.1835; im Februar 1837 auf die Festung Glogau, im März 1837 nach Magdeburg, am 10.03.1838 nach Graudenz und im Frühjahr 1839 zur Festung Dömitz verlegt, nachdem am 10.03.1839 die Auslieferung an Mecklenburg genehmigt worden war
Kammergerichtsurteil vom 04.08.1836: gegen die Jenaer Burschenschaft: Wegen „*Teilnahme an einer den gewaltsamen Umsturz des Preußischen Staats bezweckenden Verbindung und wegen Majestätsbeleidigung"* Vermögenskonfiskation und Tod durch das Beil; durch Kabinettsorder vom 10.09.1837 Reduzierung des 30-jährigen Festungsarrests auf 8 Jahre
Entlassung: am 18.08.1840 aus Dömitz aufgrund der Amnestie
Haftzeit: 6 Jahre und 10 ½ Monate
Berufliche Karriere: 1842 landwirtschaftlicher Volontär in Demzin, 1850 Privatlehrer in Treptow/Pommern; seit den 1850er Jahren berühmter niederdeutscher Schriftsteller und Dichter.

[BLB, I/5, S. 54-56]

29. Riemschneider, Ferdinand Moritz
Lebensdaten: 07.06.1811 in Wriezen/Oder – 11.01.1861 in Bad Schönfließ
Studium: der evangelischen Theologie in Breslau und Greifswald 1830-1833
Burschenschaft: Alte Arminia-Greifswald 1831. War Sprecher und Schreiber und Mitautor der neuen Konstitution, die sich für Anwendung von Gewalt aussprach; betrieb, auch in Halle, engagiert den Anschluß an den Allgemeinen Burschenschaftsverband; setzte sich für die Bildung eines politischen Klubs ein
Verhaftung: 27.09.1833 als Hauslehrer in Bauer/Vorpommern und am 01.01.1834 in die Berliner Hausvogtei eingeliefert
Abführung zum vorläufigen Strafantritt auf die Festung: Glatz am 27.08.1834; später verlegt nach Posen
Kammergerichtsurteil vom 04.08.1836: gegen die Hallesche Burschenschaft: Er hat sich „*des Hochverrats schuldig gemacht"*. „*Wegen Teilnahme an der hochverräterischen burschenschaftlichen Verbindung in Halle"* Verlust der Nationalkokarde, Konfiskation seines Vermögens und Tod durch das Beil; gegen die Greifswalder Burschenschaft: Gegen den Antrag des Verteidigers, von einem versuchten Hochverrat auszugehen: „*Ein Versuch des Hochverrats ist nicht vorhanden. Den Inquisiten trifft daher die volle Strafe"*. Da ihm aber eine „*die Umwälzung des Staates bewirkende gewaltsame Handlung ... nicht zur Last fällt"*, scheint außer Vermögenskonfiskation und Verlust der Nationalkokarde „*die einfache Todesstrafe, der Tod durch das Beil seinem Verbrechen angemessen."*

Entlassung: am 14.08.1840 aufgrund der Amnestie
Berufliche Karriere: 1842 Prediger in Görlsdorf, Dobberphul und Theeren, 1845 Pfarrer in Rosenthal und Superintendent, 1855 Oberpfarrer in Schönfließ und Superintendent.
[BLB I/5, S. 77]

30. Rudolph, Hermann

Lebensdaten: 30.09.1810 in Stettin – 10.03.1893 in Stettin
Studium: der Rechtswissenschaften in Greifswald 1831-1833
Burschenschaft: Alte Arminia-Greifswald 1831
Verhaftung: am 29.03.1834 als Auskultator in Stettin und am 01.04. 1834 in die Berliner Hausvogtei eingeliefert
Abführung zum vorläufigen Strafantritt auf die Festung: Glatz am 27.08.1834, später nach Posen verlegt
Kammergerichtsurteil vom 04.08.1836: gegen die Greifswalder Burschenschaft: Wegen „*Teilnahme an der hochverräterischen Greifswalder Burschenschaft*" Verlust der Nationalkokarde, Vermögenskonfiskation und Tod durch das Beil
Entlassung: 14.08.1840 aufgrund der Amnestie
Berufliche Karriere: Fand Anstellung im niederen preußischen Justizdienst und war zuletzt Kreisgerichtssekretär in Stettin.

[BLB, I/5, S. 128f.]

31. Schomburgk, Otto Alfred

Lebensdaten: 25.08.1809 in Freiburg an der Unstrut – 16.08.1857 in Buchsfeld/Südaustralien
Studium: der evangelischen Theologie in Halle 1831-1835 und der Naturwissenschaften in Berlin 1841-1845
Burschenschaft: Alte Germania-Halle 1831
Verhaftung: vom 05.12.1834 – 05.02.1835 als stud. theol. in Halle, erneut Ende März 1836 und Überführung in die Berliner Hausvogtei
Abführung zum vorläufigen Strafantritt auf die Festung: Magdeburg am 28.05.1836 *Kammergerichtsurteil vom 04.08.1836*: gegen die Hallesche Burschenschaft: Als „*Mitglied einer hochverräterischen Verbindung*" Verlust der Nationalkokarde, Vermögenskonfiskation und Tod durch das Beil
Entlassung: 14.08.1840 aufgrund der Amnestie
Haftzeit: 4 Jahre und 7 Monate;
Berufliche Karriere: Studium der Naturwissenschaften in Berlin 1841-1845; seit 1845 Übersetzer und Herausgeber geographischer Schriften in Berlin; 1849 Auswanderung nach Südaustralien; als Landwirt und Architekt, Prediger, Tierarzt und Geburtshelfer in Buchsfeld zugleich beteiligt an zoologischen Sammlungen und in Korrespondenz mit Alexander von Humboldt und dem Leiter des Zoologischen Museums Berlin.
Politisches Engagement: Seit 1844 Lehrer und Mitglied des Vorstands im Berliner Handwerkerverein; 1848 Mitglied im Berliner Constitutionellen Club; Mitglied im Begräbniskomitee zur Beisetzung der Märzgefallenen im Friedrichshain; Kandidat bei den Wahlen für die Frankfurter Nationalversammlung; engagierte sich für die Einberufung eines selbständigen Kongresses der Angehörigen des „*Arbeiter- und Gewerbestandes*"; wanderte nicht zuletzt auch aufgrund politischer Repression aus

[BLB, I/5, S. 315-317.]

32. Schramm, Carl

Lebensdaten: 11.03.1819. in Hückeswagen bei Düsseldorf – 17.10.1888 in Nordhausen
Studium: der evangelischen Theologie und Philosophie in Halle, Jena und Breslau 1828-1833 *Burschenschaft*: Alte Hallesche Burschenschaft 1828, Jenaische Burschenschaft 1829, Arminia- Breslau 1831, Germania-Jena 1832, Arminia-Jena EM
Verhaftung: am 07.10.1833 als Pfarrvikar in Gleiwitz und Überführung zunächst ins Berliner Polizeigefängnis Stadtvogtei und am 26.11.1833 in die Hausvogtei eingeliefert
Abführung zum vorläufigen Haftantritt auf die Festung: Graudenz am 29.09.1834; in Reuters „*Ut mine Festungstid*" der „*Paulus*" und „*Philosoph*"
Kammergerichtsurteil vom 04.08.1836: gegen die Hallesche Burschenschaft, wo ihm 6 Jahre Festungsarrest zudiktiert wurden, und gegen die Jenaer Burschenschaft: „*Wegen Teilnahme an einer den gewaltsamen Umsturz der Verfassungen Deutschlands ... bezweckenden Verbindung*", Unterstützung des Pressvereins und Majestätsbeleidigung Verlust der Nationalkokarde und des Landwehrkreuzes, Degradierung in die 2. Klasse des Soldatenstandes, Amtssuspension und Tod durch das Beil
Entlassung: vorläufig am 31.01.1840 aufgrund des schlechten Gesundheitszustandes und endgültig Mitte August 1840 aufgrund der Amnestie
Haftzeit: 6 Jahre und 11 Monate.
Berufliche Karriere: Nach Besuch des Erfurter Lehrerseminars seit 1841 Hauslehrer, seit 1845 Konrektor in Langensalza; 1852 Emigration in die USA, dort Deutschlehrer in New York, Prediger der freireligiösen Gemeinde in New York und St. Louis, Redakteur republikanischer Zeitung an verschiedenen Orten der USA; 1879 Rückkehr nach Deutschland, zunächst in Breslau, seit 1882 Prediger der freireligiösen Gemeinde in Nordhausen; als der „*alte Schramm*" 1883 ältester Anwesender bei der Enthüllung des Jenaer Burschenschafterdenkmals
Politisches Engagement: 1848 Abgeordneter der Versammlung zur Vereinbarung der preußischen Staatsverfassung (äußerste Linke und Steuerverweigerer) für Langensalza, 1849 Abgeordneter der Zweiten Kammer in Preußen (äußerste Linke); Mitarbeiter der Provisorischen Regierung der Pfalz in der Reichsverfassungskampagne und Flucht in die Schweiz, in absentia mehrere Verurteilungen wegen Anstiftung zum Aufruhr, u.a.: in Erfurt zu 5 Jahren Zuchthaus, in Zweibrücken am 28.09.1851 erneut zum Tode.

[BLB, I/5, S. 325-328.]

33. Schultheiß, Heinrich Wilhelm

Lebensdaten: 31.10.1810 in Magdeburg – 12.11.1876 in Wolmirstedt
Studium: der Philosophie und Medizin in Halle und Greifswald 1832-1834 und an der medizinisch-chirurgischen Schule in Magdeburg sowie in Halle 1841-1844
Burschenschaft: Alte Germania-Halle 1832 und Alte Arminia-Greifswald 1833
Verhaftung: 04.06.1834 als stud. med. in Greifswald und am 07.06.1834 in die Berliner Hausvogtei eingeliefert
Abführung zum vorläufigen Haftantritt auf die Festung: Silberberg am 01.06.1835 *Kammergerichtsurteil vom 04.08.1836*: gegen die Hallesche wie die Greifswalder Burschenschaft: Wegen Zugehörigkeit zu hochverräterischen burschenschaftlichen Verbindungen, die eine Änderung der Verfassung auch mit Gewalt bezweckten, Verlust der Nationalkokarde und des Landwehrkreuzes, Versetzung in die 2. Klasse des Soldatenstandes, Vermögenskonfiskation und Tod durch das Beil
Entlassung: am 15.08.1840 aufgrund der Amnestie
Haftzeit: 6 Jahre und 3 ½ Monate
Berufliche Karriere: Nach Fortsetzung des Medizinstudiums in Magdeburg und Halle 1843-1844 sowie Promotion und Approbation praktischer Arzt von 1845-1850 in Magde-

burg; und von 1850 bis zu seinem Tode in Wolmirstedt, Ende der sechziger Jahre zum Sanitätsrat ernannt

[BLB, I/5, S, 352]

34. Schultze, Johann Friedrich Wilhelm Albert
Lebensdaten: 04.09.1808 in Berlin – 13.11.1877 in Weißenfels
Studium: der Rechtswissenschaften in Halle 1831-1834
Burschenschaft: Alte Arminia/Germania-Halle 1831; nach deren Auflösung 1833 Senior des Corps Pommerania Halle
Verhaftung: 15.09.1834 als Auskultator in Torgau und am 17.09.1834 in die Berliner Hausvogtei eingeliefert
Abführung zum vorläufigen Haftantritt auf die Festung: Magdeburg am 20.05.1835, im März 1838 nach Graudenz verlegt. In Reuters „*Ut mine Festungstid*" der „*olle Kapthein*"
Kammergerichtsurteil vom 04.08.1836: gegen die Hallesche Burschenschaft: „*Geständig und überführt der Teilnahme an einer hochverräterischen Verbindung*". Daher Amtssuspension, Verlust der Nationalkokarde, Vermögensentzug und Tod durch das Beil
Entlassung: 14.08.1840 aufgrund der Amnestie
Haftzeit: 5 Jahre und 11 Monate
Berufliche Karriere: Kreisrichter in Friedeberg/Neumark; seit 1850 Rechtsanwalt und Notar, seit 1867 Justizrat in Meseritz/Provinz Posen
Politisches Engagement: 1848 Abgeordneter der Versammlung zu Vereinbarung der preußischen Staatsverfassung für Friedeberg (Rechte, aber Steuerverweigerer)

[BLB, I/5, S. 357f.]

35. Stahlberg, Karl Gustav Adolph
Lebensdaten: 23.03.1814 in Köslin – 25.08.1849 in Stettin
Studium: der Medizin in Greifswald 1832/33 und in Berlin 1833/34 sowie 1840-1842 in Greifswald
Burschenschaft: Alte Arminia-Greifswald 1832. Mitarbeit an der neuen Greifswalder Verfassung, die Gewalt befürwortete; Befürwortung des Anschlusses an den Allgemeinen Burschenschaftsverband
Verhaftung: am 13.05.1834 als stud. med. in Berlin und sofort in die Hausvogtei eingeliefert
Abführung zum vorläufigen Haftantritt auf die Festung: Silberberg am 27.08.1834 *Kammergerichtsurteil vom 04.08.1836*: gegen die Greifswalder Burschenschaft: „*Nach dem Geständnis ist er des Hochverrats schuldig.*" Wegen Mitgliedschaft in einer hochverräterischen burschenschaftlichen Verbindung Verlust der Nationalkokarde, Konfiskation des Vermögens und Tod durch das Beil
Entlassung: 15.08.1840 aufgrund der Amnestie
Haftzeit: 6 Jahre und 3 Monate
Berufliche Karriere: Nach Zuendeführung des Medizinstudiums in Greifswald 1840/41, Promotion 1842 und Approbation praktischer Arzt in Stettin von 1844 bis zu seinem Tode.

[BLB, I/5, S. 480f.]

36. Vogler, Friedrich Wilhelm
Lebensdaten: 14.07.1811 in Könnern an der Saale – 29.10.1854 in Könnern
Studium: der Rechtswissenschaften in Halle 1829-1833;
Burschenschaft: Arminia Halle 1830-1833. Trat für eine Veränderung der Verfassung im revolutionären Sinne ein

Verhaftung: 15.07.1834 als Auskultator in Herford/Westfalen, kam zunächst nach Halle in Arrest und zum Verhör und wurde am 13.11.1834 in die Berliner Hausvogtei eingeliefert
Abführung zum vorläufigen Haftantritt auf die Festung: Magdeburg am 06.05.1835, im April 1838 nach Graudenz verlegt. In Reuters *„Ut mine Festungstid"* der *„lütte Kopernikus"*
Kammergerichtsurteil vom 04.08.1836: gegen die Hallesche Burschenschaft: *„des Hochverrats geständig und überführt"*; als Teilnehmer einer hochverräterischen geheimen Verbindung Verlust der Nationalkokarde, Vermögensentzug, Versetzung in die 2. Klasse des Soldatenstandes, Amtsenthebung und Tod durch das Beil
Entlassung: am 17.08.1840 aufgrund der Amnestie
Haftzeit: 6 Jahre und 1 Monat;
Berufliche Karriere: 1840-1851 Auskultator und Referendar beim Berliner Kammergericht, seit 1851 Bürgermeister in seiner Vaterstadt Können.

[BLB I/6, S. 154f.]

37. Wachsmuth, Franz Rudolph
Lebensdaten: 21.11.1810 in Züllichau – 29.05.1903 in Krossen/Oder
Studium: der Rechtswissenschaften in Halle 1830-1833
Burschenschaft: Alte Germania-Halle 1830. Mit Wuthenow beteiligt an der Umarbeitung der Verfassung, die die revolutionäre Tendenz zur Geltung brachte.
Verhaftung: 28.06.1834 als Auskultator in Frankfurt/Oder und sofortige Überstellung in die Berliner Hausvogtei
Abführung zum vorläufigen Haftantritt auf die Festung: Silberberg am 15.05.1835
Kammergerichtsurteil vom 04.08.1836: gegen die Hallesche Burschenschaft: Wegen *„Teilnahme an einer hochverräterischen Verbindung"* Verlust der Nationalkokarde, Degradierung zum Gemeinen und Versetzung in die 2. Klasse des Soldatenstandes, Vermögenskonfiskation, Amtsentsetzung und Tod durch das Beil
Entlassung: 15.08.1840 aufgrund der Amnestie
Haftzeit: 6 Jahre und 1 ½ Monate
Berufliche Karriere: Seit Oktober 1840 Auskultator, seit Juli 1841 Referendar in Frankfurt/Oder; 1844 Ernennung zum Assessor und seitdem Richter in Hoyerswerda, Königsberg/Neumark und Krossen, 1857 Kreisgerichtsrat und Abteilungsdirigent; Emeritierung 1892 mit Verleihung des Titels Geheimer Justizrat
Politisches Engagement: 1848 Abgeordneter der Versammlung zur Vereinbarung der Preußischen Staatsverfassung für Arnswalde (Linkes Zentrum, Mitglied der Verfassungskommission, Steuerverweigerer); wegen Steuerverweigerungsverdacht wurde gegen ihn ermittelt, aber keine Abklage erhoben; 1862-1866 Abgeordneter der Zweiten Preußischen Kammer für Krossen-Züllichau (Fortschrittspartei)

[BLB, I/6, S. 174-176]

38. Wagner, Hermann Julius.
Lebensdaten: 22.12.1812 in Halle – 08.05.1840 in Zürich
Studium: der Medizin in Jena und Halle 1831-1834
Burschenschaft: Germania-Jena 1832, Alte Germania-Halle sowie Kränzchenverein 1833. War in Halle Ehrenrichter; beschloß die Verfassung mit revolutionärer Tendenz mit; war Stifter des Kränzchenvereins
Verhaftung: am 07.04.1834 als stud. med. in Halle und am 09.04.1834 in die Berliner Hausvogtei eingeliefert
Abführung zum vorläufigen Strafantritt auf die Festung: Magdeburg am 15.05.1835
Kammergerichtsurteil vom 04.08.1836: gegen die Hallesche Burschenschaft: *„Das Geständnis ist qualifiziert und der Tatbestand des Hochverrats steht fest. Es hat daher gegen*

Wagner wegen Hochverrats, dessen er sich durch die versuchte Stiftung einer hochverräterischen Verbindung schuldig gemacht, und wegen Stiftung einer verbotenen geheimen Verbindung auf Verlust der Nationalkokarde ... Konfiskation seines Vermögens und Tod durch das Beil erkannt werden müssen"; gegen die Jenaer Burschenschaft: wegen Teilnahme an einer hochverräterischen Verbindung, die *„es abgesehen hatte auf Veränderung der Verfassung, nötigenfalls mit Waffengewalt herbeizuführen"* und Majestätsbeleidigung Verlust der Nationalkokarde, Vermögenskonfiskation und Tod durch das Beil
Flucht: aus der Festung Magdeburg gemeinsam mit Karl Reinhard am 04.10.1837 über Hamburg, Helgoland, England in die Schweiz
Haftzeit: 2 Jahre und 5 Monate.
Berufliche Entwicklung: 1837-1839 Studium der Medizin in Zürich und Promotion; danach praktischer Arzt in Egg/Kanton Zürich. Er starb an einer Vergiftung.

[BLB, I/6, S. 189f.]

39. Wuthenow, Alexander Wilhelm Heinrich Friedrich

Lebensdaten: 06.05.1812 in Brandenburg/Havel – 05.06.1882 in Greifswald
Studium: der Rechtswissenschaften in Halle und Berlin 1831-1834
Burschenschaft: Alte Germania-Halle 1831. War Sprecher und Mitglied des Vorstands wie der Kommission zur Umarbeitung der Verfassung, in der für den Einsatz aller Mittel zur Neugestaltung Deutschlands plädiert wurde
Verhaftung: am 30.06.1834 als Auskultator in Erfurt und am 02.07.1834 in die Berliner Hausvogtei eingeliefert
Abführung zum vorläufigen Strafantritt auf die Festung: Silberberg am 01.06.1835. Unternahm im September 1839 einen gescheiterten Fluchtversuch
Kammergerichtsurteil vom 04.08.1836: gegen die Hallesche Burschenschaft: Er *ist „der Teilnahme an einer hochverräterischen Verbindung geständig und überführt. Es hat daher wider ihn auf Entsetzung seines Amtes als Auskultator, Verlust der Nationalkokarde, Konfiskation seines Vermögens und den Tod jedoch mit Rücksicht darauf, daß ihm keine Handlung zur Last fällt, durch welche die Verbindungszwecke durch Gewalt auf unmittelbare Weise hätten erreicht werden sollen, auf die einfache Todesstrafe durch das Beil erkannt werden müssen."*
Entlassung: am 15.08.1840 aufgrund der Amnestie
Berufliche Entwicklung: Nach der Zweiten juristischen Prüfung Anfang 1842 Referendar in Greifswald; 1843-1849 Bürgermeister in Gützkow bei Greifswald; 1849 Kreisrichter in Greifswald; 1855 dort Kreisgerichtsrat und Amtsgerichtsrat bis zu seinem Tode. Verheiratet mit der plattdeutschen Dialektdichterin Alwine Wuthenow

[BLB, I/6, S. 391-393]

„Zweier Herren Diener"?
Doppelmitgliedschaften bei studentischen Korporationen

Harald Lönnecker*

In der Einleitung zur Verfassungsurkunde der Jenaischen Burschenschaft vom Juni 1815 heißt es: *„Nur solche Verbindungen, die auf den Geist gegründet sind, auf welchen überhaupt nur Verbindungen gegründet sein sollten, auf den Geist, der uns das sichern kann, was uns nächst Gott das Heiligste und Höchste sein soll, nämlich Freiheit und Selbständigkeit des Vaterlands, nur solche Verbindungen benennen wir mit dem Namen einer Burschenschaft."* Die *„Grundsätze und Beschlüsse des 18. Oktober"* 1817 legen als Grundidee der Burschenschaft fest, die „Liebe zu Volk und Vaterland und volkstümlicher Sitte zu wecken und zu erhalten". Zweck der Burschenschaft sei die *„Aufrechterhaltung und Stärkung vaterländischer Sitte und Kraft, geistig und leiblich, Aufrechterhaltung der Gerechtigkeit, Schutz der Ehre und Gleichheit der Ehrenrechte aller Burschen, so lange ihnen Wissenschaft, Recht, Sittlichkeit, Vaterland und vornehmlich ihr Stand heilig sind"*.[1]

Im Gegensatz zu den alten Landsmannschaften konnte jeder Student unabhängig von seinem sonstigen politischen, sozialen oder landsmannschaftlichen Herkommen Mitglied werden. Joachim Bauer, Archivar der Friedrich-Schiller-Universität, stellte bereits auf der Studentenhistorikertagung 1994 in Jena fest, daß solch *„freiwilliger Eintritt und sich durchsetzendes Lebensbundprinzip einen qualitativen Sprung"* gegenüber den *„Pflichtverbindungen"* der Wende vom 18. zum 19. Jahrhundert mit ihren festen Rekrutierungsbezirken bewirkten. *„Im Sinne des bürgerlichen Vereinswesens gesehen, bedeutet dies auch ein aktives Hineinwachsen in die werdende bürgerliche Gesellschaft."*[2] Deren Bild prägten gesell-

---

* Dr. Harald Lönnecker, Bundesarchiv Koblenz

[1] Paul Wentzcke, Geschichte der Deutschen Burschenschaft, Bd. 1: Vor- und Frühzeit bis zu den Karlsbader Beschlüssen, Heidelberg 1919, 2. Aufl. 1965 (= Quellen und Darstellungen zur Geschichte der Burschenschaft und der deutschen Einheitsbewegung [künftig zit.: QuD], Bd. 6), S. 155 f., 260 f. Vgl. Peter Kaupp, *„Aller Welt zum erfreulichen Beispiel".* Das Wartburgfest von 1817 und seine Auswirkungen auf die demokratischen deutschen Verfassungen, in: Einst und Jetzt. Jahrbuch des Vereins für corpsstudentische Geschichtsforschung (künftig zit.: EuJ) 48 (2003), S. 181-203.

[2] Rainer Assmann, Kränzchen – Landsmannschaften – Corps, zur Frühgeschichte der Corps, in: EuJ 41 (1996), S. 155-178, hier S. 155. Severin Roeseling, Burschenehre und Bürgerrecht. Die Geschichte der Heidelberger Burschenschaft von 1824 bis 1834, Heidel-

schaftliche Vereinigungen, die ihr wie der aufstrebenden Nationalbewegung Stabilität verliehen und eine große Breitenwirkung erzielten.[3]

In § 3 der Karlsbader Beschlüsse vom 20. September 1819 ist von *„geheime[n] oder nicht authorisirte[n] Verbindungen auf den Universitäten"* die Rede, die vornehmlich ein *„unter dem Namen der Allgemeinen Burschenschaft bekannter Verein"* seien.[4] Damit stellt sich die Frage nach dem Begriff des Vereins und seinem zeitgenössischen Verständnis. Thomas Nipperdey hielt bereits fest, daß der freie, aus dem Vertragsrecht entspringende, nicht durch Geburt und Stand vorherbestimmte Zusammenschluß im auf einen Zweck gerichteten Verein ab etwa 1820 die

---

berg 1999 (= Heidelberger Abhandlungen zur mittleren und neueren Geschichte, Bd. 12), S. 56-57.

[3] Dieter Düding, Organisierter gesellschaftlicher Nationalismus in Deutschland (1808-1847). Bedeutung und Funktion der Turner- und Sängervereine für die deutsche Nationalbewegung, München 1984 (= Studien zur Geschichte des neunzehnten Jahrhunderts, Bd. 13), S. 1. Karin Luys, Die Anfänge der deutschen Nationalbewegung von 1815 bis 1819, Münster 1992, S. 12.

[4] § 3 der Karlsbader Beschlüsse lautet: *„Die seit langer Zeit bestehenden Gesetze gegen geheime oder nicht authorisirte Verbindungen auf den Universitäten sollen in ihrer ganzen Kraft und Strenge aufrecht erhalten und insbesondere auf den seit einigen Jahren gestifteten, unter dem Namen der Allgemeinen Burschenschaft bekannten Verein um so bestimmter ausgedehnt werden, als diesem Verein die schlechterdings unzulässige Voraussetzung einer fortdauernden Gemeinschaft und Korrespondenz zwischen den verschiedenen Universitäten zugrundeliegt. Den Regierungsbevollmächtigten soll in Ansehung dieses Punktes eine vorzügliche Wachsamkeit zur Pflicht gemacht werden. Die Regierungen vereinigen sich darüber, daß Individuen, die nach Bekanntmachung des gegenwärtigen Beschlusses erweislich in geheimen oder nicht authorisirten Verbindungen geblieben oder in solche getreten sind, bei keinem öffentlichen Amte zugelassen werden sollen."* Eberhard Büssem, Die Karlsbader Beschlüsse von 1819. Die endgültige Stabilisierung der restaurativen Politik im Deutschen Bund nach dem Wiener Kongreß von 1814/15, Hildesheim 1974. Friedrich Schulze, Paul Ssymank, Das deutsche Studententum von den ältesten Zeiten bis zur Gegenwart, 1. Aufl. München 1910, 4. Aufl. 1932 (Nachdruck Schernfeld 1991), S. 232 f., 241. Konrad H. Jarausch, Deutsche Studenten 1800-1970, Frankfurt a. M. 1984, 2. Aufl. 1989, S. 40 f. Georg Polster, Politische Studentenbewegung und bürgerliche Gesellschaft. Die Würzburger Burschenschaft im Kräftefeld von Staat, Universität und Stadt 1814-1850, Heidelberg 1989 (= Darstellungen und Quellen zur Geschichte der deutschen Einheitsbewegung im neunzehnten und zwanzigsten Jahrhundert [künftig zit.: DuQ], Bd. 13), S. 94 f. Josef Jakob, Die Studentenverbindungen und ihr Verhältnis zu Staat und Gesellschaft an der Ludwigs-Maximilians-Universität Landshut/München von 1800 bis 1833, Diss. phil. Fernuniversität Hagen 2002, S. 119 f., 124. Harald Lönnecker, *„Unzufriedenheit mit den bestehenden Regierungen unter dem Volke zu verbreiten"*. Politische Lieder der Burschenschaften aus der Zeit zwischen 1820 und 1850, in: Max Matter, Nils Grosch (Hg.), Lied und populäre Kultur. Song and Popular Culture, Münster, New York, München, Berlin 2004 (= Jahrbuch des Deutschen Volksliedarchivs Freiburg i. Br., Bd. 48/2003), S. 85-131, hier S. 88. Björn Boris Thomann, Die Burschenschaften in Jena, Bonn und Breslau und ihre Rolle in der Revolution 1848/49, Magisterarbeit Universität Trier 2004, S. 23 f.

Organisationsform des liberalen Bürgertums schlechthin war. Der Verein war die Stätte der bürgerlichen Emanzipation und der politischen Selbstfindung. Um die Mitte des 19. Jahrhunderts war *„aus der Vereinsbereitschaft der Bürger eine Art Vereinsleidenschaft geworden".*[5] Der Weg zur Selbstorganisation der Gesellschaft führte nur noch über den Verein.[6] Der Verein war, wie der Zeitgenosse Otto von Gierke schrieb, das *„eigentlich positive, gestaltende Prinzip der neuen Epoche".*[7]

Ähnlich war es auf den Hochschulen, wo sich die im Bewußtsein der Besonderheiten des akademischen Bürgertums, einer besonderen Ehre und besonderer Freiheiten lebenden Studenten schon immer zu meist landsmannschaftlich geprägten Gemeinschaften genossenschaftlichen Charakters zusammenschlossen, mit denen sie sich sowohl identifizieren wie ihrer selbst vergewissern konnten, die der Geselligkeit wie der gegenseitigen Unterstützung dienten und die über eine eigene Binnenethik

---

[5] Thomas Nipperdey, Verein als soziale Struktur in Deutschland im späten 18. und frühen 19. Jahrhundert, in: Hartmut Boockmann, Arnold Esch, Hermann Heimpel (Hg.), Geschichtswissenschaft und Vereinswesen im 19. Jahrhundert. Beiträge zur Geschichte historischer Forschung in Deutschland, Göttingen 1972 (= Veröffentlichungen des Max-Planck-Instituts für Geschichte, Bd. 1), S. 1-44, hier S. 3. Wolfgang Hardtwig, Studentische Mentalität - Politische Jugendbewegung - Nationalismus. Die Anfänge der deutschen Burschenschaft, in: Historische Zeitschrift (künftig zit.: HZ) 242/3 (1986), S. 581-628, hier S. 613 f. Luys, Nationalbewegung (wie Anm. 3), S. 51-55, 80 f., 118-121. Roeseling, Burschenehre (wie Anm. 3), S. 15 f.

[6] Elisabeth Fehrenbach, Verfassungsstaat und Nationsbildung 1815-1871, München 1992 (= Enzyklopädie deutscher Geschichte, Bd. 22), nuancenreich zur Vereins- und Parteiengeschichte. Otto Dann, Vereinsbildung in Deutschland in historischer Perspektive, in: Heinrich Best (Hg.), Vereine in Deutschland. Vom Geheimbund zur freien gesellschaftlichen Organisation, Bonn 1993, S. 119-142, hier S. 119, schrieb: *„Wer nach dem Charakter und der Entwicklung einer modernen bürgerlichen Gesellschaft fragt, sollte sich der Geschichte der Vereinsbildung zuwenden. Denn in den neuen Formen der Geselligkeit und der Gruppenbildung, in den Klubs, Gesellschaften, Bünden und Vereinen, die seit der Mitte des 18. Jahrhunderts entstehen, kann eine Gesellschaft heute noch aufgefunden, neu entdeckt und analysiert werden."* Vgl. ders., Die Anfänge politischer Vereinsbildung in Deutschland, in: Ulrich Engelhardt, Volker Sellin, Horst Stuke (Hg.), Soziale Bewegung und politische Verfassung. Beiträge zur Geschichte der modernen Welt. Festschrift für Werner Conze, Stuttgart 1976, S. 197-231. Ders. (Hg.), Vereinswesen und bürgerliche Gesellschaft in Deutschland (1850-1873), München 1984 (= Beiheft zur Historischen Zeitschrift, Neue Folge, Heft 9). Ders., Die bürgerliche Vereinsbildung in Deutschland und ihre Erforschung, in: Etienne François (Hg.), Sociabilité et société bourgeoise en France, en Allemagne et en Suisse. 1750-1850 - Geselligkeit, Vereinswesen und bürgerliche Gesellschaft in Frankreich, Deutschland und der Schweiz. 1750-1850, Paris 1986, S. 43-52.

[7] Otto von Gierke, Das deutsche Genossenschaftsrecht, Bd. 1, Berlin 1868, S. 652. Gierke (1841-1921) gehörte seit 1858 der Burschenschaft Allemannia Heidelberg an. Bundesarchiv Koblenz, Bstd. DB 9 (Deutsche Burschenschaft) (künftig zit.: BAK, DB 9): M. Burschenschafterlisten.

-den Comment- verfügten, der scharf zwischen Hochschülern und Nicht-Studenten unterschied.⁸ Allerdings machte genau das den Unterschied gegenüber den Zusammenschlüssen der Bürger aus.⁹ Gehörten deren Vereine zum Prozeß der Verbürgerlichung der Gesellschaft in allen Bereichen, lösten den Bürger *„aus festgelegten Funktionen in einer ständisch-hierarchischen Gesellschaft heraus"*, setzten ihn frei und waren grundsätzlich allgemein zugänglich, so haftete dem Verein der Studenten immer etwas Ständisch-Korporatives, Antietatistisches und Selbstreguliertes an, eben der Status des *„civis academicus"*, der in einer eigenen Welt lebte, dessen akademisches Bürgerrecht von den Studien über die Wohnung und das Schuldenmachen bis hin zur eigenen Gerichtsbarkeit kaum einen Lebensbereich unberührt ließ. Dabei blieben sich die Studenten stets ihres eigenen Rechtsbezirks und seiner traditionellen Lebensformen bewußt, selbst wenn er mehr und mehr zurückgedrängt wurde und die *„akademische Freiheit"* vor allem die *„Freiheit des Paukens, Trinkens, Schwänzens"* (Max Weber) und *„nächtlicher Krakeels"* meinte, weniger das freie Gestalten des Studiums, durch das der einzelne Hochschüler sich aus der eigenen Partikularität und Gebundenheit lösen und in die Sphäre des Universellen vorstoßen sollte.¹⁰ Auf der anderen

---

⁸ R[osco]. G. S. Weber, The German Student Corps in the Third Reich, New York, London 1986 (deutsch: Die deutschen Corps im Dritten Reich, Köln 1998 (= Abhandlungen zum Studenten- und Hochschulwesen, Bd. 8), S. 49-57. Silke Möller, Zwischen Wissenschaft und *„Burschenherrlichkeit"*. Studentische Sozialisation im Deutschen Kaiserreich 1871-1914, Stuttgart 2001 (= Pallas Athene. Beiträge zur Universitäts- und Wissenschaftsgeschichte, Bd. 4), S. 141-142. Roeseling, Burschenehre (wie Anm. 2), S. 54 f., 61 f. Zum Status des akademischen Bürgers speziell in Würzburg: Polster, Studentenbewegung (wie Anm. 4), S. 57-61. In Heidelberg: Roeseling, Burschenehre (wie Anm. 2), S. 38-42.

⁹ Martin Pabst, Zwischen Verein und Korporation: Die nicht farbentragenden Gesangs- und Turnverbindungen im SV bzw. ATB, in: Harm-Hinrich Brandt, Matthias Stickler (Hg.), *„Der Burschen Herrlichkeit"*. Geschichte und Gegenwart des studentischen Korporationswesens, Würzburg 1998 (= Historia academica. Schriftenreihe der Studentengeschichtlichen Vereinigung des Coburger Convents, Bd. 36 = Veröffentlichungen des Stadtarchivs Würzburg, Bd. 8), S. 321-336, hier S. 324, 333, erkennt dies nicht und schreibt: *„Charakteristisch [...] ist die Abstammung vom bürgerlichen Verein."* Der Grund dafür sei die stets präsente *„Alternative des bürgerlichen Vereins [...] Der korporative Charakter ist damit nicht denknotwendig."*

¹⁰ Dies bemängelt bereits: Theobald Ziegler, Der deutsche Student am Ende des 19. Jahrhunderts, 1. Aufl. Stuttgart 1895, 12. Aufl. 1912 (Nachdruck 2004), S. 25, 33 f., 41, 52 f. Insbesondere zum Trinken: ebd., S. 53-60. Jarausch, Studenten (wie Anm. 4), S. 60 f. Harm-Hinrich Brandt, Studierende im Humboldt'schen Modell des 19. Jahrhunderts, in: Rainer Christoph Schwinges (Hg.), Humboldt International. Der Export des deutschen Universitätsmodells im 19. und 20. Jahrhundert, Basel 2001 (= Veröffentlichungen der Gesellschaft für Universitäts- und Wissenschaftsgeschichte, Bd. 3), S. 131-150, hier S. 144, 148. Die zeitgenössischen Kritiken an der akademischen Freiheit bei Ziegler, Student

Seite hob das akademische Bürgerrecht im Innenbereich der Universität alle ständischen Schranken auf. Wer dem korporativ umgrenzten Bereich der Hochschule angehörte, der war in der Theorie und im studentischen Selbstverständnis, ungeachtet der sozialen Voraussetzungen *„zwischen reichem Adeligen mit eigenem Präzeptor und Hungerkandidaten"*, ein Gleicher unter Gleichen. Am deutlichsten war das in Königsberg der Fall, wo grundsätzlich Duzcomment zwischen allen Studenten herrschte und das *„Sie"* als Beleidigung galt. So konnte die Hochschule ein vielfach prägendes *„Erprobungsfeld"* für politische und kulturelle Normen und Vorstellungen des Studenten bei äußerer Freiheit und durch den Comment und die Semesterzahl bestimmten *„rigiden, hierarchisch strukturierten Verhaltensnormen innerhalb der Studentenschaft"* werden, angesiedelt zwischen dem Elternhaus und dem Eintritt des Akademikers ins bürgerliche Leben.[11]

(wie Anm. 10), S. 25 f., Friedrich Paulsen, Die deutschen Universitäten und das Universitätsstudium, Berlin 1902 (Nachdruck Hildesheim 1966), S. 346 f., und Roeseling, Burschenehre (wie Anm. 2), S. 76 f. Für das 18. Jahrhundert exemplarisch: Stefan Brüdermann, Göttinger Studenten und akademische Gerichtsbarkeit im 18. Jahrhundert, Göttingen 1990 (= Göttinger Universitätsschriften, Serie A: Schriften, Bd. 15). Vgl. Michael Trauth, Gerichtsautonomie, Jurisdiktion und Strafrechtspraxis an der Universität Trier im 18. Jahrhundert, in: Landesarchivverwaltung Rheinland-Pfalz (Hg.), Unrecht und Recht. Kriminalität und Gesellschaft im Wandel von 1500-2000, Koblenz 2002 (= Veröffentlichungen des Landesarchivverwaltung Rheinland-Pfalz, Bd. 98), S. 662-671. Für das beginnende 19. Jahrhundert: Rainer Schmidt, Universitätsgerichtsbarkeit und Universitätspolizei in Landshut 1800-1818, in: EuJ 43 (1998), S. 41-60. Peter Woeste, Akademische Väter als Richter. Zur Geschichte der akademischen Gerichtsbarkeit der Philipps-Universität Marburg unter besonderer Berücksichtigung von Gerichtsverfahren des 18. und 19. Jahrhunderts, Marburg 1987 (= Marburger Stadtschriften zur Geschichte und Kultur, Bd. 22). Siehe auch: Peter Classen, Zur Geschichte der *„Akademischen Freiheit"*, vornehmlich im Mittelalter, in: HZ 232/3 (1981), S. 529-553.

[11] Nipperdey, Verein (wie Anm. 5), S. 5 f. Jarausch, Studenten (wie Anm. 4), S. 16-17. Ders., Die neuhumanistische Universität und die bürgerliche Gesellschaft 1800-1870. Eine quantitative Untersuchung zur Sozialstruktur der Studentenschaften deutscher Universitäten, in: Christian Probst (Hg.), DuQ, Bd. 11, Heidelberg 1981, S. 11-57, hier S. 14. Ders., Korporationen im Kaiserreich: Einige kulturgeschichtliche Überlegungen, in: Brandt, Stickler, Burschen (wie Anm. 9), S. 63-83, hier S. 80 f. Regina Roth, Studenten im Vormärz und in der Revolution: Ziele, Organisationen, Aktivitäten (1815-1849), Magisterarbeit Heidelberg 1988, S. 11 f. Harm-Hinrich Brandt, Studentische Korporationen und politisch-sozialer Wandel – Modernisierung und Antimodernismus, in: Wolfgang Hardtwig, Harm-Hinrich Brandt (Hg.), Deutschlands Weg in die Moderne. Politik, Gesellschaft und Kultur im 19. Jahrhundert. Gedenkschrift für Thomas Nipperdey, München 1993, S. 122-143, hier S. 124. Ders., Studierende im Vormärz (wie Anm. 10), S. 147. Roeseling, Burschenehre (wie Anm. 2), S. 50, 57, 72, 74 f., 80, 335 f. Möller, Wissenschaft (wie Anm. 8), S. 9 f., 37-41. Jakob, Studentenverbindungen (wie Anm. 4), S. 47. Harald Lönnecker, *„... den Kern dieses ganzen Wesens hochzuhalten und ... zu lieben"*. Theodor Litt und die studentischen Verbindungen, in: Dieter Schulz, Heinz-Werner Wollersheim (Hg.), Theodor-Litt-Jahr-

Der Unterschied zwischen bürgerlichen und akademischen Vereinen wurde zwar erkannt, in der Regel jedoch nicht wahrgenommen, daß auch zwischen den akademischen Zusammenschlüssen bedeutende Unterschiede bestanden.[12] Bis gegen Ende der sechziger Jahre des 19. Jahrhunderts wurde jeder studentische Zusammenschluß von den Behörden fast durchgängig als „*Verein*" oder „*Gesellschaft*" bezeichnet, wobei kaum einmal ein Unterschied zwischen Burschenschaft und jüngerer Landsmannschaft bzw. Corps und bloßer Verbindung gemacht wurde, wenn die betreffende Behörde nicht zufällig eine solche der meist - aber nicht immer - besser unterrichteten Universität war.[13] Nach dem Polizeirecht der Zeit waren unter „*Verbindungen*" geheime und daher verbotene studentische Zusammenschlüsse zu verstehen, während die gestatteten „*Vereine*" Studenten zusammenschlossen, die ihre vor allem politische Gesinnung nicht äußerlich in Erscheinung treten ließen. Diese rechtshistorische Differenzierung blieb erhalten, erlaubt jedoch keinen Schluß hinsichtlich des korporativen Charakters.[14] Erst nach 1850 und

---

buch 4 (2005), S. 189-263, hier S. 259 f. Zum juristischen Charakter des Studentenstatus: Friedrich Stein, Die akademische Gerichtsbarkeit in Deutschland, Diss. iur. Tübingen 1907. Conrad Bornhak, Die Korporationsverfassung der Universitäten, Berlin 1910. Hans-Jürgen Toll, Akademische Gerichtsbarkeit und akademische Freiheit, o. O. 1979. Hugo Böttger, Die Rechtslage des Studierenden, in: Burschenschaftliche Blätter (künftig zit.: BBl) 25/3 (1910), S. 51-52. Holger Zinn, Die studentische Selbstverwaltung in Deutschland bis 1945, in: Matthias Steinbach, Stefan Gerber (Hg.), „*Klassische Universität*" und „*akademische Provinz*". Studien zur Universität Jena von der Mitte des 19. bis in die dreißiger Jahre des 20. Jahrhunderts, Jena 2005, S. 439-473, hier S. 443-445. Vgl. Polster, Studentenbewegung (wie Anm. 4), S. 44, 60, mit Beispielen.

[12] Polster, Studentenbewegung (wie Anm. 4), S. 46-48, arbeitet die Unterschiede zwischen dem korporativ-regionalistischen Organisationstypus mit unpolitischer, geselliger Orientierung der älteren Landsmannschaften bzw. Corps und dem assoziativ-nationalen Organisationstypus mit außeruniversitärer Orientierung an Nation und bürgerlicher Freiheit heraus, wie er von der Burschenschaft vertreten wurde. Darüber hinaus werden keine Unterscheidungen getroffen. Siehe auch Roth, Studenten (wie Anm. 11), S. 34-38 zu den Orden, S. 38-43 zu den „*neuen*" Landsmannschaften und anderen studentischen Reformbewegungen, S. 90 f. zu den Corps, S. 98-108 zu den Burschenschaften, S. 110-119 zu den Allgemeinheiten mit ihren jeweiligen Organisationsformen. Ebenso: Roeseling, Burschenehre (wie Anm. 2), S. 55 f., 95-103.

[13] Polster, Studentenbewegung (wie Anm. 4), S. 42. Vgl. Jarausch, Universität (wie Anm. 11), S. 32-44. Roeseling, Burschenehre (wie Anm. 2), S. 55 f., 104 f.

[14] Im Preußischen Allgemeinen Landrecht von 1794, Art. 137, Nr. 12, werden studentische Gemeinschaften legitimiert, sofern diese die Erlaubnis der Obrigkeit besitzen und keine staatsfeindlichen Zwecke verfolgen. Verbindungen – in diesem Falle Landsmannschaften und Orden – waren hingegen grundsätzlich verboten. Barth. Geo. Niebuhr, Über geheime Verbindungen im preußischen Staat, und deren Denunciation, Berlin 1815. Peter Lindemann, Der Student im Preußischen Allgemeinen Landrecht von 1794, in: EuJ 10 (1965), S. 125-142. K[laus]. Hoede, Zur Frage der Herkunft „*geheimer studentischer Verbindun-*

stärker noch nach 1870/71 wurden die verschiedenen Korporationstypen genauer gefaßt, wenn sie auch meist von den Nichtkundigen unter dem Oberbegriff des bekanntesten Korporationstypus als „*Burschenschaft*" zusammengefaßt wurden - was im übrigen auch noch heute der Fall ist. Unter „*Verbindung*" oder „*Korporation*" wurde jetzt ein nach außen geschlossener studentischer Zusammenschluß mit Convents- und Lebensbundprinzip verstanden, in dem die Mitgliedschaft die in anderen Korporationen am Hochschulort ausschloß. Das traf auf Burschenschaft, jüngere Landsmannschaft und Corps, später auch freie Verbindungen zu. Zeichen ihres besonderen Status waren die in Band und Mütze gezeigten Farben.

Auf der anderen Seite machte „*sich eine Strömung in der Studentenschaft immer mehr geltend, die andere als reine studentische Zwecke verfolgte und die Idee der Abschleifung des specifisch studentischen zu Gunsten des allgemein gesellschaftlichen Elementes vertrat. So entstanden seit 1860 [...] eine große Anzahl von Vereinen, welche die Angehörigen gleicher Studienfächer zur Pflege der besonderen Fachwissenschaft zusammenfaßte.*"[15] Alle nichtgeschlossenen studentischen Zusammenschlüsse meist sportlicher, fachwissenschaftlicher oder musischliterarischer Ausrichtung ohne den Anspruch einer Erziehungs- und Lebensgemeinschaft und mit der Möglichkeit des jederzeitigen Ein- und Austritts wurden nun ausschließlich als „*Verein*" bezeichnet, in denen neben keiner Verbindung angehörenden Studenten auch Korporierte

---

gen" im 18. Jahrhundert, in: EuJ (1967), S. 5-42. Dr. Klein, Die deutsche Burschenschaft in der preußischen Gesetzsammlung, in: BBl 16/7 (1902), S. 157-158, BBl 16/8 (1902), S. 185-187. Rainer A. Müller, Landsmannschaften und studentische Orden an deutschen Universitäten des 17. und 18. Jahrhunderts, in: Brandt, Stickler, Burschen (wie Anm. 9), S. 13-34, hier S. 34. Hardtwig, Mentalität (wie Anm. 5), S. 599. Roeseling, Burschenehre (wie Anm. 2), S. 38 f., 42, 107 f. Unter rechtshistorischem Blickwinkel befaßte sich erstmals Helmut Neuhaus, Die Konstitution des Corps Teutonia zu Marburg. Eine Untersuchung zur Verfassungsentwicklung eines Kösener Corps in seiner 150jährigen Geschichte, Marburg a. d. Lahn 1979, mit der Umbildung akademischer Vereine zu Verbindungen am Beispiel eines Marburger Corps. Er untersuchte zum einen Tendenzen, Zwecke und Ziele, zum anderen die Aufnahmebedingungen und zum dritten die Conventsbildung und -praxis. Eine Rezension: Wiener Corps-Briefe 4 (1981), S. 29.

[15] R[ichard]. Fick, Auf Deutschlands hohen Schulen. Eine illustrierte kulturgeschichtliche Darstellung deutschen Hochschul- und Studentenwesens, Berlin, Leipzig 1900 (= Nachdruck 1997 als: Studentenhistorische Bibliothek, Bd. 5), S. 125. Möller, Wissenschaft (wie Anm. 8), S. 108, 114. Jarausch, Studenten (wie Anm. 4), S. 64 f. Vgl. Hans-Carl Scherrer, Die akademisch-wissenschaftlichen Vereine im 19. Jahrhundert. Gründe ihres Entstehens, ihr Leben und ihr Schicksal, in: EuJ 20 (1975), S. 131-147.

Mitglied sein konnten.[16] Das beste und ein sehr frühes Beispiel ist der Komponist Robert Schumann, der im März 1828 in der Leipziger Burschenschaft Markomannia, am 2. März 1830 beim Corps Saxo-Borussia Heidelberg aktiv wurde und zudem ein Ehrenmitglied der späteren Universitäts-Sängerschaft St. Pauli Leipzig war.[17] Ebenso war es bei Otto Wilhelm von Roquette, ein Alter Herr der Burschenschaften Teutonia Jena, Fürstenthal Halle und Teutonia Heidelberg, wo er 1844 bis 1847 aktiv gewesen war. Er war auch Mitglied des Corps Teutonia Berlin und seit 1863 Ehrenmitglied St. Pauli Leipzigs. Die jüngere Heidelberger Burschenschaft Teutonia verlieh ihm 1885 die Ehrenmitgliedschaft. Bekannt geworden war Roquette durch seinen Text zu Franz Liszts Oratorium *„Legende der Heiligen Elisabeth"*, sein Gedicht *„Das alte Liederbuch"* findet sich im Vorsatz des Lahrer Kommersbuches. In studentischen Kreisen reüssierte er als Komponist des Liedes *„Noch ist die blühende, goldene Zeit, noch sind die Tage der Rosen"*, das Bundeslied der Sängerschaften St. Pauli Jena, Fridericiana Halle, St. Pauli Leipzig und Barden Prag wurde.[18] Ein drittes Beispiel mag der Weimarer Landge-

---

[16] Friedhelm Golücke, Studentenwörterbuch. Das akademische Leben von A bis Z, 4. Aufl. Graz, Wien, Köln 1987 (= Abhandlungen zum Studenten- und Hochschulwesen, Bd. 1), S. 271, 484-485. Friedrich Kluge, Werner Rust, Deutsche Studentensprache, 2 Bde., o. O. (Stuttgart) 1984 und 1985 (= Historia Academica. Schriftenreihe der Studentengeschichtlichen Vereinigung des CC, Heft 24 und 25), hier 2, S. 270-271. Roth, Studenten (wie Anm. 11), S. 171-174. Vgl. Scherrer, Vereine (wie Anm. 15), S. 133. Insofern ist Brandt, Korporationen (wie Anm. 11), S. 129, und ders., Korporationen im Spannungsfeld von *„Verbindung"* und *„Verein"*, in: SV-Zeitung 102/1 (2000), S. 11-13, hier S. 11 f., nicht zuzustimmen, die Turn- und Gesangvereine hätten *„den bürgerlichen Vereinstypus in die Universitätssphäre"* übertragen.

[17] Hans Semmel, Robert Schumann als Student zugleich zum Gedenken an seinen 150. Geburtstag am 8. 6. 1960, in: EuJ 6 (1961), S. 52-58. Bernhard Sommerlad, Der Corpsstudent Robert Schumann, in: EuJ 22 (1977), S. 75-86. Paul-Günther Weber, Robert Schumann. Leipziger Burschenschaft und Heidelberger Corpsstudent, in: EuJ 35 (1990), S. 93-123. Harald Lönnecker, Lehrer und akademische Sängerschaft. Zur Entwicklung und Bildungsfunktion akademischer Gesangvereine im 19. und frühen 20. Jahrhundert, in: Friedhelm Brusniak, Dietmar Klenke (Hg.), Volksschullehrer und außerschulische Musikkultur. Tagungsbericht Feuchtwangen 1997, Augsburg 1998 (= Feuchtwanger Beiträge zur Musikforschung, Bd. 2), S. 177-240, hier S. 190 f. Ders., Unzufriedenheit (wie Anm. 4), S. 118. Rudolf Nöbel, Robert Schumann und die Leipziger Burschenschaft 1828, in: BBl 75/6 (1960), S. 134-135. Werner Grütter, Mein Leipzig lob' ich mir! – Robert Schumann und seine Musenstadt, in: BBl 111/3 (1996), S. 158-161, hier S. 159. Richard Kötzschke, Geschichte der Universitäts-Sängerschaft zu St. Pauli in Leipzig 1822-1922, Leipzig 1922, S. 576. Oskar Funke, Robert Schumann (1810-1856) – ein Meisterschicksal, in: [Leipziger] Pauliner-Zeitung 9 (1935), S. 176-180.

[18] Roquette (1824-1896) studierte in Berlin, Halle und Heidelberg Philosophie, Geschichte und neuere Sprachen, 1851 erfolgten erste Veröffentlichungen. 1848 in Berlin Mitglied der Akademischen Bürgerwehr, 1852 Dr. phil., 1853 als Lehrer in Berlin, dann Dresden

richtspräsident Hugo Friedrich Fries (1818-1889) sein, ein Sohn des Hofrats und Professors Jakob Friedrich Fries, der die Urburschenschaft wesentlich gefördert und beeinflußt hatte. Er studierte zwischen 1837 und 1840 in Jena und gehörte der Burschenschaft an, wechselte dann nach Göttingen und wurde Mitglied des Corps Guestphalia. 1841, bei seiner Rückkehr nach Jena, schloß er sich nicht der mittlerweile in Burg- und Fürstenkeller gespaltenen Burschenschaft an, sondern dem Corps Thuringia. Diese Zugehörigkeit hinderte ihn aber nicht, vom 14. bis 16. August 1865 an der 50-Jahr-Feier der Jenaischen Burschenschaft teilzunehmen, als deren Angehöriger er sich gleichfalls betrachtete. Fries unterstrich dies, als er Anfang August 1883 zur Einweihungsfeier des Burschenschaftsdenkmals in Jena erschien.[19] Ein Student konnte folglich zwar nacheinander Burschenschafter und Corpsstudent - oder umgekehrt - sein, nicht jedoch gleichzeitig, während die Zugehörigkeit zu einem Verein davon überhaupt nicht berührt wurde.[20]

---

und 1857 wieder Berlin, zugleich Theaterkritiker, 1863 als Dozent für Geschichte und Literatur an die Kriegsakademie berufen, 1867 Privatdozent an der Berliner Gewerbeakademie, 1869 Professor für Geschichte, Literatur und deutsche Sprache am Polytechnikum in Darmstadt. BAK, Bestd. DB 9 (wie Anm. 7): M. Burschenschafterlisten. Otto Gerlach (Bearb.), Kösener Corps-Listen 1930. Eine Zusammenstellung der Mitglieder der bestehenden und der nach dem Jahre 1867 suspendierten Corps mit Angabe von Jahrgang, Chargen und Personalien, Frankfurt a. M. 1930, S. 42, Nr. 25. Kötzschke, St. Pauli (wie Anm. 17), S. 577. Ders., Geschichte des deutschen Männergesanges, hauptsächlich des Vereinswesens, Dresden o. J. (1926), S. 85. Robert Paschke, Studentenhistorisches Lexikon, Köln 1999 (= GDS-Archiv für Hochschul- und Studentengeschichte, Beiheft 9), S. 225-226.

[19] BAK, Bestd. DB 9 (wie Anm. 7): M. Burschenschafterlisten. Gerlach, Corps-Listen (wie Anm. 18), S. 774, Nr. 186. Zur Spaltung der Jenaischen Burschenschaft am 28. Januar 1840: Georg Heer, Geschichte der Deutschen Burschenschaft, Bd. 3: Die Zeit des Progresses 1833-1859, Heidelberg 1929 (= QuD, Bd. 11), S. 36-39. Ders., Die Trennung der Jenaer Burschenschaft im Januar 1840. Erinnerungen eines alten Burschenschafters [Emil Anhalt], in: Paul Wentzcke (Hg.), QuD, Bd. 14, Berlin 1934, S. 213-228. G[ustav]. H[einrich]. S[chneider]., Verfassungskunde des Fürstenkellers, in: BBl 7/12 (1893), S. 309. Ders., Vom alten Fürstenkeller, in: BBl 10/10 (1896), S. 257-259. Ders., Schlußbemerkung zu dem Zeiß'schen Aufsatz: Die Behandlung der Geschichte der Burgkeller-Burschenschaft in der Festschrift „Die B. Germania zu Jena". In: BBl 13/7 (1899), S. 164. Ders., Der alte Fürstenkeller, in: BBl 20/3 (1906), S. 49-50. [Ottomar] Domrich, Aus der Jenaischen Burschenschaft von 1840, in: BBl 13/7 (1899), S. 145-147. H[einrich]. Findeisen, Aus der Jenaischen Burschenschaft der [18]40er Jahre, in: BBl 13/9-10 (1899), S. 197-198. H. Zeiß, Die Behandlung der Geschichte der Burgkeller-Burschenschaft in der Festschrift „Die B. Germania zu Jena". Eine Entgegnung, in: BBl 13/3 (1898), S. 57-60, BBl 13/4 (1898), S. 86-90, BBl 13/5 (1898), S. 113-117. Thomann, Burschenschaften (wie Anm. 4), S. 37. Eingehend demnächst: Harald Lönnecker, Netzwerke der Nationalbewegung. Das Studenten-Silhouetten-Album des Burschenschafters und Sängers Karl Trebitz, Jena 1836-1840.

[20] Peter Kaupp (Hg.), Burschenschafter in der Paulskirche. Aus Anlaß der 150. Wiederkehr der Frankfurter Nationalversammlung 1848/49 im Auftrag der Gesellschaft für

Dieser Unterschied zwischen Verbindung und Verein war auch den Zeitgenossen klar, denn als am 3. Juli 1841 die Universität Jena gemäß Art. 47 des Schlußprotokolls der Wiener Konferenz vom 12. Juni 1834 alle Verbindungen einmal mehr und ohne Erfolg verbot, wurde der am 2. März 1828 gegründete Universitäts-Sängerverein zu St. Pauli[21] als *„bloßer Gesselligkeitsverein"* davon nicht berührt. Schon nach dem am 2. Januar 1835 veröffentlichte Beschluß des Deutschen Bundes vom 13. November 1834, der im Gefolge des Frankfurter Wachensturms entstand, durfte kein Student einer *„verbotenen Verbindung"* angehören. Dagegen waren *„bloße Gesselligkeitsvereine"* und *„wissenschaftlich belehrende Fachvereine"* von diesem Verbot nicht betroffen. St. Pauli Jena nahm angeblich seit den dreißiger Jahren keine Verbindungsstudenten mehr auf, *„wenn natürlich auch die Möglichkeit satzungsgemäß stets bestand"*. Höchstwahrscheinlich handelte es sich um eine Schutzbehauptung, denn tatsächlich waren von den 275 Mitgliedern St. Paulis zwi-

---

burschenschaftliche Geschichtsforschung (GfbG), o. O. (Dieburg) 1999, wies in der deutschen Nationalversammlung 1848/49 zahlreiche Abgeordnete nach, die sowohl einer Burschenschaft und einem Corps bzw. dessen Vorverbindungen angehörten. Siehe auch: Helge Dvorak, Biographisches Lexikon der Deutschen Burschenschaft, Bd. I: Politiker, Teilbd. 1: A-E, Heidelberg 1996, Teilbd. 2: F-H, Heidelberg 1998, Teilbd. 3: I-L, Heidelberg 1999, Teilbd. 4: M-Q, Heidelberg 2000, Teilbd. 5: R-S, Heidelberg 2002, Teilbd. 6: T-Z, Heidelberg 2005. Egbert Weiß, Corpsstudenten in der Paulskirche, München 1990 (= EuJ, Sonderheft 1990). In dieser Hinsicht äußerst fehlerhaft: Heinrich Best, Wilhelm Weege, Biographisches Handbuch der Abgeordneten der Frankfurter Nationalversammlung 1848/49, Düsseldorf 1996 (= Handbücher zur Geschichte des Parlamentarismus und der politischen Parteien, Bd. 8).
[21] Rudolph Aßmus, Zur Geschichte des Jenenser Paulus vom W.-S. 61/62 bis S.-S. 76, Plauen i. Thür. 1895. Gerhard Kunze, Die Sängerschaft zu St. Pauli in Jena 1828-1928. Hundert Jahre einer Idee und ihrer Wirklichkeit. Mit einem Verzeichnis der Mitglieder, bearb. v. Friedrich Mann, Jena 1928. Ders., Die Anfänge des Jenenser Paulus, in: Deutsche Sängerschaft (künftig zit.: DS) 5 (1928), S. 143, 144-153. Hans Lietzmann, Hundert Jahre Paulus Jenensis, in: DS 6 (1928), S. 194-199. Hans Wiegand, 127 Jahre Paulus Jenensis, in: DS 4 (1955), S. 254-260, hier S. 255. Schulze, Ssymank, Studententum (wie Anm. 4), S. 254. Eine Zusammenfassung: Lönnecker, Lehrer (wie Anm. 17), S. 181-183. Der Gründungstag wurde von einem Altherrenconvent am 26. Juni 1897 nach der Auffindung des Protokollbuches von 1844 festgesetzt. Es ist der Tag des ersten Konzertes (2. März 1863). Der eigentliche – frühere – Gründungstag ist unbekannt. Kunze, St. Pauli (wie Anm. 21), S. 73, 76 f. Reinhold Reimann, Vertriebene Sängerschaften. Die Geschichte der mittel-, ost- und sudetendeutschen Sängerschaften von den Anfängen bis zur Vertreibung, Graz 1978, auch Beilage zu DS 2 (1979)-DS 2 (1980), S. XIV f. Mitglieder- und Chargenlisten finden sich erst ab 1853 in: Thüringer Universitäts- und Landesbibliothek Jena, Universitätsarchiv, Bestd. Studentisches Vereinswesen, Akademischer Gesangverein Paulus, E II, Nr. 1989 a-c, 1872-ca. 1925. Ebd., Bestd. Studentisches Vereinswesen, C, Nr. 1122, 1853-1901. Ebd., Bestd. Akademischer Gesangverein Paulus, BA, Nr. 779.

schen 1828 und 1844 über sechzig Burschenschafter.[22] Unsicher ist, ob dies der Universitätsbehörde bekannt war, hatte sich doch der Vereinsvorstand der Sänger 1829 „*überhaupt für alles verbindlich*" machen lassen, sollte keine „*Excesse*" und „*Störungen der öffentlichen Sache zulassen*" und sicherte durch den Gründer Christian Salomo Burkhardt zu, „*alles Verdächtige* [zu] *vermeiden*". Genehmigt wurde der Verein nach der Zustimmung des Universitätsamtmannes Ludwig von Gohren,[23] „*da die Unternehmer des Vereins mir als solche Individuen bekannt sind, die frey von aller Neben-Absicht, die Ausbildung der Musik, gleichzeitig aber die Förderung der Sittlichkeit beabsichtigen, und es sich gewiß angelegen sein lassen, auch bey anderen* [Studenten, H. L.] *Lust und Liebe zu ihren Bestrebungen zu erwecken, und vielleicht manchen von Gesellschaften abzuziehen, welche oft nachtheilig wirken*".[24] Die Behörden standen jedem studentischen und vor allem burschenschaftlichen Zusammenschluß grundsätzlich mißtrauisch gegenüber. Zugleich sahen sie aber in den Gesangvereinen ein Instrument der Kontrolle und der Schwächung politisch aktiver Studenten in den Burschenschaften. Nur so sind Gohrens Bemerkungen zu werten,[25] zumal letz-

---

[22] Kunze, St. Pauli (wie Anm. 21), S. 124, 132, 305-317. Lönnecker, Lehrer (wie Anm. 17), S. 191. Vgl. Roth, Studenten (wie Anm. 11), S. 14. Siehe die Liste im Anhang.

[23] Gohren (1783-1850) war 1809-1814 Universitätsadjunkt in Jena und Mitarbeiter seines Vaters, des Universitätsamtmannes Johann Friedrich August von Gohren, 1814 Universitätssekretär, 1823 Amtmann mit dem Titel eines Justizrats, 1845 im Ruhestand. Walter Barton, Burschenschafter zur Demagogenzeit. Erinnerungen des Maximilian Heinrich Rüder an seine Studienjahre in Jena 1827 bis 1831, in: Paul Wentzcke (Hg.), DuQ. Sonderausgabe: Männer und Zeiten des Vormärz. Beiträge zum Verständnis der deutschen Einheitsbewegung im 19. Jahrhundert, Bd. 2, Heidelberg 1959, S. 101-134, hier S. 129 mit Anmerkung 156. Lönnecker, Unzufriedenheit (wie Anm. 4), S. 124. Zur Stellung des Amtmanns in der Organisation der Universität: Stefan Gerber, Universitätsverwaltung und Wissenschaftsorganisation im 19. Jahrhundert. Der Jenaer Pädagoge und Universitätskurator Moritz Seebeck, Köln 2004 (= Veröffentlichungen der Historischen Kommission für Thüringen, Kleine Reihe, Bd. 14).

[24] Kunze, St. Pauli (wie Anm. 21), S. 75, 79. Die Zusicherung, „*alles Verdächtige* [zu] *vermeiden*", befindet sich in der Bestätigungsbitte des Vereins an den akademischen Senat vom 8. Juli 1829. Der Universitätsamtmann leitete die Bitte am 26. Juli befürwortend an den Senat weiter, schlug die Genehmigung aber für zunächst nur ein Semester vor. Die Genehmigung erfolgte am 8. August mit der Auflage, jedes Semester ein Mitgliederverzeichnis und sämtliche Akten vorzulegen. Der Gründer Burkhardt wohnte bei einer Verwandten Gohrens, woher dieser näher mit ihm bekannt war. Ebd., S. 78 f., 86. Lönnecker, Lehrer (wie Anm. 17), S. 180, 182.

[25] Kunze, St. Pauli (wie Anm. 21), S. 79, betont diesen Umstand ausdrücklich. Ebenso für Heidelberg: Roeseling, Burschenehre (wie Anm. 2), S. 41 f., 110-113, 117 f., 120-124, 133, 169 f. Vgl. Theodor Hölcke, Voreilige und reuige Presse 1838. Ein Bericht über Vorkommnisse in Erlangen, in: EuJ 21 (1976), S. 202-203, hier S. 203, für Erlangen, wo die

terer mit den Burschenschaftern äußerst schlechte Erfahrungen gemacht hatte: in der Neujahrsnacht 1832/33 stürmten sie das Rathaus und bedrohten Pedelle und Polizei, die sich dorthin geflüchtet hatten. Es kam zu Relegationen und weiteren Ausschreitungen, schließlich stürmten in der Nacht vom 21. zum 22. Januar 1833 einige Studenten die Behausung Gohrens „*mit dem Rufe ‚wir bringen den Amtmann tot oder lebendig'; Fenster und Einrichtung der Wohnung wurden verwüstet, ein Gartenhaus desselben Beamten zerstört*". Erst über einen Monat später beruhigte sich die Lage.[26]

Namentlich oder zahlenmäßig ist das Phänomen der Mitgliedschaft von Korporierten in den akademischen Gesangvereinen allerdings kaum faßbar. Zwar wird oft die Tatsache der Mitgliedschaft und sogar der Mitgründung berichtet,[27] doch wissen wir meist nur selten, um wen und um

---

Corps 1838 als „*Bollwerk gegen aufwieglerische Vereine dastanden*". Es ist allerdings fraglich, ob die akademischen Sängervereine mit Reinhold Reimann, „*Hinaus, mein Herz, in freie Luft* „Das Studentenlied – ein ‚Pflegefall' für die Sängerschaften?", in: Andreas Mölzer (Hg.), Pro patria – das deutsche Korporationsstudententum. Randgruppe oder Elite?, Graz 1994, S. 61-86 (auch in: Raimund Lang (Hg.), Ergo cantemus. Texte und Materialien zum Studentenlied, Köln 2001 (= GDS-Archiv für Hochschul- und Studentengeschichte, Beiheft 13), S. 203-214), hier S. 79, „*die gesellschaftliche Plattform der durch die Karlsbader Beschlüsse verbotenen, im Untergrund aber weiterbestehenden Studentenverbindungen, namentlich der Burschenschaften*", darstellten. Die Jenaer Sänger übten Ende 1830 zwar im „*Fürstenkeller*", hielten sich aber von der dort ebenfalls tagenden Burschenschaft fern. Kunze, St. Pauli (wie Anm. 21), S. 86, 88.

[26] Georg Heer, Geschichte der Deutschen Burschenschaft, Bd. 2: Die Demagogenzeit 1820-1833, Heidelberg 1927, 2. Aufl. 1965 (= QuD, Bd. 10), S. 285 f.

[27] Kötzschke, St. Pauli (wie Anm. 17), S. 152 f. Schulze, Ssymank, Studentum (wie Anm. 4), S. 254. [Wilhelm Külz], Leben und Streben des Akademischen Gesangvereins Arion [Leipzig] während der 50 Jahre seines Bestehens. Festschrift zum 50jährigen Jubiläum. Allen Arionen gewidmet von einem Alten Herrn, Leipzig 1899, S. 59, 133. Franz Utner, 100 Jahre Wiener Akademische Sängerschaft. Festschrift, hg. zum 100. Stiftungsfest der Wiener Akademischen Sängerschaft „*Barden*" 1858-1958, Wien 1958, S. 22 f. § 13 der Statuten des AGV Rostock v. 28. Mai 1886 lautet: „*Durch Mitgliedschaft ist niemand verhindert, einer anderen Korporation anzugehören.*" 11 der 22 Gründer gehörten anderen Korporationen oder Vereinen an, „*nicht weniger als 4 Obotriten und 3 Balten, dann 2 Pauliner aus Leipzig und 4 Mitglieder des theologischen Studentenvereins*". Die Pauliner galten ausdrücklich nicht als Korporierte. Adolf Hedler, Geschichte des Akademischen Gesangvereins zu Rostock bis zu seinem Eintritt in den S.V., in: Kartell-Zeitung. Zeitschrift des Sondershäuser Verbandes Deutscher Studenten-Gesangvereine 18 (1901/02), S. 15-16, 24-25, 40-41, 51-52, 77-78, hier S. 16, 24. Unter den Gründern des Studenten-Gesangvereins Göttingen waren 1860 ein „*Teil von ihnen Korporationsstudenten. [...] 1874 wurde in den Satzungen bestimmt, daß Korporationsstudenten nicht Mitglieder des Studentengesangvereins sein könnten.*" Otto Tornau, Gerhard Höfer, Geschichte der Turnerschaft Gottinga zu Göttingen von 1887 bis 1951, in: Gerhard Boldt (Hg.), Geschichte der Turnerschaft Gottingo-Normannia zu Göttingen 1875-1975, Göt-

welche Verbindungen es sich im einzelnen handelte, wenn es nicht solch bekannte Persönlichkeiten wie der liberale Publizist Hermann Baumgarten - 1842 in der Burschenschaft auf dem Burgkeller in Jena aktiv, 1843 bei der Alten Halleschen Burschenschaft, zugleich Sänger in Jena und Mitglied des in den zwanziger Jahren gegründeten Akademischen Gesangvereins (AGV) in Halle, der bis etwa 1865 bestand[28] - oder Otto Elben waren, der *„Stuttgarter Zeitungsverleger und profilierte [...] Führer des Schwäbischen und später des Deutschen Sängerbundes"* sowie *„lange Jahre Abgeordneter beim württembergischen Landtage und beim deutschen Reichstage"*, der 1841 bis 1844 Mitglied der Akademischen Liedertafel Tübingen war und seit 1844 der dortigen Burschenschaft Walhalla angehörte.[29] Weitere Einzelfälle sind der evangelische Pfarrer Johann Christian Karl Trebitz, der seit 1836 Burschenschafter und Sänger in Jena war und eine überaus wichtige Rolle in der bürgerlichen Sängerbewegung spielte,[30] und der *„Gründer des PGV [Polytechnischen Gesangvereins Hannover], Harry von Bock"*, der *„am 27. 2. 1852 mit weiteren Mitgliedern"* des Sängervereins das Corps Saxonia in der Leinestadt gründete.[31] *„Ein Gründer von zwei Korporationen hat Seltenheitswert."*[32]

---

tingen 1975, S. 88-166, hier S. 89. Zu den Gründern der Akademischen Liedertafel Berlin gehörten einige Corpsstudenten. Eduard Ippel, Die akademische Liedertafel zu Berlin 1855-1886, Berlin 1886, S. 10. Ebenso war es in München, wo der AGV sich 1870 bzw. 1873 korporativ schloß. Anton Kerschensteiner, Ernst Wengenmayer, Oskar Kaul, Franz Dorfmüller, Albert Hartmann, Otto Loesch, Geschichte des Akademischen Gesangvereins München 1861-1961, o. O. o. J. (München 1961), S. 21-22.

[28] Dvorak, Lexikon I/1 (wie Anm. 20), S. 61-62. BAK, Bestd. DB 9 (wie Anm. 7): M. Burschenschafterlisten.

[29] Dvorak, Lexikon I/1 (wie Anm. 20), S. 249-250. Kötzschke, Männergesang (wie Anm. 18), S. 129.

[30] Ulf Ehrlich, Johann Christian Karl Trebitz (1818-1884) – ein Thüringer als Dichter der Augsburger Liedertafel, in: Das Sängermuseum. Beilage zur Fränkischen Sängerzeitung 3 (1994), S. 1-3. Ders., Johann Christian Karl Trebitz. Jenaer Student, Dichter der Augsburger Liedertafel im Vormärz, Mitarbeiter in den Anfängen der Inneren Mission und Pastor in Thüringen. Die Darstellung eines Lebens im 19. Jahrhundert in Kurzbiographie, Gedichten und Briefen, Bamberg 1995. Kunze, St. Pauli (wie Anm. 21), S. 313. Dvorak, Lexikon I/6 (wie Anm. 20), S. 55-57. BAK, Bestd. DB 9 (wie Anm. 7): M. Burschenschafterlisten.

[31] Harry von Bock (gen. von Wülfingen) (1829-1881) besuchte nach Unterricht durch einen Hauslehrer das Gymnasium in Hildesheim. 1847-1855 studierte er mit Unterbrechungen für praktische Arbeitszeiten in Hannover, machte 1852 in die dortige Egestorffsche Maschinenfabrik ein und war 1869-1881 erster Direktor der nunmehr als Hannoversche Maschinenbau-AG (Hanomag) firmierenden Firma. 1854 ernannte der PGV Bock zum Ehrenmitglied. Ein weiterer Mitgründer war das PGV-Mitglied Wilhelm Kleinschmidt (1831-1890), erster Senior Saxonias. Das Band. Mitteilungsblatt der Turnerschaft *„Hansea"*

Der Anteil der Korporierten an den Sängervereinen läßt sich selbst über einen Vergleich der Mitgliederlisten außer in Jena nicht bestimmen. Neben einer sehr schlechten Quellenlage[33] wurden die Listen in der Regel lange nach der Zeit erstellt, die dem einzelnen Sänger die Entscheidung für den akademischen Gesangverein oder seine Korporation abverlangte. In den Mitgliederlisten der Verbindungen wird die gleichzeitige Mitgliedschaft in einem Gesangverein - weil für die Korporation irrelevant - nicht erwähnt. Andererseits erscheinen Korporierte nicht in den Mitgliederlisten der Sängervereine, da sie nach der korporativen Stabilisierung und Verfestigung und der Bildung von Altherrenvereinigungen ab etwa 1875 nie Außerordentliche, das heißt ehemalige Mitglieder, Alte Häuser oder Alte Herren geworden sind und die Nennung ausgeschiedener Mitglieder kaum einmal üblich ist.[34] Nur wenige Vereine haben nach der korporativen Schließung Doppelmitgliedschaften ehemaliger aktiver Mitglieder geduldet. Bei St. Pauli Jena lassen sich aus der Zeit zwischen Sommersemester 1844 und Wintersemester 1853/54 ganze vier - alles Theologiestudenten - mit der Burschenschaft Arminia auf dem Burgkeller nachweisen, wovon eine auch noch fragwürdig ist.[35] Weiter bekannt

---

Hannover im MK und ihres Altherrenverbandes 90 (Jubiläums-Sonderheft 1998), S. 30. Corps Saxonia zu Hannover (Hg.), Geschichte des Corps Saxonia bis zum 50. Jahre seines Bestehens, Hannover 1902.

[32] Manfred Schmidt, 150 Jahre Korporationen in Hannover, in: Studenten-Kurier. Zeitschrift für Studentengeschichte, Hochschule und Korporationen 3 (1999), S. 25.

[33] Über die Geschichte der Burschenschaften in den dreißiger und vierziger Jahren des 19. Jahrhunderts sind wir auf Grund des Verfolgungsdrucks nur sehr schlecht unterrichtet: *„Die Archive, die uns für die Geschichte der alten Burschenschaft so reiche Quellen bieten, versagen hier nahezu völlig."* Überliefert sind in der Regel Untersuchungsakten der ermittelnden Behörden im konkreten Fall, kaum jedoch *„detailliertere Informationen über die Burschenschaft, über ihre Struktur, ihr gesellschaftliches und studentisches Selbstverständnis oder das von ihr organisierte Alltagsverhalten der Studenten".* Heer, Burschenschaft 3 (wie Anm. 19), S. 3. Ders., Eine dringende Bitte aus der burschenschaftlichen historischen Kommission, in: BBl 27/3 (1912), S. 57-58, hier S. 57. Ebenso: Roeseling, Burschenehre (wie Anm. 2), S. 22 f., 142-149. Jakob, Studentenverbindungen (wie Anm. 4), S. 206.

[34] Ein unsicheres Indiz für einen korporierten Sänger ist die Nennung als Student ohne Angabe des späteren Werdegangs oder das Sterbedatum, denn nach dem Ausscheiden rissen die Beziehungen ab und persönliche Nachrichten wurden nicht oder kaum mehr ausgetauscht bzw. offiziell nicht zur Kenntnis genommen. Kunze, St. Pauli (wie Anm. 21), S. 305-317.

[35] Es handelt sich um stud. theol. Emil Fischer aus Schönberg in Mecklenburg, im SS 1844 aktiv, gestorben 1900. Kunze, St. Pauli (wie Anm. 21), S. 316, Nr. 256. Vorstand der Altherrenschaft der Burschenschaft Arminia auf dem Burgkeller (Hg.), Mitgliederverzeichnis der [Jenaischen] Burschenschaft Arminia auf dem Burgkeller, 20. Aufl., o. O.

waren Theodor Voigt aus Eisenberg, 1844 zugleich Mitglied der Burschenschaft auf dem Fürstenkeller, später Prof. Dr. phil. und Konrektor am Eisenberger Gymnasium,[36] und der Theologe Prof. August Voigt, bis zu seinem Tode am 4. April 1903 Seminaroberlehrer in Gotha, Vorstandsmitglied des Thüringer Sängerbundes und Verfasser von dessen Geschichte. Er wurde 1861 bei der Burschenschaft Teutonia Jena aktiv und gehörte 1861 bis 1864 der Jenaer Liedertafel und dem AGV an. Im Wintersemester 1863/64 war er „*Direktor*" und dirigierte den Verein.[37] Für alle anderen gibt es keine Nachweise, obwohl die Anzahl beträchtlich gewesen sein muß. Aus Leipzig heißt es etwa, bis in die 1860er Jahre hinein gab es „*im Paulus Korpsstudenten, Burschenschaftler, Landsmannschaftler, allerhand Verbindungsmänner, Turner, eine große Anzahl Lausitzer Prediger und dazu Studenten, die - nur Pauliner*" waren.[38] „*Die Teilnahme am Verein stand jedem sangeskundigen Musensohne frei, gleichviel ob er Verbindungsstudent oder Finke war.*"[39] Die Korporierten erfüllten zwar ihre „*Sängerpflichten, im übrigen aber widmeten sie sich ihrer Verbindung*". Deshalb gab es mit zunehmenden musikalischen Erfolgen Bestrebungen, ein „*Mittel für die Hebung des Paulinerselbstgefühls und für den korporativen Zusammenschluß*" zu finden. Das äußere Kennzeichen war die blaue Mütze, die die Angehörigen

---

1959, S. 17. Dann um stud. theol. Karl Gottlieb Oppel aus Einberg, aktiv SS 1850, gestorben am 22. Mai 1899 als Kirchenrat und Superintendent in Königsberg in Franken. Kunze, St. Pauli (wie Anm. 21), S. 318, Nr. 308. Arminia, Mitgliederverzeichnis (wie Anm. 35), S. 23, wird kein Todestag angegeben. Schließlich stud. theol. Oskar Meder aus Münchenbernsdorf, aktiv im SS 1851, gestorben am 1. Juli 1898 in Jena als ehemaliger Pfarrer in Georgenburg in Ostpreußen. Kunze, St. Pauli (wie Anm. 21), S. 318, Nr. 318. Arminia, Mitgliederverzeichnis (wie Anm. 35), S. 24, nennt ihn „*Pfarrer in Jena*". Fraglich ist die Doppelmitgliedschaft Johann Horns. Kunze, St. Pauli (wie Anm. 21), S. 318, Nr. 316, spricht von stud. theol. Johann Christian Friedrich Horn aus Harra (Reuß), der 1851-1853 aktiv war. Er nennt keinen Verbleib und kein Sterbedatum. Arminia, Mitgliederverzeichnis (wie Anm. 35), S. 26, nennt stud. iur. Johann Horn, geboren 1834 in Badresch in Mecklenburg-Strelitz als Sohn eines Urburschenschafters von 1815, aktiv im WS 1853/54, später Kaufmann in Stettin, Antwerpen und England, in die USA ausgewandert, während des Sezessionskrieges Offizier, gestorben 1903 in Fruitland Stavens County (Washington) als Prediger der Adventistengemeinde.

[36] Voigt starb am 3. Januar 1890. Kunze, St. Pauli (wie Anm. 21), S. 316. BAK, Bestd. DB 9 (wie Anm. 7): M. Burschenschafterlisten.

[37] Kunze, St. Pauli (wie Anm. 21), S. 73, 319. BAK, Bestd. DB 9 (wie Anm. 7): M. Burschenschafterlisten.

[38] Die Mitgliederverzeichnisse St. Paulis weisen solche Doppelmitgliedschaften nicht aus. Nur 1843 und 1846 wird auf den Sachverhalt kurz eingegangen. Vgl. Kötzschke, St. Pauli (wie Anm. 17), S. 152 f.

[39] Schulze, Ssymank, Studententum (wie Anm. 4), S. 254.

anderer Korporationen natürlich nicht trugen, da sie über Band und Mütze ihrer eigenen verfügten. Allmählich verschwanden sie, faktisch endete die interkorporative Phase 1862 und „Anfang der siebziger Jahre waren es nur noch ganz wenige". Mit der Annahme einer neuen Satzung 1875 schieden die letzten aus.[40] St. Pauli Leipzig war „korporativ geschlossen".[41]

Mit dem Ausschluß der Korporierten aus den Vereinen zwecks „Hebung des Selbstgefühls" war kenntlich gemacht, daß Verein und Verbindung und selbst Korporation und Korporation keineswegs gleich waren. Es gab immer eine informelle Hierarchie der Korporationen, vor allem als ihre Zahl seit den 1880er Jahren im Zuge der Bildungsexplosion immer mehr zunahm.[42] Der niederdeutsche Schriftsteller Wilhelm Poeck, akademischer Sänger in Göttingen und Gründungspräside der 1887 gegründeten Sängerschaft Gottinga, schrieb: „Die Korps, die [...] besonders feudal sind, sehen die Burschenschaften über die Achsel an, die die freischlagenden Verbindungen, die farbentragenden die schwarzen, die schlagenden die nichtschlagenden, die inkorporierten die Finken."[43]

---

[40] Angenommen am 4. August 1875. Universitätsarchiv Leipzig, Kap. XVI, Sectio III, Litt. P: Nr. 2, Universitäts-Sängerschaft zu St. Pauli, Bd. 1-3, Satzung v. 1875. Kötzschke, St. Pauli (wie Anm. 17), S. 153 f., 155, 194, 217. Ders., Männergesang (wie Anm. 18), S. 194. Reimann, Sängerschaften (wie Anm. 21), S. IL. Vgl. Scherrer, Vereine (wie Anm. 15), S. 134.

[41] Der Begriff der „korporativen Schließung" für den Ausschluß der Korporierten aus den Gesangvereinen erscheint allerdings erst um 1890. Weiter verbreitet unter den Sängern wurde er durch Alfred Otto Terzi Ritter von Langfried, Alter Herr der Landsmannschaften Normannia und Cimbria Wien und während seiner Studentenzeit Sänger beim Wiener AGV, der ihn gegen Ende des Ersten Weltkrieges durchgängig verwendet. Ders., Zur Geschichte des deutschen Sängerwesens an den reichsdeutschen und österreichischen hohen Schulen und seiner Einigungsbestrebungen, in: Akademische Sängerzeitung (künftig zit.: ASZ) 3 (1917), S. 34-36, ASZ 4 (1917), S. 56-63, ASZ 7 (1918), S. 111-115. Vgl. Kerschensteiner u. a., AGV München (wie Anm. 27), S. 24-28, zur „Entwicklung des Akademischen Gesangvereins zur Lebensverbindung". Reimann, Sängerschaften (wie Anm. 21), S. XVII-XIX.

[42] Eine statistische Auswertung der Zahl der Verbindungsgründungen bei: Heinrich Weber, Die studentischen Korporationsverbände, in: Th[eodor]. Denecke, C[arl]. M[anfred]. Frommel (Hg.), Wende und Schau. Des Kösener Jahrbuchs erster Jahrgang, Frankfurt a. M. 1930, S. 196-222, hier S. 219.

[43] Ein „Finke" ist ein keiner Korporation angehörender Student. In den allgemeinen Sprachgebrauch eingegangen ist das abfällige „Schmutzfink", das eigentlich einen verachtenswerten Studenten meint. Wilhelm Poeck, Die göttliche Molli, o. O. u. J., S. 70. Auch zitiert bei: Lönnecker, Lehrer (wie Anm. 17), S. 193. Ders., Die Versammlung der „besseren Nationalsozialisten"? Der Völkische Waffenring zwischen Antisemitismus und korporativem Elitarismus, in: EuJ 48 (2003), S. 227-245, 252-281, hier S. 231. Zu Wilhelm Poeck (1866-1933): Gotia Göttingen 1 (1927), S. 1. Gotia Göttingen 2 (1927), S. 14. Ver-

Kuno Ridderhoff, selbst Burschenschafter, läßt in seinem um 1900 spielenden Göttinger Studentenroman „*Georgia Augusta*" einen hochadligen Angehörigen des am 27. Juni 1827 gegründeten Corps Bremensia sagen: *„Ich habe schon in Heidelberg mit dem größten Befremden beobachtet, mit welcher Feindschaft sich die Angehörigen einer und derselben Hochschule gegenüberstehen. [...] Mit Trauer fand ich es hier noch schlimmer als in Heidelberg. Welcher Hochmut bei den Korps! Und auch bei den anderen Verbänden: der eine dünkt sich unbedingt besser als der andere, als der einzig existenzberechtigte. [...] Zu seiner Zeit bedeuteten nur die Korps etwas, neben ihnen existierten drei Burschenschaften und zwei Landsmannschaften, mit wenigen Mitgliedern und geringem Ansehen, von den freischlagenden Verbindungen und Blasen gar nicht zu reden.*"[44]

Corps und Burschenschaften wurden nach der Reichsgründung „*Repräsentanten exklusiver Verbindungen*" und zogen sich mehr und mehr von der Studentenschaft „*stolz zurück*". Nur selten beteiligte sich ein corpsstudentischer Senioren-Convent „*noch an allgemeinen studentischen Veranstaltungen. Dadurch verliert er zwar völlig seinen Einfluß in der Studentenschaft, aber auf der anderen Seite bildet er in dieser selbstgewählten splendid isolation den Prototyp des Verbindungsstudenten heraus, der zwar von allen anderen Verbindungen angefeindet, aber trotzdem mit mehr oder weniger Erfolg unter Außerachtlassung jeder eige-*

---

trauliche Mitteilungen. Beilage zur Deutschen Sängerschaft 7 (1934), S. 127. Wilhelm Schaefer, Wilhelm Poeck zum 60. Geburtstag, in: DS 6 (1927), S. 153-155. Werner Grütter, Wilhelm Poeck – Sängerschafter und Schriftsteller, in: DS 4 (1995), S. 6-8. Zu Gottinga: Tornau, Höfer, Gottinga (wie Anm. 27).

[44] Kuno Ridderhoff, Georgia Augusta. Roman, Hamburg 1922, S. 97, 98. Ebenso, etwa für Erlangen: Otto Bungeroth, Meine Lehr- und Wanderjahre, in: Wingolfsblätter. Zeitschrift des Wingolfsbundes 118/4 (1999), S. 172-176, hier S. 172. Für Bonn: Konrad Küster, Eines Burschen Frohnatur. Erinnerungen, Marburg a. d. Lahn 1911, S. 12-14. Zu dieser Hierarchie im einzelnen, aber Poeck, Ridderhoff, Bungeroth und Küster bestätigend: Jarausch, Studenten (wie Anm. 4), S. 61-66, 68. Brandt, Stickler, Burschen (wie Anm. 9), S. 2. – Kuno Louis Christian Ridderhoff (1869-1940) gehörte seit dem 22. März 1888 der Göttinger Burschenschaft Brunsviga an. 1895 Dr. phil., 1896 Lehrer für Alte Sprachen und Deutsch in Goslar, 1899 in Cuxhaven, 1896-1898 und 1899-1933 in Hamburg, zuletzt Oberstudienrat, Herausgeber eines „*Deutschen Lesebuchs für Höhere Lehranstalten*". 1920-1931 Mitglied der Hamburger Bürgerschaft für die Deutschnationale Volkspartei, Gründer der Arbeitsgemeinschaft der Wohlfahrtspfleger, Vorsitzender der Arbeitsgemeinschaft der Hamburger ehrenamtlichen Wohlfahrtspflege, nach 1933 NSDAP-Mitglied und besonderer Einsatz auf dem Gebiet der Wohlfahrtspflege. Burschenschaft Brunsviga, Mitteilungen Nr. 265 (Oktober 2000), S. 78. Ich danke Herrn Ltd. Bibliotheksdirektor Dr. Hans-Joachim Hermes, Alter Herr und Herausgeber der Mitteilungen Brunsvigas, Flöha bei Chemnitz, für den Hinweis.

nen Tradition - nachgeahmt wird."⁴⁵ Hier spiegelte sich nicht nur die zunehmende Wandlung der Korporationen in *„soziale Agenturen"*, das Ineinanderfließen von nationaler Bewegung und traditionalem Staat, sondern auch eine soziale Hierarchie, der man sich in der Studentenschaft sehr wohl bewußt war.⁴⁶ Die Corps rekrutierten sich vornehmlich aus dem höheren Beamten- und Besitzbürgertum,⁴⁷ die Burschenschaften aus dem Bildungsbürgertum.⁴⁸ Heinrich von Treitschke, selbst Bonner Burschenschafter, schrieb über die Auswirkungen des Gegensatzes: *„Im großen Durchschnitt sind aus der Burschenschaft mehr Gelehrte und Schriftsteller hervorgegangen, aus den Reihen ihrer späteren Gegner, der Corps, mehr Staatsmänner."*⁴⁹ Akademische Turner und Sänger waren dagegen großstädtischer und *„ihrer sozialen Herkunft nach industrieller und kommerzieller, aber deutlich mittelständischer"*. Der kleinbürgerliche Anteil lag mit 55 % vergleichsweise hoch, so daß Corps und Burschenschaften sozial *„wesentlich exklusiver"* waren.⁵⁰ Konrad H. Jarausch hielt außerdem fest: *„Das Grundmuster ist bei allen lokalen Abweichungen deutlich: Die Aktiven der elitärsten Verbindungen studierten an den exklusivsten Fakultäten* [Jurisprudenz und Medizin, H. L.], *während die Mitglieder der kleinbürgerlichen Vereine vor allem in den ‚billigen' Studienrichtungen mit den meisten Stipendien zu*

---

⁴⁵ [Erich] Bauer, Geschichte des Corps Lusatia zu Leipzig 1807-1932, Zeulenroda 1932, S. 276. Ebd. fährt er fort: *„Den Corps hat die Zurückgezogenheit nicht geschadet."* Siehe auch ebd., S. 334. Auch in: Lönnecker, Waffenring (wie Anm. 43), S. 231.

⁴⁶ Detlef Grieswelle, Korporationen und Karrieren. Die soziale Rekrutierungsfunktion der Verbindungen, in: Brandt, Stickler, Burschen (wie Anm. 9), S. 421-448.

⁴⁷ Zur regionalen und sozialen Zusammensetzung der Kösener Corps: Martin Biastoch, Die Corps im Kaiserreich – Idealbild einer Epoche, in: Rolf-Joachim Baum (Hg.), *„Wir wollen Männer, wir wollen Taten!"* Deutsche Corpsstudenten 1848 bis heute. Festschrift zum 150-jährigen Bestehen des Kösener Senioren-Convents-Verbandes, Berlin 1998, S. 111-132, hier S. 118-125. Manfred Studier, Der Corpsstudent als Idealbild der Wilhelminischen Ära. Untersuchungen zum Zeitgeist 1888 bis 1914, Schernfeld 1990 (= Abhandlungen zum Studenten- und Hochschulwesen, Bd. 3), S. 39-41, 44-53, 127-132.

⁴⁸ Jarausch, Studenten (wie Anm. 4), S. 66. Vgl. ders., Universität (wie Anm. 11). Ders. (Hg.), The Transformation of Higher Learning 1860-1930. Expansion, Diversification, Social Opening and Professionalization in England, Germany, Russia and the United States, Stuttgart 1982 (= Historisch-sozialwissenschaftliche Forschungen, Bd. 13).

⁴⁹ Heinrich von Treitschke, Deutsche Geschichte im 19. Jahrhundert, 2. Teil, Bd. 2, 7. Aufl. Leipzig 1912, S. 424. Zu Treitschke als Mitglied der Burschenschaft Frankonia Bonn: Lönnecker, Waffenring (wie Anm. 43), S. 227, 253-254 mit Anmerkung 9.

⁵⁰ Konrad H. Jarausch, Students, Society, Politics in Imperial Germany. The Rise of Academic Illiberalism, Princeton 1982, S. 312-313. Möller, Wissenschaft (wie Anm. 8), S. 115-118, 246 f. mit Tabelle 3, 4 und 6.

finden waren ", also unter den Theologen und Philologen.[51] Den aufstiegsorientierten Sänger-, Turn- und wissenschaftlichen Fachvereinen waren Corps und Burschenschaft bis hinein in den nur in der dritten Person gehandhabten Briefstil die sozialen Vorbilder, *"denen die anderen Verbindungen gleichzukommen suchten "*. Damit setzte ein Prozeß der Korporisierung ein, *"der lose Vereine in festere farbentragende Verbindungen und diese wiederum in elitäre Waffenkorporationen verwandelte"*,[52] die sich strikt voneinander abgrenzten.[53]

---

[51] Jarausch, Studenten (wie Anm. 4), S. 66. Zur sozialen Herkunft der Korporationsangehörigen und ihrer Verteilung auf die verschiedenen Fakultäten detailliert: Ders., Students (wie Anm. 50), S. 304 f., 316 f. Vgl. Studier, Corpsstudent (wie Anm. 40), S. 39-46.

[52] Schulze, Ssymank, Studententum (wie Anm. 4), S. 355 f. Jarausch, Studenten (wie Anm. 4), S. 68. Ders., Korporationen (wie Anm. 11), S. 67 f., 72. Bauer, Lusatia (wie Anm. 45), S. 332. Scherrer, Vereine (wie Anm. 15), S. 135-136. Zum Briefstil: Studier, Corpsstudent (wie Anm. 47), S. 77-79. Zusammenfassend: Harald Lönnecker, *" ..... gilt es, das Jubelfest unserer Alma mater festlich zu begehen ..."* – Die studentische Teilnahme und Überlieferung zu Universitätsjubiläen im 19. und 20. Jahrhundert, in: Jens Blecher, Gerald Wiemers (Hg.), Universitäten und Jubiläen. Vom Nutzen historischer Archive, Leipzig 2004 (= Veröffentlichungen des Universitätsarchivs Leipzig, Bd. 4), S. 129-175, hier S. 139-143.

[53] Selbst zwischen dem gleichen Korporationstypus war dies wirksam: Die reichsdeutschen Burschenschaften erkannten die österreichischen erst 1899, die technischen erst 1919 als gleichwertig an. Nach Verhandlungen mit den Österreichern kam es zu den *"Leipziger Beschlüssen"*, die den Vorschlag eines Freundschafts-, Verkehrs- und Waffenschutzverhältnisses, dazu die Zulässigkeit von Kartellen, Zweibänderleuten und gemeinsamen Veranstaltungen erklärten. Die Wartburg. Zeitschrift für den ostmärkischen Burschenschafter (künftig zit.: DWb) 1/2 (1899), S. 6. DWb 1/4 (1899), S. 6. BBl 14/8 (1900), S. 186-187. Vgl. DWb 2/1 (1900), S. 6-7. Siehe auch: O. W., Die Leipziger Tagung und Deutschlands akademische Ecke, in: DWb 1/3 (1900), S. 3-4, DWb 1/4 (1900), S. 3-4, DWb 1/5 (1900), S. 4-5, hier S. 3-4. Am 19. Januar 1900 stimmte der reichsdeutsche Burschentag den Beschlüssen zu. BBl 14/9 (1900), S. 211. DWb 1/2 (1900), S. 18. DWb 1/3 (1900), S. 6. Vgl. Heinz Potthoff, Die Leipziger Beschlüsse, in: BBl 14/10 (1900), S. 233. Delius, Die Leipziger Beschlüsse, in: BBl 14/11 (1900), S. 257-258. Dazu: DWb 1/1 (1900), S. 6. Bereits zu Pfingsten widerrief er die Zustimmung und bot nur ein allgemeines Freundschaftsverhältnis an. Georg Heer, Geschichte der Deutschen Burschenschaft, Bd. 3: Die Burschenschaft in der Zeit der Vorbereitung des zweiten Reiches, im zweiten Reich und im Weltkrieg. Von 1859 bis 1919, Heidelberg 1939, 2. Aufl 1977 (= QuD, Bd. 16), S. 71-72. Vgl. A.D.C. und L.D.C., in: DWb 1/7-8 (1900), S. 2-4. Der außerordentliche Burschentag vom 16.-19. Jan. 1901 befaßte sich nur noch einmal ohne Ergebnis mit dem Verhältnis zu den österreichischen Burschenschaften. BBl 15/9 (1901), S. 196. Zum Zusammenschluß der reichsdeutschen, österreichischen und technischen Burschenschaften am 4. Januar u./5. August 1919: BAK, Bestd. DB 9 (wie Anm. 7): E. Burschenschaftliche Verbände in Österreich, 1889-1960, 3. BdO: Burschentag 1919. Ebd., B. IV. Deutsche Burschenschaft, 1919-1935/37, Burschentag 1919. 13. ordentlicher Verbandstag der B.d.O., in: DWb 20/4 (1919), S. 49-51. B[enno]. Imendörffer, Auf dem Wege zur allgemeinen deutschen Burschenschaft, in: BBl 33/4 (1918), S. 52-55. Ders., Burschenschaft der Ostmark und Deutsche Burschenschaft, in: BBl 34/7 (1920), S. 118-119. Burschentag

Auch in Jena ist diese Entwicklung erkennbar: So waren die Leipziger Sänger seit der Wiedergründung am 18. Juli bzw. 9. November 1861 maßgebend für die Jenaer, berief sich doch der Hauptverantwortliche für das erneute Aufleben St. Pauli Jenas, der Theologiestudent Otto August Leopold Stark, ausdrücklich auf das Leipziger Vorbild. Die innere Struktur des Leipziger Vereins mit einem musikinteressierten Hochschullehrer als Ehrenpräsident oder -vorsteher an der - eher repräsentativen - Spitze, einem Berufsmusiker als „*Direktor*" und somit als Dirigent und Hauptverantwortlichen für Musik und Gesang, und einem „*Vizedirektor*" aus den Reihen der Studenten, dem ein studentischer Vorstand beigesellt war, stimmte weitgehend mit der in Jena überein. Bereits die Zeitgenossen erkannten diese „*bemerkenswerte[n] Verfestigungen des Vereinsbestandes*".[54] Dennoch waren auch hier weiterhin Verbindungsangehörige Mitglied, vor allem aus den Burschenschaften Germania, Teutonia und Arminia sowie den Corps Thuringia und Borussia, die nur ihre musikalischen Interessen trieben, sich aber von allen geselligen Veranstaltungen St. Paulis fernhielten, da die ihrer Korporationen für sie Vorrang genossen. Dem kam entgegen, daß der Jenaer Verein „*eine ganz lose Vereinigung*" war, von vierzig bis sechzig Mitgliedern nur zehn oder weniger zu den Proben erschienen und diese Nachlässigkeit sich trotz wiederholter Ermahnungen des Vorstands nicht einschränken ließ. Ende der sechziger Jahre war die Kassenlage völlig desolat und die Mitgliederzahl nahm rapide ab. Der Zustand muß derart besorgniserregend gewesen sein, daß sich einer der Dirigenten des alten Gesangvereins von 1828, der Goethe-Freund Karl Gille, zum Eingreifen entschloß. Zusammen mit einigen Sängern - vor allem dem Studenten Eduard Grimm (1848-1937), später Pfarrer in Emmelndorf bei Harburg - faßte er „*das Übel an der Wurzel*": Gille übernahm das Amt des Ehrenvorstehers, sorgte für die Konsolidierung der Finanzen durch rücksichts-

---

in Eisenach vom 3. bis 8. August 1919, in: BBl 33/7 (1919), S. 101-104, BBl 33/8 (1919), S. 121-123. Elfriede Töpfer, Die Vereinigung der Burschenschaft der Ostmark mit der Deutschen Burschenschaft, Diss. phil. Wien 1940. Siegfried Damrau, Zum Gedenken an den 4. August 1919. Die Verschmelzung der Burschenschaft der Ostmark (B.d.O.) mit der Deutschen Burschenschaft, in: BBl 69/8 (1954), S. 229-230. Ernst Wilhelm Wreden, Die „*Deutsche Burschenschaft*" im ersten Nachkriegsjahr 1918/19, in: BBl 73/1 (1958), S. 3-7. Gustav Pawek, 100 Jahre Deutsche Burschenschaft in Österreich, in: BBl 74/4 (1959), S. 86-87, hier S. 87. Vgl. Jarausch, Studenten (wie Anm. 4), S. 123.
[54] Kunze, St. Pauli (wie Anm. 21), S. 134, 138-143. AGV Jena, Statuten des Akademischen Gesangvereins zu Jena, Jena 1863.

lose Schuldeneintreibung bei säumigen Mitgliedern, setzte gemeinsam mit Grimm den Ausschluß aller Verbindungsstudenten - die fünf letzten Germanen traten am 23. Februar 1869 aus -, den Duzcomment, einen wöchentlichen Kneipabend und die Überarbeitung der Satzung durch, die Anfang 1870 vollendet war.[55] Aus der „*losen Vereinigung*" war ein geschlossener Verein mit dem Namen „*Akademischer Gesangverein der Pauliner*" und ersten Tendenzen hin zu einer Verbindung geworden.[56] Bemerkenswert ist dabei, daß Gille selbst seit 1832 der Jenaischen Burschenschaft angehörte und 1865 Teilnehmer an deren 50-Jahr-Feier war.[57]

Die schwierigen Verhältnisse hatten keine Auswirkungen auf die jetzt fünfzig bis sechzig Mitglieder umfassende „*Aktivitas*". Dazu kamen noch zwischen zwanzig und 35 auswärtige Mitglieder, die nach einigen Semestern in Jena eine andere Hochschule bezogen: „*Der St.G.V.*[58] *zu St. Pauli ist semesterlang die stärkste Korporation Jenas gewesen.*" Bis zu 12 % aller Studenten waren Pauliner. Bereits 1871 entstand das Fuxmajorat, 1874 wurde eine Kneipordnung „*für das gesellige Leben*" aufgestellt, die im folgenden Jahr in Kraft trat und die „*Leibverhältnisse*" offiziell einführte.[59] Auch wenn nach der Spaltung des Gesangvereins in die Verbindung Rhenania, die spätere Landsmannschaft,[60] und einen neuen „*AGV zu St. Pauli*" 1881 letzterer sich strikt antikorporativ gab,

---

[55] Gille (1813-1899) gehörte zu Goethes Freundeskreis, an dessen Bahre er Totenwache hielt. Kunze, St. Pauli (wie Anm. 21), S. 101 f., 109 f., 113-120, 145 f., 310, 320. BAK, Bestd. DB 9 (wie Anm. 7): M. Burschenschafterlisten. Siehe die Liste im Anhang.

[56] Am 6. Februar 1871. Auch: AGV zu St. Pauli in Jena. Zumeist wird St. Pauli Jena kurz „*Paulus Jena*" genannt. Kunze, St. Pauli (wie Anm. 21), S. 145-147, 153 f. Wiegand, Paulus (wie Anm. 21), S. 256, 257. Reimann, Sängerschaften (wie Anm. 21), S. VIII, L, spricht vom „*AGV Paulus*", der 1874 in „*AGV der Pauliner*" umbenannt wurde. Lönnecker, Lehrer (wie Anm. 17), S. 198-199. Terzi, Sängerwesen (wie Anm. 41), S. 60, spricht von der korporativen Schließung im Jahr 1875.

[57] Siehe die Liste im Anhang.

[58] Studenten-Gesangverein.

[59] 5. November 1875. Kunze, St. Pauli (wie Anm. 21), S. 154 f., 223. Um 1870 wies St. Pauli im Semester 25 bis 35 Aktive auf, hinzu kamen acht bis zwanzig Füxe. Ebd., S. 159. ASZ 3 (1895), S. 44: St. Pauli umfaßte „*30 Mitglieder (außerdem 15 auswärtige.)[.] A.H.-Verband mit ca. 200 A.H.A.H.*". Im SS 1899 zählte St. Pauli 32 Aktive, im SS 1905 vierzig. Bernhard Schroeter, Leben und Streben dem Vaterland. Die Geschichte der Burschenschaft Germania zu Jena. Teil II: Von 1897-1995. Von Jena nach Jena. Festschrift zum 180. Stiftungsfest, Bd. 1: Kaiserreich, Weimarer Republik und Drittes Reich, Bd. 2: Nachkriegszeit und Bundesrepublik, Göttingen 1996, hier 1, S. 109, 136.

[60] Knittel, Böhm, 100 Jahre Landsmannschaft Rhenania-Jena 1862-1962 und Geschichte der Landsmannschaft „*Die Märker*" zu Jena 1881-1936, Marburg a. d. Lahn 1962.

so konnte er sich einer gewissen „*Vereinszucht*" doch nicht verschließen und kehrte recht schnell zu den Formen und Gebräuchen der früheren Jahre zurück: im Wintersemester 1882/83 trugen die Sänger bei öffentlichen Auftritten eine gestickte Lyra, am 29. Mai 1883 wurden das Fuxmajorat und die Kneipordnung bestätigt, am 4. Juli 1887 der Conkneipantenstatus eingeführt, 1888 der erste Wichs, die traditionelle Studententracht, angeschafft.[61] § 17 der Satzung von 1863 erwähnt erstmals passive, in Examensnähe stehende Mitglieder: Die „*Passivitätserklärung, d. h. die Befreiung vom regelmäßigen Besuch der Uebungen, spricht der Verein aus. Der für ‚passiv' Erklärte behält in Vereinsangelegenheiten seine Stimme und hat die Beiträge zu bezahlen.*"[62] Der Paragraph beschreibt praktisch den korporativen Inaktivenstatus, der dem Wortlaut nach jedoch erst 1888 eingeführt wurde.[63]

Das Nebeneinander zahlreicher Conventsbeschlüsse machte im Juli 1889 die Neufassung der Satzung notwendig, die bereits seit dem Wintersemester 1885/86 beraten wurde. Sie stützte sich auf die alte Satzung von 1870 und gelangte nach einem Zwischenschritt 1890 am 23. Januar 1895 zur endgültigen Annahme. Ihr wesentlicher Inhalt war die Vereinheitlichung des im Verein geltenden Rechts, der zwar dem Namen nach „*Studenten-Gesang-Verein*" blieb, der Form nach aber geschlossene Verbindung mit Lebensbund- und Conventsprinzip geworden war.[64] Nun war es endgültig nicht mehr möglich, „*Zweier Herren Diener*", zugleich Jenaischer Burschenschafter und Sänger zu sein.[65]

---

[61] Kunze, St. Pauli (wie Anm. 21), S. 183, 185, 223 f.

[62] AGV Jena, Statuten des Akademischen Gesangvereins zu Jena, Jena 1863. Kunze, St. Pauli (wie Anm. 21), S. 142.

[63] Kunze, St. Pauli (wie Anm. 21), S. 223. Vgl. Satzungen des Student. Gesangvereins zu St. Pauli in Jena, Jena 1890.

[64] Kunze, St. Pauli (wie Anm. 21), S. 225. Lönnecker, Lehrer (wie Anm. 17), S. 199. Reimann, Sängerschaften (wie Anm. 21), S. L: um 1890. Vgl. Satzungen des Student. Gesangvereins zu St. Pauli in Jena, Jena 1890.

[65] Die Formulierung stammt aus dem Protokoll des Bundestages der Deutschen Sängerschaft (DS): Nach dem DS-Austritt Chattia Marburgs – sie wurde Landsmannschaft – am 3./5. Mai 1924 erfolgte die Aufforderung des Verbands Alter Sängerschafter (VAS) an den Altherrenverband Chattias bis zum Ablauf des SS 1924 „*bestimmt zu erklären*", ob die Alten Herren „*dem VAS. angehören* [...] *wollen*". DS-Archiv Göttingen (künftig zit.: DSA), 1.1.1. 4: Protokolle des Bundestages, BT v. 11.-13. Juni 1924. DSA, 2.3. 108: Vorstand des VAS, Studienrat Emil Beger, Leipzig, Verbandstage des VAS, VT v. 11.-13. Juni 1924. DSA, 2.3. 109: Vorstand des VAS, Studienrat Emil Beger, Leipzig, Verbandstage des VAS, VT v. 11.-13. Juni 1924. DSA, 2.3. 110: Protokolle verschiedener Leitungsgremien des VAS, VT v. 11.-13. Juni 1924. DSA, 2.3. 111: Vorstand des VAS, Verbandstage des VAS, VT v. 11.-13. Juni 1924. Beschlüsse des 5. Verbandstages des VAS., Weimar, 11.

bis 13. Juni 1924, in: Mitteilungen der DS 6 (1924), S. 2. Die Frage war 1927 immer noch nicht geklärt, der VAS bestätigte aber, daß „kein AH. oder EAH. [...] zugleich L! Chattia" angehören könne. Er wollte die Angelegenheit durch den Verbandstag 1928 klären lassen. DSA, 2.3. 108: Vorstand des VAS, Studienrat Emil Beger, Leipzig, Verbandstage des VAS, VT v. 8. Juni 1927. DSA, 2.3. 109: Vorstand des VAS, Studienrat Emil Beger, Leipzig, Verbandstage des VAS, VT v. 8. Juni 1927. DSA, 2.3. 110: Protokolle verschiedener Leitungsgremien des VAS, VT v. 8. Juni 1927. DSA, 2.3. 111: Vorstand des VAS, Verbandstage des VAS, VT v. 8. Juni 1927. Emil Beger, Beschlüsse des 8. ordentlichen Verbandstages des VAS am 8. Juni 1927 in Weimar, in: DS 8 (1927), S. 224-225, hier S. 225. DSA, 2.2. 105: Rundschreiben des Vorstandes des VAS, Rundschreiben Nr. 1 v. November 1927. Die Sängerschaft Baltia Kiel unterstützte Chattia in der Frage der Doppelmitgliedschaft Alter Herren in DS und Deutscher Landsmannschaft. DSA, 2.2. 105: Rundschreiben des Vorstandes des VAS, Rundschreiben Nr. 2 v. November 1927. Die DS entschied schließlich 1928, es könne keine Mitgliedschaft eines Sängerschafters in anderen Verbänden geben. DSA, 1.1.1. 4: Protokolle der Bundestage, BT v. 30.-31. Mai 1928. DS 3 (1928), S. 91-93. Dem schloß sich der VAS an. DSA, 2.3. 108: Vorstand des VAS, Studienrat Emil Beger, Leipzig, Verbandstage des VAS, VT v. 29. Mai 1928. DSA, 2.3. 109: Vorstand des VAS, Studienrat Emil Beger, Leipzig, Verbandstage des VAS, VT v. 29. Mai 1928. DSA, 2.3. 110: Protokolle verschiedener Leitungsgremien des VAS, VT v. 29. Mai 1928. DSA, 2.3. 111: Vorstand des VAS, Verbandstage des VAS, VT v. 29. Mai 1928. DSA, 2.3. 112: Vorstand des VAS, Vorbereitung des 9. Verbandstages des VAS 1928, Oktober 1927-Mai 1928. Felix Steudner, Verbandstag des V.A.S. in Weimar am 29. 5. 1928, in: [Breslauer] Leopoldiner-Zeitung 25/3 (1928), S. 61-63.

Jenaische Burschenschafter und Sänger 1828-1849[66]

1. ANDREAE, Friedrich Wilhelm, * Stotternheim b. Erfurt 22. 5. 1810, theol., Jena 1830-1833, Burschenschaft, SS 1832 auch Mitglied des AGV (S! St. Pauli) Jena, Pfarrer und Adjunkt in Stotternheim, dann in Weida, 14.-16. 8. 1865 Teilnehmer an der 50-Jahr-Feier der Jenaischen Burschenschaft, † Weida 11. 8. 1881.
2. ARNOLD, Gustav Ernst, * Möhra 27. 12. 1819, theol. et philol., Jena 1840-1843, Burschenschaft auf dem Fürstenkeller, WS 1840/41 auch Mitglied des AGV (S! St. Pauli) Jena, Leiter eines Knabeninstituts und einer Schule in Crajova in der Walachei, † Badeort Paraja in Siebenbürgen 4. 8. 1895.
3. AVÉ-LALLEMANT, Friedrich Christian Benedikt (Dudel), * Lübeck 23. 5. 1809, Bruder des nachfolgenden, iur., Jena 1830, Burschenschaft Arminia, SS 1832 auch Mitglied des AGV (S! St. Pauli) Jena, Dr. iur., Polizeiaktuar, Hofrat, Schriftsteller in Lübeck und Berlin, † Marienfelde b. Berlin 20. 7. 1892.
4. AVÉ-LALLEMANT, Heinrich Georg Friedrich Ludwig, * Lübeck 27. 7. 1807, Bruder des vorhergehenden, theol., Jena 1829, Burschen-

---

[66] Bei den angegebenen Personen handelt es sich um Burschenschafter, doch ist die Zugehörigkeit zu einer bestimmten Burschenschaft oft nicht nachweisbar, so nach der Trennung der Jenaischen Burschenschaft in Arminia und Germania am 26. November 1830, die sich am 26. Januar 1832 zur „*Vereinigten Burschenschaft*" zusammenschließen und sich am 13. Juli 1832 wiederum in Arminia und Germania spalten. Erstere löst sich im SS 1833 auf, letztere am 22. Januar 1833. Fortsetzung der Arminia ist die „*Gesellschaft bzw. Burschenschaft auf dem Burgkeller*", von der sich am 28. Januar 1840 die Burschenschaft auf dem Fürstenkeller abspaltet. Ein Teil der Fürstenkelleraner kehrt am 22. Februar 1843 zum Burgkeller zurück, ein anderer gründet die Burschenschaft auf dem Bären, die am 25. August 1844 im Burgkeller aufgeht. Einige vom Burgkeller durch Scheinauflösung ausgeschlossene Mitglieder gründen am 28. Februar 1845 die Burschenschaft Teutonia, deren Mehrheit am 14. März 1848 in den Burgkeller zurückkehrt. Die Minderheit setzt am 17. März 1848 die Teutonia fort. Der Fürstenkeller spaltet sich am 6. Dezember 1846, ein Teil der Mitglieder geht im Herbst 1847 zum Burgkeller, die anderen gründen am 13. Dezember 1846 die Burschenschaft Germania. Ausgetretene Burgkelleraner und andere Studenten gründen am 19. Juli 1848 den Progreßklub, aus dem am 23. August 1849 die Burschenschaft Arminia hervorgeht. Sie löst sich am 9. März 1851 auf. Der Burgkeller, der sich seit diesem Tag wieder Burschenschaft nennt, ändert am 4. August 1859 seinen Namen in „*Jenaische Burschenschaft Arminia auf dem Burgkeller*". - Auf Einzelnachweise zu den Personen wurde verzichtet. Siehe demnächst: Harald Lönnecker, Burschenschafterliste Jena 1829-1846. - In der fraglichen Zeit lassen sich nur zwei Corpsstudenten nachweisen, die auch Sänger waren: Otto Weinschenk, oec., aus Magdeburg, WS 1844/45-WS 1845/46 Mitglied des AGV Jena, 1845 auch Corps Guestphalia, und Ottokar Alfred Keyßner, med., aus Meiningen, SS 1851-SS 1854 Mitglied des AGV Jena, 1853 auch Corps Saxonia, † 1887 in Meiningen als Arzt. Kunze, St. Pauli (wie Anm. 21), S. 316, Nr. 266, S. 318, Nr. 317. Gerlach, Corps-Listen (wie Anm. 18), S. 749, Nr. 63, S. 763, Nr. 233.

schaft Arminia, SS 1832 auch Mitglied des AGV (S! St. Pauli) Jena, Pastor in Rio de Janeiro in Brasilien, dann in Warnemünde b. Rostock, † Lübeck 26. 12. 1876.
5. BACH, Friedrich Bernhard Christian Theodor, * Ohrdruf i. Thür. 21. 10. 1819, theol., Jena 1838-1841, Burschenschaft, SS 1840 auch Mitglied des AGV (S! St. Pauli) Jena, Subrektor und Diakon am Gymnasium Gleichense in Ohrdruf, † Ohrdruf 16. 6. 1862.
6. BADER, Bernhard Wilhelm, * Mühlhausen i. Thür. 8. 10. 1814, iur., Jena 1832-1833, Burschenschaft, SS 1832 auch Mitglied des AGV (S! St. Pauli) Jena, Kriegsgerichtsrat, Ritter des Roten Adlerordens in Mühlhausen, † Mühlhausen 8. 1. 1891.
7. BECK, Christian Wilhelm Franz, * Werningshausen i. Thür. 1. 10. 1816, theol., Jena 1838-1841, Burschenschaft, SS 1838 auch Mitglied des AGV (S! St. Pauli) Jena, Pfarrer in Werningshausen, † Sondershausen 29. 6. 1894.
8. BÖTTICHER, Hans Adam, * Mühlhausen i. Thür. 4. 8. 1811, theol., Jena 1831-1833, Vereinigte Burschenschaft, SS 1832 auch Mitglied des AGV (S! St. Pauli) Jena, Pfarrer in Görmar b. Mühlhausen, Schwager von Richard Hand, † Görmar 1849.
9. BOHN, Julius August, * Gotha 17. 8. 1810, theol., Jena 1830-1833, Burschenschaft, WS 1832/33 auch Mitglied des AGV (S! St. Pauli) Jena, Pfarrer in Ballstädt b. Gotha, † Ballstädt 8. 10. 1873.
10. BROCKE, Friedrich Wilhelm, * Breitenbach i. Schwarzburg 27. 3. 1810, iur., Jena 1830-1833, Burschenschaft Arminia, SS 1832 auch Mitglied des AGV (S! St. Pauli) Jena, † ?.
11. CURTH, Ernst Wilhelm, * Sättelstedt b. Gotha 10. 1. 1807, theol., Jena 1831-1834, Burschenschaft, SS 1832 auch Mitglied des AGV (S! St. Pauli) Jena, † ?.
12. ELLE, Friedrich Eduard Konstantin, * Berka a. d. Ilm 28. 3. 1819, theol., Jena 1839-1842, Burschenschaft, WS 1839/40 auch Mitglied des AGV (S! St. Pauli) Jena, Dr. phil., Bacc. theol., Superintendent, Pfarrer in Vippachedelhausen b. Weimar, † Vippachedelhausen 16. 10. 1889; der Enkel wurde 1903 Pauliner.
13. FISCHER, Julius Konstantin, * Buttstädt 30. 5. 1810, iur., Jena 1829-1832, Burschenschaft, WS 1829/30 auch Mitglied des AGV (S! St. Pauli) Jena, Rechtsanwalt in Buttstädt, Kreisgerichtsrat in Eisenach, † Eisenach 2. 8. 1877.
14. FROHWEIN, Friedrich Albert, * Buttstädt 10. 11. 1810, theol., Jena 1831-1834, Burschenschaft, SS 1832 auch Mitglied des AGV (S! St. Pauli) Jena, Diakon in Neustadt a. d. Orla, Pfarrer in Hardisleben b.

Buttstädt, † Hardisleben (oder Neustadt a. d. Orla?) 21. 2. 1863 (oder 8. 1. 1841?).
15. **GILLE**, Karl, * Jena 8. 10. 1813, iur., Jena 1832-1836, Burschenschaft, 1833 in Heidelberg, WS 1832/33 auch Mitglied des AGV (S! St. Pauli) Jena, Dr. iur., Dr. phil. h. c., 1842 Oberamtsgerichtssekretär, Geheimer Hof- und Justizrat, Oberappellationsgerichtsrat in Jena, befreundet mit Johann Wolfgang von Goethe und Franz Liszt, den er zu seinem ersten Akademischen Konzert am 5. Februar 1844 in Jena bewegte, 14.-16. 8. 1865 Teilnehmer an der 50-Jahr-Feier der Jenaischen Burschenschaft, 26. 9. 1895 Ehrenbürger von Jena, † Ilmenau 7. 8. 1899; sein Sohn Viktor, Oberstabsarzt in Metz, wurde im WS 1864/65 Pauliner.
16. **HAESER**, Heinrich, * Rom 15. 10. 1811, med., Jena 1830-1834, Burschenschaft, SS 1832 Mitglied, 1835 Ehrenmitglied des AGV (S! St. Pauli) Jena, 1836 Privatdozent in Jena, 1839 Professor, 1849 in Greifswald, 1862 Professor und Geheimer Medizinalrat in Breslau, † Breslau 13. 9. 1884.
17. **HAND**, Richard, * Jena 16. 2. 1823, iur., Jena 1843-1847, Burschenschaft auf dem Fürstenkeller, WS 1844/45 auch Mitglied des AGV (S! St. Pauli) Jena, 1850 Auditor, Schwager von Hans Adam Bötticher, † ?.
18. **HANGARTNER**, Johann, * Altstätten, Kanton St. Gallen/Schweiz um 1818, philol., Jena 1838, Burschenschaft, SS 1838 auch Mitglied des AGV (S! St. Pauli) Jena, † ?.
19. **HORN**, Friedrich (Fritz), * Badresch i. Meckl. um 1830, med., dann iur., Jena 1849, Ehrenmitglied der Burschenschaft Germania, SS 1849 auch Mitglied des AGV (S! St. Pauli) Jena, Dr. phil., Schriftsteller in Berlin, 1.-3. 8. 1883 Teilnehmer an der Einweihungsfeier des Burschenschaftsdenkmals in Jena, † Berlin 1895.
20. **HUSCHKE**, Friedrich August, * Winterstein 23. 10. 1808, iur., Jena 1831-1834, Burschenschaft, WS 1832/33 auch Mitglied des AGV (S! St. Pauli) Jena, Justizamtmann und Oberrichter in Ohrdruf, † Ohrdruf 13. 12. 1886.
21. **KANOLDT**, Christian Friedrich, * Oßmannstedt 1809, pharm., Jena 1831-1833, Burschenschaft, SS 1832 auch Mitglied des AGV (S! St. Pauli) Jena, Apotheker in Großrudestedt, zuletzt Rentner in Jena, 14.-16. 8. 1865 Teilnehmer an der 50-Jahr-Feier der Jenaischen Burschenschaft, † Jena 19. 7. 1866.
22. **KELLNER**, Johann August, * Zöllnitz b. Jena 11. 10. 1814, mathem., Jena 1837-1840, Burschenschaft auf dem Burgkeller, dann Fürsten-

keller, SS 1838 auch Mitglied des AGV (S! St. Pauli) Jena, Regierungskanzlist in Altenburg i. Thür., † Altenburg 5. 12. 1860.
23. **KÖNIG**, *Otto* Karl Christian (Vetter), * Blomberg i. Lippe 18. 10. 1821, iur., Jena 1839-1840, Burschenschaft auf dem Burgkeller, dann Fürstenkeller, WS 1839/40 auch Mitglied des AGV (S! St. Pauli) Jena, 1840/41 in Heidelberg, 1843 Amtsauditor im Amt Bückeburg und Arensburg im Fürstentum Schaumburg-Lippe, 1849 Amtsassessor (bis 1859), 1870 Hofkammer-Consolent und Hofkammer-Anwalt in Bückeburg, Finanzrat, 1872 Hofkammerrat und Mitglied der Hofkammer, 1876 Geheimer Kammerrat, 1886 Hofkammerpräsident in Bückeburg, Mitglied des Landtags von Schaumburg-Lippe, Mitglied und Berichterstatter der Finanzkommission des Landtags sowie „*Mitglied aller Kommission, in denen juristischer Beirath erwünscht oder nothwendig war*", Mitglied des Verwaltungsrates der Niedersächsischen Bank, zahlreiche Auszeichnungen, † Bückeburg 16. 10. 1893.
24. **KORMANN**, Bruno, * Blankenhain i. Thür. 6. 1. 1812, theol., Jena 1832-1835, Burschenschaft, SS 1833 auch Mitglied des AGV (S! St. Pauli) Jena, Pfarrer in Löberschütz b. Jena, 14.-16. 8. 1865 Teilnehmer an der 50-Jahr-Feier der Jenaischen Burschenschaft, † Naschhausen b. Dornburg 28. 2. 1900.
25. **KRAF(F)T**, Johann Christian Wilhelm, * Lobeda b. Jena 16. 12. 1807, theol., Jena 1831-1834, Burschenschaft, SS 1832 auch Mitglied des AGV (S! St. Pauli) Jena, bis 1880 Pfarrer in Mattstedt, 14.-16. 8. 1865 Teilnehmer an der 50-Jahr-Feier der Jenaischen Burschenschaft, † Jena nach 1880.
26. **KÜHN**, Karl Friedrich, * Gehren i. Thür. 23. 7. 1809, iur., Jena 1830-1834, Burschenschaft, SS 1832 auch Mitglied des AGV (S! St. Pauli) Jena, Regierungsadvokat in Gehren, † Gehren 22. 4. 1840.
27. **KUNHARDT**, Karl Hermann, * Hamburg 30. 1. 1816, theol., Jena 1836-1838, Burschenschaft, SS 1836 auch Mitglied des AGV (S! St. Pauli) Jena, Prediger in Buxtehude, † Buxtehude 20. 11. 1864.
28. **LANGE**, Johann Georg Karl, * Weimar 1805, philol., Jena 1824-1827, Burschenschaft, Universitätsamtmann und Rechnungsrat in Jena, 1835 Ehrenmitglied des AGV (S! St. Pauli) Jena, 14.-16. 8. 1865 Teilnehmer an der 50-Jahr-Feier der Jenaischen Burschenschaft, † Jena 6. 9. 1874.
29. **LERZ**, Johann Christian, * Schwarza b. Blankenhain i. Thür. 8. 1. 1810, theol., Jena 1832-1835, Burschenschaft Arminia, SS 1832 auch Mitglied des AGV (S! St. Pauli) Jena, Pfarrer in Weida, † Weida 6. 1. 1871.

30. LISIESKY, Valentin Florentin von, * Wierzenira i. Posen 13. 9. 1812, iur., Jena 1831-1834, Burschenschaft, SS 1832 auch Mitglied des AGV (S! St. Pauli) Jena, † ?.
31. LOSSIUS, Friedrich Ernst *Hermann*, * Krauthain b. Weimar 2. 6. 1813, theol., Jena 1833-1836, Burschenschaft, SS 1833 auch Mitglied des AGV (S! St. Pauli) Jena, Pfarrer in Schöten b. Apolda, 14.-16. 8. 1865 Teilnehmer an der 50-Jahr-Feier der Jenaischen Burschenschaft, † Schöten 19. 9. 1870.
32. MACHELEIDT, Christian Karl, * Rohrbach b. Döschnitz 11. 3. 1808, med., Jena 1828-1833, Burschenschaft Arminia, SS 1832 auch Mitglied des AGV (S! St. Pauli) Jena, † ?.
33. MALSCH, *Adolf* Christian Wilhelm, * Ruhla b. Eisenach 29. 4. 1810, theol., Jena 1832-1835, Burschenschaft, SS 1833 auch Mitglied des AGV (S! St. Pauli) Jena, † ?.
34. MÜLLER, Paul Friedrich, * Coburg 16. 2. 1818, theol., Jena 1838-1841, Burschenschaft, SS 1838 auch Mitglied des AGV (S! St. Pauli) Jena, Archidiakon zu St. Moritz und Garnisongeistlicher in Coburg, † Coburg 27. 11. 1879.
35. NITZSCHE, August, * Altenburg i. Thür. um 1816, med., Jena 1836-1838, Burschenschaft, SS 1837 auch Mitglied des AGV (S! St. Pauli) Jena, praktischer Arzt und Militärchirurg in Altenburg i. Thür., 14.-16. 8. 1865 Teilnehmer an der 50-Jahr-Feier der Jenaischen Burschenschaft, † Altenburg ?.
36. NITZSCHE, Karl Alexander, * Buttstädt i. Thür. 8. 3. 1811, theol., dann med., Jena 1832-1837, Burschenschaft, SS 1832 auch Mitglied des AGV (S! St. Pauli) Jena, Dr. med., praktischer Arzt und Amtsphysikus in Weida, 14.-16. 8. 1865 Teilnehmer an der 50-Jahr-Feier der Jenaischen Burschenschaft, † Weida 1. 5. 1866.
37. NITZSCHE (auch: Nietzsche), Hermann Friedrich Theodor, * Nirmsdorf b. Weimar 11. 5. 1816, theol., Jena 1837-1841, Burschenschaft, SS 1838 auch Mitglied des AGV (S! St. Pauli) Jena, Landwirt, Rentner in Nirmsdorf, † Plauen i. Vogtland 9. 6. 1901.[67]
38. ORTLEB, Wilhelm, * Tüttleben b. Gotha 13. 6. 1811, theol., Jena 1832-1835, Burschenschaft, SS 1833 auch Mitglied des AGV (S! St. Pauli) Jena, Pfarrer in Pfullendorf b. Gotha, † Pfullendorf 17. 2. 1881.

---

[67]Kunze, St. Pauli (wie Anm. 21), S. 314, Nr. 210: Albert August Theodor oder Hermann Friedrich Theodor. Siehe auch Gerlach, Corps-Listen (wie Anm. 18), S. 761, Nr. 131, der einen Albert Nietzsche, 1838 Mitglied des Corps Saxonia, als Justizamtmann in Dermbach nennt.

39. PETER, Justus Konrad, * Friedelshausen b. Meiningen 6. 2. 1820, theol. et philol., Jena 1840-1843, Burschenschaft auf dem Fürstenkeller, WS 1840/41 auch Mitglied des AGV (S! St. Pauli) Jena, Student in Jena, † Jena 29. 8. 1843 (ertrank beim Baden in der Saale).
40. PLEIßNER, Waldemar (auch: Woldemar), * Reichstädt b. Altenburg i. Thür. 15. 5. 1813, iur., Jena 1833-1837, Burschenschaft, WS 1833/34 auch Mitglied des AGV (S! St. Pauli) Jena, Kriminalgerichtsassessor in Altenburg i. Thür., 14.-16. 8. 1865 Teilnehmer an der 50-Jahr-Feier der Jenaischen Burschenschaft, † Altenburg 4. 2. 1882; sein Bruder Oskar, SS 1837 in Jena († Schmölln 5. 11. 1882 als Dr. med. und Arzt), war gleichfalls Pauliner, aber wohl kein Burschenschafter.
41. POHLMANN GEN. LIEBERKÜHN, Wilhelm Ernst Ferdinand, * Kranichborn i. Thür. 14. 3. 1810, theol., Jena 1831-1836, Burschenschaft, WS 1832/33 auch Mitglied des AGV (S! St. Pauli) Jena, Dr., Professor am Gymnasium in Weimar, † Weimar 28. 4. 1862.
42. POL(L)ACK, Georg Karl, * Waltershausen 25. 6. 1812, med., Jena 1835-1841, Burschenschaft, SS 1835 auch Mitglied des AGV (S! St. Pauli) Jena, Dr. med., Stadt- und Amtsphysikus in Waltershausen, 14.-16. 8. 1865 Teilnehmer an der 50-Jahr-Feier der Jenaischen Burschenschaft, † Waltershausen 4. 12. 1882.
43. REINECKE, Johann *Heinrich,* * Wallstedt b. Braunschweig 9. 7. 1810, theol., Jena 1831-1834, Burschenschaft, SS 1832 auch Mitglied des AGV (S! St. Pauli) Jena, † Amerika ?.
44. RÖSEL, Friedrich Valentin, * Münchenbernsdorf b. Gera 26. 5. 1820, theol., Jena 1841-1844, Burschenschaft auf dem Fürstenkeller, SS 1841 auch Mitglied des AGV (S! St. Pauli) Jena, Pfarrer in Kielitz, † Kielitz 20. 7. 1888.
45. ROI, Heinrich Ernst Friedrich du, * Hötzum i. Braunschweig 15. 5. 1812, theol., Jena 1831-1833, Vereinigte Burschenschaft, WS 1832/33 auch Mitglied des AGV (S! St. Pauli) Jena, Pastor in Remlingen b. Braunschweig, † Hessen i. Braunschweig 5. 3. 1891.
46. SCHÄFER, Johann *Wilhelm,* * Berka a. d. Werra 21. 10. 1810, theol., Jena 1830-1833, Burschenschaft, SS 1832 auch Mitglied des AGV (S! St. Pauli) Jena, Pfarrer in Lauchröden, dann in Neumark b. Wiemar, 14.-16. 8. 1865 Teilnehmer an der 50-Jahr-Feier der Jenaischen Burschenschaft, † Weimar 8. 3. 1895.
47. SCHEDE, Wilhelm Julius, * Zwätzen b. Jena 16. 7. 1811, theol., Jena 1830-1833, Burschenschaft, SS 1832 auch Mitglied des AGV (S! St. Pauli) Jena, Pfarrer und Adjunkt in Zwätzen, dann in Niederröblingen, 14.-16. 8. 1865 Teilnehmer an der 50-Jahr-Feier der Jenaischen

Burschenschaft, † Sangerhausen 1. 12. 1886; sein Sohn Georg († Valparaiso/Chile 1885 als Gesandtschaftsprediger) wurde im SS 1866 Pauliner.

48. SCHILLBACH, Ernst Ludwig, * Pfuhlsborn b. Apolda 25. 11. 1825, med., Jena 1846-1850, Burschenschaft, Dr. med., Professor in Jena, 14.-16. 8. 1865 Teilnehmer an der 50-Jahr-Feier der Jenaischen Burschenschaft, 1.-3. 8. 1883 Teilnehmer an der Einweihungsfeier des Burschenschaftsdenkmals in Jena, 1885 Ehrenmitglied des AGV (S! St. Pauli) Jena, † Jena 29. 4. 1898; sein Sohn Ernst, Generaloberarzt und Großherzoglicher Leibarzt in Neustrelitz, wurde im SS 1883 Pauliner, sein Sohn Hans, Bergwerksdirektor in Rastenberg b. Billroda-Kahlwinkel, im SS 1886, sein Sohn Horst, Fabrikdirektor in Kassel, im SS 1889.

49. SCHMID, Ernst Erhardt, * Hildburghausen 22. 5. 1815, philol., Jena 1833-1839, Burschenschaft, WS 1833/34 auch Mitglied des AGV (S! St. Pauli) Jena, Dr. phil., Professor, Geheimer Hofrat, Direktor der Mineralogischen Anstalten und des Physiologischen Instituts in Jena, 14.-16. 8. 1865 Teilnehmer an der 50-Jahr-Feier der Jenaischen Burschenschaft, 1.-3. 8. 1883 Teilnehmer an der Einweihungsfeier des Burschenschaftsdenkmals in Jena, † Jena 16. 2. 1885.

50. SCHNAUBERT, Franz, * Jena 23. 7. 1810, iur., dann cameral., Jena 1830, Burschenschaft Arminia, SS 1833 auch Mitglied des AGV (S! St. Pauli) Jena, † ?.

51. SCHÖNFELD, August Karl Wilhelm, * Almena i. Lippe 14. 8. 1812, iur., Jena 1832-1835, Burschenschaft, WS 1833/34 auch Mitglied des AGV (S! St. Pauli) Jena, Rechnungsrat in Detmold, 14.-16. 8. 1865 Teilnehmer an der 50-Jahr-Feier der Jenaischen Burschenschaft, † Detmold 19. 2. 1881.

52. SCHÜLER, Franz Hugo, * Neustadt a. d. Orla 16. 4. 1821, iur., Jena 1840-1843, Burschenschaft auf dem Fürstenkeller, SS 1840 auch Mitglied des AGV (S! St. Pauli) Jena, Konditor in Neustadt a. d. Orla, † Neustadt 4. 3. 1862.

53. SCHUMANN, Johann Georg, * Mühlhausen i. Thür. um 1810, theol., Jena 1832, Burschenschaft, auch in Halle und dort Mitglied der Burschenschaft, SS 1832 auch Mitglied des AGV (S! St. Pauli) Jena, Pfarrer in Bottmersdorf b. Wanzleben/Prov. Sa., † Bottmersdorf 26. 6. 1881.

54. SCHWENKENBECHER, Johann Friedrich, * Thangelstedt b. Weimar 28. 4. 1808, theol., Jena 1830-1833, Burschenschaft Arminia, SS 1832 auch Mitglied des AGV (S! St. Pauli) Jena, Pfarrer in Eckstedt, Superintendent in Großrudestedt, Kirchenrat in Erfurt, 14.-16. 8.

1865 Teilnehmer an der 50-Jahr-Feier der Jenaischen Burschenschaft, † Großrudestedt 1871.
55. STARK, Friedrich Leopold, * Olbersleben b. Apolda 21. 7. 1808, theol., Jena 1830-1833, Burschenschaft, SS 1830 auch Mitglied des AGV (S! St. Pauli) Jena, Pfarrer in Markwippach b. Weimar, † Markwippach 26. 8. 1860.
56. STUMPF, Johann Adolf Ferdinand, * Weimar 22. 11. 1806, iur., Jena 1829-1830, Burschenschaft, SS 1832 auch Mitglied des AGV (S! St. Pauli) Jena, 1858 angeblich Kreisgerichtssekretär in Weimar, † ?.
57. TREBITZ, Johann Christian *Karl,* * Jena 28. 2. 1818, theol., Jena 1836-1840, Burschenschaft auf dem Burgkeller – dort Führer der *„Partei der Neutralen"* –, dann Fürstenkeller, WS 1836/37 auch Mitglied des AGV (S! St. Pauli) Jena, Hauslehrer in Augsburg und Westfalen, 1853 Pfarrer in Wolmuthausen i. d. Hochrhön, 1860 in Beutnitz b. Jena, 1876 in Niedergrunstedt b. Weimar, Führer der deutschen Sängerbewegung, Dichter und Schriftsteller, 14.-16. 8. 1865 Teilnehmer an der 50-Jahr-Feier der Jenaischen Burschenschaft, † Weimar 30. 11. 1884.
58. VOIGT, Gustav Theodor, * Eisenberg i. Thür. 3. 11. 1821, theol., Jena 1844-1847, Burschenschaft, SS 1844 auch Mitglied des AGV (S! St. Pauli) Jena, Dr. phil., Gymnasialprofessor, Konrektor in Eisenberg, † Eisenberg 3. 1. 1890.
59. WAGNER, Hermann Alexander, * Altenburg i. Thür. 26. 2. 1808, iur., Jena 1828-1830, Burschenschaft, 1828 auch Mitglied des AGV (S! St. Pauli) Jena, Kanzleirat in Altenburg, † Altenburg 3. 1. 1877.
60. WEHNER, Ernst, * Salzungen 8. 1. 1821, theol. et philol., Jena 1840-1843, Burschenschaft auf dem Burgkeller, später Arminia, WS 1840/41 auch Mitglied des AGV (S! St. Pauli) Jena, Rektor und Superintendent in Sonneberg a. Thür. Wald, Kirchenrat, 14.-16. 8. 1865 Teilnehmer an der 50-Jahr-Feier der Jenaischen Burschenschaft, † Sonneberg 22. 7. 1888.
61. WÜNSCHER, Friedrich Gottlieb Ludwig (Louis), * Apolda 28. 4. 1821, iur., Jena 1842-1844, Burschenschaft auf dem Fürstenkeller, SS 1844 auch Mitglied des AGV (S! St. Pauli) Jena, Rechtsanwalt und Notar in Apolda, † Apolda 14. 5. 1883.
62. WUNDER, Friedrich Albert *Leopold,* * Heusdorf b. Apolda 1814, med., Jena 1832-1839, Burschenschaft, SS 1833 auch Mitglied des AGV (S! St. Pauli) Jena, Dr. med., praktischer Arzt in Chemnitz, dann in Kolditz i. Sa., 14.-16. 8. 1865 Teilnehmer an der 50-Jahr-Feier der Jenaischen Burschenschaft, † Kolditz Januar 1883.

63. **ZOLLIKOFER**, Georg Kaspar, * St. Gallen/Schweiz um 1817, theol., Jena 1837-1839, Burschenschaft, SS 1837 auch Mitglied des AGV (S! St. Pauli) Jena, Pfarrer in Marbach b. St. Gallen, † Marbach 26. 4. 1895.

Freimaurerei und Burschenbrauch
Kontinuität von Ordenstraditionen im Korporationsstudententum

Peter Kaupp

Zu lange hat sich die burschenschaftliche Geschichtsforschung auf die Zeit der nationalen Erhebung ab 1813 konzentriert, so daß das studentische Sozietätswesen des 18. Jahrhunderts entweder unbeachtet blieb oder auf die bloße Vorgeschichte der Burschenschaft reduziert wurde.[1] Eine Konzentration auf die Stichjahre 1806 und 1813-1815 wird aber der Kontinuität der studentischen Organisationsbestrebungen keineswegs gerecht. Wenn man sich etwas intensiver mit der Geschichte des deutschen Korporationsstudententums befaßt, muß man registrieren, daß *jede* neue Form studentischer Zusammenschlüsse trotz aller Reformen und Anpassungen an den jeweiligen Zeitgeist immer etwas von den Zielsetzungen, den Organisationsstrukturen und dem Brauchtum ihrer Vorgängerinnen übernommen hat - die einen mehr, die anderen weniger, mit unterschiedlichen Akzenten und keineswegs immer bewußt. Auch die Burschenschaft steht in einer Tradition, die von den mittelalterlichen Nationes über die alten und neuen Landsmannschaften (aus denen sich später die Corps entwickelten) sowie die studentischen Orden bis zur bunten Vielfalt des zumeist im 19. Jahrhundert entstandenen deutschen Korporationsstudententums reicht. Diese Kontinuität zu erkennen ist oft deshalb schwierig, weil *„alle diese Verbindungen jeweils aufs energischste den völligen moralischen Neubeginn gegenüber ihren Vorgängern für sich beanspruchten"*[2] Ungeachtet ihrer von hohem Idealismus getragenen gesamtdeutsch-vaterländischen und moralischen Zielsetzungen war auch die 1815 in Jena gegründete Urburschenschaft kein *„Dem ex Machina, der plötzlich auftauchte mit völlig neuen Ideen, alles reformierend und verdrängend, was an ‚sitten- und vaterlandslosem' Studententum vor 1815 existiert hatte".*[3]

Zu lange hat die burschenschaftliche Geschichtsforschung die Reformleistungen der seit der Jahrhundertwende rekonstituierten *neuen* Lands-

---

[1] Vgl. Hardtwig, Wolfgang: Die Burschenschaften zwischen aufklärerischer Sozietätsbewegung und Nationalismus. Ein Beitrag zu einem Forschungsproblem. In: Aufklärung-Vormärz-Revolution, Bd. 4, 1984, S. 46-55. -Ders., Studentische Mentalität-Politische Jugendbewegung-Nationalismus. Die Anfänge der deutschen Burschenschaft, in: Historische Zeitschrift, Bd. 242,1986, H. 3, S. 581-628.
[2] Bauer, Jens, und Riederer, Joachim: Zwischen Geheimnis und Öffentlichkeit. Jenaer Freimaurerei und studentische Geheimgesellschaften, Jena und Erlangen 1991, S. 85.
[3] Hümmer, Hans Peter: Tradition und Zeitgeist an der Wiege der Burschenschaft. Eine Bestandsaufnahme aus corpsstudentischer Sicht, in: Einst und Jetzt 37 (1992), S. 93.

mannschaften verkannt, die Bedeutung der studentischen Orden unterschätzt und den Mythos eines *vor* Gründung der Burschenschaft vaterlandslosen ausschweifenden Studentenlebens gepflegt. Wie die alten Landsmannschaften von den Orden so wurden später die Burschenschaften von den neuen Landsmannschaften (aus deren Reihen ja zahlreiche ihrer Gründer stammten) beeinflußt, obwohl die Jenaer Burschenschaft in ihrer Verfassung von 1815 ausdrücklich festlegte: *„§248. Landsmannschaften und Orden als solche werden gar nicht geduldet, und ihr Emporkommen ist auf die zweckmäßigste Art zu verhindern. §249. Bei dem Zusammentreffen mit Individuen von Landsmannschaften und Orden muß man besonders Acht haben auf etwaige geheime Unterstützung und Ränke derselben, um dagegen die besten und zweckmäßigsten Mittel anzuwenden".*[4]

Dabei waren zwei ihrer geistigen Wegbereiter, Arndt und Jahn, vormals selbst Mitglieder studentischer Orden! Manches von den sittlich-vaterländischen Zielsetzungen der Burschenschaft war schon in einigen freimaurerisch beeinflußten Orden, aber auch in einigen progressiven neuen Gesellschaften (z. B. Onoldia ab 1798) und Landsmannschaften der Jahre 1810-1812 angelegt. *„Nichts [wollen wir] für höher erkennen als das Vaterland und unsere Ehre und die Freiheit",* schrieb etwa Theodor Körner, vormals Senior der Berliner Landsmannschaft Guestphalia, 1811 an seine Westfalen. *„Schande und Schimpf über den, der nicht sein Leben in die Schanze wirft für diese Dreifaltigkeit".*[5] Die Landsmannschaften des 19. Jahrhunderts *„waren in ihrer Wirkung national, obgleich sie nicht wie die Burschenschaft die Pflege des deutschen Einheitsgedankens auf ihre Fahnen schrieben".*[6] Dennoch kann man aber nicht sagen, daß sie *„diese vaterländisch-sittlichen Gedanken bewußt in den Vordergrund stellten, in ihnen und durch sie das akademische Leben zu bessern und neu zu gestalten suchten".*[7]

Dazu kam es erst nach den das ganze Volk und damit auch die Studen-

---

[4] Zit. nach Haupt, Herman (Hrsg.): Die Verfassungsurkunde der Jenaischen Burschenschaft vom 12. Juni 1815, in: Quellen und Darstellungen zur Geschichte der Burschenschaft und der deutschen Einheitsbewegung, Bd. 1, 2. Aufl., Heidelberg 1966, S. 153.
[5] Zit. nach Wentzcke, Paul: Geschichte der Deutschen Burschenschaft, Bd. 1, Vor- und Frühzeit bis zu den Karlsbader Beschlüssen, Quellen und Darstellungen zur Geschichte der Burschenschaft und der deutschen Einheitsbewegung, Bd. 6, 2. Aufl. Heidelberg 1965, S. 84. Vgl. Ullmer, Fritz: Farben, Zirkel, Wahlspruch, Wappen und Bundeslieder der Deutschen Burschenschaft, in: Handbuch für den Deutschen Burschenschafter, 3. Aufl., Frankfurt a. M. 1925, S. 57.
[6] Schulze, Friedrich, und Ssymank, Paul: Das Deutsche Studententum von den ältesten Zeiten bis zur Gegenwart, Leipzig 1910, S. 201.
[7] Wentzcke (wie Anm. 5), S. 94.

ten einigenden Befreiungskriegen und der Gründung der Burschenschaft 1815. Die von den Orden und neuen Landsmannschaften eingeleiteten Reformen konnte jedoch auch die Burschenschaft nicht von heute auf morgen vollenden. Zu groß war die Diskrepanz zwischen den hochgesteckten reformerischen Zielen und dem studentischen Alltag, zumindest in den ersten Jahrzehnten des Bestehens der Burschenschaft.

Burschenschaft und Freimaurerei

Das seit dem 19. Jahrhundert in vielfältige Richtungen differenzierte deutsche Korporationsstudententum hat seinen gemeinsamen Ursprung im 18. Jahrhundert, dessen Kultur- und Geistesleben in der zweiten Hälfte stark von der Aufklärung und Freimaurerei geprägt war. *„Freimaurerei ist eine international verbreitete Vereinigung, die unter Achtung der Würde des Menschen für Toleranz, freie Entwicklung der Persönlichkeit, Brüderlichkeit und allgemeine Menschenliebe eintritt".*[8] Mit vielen dieser Ziele (sicher nicht mit allen, etwa mit deren ausgeprägtem Kosmopolitismus oder der zeitweise dominierenden *„strikten Observanz"* anonymer Oberer) können sich die eher national orientierten Burschenschaften identifizieren. Demokratische Willensbildung und Selbstverwaltung sowie Gleichberechtigung aller Mitglieder war keine *„Erfindung"* der Burschenschaft, sondern wurden in feudalabsolutistischer Zeit bereits von den Freimaurern und in den von diesen beeinflußten studentischen Orden praktiziert.[9] Zahlreiche Freimaurer befanden sich unter den Teilnehmern und Führern der napoleonischen Freiheitskriege (u. a. Blücher), den preußischen Reformern (u. a. von Stein, Hardenberg, Scharnhorst und Gneisenau), den geistigen Wegbereitern der Burschenschaft (u. a. Fichte, dessen *„Reden an die deutsche Nation"* Berlin 1807/08 auf die frühe Burschenschaft großen Einfluß hatten), den liberalen Professoren und Förderern der Burschenschaft in Jena (u. a. der Jenaer Medizinprofessor Lorenz Oken, wie Goethe Mitglied der Weimarer Loge *„Amalia"*, Teilnehmer am Wartburgfest von 1817) sowie unter den führenden Protagonisten der deutschen Einheits- und Freiheitsbewegung. Ob sich unter den Mitgliedern der Jenaer Urburschenschaft Freimaurer befanden, ist nicht bekannt. Ähnlich wie in der deutschen Freimaurerei trafen sich nach den napoleonischen Wirren in der Burschenschaft Adel, Großbürgertum und Mittelstand. *„Die deutsch nationalen Tendenzen nach 1815 verbunden mit liberalen Gedankengängen"*, so der Freimaurer-Historiker Binder, *„prägten dieses Logenleben in*

---

[8] Reinalter, Helmut (Hrsg.): Aufklärung und Geheimgesellschaften. Zur politischen Funktion und Sozialstruktur der Freimaurerlogen im 18. Jahrhundert, München 1989, S. 9.
[9] Ebd., S. 41ff.

ähnlicher Weise wie etwa die burschenschaftliche Bewegung".[10]

Charakteristisch für diese Haltung ist, daß sich unter den Abgeordneten der Frankfurter Nationalversammlung von 1848/49, wie Roland Hoede nachgewiesen hat[11], nicht weniger als 57 Freimaurer befanden. Von diesen waren elf gleichzeitig Burschenschafter, ihnen voran der Leipziger Burschenschafter Robert Blum, daneben u. a. der der Kieler Burschenschaft eng verbundene Gabriel Riesser, einziger glaubenstreuer Jude in der Nationalversammlung, sowie die Jenaer Burschenschafter Wilhelm Adolf von Trützschler und Franz Schuselka. Daß Heinrich von Gagern - erster Präsident der Frankfurter Nationalversammlung, Mitglied der Heidelberger und Jenaer Urburschenschaft - Freimaurer war, wie gelegentlich behauptet wird, beruht auf einer Verwechslung mit einem anderen Träger dieses Namens. Viele Burschenschafter waren auch Freimaurer, erinnert sei hier nur an Berthold Auerbach, Karl August von Hase, Georg Büchner und Gustav Stresemann. Auch später waren viele Burschenschafter gleichzeitig Freimaurer. So weit konnten und können demnach die Zielsetzungen der Freimaurerei von denen der Burschenschaft nicht entfernt sein. Von der kurzen Zeit der *„strikten Observanz"* abgesehen, sind die freimaurerischen Organisationen wie die studentischen Korporationen demokratisch strukturiert, werden ihre Funktionsträger durch Wahlen bestimmt. Auch das ausdrückliche Bekenntnis zum Rechtsstaat und zum Vaterland verbindet die Burschenschaften mit den Logen. *„An jeder Tafelloge muß[!] ein Toast auf das Vaterland (und sein Oberhaupt) ausgebracht werden. Danach wird die dritte Strophe des Deutschlandliedes gesungen ... Das Vaterland kann ohne nationalistische Töne weiterhin hochgehalten werden. Diese Meinung wird etwa durch den Ausspruch von Gottfried Keller ausgedrückt: ‚Achte jedes Mannes Vaterland, aber das deinige liebe'. Schließlich braucht sich keiner seines Vaterlandes zu schämen oder es zu verleugnen".*[12]

Freimaurerei, akademische Logen und frühe Ordensverbindungen

Die Freimaurerei in ihrer heutigen Form ist ein Kind des 18. Jahrhunderts. Ihre Ursprünge liegen wahrscheinlich im England des 14. Jahrhunderts. Dort entstand 1717 durch einen Zusammenschluß von vier Londoner Logen die erste Großloge. Ab 1725 dehnte sich die Freimaurerei von England auf das europäische Festland aus, zuerst nach Frank-

---

[10] Binder, Dieter A.: Die Freimaurer. Ursprung, Rituale und Ziele einer diskreten Gesellschaft, Freiburg i. Br. 1998, S. 209.
[11] Vgl. Hoede, Roland: Die Paulskirche als Symbol. Freimaurer in ihrem Wirken um Einheit und Freiheit von 1833 bis 1999, Frankfurt a. M. 1999.
[12] Dosch, Reinhold: Deutsches Freimaurer-Lexikon, Bonn 1999, S. 243.

reich, wenig später nach Deutschland, wo 1737 in Hamburg die erste Loge gegründet wurde. Von dort aus kam es rasch zu weiteren Logengründungen, etwa 1740 in Berlin, 1741 in Leipzig und bereits vor 1746 in Jena. In Universitätsstädten traten Studenten selten den bürgerlichen Freimaurerlogen bei, bildeten vielmehr mit Professoren, anderen akademischen Bürgern (z. B. Buchhändlern) und Nichtangehörigen der Universität (Offiziere, Advokaten, Ärzte) oft gesonderte akademische Logen. *„Ihr Ritual, die Logenpraxis, Organisationsstruktur und Zielstellung weisen Parallelen zu bestehenden freimaurerischen Systemen auf".*[13] 1743 wurde in Halle eine erste rein studentische Loge *„Zu den drei goldenen Schlüsseln"* gegründet. In Jena zählte vor 1746 die Loge *„Zu den drei Rosen"* (wahrscheinlich Ende 1744, Anfang 1745 gestiftet) und in Göttingen 1747 die Loge *„Friedrich"* Professoren und Studenten zu ihren Mitgliedern. Damit entstand ein ganz neuer Organisationstyp: *„Territoriale Grenzen durchbrach man, Altersunterschiede glichen sich durch persönliche Fähigkeiten und Leistungen aus. Die Organisierung erfolgte ungeachtet der sozialen Stellung und die Logenarbeit wurde gemeinsam von Studenten, Hochschullehrern und nicht zur Universität gehörigen Personen getragen"*[14] In Jena scheint der Einfluß der Freimaurer und der akademischen Logen seit den 1740er Jahren ständig gewachsen zu sein. Die bemerkenswerteste Leistung der Jenaer Rosenloge war die Gründung der *„Rosenschule"* (1762). Geleitet wurde sie vom Meister vom Stuhl Prof. Dr. Joachim Georg Darjes. Diese kurzlebige erste thüringische Industrieschule wurde auf seinem Gut in Camsdorf eingerichtet, in einem Gasthof, der 1815 unter dem Namen *„Grüne Tanne"* zur Gründungsstätte der Jenaischen Burschenschaft wurde.[15] Zu der 1765 in Göttingen eingerichteten Loge *„Augusta zu den drei Flammen"* gehörten fast ausschließlich Professoren und Studenten. Von den 285 Mitgliedern der 1773 gegründeten Göttinger Loge *„Zum goldenen Zirkel"* (unter ihnen Gottfried August Bürger und Gerhard Scharnhorst) waren mehr als 200 Studenten. Fließend sind während der ersten Jahrzehnte die Übergänge zwischen diesen akademischen Freimaurer-Logen und den Logen der studentischen Orden. 1764-1767 bestand beispielsweise in Jena die Loge *„Zum rothen Stein"* im Orden der Harmonie. Ihr berühmtestes Mitglied war der Schriftsteller Heinrich Christian Boie, später Mittelpunkt des literarischen Göttinger Hainbundes – *„ein vergei-*

---

[13] Bauer/Riederer (wie Anm. 2), S. 33
[14] Ebd. S. 31.
[15] Näheres dazu vgl. Bauer/Riederer (wie Anm. 2), S. 168ff., und Kaupp, Peter: *„Zinne über'm Brückenbogen"*. Festschrift anläßlich der Erneuerung der *„Grünen Tanne"* in Jena, Gründungsstätte der Jenaischen Burschenschaft am 12. Juni 1815. Neuer Sitz der Burgkellerburschenschaft, Jena 1994, S. 17ff.

stigtes Abbild der studentischen Orden" und *„erwiesener Vorhof der Freimaurerei"[16]* - und Herausgeber des Göttinger *„Musen-Almanachs"*. Stifter dieser Loge war höchstwahrscheinlich Ernst Basilius Wiedeburg, ein ehemaliger Jenaer und Erlanger Student, seit 1761 Professor der Mathematik und Physik in Jena, zuvor in Erlangen Mitgründer der ordensähnlich strukturierten Deutschen Gesellschaft (1755), dort auch Professor der Philosophie (1757) und Freimaurer (1757: Libanon zu den drei Zedern). Wiedeburg, der bis zu seinem Tod eng mit dem Orden der Harmonie in Jena verbunden blieb, gab bei einer Universitätsuntersuchung 1766 an, er habe bereits in Erlangen die *„Gründung einer Loge der Harmonie kennengelernt"*. Die Hauptloge des Ordens scheint damals allerdings außeruniversitär in Berlin gewesen zu sein.[17] Um diese Zeit, angeblich am 19. Brachmond 1762, stiftete ein anderer Universitätsprofessor und Freimaurer, Ernst von Windheim, in Erlangen tatsächlich eine studentische Ordensverbindung, die als Kreuzorden, Orden der Freundschaft und Tugend oder P.L.A.-Orden (Pour l'Amitie), um 1770 als Orden der Harmonie in Universitätsakten erscheint. Windheim, seit 1760 auch Vorsteher der Deutschen Gesellschaft, galt bis zu seinem Tod (1766) als Protektor der Erlanger Ordensverbindungen.[18]

Auf die weiteren akademischen Orden, die vor 1770 auftauchen (z. B. Concordienorden, Orden de l'Esperance, Faßbinderorden, Lilienorden), und ihre Logen kann hier nicht näher eingegangen werden.[19] Unter ihnen scheint der Concordienorden wohl die größte Verbreitung gefunden zu haben.[20] Logen bestanden in Jena (1761), Marburg, Gießen, Göttingen, Berlin, Erfurt, Erlangen, Halle, Helmstedt und Kiel. Bekanntestes Mitglied des Concordienordens, später Freimaurer und Illuminat, war Adolph Franz Friedrich Freiherr Knigge. *„Die bürgerlichen Freimaurerlogen, die akademischen Logen und die Studentenorden* [waren] *nicht nur eng verwandt miteinander, sondern sie waren auch* [...] *Gegenspieler oder gar erbitterte Feinde"*.[21]

In Jena umfaßten der Orden der Harmonie, der Faßbinder- und der Con-

---

[16] Borchers, Klaus: Von Landsmannschaften, Studentenorden und Freimaurerei. Sonderdruck aus *„Der Vandale"*, hrsg. von der Wissenschaftlichen Verbindung Vandalia Greifswald zu Bochum, Heft 49/50, 1976, S. 2.
[17] Vgl. Richter, Walter: Der Orden der Harmonie. Eine Leibnizgesellschaft des 18. Jahrhunderts. In: Einst und Jetzt 21 (1976), S. 17ff. - Hümmer, Hans Peter: Ewigkeit geschwor'nen Eyden. 200 Jahre Corps Onoldia. Erlangen 1998. S. 10-16.
[18] Quellen, vgl. Hümmer (wie Anm. 17), S. 10-11.
[19] Zur Entwicklung in Jena vgl. Bauer/ Rieder (wie Anm. 2), S. 34ff.
[20] Zum folgenden vgl. Borchers (wie Anm. 16), S. 3f.
[21] Hoede, Karl: Burschen heraus. Zur Erinnerung an den Ursprung der alten Burschenherrlichkeit, Frankfurt a. M. o. J. [1962] S. 30.

cordienorden 1766/67 zusammen mindestens 90 von etwa 700 Studenten.[22] Während die akademischen Freimaurerlogen auch viele Nicht-Studenten zu ihren Mitgliedern zählten, waren die Studentenorden vorwiegend studentisch zusammengesetzt. Nahm man in der älteren Forschung an, daß sich die akademischen Logen zu Studentenorden entwickelt hätten, so nimmt man heute an, daß sich die Studentenorden zwar unter dem Einfluß der akademischen Logen, jedoch mit engem Zusammenhang zu den alten Landsmannschaften an den Universitäten entwickelt haben.

Landsmannschaften und Studentenorden

In der ersten Hälfte des 18. Jahrhunderts war die Organisation der Studentenschaft noch in starkem Maße von den sogenannten *alten* Landsmannschaften geprägt. Allein in Jena bestanden 1767 - zumindest kurzfristig - nicht weniger als 17 nach regionalen Herkunftsgebieten strukturierte *„Nationes"*, deren Auftreten bis weit ins 17. Jahrhundert zu verfolgen ist, z. B. die Mosellaner, Mecklenburger, Erfurter und Jenaer Landsmannschaft. Ihr Ziel bestand vor allem darin, *„den Studierenden am Universitätsort Unterstützung und Beistand in finanziellen Belangen (bei Krankheit, Geldnot) aus der Gemeinschaftskasse zu gewähren, sie vor Angriffen zu schützen, Streitigkeiten beizulegen und zu tugendhaften Eigenschaften (Ehrbarkeit, Treue sowie zur Freundschaft) zu erziehen".*[23]

Als entgegen diesen hehren Zielsetzungen die oft geschilderte sittliche Rohheit und insbesondere der Pennalismus wieder hervortraten und sich die Auseinandersetzungen zwischen adligen und nichtadligen Studenten sowie mit Nichtakademikern (insbesondere Handwerksgesellen) häuften, gerieten sie mit den staatlichen und Universitätsbehörden in Konflikt. 1765 wurde eine strenge *„Verordnung wider den Nationalismus"* erlassen. Die alte Struktur bestand weiter, wurde aber in der Folgezeit durch die aus der Aufklärung erwachsenen studentischen Orden zurückgedrängt, Organisationen *„auf freiwilliger Basis, mit bestimmter und bewußt erstrebter Ziel- und Zweckbestimmung, unabhängig von sozialer Herkunft"*[24] 1767 und 1778 wurden die Verbote hinsichtlich der Landsmannschaften und Orden noch erheblich verschärft.[25] Bei Strafe der Relegation und des Ausschlusses von einer künftigen Anstellung im erne-

---

[22] Vgl. Bauer/Riederer (wie Anm. 2), S. 41.
[23] Ebd., S. 14.
[24] Ebd., S. 16.
[25] Einzelheiten bei Keil, Robert und Richard: Geschichte des Jenaischen Studentenlebens, Leipzig 1858, S. 180ff.

stinischen Gebiet mußte sich in Jena jeder Neuimmatrikulierte verpflichten, keinem Orden beizutreten. Dieser Eid wurde jedoch als erzwungen und als Angriff auf die akademische Freiheit angesehen. Deshalb von den Studenten nicht eingehalten, blieben alle diese Maßnahmen ziemlich wirkungslos.

Ab etwa 1770 gewannen die oft aus geheimen Zirkeln innerhalb der alten Landsmannschaften entstandenen Studentenorden erheblich an Bedeutung. Diese standen keineswegs nur unter dem Einfluß der bürgerlichen und akademischen Freimaurerlogen.[26] In Deutschland existierten schon vor Aufkommen der Freimaurerei ausgedehnte und gut organisierte Geheimgesellschaften, z. B. die 1580 gegründete „*Hauptloge Indissolubilis*" *(„Haupthütte der unzertrennlichen Freunde"),* die zumeist unter akademisch Gebildeten und in Universitätsstädten Anhänger besaß, oder der 1617 von Fürst Ludwig von Anhalt zur „*Pflege der Tugend und Weisheit*" gestiftete „*Palmenorden*", der sich wohl erst später von einem Geheimbund zu einer „*Sprachgesellschaft*" wandelte und in dessen Tradition der noch heute bestehende Pegnesiche Blumenorden in Nürnberg zu sehen ist. 1671 verbanden sich die Hauptloge Indissolubilis und der Palmenorden zu einer einzigen Hauptloge, deren Richtung bis zur Einführung des englischen Systems in Deutschland dominierte. Die Brücke zu studentischen Verbindungen ist wohl in den seit etwa 1700 entstehenden „*Deutschen Gesellschaften*" – z. B. in Jena - zu sehen.[27]

Im Laufe des 18. Jahrhunderts traten neben die alte deutsche und die neue englische weitere Lehrarten, etwa die seit 1740 wirkenden, aus Frankreich stammenden schottischen Logen der sogenannten „*strikten Observanz*", die ihre Mitglieder zu unbedingtem Gehorsam gegenüber unbekannten Oberen verpflichteten, oder der weitverbreitete, 1776 von Adam Weishaupt in Ingolstadt gegründete, in der Struktur dem Jesuiten-Orden ähnliche, kosmopolitische, das monarchische Prinzip bekämpfende, 1906 in Berlin wiedergegründete und bis heute bestehende „*Illuminaten-Orden*". Zwischen den einzelnen Richtungen gab es bald erbitterte Richtungskämpfe, ja Fehden und Feindschaften, die bis zur förmlichen Verfemung der Gegner reichten. Vor allem Halle, Helmstedt, Jena, Leipzig und Wittenberg waren schon Jahrzehnte vor Einführung des englischen Freimaurersystems Sitze weitreichender Logen der älteren deutschen Lehrart. Schon lange vor der Entstehung von Freimaurerlogen

---

[26] Zum folgenden vgl. Schulze/Ssymank (wie Anm. 6), S. 128ff.
[27] Vgl. Hümmer, Hans Peter: Die Entstehung der Corps im Zeichen des klassischen Idealismus, in: Baum, Rolf-Joachim (Hrsg.): Wir wollen Männer, wir wollen Taten. Berlin 1998. S. 15-44.

und Studentenorden gab es in deutschen Universitätsstädten Gemeinschaften mit der Bezeichnung „Orden", z. B. 1622 einen „Konstantinerorden" in Marburg oder Ende des 17. Jahrhunderts einen Orden der „Kreuzbrüder" in Marburg. „Die Kenntnis der älteren Orden bis gegen 1770 ist, soweit sie die Studentenschaft betreffen, überaus dürftig. Sie scheinen mehr einen klubartigen Charakter besessen und losen Zusammenhang mit der Studentenschaft besessen zu haben. Zweifellos ging ein Teil dieser zumeist wohl akademischen, nicht rein studentischen Vereinigungen auf unmittelbare Anregungen von Freimaurerlogen zurück, welche die Studentenschaft für ihre Ideale zu gewinnen suchten ".[28] Die seit etwa 1769 neben den akademischen (Frei-maurer-)Logen in den Vordergrund tretenden studentischen Orden standen eher mit den älteren deutschen Systemen als mit dem neuenglischen in Verbindung, bildeten teilweise vielleicht sogar ein Kampfmittel gegen letztere.[29] Es gibt Belege dafür, daß die Orden bürgerliche, außeruniversitäre „Philisterlogen" gründeten (z. B. in Braunschweig, Berlin, Coburg, Karlsruhe und Nürnberg), die in direkter Konkurrenz zur bürgerlichen Freimaurerei standen. Über das Wesen und die Verfassungen der studentischen Orden, die auch spezifisch akademische Traditionen (z. B. Ehrenstandpunkt/Duell) pflegten, sind wir relativ gut unterrichtet. Am verbreitetsten waren die Orden der Amizisten, Unitisten, Konstantisten sowie der Harmonisten/Schwarzen Brüder[30], die sich vor allem aus den alten Landsmannschaften rekrutierten. So gingen z. B. die Amizisten in Jena aus der moselländischen, die Konstantisten in Halle aus der westfälischen, die Harmonisten in Marburg, Gießen, Erlangen und wohl auch Jena aus der fränkischen und die Unitisten in Jena aus der mecklenburgischen und livländischen Landsmannschaft hervor.[31]

Die Orden betrachteten ihre jeweilige Landsmannschaft als „Pflanzschule", versuchten aber zugleich, diese von innen heraus zu kontrollieren. Fabricius sah darin die Ursache für die wachsende Opposition gegenüber den Orden. Stark unter dem Einfluß der Ideen der Französischen Revolution stehend, dominierten die studentischen Orden in den 1780er und 1790er Jahren, bis sie seit etwa 1800 von den neuen Lands-

---

[28] Schulze/Ssymank (wie Anm. 6), S. 131
[29] Vgl. ebd. S. 131.
[30] Einzelheiten über die Verhältnisse in Jena vgl. Keil/Keil (wie Anm. 25), S. 177ff.; Fabricius, Wilhelm: Die Jenaischen Landsmannschaften im 17. und 18. Jahrhundert, in: Academische Monatshefte, 13. Jg., WS 1896/97, S. 402-407 und S. 450-453; Goetze, Otto: Die Jenaer akademischen Logen und Studentenorden des 18. Jahrhunderts, Jena 1932, und Timme, Fritz: Die Landsmannschaften der Oberrheiner in Jena im 18. Jahrhundert, Sonderdruck aus Einst und Jetzt, 1972.
[31] Vgl. Schulze/Ssymank (wie Anm. 6), S. 136.

mannschaften/Corps verdrängt wurden. Im Gegensatz zu den akademischen Logen waren diese Orden fast rein studentische Verbindungen. Zwar hatten die Freimaurerlogen auf letztere keinen direkten Einfluß (die meisten verboten die gegenseitige Mitgliedschaft), doch waren die studentischen Orden in ihren Zielsetzungen, Ritualen und Zeremonien stark von freimaurerischen Vorstellungen beeinflußt.[32] *„Alle diese Orden entnahmen [...] ihre äußern Formen und Kennzeichen von dem Freimaurerorden her, und unterschieden sich durch buntfarbige Cocarden nebst bestimmten mystischen Symbolen, Buchstaben und Wappen voneinander".*[33]

Wie die Freimaurer setzten sich die studentischen Orden für Toleranz, freie Entwicklung der Persönlichkeit, Brüderlichkeit und allgemeine Menschenliebe sowie für eine Hebung der studentischen Moral ein. Den bürgerlich-aufklärerischen Gleichheits- und Moralprinzipien folgend wurden persönliche Leistung, Redlichkeit, Fleiß und Bildungswille, Tugendhaftigkeit und bestmögliche Vorbereitung auf den Dienst an der Gemeinschaft als Werte proklamiert. Gegenseitige Achtung, Freundschaft und Hilfsbereitschaft sowie friedliche Regelung von Konflikten sollten das studentische Leben bestimmen. Galt das Duell bis um 1790 noch als unverzichtbar und als ehrenhafteste Form der Konfliktlösung, so wurde daraus in der - besonders von Amizisten getragenen – *„Antiduellbewegung"* nicht mehr das erste und einzige, sondern das äußerste Mittel der Ehrbewahrung, welches der Erlaubnis und Kontrolle des Ordensseniors bedurfte. *„Jeder soll seinem Studiren so obliegen, daß er dereinst ein brauchbares Mitglied im Staate sei"*, heißt es z. B. in der erweiterten Statuten des *„gelehrten"* Jenaer Amizistenordens von 1791. Jedes Mitglied muß *„auch den gehörigen Fleiß und die erforderliche Liebe für die Wissenschaften* [haben]".[34] Daß die Ordensgesetze regelmäßigen Kollegbesuch, Fleiß und ein solides Studium zumindest vorschrieben, war gegenüber den älteren studentischen Sitten eine ganz außergewöhnliche Neuerung. Gemeinsam waren diesem neuen Typ einer Studentenvereinigung aber vor allem die Prinzipien der unverbrüchlichen Freundschaft, der freiwilligen und lebenslangen Mitgliedschaft, der strikten Ablehnung landsmannschaftlicher Rekrutierung, der ständeneutralen Elitebildung und der Interkonfessionalität, wobei die konfessio-

---

[32] Vgl. Reinalter, Helmut, in: Helmut Asmus (Hrsg.), Studentische Burschenschaften und bürgerliche Umwälzung. Zum 175. Jahrestag des Wartburgfestes, Köln 1992, S. 66.
[33] Zit. nach Fabricius, Wilhelm: Die Deutschen Corps, 2. Aufl., Frankfurt a. M. 1926, S. 148f.
[34] Keil/Keil (wie Anm. 25), S. 178. Wappen im heutigen Sinn kannten die Orden noch nicht.

nellen Schranken bereits in den alten Landsmannschaften eine geringere Rolle spielten als in der außeruniversitären Gesellschaft.[35] Wesentlich ist vor allem die erstmalige Überwindung der Regionalität, d. h. daß die studentischen Orden „*ihre vormals engere Bindung an die alten Landsmannschaften lockerten und dabei erstmals in der studentischen Korporationsgeschichte das landsmannschaftliche Prinzip der Mitgliedergewinnung umfassend durchbrachen".*[36]

Schon die Namen der führenden Studentenorden - von Amicitia (Freundschaft), Unitas (Einigkeit), Constantia (Beständigkeit) und Harmonia (Eintracht) - „*kennzeichnen den Gemeinschaftswillen der Ordensbrüder, frei von landsmannschaftlichen Schranken. Anstelle des ‚Territorialprinzips' trat das ‚Ausleseprinzip' ".*[37] Entscheidend für die Aufnahme war nicht die landsmannschaftliche Herkunft, sondern - so die Amizistengesetze um 1774 - allein „*die Tauglichkeit des sich meldenden Subjekts [...], unter welchem Himmelsstrich [...] auch sein Vaterland liegen und nach welcher von denen in Deutschland tolerierten Religionen und Parteien er seinen Gott verehren mag".*[38] Einschränkend ist jedoch festzustellen, daß die Realität des studentischen Gemeinschaftslebens häufig in einem eklatanten Widerspruch zu all den hochgespannten programmatischen Zielsetzungen stand. Das galt auch für alle späteren Korporationsformen einschließlich der frühen Burschenschaft. Für den Corpshistoriker Fabricius ist übrigens alles, was in den Konstitutionen der studentischen Orden "*sonst noch von gegenseitiger Veredlung, vom Hinwirken auf das Wohl der Menschheit u. dergl. steht, [...] Phrasen, die in der aufklärerischen und humanisierenden Tendenz des ganzen Zeitabschnittes ihre Erklärung finden. Nichts weist daraufhin, daß solche Phrasen jemals zu irgend welchen positiven Ergebnissen, wenn auch nur im engen Kreis der Ordensbrüder, geführt hätten".*[39] Stellten die alten Landsmannschaften, bei denen die Mitgliedschaft nach Abgang von der Universität erlosch, noch lose Vereinigungen zufällig zusammengekommener Landsleute ohne besondere ideelle Tendenz dar,

---

[35] Vgl. Hardtwig (wie Anm. 1), S. 51, und Ders., Studentenschaft und Aufklärung: Landsmannschaften und Studentenorden in Deutschland im 18. Jahrhundert, in: Sociabilité et Societe bourgeoise en France, en Allemagne et en Suisse, 1750-1850, ed. par Etienne Francois, Bd. 1, Paris 1986, S. 248ff.
[36] Bauer/Riederer (wie Anm. 2), S. 83.
[37] Hoede (wie Anm. 19), S. 33.
[38] Zit. nach Krause, Peter: „*O Alte Burschenherrlichkeit".* Die Studenten und ihr Brauchtum, 5. Aufl., Graz, Wien, Köln 1997, S. 47, vgl. Schulze/Ssymank (wie Anm. 6), S. 137 und Bauer/Riederer (wie Anm. 2), S. 105.
[39] Fabricius (wie Anm. 34), S. 58. - Ders.: Studentenorden und Lebenscorps, in: Akademische Monatshefte, Bd. 14, 1898, S. 237.

so bildeten die Ordenslogen enggeschlossene Kreise sorgfältig Ausgewählter und Gleichgesinnter. Einzelne Orden kannten mehrere Grade unterschiedlich Eingeweihter: die Unitisten drei, die Harmonisten angeblich sieben, wahrscheinlich aber nur drei. Als erste haben sie den Studentenbrauch/Comment schriftlich kodifiziert (z. B. 1770 in Halle). Die Filialen (Logen) der einzelnen Orden korrespondierten miteinander und übernahmen ohne neue Rezeption Mitglieder, wenn diese die Hochschule wechselten - auch dies ein neues, in die Zukunft weisendes Organisationselement. Oft gebrauchten die Orden Ziele, Statuten und Symbole, die denen der Freimaurerei nachgebildet waren. *„Beziehungen zur Freimaurerei sind bei den Studentenorden unverkennbar nachzuweisen".*[40] Eigentlich ordensmäßig oder richtiger *„maurerisch waren nur die Formen der ‚Loge', die aber auch, ganz studentisch, Convente hießen, und die Erkennungszeichen. Besonders die Rezeptionsliturgien zeigten durchaus maurerischen Anstrich".*[41] Trotz nachgewiesener personeller Beziehungen und zahlreicher Anleihen im Brauchtum kann man aber die Studentenorden nicht als direkte Ableger oder Anhängsel der Freimaurer ansehen. Dennoch steht der Einfluß der Freimaurerei auf die studentischen Orden heute außer Zweifel.[42] Ende des 18. Jahrhunderts distanzierten sich die Orden zunehmend von der Freimaurerei. Manche nahmen (so die Jenaer Unitisten ab 1790) keine Freimaurer mehr auf. „*Orden*" war die Bezeichnung für den gesamten Bund, die örtlichen Bruderschaften wurden „*Logen*" genannt. Die einzelnen Logen waren Glieder einer großen Gemeinschaft, die von der Mutterloge aus geleitet wurde. Daß diese Geheimgesellschaften unter sich mit Geheimschriften korrespondierten, ist mehr als nur eine Mode der Zeit. In einem Zeitalter, das bürgerlichen und akademischen Freiheiten keinen Raum ließ, war der Geheimbund eine existenzielle Notwendigkeit. In ihrer Blütezeit, 1780 bis nach 1790, haben die studentischen Orden direkt oder indirekt das studentische Leben weitgehend beherrscht. Örtlich und zeitlich unterschiedlich, gehörten ihnen 10 bis 40 Prozent der jeweiligen Studentenschaft an. Bei einer Gesamtzahl von ca. 500 Studenten in Jena im letzten Jahrzehnt waren mehr als ein Drittel Ordensbrüder. Die größeren Orden verbreiteten sich zeitweise über alle protestantischen Universitäten. Keimzellen der studentischen Orden waren die Universitäten Halle und Jena.

---

[40] Hoede (wie Anm. 21), S. 33.
[41] Fabricius (wie Anm. 34), S. 58.
[42] Vgl. Hümmer, Hans Peter: Corpsgeist und Ordensbrauch, in: Einst und Jetzt 36 (1991), S. 105-117.

Abbildung 1: Amizistenkreuz

Amizisten

Der klassische studentische Amizistenorden wurde um 1770 in Jena - durch Vereinigung der Logen in Jena und Tübingen - gestiftet, hatte aber einen älteren Vorläufer. Der um 1778 angenommene Wahlspruch *„Sit indissolubile vinculum nostrum"* (Unauflösbar sei unser Bund) legt Beziehungen zur deutschen Hauptloge Indissolubilis nahe, wenn es sich nicht um eine Imitation handelte. Das uralte Zeichen des *„Winkelhakens"* (Zirkel und Winkelmaß) spielte bereits in den vorenglischen Logensystemen, insbesondere im Palmenorden eine wichtige Rolle. Damals hatten sich in Jena aus der zahlenmäßig stärksten und politisch eindeutig preußisch orientierten Landsmannschaft der Moselaner (Mosellam), die sich vor allem aus den sogenannten *„Reichsländern"* (Elsaß, Baden, Nassau, Schwaben, Hessen, Pfalz und Zweibrücken) rekrutierten, die Elsässer und Badener als Oberrheinische Landsmannschaft abgesondert. Diese geriet bald derart unter den Einfluß des Amizistenordens, daß man sie in Jena und andernorts auch als Mosellaner- oder Elsässerorden bezeichnete. Die Ordensangehörigen waren nach der Wiedervereinigung der Oberrheiner zugleich Mitglied der Mosellanerlandsmannschaft. Sie zogen aus ihr die tauglichsten Mitglieder und unterwanderten damit die Landsmannschaft völlig. Die Gesetze des Ordens waren denen der Mosellaner- bzw. Oberrheinischen Landsmannschaft durchaus ähnlich, nur strenger – *„ein Beweis dafür, daß der Orden lediglich ein Conventikel innerhalb der Landsmannschaft, die Elite derselben sein wollte".*[43] Logen dieses Amizisten- oder Moselianerordens bestanden an fast allen deutschen Universitätsstädten. Um 1790 - im Zusammenhang mit der Antiduellbewegung - bildete sich innerhalb dieses Ordens eine so genannte *„gelehrte"* Loge zur Bekämpfung des Rauf- und Saufwe-

---

[43] Fabricius (wie Anm. 34), S. 59.

sens. Offenbar konnten diese Gruppe der Amizisten aber ihre hehren Ziele nicht durchsetzen; zugleich verloren sie den landsmannschaftlichen Zusammenhang. Jedenfalls wissen zeitgenössische Zeugnisse zwischen 1791 und 1794 von den Jenaer Mosellanern nur noch zu berichten, daß diese *„Rotte verworfener Menschen"* ihren höchsten Ruhm lediglich im Saufen sah.[44] Die gelehrte Amizistenloge orientierte sich stark an den Freimaurern.[45] Das am orangefarbenen (eine Reminiszenz an das Orange des protestantischen Hauses Oranien) Band getragene Ordenskreuz (Abbildung 1) zeigte im mittleren Herzfeld die Zeichen für V[ivant] A[micitia], auch als freimaurerisches Symbol für Zirkel und Winkel gedeutet. Die Buchstaben an den Kreuzenden stehen für den erweiterten Wahlspruch, auf der Vorderseite für *„Iungimur Sancto Animorum Consensu",* auf der Rückseite für *„Sit Indissolubile Vinculum Nostrum".* Mit der starken Verbreitung des Amizistenordens – insbesondere nach Umwandlung der Jenaer Loge in die Loge *„ Zu den zwei Schwertern "* um 1794, eine *„Kopie des Freimaurerordens"*[46] scheint der Brauch, die Rezeption auf gekreuzte Schläger vorzunehmen, weite Verbreitung gefunden zu haben. Gekreuzte Schläger als Verpflichtungssymbol erscheinen daher in vielen Stammbüchern und in den meisten Korporationswappen, übrigens auch im Bundeszeichen der Vandalia von 1811[47] und im (letzterem ähnlichen) Siegel der Jenaer Urburschenschaft. Alljährlich fand ein Ordensfest statt, das die Jenenser Amizisten jeweils am 1. Mai im *„Stern"* zu Kahla feierten. Die von Fabricius veröffentlichten Gesetze der Loge *„Zu den zwei Schwertern"* belegen, daß der Orden seit 1794 *„als ein Appendix des Freimaurerordens betrachtet sein wollte, daß er also seinen studentischen Charakter fallen ließ".*[48] Von Jena aus hatte sich der Orden schon lange zuvor u. a. nach Erlangen, Würzburg und Gießen ausgebreitet. Bekanntester Amicist (1776 in Erlangen) war übrigens der von Goethe und Jean Paul hochgeschätzte spätere Dichter Johann Peter Hebel, der schon vom Karlsruher Gymnasium her mit dem Ordenswesen bestens vertraut war.[49]

---

[44] Vgl. ebd. S. 150 und Wentzcke (wie Anm. 5), S. 23.
[45] Vgl. dazu Krause (wie Anm. 38), S. 45, und Rainer A. Müller, Landsmannschaften und studentische Orden an deutschen Universitäten des 17. und 18. Jahrhunderts, in: *„ Der Burchen Herrlichkeit".* Geschichte und Gegenwart des studentischen Korporationswesens, hrsg. Von Harm-Hinrich Brandt und Matthias Stickler, Würzburg 1998, S. 28f.
[46] Fabricius (wie Anm. 34), S. 159.
[47] Abgebildet bei Asmus, Helmut: Das Wartburgfest. Studentische Reformbewegungen 1770-1819, Magdeburg 1995, S. 59.
[48] Fabricius, Wilhelm: Die Studentenorden des 18. Jahrhunderts und ihr Verhältnis zu den gleichzeitigen Landsmannschaften (mit Bibliographie des studentischen Ordenswesens), Jena 1891, S. 56, Auszüge aus dem Gesetz ebd. S. 52-56.
[49] Im Zusammenhang mit der Jenaer Antiduellbewegung von 1791/92 ist noch ein anderer

Unitisten

Der Orden der Unitisten wurde 1774 in Halle von dem Theologiestudenten Schütz aus Pommern gestiftet und gelangte 1783 zuerst nach Jena. Anders als die anderen Orden nahm er auch Bürgerliche und Offiziere auf. Als einziger Orden streng religiös orientiert (Besuch der Kirche und Teilnahme am Abendmahl waren Pflicht, der Ordenseid wurde auf das Evangelium abgelegt), rekrutierte er sich vor allem aus Westfalen, Mecklenburgern, Pommern und Baltendeutschen. Außer in Halle und Jena bestanden Logen in Göttingen, Leipzig, Frankfurt a. d. Oder, Greifswald, Helmstedt, Marburg, Rostock und Wittenberg, vielleicht auch in Erlangen und Königsberg. Zumindest in Jena durfte kein Mitglied gleichzeitig einer Freimaurerloge angehören. Wahlspruch der Unitisten war meistens „*Unitas Jungk Amicos Fideles*" (Einigkeit verbindet treue Freunde). Seine Ordenszahl war die Drei (Abbildung 2). Ein schwerer Schlag für den Orden war, daß ihm Graf J. J. Anckarström, der Mörder König Gustavs III. von Schweden (1792), in seiner Greifswalder Studienzeit angehört hatte.

Abbildung 2: Siegel der Unitisten

Berühmtester Unitist (in seiner Halleschen und Leipziger Studentenzeit) war der spätere „*Turnvater*" Jahn. Als Mitglied geheimer Schülerverbindungen an den Gymnasien in Salzwedel und Berlin war er bereits mit den Orden vertraut. Sein erhaltenes Stammbuch aus späterer Zeit zeigt zahlreiche Widmungen mit Unitisten-Zeichen. Obwohl selbst früher engagiertes Ordensmitglied, wandte sich Friedrich Ludwig Jahn in seinem Entwurf einer „*Ordnung und Einrichtung der deutschen Burschen-*

Erlanger Amicist hervorzuheben, ein Freund Hebels, der Theologe und später bekannte Schulmann Heinrich Stephani, der in Jena als Hofmeister eines Grafen Castell weilte. Vgl. Körner, Ernst: Vom Wesen der Studentenorden, in: Einst und Jetzt 6 (1961), S. 141 ff.

schaften" (1811, zusammen mit Friesen), der bei Abfassung der ersten Verfassung der Burschenschaft mit benutzt wurde, entschieden nicht nur gegen die Landsmannschaften *(„da sie das Vaterland gefährden und das Volk nach Erdschollen zersplittern")*, sondern auch gegen die Orden (die „eine Weltbürgerlichkeit bezwecken, eine Burschen-Freimaurerei bilden und für eine spätere bürgerliche Welt sich zusammentun, die der Burschenzeit weit entfernt liegt").[50] Auch die Bezeichnung *„Burschenschaft"* dürfte auf Jahn und Friesen zurückgehen. Jahn hatte sie vielleicht bei seinem Studium in Greifswald oder einem Besuch in Frankfurt/Oder bzw. Rostock, der Landeshochschule der Vandalen, kennengelernt. Dort - wie an anderen ostdeutschen Universitäten - bezeichnete *„Burschenschaft"* bereits seit Ende des 18. Jahrhunderts die *„Allgemeinheit"* der Studierenden, die statt einzelner Korporationen die Pflege des Studentenbrauches garantierte. Jahn griff das Wort auf und leitete es - seiner absonderlichen Sprachbehandlung folgend vom altdeutschen *„Bur"* (Bauer) her. *„Urwüchsig und kerngesund sollte es frische, bodenständige Kraft in die überfeinerte Studentenschaft bringen".*[51] Jahn war noch um 1806 oft bei seinen Jenaer Ordensbrüdern zu Gast. Da die Unitisten auch in Jena unter ihren Mitgliedern zahlreiche Mecklenburger hatten, Vandalia die Landsmannschaft der Mecklenburger war und sich unter den Gründern der Burschenschaft 1815 zahlreiche vormalige Vandalen befanden, sind entsprechende Einflüsse trotz der zeitlichen Distanz - spätestens 1809 verschwanden die Unitisten aus dem Universitätsleben - denkbar. Jedoch nahmen die Unitisten nur wenig von den nationalen Zielsetzungen der Burschenschaft vorweg. So hielt 1799 der Göttinger Unitist Karl Ludwig Woltmann vor seinen Ordensbrüdern eine Rede, in der er dazu aufforderte, die *„Territorien des deutschen Vaterlandes"* zu vergessen und nur *„an die Ehre der deutschen Nation"* zu denken.[52] Generell waren die studentischen Orden ebenso wie die Freimaurerlogen Anfang des 19. Jahrhundert noch weit von einem bewußten Staats- und Vaterlandsgefühl entfernt, das für die Burschenschaft prägend werden sollte.

Konstantisten

Der betont freigeistige Konstantistenorden wurde 1777 in Halle gestiftet,

---

[50] Zit. nach Wentzcke (wie Anm. 5), S. 82. Zum folgenden vgl. ebd. S. 81f.
[51] Ebd. S. 82. Über Jahn als Ordensstudent vgl. Jahn, Günther: Die Studentenzeit des Unitisten F. L. Jahn und ihre Bedeutung für die Vor- und Frühgeschichte der Burschenschaft 1796-1819, in: Darstellungen und Quellen zur Geschichte der deutschen Einheitsbewegung im neunzehnten und zwanzigsten Jahrhundert, Bd. 15, 1995, S. 1-129.
[52] Richter, Walter: Der Constantisten-Orden im Wandel des Zeitgeistes, in: Einst und Jetzt 24 (1979), S. 145.

Halle war deshalb auch der Sitz der Mutterloge.[53] Von dort aus verbreitete sich der Orden nach Jena (1786)[54], Erlangen (1794), Gießen, Göttingen, Heidelberg, Leipzig und Wittenberg, vielleicht auch nach Marburg. Die 194 zwischen 1786 und 1796 in Jena rezipierten Mitglieder dieses Ordens kamen aus 35 Regionen bzw. Staaten; 244 von insgesamt 470 namentlich bekannten Mitgliedern der fünf Jenaer Orden zwischen 1774 und 1799, d. h. mehr als die Hälfte, entfielen allein auf die Konstantesten.[55] Nach einem Satzungsentwurf von 1790, der allerdings nicht angenommen wurde, war der Beitritt zu Freimaurerlogen gestattet. *„Das geheimnisvolle Brauchtum, bei dem der Bruder Redner eine wichtige Rolle spielte, zeigt bis in viele Einzelheiten die enge Anlehnung an die Freimaurerei, mit welcher der Orden in Wesen und Richtung durchaus übereinstimmte".*[56] Das an einem blauen, weiß eingefaßten Band auf bloßer Brust getragene Ordenskreuz (Abbildung 3) zeigt in der Mitte ein Herz mit aus einem Winkel tretenden Strahlenbündeln, unten einen Totenkopf mit zwei gekreuzten Gebeinen und an den Kreuzenden die Buchstaben des Wahlspruchs „F[ratres] C[onjuncti] C[onstantiae] S[ocietas?]" mit dem Gründungsjahr.[57] Namentlich dieser Studentenorden nahm einiges von den nationalen Zielsetzungen der Burschenschaft vorweg. Zu seinen Maximen gehörten neben ebenfalls lebenslanger Mitgliedschaft die Bildung staatstragender vorbildhafter Bürger durch einen hohen Ehrenkodex (Vaterlandsliebe), sowie deutschnationale und redliche Gesinnungsart.[58]

Aus Mecklenburg stammende Konstantisten gründeten nach 1806 in Rostock, Göttingen, Heidelberg, Jena (1811) und Berlin neue Landsmannschaften unter der Bezeichnung *„Vandalia".* Wie die Konstantisten widmeten sich die Vandalen der Pflege nationalpolitischer Ideen und wandten sich gegen *„unsittliche"* Kommentzwänge. Es bestanden freundschaftliche Beziehungen zu anderen Jenaer Landsmannschaften, mit denen man Vereinbarungen für die Zeit traf, wo zu den Waffen gerufen

---

[53] Zum folgenden vgl. Richter, Walter: Entstehung und Ausbreitung des Constantisten-Ordens, in: Einst und Jetzt 23 (1978), S. 48-90.
[54] Zur Jenaer Konstantistenloge, deren Struktur und Außenbeziehungen vgl. Bauer/Riederer (wie Anm. 2), S. 50ff.
[55] Vgl. ebd. S. 42f. und S. 76.
[56] Krause (wie Anm. 38), S. 46.
[57] Die geläufige Constantistendevise lautet: V[ivant] F[fratres] C[onstantia] c[onjuncti], *„Leben sollen die durch Constantia verbündeten Brüder".* Vgl. dazu Deuerlein, Ernst: Neues vom Constantistenorden. Wende und Schau. Kösener Jahrbuch 2. Folge, 1932, S. 100-103.
[58] Vgl. Müller (wie Anm. 45), S. 29, und Richter (wie Anm. 52).

werden würde.⁵⁹ Der gemeinsame Haß gegen die Fremdherrschaft verband die Vandalia vor allem mit Professor Heinrich Luden, einem der späteren liberalen Förderer der Burschenschaft. Unter seinem Einfluß feierten die Jenaer Vandalen in der Nacht vom 5. zum 6. September 1812 auf der Kunitzburg bei Jena ein Rütlifest, bei dem sie bei Sonnenaufgang mit verschlungenen Händen Treue und Ergebenheit dem Vaterland schworen. Im Stammbuch eines Jenaer Vandalen (1811-1813) findet sich bereits der spätere burschenschaftliche Wahlspruch „*Ehre, Freyheit, Vaterland*".⁶⁰ Fast die gesamte, aus 26 Mitgliedern bestehende Jenaer Vandalia nahm an den Befreiungskriegen teil. Die von Konstantisten gegründete neue Vandalia war 1815 maßgeblich an der Gründung der Jenaischen Burschenschaft beteiligt. Zwei ihrer Mitgründer, Karl Horn und Heinrich Arminius Riemann, waren zuvor Vandalen. Die erste burschenschaftliche Verfassung wurde (wie Herman Haupt nachgewiesen hat) z. T. wörtlich aus der Konstitution der Vandalia und aus dem Komment der Jenaischen Landsmannschaften (um 1812) übernommen. Letzterer stellte einen entschiedenen Fortschritt gegenüber den Zuständen der Ordensherrschaft dar.

Abbildung 3: Konstantistenzeichen

Harmonisten oder Schwarze Brüder

Am ausgeprägtesten war der Ordenscharakter bei dem studentischen Harmonistenorden, Orden der „*Schwarzen Brüder*" oder (seit Anfang

---

⁵⁹ Vgl. Asmus (wie Anm. 47), S. 59.
⁶⁰ Vgl. H. Brömse, Das Stammbuch eines Jenenser Vandalen (1811-1813), in: Burschenschaftliche Blätter, 14. Jg., 1900, S. 27.

der 1790er Jahre) „*Orden der Literarische Harmonie*". Er soll nach dem Buch von Tyrtäus, einem Oberen dieses Ordens, auf eine bereits 1675 gegründete bürgerliche Loge zurückgehen.[61] Seine Gesetze ähnelten an verschiedenen Stellen denen der Hauptloge Indissolublis. Daß die erste Harmonisten-Loge bzw. der Orden erst 1777 in Halle entstand, ist zweifellos eine Legende. Da sich in Halle 1781 einige Ordensbrüder abgesondert hatten, die in Ablehnung der alten landsmannschaftlichen Bräuche auch „*Fremde*" aufnahmen und unter dem Spottnamen „*Schwarze Brüder*" nach Jena übersiedelten, galt Jena angeblich als Mutterloge aller Harmonisten.[62] Nach weiteren häufig zitierten Legenden, zurückgehend auf den berühmt-berüchtigten Magister Laukhard und Gerhard Friedrich alias Tyrtäus, entstand der Orden 1781 bzw. 1784/85 als Abspaltung der Jenaer Amizisten.[63] Zur tatsächlichen Geschichte sei besonders auf die Untersuchungen von Richter verwiesen.[64] Die landsmannschaftlichen Wurzeln sind eher in fränkischen Landsmannschaften als bei den Mosellanern zu suchen. Freimaurerisch beeinflußt (die Bezeichnung „*Schwarze Brüder*" ist vielleicht der schottischen Maurerei entlehnt) waren offensichtlich das Ritual und die Namen der jüngeren Harmonistenlogen (z. B. in Jena: „*Christian zu den sieben Goldenen Sternen*", in Erlangen: „*Jason zum Silbernen Mond*", in Helmstedt: „*Ernestine zur Sonne*" und in Göttingen: „*Albertine zur Freundschaft*"). „*Die ganze Institution war dem damals in Deutschland, namentlich aber in Preußen, blühenden Freimaurer-Orden nachgebildet*".[65]

Harmonistenorden bestanden in Erlangen, Frankfurt/Oder, Gießen, Göttingen, Halle, Heidelberg, Helmstedt, Jena, Marburg und Tübingen.[66] Das Lebensbundprinzip im Sinne lebenslänglicher Zugehörigkeit war selbstverständlich. Das über der Brust am schwarz-roten Band getragene Ordenskreuz (Abbildung 4) enthielt auf der Vorderseite das Zeichen F[rater] F[idelis], umrankt von einer Schlange (wie sie auch später im Wappen der Urburschenschaft erscheint!). Nach Tyrtäus hat sich der Orden 1806 aufgelöst. Ein bekannter Harmonist (Jena 1794/95) war der

---

[61] Friederich, Gerhard (Pseudonym Tyrtäus): *Der geheime Bund der Schwarzen Brüder*, Mainz 1834.
[62] Hoede (wie Anm. 21), S. 47.
[63] Vgl. Bauer/Riederer (wie Anm. 2), S. 42, Fabricius (wie Anm. 34), S. 62 und Schuster, Georg: Die geheimen Gesellschaften, Verbindungen und Orden, Bd. 2, Leipzig 1906, S. 225.
[64] Richter, Walter (wie Anm. 17), S. 7ff. - In Erlangen taucht ein Orden der Harmonie mit einer Loge „*Post moram*" bereits bei einer Untersuchung der Universität im Oktober 1770 auf.
[65] Hertlein, zit. nach Hoede (wie Anm. 21), S. 47, Einzelheiten vgl. Tyrtäus (wie Anm. 61)
[66] Vgl. Fabricius (wie Anm. 48), S. 75.

später selbst als Dichter und Philosoph hervorgetretene Freund Hegels und vor allem Hölderlins, Isaak von Sinclair aus Homburg v. d. Höhe. Der letzte Erlanger Ordenssenior Friedrich [von] Müller (1779-1849) wurde 1815 weimarischer Kanzler und gehörte wie Goethe, dessen Freund und Testamentsvollstrecker er war, der Freimaurerloge „*Amalia*" in Weimar an.[67] Auch Johann Gottlieb Fichte war als Student in Leipzig ca. 1781/82 Harmonist, so sehr er sich später von Ordensverbindungen distanzierte; 1794 schloß er sich der Rudolstädter Freimaurerloge „*Günther zum stehenden Löwen*" an, die er ebenfalls enttäuscht verließ.

Abbildung 4: Harmonistenzeichen

Gesellschaft der freien Männer

Als eine weitere studentische Vereinigung ist in diesem Zusammenhang die „*Gesellschaft der freien Männer*" in Jena (1794-1799), auch „*Literarische Gesellschaft*" genannt, erwähnenswert[68] – „*frei*" deshalb, weil angeblich nur Studenten, die keinem studentischen Orden und keiner Landsmannschaft angehörten, aufgenommen wurden. Die Anregung stammte wahrscheinlich von Fichtes Amtsvorgänger, dem ehemaligen katholischen Priester, Illuminaten und Kantianer Karl Leonhard Reinhold, der sich seit etwa 1794 der Freimaurerei zuwandte; bald wurde Johann Gottlieb Fichte selbst Leitfigur der Gesellschaft. Ursprünglich als literarischer Club gedacht, entwickelte sie sich zu einer überkorporativen Vereinigung von Fichte-Anhängern, der mehrere Ordensbrüder

---

[67] Vgl. Hümmer, Hans Peter (wie Anm. 17), S. 25-26 (dort Anm. 129).
[68] Zum folgenden vgl. Geschichte der Universität Jena 1548/58-1958, Bd. 1, Jena 1958, S. 316, und Bauer/Riederer (wie Anm. 2), S. 249ff.

und viele „*Landsmannschafter*" angehörten.[69] Prominentestes ihrer 59 Mitglieder war der spätere Pädagoge Johann Friedrich Herbart, die Aufnahme von Sinclairs und Hölderlins wurde abgelehnt. Im Zuge der studentischen Reformbestrebungen entstanden und von Fichte gefördert, hatte diese Gesellschaft von Anfang an grundsätzlich andere Ziele als die herkömmlichen Verbindungen: die Verbreitung der Wahrheit sowie die Beschäftigung mit politischen, philosophischen, literarischen, sozialen und ethischen Themen. Wie später die Burschenschaft zielte auch die „*Gesellschaft der freien Männer*" auf eine Reformierung des studentischen Lebens. In einem ausgeprägten Freundschaftskult suchte man sich für das spätere „*bürgerliche Leben*" vorzubereiten. Anders als bei den studentischen Orden und den Freimaurern stand nicht die Geheimhaltung, sondern die freie und öffentliche Betätigung an der Universität im Vordergrund ihres Wirkens, auch wenn ihr die offizielle Anerkennung versagt blieb. Gleich den Orden verwarf die Gesellschaft bei der Mitgliedergewinnung territoriale Einschränkungen. Wer sich an Duellen beteiligte, sollte sich selbst ausgeschlossen fühlen. Auch wenn sie in der studentischen Reformbewegung eine Sonderstellung einnahm, „*gehört sie eindeutig zu jener Traditionslinie [...], die bis hin zu den Burschenschaften führte*".[70] Aber auch vom Corpsstudententum, das seine Wurzeln in erster Linie im klassischen Idealismus sieht, wird diese Tradition in Anspruch genommen.[71]

Niedergang der studentischen Orden

Warum setzte in den 1790er Jahren der Niedergang der Orden ein? Zunächst einmal lag es sicher daran, daß sie sich selbst von ihren ursprünglichen aufklärerisch-humanitären Zielen zunehmend abwandten. Hinzu kam, daß die hochgesteckten Ideale einer ständig anwachsenden Zahl der Studenten nicht zu vermitteln waren. Man fühlte sich als akademische Aristokratie, legte auf entsprechendes Auftreten großen Wert, pflegte ein mystisches Zeremoniell und eine übersteigerte Ehrauffassung, die ständig zu Duellen (in Jena bis zu 400 im Jahr!), Verrufen und

---

[69] Vgl. Marwinski, Felicitas: Die Literarische Gesellschaft der freien Männer zu Jena und ihre Constitution von 1795. Schriften zur Stadt-, Universitäts- und Studentengeschichte Jenas Nr. 4, Academica & Studentica Jenensia e.V., Jena u. Erlangen 1992. S. 80—31: Gesicherte Ordensbrüder unter den Mitgliedern der LGFM waren Peter Gottlieb Horn (1793 Constantist), Carl Friedrich Ludwig Petersen (1794 Unitist), Johann Michael Romani (ca. 1795 Harmonist). Für die meisten Mitglieder sind ferner landsmannschaftliche Bindungen (Holsteiner, Westfalen, Hannoveraner, Kurländer, Rheinländer, Livländer, Siebenbürger und Eisenach-Weimaraner) nachweisbar.
[70] Bauer/Riederer (wie Anm. 2), S. 279. - Anm. d. Schriftleitung: Im Gegensatz zur Burschenschaft vertrat die G.d.f.M. aber keinerlei nationale und politische Zielsetzungen.
[71] Vgl. Hümmer, Hans-Peter (wie Anm. 27)

Beschimpfungen untereinander führten. Nicht zuletzt dadurch wurden sie der bürgerlichen Freimaurerei, der ja nicht wenige Universitätsprofessoren und Regierungsbeamte angehörten, ein Ärgernis. Als sie despotisch (die Senioren in ihren Logen und die Orden nach außen) die Universitäten zu beherrschen suchten und sich - namentlich nach der Französischen Revolution von 1789 - mit Politik befaßten, erweckten sie Argwohn und Mißtrauen der Behörden, Neid, Gegnerschaft und Haß bei den außenstehenden Studenten. Mehr und mehr standen sie im Ruf dessen, wogegen sie bei ihrer Gründung angetreten waren, nämlich die öffentliche Ruhe und Ordnung zu stören, vom Studium abzuhalten sowie einem wilden, von ausschweifender Trink-, Duell- und Raufsucht beherrschten Studentenleben zu huldigen. In Jena erreichte der studentische Widerstand, der sich allerdings innerhalb der Orden selbst entwickelte, 1791/92 mit der Gründung einer „Antiduellbewegung" seinen Höhepunkt.[72] Ähnlich wie bei den *„Demagogenverfolgungen"* des 19. Jahrhunderts gingen die Regierungen z. T. mit drakonischen Maßnahmen gegen die Ordensbrüder vor. So forderte der Jenaer Professor Justus Christian [von] Loder in seinem Bericht vom Februar 1798, daß gegen die Mitglieder der Studentenorden *„wie gegen Staatsverbrecher vorgegangen werden muß"*; denn sie seien *„ein Staat im Staate, welcher von geheimen Oberen regiert wird".* Schrecklich sei *„ der Eid, durch welchen sie jedes neue Mitglied zu einem wissentlichen und vorsätzlichen Meineid gegen die rechtmäßige Obrigkeit verpflichten [...] Eltern und Lehrer sollen alle Kinder vor dem Studentenorden warnen, ehe sie auf die Universität geschickt werden"*[73] Goethe hatte schon 1786 der Universität Jena die Einsetzung eines Consilium arctius, d. h. die Ernennung von fünf Professoren auf Lebenszeit mit unbeschränkter Vollmacht zur gewaltsamen Auflösung der Studentenorden, dieser *„Brutnester der Rohheit",* verlangt. *„Landsmannschaften und andere Verbindungen der Studierenden können vielleicht nie ganz ausgerottet, sie können aber geschwächt werden. Anhaltende Aufmerksamkeit und fortdauernde Wirkung auf denselben Zweck können das Übel mindern, ihm Einhalt thun, dessen Ausbrüchen zuvorkommen"*[74] Da sowohl Goethe als auch Herzog Karl August Freimaurer waren, hätte Goethe nicht so geurteilt, wenn die Orden den Schutz der Freimaurerei genossen hätten. *„Die Orden waren keine [Freimaurer-]Loge",* so der Studentenhistoriker Peter

---

[72] Vgl. dazu die Aktivitäten des ehemaligen Constantisten Polizo und die *„gelehrte Amizistenloge"* in Jena.
[73] Zit. nach Hoede (wie Anm. 21), S. 39.
[74] Goethes Votum vom 7. April 1786, zit. nach Fabricius (wie Anm. 34), S. 72 und Schulze/Ssymank (wie Anm. 6), S. 140.

Krause, *"sondern strebten vielmehr unter Verwendung von deren Riten die Herrschaft über die Landsmannschaften an, in denen sie sich eingenistet hatten"*.[75]

Dabei ist Goethes hartes Urteil über die Studentenorden noch als milde zu bezeichnen. Nach dem preußischen *„Edict, wegen Verhütung und Bestrafung geheimer Verbindungen, welche der allgemeinen Sicherheit nachtheilig werden könnten"* von 1798[76] stand auf die erwiesene Zugehörigkeit zu einem Studentenorden die Prügelstrafe. Wie an anderen Universitäten wurden in Jena die Ordenssenioren relegiert, andere Ordensbeamte erhielten das Consilium abeundi, d. h. sie hatten bis Ostern die Universität zu verlassen. Die rigorosen Maßnahmen führten in Jena und an anderen Universitäten zu Studentenauszügen und Tumulten, gegen die z. T. Militär eingesetzt wurde. Anfang Juni 1792 erließ Herzog Karl August von Sachsen-Weimar das *„Conclusum Corpons Evangelicorum"* gegen die Orden. Dem folgte im Juni 1793 ein so genanntes *„Reichsprotokoll"* gegen die Studentenorden, das die Grundlage für die Karlsbader Beschlüsse von 1819 gegen die Burschenschaften bildete. Der Regensburger Reichstag verfügte 1793 die Bestrafung der Mitgliedschaft mit sofortiger Relegation, ein Verbot des Weiterstudiums der Bestraften an anderen Universitäten, die Benachrichtigung sämtlicher Hochschulen und der Heimatbehörden sowie den Verlust des Rechtes auf Verwendung der Betroffenen im Staatsdienst. In der Begründung hieß es u. a., die besagten Verbindungen bildeten einen *„Staat im Staate"*, sie *„zweckten auf Jakobinerey"* und seien *„Pflanzschulen künftiger Staatsverbrecher"*. Zum Reichsgesetz scheint der Kaiser das Protokoll aber nicht erhoben zu haben. Auch Fichte, seit 1794 in Jena, wandte sich mit großem persönlichen Einsatz gegen die Orden, vor allem gegen die Unitisten, *„Verbindungen, welche die alte Barbarei verewigen"*.[77] In Jena wurden durch ein Gesamtpatent der fürstlichen Nutritoren vom August 1795 alle Studentenorden als *„der akademischen Disciplin, der Moralität, dem Fleiße und der Oekonomie der Studenten nachtheilig"* erneut verboten, ihren Mitgliedern eine ständige Relegation und Verbot des Weiterstudiums an allen deutschen Universitäten sowie ein Verlust der Aussicht auf Beförderung und Anstellung angedroht.[78] Im Februar 1798 wurde erneut der Amizistenorden in Jena entdeckt, alle zwölf Mit-

---

[75] Krause (wie Anm. 38), S. 48.
[76] Titelblatt abgedruckt ebd. S. 48.
[77] Fichte, Johann Gottlieb: Gesamtausgabe der Bayerischen Akademie der Wissenschaften III/2: Johann Gottlieb Fichtes Briefwechsel 1793-1795, hrsg. von E. Lauth [u. a.], Stuttgart/Bad Cannstatt 1970, Nr. 269, S. 260, zit. nach Bauer/Riederer (wie Anm. 2), S. 124.
[78] Vgl. Keil/Keil (wie Anm. 25), S. 321.

glieder wurden relegiert. Eine aus diesem Anlaß vom Senat publizierte Darlegung der Untersuchungsergebnisse vom 28. Februar 1798 legte fest, gegen Ordensmitglieder wie gegen Staatsverbrecher zu verfahren. In der Folgezeit gestalteten sich die Reste der Orden zu landsmannschaftlichen Kränzchen um. Etwa seit 1809 waren die Orden ganz verschwunden. Zuletzt wagten in Jena nur noch die Professorenfrauen, sich für die Studentenorden einzusetzen, weil sie eine Verödung der vorwiegend von Ordensbrüdern besuchten Ballfestlichkeiten befürchteten.

Ende der studentischen Orden; die neuen Gesellschaften

Der Niedergang der studentischen Orden bedeutete nicht das Ende des studentischen Verbindungswesens. An manchen Hochschulen lebte der landsmannschaftlich-territoriale Gedanke wieder auf, an anderen entstanden um 1800 Gesellschaften, die bereits die den Behörden obsolete Bezeichnung *„Landsmannschaften"* oder *„Kränzchen"* vermieden. Die Entwicklung einer homogenen Korporationsform, die später als *„Corps"* bezeichnet wurden, benötigte allerdings noch ein bis zwei Jahrzehnte und wurde offiziell erst nach 1848 (im Kösener SCV) definiert. Der gemeinsame Nenner waren zunächst nur die landsmannschaftlich-traditionellen Namen dieser Verbindungen (z. B. Franconia, Guestphalia, Vandalia), die an Vorverbindungen des 18. Jahrhunderts anknüpften. Schon aus äußeren Gründen suchte man für diese Landsmannschaften neuen Typs nach neuen Bezeichnungen. Von den alten Landsmannschaften übernahmen sie neben den Namen teilweise auch noch das Rekrutierungssystem, von den Orden die Freiwilligkeit des Beitritts, den engen Freundschaftsbund, die straffe Organisation und demokratische Struktur im engeren Kreis. Das Lebensbundprinzip bürgerte sich erst allmählich ein; noch zu Beginn des 19. Jahrhunderts verließ man die Korporation mit der Universität; Altherrenvereine waren unbekannt. Gemeinsam war diesen neuen Gesellschaften die meist satzungsgemäß fixierte Opposition gegen die Orden, vielfach wohl ein Lippenbekenntnis, um staatliche Anerkennung zu erlangen.

Welchen ohnmächtigen Haß die niedergehenden alten Orden zu Ende des 18. Jahrhunderts den gegnerischen Kränzchen - das waren nicht alle! - entgegensetzten, belegt eindrucksvoll ein Stammbuchblatt des Unitisten Friedrich Ludwig Jahn: *„Es wird auf den Universitäten nicht eher besser werden, als bis der letzte Kränzchensenior an den Gedärmen des letzten Kränzianers erdrosselt ist."*[79] Wie wir aus dem Buch „Landsmannschaften und Burschenschaft" (1820) von Joachim Leopold - selbst

---

[79] Zit. nach Schulze/Ssymank (wie Anm. 6), S. 146.

Mitglied einer aus dem Ordenswesen entstandenen Landsmannschaft - wissen, unterlagen die Orden erst nach hartnäckigen Kämpfen den Landsmannschaften, weil diese den Geist der Zeit auf ihrer Seite hatten. Mehrere Ordensverbindungen gaben sich selbst die Form von Kränzchen/Landsmannschaften oder traten geschlossen zu diesen über. An manchen Hochschulen *„traten einzelne Ordensbrüder und ganze Orden [...] zu festgefügten Landsmannschaften zusammen, die vor allem das Fechtwesen, die Autorität der Chargen, aber auch gewissen Feierlichkeiten als wertvolle Einrichtungen von ihren Vorgängern übernahmen und wie diese die Leitung der Studentenangelegenheiten beanspruchten."*[80]

Die Konstitutionen der Landsmannschaften lassen teilweise Einflüsse ehemaliger Ordensbrüder erkennen. Das alte Rekrutierungsprinzip wurde teilweise aus Tradition (z. B. westfälische Landsmannschaften) oder praktischen Gründen (Vermeiden von Streitigkeiten) beibehalten. Nur einzelne der neuen Gesellschaften - wie Onoldia in Erlangen – lehnte es von Anbeginn ab. *„Trotz der Beibehaltung des alten Namens, findet sich bei ihnen der kleinstaatliche Sondergeist der früheren Zeit jetzt weit weniger schroff ausgeprägt; von den Orden haben sie deren straffe Zucht und geschlossene Gliederung und die Bekämpfung wenigstens der schlimmsten Mißstände des in noch stark rückständiger Ueberlieferung stecken gebliebenen akademischen Lebens übernommen".*[81] Von den verbal angefeindeten studentischen Orden übernahmen die neuen Verbindungen nicht nur Äußerlichkeiten wie Wahlsprüche, Symbole, Lieder und Bräuche, die z. T. freimaurerischer Herkunft sind, sondern auch wesentliche Inhalte ihrer Gesetze, ja ganze Verfassungen. Das dürfte auch für die nach 1800 in Jena gegründeten Landsmannschaften - aus denen 1815 die Burschenschaft hervorging - zutreffen. So stammten die ersten Mitglieder der Thuringia (1806) angeblich aus der aufgelösten Constantia.[82] Vandalia (1811) wurde vielleicht - wie erwähnt - von aus Mecklenburg stammenden Unitisten ins Leben gerufen. Bei der 1809 rekonstituierten Saxonia ähnelten Rezeptionsbrauch, Bruderkuß und Kugelung (Ballotage) den Bräuchen der Orden und Freimaurer. Wegen ihrer Anlehnung an die Eidpraxis und Konstitutionen der Orden versuchte Willhelm Fabricius die neuen Landsmannschaften viel später als ge-

---

[80] Schmidgall, Georg: Der Untergang des Harmonistenordens in Jena und Erlangen, in: Deutsche Corpszeitung, Dezember 1928, S. 278.
[81] Haupt, Herman, in: Handbuch für den Deutschen Burschenschafter, hrsg. von Herman Haupt, 3. Aufl., Frankfurt a. M. 1925, S. 2.
[82] Vgl. Keil/Keil (wie Anm. 25), S. 324.

schworene oder konstituierte Landsmannschaften zu definieren.[83] Diese Interpretation ist nicht ohne Probleme, zumal eine homogene, an allen Hochschulen gleichartige Entwicklung nicht nachzuweisen ist.

Der Gegensatz zwischen Orden und Landsmannschaften bestand nicht immer und überall in gleicher Weise. Der älteste schriftlich überlieferte Comment - 1791 in Jena zwischen Orden *und* Landsmannschaften vereinbart - legte die Rechte und Pflichten *„unter denen, die in Verbindung sind"* fest, und zwar für Orden und Landsmannschaften gemeinsam.[84] Die scharfen Verfolgungen seit 1793 führte an den meisten Universitäten dazu, daß die Orden bei den Studenten zunehmend an Ansehen, verloren. Fast überall lösten sie sich nach außen hin *„freiwillig"* auf, bestanden jedoch insgeheim noch Jahre lang weiter.

Die Erinnerung an die Orden hielt sich auch nach ihrer Auflösung, wobei vermutlich die Reste ehemaliger Philisterlogen und Familientraditionen eine Rolle spielten. So tauchten im Jahre 1816 innerhalb der Jenaischen Burschenschaft noch einmal *„Schwarze Brüder"* auf. Ihr Gründer, Heinrich Netto, später Inspektor an der Hauptschule der Franckeschen Stiftung in Halle/Saale, kritisierte rückblickend in seiner *„Schilderung der Schul- und Universitätsjahre"* (1866) seinen sonderbaren Entschluß: *„obwohl wir Mitglieder der Burschenschaft waren, und ich sogar Vorsteher",* bekannte er mit Stolz: *„Die Aufnahme war höchst feierlich, ganz in freimaurerischer Weise".* Das Ordenskreuz der Schwarzen Brüder von 1816 zeigte die Buchstaben: U. O. S. E. *(Unser Orden sei ewig).* Mit der politisch radikalen *„Christlich teutschen Burschenschaft",* den sogenannten *„Gießener Schwarzen"* (prominentes Mitglied war Karl Folien), hatten diese Schwarzen Brüder nur den Namen, den Charakter eines Geheimbundes und das Bundesabzeichen (ein Kreuz am blauen Band) gemeinsam. Schon nach einem Jahr endete aber auch dieser letzte Ableger der Studentenorden in Jena.

Für den Corpshistoriker Fabricius zeigt der Untergang der studentischen Orden, daß jede festgegründete Verbindung von Studenten *„dem Untergang verfallen muß, sobald sie politischen oder philosophischen Modeideen oder gar Modeleidenschaften Raum gewährt".* Und er fügt ausdrücklich hinzu: *„Man vergleiche die Geschichte der ersten Jenaischen Burschenschaft!"*[85] Mehr oder weniger haben die untergegangen studen-

---

[83] Vgl. Bauer/Riederer (wie Anm. 2), S. 84 und Fabricius, Wilhelm: Die Deutschen Corps, 1. Aufl. 1898, S. 330 sowie S. 271 und S. 347.
[84] Abgedruckt bei Fabricius (wie Anm. 34), S. 74-78, vgl. ebd. S. 102f. sowie Krause (wie Anm. 38), S. 65.
[85] Fabricius (wie Anm. 34), S. 166.

tischen Orden mit ihren „*freimaurerischen*" Zielsetzungen und Bräuchen bis heute in allen studentischen Korporationsformen ihre Spuren hinterlassen, auch wenn man sich dort des eigentlichen Ursprungs oft kaum noch bewußt ist. Das gilt sowohl für die seit den 1790er Jahren wiedererstarkenden, am territorialen Rekrutierungsprinzip festhaltenden alten Landsmannschaften als auch für die neuen, festgefügteren, meist schon überregionalen Korporationen unterschiedlicher Bezeichnung, für die sich später - besonders zur Abgrenzung von der Burschenschaftsbewegung - die Bezeichnung „*Corps*" einbürgerte. „*Was zwischen 1790 und 1800 neu entstand an typischen Korporationen [...], übernahm alles, was die Studentenorden gepflegt und geschaffen hatten*".[86] Diese Pauschalierung Rudolf Körners ist sicher übertrieben, enthält aber eine zutreffende Grunderkenntnis.

Was viele Landsmannschaften nicht übernahmen, war die überregionale Rekrutierung ihrer Mitglieder - ein bemerkenswerter Rückschritt gegenüber den studentischen Orden, den erst die Burschenschaftsbewegung seit 1815 beseitigte. Zwar standen die in Jena weiterbestehenden, aus den alten hervorgegangenen oder neu benannten Landsmannschaften in Verbindung zu den untergegangenen studentischen Orden und übernahmen von diesen klugerweise vieles, was den Orden einst ihre Anziehungskraft verliehen hatte: feste Konstitutionen, straffe Organisation, Grundsätze der Ehrenhaftigkeit und brüderlichen Freundschaft, Regelungen von Beleidigungen, Umgang mit auswärtigen Studierenden, wenig oder gar nicht geändertes Brauchtum. Zeitgenössische Berichte belegen, daß die Sitten der Landsmannschaften vor 1815 keineswegs generell so verwildert waren, wie die Gründerväter der Burschenschaft behaupteten.[87] Auch wenn die erste Verfassung der Burschenschaft auf dem gemeinsamen „*Jenaischen Comment*" der Landsmannschaften Vandalia, Guestphalia, Thuringia, Frankonia und Saxonia (um 1812) beruhte[88]: deren minutiöse „*Cantonsvertheilung*" wonach z. B. das Amt Arnstadt nicht zu den „*Sachsen*" gehörte - übernahm die Burschenschaft nicht. „*Keine Landsmannschaft sollte [...] ohne freundschaftliche Uebereinkunft einen Studenten aus einem Lande, welches zum Canton der anderen Verbindung gehörte, unter sich aufnehmen dürfen*".[89] Als sich im Wintersemester 1811/12 Altenburgia auflöste, wurden deren Werbecantone aufgeteilt. Derartige Regelungen hätten der gesamtdeutsch-vaterländischen Zielsetzung der Burschenschaft eklatant

---

[86] Körner (wie Anm. 49), S. 148.
[87] Einen zutreffenden Überblick bietet Fabricius (wie Anm. 34), S. 279ff. und S. 286f.
[88] Abgedruckt bei Fabricius (wie Anm. 34), S. 195-209.
[89] Keil/Keil (wie Anm. 25), S. 339.

widersprochen, wie sie gleich am Anfang des *„Allgemeinen Theils"* (eingeleitet von Arndts *„Was ist des Deutschen Vaterland?"* zum Ausdruck kommt: *„Lange Zeit wurden durch die Studierenden auf deutschen Universitäten und durch deren Verbindungen die Eigenthümlichkeiten der einzelnen deutschen Stämme und die Liebe zu den einzelnen deutschen Ländern bewahrt, aber eben dadurch gewöhnte man sich nach und nach daran, das gemeinsame Vaterland aus den Augen zu verlieren, und sich selbst als nur als einen Theil eines bestimmten Volksstammes zu denken".*[90] Es ist kein Zufall, daß die Burschenschaften von Anfang an Namen wie *„Teutonia", „Arminia"* und *„Germania"* bevorzugten, die der von ihnen vertretenen (wenn auch nie erreichten) Gemeinsamkeit aller Studenten entsprachen, während bei den Landsmannschaften/Corps Bezeichnungen dominierten, welche die regionale Tradition kennzeichneten.[91] *„Saxonia hab ich mich ergeben / Sie ist und bleibt mein Vaterland"* [aus: *„Ich lobe mir das Studentenleben"*] und *„Brüder, laßt uns Hand in Hand, / In vereinten Chören I Unser theures Vaterland, I Unser Sachsen* [aus: *„ Brüder, laßt und Hand in Hand"*] sang man in den 1790er Jahren in der Jenaer Landsmannschaft Saxonia.[92]. Dem Altmeister der Corpsgeschichte, Fabricius, zufolge konnte der Jenaische Comment von ca. 1812 *„dem niemand präcise Fassung und zweckmäßige Regelung aller im äußeren Leben der Studenten unter sich vorkommenden Verhältnisse absprechen kann [...] als Muster aller gleichzeitigen Comments gelten".*[93] Trotz der erwähnten gravierenden Abweichung von den landsmannschaftlichen Zielsetzungen und der deutlichen Annäherung an manche älteren ordensstudentischen Zielsetzungen *„wollte die Urburschenschaft in ihrer reinen Form",* so Fabricius *„gewissermaßen [...] die in der Entwicklung begriffene landsmannschaftliche Idee aufgrund neuer Ideen und zeitgemäßere Einflüsse fortführen".*[94] Diese Entwicklungshypothese paßt aber kaum zu seiner durchaus zutreffenden Erkenntnis, daß gerade die frühen Burschenschaften durchaus politisch, die Orden und meisten neuen Landsmannschaften/Corps dagegen durchaus unpolitisch orientiert waren. *„Niemals - dies muß besonders betont werden –*, schreibt Fabricius

---

[90] Zit. nach Haupt, Herman: Die Jenaische Burschenschaft von der Zeit ihrer Gründung bis zum Wartburgfeste, in: Quellen und Darstellungen zur Geschichte der Burschenschaft und der deutschen Einheitsbewegung, Bd. 1, 2. Aufl., Heidelberg 1966, S. 122f.
[91] Vgl. dazu Gladen, Paulgerhard: Gaudeamus igitur. Die studentischen Verbindungen einst und jetzt, 2. Aufl., München 1988, S. 31.
[92] Vgl. Keil, Robert und Richard: Deutsche Studenten-Lieder des siebzehnten und achtzehnten Jahrhunderts, Lahr (1861), s. 93 und S. 197
[93] Fabricius (wie Anm. 83) S. 209 und S. 195
[94] Ders. (wie Anm. 34), S.282

an anderer Stelle, „ *haben die Orden politische Tendenzen gehabt; niemals haben sie - und das ist doch die am meisten hervortretende Tendenz der ersten Burschenschaft - beabsichtigt, alle Verbindungen, die gesammte Studentenschaft zu einem großen Bund zu vereinigen"*[95]. Es waren allenfalls vereinzelte Gesellschaften, *„die sich um politische Grenzen kaum noch bekümmerten"*[96]; die erwähnte Kantonsverteilung der jenaischen Landsmannschaften um 1812 war davon jedenfalls noch weit entfernt. Eine Ausnahme bildete lediglich Vandalia, *„welche die Entwicklung eines thakräftigen deutschen Patriotismus eifrigst zu fördern gestrebt"* hat[97], und deren Mitglieder 1815 die Mehrheit der Gründer der Burschenschaft stellte, unter ihnen die beiden Mitgründer Horn und Scheidler. Für die meisten Historiker signalisiert die Gründung der Burschenschaft hinsichtlich ihrer Zielsetzung -weniger hinsichtlich des tradierten Brauchtums - tatsächlich etwas ganz Neues. Zwar standen die burschenschaftliche Organisationsweise, die erstrebte Reform des studentischen Lebens und selbst die nationale Zielsetzung in der Kontinuitätslinie des älteren Verbindungswesens, aber *„das ist der entscheidende und durchaus immer wieder unterstrichene Vorbehalt - noch ohne ausdrückliche nationale Zielsetzung und ohne eine Gesamtkonzeption der studentischen Existenz, in der studentische Lebensweise, generationsspezifisches Selbstverständnis, berufliche Bildung und nationaler Einheitswunsch zu einer durchgehenden Orientierung integriert worden wären"*[98] Voraussetzung für den politischen Charakter der Burschenschaft war der nationale Freiheitskampf gegen Napoleon. *„Was die Burschenschaft aber von den älteren Verbindungen unterscheidet [...] ist die Tatsache, daß sie eine politische Studentenverbindung war, die den Rahmen einer bloßen Organisation der Studenten an der Universität sprengte und allgemeine Staats- und gesellschaftspolitische Ziele verfolgte"*.[99] Daß viele dieser hochgesteckten Ziele nicht gleich mit der Gründung 1815 und wenn überhaupt erst später erreicht wurden, ändert nichts an der Bedeutung dieser neuen programmatischen Zielsetzungen.

Was blieb im heutigen Korporationsstudententum erhalten?

Aus den neuen Landsmannschaften und Gesellschaften erwuchsen die

---

[95] Ders. (wie Anm. 48), S. 99
[96] Ders. (wie Anm. 34), S. 283
[97] Keil, Robert und Richard: Die Gründung der deutschen Burschenschaft in Jena, Jena 1865, S. 75
[98] Hardtwig (wie Anm. 1), S. 585, vgl. Faber, Karl-Georg: Student und Politik in der ersten deutschen Burschenschaft, in Geschichte in Wissenschaft und Unterricht, 21. Jg., 1970, Heft 2, S. 69 und S. 72
[99] Ebd. S. 69.

Corps; aus und neben diesen entstand die Burschenschaft, *„ordensähnlich in Ausschließung landsmannschaftlicher Gliederung"*[100]. Ähnliches gilt für die 1815 in Jena gegründete, erstmals nachdrücklich nationalen Zielsetzungen verpflichtete Burschenschaft sowie für den gesamten Mikrokosmos der im 19. Jahrhundert entstandenen studentischen Korporationen. *„Freimaurerisch orientierte Studentenorden"*, so der Freimaurerhistoriker Binder, haben *„nachwirkend das studentische Vereinswesen bzw. Verbindungswesen bis heute beeinflußt"*.[101] Hoede formuliert es noch deutlicher: *„Die nachweislich aus den Studentenorden hervorgegangenen studentischen Verbindungen, mithin die heute noch bestehenden Corporationen - die katholischen nicht ausgeschlossen - sind [...] sozusagen ‚freimaurerisch infizierte' Traditionsträger"*.[102] Ähnlich sieht es der katholische österreichische Studentenhistoriker Peter Krause: *„Wider alle Anfeindungen haben zahlreiche von den Orden entwickelte Formen und Gebräuche sich bis heute erhalten, in das moderne Korporationsstudententum Eingang gefunden und dieses wesentlich mitbestimmt"*.[103] Sicher sind *„die studentischen Verbindungen [...] nicht aus der Freimaurerei hervorgegangen"*, sie sind *„keine Kinder oder Geschwister der Freimaurerei"*, aber *„noch in ihrer heutigen Form mit geprägt von der Freimaurerei"*.[104] *Ein direkter freimaurerischer Einfluß auf die Gründung der Burschenschaft in Jena 1815 ist sicher auszuschließen"*.[105] Die Loge *„Zu den drei Rosen"* war 1764 aufgehoben worden, die 1807 gestiftete Loge *„Augusta zur gekrönten Hoffnung"* bestand nur ein knappes Jahr. Unter dem Schutz der Weimarer Loge entstand erst 1864 wieder ein maurerisches Kränzchen *„Zu den drei Rosen "*.

Bundesleben, Brauchtum und Struktur

Freimaurerei und studentische Orden des 18. Jahrhunderts haben in den heutigen Korporationen vielfältige Spuren hinterlassen. *„Die Grundprinzipien der Orden [...] rückten sie zwangsläufig immer wieder in die Nähe der* [Freimaurer-]*Logen. Auffallende Analogien bestanden ferner in den jeweiligen Organisationsformen, den Riten, Graden, Zeichen*

---

[100] Zeller, Alfred: Studentenorden und Ordensüberlieferung, in: Besondere Beilage des Staats- Anzeigers für Württemberg vom 29. Februar 1929, abgedruckt in: Einst und Jetzt 36 (1991), S. 98.
[101] Binder (wie Anm. 10), S. 103.
[102] Hoede (wie Anm. 21), S. 60 mit zahlreichen Literaturbelegen.
[103] Krause (wie Anm. 38), S. 49.
[104] Prüfer, Uwe-Michael: Freimaurer und Studentische Verbindungen 1984 (Gesellenzeichnung, Manuskript Freimaurer-Bibliothek Bayreuth), S. 5 und 9.
[105] Vgl. Allgemeines Handbuch der Freimaurerei, Bd. 1, Leipzig 1900, S. 502f.

Siglen und Devisen".[106] Viele Sitten und Bräuche des deutschsprachigen Korporationsstudententums haben ihren Ursprung unmittelbar in den studentischen Orden, mittelbar in der Freimaurerei.[107] Dabei ist mit Recht vermutet worden,[108] daß die Ordensverbindungen manches von den noch älteren bürgerlichen Sozietäten oder gelehrten Gesellschaften übernommen haben könnten, die schon in der ersten Hälfte des 17. Jahrhunderts unter Ausschluß der Öffentlichkeit sowie unter Geheimhaltung ihrer Mitglieder und ihres Brauchtums vor allem zur Pflege der deutschen Sprache gegründet wurden. Die erste und größte dieser Sprachgesellschaften, die 1617 in Weimar gegründete *„Fruchtbringende Gesellschaft"* *(„Palmenorden"),* kannte bereits eine *„Prüfung"* und *„Einweihung"* der Neuaufzunehmenden in die geheimgehaltene Symbolik (u. a. Sonne, drei brennende Kerzen, zwei verschlungene Hände, Winkelmaß, nach Graden eingeteilte Mitglieder). Der Ursprung des Brauchtums ist also keineswegs immer eindeutig. Hier gilt das Wort des Studentenhistorikers Erich Bauer, daß manches im studentischen Brauchtum seine Entstehung lediglich einer Zufälligkeit oder dem verdrallten Einfall und nicht einer tieferen Symbolik verdanke.[109]

Die Ähnlichkeit beginnt schon damit, daß viele Korporationen - vor allem die ältesten Corps und Burschenschaften - nicht wie ein Verein *„gegründet"*, sondern wie ein Bund von Brüdern *„gestiftet"* wurde, weshalb auch von Stiftern die Rede ist und wie bei den Logen Stiftungsfeste gefeiert werden. Die Bezeichnung *„Bund"* erscheint schon im Alten Testament und will auf den göttlichen Ursprung, zumindest auf göttlichen Schutz hinweisen.[110] Der Begriff des Bundesbruders stammt aus der Zeit der studentischen Orden. Auch ihre konsequenten *Statuten* und einen verbindlichen *Komment* verdanken die heutigen Korporationen den studentischen Orden."[111] Letztere lehnten alle Formen des früheren Pennalismus ab und setzten streng moralische Verhaltensmaßstäbe. Als *„Gesittungs- und Disziplinierungsbewegung"*[112] erstrebten sie auch eine soziale Kontrolle ihrer Mitglieder, denen sie anderseits moralisch-diszipli-

---

[106] Müller (wie Anm. 45), S. 32.
[107] Vgl. Binder (wie Anm. 10), S. 103.
[108] Vgl. Hoede, Karl: Zur Frage der Herkunft *„geheimer studentischer Verbindungen"* im 18. Jahrhundert, in: Einst und Jetzt 12 (1967), S. 10. - Paschke, Robert: Studentenlexikon. Aus dem Nachlaß herausgegeben und bearbeitet von Friedhelm Golücke, Köln 1999, S. 244.
[109] Vgl. Schwenke, Aribert: Zur Geschichte des Landesvaters, in: Einst und Jetzt 35 (1990), S. 68f.
[110] Vgl. Krause (wie Anm. 38), S. 75.
[111] Zum folgenden vgl. Müller (wie Anm. 45), S. 31f.
[112] Hardtwig (wie Anm. 35), S. 252.

näre Hilfestellungen gewährten. Vor allem verdanken die heutigen Korporationen den studentischen Orden das männerbündische Lebensbundprinzip, d. h. unverbrüchliche Freundschaft fürs ganze Leben.[113] Der Verbindungszweck reicht weit hinein in die berufliche Karriere und das bürgerlich-öffentliche Leben. Erstmals ausdrücklich in das studentische Verbindungswesen eingeführt wurde das Prinzip 1791 in den erweiterten Statuten der *„gelehrten"* Jenaer Amizistenloge von 1791: *„§ 2. Da der Endzweck unserer Verbindung lebenslängliche Freundschaft ist, so ist jedes Mitglied gehalten, lebenslänglich seine Pflichten als Ordensbruder zu erfüllen, und unter keine andere Verbindung zu gehen".*[114] Jede Art von Beschränkung widersprach den Ordnungsprinzipien der bürgerlichen Geheimgesellschaften jener Zeit, die alle geistigen, konfessionellen, ständischen und geographischen Schranken zu sprengen suchten. Freimaurer, studentische Orden und namentlich die Burschenschaften strebten *„nach Überwindung der Schranken, die das Leben in der ständisch territorial-staatlich-kleinräumig und konfessionell geprägten Gesellschaft des alten Reiches eingeengt hatten".*[115] Daß die Wurzel des Lebensbundprinzips und der Brüderlichkeit auch der katholischen Verbindungen bei den studentischen Orden liegt, die der von der katholischen Kirche abgelehnten Freimaurerei - zwischen 1738 und 1918 zwölf verurteilende päpstliche Stellungnahmen! - verpflichtet waren, ist unbestritten."[116] Von den Nachfolgeorganisationen der studentischen Orden suchte namentlich die Burschenschaft die Standesschranken (erster Wahlspruch: *„Dem Biedern Ehre und Achtung")* und das territoriale bzw. regionale Rekrutierungsprinzip zu durchbrechen. Später sahen einige Autoren in den studentischen Orden geradezu eine Vorstufe der Burschenschaft. So schrieb bereits 1859 ein anonymer Autor in der von dem Jenaer Professor und Mitgründer der Burschenschaft, Karl Herrmann Scheidler, herausgegeben *„Jenaischen Blättern für Geschichte und Reform des deutschen Universitätswesens"* über die studentischen Orden: *„da sie [...] über die landsmannschaftlichen Schranken hinausgriffen und nach freier Wahl sich rekrutierten, so bezeichnen sie einen nicht unbedeutenden Fortschritt in der Entwicklung studentischen Le-*

---

[113] Vgl. Fabricius (wie Anm. 48), S. 98f. - Noch mehr Ordenscharakter hat das heute fast ausgestorbene Lebenscorps-Prinzip (z. B. der Onoldia), das generell die Mitgliedschaft in anderen studentischen Korporationen ausschließt.
[114] Zit. nach Fabricius (wie Anm. 39), S. 238.
[115] Hardtwig (wie Anm. 35), S. 248, vgl. Müller (wie Anm. 45), S. 31.
[116] Vgl. Binder, Dieter A.: Brüderlichkeit als Prinzip katholischer Studentenkorporationen. Zur Deutung der historischen Entwicklung, in: Aspekte der Brüderlichkeit in der Theologie, hrsg. von Johannes Marböck, Graz 1981, insbesondere S. 256.

bens und die Vorstufe der Burschenschaft".[117] Die Abkehr vom Prinzip regionaler Rekrutierung kennzeichnete jedoch bereits vor den Freiheitskriegen auch manche progressive Gesellschaften wie z. B. Onoldia in Erlangen. Ausgerechnet der Jenaische Comment der Landsmannschaften (um 1812), aus deren Reihen sich zahlreiche Mitglieder der Jenaer Urburschenschaft rekrutierten, stellte in dieser Beziehung einen Rückschritt dar. Gleich den studentischen Orden pflegen die meisten Korporationen bis heute Kontakte zu Schwesterverbindungen an anderen Universitäten. Das erste burschenschaftliche Kartell wurde 1816 zwischen der Jenaischen und der Halleschen Burschenschaft geschlossen, ein corpsstudentisches Kartell - zur gemeinsamen Stellungnahme gegen die Burschenschaft - 1821 zwischen Jena, Halle und Leipzig.[118] Jens Riederer kommt aufgrund einer sorgfältigen Analyse der Jenaer Studentenorden und ihrer externen Beziehungen zu dem Ergebnis, daß *„ohne die Vorleistungen der Orden beim Aufbau überregionaler Logenstrukturen der gesamtnationale Organisationsansatz der Burschenschaften nicht denkbar gewesen wäre".*[119] Das Studium wurde als Vorbereitung auf das Leben, den Beruf definiert. Die Verbindung soll dem Mitglied helfen, sich zum erwachsenen Menschen und Bürger zu bilden, sich im Umgang miteinander ebenso wie mit Rechten und Pflichten zu üben. Auch die Geselligkeit oder Brüderlichkeit als Verwirklichung der Freundschaft und Bindung spielt bei Freimaurern, Orden und neueren Korporationen eine wichtige Rolle.

Nun zu einzelnen Bräuchen. Das bei vielen Korporationen übliche Reiben des Salamanders, über dessen Ursprung die wildesten Spekulationen kursieren, erinnert an das *„Trommeln"* mit den Gläsern, wie es bei manchen *„Tafellogen",* d. h. dem festlichen geselligen Beisammensein der Freimaurer nach der Logenarbeit, üblich ist. Auch das geregelte Zutrinken nach Trinkkomment ist hier einzuordnen. Nach Binder[120] kann wohl auch das Eröffnen von Versammlungen, Kneipen bzw. Kommersen mit drei Schlägen - sei es mit einem Hammer oder einem Schläger auf einem Schlagbrett oder auf dem Tisch oder auf einer Glocke bzw. auf dem Rednerpult (wie es bei manchen Korporationen bis hin zu katholischen üblich ist) - dieser Tradition zugerechnet werden. Wahrscheinlich geht

---

[117] Zit. nach Bauer/Riederer (wie Anm. 2), S. 85.
[118] Anm. der Schriftleitung: Es gibt auch ältere Beispiele landsmannschaftlicher Kartelle zwischen verschiedenen Hochschulen. Vgl. Westfalenkartell Jena-Halle-Erlangen (1799), Märker-Kartell Frankfurt/Oder-Jena-Halle-Erlangen (1798).
[119] Hardtwig (wie Anm. 1), S. 614.
[120] vgl. Binder (wie Anm. 10), S. 103.

der Brauch auf mittelalterliche Bauhütten zurück.[121] Straff organisiert, kannten die studentischen Logen meist zwei oder drei Grade, auch im studentischen Brauchtum nicht unbekannt: Der *„Lehrling"* in den ersten zwei Semestern entspricht dem Fuchs, der *„Geselle"* dem Burschen und der *„Meister"* dem Alten Herren. Ähnlich wie bei den Logen der Bürge (Pate, Proponent) übernimmt in den Korporationen der Leibbursche bestimmte Verpflichtungen gegenüber dem Neueingetreten. Die Logen der Studentenorden hießen oft Convente. Geleitet wurden die Orden von einem Senior, dem ein Consenior zur Seite stand. Die Orden bildeten vielfach geschlossene Zirkel innerhalb der Landsmannschaften; auf diese Konstellation ist wohl die spätere Einteilung der Corps und Burschenschaften in die *„engere"* und *„weitere"* Verbindung (früher Renoncen, heute Füchse) zurückzuführen.[122] Viele Erkennungszeichen und Rituale waren freimaurerischen Charakters. Ordenszeichen war ein Kreuz mit dem abgekürzten Wahlspruch. Getragen wurde der Orden an einem Band mit den *Ordensfarben*. Einige Studentenhistoriker sehen darin den Ursprung unserer Bänder. Andere vermuten den Ursprung der Bänder in der Schärpe der Trikolore der Französischen Revolution, in Uhr- und Stockbändern oder in den farbigen Wehrgehängen. Nach Ansicht einiger Autoren ist der Gedanke, daß ein gleichfarbiges einigendes Band alle Brüder des Bundes umschlingt *„zweifellos freimaurerisches Gedankengut".*[123] Dem ist allerdings entgegenzuhalten, daß auch die Landsmannschaften sehr früh begannen, farbige Erkennungszeichen z. B. in Form von Hutmaschen zu tragen, schon in einer Zeit, als es in Deutschland weder Freimaurer noch Ordensverbindungen gab. Die erste bildliche Darstellung von Brustbändern ist von einem Erlanger Stammbuchblatt von 1801 (Stammbuch Langenfaß) bekannt.[124] In der Frühzeit der modernen Korporationen wurden die Bänder zur Geheimhaltung oft unter dem Rock oder wie Ordenskreuze auf bloßer Brust getragen. Die Farben des 1806 aufgelösten Harmonistenordens waren z. B. Schwarz-Rot. Die Jenaische Burschenschaft kannte bei ihrer Gründung noch keine Bänder. Die Pflicht zum Tragen rot-schwarzer Bänder wurde erst im Sommer 1817 festgelegt.[125] Der Ursprung der verfassungsgemäßen Farben Rot-Schwarz der Jenaischen Urburschenschaft liegt weder in den Farben der Harmonisten noch in den rot-goldenen Farben der Vandalen, sondern in den Uniformfarben des Lützowschen Freikorps, zu dem zahlreiche ihrer

---

[121] Krause (wie Anm. 38), S. 146.
[122] Vgl. Fabricius (wie Anm. 48), S. 98.
[123] Krause (wie Anm. 38), S. 76 und Paschke (wie Anm. 108), S. 36.
[124] Meyer-Camberg, Ernst: Die Onoldia zu Erlangen. Das erste deutsche Corps, München 1983, S. 320.
[125] Vgl. Wentzcke, Paul (wie Anm. 5), S. 169.

Gründer gehört hatten.[126]

Die feierlichen, wenn auch im Detail unterschiedlichen Rezeptionsbräuche der heutigen Korporationen ähneln denjenigen der alten Studentenorden.[127] Der Aufnahmebrauch der Jenaer Urburschenschaft (1815) ähnelte demjenigen der Landsmannschaft Vandalia, einschließlich des Verzichts auf eine Verschwiegenheitsformel. Um 1820 geschah die Aufnahme in einer feierlichen Versammlung über einem schwarz gedeckten Tisch, auf dem sechs Kerzen brannten, durch Handschlag über gekreuzte Schläger, die vor dem Sprecher auf dem Tisch lagen. Die Farbe der Decke und die Zahl der Leuchter lassen einen Einfluß der Unitisten auf die Vandalen vermuten. Die heutige Verschwiegenheitsformel bei der Aufnahme in die Jenaer Burgkellerburschenschaft (Sprecher: *„Solltest Du dereinst nicht mehr Mitglied unseres Bundes sein, so hast Du über alles, was Du gehört und gesehen hast, strengstes Stillschweigen zu bewahren. Das gelobe mir!")* ähnelt wohl nur zufällig jener der Jenaer Amizistenloge von 1769: *„jeder Aufgenommene mußte [...] dem Senior [...] angeloben, daß er in allem, was die Gesellschaft beträfe, so lange er Mitglied sei und selbst dann, wenn er sich von ihr aus wichtigen Gründen trennen müsse, gegen andere verschwiegen sein wolle".*[128] Meyer-Camberg zufolge ist es auch (fast!) sicher, daß der bis heute geübte Rezeptionsbrauch des 1798 gestifteten Corps Onoldia erst 1816 von dem Freimaurer und Senior Carl Stiller eingeführt wurde.[129] Besiegelt wurde die Aufnahme in den Orden mit dem Bruderkuß. Dieser ältere Brauch wurde von den ersten, vor allem süddeutschen Corps übernommen. Bei der Prager Burschenschaft Albia bestand er bis zum Zweiten Weltkrieg.[130]

Die bei Freimaurern übliche Ballotage oder Kugelung, d. h. über die Neuaufnahme und sonstige Entscheidungen geheim mit weißen und schwarzen Kugeln abzustimmen[131], wie sie bei der Halleschen Teutonia (1814-1817) üblich war, findet sich auch heute noch bei manchen Burschenschaften und vielen anderen Korporationen, auch außerhalb des

---

[126] Vgl. Wentzcke, Paul: Die deutschen Farben. Ihre Entwicklung und Deutung sowie ihre Stellung in der deutschen Geschichte. Quellen und Darstellungen zur Geschichte der Burschenschaft und der deutschen Einheitsbewegung, Bd. 9, 2. Aufl., Heidelberg 1955, S. 82. - Kaupp, Peter: Von den Farben der Jenaischen Urburschenschaft zu den deutschen Farben, in: Einst und Jetzt 34(1989), S. 77-106. (auch in dieser Festschrift abgedruckt)
[127] Vgl. Zeller (wie Anm. 100), S. 10lff. und Paschke (wie Anm. 108), S. 220.
[128] Zit. nach Krause (wie Anm. 38), S. 45.
[129] Hinweis von Prof. Dr. med. Hans Peter Hümmer.
[130] Vgl. Paschke (wie Anm. 108) und Fabricius (wie Anm. 83), S. 347.
[131] Vgl. Valmy, Marcel: Die Freimaurer, München 1988, S. 245.

Studententums (z. B. Schlaraffia). Die Zirkel und Wahlsprüche der heutigen Korporationen entstammen dem Gebrauch der studentischen Orden in der zweiten Hälfte des 18. Jahrhunderts.[132] Ursprünglich wurden die Initialen des ebenfalls zuerst von den Orden geführten Wahlspruchs als „*Geheimzeichen*" niedergeschrieben, z. B. das H (Harmonia) oder doppeltes F (Fidelis Frater) der Harmonisten. Als um 1795 der Brauch des „*Vivat*" als feierliche Huldigung für den Bund aufkam, wurde die Fassung „V[ivant] F[rates] [...]i C[onjuncti]" oder „ V[ivat] C[irculus] F[ratrum] [...]iae" üblich. Von diesem „*Circulus*" stammt die Bezeichnung „*Zirkel*", die sich erhielt, als man später das abgekürzte V.C.F. als „*Vivat, Crescat, Floreat*" umdeutete. Vielleicht besteht auch eine Verbindung zu Schillers Ode „*An die Freude*", in deren letzter Strophe es heißt: „*...schließt den heil'gen Zirkel dichter*". Mit der Annahme des allgemeinen Wahlspruchs „*Ehre, Freiheit, Vaterland*" wurde dieser nach Ordensbrauch abgekürzt zum Monogramm geschlungen und ist als sogenannter kleiner und großer Burschenschaftszirkel gebräuchlich. Das Ausrufezeichen hinter dem Zirkel wurde erst ab etwa 1820 üblich. Der Dreiklang „*Ehre, Freiheit, Vaterland*" ist bereits 1745 in einem Gedicht von Johann Peter Uz nachzuweisen, erscheint 1787 in einem Erlanger, 1798 in einem Jenaer studentischen Stammbuch und wird im „*Bundeslied*" z. B. der Onoldia ab 1807 (erstmals im Heidelberger Allgemeinen Commersbuch, Frankfurt 1810, abgedruckt) besungen. Zum Wahlspruch eines studentischen Bundes wurde der Dreiklang - abgesehen von den bald erloschenen Landsmannschaften/Corps Guestphalia-Berlin und Pommerania-Greifswald (1811-1812) - erstmals bei der 1814 gegründeten Halleschen Teutonia, von der ihn die Jenaische Burschenschaft 1816 in der geänderten, heute bekannten Reihenfolge übernahm. Das bald nach Gründung der „*Allgemeinen deutschen Burschenschaft*" (1818) entstandene, nicht den Regeln der Heraldik entsprechende Wappen [133] enthält nicht zu übersehende freimaurerische bzw. von den studentischen Orden stammende Symbole: zwei sich fassende Hände (für die Treue), eine rund gebogene, sich in den Schwanz beißende Schlange

---

[132] Zum folgenden vgl. Bauer, Erich: Wann und wo entstanden unsere Wappen?, in: Einst und Jetzt 7 (1962), S. 74. - Binder (wie Anm. 10), S. 393f. - Böcher, Otto: Kleines Lexikon des studentischen Brauchtums, Lahr 1985, S. 47f. - Fabricius (wie Anm. 34), S. 348f. mit Zirkeltafeln. - Hoede (wie Anm. 108), S. 12ff. - Krause (wie Anm. 38), S. 48 – Paschke (wie Anm. 108), S. 302. -Ullmer (wie Anm. 5), S. 55f. - Wentzcke (wie Anm. 5), S. 32 und 79.
[133] Zum Folgenden vgl. Ullmer (wie Anm. 5), S. 58f., und Richwien, Gerhard: Das Erbe der Orden. Symbolwelt der Aufklärungszeit und ritterliche Identifikationsmuster im akademischen Korporationswesen, Halle 2000 (Manuskript), S. 6f. (erscheint in: Donnert, Erich (Hrsg.): Europa in der frühen Neuzeit. Festschrift für Günter Mühlpfordt, Bd. 6, Köln, Weimar, Wien 2001.

(griech. Uroborus, für die Ewigkeit) und die hervortretende Sonne im blauen Feld (für die Jugend und den versuchten Brückenschlag des Menschen zum Transzendenten).[134] *„Blau, speziell Himmelblau, Hellblau, ist die eigentliche Freimaurerfarbe"*[135] und steht für die Treue, Beständigkeit, Harmonie, Freundschaft, Frieden und Vertrauen. *„Zusammen mit dem reinen Weiß und dem tiefen Schwarz soll das himmlische Blau uns Hilfe leisten auf dem schweren Maurer-Weg in jenes Land hinauf".*[136] Die Ring-Schlange war ein Symbol des Harmonistenordens (vgl. Abbildung 4). Hände und Schlange verkörpern den von den Orden gebrauchten, später von manchen Korporationen übernommenen und gerne in Stammbüchern verwendeten Wahlspruch aus Schillers Ode „An die Freude" (1785) „Ewigkeit geschwornen Eiden", d. h. die Burschenehre. Es ist nicht ganz auszuschließen, daß der bei den Studenten sehr beliebte Schiller mit dem studentischen Ordenswesen vertraut war[137]; anders als Goethe gehörte Schiller keiner Freimaurerloge an. Ein weiteres verbales Pendant zu Treubundhänden und Ringschlange enthält das Kommersbuchlied von Alois Schreiber „Hehr und heilig ist die Stunde" (1812) mit der 6. Strophe: *„Brüder, bietet euch die Hände, die ihr euch dem Bund geweiht, ohne Anfang ohne Ende, wie der Ring der Ewigkeit...".* Vielleicht hängen die genannten Wappensymbole mit Überlieferungen aus den Harmonisten- und Unitistenorden (die allerdings noch keine Wappen kannten) zusammen. Das Zeichen der aufgehenden Sonne im blauen Feld und die Bruderhände wurden später in der „DDR" als Symbole der FDJ bzw. der SED verwendet, wobei man sich des freimaurerischen Ursprungs wohl kaum bewußt gewesen sein dürfte.

Das silberumrandete Kreuz in der Mitte des burschenschaftlichen Wappens symbolisiert das 1813 von König Friedrich Wilhelm III. entworfene und gestiftete, von Karl Friedrich Schinkel ausgeführte Eiserne Kreuz, dessen beide unteren Klassen je nach Verdienst dem einfachen Soldaten ebenso zugänglich waren wie dem kommandieren General. Mit dem Eisernen Kreuz sind auch zahlreiche Mitglieder des Lützowschen Freikorps und Gründer der Burschenschaft ausgezeichnet worden. Vorbild für diese neue Ehrung war nicht das Johanniter- oder Malteserkreuz, sondern das schwarze Kreuz auf weißem Grund der Deutschordensritter.

---

[134] Vgl. auch Schauberg, Josef: Vergleichendes Handbuch der Symbolik der Freimaurerei, Bd. 2, Zürich 1861-1863 (Nachdruck Walluf-Nendeln 1974), S. 260. - Endres, Franz Carl: Die Symbole des Freimaurers, Hamburg 1977 S. 75 und S. 103. - Dosch (wie Anm. 12), S. 237, 253, 262 und 293.
[135] Dosch (wie Anm. 12), S. 91.
[136] Horneffer, August: Das Brauchtum der Freimaurer, Sinn und Wert unserer Symbole, Hamburg 1955, S. 19.
[137] Vgl. Paschke (wie Anm. 108), S. 102.

Der König hatte es 1802 und später auf seinen Reisen in Ost- und Westpreußen - ein Gebiet, das mit dem Schicksal des Deutschen Ordens eng verbunden war, vor allem aber im Königsberger Dom, wo es auf zahlreichen Grabmälern, Statuen, Portalen und Bildern abgebildet ist, kennen gelernt. Max von Schenkendorf verfaßte 1813 sein Gedicht „*Das Eiserne Kreuz*", in dem auf die Verwandtschaft des Eisernen Kreuzes mit dem Kreuz des Deutschen Ordens hingewiesen wird. Eine unmittelbare Beziehung zwischen beiden besteht jedoch nicht, da die Form des Deutschordenskreuzes im Laufe der Jahrhunderte verschiedene heraldische Änderungen erfahren hat, d. h. die Form des späteren Eisernen Kreuzes ist nicht auf dieses oder jenes Ordenskreuz eines bestimmten Zeitabschnittes zurückzuführen.[138] Das Ordenskreuz der Harmonisten als Ursprung des Eisernen Kreuzes ist demnach wohl auszuschließen, auch wenn sich 1813 unter den Beratern des Königs in den preußischen Ministerien einige ehemalige Mitglieder studentischer Orden befanden.[139]

Studentische Lieder

Auch das Liedgut in unseren heutigen Kommersbüchern, das z. T. älter ist als die neuzeitliche Freimaurerei, enthält zahlreiche Ordens- und Freimaurerrelikte. Wenn die Liederbücher der Freimaurer geradezu als Vorbilder für die studentischen Kommersbücher gesehen worden sind [140], dann gilt das sicher nur für die weihevollen, ernsten und vaterländischen Gesänge, weniger für die fröhlichen Zechlieder. Tatsächlich stammen zahlreiche Texte und Melodien von Kommersbuchliedern von Ordens- und Freimaurerbrüdern, z. B. „*Frisch gesungen*" von Adalbert von Chamisso (um 1829), „*Stimmt an mit hellem hohen Klang*" von Matthias Claudius (1772, mit der letzten Zeile „*und jeder echte deutsche Mann soll Freund und Bruder heißen*")[141], „*Mein Herz ist im Hochland*"

---

[138] Vgl. Hattenhauer, Hans: Deutsche Nationalsymbole. Zeichen und Bedeutung, München 1984, S. 181f. - Hütte, Werner Otto: Die Geschichte des Eisernen Kreuzes und seine Bedeutung für das preußische und deutsche Auszeichnungswesen von 1813 bis zur Gegenwart, Phil. Diss. Bonn 1968, S. 17f. - Neubecker, Ottfried: Eisernes Kreuz, in: Reallexikon zur deutschen Kunstgeschichte, Bd. 4, Stuttgart 1958, Sp. 1164-1167; Richwien (wie Anm. 133), S. 6, und Ullmer (wie Anm. 5), S. 58.
[139] Vgl. Röhlke, Erich: Versuch einer Begründung für Entstehen, Aufgaben und Untergehen der Ordenslogen und deren Orden, in: Einst und Jetzt, Sonderheft 1976, S. 65.
[140] Vgl. Grüner, Werner Vom Minnesang zur Love-Parade? Das Studentenlied im Spiegel der deutschen Geschichte, in: Studenten-Kurier, 4/2000, S. 9. Zu nennen sind hier etwa die „*Freimaurer Lieder mit Melodien*" (Berlin 1771). Auf diese u. a. Sammlungen von Freimaurerliedern von 1772 und 1778 haben schon der Burschenschafter Heinrich Hoffmann von Fallersleben („*Unsere volkstümlichen Lieder*", 1852) und Max Friedländer („*Das deutsche Lied im 18. Jahrhundert*", 1902) hingewiesen).
[141] Vgl. Borchers (wie Anm. 16).

nach Robert Burns von Ferdinand Freiligrath (1835), *„In allen guten Stunden"* von Johann Wolfgang Goethe (1775, mit dem Text in der zweiten Strophe „und küsset treu bei jedem neuen Bunde die alten wieder neu"), *„Zum neuen Jahr"* von dem Erlanger Amicist Johann Peter Hebel (um 1805), *„Gestern, Brüder, könnt ihr's glauben"* von Gotthold Ephraim Lessing (1747 mit der Zeile *„auf gute Brüderschaft"* in der vorletzten Strophe), *„Der alte Barbarossa"* von Friedrich Rückert (1815, Corps Franconia-Würzburg) oder *„Freiheit, die ich meine"* von Max von Schenkendorff (um 1810). Von den im Kommersbuch vertretenen bekannten freimaurerischen Komponisten sind insbesondere Mozart (s. u.), Haydn *(„Deutschland, Deutschland über alles",* Melodie *„Sei gesegnet ohne Ende",* 1797) und Carl Loewe (Hallesche Burschenschaft 1817, *„Fridericus Rex",* 1838) zu nennen.[142]

Der Landesvater - die bis heute weit verbreitete studentische Zeremonie mit dem Bekenntnis zum Vaterland und zur Brüderlichkeit sowie mit der freimaurerischen Kettenbindung der Hände; Fassung von August Niemann (1781, damals Student in Jena), Melodie von Friedrich Sucher (1823) – *„kann wohl nur aus dieser Tradition heraus verstanden werden"*[143], auch wenn sie aus verschiedenen, sehr viel älteren, z. T. bis in die Zeiten der Scholaren und des mittelalterlichen Lehnswesen zurückreichenden Teilen (Hutdurchstechen, Brüderschaftstrinken, Vivat-Ausbringen) besteht.[144] In den Landesvater eingestreut wurde früher bei vielen Korporationen (heute noch bei Corps Onoldia) eine Zwischenstrophe, die aus einem alten Ordenslied stammt: *„Die Treue, die uns Brüder band... ".*[145] Direkte Vorlage für die erste Strophe dieses Liedes war ein Freimaurerlied[146], die weiteren wurden von einem unbekannten Autor hinzugedichtet. Aus diesem alten Freimaurerlied soll auch die verbreitete studentische Devise *„ -ia sei's Panier"* stammen.[147] Auch für den Corpshistoriker Fabricius ist *„die bei einzelnen studentischen Korporationen übliche Kette der Teilnehmer während des Landesvaters [...] wohl ein aus dem Freimaurertum übernommener Brauch",* obwohl er ansonsten nichts hat finden können, was *„nur im Entferntesten an den Landesvater erinnert"* - schon deshalb, weil der Ursprung dieses Brau-

---

[142] Die folgenden Belege verdankt der Verfasser z. T. Herrn Prof. Hans Peter Hümmer.
[143] Binder (wie Anm. 10), S. 103, vgl. ebd. S. 377.
[144] Dazu vgl. Böcher (wie Anm. 132), S. 23ff. - Fabricius (wie Anm. 34), S. 120ff. - o. V. (BB v. Nestor), Der *„Landesvater",* in: Absolvia Bayreuth, Unser Bundesleben, Nr. 19, März 1952, S. 1-3; Schwenke (wie Anm. 109) und Zeller (wie Anm. 100), S. 103f.
[145] Vgl. Fabricius, Wilhelm: Neues Deutsches Kommersbuch 1911.
[146] Vgl. Liederbuch des Logenbundes im Königreich Hannover, 1835.
[147] Hinweise von Prof. Hans Peter Hümmer.

ches viel älter ist als die Freimaurerei.[148] Niemann war zwar kein Freimaurer, aber, wie sein Lied „*Trag das Band von diesem Orden, trag auf bloßer Brust den Stern!*" belegt, sehr wahrscheinlich Ordensbruder. Auch einzelne Teile des ursprünglichen Landesvater-Textes lassen an Ordensbeziehungen des Verfassers denken. Vielleicht gehörte Niemann 1781 in Jena dem (wohl damals in Jena einzigen noch bestehenden) Orden der Schwarzen Brüder an. Manche Orden feierten nach freimaurerischem Vorbild bei Logenfesten den Landesherrn.

Das Lied aller freimaurerischen Lieder „*Brüder, reicht die Hand zum Bunde*" wird auch in studentischen Verbindungen häufig gesungen. Es entstand um 1824 und ist ein „*Kettenlied*". In den Logen sagt der Meister vom Stuhl am Schluß der rituellen Tempelarbeit: „*Bevor wir auseinandergehn, meine Brüder, lassen Sie uns die Kette brüderlicher Eintracht schließen und das Kettenlied singen*". Dabei wird mit den über der Brust gekreuzten Armen symbolisch die „*weltumspannende Bruderkette*" gebildet. Ist das Lied beendet, sagt der Meister vom Stuhl: „*Lösen wir die Kette unserer Hände, aber nicht die Kette unserer Herzen*". Bevor die Kette gelöst wird, erfolgt eine dreifache „*Kettenerschütterung*", d. h. die Brüder schütteln sich bei noch geschlossener Kette dreimal die Hände.[149] Der Freimaurerbund selbst bezeichnet sich auch als „*Bruderkette*".[150] „*Die Kette ist ohne Zweifel das sinnfälligste unter unseren freimaurerischen Symbolen [...] In der Kette äußert sich [...] das Zusammengehörigkeitsgefühl der Brüder und damit zugleich auch das Wesen der Freimaurerei*".[151] Wolfgang Amadeus Mozart schrieb seine berühmte „*Kleine Freimaurer-Kantate*" (KV 623 Anh., gleichzeitig Melodie der heutigen österreichischen Nationalhymne) zur Einweihung des neuen Tempels der Loge „*Zur gekrönten Hoffnung*" 1791, drei Wochen vor seinem Tod.[152] Der Text dieses freimaurerischen Bundesliedes, „*Laut verkünde unsere Freude*", stammt nach neueren Forschungen von Hennings und Hoede nicht (wie in den Kommersbüchern angegeben) von Johann Gottfried Hientzsch (1787-1806), sondern von dem Freimaurer Franz Gerhard Wegeier (1765-1848), einem Freund und frühen Biographen Beethovens. Wegeier schrieb das Maurer- oder „*Gesellschaftslied*" zunächst anonym 1806 für die Loge „*Les Freres courageux*

---

[148] Vgl. Fabricius (wie Anm. 34), S. 120f.
[149] Vgl. Paschke (wie Anm. 108), S. 151.
[150] Vgl. Binder (wie Anm. 10), S. 287 und 378. - Dosch (wie Anm. 12), S. 157f. – Endres (wie Anm. 134), S. 63f. und Valmy (wie Anm. 131), S. 243 und S. 245.
[151] Horneffer (wie Anm. 136), S. 26.
[152] Vgl. Dosch (wie Anm. 12), S. 192.

a l'Orient de Bonn "[153] Vorlage war ein Chor des *„Zauberflöte"-Librettisten* und Freimaurers Emanuel Schikaneder *„Laßt uns mit geschlungnen Händen, Brüder, diese Arbeit enden"*, ein Lied, das in die Liederbücher mancher Logen Eingang gefunden hat. Nach Erkenntnissen der Musikwissenschaftler Alexander Weinmann, Mitarbeiter des neuen Köchel-Verzeichnisses, und Otto Erich Deutsch ist die Autorschaft Wolfgang Amadeus Mozarts jedoch fraglich, da das Autograph verschollen ist. Vielleicht hat der Vater, Leopold Mozart, die Kantate im März 1785 anläßlich seiner Aufnahme in die Loge (im Beisein seines großen Sohnes) komponiert.[154] Ebenfalls in studentischen Kommersbüchern enthalten, wenngleich weniger bekannt und gesungen, ist ein anderes, in Zusammenhang mit der Ringschlange bereits erwähntes *„Bundeslied"*: das von Alois Schreiber (1761-1841) verfaßte *„Hehr und heilig ist die Stunde"* (1812). Die Symbolik dieses Liedes (z. B. 7. Strophe: *„Von der Erde reicht die Kette zu des Schöpfers Flammenthron..."*) legt die Vermutung nahe, daß der Verfasser Freimaurer gewesen ist. *„Zweifellos freimaurerischen Ursprungs"*[155], entspricht die Melodie von Sucher (vor 1823) derjenigen, die im zweiten Teil der Landesvater-Zeremonie verwendet wird. Beide, Schreiber und Sucher, könnten noch in Kontakt zu Amizisten-Kreisen gestanden haben.[156] Die Vorlage der ersten Strophe des Liedes *„Vom hoh'n Olymp herab"* Text und Melodie von dem Freimaurer Heinrich Christian Schnoor (1762-1828) 1790 - stammt aus dem Freimaurerlied *„Vom Olymp ward uns die Freude, ward uns die Fröhlichkeit gesandt"* (Freymäurer Lieder mit Melodien, Berlin 1771). Eine sechste Strophe *(„So lange wir als einer Kette Glieder...")* ist in dem *„Commers-Buch für den deutschen Studenten"* (Leipzig um 1870) abgedruckt.[157] Nach der gleichen Melodie heißt es im Bundeslied der alten Jenaer Sachsen (1790er Jahre): *„So lange wir als Einer Kette Glieder /*

---

[153] Vgl. Stukenberg, Wilhelm: Wer dichtete das Bundeslied der Freimaurer?, in: Die Bruderschaft. Zeitschrift der Vereinigten Großlogen von Deutschland, 1. Jg., 1959, S. 181-183.
[154] Vgl. Bolt, Karl Fritz: *„Brüder reicht die Hand zum Bunde"* von W. A. Mozart oder nicht?, in: Die Bruderschaft. Zeitschrift der Vereinigten Großlogen von Deutschland, 7. Jg. 1965, Heft 9, S. 205-209. - Schuler, Heinz: Mozart und die Freimaurerei, Wilhelmshaven 1992, S. 54ff. und S. 223; ebd. S. 215 Auflistung von Mozarts-Freimaurer-Texten. Schuler vermutet den Freimaurer Karl Ludwig Giese[c]ke (eigentl. Metzler, 1761-1833) als Verfasser des Textes (vgl. ebd. S. 223).
[155] Schmidt, Friedrich: Freimaurer-Lieder im Allgemeinen Deutschen Kommersbuch, in: Bundesblatt, hrsg. von der Großen National Mutterloge *„Zu den drei Weltkugeln"* Berlin, 66. Jg., 1968, Heft 2, S. 41.
[156] Vgl. Schmidt ebd. S. 41.
[157] Vgl. Leupold, Hermann: Vom hoh'n Olymp herab ward uns die Freude, in: Einst und Jetzt 32 (1987), S. 221-235.

Uns stets zu lieben uns bemüh'n"[158].
In einigen der ältesten Corps (z. B. Onoldia-Erlangen) haben sich bis heute Bundes-, Rezeptions- u. a. Lieder aus der Ordenszeit erhalten. Auch das aus dem 18. Jahrhundert stammende Bundeslied (z. B. seit 1807/8 bei Onoldia üblich) *„Hier, wo in trauter Brüder Mitte"* - mit dem später burschenschaftlichen Wahlspruch *„Für Freiheit, Ehre, Vaterland"* in der dritten Strophe - erinnert inhaltlich stark an Ordenslieder. Erstmals im Heidelberger Allgemeinen Commersbuch (Frankfurt 1810) abgedruckt, ist es handschriftlich schon um 1800 belegt. Die Melodie stammt von dem französischen Sänger und Komponisten Pierre Gaveaux (1761-1825) und ist die gleiche wie die des anläßlich der Gründung der Burschenschaft am 12. Juni 1815 in Jena von dem ehemaligen Greifswalder Ordensbruder Ernst Moritz Arndt verfaßten Liedes *„Sind wir vereint zur guten Stunde"* (Melodie von Georg Friedrich Hanitsch, Urburschenschaft-Jena 1815, in starker Anlehnung an Gaveaux' Weise *„Le reveil du peuple"*).[159] In freimaurerischer Tradition steht auch eines der bekanntesten und beliebtesten Studentenlieder *„O alte Burschenherrlichkeit"*, 1825 von dem Marburger Burschenschafter Eugen Höfling verfaßt, in dem es in der sechsten Strophe heißt: *„Drum, Freunde! Reichet Euch die Hand ..."*.Allerdings ist in diesem Zusammenhang auch darauf hingewiesen worden, daß die symbolische Kettenbildung mit den Händen viel älter (z. B. schon aus den antiken Mysterienkulten bekannt) und weltweit auch in anderen Orden und Gemeinschaften üblich ist[160] - ein Einwand, der natürlich für viele freimaurerisch beeinflußte Symbole und Bräuche gilt.

Zusammenfassend ist festzuhalten, daß Überlieferungen der Orden sich vor allem in den älteren Corps erhalten haben, die zum Teil aus studentischen Orden hervorgegangen oder doch in Personalzusammenhang mit Orden gestanden sind. Einzelne Ordensüberlieferungen, wie z. B. das Landesvaterlied (von der Burschenschaft zu einem *„Vaterlandslied"* in einer heutigen Form umgestaltet) und der Brauch der mit der *„feierlichen Versammlung"* verbundenen Rezeption, sind der Burschenschaft über die neuen Landsmannschaften/Corps vermittelt worden, vielleicht auch unter dem Einfluß früherer Ordensmitglieder im Kreis um Jahn. Die Vermutung, daß es vor allem ursprüngliche Grundsätze des Harmo-

---

[158] Vgl. Keil/Keil (wie Anm. 92), S. 201.
[159] Vgl. Fabricius in: Deutsche Corpszeitung 41, 1924, S. 7ff. und Harzmann, Friedrich: Burschenschaftliche Dichtung von der Frühzeit bis auf unsere Tage. Eine Auslese, Quellen und Darstellungen zur Geschichte der Burschenschaft und der Deutschen Einheitsbewegung, Bd. 12, Heidelberg 1930, S. 4 und S. 26 (Hinweise von Prof. Hans Peter Hümmer).
[160] Vgl. Hoede (wie Anm. 21), S. 34f.

nistenordens waren (Sittlichkeit, Wissenschaftlichkeit, Wehrhaftigkeit, lebenslange Mitgliedschaft, Lösung vom regionalen Rekrutierungsprinzip), die in den heutigen Burschenschaft und vielen anderen Korporationen ihre Spuren hinterlassen haben, sind nicht von der Hand zu weisen. Vielleicht wurden auch die ersten amerikanischen Fraternities (als älteste gilt die 1776 in Williamsburg gegründete Fraternity Phi Beta Kappa) von emigrierten Mitgliedern deutscher Studentenorden gegründet oder zumindest beeinflußt. Auch hier besteht noch erheblicher Forschungsbedarf.

Auch wenn man sich des Ursprungs des Brauchtums in unseren Korporationen nicht mehr im einzelnen erinnert und vieles davon im Laufe der Jahrhunderte auch seinen rationalen Sinn verloren (wenn es denn einen solchen überhaupt besessen) hat: aus soziologischer Sicht ist die funktionale Bedeutung von mehr im Emotionalen als im Rationalen verwurzelten Bräuchen für die Integration von Gruppen, wie sie unsere studentischen Verbindungen darstellen, nicht zu unterschätzen. Auch in dieser Hinsicht den richtigen Mittelweg zu finden zwischen scheinbar längst überholten Bräuchen, Liedern und Umgangsformen und der Anpassung an die heutigen Bedürfnisse und Wertvorstellungen von Studenten, wird eine zentrale Aufgabe sein, wenn die Korporationen auch im neuen Jahrtausend weiterbestehen wollen.

Anmerkung

Für sachkundige Hinweise und Unterstützung dankt der Verfasser den Herren Prof. Dr. med. Hans Peter Hummer (Corps Onoldia Erlangen), Hans-Georg Lesser van Waveren (Deutsches Freimaurer Museum Bayreuth) und Dipl.-Phil. Gerhard Richwien (Halle/Saale).

Der Eichplatz in Jena mit Burschenschaftereiche und Burschenschafterdenkmal

Bernhard Schroeter

Der Eichplatz in Jena

Die Stadt Jena war von den Kampfhandlungen der Schlacht bei Jena und Auerstedt am 14. Oktober 1806 nicht betroffen, hatte aber danach durch eine dreitägige Plünderung und Einquartierung französischer Truppen sehr zu leiden. Dabei brannte auch ein ganzes Stadtviertel zwischen Holzmarkt und Johannisstraße mit 22 Wohnhäusern ab. Die Brandstätte wurde nie wieder bebaut. Beim Friedensfest im Jahre 1816 zur Erinnerung an den am 20. November 1815 geschlossenen Zweiten Pariser Frieden erhielt die frühere, mitten in der Altstadt gelegene Brandstätte den Namen „*Eichplatz*", weil die Burschenschaft in ihrer Mitte eine Eiche gepflanzt hatte. Die junge Eiche war als Zeichen der Befreiung von der französischen Unterdrückung durch die Burschenschafter eigens aus dem nahe der Stadt gelegenen Rautal herangeschafft worden. Durch dieses Tal hatte Napoleon I. (1769-1821) seine Truppen am Vorabend der Schlacht überraschend auf das Schlachtfeld geführt und daraufhin am nächsten Tag den Sieg über die preußischen Truppen und deren Verbündete errungen. Die Eiche wuchs jedoch nicht an. Die zweite wurde um das Jahr 1825 eines Nachts von Corpsstudenten abgehackt und die dritte 1968 auf Geheiß der SED-Machthaber gefällt.

Idee, Planung und Realisierung des Burschenschafterdenkmals

Anläßlich der 50-Jahrfeier des Wartburgfestes im Jahre 1867 entstand der Gedanke, Karl Hermann Scheidler, Mitbegründer der Burschenschaft, der noch kurz zuvor bei der 50-Jahrfeier der Burschenschaft 1865 in Jena die Wartburgfahne getragen hatte, ein würdiges Denkmal auf dessen Grab zu setzen. Der Ertrag einer ersten Sammlung ließ aber auf eine Erweiterung des Plans hoffen. Es wurde daher zunächst ein „*Denkmalscomité*" gegründet. Dessen Ehrenvorsitzender wurde der Geheime Rat und Professor der Theologie Carl Hase (1800–1890), der aus Anlaß seiner Emeritierung im Jahre 1883 geadelt wurde. Hase war seit dem Jahr 1818 Mitglied der Leipziger Burschenschaft. Nach deren Verbot wurde er im Februar 1821 mit sechswöchiger Karzerhaft bestraft und mit dem „*consilium abeundi*", der Androhung eines Universitätsverweises im Fall einer erneuten Verfehlung, belegt. Er setzte seine Studien in Erlangen fort. Dort schloß er sich der Erlanger Burschenschaft an und war bald ihr eigentlicher Führer. Da er auch zeitweise dem revolutionären Jünglingsbund angehört hatte, wurde er nach dessen Aufdeckung als Privatdozent in Tübingen verhaftet und mußte als politischer Häftling elf Monate Festungshaft auf der nördlich von Stuttgart gelegenen Festung Hohenasperg verbüßen. Wegen der vielen dort einsitzenden Freiheitskämpfer, darunter zahlreiche Burschenschafter, hieß der Hohenasperg im Volksmund auch „*Demokratenbuckel*". Zum Denkmalskomitee gehörten weiter angesehene Burschenschafter aus Jena und Umgebung sowie Vertreter des Jenenser Deputierten Convents (DC), dem Zusammenschluß der Jenaischen Burschenschaft.

Das Denkmalskomitee beschloß, nunmehr allen drei Gründern der Burschenschaft, Karl Otto Horn (1794–1879), ab 1812 Student in Jena, Sprecher der Urburschenschaft und später Lehrer und Pfarrer in Mecklenburg, Heinrich Hermann Riemann (1793–1872), ab 1812 Student in Jena, Burgvogt des Wartburgfestes von 1817 und später ebenfalls Lehrer und Pfarrer in Mecklenburg, sowie Karl Hermann Scheidler (1795–1866), ab 1814 Student in Jena, ab 1826 dort Professor der Philosophie, ein gemeinsames Denkmal zu widmen. Zugleich sollte mit diesem Denkmal auch die Burschenschaft geehrt werden.

Gemeinsam mit dem „*Centralausschuß*" des Eisenacher Deputiertenconvents richtete das Denkmalskomitee am 31. Juli 1874 einen Aufruf an die Burschenschafter zur Errichtung eines Denkmals in Jena, „*dem treuen Hort der Geistes- und Lehrfreiheit*", das damals zusammen mit Weimar der geistige Mittelpunkt ganz Deutschlands war. Dieses erweiterte Vorhaben fand überall großen Anklang. Zahlreiche Spenden gingen von alten und jungen Burschenschaftern aus dem ganzen Deutschen Reich, aus Österreich und der Schweiz und sogar aus Amerika ein. Aber auch viele Jenaer Bürger spendeten für das Denkmal. Besonders hervorzuheben ist der unermüdliche Sammeleifer des von seinen Studenten hochgeschätzten Jenaer Professors Hermann Schaeffer (Germania Jena 1846/47), dessen von seinen Studenten und Freunden errichtetes Denkmal am Fürstengraben in Jena neben dem Pulverturm steht.

Die Gestaltung des Denkmals übertrug das Denkmalskomitee dem aus Weimar stammenden berühmten und in Stuttgart lebenden Bildhauer Adolf Donndorf (1835–1916), Professor für Malerei und Bildhauerei an der dortigen Kunstakademie. Vom im Jahre 1910 geadelten Donndorf stammen u. a. das Grabdenkmal für den Dichter und Schriftsteller Ferdinand Freiligrath (1810–1876) in Stuttgart und das für den Komponisten Robert Schumann (1810–1856) in Bonn, die Lutherdenkmäler in Worms und Eisenach, das ebenfalls in Eisenach stehende Bachdenkmal und das Reiterstandbild Großherzogs Carl-August von Sachsen-Weimar-Eisenach (1757–1828) in Weimar. Ein weiteres wichtiges Werk ist das Denkmal „*Mutterliebe*" in New York. Kopien davon stehen in Zittau, Weimar und Stuttgart. Zusammen mit seinem Sohn Karl hat er ferner das Kaiser-Wilhelm-Denkmal auf der Hohensyburg bei Dortmund geschaffen.

Auf eine entsprechende Anfrage des Denkmalskomitees hatte Donndorf geantwortet: „*Die Anfrage des Denkmalcomités hat mich mit herzlichem Interesse lebendig bewegt. Wir Thüringer, die wir unser altes Jena lieben, stehen noch in einer besonderen persönlichen Beziehung zu all dem Hohen und Herrlichen, was von dort ausgegangen ist. Die Gründung der Burschenschaft ist eine der schönsten Manifestationen des Idealismus und der Begeisterung der Jugend, und diese schönste Erscheinung verdient vor allem, daß sie gefeiert wird. Mir würde es ein Bedürfnis sein, in dem Denkmale selbst einen Hauch der Jugendbegeisterung zu spüren, welche die Burschenschaftsidee erzeugt hat.*"

Das Burschenschafterdenkmal auf dem Eichplatz in Jena im Jahre 1883

Die Einweihungsfeierlichkeiten

Nach Überwindung einiger Hindernisse konnte das 6,30 Meter hohe Burschenschafterdenkmal im Jahre 1883 auf dem Eichplatz in Jena eingeweiht werden. Auf drei Stufen erhebt sich der proportional gut gegliederte viereckige Sockel, dessen wichtigstes Schmuckelement ein Eichenlaubband ist, ein romantisches Symbol der Stärke und Einigkeit. Unter dem Eichenlaubband befinden sich Bronzemedaillons mit Jugendköpfen der führenden Gründungsmitglieder der Urburschenschaft – Scheidler, Riemann und Horn - sowie das Burschenschaftswappen. Das Denkmal selbst zeigt die idealisierte, lebensgroße Figur eines Studenten in schlichter altdeutscher, nur durch das Barett und die Schärpe des Fahnenträgers betonten Studententracht, der stolz und selbstbewußt den Blick in die Ferne richtet, in der rechten Hand die Burschenschafterfahne des Wartburgfestes von 1817 hält und mit der Linken das Schwert, Symbol des Befreiungskampfes von 1813 gegen die napoleonische Unterdrückung, an die Brust drückt. Die Figur wurde aus italienischem Carraramarmor und der Denkmalsockel aus Thüringer Kalkstein geschlagen.

Das Denkmal ist keiner Einzelpersönlichkeit gewidmet, sondern soll an die im Jahre 1815 gegründete Burschenschaft und an den 1818 gegründeten Verband der *„Allgemeinen Deutschen Burschenschaft"* erinnern.

Die Feierlichkeiten zur Denkmalweihe begannen am 1. August 1883. An den Zugangsstraßen zur Stadt begrüßten mächtige, mit Tannengrün verkleidete Ehrenpforten die ankommenden Gäste. Türme und Häuser waren mit Fahnen, Flaggen, Kränzen und Girlanden reich geschmückt. Etwa 1.000 Gäste waren zur Feier gekommen.

Am Nachmittag traf man sich ab 16.00 Uhr zu einer Willkommenskneipe in der heute nicht mehr vorhandenen Gastwirtschaft *„Paradies"*. Zur Unterhaltung wurde Konzertmusik gespielt. Am Abend rief nach der Begrüßungsansprache eines Mitglieds des Denkmalskomitees ein Signal die Menge an das Saaleufer. Mit Lampions geschmückte Gondeln fuhren langsam im Zickzack die Saale herauf. Musik und Gesang tönte von ihnen in die Stille des Abends. Dann wurde auf und jenseits der Saale ein prächtiges Feuerwerk abgebrannt, während auf den gegenüberliegenden Kernbergen ein übergroßer Burschenschafterzirkel E. F. V. (Ehre, Freiheit, Vaterland) aufflammte.

Am nächsten Morgen um 7.00 Uhr versammelten sich auf dem Johannisfriedhof viele Burschenschafter zu einer stillen Gedächtnisfeier am Grabe Scheidlers. Nach einigen Gedenkworten zu Ehren des *„unermüdlichen Kämpfers für die deutsche Einheit und eines veredelten Universitätslebens"* legten fünf weißgekleidete Jungfrauen auf dem Grab Kränze nieder, während ein Aktiver ein eigens für diesen Anlaß verfaßtes Gedicht vortrug. Der Sohn Karl Horns legte im Auftrag seiner Familie einen Lorbeerkranz zu dessen Gedächtnis nieder. Mit dem gemeinsam gesungenen Lied „*Wir hatten gebauet ein stattliches Haus*" endete die würdige Gedächtnisfeier.

Couleurkarte zur Einweihung des Burschenschafterdenkmals

Um 11.00 Uhr bewegte sich vom Bibliotheksplatz ein eindrucksvoller Festzug in drei Abteilungen zum Eichplatz. Den Zug eröffneten drei Chargierte des Jenenser DC mit Fahne zu Pferd. Ihnen schloß sich als erste Abteilung ein Musikkorps an, hinter dem der Träger der alten, von den Frauen und Jungfrauen Jenas 1816 gestifteten Burschenschaftsfahne, geleitet von drei weiteren Chargierten schritt. Danach folgte das Denkmalskomitee, angeführt vom Ehrenvorsitzenden des Denkmalskomitees, dem Festredner Robert Keil und Professor Adolf Donndorf. Hinter ihnen gingen die Mitglieder des Senats der Universität, Vertreter der Stadt, weitere Ehrengäste sowie 46 Festjungfrauen in weißen Kleidern mit schwarz-rot-goldenen Schärpen. Den Schluß der ersten Abteilung bildeten alte Burschenschafter und Freunde der Burschenschaft. Der zweiten Abteilung voraus zog wiederum ein Musikkorps, gefolgt von drei Chargierten. Daran schlossen sich die Burschenschaften Deutschlands und Österreichs mit Chargierten und Fahnen an. Die dritte

Abteilung wurde ebenfalls von einem Musikkorps angeführt. Ihm folgten die Jenaer Burschenschaften mit Chargierten, Fahnenträgern und Alten Herren. Den Schluß bildeten wieder drei Chargierte zu Pferd.

Der eindrucksvolle Zug bewegte sich, bewundert von einer großen Menschenmenge, auf mehreren Straßen durch die Innenstadt bis er über die Johannisstraße den Eichplatz erreichte. Hier sammelte sich der Zug um das noch verhüllte Denkmal. Nach dem Gesang des Bundesliedes *„Sind wir vereint zur guten Stunde"* hielt der Leipziger Burschenschafter Robert Keil, der Vorsitzende des Denkmalskomitees, die Festrede. Er schloß mit den Worten: *„Mit dem Gelübde, das Deutsche Reich gegen jeden Angriff zu schützen, haltet als würdige Nachfolger der Männer von 1815 und als würdige Glieder ihres patriotischen Bundes allezeit das Burschenschaftsschwert in Ehren und das schwarz-rot-goldene Banner hoch. Es falle die Hülle! Hoch die deutsche Burschenschaft und ihre Gründer! Hoch Ehre, Freiheit, Vaterland!"* Begeistert ließ die Menge ein donnerndes Hoch erschallen. Darauf wurde das Denkmal dem Schutz der Stadt übergeben. Nach den Dankworten des Vizebürgermeisters trug eine Festjungfrau ein von einem Mitglied des Denkmalskomitees verfaßtes Gedicht vor. Dann legten die anderen Festjungfrauen Kränze am Denkmal nieder. Bei der Niederlegung des letzten, erst tags zuvor angekommenen Kranzes sprach eine der Festjungfrauen die ergreifende Widmung:

„Ein Freund, der uns'rem Riemann die Augen zugedrückt,
Hat diesen Kranz gewunden.
Aus Epheu, welcher Riemanns Ruhestätte schmückt,
Ist er gebunden.
Und von dem Freund hierzu berufen,
Leg' ich ihn nieder auf des Denkmals Stufen!"

Die Alten Herren überreichten durch ihren Vorsitzenden eine vom Berliner Hofkalligraphen kunstvoll gestaltete Grußadresse. Mit dem vom Bonner Burschenschafter Heinrich Hoffmann von Fallersleben (1798-1874) gedichteten Lied: *„Deutschland, Deutschland über alles"* endete die Feier.

Am Nachmittag erstiegen viele Gäste die umliegenden Berge oder besuchten die nahen Bierdörfer, wo sie einst als junge Studenten viele frohe Stunden verbracht hatten. Am Abend wurde unter der Leitung von 30 Chargierten auf dem Markt ein Festkommers mit feierlichem Landesvater für etwa 600 Burschenschafter veranstaltet. Um den mit Gaslaternen beleuchteten Markt standen zahlreiche Zuschauer. Lieder wurden gesungen, mehrere Reden gehalten und Salamander gerieben, auch auf Professor Donndorf. Mit großem Beifall wurde die von Großherzog Carl Alexander von Sachsen-Weimar (1818-1901), zugleich auch Rector magnificentissimus der Jenaer Universität, an die Kommersteilnehmer gerichtete Grußadresse aufgenommen. Er bedauerte, daß er die an ihn ergangene Einladung nicht hatte wahrnehmen können. Die Festversammlung brachte daraufhin ein Hoch auf den Kaiser und den Großherzog aus.

Am 3. August trafen sich die Burschenschafter zu einem Morgenkonzert in der Gastwirtschaft *„Zur Schönen Aussicht"* in Wöllnitz bei Jena und um 11.00 Uhr begann der offizielle Frühschoppen auf dem Marktplatz. Wieder wurden die alten Burschenlieder gesungen, patriotische Reden gehalten und zahlreiche Grußtelegramme verlesen. Doch auch der studentische Frohsinn kam nicht zu kurz. Plötzlich erschien nämlich Herzog Thus der Soundsovielte, regierender Bierfürst der Jenenser Germanen in dem nahegelegenen Dorf Ammerbach, mit seinem *„Reichsknappen"*, beide auf zuvor gemieteten Pferden. Von einem Tusch der Musikkapelle begrüßt, ritten sie durch die Menge vor das Hanfried-Denkmal, das Denkmal des Universitätsgründers Johann Friedrich I. Hier geruhten Durchlaucht in launiger Ansprache mitzuteilen, daß die Kunde von der Enthüllung des Denkmals auch zu ihm gedrungen sei und er nicht verhehlen wolle, in höchsteigener Person seiner Freude darüber Ausdruck zu verleihen. Zugleich lud er zu einem solennen Hoftag nach Ammerbach ein.

Leider fanden Durchlaucht nicht nur willige Ohren, sondern auch zu despektierlicher Handlung weit willigere Hände. Man versuchte, die armen Pferde mit Bier zu tränken oder ihr Feuer durch brennende Zigarren zu vermehren. Die Tiere verliehen ihrer Empörung über diese Art von Gastfreundschaft durch kräftiges Ausschlagen mit Recht Ausdruck. Durchlaucht hatten Mühe sich zu behaupten; Krone, Perücke und Vollbart kamen ins Rutschen. Es fehlte nicht viel und der keineswegs sattelfeste Herzog wäre über einen der Tische geflogen. Endlich gelang die Flucht. Herzog Thus verabschiedete sich huldvoll winkend mit seinem Knappen und sandte heimlich ein Dankgebet an den heiligen Cerevisius, den Gott des Bieres, empor, der ihn glücklich aus dieser schlimmsten Stunde seiner sonst so glorreichen Regierung gerettet hatte. Herzog Thus war in Wirklichkeit kein Geringerer als Gustav Heinrich Schneider (Germania Jena, 1880), später Begründer der *„Burschenschaftlichen Blätter"*, Schriftsteller und Dichter mehrerer bekannter Studentenlieder, etwa *„Als noch Arkadiens goldne Tage"*.

Den Schluß des Frühschoppens bildete ein kräftiges Semesterreiben, welches mit dem ersten Semester beginnend bis zur stattlichen Anzahl von 111 Semestern reichte.

Besonders gefeiert wurde als ältester Teilnehmer der Burschenschafter Carl Schramm, genannt der „*alte Schramm*". Er war durch das Kammergerichtsurteil vom 4. August 1836 gegen die Hallesche Burschenschaft zunächst zu sechs Jahren Festungsarrest und gegen die Jenaer Burschenschaft: „*Wegen Teilnahme an einer den gewaltsamen Umsturz der Verfassungen Deutschlands ... bezweckenden Verbindung*", Unterstützung des Pressvereins und Majestätsbeleidigung zusätzlich zum Verlust der Nationalkokarde und des Landwehrkreuzes, zur Degradierung in die 2. Klasse des Soldatenstandes, zur Amtssuspension und zum Tod durch das Beil verurteilt worden. Die Todesstrafe war jedoch nicht vollstreckt, sondern in eine zehnjährige Festungshaft umgewandelt worden, aus der er Mitte August 1840 amnestiert wurde. (vgl. Walter Schmidt: „*Die vom preußischen Kammergericht am 4. August 1836 zum Tode verurteilten Burschenschafter*" in diesem Band.)

Nachmittags ging es in einem fröhlichen Zug mit Damen vom Markt hinaus zum „*Forst*", wo ein Volksfest stattfand. Es wurde gesungen, getrunken und getanzt. Gegen Abend zogen die Festteilnehmer in die Stadt zurück und ließen den Tag in den Konstanten der einzelnen Verbindungen ausklingen.

Das Denkmal im Leben der Jenaischen Burschenschaft

In den Folgejahren veranstalteten die Jenaischen Burschenschaften eine Eichplatzkneipe auf dem Eichplatz vor dem Burschenschafterdenkmal jeweils am oder um den 12. Juni, dem Gründungstag der Burschenschaft. Der Eichplatz wurde hierzu mit den Fahnen der drei feiernden Burschenschaften Arminia, Germania und Teutonia geschmückt und die Fahnenmasten durch tannengrüne Girlanden miteinander verbunden. Die Festcorona saß an drei U-förmig aufgestellten Tischreihen.

An den Eichplatzkneipen nahmen stets viele Gäste teil, darunter Vertreter der Universität und der Stadt sowie zahlreiche auswärtige Burschenschafter. Die Bevölkerung verfolgte den sternförmigen An- und Abmarsch der drei Burschenschaften und das Geschehen auf dem Eichplatz immer mit lebhaftem Interesse.

Die Leitung der Eichplatzkneipe lag abwechselnd beim Kneipwart einer der drei Jenaischen Burschenschaften. Dabei wurde er von den Kneipwarten der anderen beiden Burschenschaften unterstützt. Die Kneipwarte trugen den in der Jenaischen Burschenschaft üblichen schlichten Wichs, zu dem Mütze, schwarze Pekesche ohne Band und eine lange schwarze Hose gehörten. Ferner bestimmte jede Burschenschaft je zwei Füchse als sogenannte Renommierfüchse. Deren Aufgabe war es, Weisungen des Kneipwartes auszuführen, auf Winkzeichen einzelnen Teilnehmern Zutrunkwünsche von einer zur anderen Tafel zu überbringen u. a. m.

Nicht selten wurde der Verlauf der Eichplatzkneipe von Angehörigen anderer Verbände gestört. Als am 14. Juni 1886 der Jenser DC seine Eichplatzkneipe abhielt, fand in der Gastwirtschaft *„Zur Rose"*, der auch heute noch bestehenden Studentenkneipe in der Johannisstraße, die regelmäßige Mittwochskneipe des Jenenser SC statt. Da drängten plötzlich zwei Füchse des Corps Saxonia durch die Tischreihen, um nach ihrem Brauch einen dritten, im Bierverruf stehenden Corpsbruder durch Herumführen um die Burschenschaftereiche wieder *„bierehrlich"* zu machen, d. h. ihm alle Rechte eines Kneipmitgliedes zurückzugeben. Es kam natürlich daraufhin zu einer Rangelei, die schließlich in eine handfeste mit Bierseideln und Stuhlbeinen geführte Prügelei ausartete. Die Polizei war zunächst machtlos. Erst nach geraumer Zeit gelang es ihr, das Tor zur *„Rose"* zu schließen und die Streitenden zu trennen. Diese handgreifliche Auseinandersetzung ging als *„Rosenschlacht"* in die Jenaer Studentengeschichte ein.

Das für Disziplinarfälle in der Studentenschaft zuständige Universitätsamt verhängte sofort über alle Beteiligten verschärften Stadtarrest. Das bedeutete, daß sie Jena nicht verlassen durften. Nach langen Verhandlungen fällte die Disziplinarkommission folgende Urteile: Der SC bekam einen verschärften Verweis, der DC erhielt einen Verweis, das Corps Saxonia erhielt noch einen besonderen Tadel wegen Taktlosigkeit und alle näher Beteiligten wurden mit Karzerstrafen von 5 bis 14 Tagen belegt.

Im WS 1899/1900 hatte die Stadtverwaltung den ortsansässigen Gastwirten gestattet, an mehreren Stellen der Stadt unförmige Anschlagsäulen zu errichten. Auch auf dem Eichplatz war eine derartige Säule unmittelbar vor dem Burschenschafterdenkmal aufgestellt worden. Auf nachhaltige Einwendungen der drei Jenaischen Burschenschaften und der alten, in Jena ansässigen Burschenschafter mußte die Säule wieder entfernt werden.

Im SS 1901 besudelten Angehörige der Jenaer Landsmannschaften Suevia und Borussia an einem frühen Nachmittag die Burschenschafterei-

239

che, indem sie gegen den Baum urinierten. Nachdem der Jenenser DC beim Senat der Universität eine Beschwerde eingelegt hatte, wurden die beiden Landsmannschaften vom Universitätsamt zur Strafe für zwei Semester vertagt.

Das Burschenschafterdenkmal zwischen den Weltkriegen

Den Ersten Weltkrieg und die anschließende Herrschaft des Arbeiter- und Soldatenrats überstanden Burschenschaftereiche und Burschenschafterdenkmal unbeschadet. Doch gegen Ende des WS 1923/24 tauchte erstmals im Gemeinderat der Plan auf, das Burschenschafterdenkmal von seinem angestammten Platz in die Nähe der Universität zu verlegen. Im März 1924 nahm der Gemeinderat jedoch Abstand von diesem Plan.

Die Eichplatzkneipe des SS 1925 wurde wegen des 110. Gründungstages der Burschenschaft im größeren Rahmen gefeiert. Am Vormittag zog die Jenaische Burschenschaft geschlossen zum Burschenschafterdenkmal, wo nach einer Ansprache des Kneipwarts der Vorsitzenden Jenaer Burschenschaft ein Kranz niedergelegt wurde. Anschließend fand ein Festgottesdienst in der im Zweiten Weltkrieg zerstörten Kollegienkirche der Universität statt. Die Predigten hielten zwei Pfarrer, die auch Burschenschafter waren. Sie bekannten sich wie selbstverständlich zu den Zielen der Burschenschaft.

Am Abend fand eine Gedenkfeier vor der „*Grünen Tanne*", dem Gründungsort der Burschenschaft, statt. Ein Aktiver sprach über die geschichtliche Entwicklung und die gegenwärtigen Aufgaben der Burschenschaft. Nach dem Singen des Deutschlandliedes marschierten die drei Jenaischen Burschenschaften mit Musik zum Eichplatz, wo ein Kommers den Festtag beschloß. Im Verlauf des Abends sandte der Jenenser DC dem erst im April des Jahres zum Reichspräsidenten gewählten Generalfeldmarschall Paul von Hindenburg (1847–1934) ein Huldigungstelegramm, das dieser am nächsten Tag mit einem Dank- und Glückwunschtelegramm beantwortete.

Ende der 1920er Jahre wurde die Eichplatzkneipe wegen der zunehmenden politischen Unruhen abwechselnd auf die Burschenschafterhäuser verlegt.

Gelegentlich hatte die Eichplatzkneipe wegen Kleinigkeiten auch ein Nachspiel. So „*wunderten*" sich im SS 1930 Germania und Teutonia darüber, daß die Arminen wegen der großen Hitze während der Kneipe auf dem „*Burgkeller*" ihre Röcke und teilweise auch die Kragen abgelegt hatten. Daraufhin übersandte Arminia den beiden anderen Burschenschaften jeweils eine achtpaarige PP-Suite.

Zu Ehren des Gründers der Jenaer Universität, Kurfürst Johann Friedrich I, dem Großmütigen, der von den Jenaer Studenten und Philistern nur *„der Hanfried"* genannt wurde, veranstalteten die Jenaer Burschenschaften in jedem Semester jeweils mindestens einen Hanfriedbummel. Paarweise untergehakt zogen die Burschenschafter mit gefüllten Biergläsern von ihren Verbindungshäusern durch die Johannisstraße zum Eichplatz, wo dem Burschenschafterdenkmal die Reverenz erwiesen wurde. Dann ging der Bummel weiter über die Leutrastraße zum Markt. Dort bildete man einen großen Kreis um das Hanfrieddenkmal. Ein Aktiver oder Alter Herr erläuterte dem Schutzherrn der Jenaer Studenten den Zweck des Bummels. Dabei wurden ihm die Füchse vorgestellt, die auf einer Stufe des Denkmals niederknien mußten. Dann wurden sie mit dem Rest des Inhalts der Biergläser *„getauft"*.

Das Burschenschafterdenkmal nach dem Zweiten Weltkrieg

Am Ende des Zweiten Weltkriegs lagen Teile der Jenaer Innenstadt in Trümmern. Doch die Häuser am Eichplatz waren ebenso unbeschädigt geblieben wie die dort stehende Burschenschaftereiche. Das Burschenschafterdenkmal war in die *„Tanne"* ausgelagert und die dort befindliche Gedenktafel zur Erinnerung an die Gründung der Burschenschaft entfernt worden. Ende 1949 erfuhr Vbr. Gustav Lotze (Germania Jena 1888), Rechtsanwalt in Jena, daß das Denkmal von der *„Tanne"* verschwunden sei. Auf seine Anfrage hin teilte ihm das Grundstücksamt der Universität mit, daß sich das Denkmal im großen Hof der Universität befände. Vbr. Lotze bestand darauf, daß das Denkmal entsprechend der ihm vom Rektor der Friedrich-Schiller-Universität gegebenen Zusage vor dem Universitätshauptgebäude gegenüber dem *„Schwarzen Bären"* am Fürstengraben (zu „DDR"-Zeiten Goetheallee) aufgestellt würde. Nach mehrmaligem Schriftwechsel teilte ihm der Rat der Stadt mit, daß das Volksbildungsministerium in Berlin eingeschaltet worden sei. Und tatsächlich wurde das Burschenschafterdenkmal im September 1951 am von Vbr. Lotze gewünschten Platz aufgestellt.

Der Fürstengraben ist Jenas schönste und traditionsreichste Straße. Goethe hatte hier einst Teile des alten verwilderten Stadtgrabens zuschütten und das Gelände zu einer Promenade erweitern lassen. Entlang dieser Promenade wurden in der zweiten Hälfte des 19. Jahrhunderts bedeutende Jenaer Wissenschaftler, darunter viele Burschenschafter, wie auch der Ehrenvorsitzende des Denkmalskomitees Carl von Hase, durch die

Errichtung eines Denkmals geehrt. Damit gehört die Promenade am Fürstengraben zu den wenigen ihrer Art an der nicht Fürsten verherrlicht werden, sondern Männer des Geistes und der Wissenschaft.

Im Jahre 1953 hatte die Universität in unmittelbarer Nachbarschaft des Burschenschafterdenkmals neben dem Eingang ihres Hauptgebäudes ein Karl-Marx-Denkmal errichten lassen. Marx (1818–1883) hatte im Jahre 1841 an der Jenaer Universität mit einer Promotion in absentia den Doktorgrad erworben. Nach der Wende des Jahres 1989 wurde dieses Denkmal glücklicherweise wieder entfernt.

Bei einer dringend erforderlichen Restaurierung des Burschenschafterdenkmals im Jahre 1971, der zweiten nach 1930, durch die Dresdner Bildhauer Hempel und Weiß ließen die SED-Machthaber am Sockel unter dem Burschenschaftswappen eine Tafel anbringen, die an *„Jenas antifeudal-bürgerliche Studenten von 1815–1819"* erinnern sollte. Auch diese Tafel wurde nach der Wende des Jahres 1989 wieder entfernt.

Für die Anfertigung einer Marmorkopie des vom auf dem Denkmal dargestellten Studenten getragenen Schwertes stellte das Jenaer Stadtmuseum das Originalschwert der Urburschenschaft aus dem Jahre 1815 zur Verfügung. Das Schwert befindet sich mit anderen Insignien der Urburschenschaft (Siegel und Verfassungsurkunde) heute wieder im Besitz der Arminia auf dem Burgkeller zu Jena.

Die Jugendorganisation der SED, die *„Freie Deutsche Jugend"*, versuchte, das *„progressive Erbe"* der Urburschenschaft für ihre Zwecke zu vereinnahmen. Höhepunkt dieser Versuche war die 150-Jahrfeier der Burschenschaft am 12. Juni 1965 in Jena. Im Verlauf einer Festveranstaltung in der Aula der Universität übergab der Jenaer Oberbürgermeister die Fahne der Urburschenschaft an die FDJ-Hochschulgruppenleitung. SED-Prominenz und Medienvertreter waren in großer Zahl anwesend. Nach der Feier wurden am Burschenschafterdenkmal Kränze niedergelegt. Die FDJ hatte hierzu eine Ehrenwache mit FDJ-Fahne gestellt. Später führte die FDJ-Hochschulgruppe die Fahne der Urburschenschaft wiederholt bei Festlichkeiten mit.

Der im Jahre 1960 überarbeitete Stadtbebauungsplan für Jena orientierte sich an den im gleichen Jahr veröffentlichten *„Grundsätzen der Planung und Gestaltung sozialistischer Stadtzentren"*. Um in der Stadtmitte ein *„klares ... Ordnungsgefüge"* auszuweisen, sah die Planung zwischen Eichplatz und Holzmarkt einen Aufmarschraum für 50.000 Menschen vor. Diesen neuen Platz sollten ein Hochhaus für Stadtverwaltung und SED-Kreisleitung, ein Hotel, Wohnungen, Läden sowie ein *„Klubhaus* *der Arbeiter und Intelligenz"* umsäumen. Als *"visueller Kontrapunkt"* sollte das neue Forschungshochhaus des Volkseigenen Betriebs (VEB) *"Carl Zeiss Jena"* gebaut werden. Diesem Vorhaben mußten zahlreiche Häuser und auch die Burschenschaftereiche weichen. Am 28. März 1968, morgens um 8.00 Uhr, wurde die einst herrliche Burschenschaftereiche gefällt. Viele Anwohner des Eichplatzes waren darüber sehr bedrückt. Der Jenaer Kinderarzt Hellmuth Planer-Friedrich (Germania Jena 1926), der über fünfzig Jahre lang seine Praxis in Jena am Markt ausgeübt hat, sicherte einen Ast und ein Blatt der Eiche. Beide befinden sich heute auf dem Germanenhaus in der Seidelstraße in Jena. Abkömmlinge des Baumes stehen bzw. standen in Eisenach, Königsberg, Leipzig, Marburg und an anderen Orten.

Nach der Wende des Jahres 1989 mußte das Denkmal erneut restauriert werden. Der Zahn der Zeit und unsachgemäße Reparaturen in der Vergangenheit, zuletzt 1971, hatten dem Denkmal zugesetzt. Gutachter stellten fest, daß im Laufe der Jahre schon eine fünf Millimeter starke Schicht durch Verwitterung verlorengegangen sei. Die Kosten für eine fachgerechte Restaurierung sollten sich auf 140.000,- DM belaufen. Doch es dauerte eine Weile, bis die Kosten aufgebracht werden konnten. 30.000,- DM stellte die Deutsche Burschenschaft zur Verfügung, je 10.000,- DM steuerten die drei Jenaischen Burschenschaften bei und den Rest teilten sich das Thüringer Denkmalamt und die Stadt Jena.

Um das Denkmal wenigstens einigermaßen wieder aufzuhellen, wurde es mehrere Wochen lang vorsichtig gereinigt, um die über Jahrzehnte entstandenen schwarzen Flecken abzuwaschen. Darauf folgte ein mehrwöchiger Austrocknungsprozeß und eine Konservierung mit Kieselsäure-Ester. Anschließend mußten Risse gekittet und einzelne Teile wie z. B. der Schwertknauf, die Schwertscheide und der untere Teil der Fahnenstange ausgebessert werden. Dann konnte am 20. August 1998 das Gerüst am Burschenschafterdenkmal im Vorgarten des Universitätshauptgebäudes abgebaut werden und das Denkmal erstrahlte wieder in seinem fast ursprünglichen Weiß. Doch das Denkmal benötigt auch weiterhin sorgsame Pflege. Zumindest alle zwei Jahre muß es abgewaschen und auf Beschädigungen überprüft werden. Wegen der Nähe seines Standortes zum vielbefahrenen Lutherplatz ist es auch durch die Erschütterungen des Straßenverkehrs erheblich gefährdet.

Die weitere Nutzung des Eichplatzes

Im Rahmen der weiteren Stadtentwicklung wurde immer wieder eine Bebauung des freigebombten und freigesprengten Eichplatzes, der bis dahin als Parkplatz genutzt wurde, im Gemeinderat erörtert. Vor einer Bebauung hat der Gesetzgeber jedoch eine archäologische Untersuchung zwingend vorgeschrieben. Im Jahre 2003 wurde dann mit den Untersuchungen begonnen. Die dafür anfallenden Kosten in Höhe von 560.000,- Euro werden aus Städtebaufördermitteln zinslos vorgestreckt und müssen später über den Verkauf von Grundstücken zurückgezahlt werden.

Die archäologischen Grabungen konnten im Jahre 2004 erst zur Hälfte abgeschlossen werden und dauerten etwa bis Mitte des Jahres 2006. Es wurden etwa 400 Funde gemacht. Die meisten sind Zeugnisse der Siedlungsentwicklung in Jena vom Mittelalter bis zum 18. Jahrhundert.

Aufgrund der derzeitigen geringen Nachfrage für Büro- und Verkaufsflächen in Jena kann der Eichplatz im Anschluß an die Grabungen nicht in der gewünschten anspruchsvollen Form bebaut werden. Daher wird ab dem Frühjahr 2005 der Eichplatz in Teilabschnitten wieder versiegelt, um als Park- und Festplatz genutzt zu werden. Die hierfür anfallenden Kosten in Höhe von etwa 246.000,- Euro wird der städtische Eigenbetrieb *„Kommunalservice Jena"* vorfinanzieren. Die Refinanzierung erfolgt dann durch die Parkgebühren, die sich vor den Einschränkungen durch die Grabungen immerhin auf jährlich 220.000,- Euro beliefen.

Das Burschenschafterdenkmal aber steht auch heute, im Winter geschützt durch einen Holzverschlag, immer noch an seinem neuen Platz vor dem Universitätshauptgebäude und kündet von den unvergänglichen Verdiensten der Burschenschaft und ihrer Gründer um die Einheit und die demokratischen Freiheiten Deutschlands.

Quellen und Literatur

Bundesarchiv Koblenz, Bstd. DB9 (Deutsche Burschenschaft), B. IV.11, Burschenschafterdenkmal in Jena, 1883

Schroeter, Bernhard: Leben und Streben dem Vaterland. Die Geschichte der Burschenschaft Germania zu Jena, Göttingen 1996

Derselbe: Burschenschafterdenkmal in Jena restauriert, Burschenschaftliche Blätter 1998, S. 209 f.

Jena Information 2/1922, S. 16 – 17, Nachdruck in Burschenschaftliche Blätter 5/1972, 87. Jahrgang

Thullen, Alfred: Der *„Urbursch"* in Jena bedarf der Restaurierung, Burschenschaftliche Blätter 1993, S. 124

Wreden, Ernst Wilhelm: Das Denkmal des *„Urburschen"*, Burschenschaftliche Blätter 1993, S. 123 f.

Burschenschaft und Antisemitismus[*]

Peter Kaupp

Die Licht- und Schattenseiten der jüngeren deutschen Geschichte spiegeln sich auch in der Geschichte der Burschenschaft. Die sogenannten *„Eisenacher Beschlüsse"* von 1920 kennzeichnen sicher einen Tiefpunkt, zumindest aber einen tiefgehenden Einschnitt in der wechselvollen Geschichte der Burschenschaft. Deshalb ist es auch kein Wunder, daß sich die heutigen Gegner der Burschenschaften – wie, grob verallgemeinernd, der studentischen Korporationen generell – bei Kritik und Diffamierung vor allem auf diese Beschlüsse stützen, nicht ohne den damals offen zutage tretenden Antisemitismus ungerechtfertigterweise auf die gesamte burschenschaftliche Geschichte und auf die sich mit Nachdruck von diesen Fehlentwicklungen distanzierende Burschenschaft von heute zu projizieren.[1]

Auf dem Burschentag im August 1920 in Eisenach nahm der Verfassungsausschuß der Deutschen Burschenschaft (DB) vor allem unter dem Einfluß österreichischer Burschenschaften folgende Formulierung in die *„Grundsätze der Deutschen Burschenschaft"* auf: *„Die Burschenschaft steht auf dem Rassestandpunkt, deshalb dürfen nur deutsche Studenten*

---

[*] Überarbeitete und durch Anmerkungen ergänzte Fassung eines Vortrags, den der Verfasser am 13. März 2004 in Lüneburg auf der Tagung des Burschenschaftlichen Arbeitskreises des Bundes Deutscher Ingenieur-Corporationen (BDIC) an deutschen Hochschulen unter dem Titel *„Antisemitismus in Burschenschaften?"* hielt. Für die sachkundigen Ergänzungen, insbesondere bei den weiterführenden Literaturangaben, ist der Verfasser Dr. Harald Lönnecker (Archiv und Büchei der Deutschen Burschenschaft) zu Dank verpflichtet.
[1] Vgl. Lutz E. Finke, Gestatte mir Hochachtungsschluck. Bundesdeutschlands korporierte Elite, Hamburg 1963 (Hinter dem Pseudonym *„Finke"* verbirgt sich Michael Mauke, einer der profiliertesten Repräsentanten der marxistischen Linken im Sozialistischen Deutschen Studentenbund/SDS). Ludwig Elm, Dietrich Heither, Gerhard Schäfer (Hg.), Füxe, Burschen, Alte Herren. Studentische Korporationen vom Wartburgfest bis heute, 1. Aufl. Köln 1992, 2. Aufl. 1993. Dietrich Heither, Michael Gehler, Alexandra Kurth, Gerhard Schäfer, Blut und Paukboden. Eine Geschichte der Burschenschaften, Frankfurt a. M. 1997. Letztgenanntes Buch – derzeit das Standardwerk der linken Burschenschaftskritik – ist zwar detailreicher und sorgfältiger belegt als das Vorgängerwerk, insbesondere als das früher viel zitierte Pamphlet von Finke/Mauke, beinhaltet aber immer noch eine höchst einseitige Darstellung, in der die positiven Beiträge der Burschenschaft und einzelner Burschenschafter zur deutschen Einheits- und Freiheitsbewegung, die judenfreundlichen Phasen der burschenschaftlichen Geschichte, die vielen jüdischen Mitglieder von Burschenschaften, die burschenschaftsinterne kritische Auseinandersetzung mit der burschenschaftlichen Geschichte nach 1945, die eindeutige Distanzierung vom Antisemitismus sowie zumindest der Widerstand einzelner Burschenschafter gegenüber dem Nationalsozialismus systematisch und absichtsvoll ausgeblendet werden.

arischer Abstammung, die sich offen zum Deutschtum bekennen, in die Burschenschaft aufgenommen werden. Der Burschentag verpflichtet die einzelnen Burschenschaften, ihre Mitglieder so zu erziehen, daß eine Heirat mit einem jüdischen oder farbigen Weib ausgeschlossen ist, oder daß bei einer solchen Heirat der Betreffende ausscheidet".[2] Etwa gleichzeitig faßte das Kartell jüdischer Verbindungen unter umgekehrten Vorzeichen den Beschluß, daß mit Nichtjüdinnen verheiratete Mitglieder den Austritt nehmen müßten.[3]

---

[2] Bundesarchiv Koblenz, Bestd. DB 9: Deutsche Burschenschaft, Gesellschaft für burschenschaftliche Geschichtsforschung e. V. (GfbG), Archiv und Bücherei, B. IV. Deutsche Burschenschaft (DB), 1919–1935/37: Burschentage, BT v. 4.–7. August 1920. Burschenschaftliche Blätter (künftig zit.: BBl) 35/2 (1920), S. 18–22. BBl 35/6 (1921), S. 84–91. H[ugo]. B[öttger]., Der Burschentag, in: BBl 34/5 (1920), S. 69–71. Bericht über den Deutschen Burschentag 1920, in: BBl 34/6 (1920), S. 93. Kleinschmidt, Die Beschlüsse zur Judenfrage, in: BBl 35/5 (1921), S. 71–73. Fritz Herbst, Rassenfrage und Deutsche Burschenschaft, in: BBl 40/5 (1926), S. 99–102. Siehe auch: Burschentag 1920 in Eisenach, in: Die Wartburg. Zeitschrift für den ostmärkischen Burschenschafter 21/3 (1920), S. 23–24. Helma Brunck, Die Entwicklung der Deutschen Burschenschaft in der Weimarer Republik und im Nationalsozialismus. Eine Analyse, Diss. phil. Mainz 1996 (als Druck: Die Deutsche Burschenschaft in der Weimarer Republik und im Nationalsozialismus, München 1999), S. 142 f., 151–162. Thomas Schindler, Studentischer Antisemitismus und jüdische Studentenverbindungen, o. O. (Jever) 1988 (= Historia Academica. Schriftenreihe der Studentengeschichtlichen Vereinigung des CC, Heft 27), S. 54–57. Paulgerhard Gladen, Gaudeamus igitur. Die studentischen Verbindungen einst und jetzt, 1. Aufl. München 1986, 2. überarb. Aufl. München 1988, S. 36. Peter Krause, *„O alte Burschenherrlichkeit"*. Die Studenten und ihr Brauchtum, 5. völlig überarbeitete Aufl. Graz, Wien, Köln 1997, S. 178 f.
[3] Vgl. Gladen, Gaudeamus (wie Anm. 2), S. 43. Zur Geschichte des jüdisch-nationalen Korporationswesens vgl. Miriam Rürup, Jüdische Studentenverbindungen im Kaiserreich. Organisationen zur Abwehr des Antisemitismus auf *„studentische Art"*, in: Jahrbuch für Antisemitismusforschung 10 (2001), S. 113–137, vor allem jedoch Schindler, Antisemitismus (wie Anm. 2), ders., Der Kampf des Kartell-Convents (K.C.) gegen den Antisemitismus, in: Einst und Jetzt. Jahrbuch des Vereins für corpsstudentische Geschichtsforschung (künftig zit.: EuJ) 36 (1991), S. 189–203, und ders., *„Was Schandfleck war, ward unser Ehrenzeichen ..."* Die jüdischen Studentenverbindungen und ihr Beitrag zur Entwicklung eines neuen Selbstbewußtseins deutscher Juden, in: Harm-Hinrich Brandt, Matthias Stickler (Hg.), *„Der Burschen Herrlichkeit"*. Geschichte und Gegenwart des studentischen Korporationswesens, Würzburg 1998 (= Historia academica. Schriftenreihe der Studentengeschichtlichen Vereinigung des Coburger Convents, Bd. 36), S. 337–354, sowie Harald Seewann, Zirkel und Zionsstern. Bilder und Dokumente aus der versunkenen Welt des jüdisch-nationalen Korporationsstudententums, 5 Bde., Graz 1990–1996. Ders., *„Mit Wort und Wehr für Judas Ehr!"* Jüdisch-nationale Studentenverbindungen als Wegbereiter des Zionismus auf akademischem Boden in Österreich, in: Andreas Mölzer (Hg.), Pro patria – das deutsche Korporationsstudententum. Randgruppe oder Elite?, Graz 1994, S. 235–250. Bereits in: EuJ 38 (1993), S. 207–215.

Der burschenschaftliche Beschluß war der Durchbruch des verhängnisvollen „*Rassenantisemitismus*". Auch in den anderen, mittlerweile fast durchweg völkisch gesinnten Verbänden wurde die antisemitische Grundhaltung nahezu eine Prestigefrage. Praktisch gleichlautende Bestimmungen galten im Kyffhäuserverband der Vereine Deutscher Studenten (KVVDSt), in der Deutschen Wehrschaft (DW), der Deutschen Landsmannschaft (DL) und im Vertreter-Convent (VC) der Turnerschaften. Der Cartellverband der katholischen deutschen Studentenverbindungen (CV) übernahm sie 1920 in Regensburg. Stand noch 1866 „*die vollständige Freiheit des Einzelnen in religiöser, wissenschaftlicher und politischer Beziehung*" in den Statuten des Kösener Senioren-Convents-Verband (KSCV),[4] so hieß es 1927 in den §§ 48 I und II der Satzung: „*Die Aufnahme von Juden in ein Corps ist ausgeschlossen*" und „*bei jeder Aufnahme hat die Rasseprüfung bis auf die Großeltern zurückzugehen. Die Aufnahme ist unzulässig, wenn sich unter den vier Großeltern ein Jude befindet*".[5]

Wie kam es zu den aus heutiger Sicht höchst beklagenswerten, intoleranten, unmenschlichen, selbstverständlich entschieden abzulehnenden und dem traditionellen Lebensbundsprinzip eklatant widersprechenden „*Eisenacher Beschlüssen*" von 1920? Welche Folgen hatten diese Beschlüsse? Konnten sie sich auf burschenschaftliche Traditionen, ja vielleicht sogar auf urburschenschaftliches Gedankengut stützen? Und schließlich: welche Konsequenzen hat die Burschenschaft von heute daraus gezogen? Diesen Fragen soll in den folgenden Ausführungen nachgegangen werden.[6]

---

[4] Helmut Neuhaus, Die Konstitution des Corps Teutonia zu Marburg, Marburg 1979, S. 57. Rhenania Würzburg beschloß 1881 die Nichtaufnahme von Juden, mußte den Beschluß aber nach dem daraufhin erfolgten Austritt von 22 Alten Herren wieder aufheben. Teutonia und Palaiomarchia Halle schlossen 1882 bzw. 1890 Juden von der Mitgliedschaft aus. Manfred Studier, Der Corpsstudent als Idealbild der Wilhelminischen Ära. Untersuchungen zum Zeitgeist 1888 bis 1914, Schernfeld 1990 (= Abhandlungen zum Studenten- und Hochschulwesen, Bd. 3), S. 147–150, 152–153. Vgl. Brunck, Burschenschaft (wie Anm. 2), S. 15.

[5] Zit. nach Alfred Thullen, Der Burgkeller zu Jena und die Burschenschaft auf dem Burgkeller von 1933–1945, Jena 1998, S. 320. R[osco]. G. S. Weber, The German Student Corps in the Third Reich, New York, London 1986 (deutsch: Die deutschen Corps im Dritten Reich, Köln 1998 (= Abhandlungen zum Studenten- und Hochschulwesen, Bd. 8), S. 74 f., 80 f. Zusammenfassend: Harald Lönnecker, Die Versammlung der „*besseren Nationalsozialisten*"? Der Völkische Waffenring zwischen Antisemitismus und korporativem Elitarismus, in: EuJ 48 (2003), S. 227–245, 252–281, hier S. 229. Auch in: http://www.burschenschaft.de/gfbg (1. Juni 2003).

[6] Wir folgen hier weitgehend der Darstellung von Harald Lönnecker, Frühe Burschenschaft und Judentum, in: BBl 114/2 (1999), S. 79–84, mit zahlreichen weiterführenden Literaturangaben. Vgl. außerdem den Zeitzeugen Oskar F. Scheuer, Burschenschaft und

Dabei ist zunächst festzustellen, daß der neuzeitliche Begriff und Inhalt des „Antisemitismus" [7] (primär gegen Menschen jüdischer Abstammung gerichtet) für die wesentlich ältere christliche Judenfeindschaft (primär gegen Menschen jüdischer Religion gerichtet), die durch den deutschen Nationalismus und gefördert durch den Kampf gegen Napoleon zu Beginn des 19. Jahrhunderts einen kräftigen Schub erfuhr und auch in der frühen „christlich-teutschen" Burschenschaft deutliche Spuren hinterließ, wenig geeignet ist. Damit soll natürlich nicht geleugnet werden, daß die religiös motivierte Judenfeindschaft – die Juden als vorgebliche „Christusmörder" und „Wucherer" – eine der Wurzeln des späteren Rassenantisemitismus bildet. Diese Differenzierung hindert natürlich die gegenwärtigen Korporationsgegner etwa im Umfeld der Marburger Geschichtswerkstatt nicht daran, eine klare Linie zu ziehen, die von der Urburschenschaft, den Burschentagen von 1818, 1820 und 1821 über Antisemiten wie Wilhelm Marr – der um 1880 als erster den Begriff „Antisemitismus" verwandte –, Richard Wagner (Corps Saxonia Leipzig/KSCV), Arthur Graf Gobineau, Houston Stewart Chamberlain und den preußischen Hofprediger Adolf Stoecker (Corps Borussia Halle/KSCV) über die Eisenacher Beschlüsse von 1920 direkt ins Dritte Reich und

---

Judenfrage. Der Antisemitismus in der deutschen Studentenschaft, Berlin 1927. Siehe auch: Ernst Wilhelm Wreden, Urburschenschaft und Judenfrage, in: Österreichischer Verein für Studentengeschichte (Hg.), Die Vorträge der 5. österreichischen und 42. deutschen Studentenhistorikertagung in Salzburg 1982, Wien 1984 (= Beiträge zur österreichischen Studentengeschichte, Bd. 9), S. 62–70. Ders., Antisemitismus und Studentenverbindungen im Deutschen Reich, in: ebd., S. 71–81. Heike Ströle-Bühler, Studentischer Antisemitismus in der Weimarer Republik. Eine Analyse der Burschenschaftlichen Blätter 1918 bis 1933, Frankfurt a. M., Bern, New York, Paris 1991 (= Europäische Hochschulschriften, Reihe 3: Geschichte und ihre Hilfswissenschaften, Bd. 486). Paul Günther Weber, Zum Stand der Antisemitismusforschung in der Studentengeschichte, in: Österreichischer Verein für Studentengeschichte (Hg.), Die Vorträge der gemeinsamen 52. deutschen, 10. österreichischen und 8. schweizerischen Studentenhistorikertagung. Zofingen 1992, Wien 1993 (= Beiträge zur österreichischen Studentengeschichte, Bd. 22), S. 55–77. Norbert Kampe, Die Entstehung des bildungsbürgerlichen Antisemitismus im Deutschen Kaiserreich. Zur Wirkungsgeschichte der Vereine Deutscher Studenten, in: Wolfgang Michalka, Martin Voigt (Hg.), Judenemanzipation und Antisemitismus in Deutschland im 19. und 20. Jahrhundert, Egginben 2003 (= Bibliothek europäischer Freiheitsbewegungen, Bd. 3), S. 57–103. Brunck, Burschenschaft (wie Anm. 2), S. 149–174 das Kapitel „Der Antisemitismus in der Burschenschaft". Helge Dvorak, Burschenschaft und Judenfrage – Berühmte Juden als Burschenschafter, in: Acta Studentica. Österreichische Zeitschrift für Studentengeschichte, Nr. 12 (Juni 1975) und 13 (September 1975), geringfügig geändert unter dem Titel „Bedeutende Juden in der Burschenschaft" in: BBl 114/2 (1999), S. 84–89.

[7] Der erst um 1880 entstandene politisch-ideologische Begriff „Antisemitismus" beinhaltet im wörtlichen Sinn eine Gegnerschaft gegen Semiten, wurde aber schon sehr früh auf die Abneigung oder Feindseligkeit gegen Juden reduziert und nicht mehr religiös, sondern rassisch begründet. Vgl. zuerst Wilhelm Marr, Der Sieg des Judenthums über das Germanenthum. Vom nicht confessionellen Standpunkt betrachtet, Bern 1879.

nach Auschwitz führt.[8] Diese Sichtweise läßt in ihrer behaupteten Zwangsläufigkeit nicht nur ein deterministisches Geschichts- und Weltbild erkennen, sondern offenbart, wie Kerstin Adami es formuliert hat, auch das *„fast böswillige Nichtverstehenwollen, das aus parteipolitischen Quellen gespeist allzusehr zu Verzerrungen neigt"*, und dessen Ursache *„in parteipolitischem Kalkül sowie in ideologischer Strategieplanung der Gegner"* zu suchen ist.[9]

Die Entwicklung verlief, entgegen den Unterstellungen der Kritiker, zu verschiedenen Zeiten und von Universität zu Universität durchaus unterschiedlich und keineswegs geradlinig. In den Schriften der geistigen Wegbereiter der Burschenschaft – Friedrich Ludwig Jahn (1778–1852), Jakob Friedrich Fries (1773–1843) und Ernst Moritz Arndt (1769–1860) – ist eine gewisse Judengegnerschaft unübersehbar. Vor dem Hintergrund der deutschen Einheitsbewegung erwarteten sie die vollständige Assimilation der Juden und damit deren Aufgehen im deutschen Volk. Sich der Assimilation widersetzende, glaubenstreue und auf ihren Eigenheiten bestehende Juden galten als *„Feinde unserer Volkstümlichkeit"*. Generell kann man sagen, daß die Einstellung der Urburschenschaft zumindest zu getauften, assimilationswilligen und patriotisch eingestellten Juden – und das galt im 19. Jahrhundert für die große Mehrheit der Juden in Deutschland – durchaus tolerant war und in den meisten Burschenschaften gegen die Aufnahme von Juden keine grundsätzlichen Bedenken bestanden. Selbst in der durch die Volkstumsideen Jahns, Arndts und Johann Gottlieb Fichtes (1762–1814) geprägten frühen Turn- und Burschenschaftsbewegung genossen Juden zunächst durchaus freundschaftliche Anerkennung. Erst mit Beginn der Demagogenzeit ab etwa 1821 verschärften sich die Regelungen.

Die erste Verfassung der Jenaischen Urburschenschaft vom 12. Juni 1815 traf überhaupt noch keine Aussage, schloß also Juden keineswegs aus. Danach konnten alle ehrenhaften und schuldenfreien Studenten aufgenommen werden. Es waren lediglich – aus der Zeit ihrer Entstehung nachvollziehbar – Mitglieder der Landsmannschaften und Orden (§ 248: *„ihr Emporkommen ist auf die zweckmäßigste Art zu verhindern"*) so-

---

[8] Lönnecker, Burschenschaft (wie Anm. 6), S. 78. Zum ideologischen Hintergrund: Harald Lönnecker, Geschichtswerkstatt e. V. Marburg (GWM)/Projekt *„Konservatismus und Wissenschaft"* e. V. Marburg (PKUW), in: Friedhelm Golücke, Peter Krause, Wolfgang Gottwald, Klaus Gerstein, Harald Lönnecker (Hg.), GDS-Archiv für Hochschul- und Studentengeschichte, Bd. 6, Köln 2002 [2003], S. 231–233.
[9] Kerstin Adami, Die Wiedergründung studentischer Gemeinschaften nach dem Zweiten Weltkrieg in Tübingen zwischen 1945 und 1965, Magisterarbeit Tübingen 1997, S. 3 f. Zit. nach Lönnecker, Burschenschaft (wie Anm. 6), S. 78.

wie gemäß § 79 „*die ewigen Feinde des deutschen Namens, die Welschen und Franzosen von der Aufnahme ausgeschlossen*".[10] Dennoch befanden sich in der Jenaischen Urburschenschaft, die zwischen 1815 und 1819 immerhin fast 900 (!) Mitglieder zählte,[11] nach dem bisherigen Erkenntnisstand keine Juden. Das ist deshalb verwunderlich, da sich, wie bereits Michael Fraenkel 1922 nachgewiesen hat,[12] unter den freiwilligen Teilnehmern der Freiheitskriege – darunter auffallend viele Mecklenburger –, gerade auch bei den Mitgliedern des Lützowschen Freikorps, dem die Burschenschaft nicht nur in Jena zahlreiche ihrer Gründungsmitglieder verdankt, ein auffallend hoher Anteil der jüngeren Generation angehörender Juden befand. Baruch Eschwege etwa wurde ohne weiteres als Freiwilliger in das Lützowsche Freikorps aufgenommen und ließ sich von seinem jüdischen Freund, dem Maler Moritz Daniel Oppenheim (1800–1882), der auch Goethe porträtierte, stolz in seiner Jäger-Uniform malen.[13] Während der Feldzüge zwischen 1813 und 1815 haben nicht weniger als 72 Juden das gleiche Eiserne Kreuz erhalten,[14] wie es auch den jungen Heinrich Herrmann Riemann, 1815 Mitgründer der Jenaischen Burschenschaft und 1817 Redner auf der Wartburg, schmückte. Daß die erste Verfassung der Jenaischen Burschenschaft zur Aufnahme von Juden keine Aussage trifft, liegt vielleicht auch daran, daß der Anteil der jüdischen Studierenden in Jena, etwa im Vergleich zu Breslau, Berlin und Heidelberg, zur Zeit der Urburschenschaft vergleichsweise niedrig war.

Johann von Holzschuher (1796–1861), Mitglied der angesehenen Nürnberger Patrizierfamilie und 1818 der Jenaer Urburschenschaft, der – was jedoch erst bei Entdeckung seines literarischen Nachlasses 1928 offenbar wurde – unter dem Pseudonym „*Itzig Feitel Stern*" seit den 1820er Jahren zahlreiche judenfeindliche Erzählungen und Gedichte veröffentlicht hatte, bildete innerhalb der Urburschenschaft eine Ausnahme.

---

[10] Herman Haupt, Die Jenaische Burschenschaft von der Zeit ihrer Gründung bis zum Wartburgfeste. Ihre Verfassungsentwicklung und ihre inneren Kämpfe, in: Ders. (Hg.), Quellen und Darstellungen zur Geschichte der Burschenschaft und der deutschen Einheitsbewegung, Bd. 1, Heidelberg 1910, 2. Auflage 1966, S. 18–113, hier S. 112. Ders., Die Verfassungsurkunde der Jenaischen Burschenschaft vom 12. Juni 1815, in: ebd., S. 114–161, hier S. 153.
[11] Rudolf Hanow, Das Mitglieder-Verzeichnis der Jenaischen Burschenschaft in den Jahren 1815–1819 (der sog. Urburschenschaft), Jena 1935. Das Verzeichnis wird gegenwärtig für eine Neuausgabe vorbereitet.
[12] Michael Fraenkel, Der Anteil der jüdischen Freiwilligen an dem Befreiungskriege 1813/14, o. O. (Breslau) 1922 (= Sonderdruck aus Jüdische Volkszeitung 29/2–9 [1922]).
[13] Das Bild befindet sich im Historischen Museum Frankfurt a. M. und ist abgebildet auf dem Titelblatt von BBl 114/2 (1999).
[14] Fraenkel, Anteil (wie Anm. 12), S. 15.

Nicht repräsentativ für die Jenaische Urburschenschaft war auch, daß bei der berüchtigten, von einer kleinen Zahl von Jahn-Jüngern um Hans Ferdinand Maßmann inszenierten Bücherverbrennung – in Wirklichkeit wurden beschriftete Bücherballen verbrannt –, sozusagen im inoffiziellen Teil des Wartburgfestes 1817, auch das Buch „*Germanomania*" (1815) des jüdischen Schriftstellers Saul Ascher, in dem dieser die christlich-deutschtümelnden Jahnschen Burschenturner kritisierte, mit den Worten „*Wehe den Juden, so da festhalten an ihrem Judenthum und wollen über unser Volksthum und Deutschthum spotten und schmähen!*" dem Feuer übergeben wurde.[15]

Für die rigorose Durchsetzung des „*christlich-teutschen*" Prinzips gegenüber Juden und Ausländern werden im allgemeinen neben Fries und Jahn vor allem die radikaldemokratischen und republikanischen, ob ihrer Kleidung so genannten Gießener „*Schwarzen*" um den Philosophiedozenten Karl Follen (1796–1840) verantwortlich gemacht.[16] Follen hatte im Wintersemester 1816/17 eine Gießener Burschenordnung, den „*Ehrenspiegel*", entworfen. Aber selbst die Gießener „*Ehrenspiegel-Burschenschaft*" schloß als „*christliche und teutsche Burschenschaft*" Nicht-Christen und Nicht-Deutsche, da sie zur Studentenschaft gehörten und „*eigene achtungswerte Glaubens- und Überzeugungsgrundsätze*" besäßen, von einer Aufnahme nicht aus, gewährte ihnen jedoch bei Beratungen über Angelegenheiten der Burschenschaft nur eine eingeschränkte Mitwirkung: „*Nichtchristen und Nichtteutsche, aber sonst ehrenhafte Burschen, haben überall nur Einsprache zu thun, wo sie glauben, daß ein Vorschlag den allgemeinen Menschen- und Burschen-Rechten widerstreite*".[17] Erheblich rigoroser war die Einstellung gegenüber Juden etwa bei der Erlanger Urburschenschaft. Nach § 124 des „*Erlanger Burschenbrauches*" von 1817 konnten, „*da die Burschenschaft eine Gesellschaft deutscher Jünglinge ist ... nur Jünglinge deutscher Zunge Mitglieder werden. Auch Juden, als die Feinde aller unserer Volksthümlichkeit sind ausgeschlossen*".[18] Die im Original nicht mehr erhaltenen, aber inhaltlich bekannten „*Vorläufigen Grundzüge einer zu Marburg zu errichtenden allgemeinen Burschenschaft*" von

---

[15] [Hans Ferdinand Maßmann], Kurze und wahrhaftige Beschreibung des großen Burschenfestes auf der Wartburg bei Eisenach am 18ten und 19ten des Siegesmondes 1817, Gedruckt in diesem Jahre, S. 4.
[16] Lönnecker, Burschenschaft (wie Anm. 6), S. 81.
[17] [Charles Follen], Der Gießener Ehrenspiegel. Beiträge zur Geschichte der teutschen Sammtschulen seit dem Freiheitskrieg 1813, o. O. o. J. (Nachdruck Berlin 1990), S. 78.
[18] Wilhelm Kahlo, Die Alte Burschenschaft und ihre Entwicklung in Erlangen mit besonderer Berücksichtigung der Alten Germania, Erlangen 1892, S. 15.

1816 gestatteten die Aufnahme von Juden. Bezeichnenderweise war der 1815 erste überhaupt in Marburg immatrikulierte Jude, J. Rubino, Mitglied der Marburger Allgemeinen Burschenschaft (Teutonia). Die Verfassungsurkunde des deutschen Brüder-Vereins zu Marburg von 1817 wollte gemäß § 3 nur *„alle brave deutschen Purschen christlichen Glaubens in sich fassen". „Deutscher Nation sollen alle Mitglieder sein, – dazu rechnen wir alle Völker deutscher Zunge"* (§ 5). Außerdem heißt es in § 6: *„Alle Mitglieder müssen Christen sein".*[19] Erheblich toleranter war dagegen der *„Burschenbrauch der Allgemeinen Burschenschaft zu Heidelberg"* aus dem Jahr 1817. Danach sollte die Burschenschaft wirklich allen immatrikulierten Studenten zugänglich sein. Der akademische Senat zitierte später, *„jeder Bursch, d. h. studirende Akademiker, könne Theil an ihr nehmen, nicht blos der teutsche, sondern alle und jede Ausländer, der Ruße[,] Pohle p[erge]. auch ohne Unterschied der Religion, der Israelit so gut als der Christ".*[20]

Auch wenn die Einstellung der frühen Burschenschaft keineswegs einheitlich war, ist eine Ablehnung all dessen, was als antinational und antichristlich begriffen wurde, unverkennbar. In den *„Neunzehn Punkten"*, die auf dem Ersten Burschentag zu Jena (29. März–3. April 1818) als Grundlage für einen Zusammenschluß aller Burschenschaften beraten wurden, heißt es in § 6: *„Um Mitglied der Burschenschaft sein zu können, ist es erforderlich, daß man ein ehrenhafter deutscher Bursch und Christ ist".* § 14 bestimmte: *„Der Brauch ist darauf berechnet, daß er von allen auf der Hochschule befindlichen Burschen ... seien es Deutsche und Christen, oder nicht, als bindend anerkannt werde".* Über die Frage, ob Juden in die Burschenschaft aufgenommen werden könnten, kam es zu heftigen Meinungsverschiedenheiten. Schließlich kam man überein, es den einzelnen Burschenschaften zu überlassen, ob sie diese aufnehmen wollten oder nicht. Heidelberg erklärte, daß es der Formulierung *„christlich-teutsche Ausbildung"* nicht zustimmen könne.[21] Trotzdem unterschrieb der Heidelberger Delegierte wenige Monate später auf dem Zweiten Burschentag zu Jena (10.–18. Oktober 1818) die Verfas-

---

[19] Georg Heer, Verfassung und Ziele der alten Marburger Burschenschaft in ihrer geschichtlichen Entwicklung, in: Haupt, Quellen (wie Anm. 10), S. 281–326, hier S. 295.
[20] Schreiben des Engeren Akademischen Rates an das Badische Innenministerium vom 21. Juli 1819, in: Generallandesarchiv (GLA) Karlsruhe, Bestd. 207, Nr. 1207. Hier zit. nach Helmut Asmus, Das Wartburgfest. Studentische Reformbewegungen 1770–1819, Magdeburg 1995, S. 102.
[21] Georg Heer, Die ältesten Urkunden zur Geschichte der allgemeinen deutschen Burschenschaft, in: Herman Haupt, Paul Wentzcke (Hg.), Quellen und Darstellungen zur Geschichte der Burschenschaft und der deutschen Einheitsbewegung, Bd. 13, Heidelberg 1932, S. 61–132, hier S. 104, 117 f.

sung der *„Allgemeinen deutschen Burschenschaft"*, die man in Heidelberg als einen Kompromiß verstand. Danach konnten jüdische Studenten nur dann aufgenommen werden, wenn sie sich einer *„christlich deutsche[n] Ausbildung einer jeden geistigen und leiblichen Kraft zum Dienste des Vaterlandes"* (§ 2 b) zuwandten, das heißt sich christlich taufen ließen und damit assimilierten. Da sich *„die einzelnen Burschenschaften als gleiche Theile des großen Ganzen"* (§ 19) ansahen, galt dieser Grundsatz für 14 Hochschulorte, deren Burschenschaften diesem Verband beigetreten waren.[22] Dem entsprechend wurden etwa in der Zweiten Verfassung der Jenaischen Burschenschaft vom 22. Juni 1819 die Voraussetzungen des Eintritts präzisiert (§ 169). Dazu gehörte, daß das Mitglied Deutscher und Christ sein mußte.[23]

Im Zuge der beginnenden Demagogenverfolgung und der damit einhergehenden politischen Radikalisierung der Burschenschaft wurden die Regelungen jedoch zunehmend enger gefaßt. Auf dem Dresdner Burschentag 1820 wurde entschieden, keine Juden aufzunehmen, da sie *„als solche, die kein Vaterland haben und für unseres kein Interesse haben können, nicht aufnahmefähig seien, außer wenn erwiesen ist, daß sie sich christlich-teutsch für unser Volk ausbilden wollen"*.[24] Auf dem Streitberger Burschentag 1821 wurden die Dresdner Beschlüsse noch schärfer gefaßt. § 3 der Verfassung von 1818 erhielt jetzt folgende Fassung: *„Es sollen daher keine Juden und Ausländer als solche aufgenommen werden, weil jene kein Vaterland haben, und durch diese die vaterländische Ausbildung gestört wird."*[25] Ein Zusatz erklärte die Juden sogar für unfähig, als außerordentliche Mitglieder (Renoncen oder Kommentburschen) aufgenommen zu werden. Einige Burschenschaften hielten sich an diesen Beschluß, andere nicht. Für seine Aktivzeit in Jena am Ende der 1820er Jahre ist etwa das Zeugnis des Jenaer Germanen, Frankfurter Wachenstürmers, Emigranten und späteren Vizegouverneurs von Illinois, Gustav Peter Körner (1809–1896) überliefert: *„Unsere Verbindung nahm Juden und Heiden auf, und ich war in der Tat nicht in der Lage, die Konfession meiner Bundesbrüder zu nennen. ‚Tue recht und fürchte niemand' schien die einzige unter uns gültige Religion gewesen*

---

[22] Ebd., S. 68, 78.
[23] Hermann Zeiß, Geschichte der alten Jenaischen Burschenschaft und der Burgkeller-Burschenschaft, seit 1859 Arminia a. d. B., Jena 1903, S. 41.
[24] Georg Heer, Geschichte der Deutschen Burschenschaft, Bd. 2: Die Demagogenzeit. Von den Karlsbader Beschlüssen bis zum Frankfurter Wachensturm (1820–1833), Heidelberg 1927, 2. Aufl. 1965 (= Quellen und Darstellungen zur Geschichte der Burschenschaft und der deutschen Einheitsbewegung, Bd. 10), S. 19.
[25] Ebd., S. 24.

zu sein."[26] Auf dem Burschentag im Herbst 1831 in Frankfurt a. M., vielleicht schon auf dem Bamberger Burschentag im September 1827 oder dem Nürnberger Ostern 1830, wurde die Bestimmung gestrichen, daß nur ein Christ Mitglied werden könne.[27]

Dies war ein wesentlicher Fortschritt in der wechselvollen Geschichte der Beziehungen zwischen der Burschenschaft und den Juden. Denn *„damit war Juden der uneingeschränkte Zutritt zur Burschenschaft gestattet. Diese Phase hielt ungefähr bis zur Reichsgründung an".*[28] Den vom Liberalismus und Nationalismus beeinflußten Juden bot die Mitgliedschaft in betont nationalen Burschenschaften wie auch in Turn- und Gesangvereinen eine willkommene Chance zum sozialen und emanzipatorischen Aufstieg. *„Der Nationalgedanke",* so hat es Harald Lönnecker zutreffend formuliert, *„eröffnete als Gemeinschaftsidee die Aussicht, die jüdische Außenseiterrolle zu überwinden und sich in die Gemeinschaft der Nationalgesinnten zu integrieren".*[29] Der bis in die 1880er Jahre dominierenden christlich-national geprägten Judenfeindschaft konnten die Juden durch Assimilation und Übertritt zum Christentum entkommen. Vor dem sich danach ausbreitenden, von den unveränderlichen und vererbbaren physischen und geistigen Merkmalen verschiedener Rassen ausgehenden Rassenantisemitismus gab es kein Entrinnen, er führte letztlich Millionen Juden in den Tod.

Die Möglichkeit, mit der zumeist evangelisch-lutherischen Taufe das *„Entreebillet zur europäischen Kultur"* – so der Göttinger Burschenschafter Heinrich Heine (1797–1856) – und mit dem Eintritt in eine studentische Korporation am gesellschaftlichen Aufstieg zu partizipieren, wurde in der Folgezeit von vielen Juden genutzt. Charakteristisch ist die Biographie des Vaters von Karl Marx, Hirschel Marx, der sich 1824 mit seiner Familie als Heinrich Marx evangelisch taufen ließ, was seiner

---

[26] Gustav Peter Körner, Remembrances of the Burschenschaft. Studentische Erinnerungen eines deutschen Revolutionärs und amerikanischen Politikers 1829–1833. Auszug (Kap. IV bis X) aus dem 1909 in Cedar Rapids, Iowa/USA, erschienenen Buch *„Memoirs of Gustave Koerner"*, übersetzt von Kurt A. Bertrams, Hilden 2003, S. 100.

[27] G[eorg]. Heer, Die allgemeine deutsche Burschenschaft und ihre Burschentage 1827–1833, in: Herman Haupt (Hg.), Quellen und Darstellungen zur Geschichte der Burschenschaft und der deutschen Einheitsbewegung, Bd. 4, Heidelberg 1913, 2. Auflage 1966, S. 246–353, hier S. 274, 312. Brunck, Burschenschaft (wie Anm. 2), S. 150. Auf die keineswegs einheitliche und geradlinige, vielmehr durch verschiedene Kurswechsel gekennzeichnete Entwicklung der Einstellung gegenüber Juden in den einzelnen örtlichen Burschenschaften kann hier nicht näher eingegangen werden. Zu den Verhältnissen in Heidelberg und Jena vgl. Lönnecker, Burschenschaft (wie Anm. 6), S. 80 f.

[28] Brunck, Burschenschaft (wie Anm. 2), S. 150.

[29] Lönnecker, Burschenschaft (wie Anm. 6), S.79.

Karriere bis hin zum preußischen Justizrat sicher förderlich war – aber seinen berühmten Sohn nicht daran hinderte, seinen früheren Glaubensbruder Lassalle mit üblen antisemitischen Schimpfworten zu bedenken. Karl Marx (1818–1883), Prophet des Klassenkampfes, zeigte als Student durchaus großbürgerliche Neigungen und war – keineswegs zur Freude seines Vaters – als Student Mitglied der trink-, sanges- und fechtfreudigen *„Trierer Tischgesellschaft"*.[30] Ähnliches gilt für den sozialdemokratischen Arbeiterführer Ferdinand Lassalle (1825–1864), Sohn eines jüdischen Tuch- und Seidenhändlers und 1843 Mitglied der Breslauer Burschenschaft, der sich besonders viele getaufte und Glaubensjuden anschlossen.[31]

Ein weiteres anschauliches Beispiel für Assimilation bietet die eng der Burschenschaft verbundene Familie des Komponisten Felix Mendelssohn Bartholdy (1809–1847), selbst Kneipgast der Berliner Burschenschaft.[32] Sein Großvater, der berühmte Philosoph und Vorkämpfer für die politische und soziale Gleichstellung der Juden, Moses Mendelssohn (1728–1768), war noch praktizierender Glaubensjude. Sein Vater nahm nach dem Übertritt zum Protestantismus den Namen Mendelssohn Bartholdy an. Zwei Söhne, ein Enkel sowie mehrere spätere Anverwandte des Komponisten – darunter der berühmte Soziologe Max Weber (1864–1920) – waren Mitglieder der Burschenschaft Allemannia Heidelberg.

Seit ihrer Gründung zählt die Burschenschaft zahlreiche Juden zu ihren Mitgliedern,[33] so die bereits genannten Heine und Lassalle, den Erzähler Berthold Auerbach (1812–1882; eigentlich Moses Baruch), den Sozialdemokraten Viktor Adler (1852–1918), den konservativen Staatsrechtler und Politiker Friedrich Julius Stahl (1802–1861), den Afrikaforscher Emin Pascha (1840–1892; eigentlich Eduard Schnitzer), den Physiker

---

[30] Peter Kaupp, Karl Marx als Waffenstudent. Burschenschafter an seinem Lebensweg, in: Christian Hünemörder (Hg.), Darstellungen und Quellen zur Geschichte der deutschen Einheitsbewegung im neunzehnten und zwanzigsten Jahrhundert, Bd. 15, Heidelberg 1994, S. 141–168.

[31] Helge Dvorak, Biographisches Lexikon der Deutschen Burschenschaft, Bd. I: Politiker, Teilbd. 1: A–E, Heidelberg 1996, Teilbd. 2: F–H, Heidelberg 1998, Teilbd. 3: I–L, Heidelberg 1999, Teilbd. 4: M–Q, Heidelberg 2000, Teilbd. 5: R–S, Heidelberg 2002, hier I/3, S. 243–245. Vgl. Herbert Kater, Das Duell des Yanko Fürst v. Racowitza, Angehöriger des Corps Neoborussia Berlin, und Ferdinand Lassalle, Angehöriger der Burschenschaft der Raczeks [Breslau] am 28. August 1864 im Wäldchen Carrouge bei Genf, in: EuJ 25 (1980), S. 29–59.

[32] Lönnecker, Burschenschaft (wie Anm. 6), S.79.

[33] Einen Überblick bietet Dvorak, Burschenschaft (wie Anm. 6). Viele von ihnen sind im *„Biographischen Lexikon der Deutschen Burschenschaft"* gewürdigt, siehe Anmerkung 31. Teilbd. 6 und ein Nachtragsband sind in Vorbereitung.

Emil Gabriel Warburg (1846–1931) und den Begründer des Zionismus Theodor Herzl (1860–1904), um nur einige der bedeutendsten zu nennen. Unter den 19 jüdischen Abgeordneten der Frankfurter Nationalversammlung befanden sich sechs alte Burschenschafter, und zwar in allen Fraktionen, von der konservativen Rechten (Café Milani) bis zur radikalen Linken (Donnersberg).[34] Der einzige glaubenstreue Jude im Parlament und zeitweilig dessen zweiter Vizepräsident, der Jurist und Publizist Gabriel Rießer (1806–1863), stand der Kieler Burschenschaft sehr nahe. An der Revolution von 1848, den deutschen Einheitskriegen 1848/50 und 1864 gegen Dänemark, dem Deutschen Krieg 1866, dem Krieg 1870/71 gegen Frankreich sowie am Ersten Weltkrieg nahmen zahlreiche, z. T. hochdekorierte Burschenschafter jüdischer Abkunft teil.[35] Selbst in der Weimarer Republik, zu der die Burschenschaften mit Bürgertum und Militär in einer aus heutiger Sicht verhängnisvollen Opposition standen, wirkten Burschenschafter jüdischer Abkunft in führenden Positionen, etwa Curt Walter Joël (1865–1945), Staatssekretär unter 11 Justizministern und in 15 Kabinetten, 1931/32 Reichsjustizminister im zweiten Kabinett Brüning.

Aber damit sind wir der Zeit vorausgeeilt.[36] Der gegen Ende des 19. Jahrhunderts einsetzende Rassenantisemitismus hatte weitaus schlimmere Konsequenzen als die vornehmlich auf religiöse Aspekte gestützte Judenfeindschaft der frühen Burschenschaft. Letzterer konnten die Juden durch Taufe und Assimilation entkommen, vor ersterem gab es kein entrinnen. Die wirtschaftliche und soziale Umgestaltung Deutschlands seit den 1870er Jahren, an der viele Juden erfolgreich beteiligt waren, führte, wenngleich seltener aus religiösen und zumeist aus ökonomischen Gründen, zu Ressentiments. Juden strebten zunehmend in die ihnen bisher verschlossenen akademischen Laufbahnen, was zu einer stürmischen Steigerung der Anteile jüdischer Studenten an den Universitäten führte, begleitete von der Furcht nichtjüdischer Hochschüler, von diesen verdrängt zu werden. Als Folge kam es zunächst in Wien, Berlin und Leipzig, dann auch andernorts zu antisemitischen Studentenunru-

---

[34] Peter Kaupp, Jüdische Burschenschafter in der Nationalversammlung, in: BBl 114/1 (1999), S. 19–20.
[35] Trotz der Nürnberger Gesetze dienten Tausende von Juden – unter ihnen auch Burschenschafter wie Matthias Schultze – im Zweiten Weltkrieg als Soldaten in allen Truppenteilen. Sie hatten falsche Papiere oder Ausnahmegenehmigungen, deren Erteilung sich in vielen Fällen Hitler vorbehalten hatte. Unter ihnen befanden sich sogar viele Träger von höchsten militärischen Auszeichnungen bis hin zum Ritterkreuz mit Eichenlaub und Schwertern, wie etwa Rommels Stabschef Fritz Bayerlein. Vgl. Bryan Mark Rigg, Hitlers jüdische Soldaten, Paderborn 2003.
[36] Im folgenden weitgehend nach Brunck, Burschenschaft (wie Anm. 2), S. 149 ff.

hen.³⁷ Seit den 1880er Jahren nahm auch in den Burschenschaften die Judenfeindlichkeit zu, insbesondere bei den 30 österreichischen Burschenschaften, die sich 1900 zum Allgemeinen Burschenschafterbund der Ostmark (ABO) zusammenschlossen,³⁸ und unter dem Einfluß des Burschenschafters Georg Ritter von Schönerer (1842–1921)³⁹ schon zu dieser Zeit einen rassischen⁴⁰ Standpunkt vertraten. Seit 1896 schloß der stark antisemitisch orientierte Kyffhäuserverband nicht mehr nur Juden, sondern auch Studenten jüdischer Herkunft aus. Diesem Vorbild folgend, wurde auf dem außerordentlichen Burschentag im gleichen Jahr der offizielle Bekenntnisnachweis verlangt. Wie bereits einleitend erwähnt, verbreitete sich die antisemitische Ideologie im weiteren Verlauf in fast allen studentischen Verbänden, ja es setzte geradezu ein Wettlauf um den höchsten Grad der *„Rassenreinheit"* ein. Die überwiegend liberal geprägten Alten Herren konnten dem aufkommenden Antisemitismus der jungen Aktiven nicht bremsen, er wurde zur *„sozialen Norm"* (Norbert Kampe) in der Studentenschaft und setzte sich bis zum Ersten Weltkrieg und darüber hinaus fort.

Die Schuldigen am verlorenen Krieg, an der Novemberrevolution 1918, am Versailler Vertrag von 1919 sowie an Inflation und Wirtschaftskrise wurden gesucht und rasch gefunden: die Juden. Einstimmig (!) stimmte der Burschentag 1920 dem Antrag zu, daß die Deutsche Burschenschaft in der Judenfrage den Rassestandpunkt anerkenne, ab sofort keine Juden bzw. *„Judenstämmlinge"* mehr aufgenommen werden sollten und von ihren Mitgliedern bei Aufnahme eine ehrenwörtlichen Erklärung abzu-

---

³⁷ Lönnecker, Waffenring (wie Anm. 5), S. 227 f. Zusammenfassend: Norbert Kampe, Studenten und *„Judenfrage"* im Deutschen Kaiserreich. Die Entstehung einer akademischen Trägerschicht des Antisemitismus, Göttingen 1988 (= Kritische Studien zur Geschichtswissenschaft, Bd. 76).
³⁸ Georg Heer, Geschichte der Deutschen Burschenschaft, Bd. 4: Die Burschenschaft in der Zeit der Vorbereitung des zweiten Reiches, im zweiten Reich und im Weltkrieg. Von 1859 bis 1919, Heidelberg 1939, 2. Auflage 1977 (= Quellen und Darstellungen zur Geschichte der Burschenschaft und der deutschen Einheitsbewegung, Bd. 16), S. 182 ff.
³⁹ Andrew G. Whiteside, The Socialism of Fools. Georg Ritter von Schönerer and Austrian Pan-Germanism, Berkeley, Los Angeles 1975 (deutsch: Georg Ritter von Schönerer. Alldeutschland und sein Prophet, Graz 1981). Dvorak, Lexikon I/5 (wie Anm. 31), S. 306–308.
⁴⁰ Zur Begriffsgeschichte des Rassismus vgl. Immanuel Geiss, Geschichte des Rassismus, Frankfurt a. M. 1988, S. 16–21. Rassismus bedeutet, daß *„physisch und äußerlich durchaus unterschiedliche ‚Rassen' auch in ihren geistigen Fähigkeiten biologisch, d. h. im Prinzip unveränderbar verschieden seien"*. Ebd., S. 21. Daraus resultieren die später von der nationalsozialistischen Rasseideologie vorgenommenen Abstufungen geistiger und moralischer Wertigkeiten, insbesondere die vorgebliche Überlegenheit der *„höheren"* arischen gegenüber der *„niederen"* jüdischen Rasse.

geben sei, *„nach bestem Wissen und Gewissen frei von jüdischem oder farbigem Bluteinschlag zu sein".*[41]

Mit Recht bezeichnet Helma Brunck den Burschentagsbeschluß von 1920 als einen *„Einschnitt innerhalb der Geschichte der Burschenschaft".*[42] Erstmals artikulierte sich innerhalb der Burschenschaft die Judenfeindschaft als Rassenantisemitismus. Man sah im Judentum keine Religion mehr, sondern eine Rasse mit spezifischen, vorwiegend negativ bewerteten und dem deutschen Volke schadenden Charaktermerkmalen, die angeblich erblich und durch die christliche Taufe nicht mehr zu *„korrigieren"* seien. Auch mit einem *„jüdischen"* oder *„farbigen, fremdrassigen Weib"* verheiratete Burschenschafter sollten aus den einzelnen Burschenschaften entfernt werden – all dies ungeheuerliche, eklatant gegen die Menschenwürde und das Lebensbundprinzip verstoßende Beschlüsse. Dem Antrag der österreichischen Burschenschaften, das *„Waidhofener Prinzip"* von 1896 anzunehmen, nach dem die Austragung von Ehrenangelegenheiten nur mit der arischen, nicht mit der jüdischen Wesensart vereinbar sei,[43] wurde jedoch auf dem Burschentag von 1920 als zu überzogen nicht zugestimmt.[44]

Der Redlichkeit halber muß jedoch erwähnt werden, daß vor allem viele Alte Herren die von den Aktiven gefaßten Beschlüsse von 1920 als tiefe persönliche Kränkung empfanden und entschieden zurückwiesen. Hervorzuheben sind hier vor allem die Burschenschaften Allemannia Bonn und Allemannia Heidelberg. Der renommierte Völkerrechtslehrer und Pazifist Hans Wehberg (1885–1962), Alter Herr der Burschenschaft Marchia Bonn, wandte sich am 20. August 1920 in einem Artikel im *„Berliner Tageblatt"* vehement gegen die Eisenacher Beschlüsse.[45] Auf seine Initiative hin unterzeichneten anschließend jedoch nur 100 (!) von damals ca. 15.000 Alten Herren eine offene Stellungnahme gegen die

---

[41] Siehe Anmerkung 2. Vgl. Scheuer, Burschenschaft (wie Anm 6), S. 53, und Brunck, Burschenschaft (wie Anm. 2), S. 158 ff.
[42] Brunck, Burschenschaft (wie Anm. 2), S. 158.
[43] Harald Seewann, Das *„Waidhofener Prinzip".* Die versuchte Ehrabsprechung Juden gegenüber als Manifestation studentischen Antisemitismus an österreichischen Hochschulen im Jahre 1896, in: EuJ 40 (1995), S. 149–190. Gekürzt auch in: BBl 114/2 (1999), S. 91–98. Vgl. Marc Zirlewagen, *„Dieser Menschenrasse können wir keine Genugtuung geben!"* Die Annahme des *„Waidhofener Prinzips"* durch den Kyffhäuser-Verband der Vereine Deutscher Studenten 1920, in: Golücke u. a., GDS-Archiv 6 (wie Anm. 8), S. 160–175.
[44] Siehe Anmerkung 2.
[45] Seine Bemühungen waren jedoch erfolglos. Er wurde aus seiner Burschenschaft ausgeschlossen, nach Ende des Zweiten Weltkriegs aber wieder aufgenommen. Demnächst: Dvorak, Lexikon I/6 (wie Anm. 31).

Beschlüsse.[46] Vergeblich warnte auch der Historiker Friedrich Meinecke (1862–1954), Alter Herr Saravia Berlins, noch 1925 vor blindem Antisemitismus: *„Ich halte die Anwendung antisemitischer Stimmungen auf die Politik für eine große Verirrung und Verwirrung. Denn eine gute politische Sache wird dadurch gewiß nicht schlechter, daß sie auch von Juden vertreten wird".*[47] Aber auch Meinecke konnte die verhängnisvolle Entwicklung nicht aufhalten.

Aus den bisherigen Ausführungen wird deutlich, daß der Rassenantisemitismus schon lange vor der Machtergreifung durch die Nationalsozialisten 1933 nicht nur in der Deutschen Burschenschaft, sondern auch bei den meisten anderen Korporationsverbänden verwurzelt war, die damit ein getreues Spiegelbild der deutschen Gesellschaft waren. Die weitere Entwicklung ist bekannt und braucht hier nicht näher dargestellt zu werden.[48] Insbesondere führten die kompromißlose Durchführung der Bestimmungen über die Mitgliedschaft von Juden und Freimaurern, die vielfach deren Ausschluß nach sich zog, die Einführung des undemokratischen Führerprinzips, die Eingriffe in die Rechte der einzelnen Burschenschaften und die zwangsweise Einführung von Kameradschaften zu einem wachsenden Widerstand innerhalb der Burschenschaft. Bis 1935 waren bereits 22 Burschenschaften ausgetreten oder ausgeschlossen worden, wobei der Widerstand gegen die Arierbestimmungen eine zentrale Rolle spielte. In einer geschmacklosen Anknüpfung an das Wartburgfest von 1817 wurde am 18. Oktober 1935 die Deutsche Burschenschaft aufgelöst.[49] In Form von Kameradschaften überstanden jedoch viele Burschenschaften den Zweiten Weltkrieg, was für den Wiederaufbau der burschenschaftlichen Bewegung nach 1945 von erheblicher Bedeutung war.

---

[46] Text bei Brunck, Burschenschaft (wie Anm. 2), S. 418.
[47] Friedrich Meinecke, Republik, Bürgertum und Jugend. Vortrag, gehalten im Demokratischen Studentenbund zu Berlin am 16. Januar 1925, in: Georg Kotowsky (Hg.), Friedrich Meinecke. Werke, Bd. 2: Politische Schriften und Reden, Darmstadt 1958, S. 377. Zu Meinecke: Horst Berndt, Historiker und ihre Gegenwart. Friedrich Meinecke (1862–1954) – Heinrich Ritter von Srbik (1878–1951), in: Kurt Stephenson, Alexander Scharff (Hg.), Leben und Leistung. Burschenschaftliche Doppelbiographien, Bd. 2, Heidelberg 1967 (= Einzelne Veröffentlichungen der Gesellschaft für burschenschaftliche Geschichtsforschung = Darstellungen und Quellen zur Geschichte der deutschen Einheitsbewegung im neunzehnten und zwanzigsten Jahrhundert, Bd. 7), S. 196–234. Friedhelm Golücke, Vor 50 Jahren starb Friedrich Meinecke, in: Studentenkurier. Zeitschrift für Studentengeschichte, Hochschule und Korporationen 1 (2004), S. 5–7.
[48] Wolfgang Dachsel (Hg.), Handbuch der Deutschen Burschenschaft, Berlin 1998, S. 105 ff.
[49] Lönnecker, Waffenring (wie Anm. 5), S. 236 f., 244 f.

Seit ihrer Wiedergründung 1950 hat sich die Deutsche Burschenschaft – leider von der Öffentlichkeit kaum wahrgenommen und von den Kritikern geflissentlich verschwiegen – auf zahlreichen Tagungen, Seminaren und in den „Burschenschaftlichen Blättern" intensiv und durchaus selbstkritisch auch mit ihrer eigenen Geschichte beschäftigt, sich zu einer freiheitlichen und demokratischen Rechts- und Gesellschaftsordnung bekannt und von jeder Form des Antisemitismus nachhaltig distanziert. Auf dem Burschentag 1958 nahm die Deutsche Burschenschaft im „Fall Zind" die antisemitischen Äußerungen des Studienrates Zind „zum Anlaß, sich erneut zum Grundsatz der Menschenwürde, wie er in Artikel 1 des Grundgesetzes der Bundesrepublik Deutschland festgestellt ist, zu bekennen und sich mit Nachdruck von jedem Antisemitismus und Rassenwahn zu distanzieren. Die Verbrechen, die das Dritte Reich an den Juden begangen hat, verpflichten jeden Deutschen, alles in seinen Kräften stehende zu tun, um zur Verständigung unter den Völkern beizutragen. Die Deutsche Burschenschaft bekräftigt daher ihren Willen, auch in Zukunft antisemitischen Tendenzen, wo immer sie auftreten, energisch entgegenzutreten."[50] Dieser Beschluß ist bis heute für alle Burschenschafter verpflichtend.

---

[50] Rechtsausschuß der Deutschen Burschenschaft/des VVAB (Hg.), Textsammlung der Deutschen Burschenschaft, Loseblattsammlung, IV/94, IV a 1.

„Sie (die ‚Klerikalen') stehen ja nicht einmal in der Judenfrage auf unserem Standpunkt".

„Juden-" und „Klerikalenfrage" in den Konventsprotokollen der Grazer Burschenschaft Allemannia 1919/20.

Günter Cerwinka[*]

Während die „Judenfrage" eine weit über den korporationsstudentisch-hochschulpolitischen Bereich hinausgehende Dimension aufweist, beschränkt sich die „Klerikalenfrage" eher auf dieses Milieu - freilich mit Parallelen im Partei- und Regierungsgefüge der Ersten (Österreichischen) Republik. Beide Themen sind in der studenten- und zeitgeschichtlichen Forschung erschöpfend abgehandelt und publiziert worden.[1] Was es dennoch sinnvoll erscheinen läßt, sich damit auseinander-

---

[*] ao. Univ.-Prof. i. R. Dr. phil. Günter Cerwinka, ehem. Leiter der Abt. f. historische Landeskunde u. vergleichende Regionalgeschichte am Institut f. Geschichte d. Universität Graz, Akad. Burschenschaft Allemannia Graz 1959.

[1] Es kann hier nur eine kleine Auswahl der einschlägigen Literatur angeführt werden: Konrad Jarausch, Deutsche Studenten 1800 – 1970. Frankfurt/M 1984, 117-151; Michael H. Kater, Studentenschaft und Rechtsradikalismus in Deutschland 1918 – 1933. Hamburg 1975. Beide behandeln die österreichischen Verhältnisse eher am Rand. - Kapitel „Akademischer Antisemitismus in den ersten Nachkriegsjahren", in: Bruce Pauley, Eine Geschichte des österreichischen Antisemitismus. Von der Ausgrenzung zur Auslöschung. Wien 1993, 132-146; Robert Hein, Studentischer Antisemitismus in Österreich.= Beiträge z. österr. Studentengeschichte 10, Wien 1984; Michael Gehler, Studentenverbindungen und Politik an Österreichs Universitäten. Ein historischer Überblick unter besonderer Berücksichtigung des akademischen Rechtsextremismus vom 19. Jahrhundert bis heute, in: H. Reinalter, F. Petri – R. Kaufmann (Hg.), Das Weltbild des Rechtsextremismus. Die Strukturen der Entsolidarisierung. Innsbruck-Wien 1998, 338-428; überaus detailreich und über den regionalen Rahmen hinaus beispielhaft ist die Untersuchung Michael Gehlers, Studenten und Politik. Der Kampf um die Vorherrschaft an der Universität Innsbruck 1918 - 1938. Innsbrucker Forschungen zur Zeitgeschichte 6, Innsbruck 1990. - Zu den Konflikten zwischen den deutschnational-schlagenden Korporationen und den katholischen Studentenverbindungen Gerhard Hartmann, Im Gestern bewährt. Im Heute bereit. 100 Jahre Carolina 1888 – 1988. Graz usw. 1988, 242-267; von Dems. ein knapper Überblick in: Der CV in Österreich. Limburg-Kevelaer 2001, 89-99; Andreas Mölzer, Der Gegensatz zwischen katholischen und national-freiheitlichen Korporationen in Graz von den Anfängen bis zum Jahre 1938. Im Lichte der Studentenunruhen des Jahres 1932, in: W. Höfflechner (Hg.), Beiträge und Materialien zur Geschichte der Wissenschaften in Österreich ... = Publikationen aus dem Archiv der Universität Graz 11, Graz 1981, 480-509, hier vor allem 487-489. Beide Themen nehmen breiten Raum ein bei Walter Höflechner, Die Baumeister des künftigen Glücks. Fragment einer Geschichte des Hochschulwesens in Österreich vom Ausgang des 19. Jahrhunderts bis in das Jahr 1938. Publikationen aus dem Archiv der Universität Graz 23, Graz 1988, vor allem im Kapitel „Zur studentischen Vertretung nach 1918, den studentischen Gruppierungen an den Universitäten Wien und Graz und dem Kampf um das Studentenrecht" (278-348), „Die jüdischen Studierenden" (316-326) und „Die Deutsche Studentenschaft und die Studentenrechtsfrage an der Universität" (370 ff.).
- Informative Überblicke zu beiden Fragen finden sich auch bei Michael Gehler, Männer

zusetzen, ist die besondere Quellenperspektive: Konventsprotokolle - zumal wenn sie wie in unserem Falle ganz offensichtlich nahe am geäußerten Wortlaut bleiben - vermitteln sehr dicht die Atmosphäre der Verhandlungen und die Mentalität der Beteiligten. Bedauerlicherweise habe ich es verabsäumt, jene Alte Herren, die ich noch persönlich kennenlernte (seit 1959) über ihre Erinnerungen an die Aktivitäten unseres Bundes im Studienjahr 1919/20 zu befragen. Es ist allerdings denkbar, daß der dazwischen liegende Zeitraum von 40 Jahren mit seinen oft massiven Eingriffen in die einzelnen Lebensläufe Rückblicke beeinflußte; aber das ist ein grundsätzliches methodisches Problem der oral history. Die Protokolle jedenfalls bieten ein hohes Maß an Authentizität, das auch durch den „*Filter*" des Protokollführers kaum beeinträchtigt worden sein konnte, da dieser mit Kontrolle rechnen mußte. Ein Vergleich mit den Semesterberichten desselben Zeitraums zeigt deren andere (nicht unbedingt mindere) Quellenqualität infolge der notwendigen selektiven Straffung des Materials.[2] Zwischen dem 24. November 1919 und dem 4. Mai 1920 fanden 27 o. und a. o.BC [3] statt, an denen im Durchschnitt 1,9 AHAH, 3,3 iaBiaB und 7,8 aBaB[4] teilnahmen.

Auf Grund der Intimität ihres Charakters sind Konventsprotokolle nur ausnahmsweise der historischen Forschung zugänglich gemacht worden. Das geschah (und geschieht) aus Sorge um mißbräuchliche und mißgünstige Verwendung, woraus den jeweiligen Bünden bzw. Personen Nachteile erwachsen könnten.[5] Nach mehr als 80 Jahren sind solche Beschränkungen aber m. E. nicht mehr mit Rücksichtnahmen zu begründen, und diese Quellen als Geheimnis zu hüten macht ihre Wächter verdächtig. Es ist schmerzhaft, die Wahrheit ungeschminkt zu erfahren, aber sich ihr zu stellen kann auch heilsam sein. Das gilt für jene, denen die Beteiligung von Burschenschaftern an der praktizierten Ideologie

---

im Lebensbund. Studentenvereine im 19. und 20. Jahrhundert unter besonderer Berücksichtigung der österreichischen Entwicklung, in: Zeitgeschichte 21(1994), H.1, 45-66, und Ders., Österreichische Studentenvereine und Korporationen. Ein Überblick von den Anfängen im 19. bis ins 20. Jh.: Entstehungsbedingungen-Zielsetzungen-Wirkungsgeschichte, in: H. H. Brandt u. M. Stickler (Hg.), „Der Burschen Herrlichkeit". Geschichte und Gegenwart des studentischen Korporationswesens. Historia Academica. Schriftenreihe d. Studentengeschichtl. Vereinigung des Coburger Convents, Bd. 36, Würzburg 1997, 173-205.
[2] Ein von mir verfaßter Abriß der Geschichte der Burschenschaft Allemannia Graz in: 125 Jahre Akademische Burschenschaft Allemannia Graz. Hrsg.v. G. Cerwinka u.a. Graz 1994, 6-28.
[3] Ordentliche und außerordentliche Burschenconvente
[4] Alte Herren, inaktive Burschen, aktive Burschen
[5] Gehler, Studenten und Politik, 11-13, klagt über die restriktive Haltung mancher Korporationen.

des NS als ein (auch) burschenschaftlicher Irrweg erscheint. Von jenen, die das nicht so sehen, nehme ich den allfälligen Vorwurf der Nestbeschmutzung zur Kenntnis.

Die Generation von Burschenschaftern, die im bzw. unmittelbar nach dem Ersten Weltkrieg aktive Mitglieder ihrer Bünde und Gestalter von deren politischer und studentenpolitischer Ausrichtung war, bestand zum wesentlichen Teil aus jungen Reserveoffizieren. Sie brachten Führungskompetenz, sowie ein ausgeprägtes Elitebewußtsein und die Forderung nach strenger Disziplin in ihre studentischen Gemeinschaften ein. Ähnlich der katastrophalen wirtschaftlichen und sozialen Lage der Bevölkerung beim Zusammenbruch der Donaumonarchie im allgemeinen, welche die Menschen in ihrer Hoffnungslosigkeit für extremistische Ideologien zugänglich machte, stellte sich die Situation an den Hochschulen dar. Die Immatrikulation der Kriegsjahrgänge führte zu einem plötzlichen Anwachsen der Hörerzahlen, Ernährung, Heizung, alles was für einen geregelten Studienbetrieb Voraussetzung sein sollte, funktionierte nur mangelhaft.[6] Aus den Ostgebieten der Monarchie und dem angrenzenden russischen Raum fanden vermehrt jüdische Studierende ihren Weg an die österreichischen Hochschulen, insbesondere nach Wien.

Der Republik Deutsch-Österreich wurde von den Siegermächten die Verantwortung für den Krieg der Gesamtmonarchie aufgelastet, die *„Nachfolgestaaten"* und Italien hielten sich an ihr schadlos. Für Graz und seine traditionell dominant deutschnationale Studentenschaft mußte das Schicksal der Untersteiermark, aus der überproportional viele Mitglieder der deutschnationalen Korporationen stammten, und Unterkärntens im Zentrum des Interesses stehen. Tatsächlich finden wir aber in den Protokollen des Studienjahres 1919/20 keine Bemerkungen zu Versailles oder St. Germain, und die slowenischen Gebietsansprüche spielen in den Konventsgesprächen keine Rolle. Das alles beherrschende Thema ist die *„Judenfrage".* Eine Erklärung für diese Gewichtung liefert die Begründung zu einem der vier Anträge, welche die Allemannia am Burschentag (BT) zu Eisenach 1920 einbrachte: *„.... nur das Judentum (trägt) in seinen geheimen Zusammenhängen die Schuld am Kriege und*

---

[6] Zur wirtschaftlichen Lage der österreichischen Hochschulen unmittelbar nach dem Ende des Ersten Weltkriegs siehe Höflechner, Baumeister, 162-171. - Gegenüber Kater, der die schlechte wirtschaftliche Lage der Studenten für deren politisches Verhalten hervorhebt, betont Gehler, daß mehr als dies die *„soziale Deklassierung"* und das *„erschütterte Sozialprestige"* das Empfinden der Studenten getroffen habe (Gehler, Studenten und Politik, 71).

seinen Folgen ...".[7] Es sei auch *"unsere Judenregierung"* gewesen, die ein Vorrücken des Grazer Studentenbataillons in das untersteirische Drautal verhinderte.[8] Eine regionale *"Dolchstoßlegende"* förderte das tiefe Mißtrauen der deutschnationalen Studentenschaft gegenüber der jungen Republik und deren Repräsentanten: Die Grazer Studentenwehr hatte im Februar 1919 gegen Demonstranten in Graz von der Schußwaffe Gebrauch gemacht. Sie wurde, was man als Schmach und Verrat empfand, von jenen politischen Behörden, die sie angefordert hatten, zum Niederlegen der Waffen gezwungen.[9]

Die „Judenfrage"

Die *„Judenfrage"* ist nicht nur korporationsstudentisch-burschenschaftliches Hauptthema, sondern auch wesentliches Motiv hochschul- und allgemeinpolitischer Entscheidungen in der Burschenschaft. Schon auf der a.o. BdO-Tagung[10] im Juli 1919 war von der *„Allemannia"* (ihre Vertreter waren iaB ing. Josef Url[11], der auch den Grazer DC[12] vertrat, und aB med. Oskar Begusch[13]) die *„Judenfrage angeschnitten"*, diese

---

[7] BC vom 1.3.20: Antrag Nr. 4 (Verweigerung der Genugtuung auf Waffen gegenüber Juden).
[8] Bericht über das SS 1919 i. Archiv der Burschenschaft Allemannia. - Mit *„Judenregierung"* ist die Regierung Renner mit den Staatssekretären Bauer und Deutsch gemeint, evtl. auch der mitverantwortlich gemachte steirische Landeshauptmann Kaan, ein ehemaliges Mitglied der *„Arminia"* Graz.
[9] Bericht über das WS 1918/19.
[10] BdO=Burschenschaft der Ostmark. Seit 1907 Dachverband der Burschenschaften an den Hochschulen der österr.-ungar.Monarchie.
[11] Geb. 1894 in Mürzzuschlag (Steiermark), Vater Bau- und Zimmermeister, Reifeprüfung an der Landesoberrealschule in Graz, Oberleutnant im Ersten Weltkrieg, zahlr. Auszeichnungen, Teilnahme am Kärntner Abwehrkampf, Dipl.-Ing., zuletzt Direktor u. Vorstandsmitglied der Porr Allgem. Baugesellschaft, gest. 1961. Url betätigte sich nicht politisch, war NSDAP-Parteianwärter und verlor nach dem Zweiten Weltkrieg kurzzeitig die Prokura seiner Firma (frdl. Mitteilung der Tochter Urls, Erika Petereit, vom 8. 8. 2005), Stammblatt im Archiv der Allemannia, K-H. Marauschek, DI Josef Url, in: Die Aula, Jg. 11, Sept. 1961, Folge 12, 24.
[12] DC=Delegierten-Convent der Grazer Burschenschaften.
[13] Geb. 1897 in Marburg/Drau, ehem. Untersteiermark (Maribor, Slowenien), Vater k.u.k. Postkontrollor, Reifeprüfung mit Auszeichnung am Staatsgymnasium Leoben, Leutnant im Ersten Weltkrieg, 1920/21 Kreisleiter des Kreises VIII (Österr.) der Deutschen Studentenschaft (DSt), Dr.med., seit 1939 Direktor der Landesheil- und Pflegeanstalt *„Am Feldhof"* in Graz (jetzt: Sigmund-Freud-Klinik), gest. 1944. Universitätsarchiv Graz, Matrikel Med. Fakultät 1915, Stammblatt i. Archiv der Allemannia. - Über die Involvierung Beguschs in das Euthanasie-Programm siehe Birgit Poier, Vergast im Schloß Hartheim – die *„T4-PatientInnen"* aus dem *„Feldhof"* 1940 – 1941, in: W. Freidl - A. Kernbauer R.H. Noack – W. Sauer (Hg.), Medizin und Nationalsozialismus in der Steiermark. Innsbruck usw. 2001, 86-118, hier 90, 99 (Biographie Beguschs), und Thomas Oelschläger, Zur Geschichte der

jedoch wegen der eben erst erfolgten Aufnahme in die Deutsche Burschenschaft (DB) am BT zu Eisenach von den Vertretern der BdO vorerst nicht weiter verfolgt worden.[14] „*Wir waren der Ansicht*", heißt es im Bericht über die Tagung, „*daß die ostmärkischen Burschenschaften bei ihrem Eintritt in die deutsche Burschenschaft als wohlorganisierter Block eintreten sollten, um in der deutschen Burschenschaft in wichtigen Fragen als Machtfaktor wirken zu können. Vor allem schwebte uns eine Klärung der Judenfrage in der deutschen Burschenschaft vor. Im Grazer DC drang unsere Ansicht durch. Durch die Eigenbrötelei der Wiener Burschenschaft kam dieser Block aber nicht zustande.*"[15] Vom BdO-Verbandstag in Wien im November 1919, auf dem die Auflösung der BdO beschlossen wurde, wird berichtet, daß die „*Burschenschaften im Reiche ... in der Judenfrage nicht wie wir auf dem Rassen- sondern am Religionsstandpunkt*" stünden und „*sogar noch Juden mosaischer Religion*" sich in ihren Reihen fänden.[16]

Nachdem am 26. Jänner der Beschluß gefaßt wurde, „*eine Ausarbeitung über die Judenfrage*" zu machen, diese beim DC einzubringen und sie dem Arbeitsausschuß ostmärkischer Burschenschaften zu übersenden, legten Begusch und Url die von ihnen verfaßten Anträge dem BC vom 1. März vor. Uns interessiert nicht so sehr der Wortlaut der Anträge, Anerkennung des „*Rassenstandpunkts*", Ablehnung der Aufnahme von Juden, Entlassung aller jüdischen Mitglieder sowie Verweigerung der Genugtuung auf Waffen (ein Antrag des AH Schellnegger, Juden keine Satisfaktion zu geben, war bereits im BC vom 1.10.1919 einstimmig angenommen worden)[17] als die Begründung der Anträge. In der Begründung des ersten Antrags wird auf die „*freie Forschung*" verwiesen, der die Burschenschaft verpflichtet sei. Sie könne sich daher „*den Ergebnissen der neuesten Rassenforschung nicht verschließen*": Gobineau,[18] Schallmayer[19] und Plate[20] werden zu Zeugen aufgerufen; sie hätten die Verer-

---

„*Kinderfachabteilung*" des „*Reichsgau Steiermark*", in: Medizin und Nationalsozialismus (wie oben), 119-135, hier 126.
[14] Bericht über das WS 1919/20
[15] Bericht über das WS 1919/20
[16] BC vom 1.12.19
[17] Bericht über das WS 1919/20
[18] Joseph Arthur Comte de Gobineau (1816-1882). Von ihm geht die Lehre vom elitären Vorrang der „*arischen Rasse*" aus. Er lieferte wesentliche Argumente für den Rassenfanatismus des Nationalsozialismus (Brockhaus- Enzyklopädie 19. Aufl., 8.Bd., 1989).
[19] Wilhelm Schallmayer (1857-1919), Arzt, führender Vertreter des Sozialdarwinismus. Sein Werk „Vererbung und Auslese im Lebenslauf der Völker" (1903) gilt als programmatische Grundlage der Rassenhygiene im nationalsozialistischen Deutschland (Brockhaus-Enzyklopädie 19. Aufl., 19.Bd., 1992).

bung der jüdischen Rassenmerkmale aufgezeigt. *„Die Charaktereigenschaften der Juden, die sie zu Schädlingen des deutschen Volkes machen, können sich durch die Taufe nicht ändern, genauso wie ein Neger durch die Taufe nicht Germane werden kann oder eine weiße Haut erhält."* Der *„Religionsstandpunkt"* wird abgelehnt, obwohl auch unter diesem Aspekt das Judentum zu bekämpfen wäre. Denn, seine Religion *„entspringe nicht ethischen Motiven"*, sondern sei eine *„Rassenreligion"*, *„zu der sich mit wenigen Ausnahmen nur semitische Völker bekennen."* Schließlich sei es auch eine Tatsache, *„daß getaufte Juden immer wieder getaufte oder gläubige Jüdinnen heiraten"*, was beweise, daß das Judentum nicht nur Religionsgemeinschaft sei.

Jeder Burschenschafter habe sich von der Überlegung leiten zu lassen, *„nützt oder schadet es meinem Volke"*. Ein Jude könne *„aufgrund der vorerwähnten (?), vererbbaren jüdischen Charaktereigenschaften"* nicht zum Wohl des deutschen Volkes arbeiten, daher auch niemals die Verpflichtungen eines Burschenschafters erfüllen.

In der Begründung zum Antrag Nr. 3 sind die Bereiche aufgezählt, aus deren Beherrschung das Judentum Nutzen ziehe: *„Das ganze Geldwesen, die öffentliche Meinung durch die Zeitungen, Theater, Kino, der ganze Handel."* Ein *„Hauptzentrum"* seiner planmäßigen und straffen Organisation sei die *„Alliance israelite"* in Paris. Diese gebe sich nach außen als Wohltätigkeitseinrichtung, bilde aber in Wirklichkeit einen *„geheimen Kampfbund gegen das Nichtjudentum"*. In ihr seien sowohl gläubige als auch getaufte Juden organisiert, was wieder beweise, *„daß die Taufe für den Juden ein Geschäft bedeutet und die Zusammenhänge auf rassischer Grundlage zu suchen"* seien.

Die Zuerkennung der Genugtuungsfähigkeit bedeute dem *„sogenannten ‚vornehmen' Juden"* die *„Erfüllung seiner Bestrebungen"* die darauf hinausgingen, *„sein Wirtsvolk in wirtschaftlicher und geistiger Hinsicht zu unterjochen"*. Man würde *„den Angehörigen einer anderen Nation als gleichberechtigt"* anerkennen, *„niemals aber einen Juden, der immer nur ein Parasit und Schädling eines anderen Volkes, ganz besonders aber des deutschen"* sei.

---

[20] Ludwig Hermann Plate (1862-1937), Zoologe. P. hielt an der Vererbbarkeit erworbener Eigenschaften fest, obwohl dies durch August Weismann widerlegt worden war. P. war Begründer des *„Archivs für Rassen- und Gesellschaftsbiologie"*. 1932 wendet er sich in der 2. Aufl. seiner *„Vererbungslehre"* gegen die *„törichte demokratische Gleichmacherei"* (Neue deutsche Biographie 20, 2001, 507 f.) - Vgl. zu Gobineau und Schallmayer auch Horst Seidler, Rassenhygiene und das völkische Menschenbild, in: Reinalter usw., Weltbild, 77-97, hier 79-81.

Die Argumente, auf welche sich die Begründung der Anträge stützt, bedürfen keines weiteren Kommentars. Sie stellen eine Fortführung und Verschärfung von Entwicklungen dar, wie sie zu Ende des 19. Jh.s eingeleitet worden waren und ihre „*Vollendung*" in den „*Nürnberger Gesetzen*" als Kern der NS-Ideologie fanden.

Alle Klischees und Feindbilder werden bemüht: Weltverschwörung, Medienbeherrschung, Parasitentum usw. Man vermißt in dieser Aufzählung nur die oft unterstellte sittenverderbende Sexualmoral „*des*" Juden. Ich kann mich nicht auf eine Darlegung völkisch-rassistischer Ideen einlassen, daher nur ein kurzer Exkurs dazu: Die „*völkische*" Deutung von „*Volk*" als einer „*vorpolitischen Wesenheit*" ist wissenschaftlich unhaltbar,[21] und der postulierte „*Blutzusammenhang*" ist nicht das einzige konstituierende Element für „*Volk*".[22] Solange solche Vorstellungen innerhalb des sozialwissenschaftlichen Diskurses stattfanden, richteten sie keinen großen Schaden an, verheerende Wirkung erzielten sie aber, sobald die Rechtsnormen (im Nationalsozialismus) „*die Rechte des Menschen allein aus seiner Zugehörigkeit zur ‚Gemeinschaft' und zum ‚Ganzen' (im Sinne des Volksganzen)*" begründeten, und „*diese Definition der art- und gemeinschaftsbedingten Persönlichkeit schließlich ... den Weg zur Ausgrenzung von Menschen ... und (ihrer) Vernichtung bahnte*".[23] Unbestreitbar ist, schreibt W. Conze, daß ‚*Genozid*' und ‚*Ausmerzung*' aus der ideologischen Reduktionsformel, Geschichte sei ‚*Rassenkampf*', abgeleitet wurden.[24]

Die Anträge wurden im Konvent einstimmig angenommen und das Resume verhieß, daß diese „*uns draußen (am BT in Eisenach) in ein Licht setzen (werden), wie es kein Verkehrsverhältnis zustande brächte.*" Daß es Widerspruch geben würde, war dem Konvent bewußt: „*Wir müssen im Reich fest auf unserem Standpunkt beharren.*" Und man nahm auch eine Spaltung des Verbandes in Kauf, „*die gar nichts ausmacht*". Konsequent antisemitisch zu sein, wurde über alle anderen Themen gestellt und zur Grundsatzfrage erhoben.

Als betroffener Zeitzeuge sprach Oskar F. Scheuer von einem Wettlauf der Studentenverbände, sich „*an Beweisen für seine ‚Rassenreinheit' zu übertreffen*" und von der Sorge, „*das ‚Prestige' des eigenen Verbandes*

---

[21] Reinhard Koselleck, Volk, in: Geschichtliche Grundbegriffe Bd.7 (1992), 409 ff.
[22] Handbuch der Sozialwissenschaften Bd. 11 (1961), 362 ff.
[23] Otto Gerhard Oexle, Das Mittelalter und das Unbehagen an der Moderne. Mittelalterbeschwörungen in der Weimarer Republik und danach, in: Spannungen und Widersprüche. Gedenkschrift für F. Graus. Sigmaringen 1992, 125-153, hier 149.
[24] Werner Conze, Rasse, in: Geschichtliche Grundbegriffe 5(1984), 177.

könnte durch eine schlappe Haltung in der Judenfrage leiden."[25] Diese Einschätzung findet ihre Bestätigung in beklemmender Deutlichkeit im Bericht des WS 1919/20: *"Nachdem die übrigen großen studentischen Verbände in der Klarstellung der Judenfrage bereits eine lebhafte Tätigkeit entfaltet haben und die deutsche Burschenschaft, die im Sinne ihrer Gründung die Führung auf den Hochschulen und im politischen Leben innehaben soll, wenn sie sich mit verschlossenen Augen dieser Frage stellt, aus diesem Grunde aus ihrer Stellung verdrängt würde ..."*.

Am 2. März wurden die Anträge für den Burschentag in Eisenach dem DC zur Kenntnis gebracht und eine Stellungnahme bis zur nächsten Sitzung erbeten.[26] In dieser nahm *"Frankonia"* zunächst eine ablehnende Haltung zu den Anträgen der *"Allemannia"* ein, nachdem sie selbst solche zur *"Judenfrage"* vorbereitet hatte.[27] Begusch bestand auf dem *"Urheberrecht"* der *"Allemannia"*, *"Frankonia"* verwies auf das Lebensbundprinzip, gegen welches ein Ausschluß Alter Herren (aufgrund ihrer Herkunft, d. V.) verstoße und sie äußerte auch *"einige Bedenken"* gegen Antrag Nr. 4 (Genugtuungsverweigerung). Letztlich erklärte sie sich aber doch mit allen vier Anträgen einverstanden. *"Arminia"* befürwortete die ersten drei Anträge, zu Nr. 4 wollte sie erst nach einem Allgemeinen Konvent Stellung nehmen. Bedenken der *"Ostmark"* und der *"Rhaetogermania"*, die sich grundsätzlich positiv zu den Anträgen deklarierten, waren nur *"technischer Natur"* (?) In der gleichen DC-Sitzung griff *"Stiria" "Rhaetogermania"* an, weil eines deren Mitglieder *"mit einer Jüdin herumgehe"*.

Gleichzeitig mit der Absicherung ihrer Anträge in Graz nahm *"Allemannia"* in dieser Sache Kontakt zu ihren Verkehrsburschenschaften auf.[28] Begusch wurde ermächtigt, mit einem Vertreter der Prager *"Arminia"* über eine Werbung für die Anträge im Prager DC zu sprechen. Einige Wochen später sicherte *"Arminia"* Prag ihre Unterstützung für die Anträge 1 bis 3 zu, die Entscheidung, Juden Genugtuung auf Waffen zu ge-

---

[25] Burschenschaft und Judenfrage. Der Rassenantisemitismus in der deutschen Studentenschaft. Berlin 1927, 53.
[26] BC vom 8.3.20.
[27] DC-Bericht im BC vom 15.3.20. - Die Anträge der „Frankonia" für den BT in Eisenach brachte Begusch dem BC vom 21.4.20 zur Kenntnis. Sie lauteten: 1. In die Deutsche Burschenschaft können nur Deutscharier aufgenommen werden. 2. Burschenschafter können nicht Angehörige von Parteien sein, die auf internationaler Grundlage stehen. Beide Anträge wurden vom BC der Allemannia positiv aufgenommen.
[28] BC vom 9.3.20 (Fortsetzung vom 8.3.). Die Wiederaufnahme der alten Verkehrsverhältnisse und deren Institutionalisierung im *"Ostdeutschen Bund"* waren eben damals im Gange.

ben oder zu verweigern (Antrag Nr. 4) stellte sie jedoch jedem ihrer Mitglieder anheim.[29] Schon am 20. März hatte „*Libertas*" Brünn den Beschluß gefaßt, Juden keine Genugtuung zu geben und 16 Mitglieder als „*Judenstämmlinge*" ausgeschlossen.[30]

Ein Brief der „*Brixia*" Innsbruck - sein Inhalt ist nicht überliefert - löste im Konvent der „*Allemannia*" eine Diskussion darüber aus, wie darauf zu reagieren sei; man könnte dem Brief entnehmen, hieß es, daß die Anträge „*rücksichtslos und taktlos*" seien.[31] Ein Teil der Anwesenden wollte „*Aufklärung verlangen*", Begusch verwies wieder einmal darauf, daß es „*in Deutschland sehr viel Judenstämmlinge und Juden in der deutschen Burschenschaft*" gebe, und Maister meinte, „*wir werden in Deutschland noch genug derlei Dinge hören, besonders vom 'Roten Verband'.*" Letztlich ging man, nachdem eine beleidigende Absicht der „*Brixia*" ausgeschlossen worden war, zur Tagesordnung über. Ob dieser Brief Anlaß war, stilistische Änderungen der Antragstexte vorzunehmen, geht aus dem Protokoll nicht eindeutig hervor, aber der Änderungsantrag folgt im Protokoll unmittelbar auf die Brixen-Brief-Angelegenheit. Antrag 2a lautete nun: „*Die deutsche Burschenschaft lehnt die Aufnahme von Juden und Judenstämmlingen ab und verlangt von ihren Mitgliedern die Erklärung nach bestem Wissen und Gewissen, frei von jüdischem Blut zu sein.*" Antrag 2b hieß jetzt: „*Heiratet ein Burschenschafter eine rassenfremde Frau, so ist er aus der Burschenschaft zu entlassen.*"[32]

Lapidar meldet der Bericht der „*Allemannia*" über das Sommersemester 1920: „*Beim Burschentag zu Eisenach im Juli 1920 waren wir durch AH Url und aB Begusch vertreten, wo wir unsere Anträge in der Judenfrage durchbrachten.*"[33] Mit Stolz vermerkt derselbe Bericht die „*füh-*

---

[29] Bericht Beguschs über die Mitteilung Otto Zubers (Arminia Prag) im BC vom 3.5.20. - Zuber kam nach einjährigem Studienaufenthalt in Graz im Sommersemester 1920 nach Prag. „*Er führte ein strenges, hartes Regime ein, täglich zwei Stunden Paukboden*", wie sich Friedrich Zapp erinnert (Arminia zu meiner Zeit 1919 – 1923, in: Alma Mater Pragensis und ihre Studenten. Geschichte der Prager Burschenschaft Arminia. Hrsg. v. H. Kreil. Bochum 1984, 130 – 137, hier 134.).
[30] Bericht Beguschs im BC vom 8.4. 20.
[31] BC vom 28.4.20.
[32] Der ursprüngliche Text lautete: „*Die deutsche Burschenschaft lehnt ... grundsätzlich ab und ... Mitgliedern bei Aufnahme die ehrenwörtliche Erklärung, frei von jüdischem oder farbigem Bluteinschlage zu sein und ihre Mitglieder im selben Sinne zu erhalten.*"
[33] Bei 2c (Ausscheiden bei Heirat mit einem „*jüdischen oder farbigen Weibe*") enthielten sich Frankonia Bonn und Dresdensia der Stimme, dem Widerstand gegen eine Satisfaktionsverweigerung gegenüber Juden wurde insofern Rechnung getragen, als die Entscheidung darüber einstimmigen Beschlüssen der örtlichen Burschenschaft anheimgestellt wur-

rende Stellung" der *"Allemannia"* in Graz, *"insbesondere durch unsere Arbeit in der Judenfrage..."*, und der Bericht über das WS 1920/21 läßt ein nochmals gesteigertes Selbstwertgefühl erkennen: *"Allemannia"* kenne und schätze man nicht nur in Deutschösterreich sondern auch im Deutschen Reich, *"beherrschen wir doch den Grazer DC und die VB[34], den Hochschulring[35], ein Neulingswerk von uns geschaffen."*

Im Bericht der *"Allemannia"* über das Wintersemester 1919/20 wurde das Abstimmungsergebnis über ihre Anträge bei den BdO-Burschenschaften mitgeteilt: Von 35 Burschenschaften hatten bis Redaktionsschluß 29 abgestimmt. Die beiden ersten Anträge fanden bei allen 29 Zustimmung, Antrag Nr. 3 fand drei Gegenstimmen, eine Burschenschaft enthielt sich der Stimme. Gegen Antrag Nr. 4 (Genugtuungsverweigerung) stimmten sieben Burschenschaften, fünf enthielten sich der Stimme.

Im März 1920 hatte sich *"Allemannia"* mit dem Verdacht auseinanderzusetzen, ihr Fux Erich Renner, der am 19. Jänner in den Äußeren Verband aufgenommen worden war, sei *"Judenstämmling"*.[36] In seiner Heimatstadt Leoben werde darüber gesprochen, wie dem Konvent von obersteirischen Alten Herren mitgeteilt wurde. Dieser forderte Renner auf, *"dokumentarisch seine arische Abstammung nachzuweisen"*, welcher Aufforderung Renner durch Vorlage des Taufscheins seiner Eltern und Großeltern nachkam. Ein Alter Herr hielt dies für keinen vollständigen Beweis, ein zweiter hingegen für ausreichend: *"Die anderen müßten beweisen, daß er Judenstämmling sei"*. Urls Antrag - er hatte noch am vorherigen BC den Nachweis bis zu den Urgroßeltern gefordert - sich mit den Dokumenten zu begnügen, fand keine Gegenstimme. Man wollte dem Verbreiter des Gerüchts entgegentreten, aber dessen Name wurde von jenem Alten Herrn, der es an den Konvent weitergeleitet hatte, nicht preisgegeben.

Auch auf personelle Entscheidungen an den Hochschulen wurde versucht, Einfluß zu nehmen:[37] So habe die VB durch ihr *"Einschreiten und*

---

de; wenn keine Einstimmigkeit zu erzielen sei, entscheidet die einzelne Burschenschaft (Willibald Klauser, Geschichte der Grazer Akademischen Burschenschaft *"Stiria"*. Graz 1921/1940, 145).

[34] VB=Vertreter-Besprechung der Grazer deutschnationalen Korporationen und Vereine.
[35] Die Gründung des „Ersten Hochschulringes deutscher Art" erfolgte im Frühjahr 1921 (Höflechner, Baumeister, 307).
[36] BC vom 1.3., 18.3. und 22.3.20.
[37] Harald Seewann, Hochschulpolitik in Graz in den Jahren 1919 bis 1938 und das nationale Korporationsstudententum. Eine Quellensammlung. Schriftenreihe d. Steirischen Studentenhistoriker-Vereines 27, Graz 1999, legt den Schwerpunkt seiner Darstellung auf die

Fühlungnahme mit einem Teil des Professorenkollegiums" die Wahl eines jüdischen Professors (?) zum Universitätsrektor des Studienjahres 1919/20 verhindern können.[38] Über den AStA protestierte man gegen die Wahl zweier jüdischer Ersatzmänner in die Kammer der Hochschullehrer.[39] Als der *„nicht rein arische"* Ärzteverein an die Mediziner (Studenten der Medizin, d. V.) herantrat, mit ihm eine Ärztegewerkschaft zu bilden, wurde dies auf Antrag Beguschs mit dem Argument abgelehnt, erst dann mittun zu wollen, wenn eine *„judenreine Ärztegewerkschaft"* gebildet worden sei.[40]

Die VB führte Beratungen, *„auf welchem Wege und mit welchen im Bunde"* Juden an der Hochschule bekämpft werden könnten, und es war vom *„Einschreiten gegen Juden, die sich als Deutsche ausgeben"*, die Rede. Konkret befaßte sie sich mit der in Aussicht stehenden Aufnahme von Juden als Sekretär bzw. Privatdozent an der Technischen Hochschule in Graz.[41] Juden dürfen *„als Sekretär, Privatdozent usw."* nicht angestellt werden, jüdische Professoren keine Ehrenstellen bekleiden, lautete der diesbezügliche Antrag. Ein Angehöriger des VdSt beging wenig später in dieser Sache *„eine große Unschlauheit"*: Er fragte den Sekretär, ob er Jude sei. Als dieser durch Dokumente nachwies, nicht Jude zu sein, reagierte man auf folgende Weise: *„Wir mußten uns daher auf einen anderen Standpunkt stellen, und zwar, daß wir als Sekretär einen steirischen Kriegsteilnehmer nicht aber einen Ausländer wünschen."*[42] Als die Karlsruher Studentenschaft die Berufung eines jüdischen Professors ablehnte, wurde dies vom Grazer AStA mit einer Zustimmungsadresse begrüßt.[43] In der gleichen Sitzung beschloß er, die Aufnahme ungarischer Juden an *„unseren Hochschulen"* abzulehnen.

Die Judenfrage war *„Kernelement"* studentischer Ideologie in Österreich nach 1918 und darin unterschied sich das Denken der Studentenschaft Österreichs und Deutschlands deutlich.[44] Im Streit um Volks- oder Staatsbürgerprinzip in der DSt leisteten die deutschnationalen Korporationen als beherrschendes Element in der Studentenvertretung einen wesentlichen Beitrag. Grundgedanke war, dem Volkstum stärkste rechtsbil-

---

30er Jahre mit dem Aufstieg des NSDStB und geht nur kurz auf die Organisation der DSt und die Auseinandersetzungen zwischen den studentischen Gruppierungen ein (15-17).
[38] Bericht über das SS 1919.
[39] BC vom 24.11.19.
[40] Ebd.
[41] Bericht über VB-Sitzung vom 15.1. im BC vom 19.1.20.
[42] Bericht über VB-Sitzung vom 17.2. im BC vom 23.2.20.
[43] Bericht über AStA-Sitzung vom 13.3. im BC vom 15.3.20.
[44] Gehler, Studenten und Politik, 109 f.

dende Kraft zuzuerkennen, Ziel die Isolierung und Diskriminierung des Judentums.[45] Der Bericht über das SS 1919 nennt als eine der wichtigsten Aufgaben, die Satzungen für die DSt beider Grazer Hochschulen auszuarbeiten: Neben der Autonomie der Hochschulen und der Lehr- und Lernfreiheit stand die Behandlung der Juden *„als fremde Nation bzw. Rasse"* im Zentrum der Überlegungen; Url arbeitete im Ausschuß mit. 1921 akzeptierte der Akademische Senat der Universität Graz die Satzung des Kreises VIII (Österreich) der DSt: Die Grazer Studentenschaft ist Glied der DSt, ihre oberste beschließende Körperschaft besteht in der Studentenversammlung aller immatrikulierten Hörer *deutscher Volkszugehörigkeit* beider Hochschulen.[46]

Einen Eindruck von der in der DSt an der Universität Graz herrschenden deutschvölkischen Ideologie in den Jahren 1920/21 vermittelt aus hoffnungsloser Minderheitenposition der damalige Obmann der Vereinigung sozialistischer Studenten.[47]

Parallelitäten zwischen der unterschiedlichen Sichtweise der *„Judenfrage"* in der Deutschen Burschenschaft und in der DSt bei den Österreichern einer- und bei den „Reichsdeutschen" andererseits treten deutlich zutage. Beim Kreistag der DSt in Graz im Sommersemester 1920 wurde *„insbesondere ... in der Judenfrage vollkommene Übereinstimmung erzielt."*[48] Infolge der Arbeit der AStA Graz, in denen die *„Allemannia"* „tatkräftig mitwirkte, gelang es, den Zustrom der ausländischen Juden von unseren Hochschulen abzuwehren und den Prozentsatz der Juden auf ein Mindestmaß herabzudrücken."[49] Begusch, von der DB zum Referenten für die Judenfrage der Ostmark bestellt, vertrat die DSt von Graz beim Studententag in Dresden im Mai 1920. Er berichtete von diesem, *„daß die Studentenschaft Deutschlands teilweise über die Judenfrage vollkommen ununterrichtet (ist) bzw. die Juden als vollkommen gleichberechtigt anerkannt werden. Ebenso ist die DB vollkommen uneins in dieser Frage und es erfordert für die Zukunft schwere und unun-*

---

[45] Brigitte Fenz, Zur Ideologie der *„Volksbürgerschaft"*. Die Studentenordnung der Universität Wien vom 8. April 1930 vor dem Verfassungsgerichtshof, in: Zeitgeschichte 5 (1978), H. 4, 125-145, hier 125 f.; vgl. dazu auch Eveliner Egert, Die Durchsetzung des völkischen Prinzips in der *„Deutschen Studentenschaft"* als Problem zwischen den deutschen und österreichischen Studenten 1919 bis 1927, in: Die Vorträge der ersten österreichischen Studentenhistorikertagung.= Beiträge z. österr. Studentengeschichte 2, Wien 1975, 57–68.
[46] Höflechner, Baumeister, 298.
[47] Walter Fischer, Grazer Universität, in: Grenzfeste deutscher Wissenschaft. Über Faschismus und Vergangenheitsbewältigung an der Universität Graz. Graz 1985, 107-113.
[48] Bericht über das SS 1920.
[49] Ebde.

terbrochene Arbeit, um den Standpunkt, den wir den Juden gegenüber einnehmen, durchzusetzen."[50] *"In Deutschland arbeitete das österreichische antisemitische Virus weiter"*, schreibt W. Höflechner, und 1927 siegte endgültig das *"Volksbürgerschaftsprinzip"* in der DSt.[51]

"Die besonderen Aufgaben der Burschenschaft in Österreich" heißt bezeichnenderweise auch der Artikel des Wiener Burschenschafters Benno Immendörfer im Handbuch für den Deutschen Burschenschafter von 1932. Immendörfer beklagt, daß Österrreich *"von einem Juden (Kelsen) eine Verfassung gemacht wurde, die aus undeutschem Geiste geboren, die Formen westlerischer parlamentarischer Demokratie dem deutschen Volke Österreichs aufgezwungen hat."*[52]

Die Aktivitäten in der *"Judenfrage"* erstreckten sich auch auf Bereiche außerhalb des korporationsstudentischen und Hochschulmilieus. Im Sommersemester 1919 beschäftigte sich der Ortsausschuß des *"Deutschen Burschenbundes"*[53] u.a. mit der Arbeiterfrage: Möglichst viele Alte Herren sollten sich damit befassen und danach trachten, *"eine judenfreie Arbeiterbewegung ins Leben zu rufen."*[54] Zwei Vertreter der *"Allemannia"* nahmen an der Gründungsversammlung des *"Antisemitischen Proletarierbundes"* teil.[55] AH Luzsa befürwortete eine Kooperation, um den *"uns immer von der Sozialdemokratie gemachten Vorwurf entgegenzutreten, daß wir Studenten uns noch immer an den* (sic!) *Klassenstandpunkt kleben."* Es sei die Gelegenheit zu zeigen, *"daß wir gerne mit den Arbeitern gemeinsam Arbeit leisten wollen und uns an einem Zusammengehen mit den Sozialdemokraten nur ihre jüdische Führung hindert."* Diese (nicht nur wegen der *"jüdischen Führung"*) abseits von Realisierbarkeit angesiedelte Sympathieerklärung für die Sozialdemokratie relativiert der Antrag Urls deutlich: Wir hätten die Möglichkeit *"nach außen unsere Bereitwilligkeit"* zu zeigen, *"mit dem Klassenunterschied zu brechen"*, denn „wir können den Arbeiter ganz sicher nicht zu unserer Gesellschaftsansicht bekehren."

---

[50] Ebd.
[51] Höflechner, Baumeister, 300.
[52] Berlin 1932, 114-125, hier 115.
[53] Der Deutsche Burschenbund war ein Zusammenschluß der deutschvölkischen Korporationen an den österreichischen Hochschulen. Auf seiner Tagung im April 1919 in Wien beschloß er Richtlinien, u.a. *"Reinigung und Reinerhaltung der germanisch-arischen Rassegrundlagen"* und *"Ablehnung der Gleichberechtigung nichtdeutscher Hörer an deutschen Hochschulen"* (Wolfgang Rettl, Antisemitismus in der Steiermark zu Beginn der Ersten Republik. Geisteswiss. Diplomarbeit, Univ. Graz 1987, 66).
[54] Bericht über das SS 1919.
[55] BC vom 24.11.19.

Im DC wurde angeregt, die Staatszeitung, *„ein jüdisches Blatt"*, *„auszumerzen"* und der *„Carniola"* zugesagt, dahin zu wirken, daß im Kaffeehaus (vermutl. Couleurcafe) nur die *„Deutsche Zeitung"* gehalten werde.[56] *„Schwarze Listen"* (vermutl. über zu meidende jüdische Geschäfte) wurden vervollständigt.

Die *„Klerikalenfrage"*

Deutlich geringeren Raum im Vergleich zur „Judenfrage" nimmt die *„Klerikalenfrage"* in den Protokollen ein. Vergleichbar ist aber die Kompromißlosigkeit, mit der auch in dieser Frage agiert wurde. Schon der Begriff *„Klerikale"* für die katholischen Studentenverbindungen impliziert die Distanz, die diesen von deutschnational-*„schlagender"* Seite entgegengebracht wurde.[57] *„Sie stehen ja nicht einmal in der Judenfrage auf unserem Standpunkt"*, argumentiert Begusch für seinen einstimmig angenommenen Antrag, die bisherige Linie gegenüber den *„Klerikalen"* beizubehalten.[58] Die Nicht-Übereinstimmung habe sich in der *„Zettelgeschichte"* deutlich gezeigt; vermutlich lehnten die *„Klerikalen"* das *„Judenzettel-Kleben"* ab.[59] *„... nicht einmal in der Judenfrage..."* ist wohl so zu interpretieren, daß nicht einmal in einer Frage, über die es vom Standpunkt der Burschenschaft keiner Diskussion mehr bedarf, Übereinstimmung mit den *„Klerikalen"* erzielt werden könne. Hier handelte es sich offenbar um keinen grundsätzlichen Konflikt, sondern um eine Episode, denn im allgemeinen herrschte gerade in der *„Judenfrage"* Übereinstimmung zwischen katholischen und deutschnationalen Korporationen, wenn auch die katholischen Studenten *„nach außen weniger offensiv in der Frage des Antisemitismus"* auftraten.[60] Für die Wahlen an den Grazer Hochschulen im November 1919 wurde von einem durch eine allgemeine Vertretersitzung eingesetzten Unterausschuß - Begusch gehörte ihm an – ein *„deutscharischer Block"* gebildet.[61] In einem Abkommen mit *„Klerikalen"* und *„Freideutschen"* erstellte man einen Schlüssel für die Mandatsaufteilung. Die Wahlen wurden, wie er-

---

[56] DC-Bericht im BC vom 1.3.20.
[57] Klauser, Stiria, 155, wählt als Kapitelüberschrift *„Die Katholen-Frage"* und berichtet von der führenden Rolle seiner Burschenschaft nach dem Ersten Weltkrieg, *„die katholischen Verbindungen langsam bis zu einem gewissen Grad in das völkische Fahrwasser zu lotsen."* Das wurde von einer Gruppe älterer und ältester Alter Herren der *„Stiria"* vehement bekämpft. Klauser selbst verhielt sich ebenfalls scharf ablehnend gegenüber dieser Linie: *„Versprechungen und Zusagen dieser schwarzen Jesuitenschüler"* halten nicht.
[58] BC vom 3.2.20.
[59] Über solche Aktionen im November 1919 (und später) berichtet Rettl, Antisemitismus, 146, 149.
[60] Gehler, Studenten und Politik, 103, 98.
[61] Bericht über das WS 1919/20.

wartet, vom zuständigen Unterstaatssekretär (für Unterricht), den Sozialdemokraten Glöckl, nicht anerkannt.

Schon im Wintersemester 1918/19 war die Ablehnung eines Zusammengehens mit den katholischen Verbindungen durch die *„Allemannia"* evident, *„denn die Klerikalen haben sich während des Krieges nicht geändert."*[62] Dieses Argument widerspricht diametral der meist angeführten Begründung *für* Verhandlungen. *„Carolina"* und *„Traungau"* wurde nach Beratung des Professorenkollegiums mit Vertretern aller Korporationen das Farbenrecht an der Technischen Hochschule zugestanden, das *„Aufziehen mit Schlägern von Seite der Klerikalen"* jedoch als *„ständige Provokation"* der *„konservativen"* Studentenschaft bewertet.[63] Der 1920 neu aufgemachten CV-Verbindung *„Babenberg"* wurde dieses Recht hingegen verwehrt.[64]

Url erinnerte im BC vom 3. Februar 1920 an das Rückzugsgefecht mit den *„Klerikalen"*, denen an der Technischen Hochschule das Farbenrecht zugestanden und deretwegen auf Vorrechte verzichtet werden mußte. *„Wenn wir mit ihnen verhandeln"*, meinte er, *„können sie nur gewinnen und wir nur verlieren."* Denn die *„Klerikalen vertreten den ganz gemeinen Nützlichkeitsstandpunkt, sie machen nur das, wo ein Geschäft heraussieht. Ein Verhalten aufgrund einer Überzeugung kennen sie nicht."*

Als Universitäts-Rektor Cuntz an der Julkneipe der *„Klerikalen"* teilnahm, herrschte darob Empörung in der VB.[65] Der VdSt, dem Cuntz angehörte, verwies beschwichtigend auf die Zusammenarbeit der deutschnationalen Korporationen mit den *„Klerikalen"* in *„antisemitischen Bestrebungen."* Dies veranlaßte August Fuchs zu beantragen, in der nächsten VB-Sitzung anzufragen, *„was eine Julkneipe mit der antisemitischen Bestrebung zu tun habe und wer den Rektor gezwungen habe dorthin zu gehen." „Die Rektoren waren immer national"*, warf Bresnig ein, und *„wenn der jetzige Rektor auf der klerikalen Seite stehe, müssen wir uns dagegen verwahren."* Die Verteidigung des gefährdeten Vorrangs wurde nicht nur an den Hochschulen geführt, sondern auch im Gesellschaftsleben außerhalb derselben. Mittelschüler fragten an, wie *„Allemannia"* dazu stünde, wenn sie zu ihrem Kränzchen *„klerikale Studenten"* einladen. Im Konventsbeschluß heißt es dazu, *„daß wir einem Erscheinen der ‚Klerikalen' zwar nicht sympathisch gegenüberstehen"*,

---

[62] Bericht über das WS 1918/19.
[63] Bericht über das SS 1919.
[64] Bericht über das WS 1920/21.
[65] VB-Bericht im BC vom 23.2.20.

aber trotzdem hingehen, *„ohne uns um sie zu kümmern."*[66] Offenbar überwog bei dieser Entscheidung der zu erwartende Nutzen als Keilveranstaltung. Im DC wurde keine Einigung in der Frage erzielt, ob der Abiturientenball in Farben besucht werden sollte, wenn die *„klerikalen"* Verbindungen dazu eingeladen werden.[67] Die Angelegenheit erledigte sich von selbst, da keine Einladung an die *„Klerikalen"* erfolgte.

Jeder Auftritt von Angehörigen katholischer Verbindungen in Hochschulgremien wurde als Provokation empfunden. Sie wurden wie *„Unberührbare"* gemieden. Da zwei Mitglieder des CV *„Traungau"*, Engelhofer und Winterstein, mit Referaten der Studentenschaft betraut wurden - niemand aus den deutschnationalen Reihen wollte das Referat *„Slawenfrage"* übernehmen - hielt es Begusch für notwendig, eine VB-Sitzung einzuberufen: *„Wir sind also vor die Tatsache gestellt, daß auf der Studentenversammlung zwei Traungauer sprechen werden."*[68]

In den Dachverbänden DC und VB führten Gespräche über Formen der Koexistenz mit den *„Klerikalen"* zu keinem Erfolg. Gemäßigte Stimmen, wie jene von *„Rhaetogermania"* und *„Marcho-Teutonia"* im DC verstummten nach Darlegung der (gegenteiligen) Ansicht der übrigen Burschenschaften.[69]

Begusch nahm als Mitglied des *„Ehrenausschusses"* der VB an den Verhandlungen über einen Ehrenrat, ein Abkommen mit den *„Klerikalen"*, teil: *„Die Klerikalen und anderen Duellgegner"*, berichtete er, *„wollen nur entweder Entschuldigung oder Entschuldigung mit Abbitte, mehr ist von ihnen nicht zu erreichen."* Die Anfrage Beguschs, ob verzögert oder gleich abgebrochen werden solle, beantwortete der Konvent einstimmig auf Antrag Urls mit dem Beschluß des sofortigen Abbruchs. [70] In der VB-Sitzung vom 11. März wurde der gleiche Beschluß gefaßst, die Corps ersuchten Begusch, *„dies diplomatisch gut zu machen, daß das Odium nicht auf uns fällt."*[71] Im gleichen Monat wurde in einer AStA-Sitzung der Ehrenrat *„begraben"*, nachdem Begusch seinen Austritt aus dem Ausschuß erklärte, *„wegen der Unmöglichkeit einen Weg zur Einigung zu finden."*[72] Das sogenannte Erlanger Verbände- und Ehrenabkommen (1921) stieß bei den *„wehrhaften"* Korporationen in

---

[66] BC vom 29.12.19.
[67] DC-Bericht vom 17.1. im BC vom 19.1.20.
[68] VB-Bericht im BC vom 23.2.20.
[69] DC-Bericht vom BC vom 16.2.20.
[70] VB-Bericht im BC vom 8.3.20.
[71] VB-Bericht im BC vom 15.3.20.
[72] Bericht Beguschs im BC vom 22.3.20.

Österreich auf Widerstand und wurde in Graz praktisch nicht gehandhabt.[73]

Folgerichtig lehnte der BC von vornherein angekündigte Vorschläge des *„Roten Verbandes"* bezüglich einer *„Vereinigung aller studentischen Verbände, auch der Klerikalen"* ab. Weil die *„Deutsche Arbeitsgemeinschaft"* im *„klerikalen Fahrwasser"* sei, sprach sich Begusch gegen eine Teilnahme an ihr aus.[74] AH Luzsa und Url führten die „Südmark" und den *„Schulverein"* als unpolitische Vereinigungen ins Treffen. Wir könnten, meinten sie, durch unsere Mitgliedschaft die *„klerikale Strömung"* eindämmen, und sollten die *„Klerikalen"* die *„Deutsche Arbeitsgemeinschaft"* für ihre parteipolitischen Zwecke mißbrauchen, aus dieser wieder austreten.

Andere Themen

Ein in mehreren Konventen diskutiertes Grundsatzthema des Studienjahres 1919/20 war die Frage der Mitgliedschaft Alter Herren in Gewerkschaften.[75] Ausgelöst wurde die Debatte durch die beiden Beamten der Stadtgemeinde Graz, Kloß und Kuffarth, ersterer Nachfolger seines Bb Josef Fuchs und Vorgänger Kuffarths im Amt des Stadtbaudirektors von Graz. Während Fuchs und AH Branddirektor Quirin einen Beitritt abgelehnt hatten, betonten Kloß und Kuffarth, daß die Beamtengewerkschaft im Gegensatz zum Ausschuß der Landesgewerkschaft, der sie angegliedert war, nur zu einem Drittel *„streng sozialdemokratisch"* sei.

Als schärfster Kritiker einer Mitgliedschaft trat AH Schellnegger (Bauunternehmer) auf und argumentierte mit dem engen Zusammenhang zwischen Gewerkschaft und Sozialdemokratie, bei deren Bekämpfung *„wir als Burschenschafter ... an der Spitze stehen (sollten)."* Bereits am 10. März 1919 hatte ein BC beschlossen, daß kein Mitglied der *„Allemannia"* der Sozialdemokratischen Partei angehören dürfe, und im darauffolgenden Juni war aus diesem Grund der AH Wilhelmi gestrichen

---

[73] Hartmann, Im Gestern, 261 f.; Mälzer, Gegensatz, 488 f.
[74] BC vom 9.12.19. - Es gab eine *„Österr.-deutsche Arbeitsgemeinschaft"* und eine *„Deutsche Gemeinschaft"*, beide 1919 gegründet. Ich vermute, daß es sich hier eher um die DG handelte. In dieser betätigten sich u.a. *„Katholisch-Nationale"* wie A. Seyss-Inquart, während erstere wissenschaftlich orientiert war. Karl Stuhlpfarrer beschreibt die DG als eine wichtige überparteiliche Organisation, in der Christlich-Soziale, Großdeutsche, und später Nationalsozialisten gegen *„jüdisch-freimaurerisch-bolschewistischen"* Einfluß in Österreich zusammenarbeiteten (Antisemitismus, Rassenpolitik und Judenverfolgung in Österreich nach dem Ersten Weltkrieg, in: A. Drabek u. a., Das österreichische Judentum. Wien 1974, 141-164, hier 147 f.).
[75] BC vom 1.12.19, 19.1.20.

worden.⁷⁶ Schellnegger führte als positives Beispiel zwei Bundesbrüder an, die bei der Eisenbahn beschäftigt seien, und - trotz des dortigen Einflusses der Gewerkschaft - dieser nicht beigetreten waren. Auch Url sah im Beitritt eine Stärkung der Sozialdemokratie, iaB Dr. Diller⁷⁷ hingegen charakterisierte die Gewerkschaft als Interessensverband, *„der die Arbeitnehmer vor einer Ausnützung von Seiten der Unternehmer schützen soll."*

Dem BC gegenüber erklärte Kuffarth, daß die Gewerkschaft den Namen *„Verband der öffentlichen Angestellten"* führe, ein *„wirtschaftlicher Kampfverein"* und *„rein unpolitisch"* sei.⁷⁸ *„In Bälde"*, prophezeite er, werde *„die Mehrheit völkisch sein"*. Beide involvierte Alte Herren gaben die bindende Erklärung ab, sofort auszutreten, *„wenn die Gewerkschaft in internationales sozialdemokratisches Fahrwasser gerät."* Der die Diskussion abschließende Antrag Urls wurde einstimmig angenommen: Der AHC bzw. BC entscheidet in jedem einzelnen Fall, ob ein Bb einer Gewerkschaft oder wirtschaftlichen Organisation beitreten kann oder nicht. Sollte ein Bb schon einer solchen Organisation angehören, sei dies unverzüglich bekanntzugeben.

Konträre Positionen bezogen Url und Diller auch in der Frage des Beitritts zur Großdeutschen Volkspartei.⁷⁹ Unsere Satzungen verpflichten zur *„Ausgestaltung einer politischen Überzeugung"*, agumentierte Url. Die GVP sei die einzige, *„die nicht schwarz und nicht rot ist und die wir als die unsere erkannt haben."* Diller bezweifelte die Lebensfähigkeit dieser Partei, etliche Programmpunkte würden nicht zielführend sein. *„Auch die Anwesenheit von Frauen in der Partei"*, erweist er sich in dieser Frage als patriarchalisch, *„sei ein großer Übelstand, denn die Frauen gehören in die Küche und in den Hausstand, nicht in das politi-*

---

⁷⁶ BC vom 1.12.19, 19.1.20.
⁷⁷ Hans Diller (1890-1955), Dr.iur., zuletzt Oberlandesgerichtsrat. Über ihn (ohne Namensnennung) Dieter A, Binder, Zäsuren und Kontinuitäten - Akademiker und NS-Ideologie, in: Geschichte und Gegenwart 7 (1988), 281-291, hier 282: D., ehem. Mitglied der Großdeutschen Volkspartei, dann der VF (Vaterländischen Front), ab 1940 der NSDAP. Für Binder ist D. ein typisches Beispiel für den *„Akademiker mit ausgeprägtem Anpassungs-, Ordnungs- und Arbeitssinn – doch hat dieser Mann niemals eine Tat gesetzt, die strafrechtlich zu ahnden ist."* Zu Diller vgl. auch Wolfgang Neugebauer-Peter Schwarz, Der Wille zum aufrechten Gang. Offenlegung der Rolle des BSA bei der gesellschaftlichen Integration ehemaliger Nationalsozialisten. Wien 2005, 172-174. Diller war nach 1945 Mitglied der SPÖ und des BSA (Bund sozialistischer Akademiker), die ihn protegierten.
⁷⁸ BC vom 3.2.20.
⁷⁹ BC vom 16.2.20. – Vgl. Isabell Ackerl, Die Großdeutsche Volkspartei. Phil. Diss. Wien 1967.

sche Leben." Er, Diller, würde sich nie zwingen lassen, einer solchen Partei beizutreten., von Diller. Offenbar tat er es dennoch (siehe Fußnote 77). Stammte nichtsdestoweniger die eine Stimmenthaltung, die bei dem sonst einhellig gefaßten Beschluß, alle wahlberechtigten Aktiven und Inaktiven haben innerhalb von 14 Tagen der Großdeutschen Volkspartei beizutreten, abgegeben wurde, von ihm?

Neben den geschilderten Themen nimmt die Diskussion über die Wiederaufnahme des Verkehrsverhältnisses mit *„Arminia"* Prag, *„Bruna Sudetia"* Wien und *„Libertas"* Brünn breiten Raum ein (seit 1922/24 *„Ostdeutscher Bund"*, erweitert um *„Pappenheimer"* Innsbruck).[80] Ausführlich wurden die Beurteilung von Mensuren und die Ahndung disziplinärer Verstöße in den Protokollen abgehandelt. Im WS 1919/20 wurde Begusch als Sprecher wegen Nicht-Genehmigung einer Mensur strafweise seiner Charge enthoben und mit einem achttägigen Farbenverruf belegt. Weitere 5 Partien wurden nicht genehmigt, deswegen zwei BbBb ihrer Chargen enthoben, drei Farbenverrufe und eine Strafpartie verhängt. Eine der 5 nicht genehmigten Partien war eine Strafmensur, der betreffende Bb wurde gestrichen, und erst nachdem er als *„Finke"* im SS 1920 eine genehmigte Mensur gefochten hatte, wieder aufgenommen. Die Burschenschaft Allemannia hatte im WS 1919/20 22 studierende Mitglieder, zwei befanden sich noch in Kriegsgefangenschaft, zwei waren eben heimgekehrt. Es wurden 23 Schlägermensuren und drei Säbelpartien von Waffenbelegern ausgetragen. Das darauffolgende Sommersemester sah 20 studierende Mitglieder, die 21 Schlägermensuren und eine Säbelpartie austrugen, zwei Schlägermensuren wurden nicht genehmigt, wovon eine die Chargenenthebung, einen Farbenverruf und eine Strafmensur zur Folge hatte.

Weder die Zahl der ausgetragenen Mensuren (bei dem hohen Aktivenstand!) noch die Relation zwischen genehmigten und nicht genehmigten Partien lassen eindeutig einen besonders rigorosen Mensurstandpunkt erkennen. Man müßte auf breiter Basis untersuchen, ob die Vermutung Gehlers zutrifft, das *„konservative Prinzip"* (Mensur, Genugtuung auf Waffen), sei ein wesentlicher Faktor für die Formung politisch-ideologisch radikaler Charaktere.[81]

---

[80] Christian Oppermann - Herbert Steffe, Die Geschichte des Ostdeutschen Bundes, in: Ostdeutscher Bund. Hg. V. Ch. Oppermann u. F. Düpper, Bochum 1984, 5-7.
[81] Studenten und Politik, 435 f.; Ähnlich auch Ders., Männer im Lebensbund, 52: *„Die Geradlinigkeit und die Konsequenz des von ihnen (den Burschenschaften) verfochtenen Gedankenguts standen in engem Zusammenhang mit dem schlagenden Prinzip ...".*

Die hier dargelegten Initiativen und richtungsweisenden Beschlüsse aus den Konventsprotokollen der Burschenschaft „*Allemannia*" Graz bestätigen die Einschätzung der Rolle der (deutsch-) österreichischen Burschenschaften als treibender Kraft in der DB hinsichtlich der „*Judenfrage*". Die Quellen widersprechen jedem Versuch einer Apologetik.[82]

Url und Begusch, die Verfasser und Verbreiter des „*Judenprogramms*" für die DB treten als die dominanten Akteure im Studienjahr 1919/20 in Erscheinung. Beide sind „*soziale Aufsteiger*" und erfolgreich in ihrer Berufslaufbahn (bei Begusch mit einem bitteren Beigeschmack). Der Eindruck von der Atmosphäre in den Konventsversammlungen ist der eines weniger freundschaftlichen Umgangs miteinander als des Bestrebens, innerhalb des korporationsstudentischen Lagers und in der Studentenvertretung Ansehen zu gewinnen. Dieses sollte durch eine kompromißlose Haltung in der „*Juden- und* „*Klerikalenfrage*" erzielt werden. Voraussetzung dafür war eine weitgehende Reglementierung des einzelnen (vor allem aktiven) Mitglieds, seine Überwachung und Ausrichtung in ideologischer Hinsicht. Die Konventsbeschlüsse wurden fast durchwegs einstimmig gefaßt. Symptomatisch für die straffe, hierarchische Ordnung ist die Kritik Urls am Sprecher wegen dessen „*Fraternisierung*" mit den Füxen: Der Sprecher muß von den Füxen gefürchtet werden![83]

Dieter A. Binder nannte als prägende Charakteristika der Akademikerschaft der Zwischenkriegszeit: Antisemitismus, Antimarxismus und Antiklerikalismus.[84] Das bestätigt der Befund aus den Protokollen.

---

[82] z. B. Klaus-Eckart Ehrlicher, in: K.-E. Ehrlicher-R. Leitinger, 1868-1968. Ein Hort deutschen Fühlens. Die Grazer akademische Burschenschaft Arminia im Wandel der Zeit, (Graz) 1968, 141. - In der „*ostmärkischen*" Tradition des biologistisch begründeten Volkstums, des forcierten Mensurstandpunkts und des permanenten Volkstumskampfes steht heute noch ein beträchtlicher Teil der Burschenschaften in Österreich und meint, solcherart - im Gegensatz zu seinen „*liberalen*" Gegnern in der DB - der Hüter der reinen Lehre zu sein. Bedauerlicherweise wird auch nach wie vor die Mär von der Opferrolle der Burschenschaften wegen deren Auflösung durch den NS-Staat kolportiert (Burschenschaftliche Blätter, Verlagsbeilage 2005, 6).
[83] BC vom 26.1.20.
[84] Binder, Zäsuren, 287.

Warnung und Widerstand
Burschenschafter in Opposition zum Nationalsozialismus[*]
Peter Kaupp

Um es gleich und deutlich den folgenden Ausführungen voranzustellen: es geht hier nicht darum, *die* Deutsche Burschenschaft als den wohl *„politischsten"* Korporationsverband vom Vorwurf, sich früh und nachhaltig für den Nationalsozialismus begeistert zu haben, reinzuwaschen und in den Widerstand zu integrieren. Es geht auch nicht darum, jede unbedachte kritische Äußerung einzelner, vor allem junger Bundesbrüder am Nationalsozialismus oder an Hitlers Kriegsführung für den Widerstand zu vereinnahmen - obwohl die unerbittliche Härte (bis hin zu Todesurteilen, wie sie etwa meinen Bundesbruder Paul Oswald traf), mit der die Justiz damals darauf reagierte, für den nationalsozialistischen Unrechtsstaat symptomatisch war. Wie große Teile des deutschen Bildungsbürgertums, einschließlich der Professoren und des Militärs, standen auch viele Burschenschafter nach dem verlorenen Ersten Weltkrieg und dem Versailler Friedensdiktat der Weimarer Republik skeptisch, ja ablehnend gegenüber und zeigten gegenüber dem Nationalsozialismus zumindest anfangs große Sympathien, zumal die neuen Machthaber zunächst durchaus wirtschaftliche, diplomatische und außenpolitische Erfolge aufweisen konnten. Und es sei nicht vergessen, daß sich unter denjenigen, die sich am Widerstand und an dem mißlungenen Attentat vom 20. Juli 1944 beteiligt hatten, auch solche befanden, die anfangs begeisterte Nationalsozialisten waren und als solche Karriere gemacht hatten. Aber es gab auch Burschenschafter, die früh und mutig vor dem Nationalsozialismus gewarnt, ja den Weg zum aktiven Widerstand gefunden hatten. Nicht alle sind bekannt geworden. Bei der Diskussion um den Nationalsozialismus und den Widerstand wenigstens *einiger* zu gedenken, ist ein Gebot historischer Redlichkeit.

Zu den wenigen renommierten deutschen Wissenschaftlern, die schon früh vor den Gefahren des heraufziehenden Nationalsozialismus gewarnt haben, gehörten zwei zumindest in ihrer zweiten Lebenshälfte eher der bürgerlichen Linken zuzurechnende Professoren: der Historiker Friedrich Meinecke (1862-1954) und der Soziologe Ferdinand Tönnies (1855-1936). Bei ihren mehrheitlich sicher eher nationalkonservativ eingestellten burschenschaftlichen Zeitgenossen nicht unumstritten, stehen

---

[*] Erweiterte und Anregungen aus der Diskussion berücksichtigende Fassung des Vortrags vom 5. Oktober 1996. Für Hinweise betr. Meinecke und v. Srbik dankt der Verfasser Vbr. Dr. Mag. Josef Pasteiner

auch sie für die oft übersehene große, bis in die Zeit der Urburschenschaft zurückreichende und von der extremen Linken bis zur extremen Rechten reichende politische Bandbreite der Burschenschaft.

Der Historiker **Friedrich Meinecke** (1882-1923 Burschenschaft Saravia-Berlin, bzw. Vorgängerverbindung Colonia-Berlin) wuchs in preußisch-konservativer Gesinnung und pietistischer Frömmigkeit auf. Die ersten Semester verbrachte er in Berlin, wo er 1882 Mitbegründer einer Vorverbindung der Saravia wurde, die auf sein Betreiben hin 1887 als Burschenschaft in den A.D.C. aufgenommen wurde[1]. Unter dem Eindruck des Ersten Weltkriegs entwickelte sich der Schüler Heinrich von Treitschkes *"vom Herzensmonarchisten zum Vernunftrepublikaner"* und verteidigte die Weimarer Republik gegen Angriffe rechter und linker Radikaler. *"Wir halten ... daran fest"*, schrieb er am 5. August 1931 in den Blättern des Deutschlandbundes, *"daß die demokratische Republik unter den heutigen sozialen Gegebenheiten diejenige Staatsform ist, die das größte Maß von innerer Freiheit für die Einzelpersönlichkeit, ... ferner auch das größte Maß von Bewegungsfreiheit für das natürliche Ringen der sozialen Kräfte miteinander bietet, ohne daß dieses Ringen, dieser Klassenkampf zur Unterdrückung der einen durch die anderen*

---

[1] *"Was die Burschenschaft einst war, wußte ich und brannte darauf, ihr Band zu tragen"*, schreibt er in 1941 in *"Erlebtes. 1862-1901"*. Da dies auf den Widerstand seiner Familie stieß, gründete er 1882 mit Absolventen des Cöllnischen Gymnasiums den Akademisch-Wissenschaftlichen Verein Colonia, der auf seine Initiative hin 1884 eine farbentragende (die Farben Silber-Rot-Grün hat er selbst gewählt) und schlagende Verbindung wurde, die 1884/85 mit der Verbindung Saravia verschmolz und schließlich, das war sein *"mit Feuereifer ... verfolgtes Lieblingsobjekt"*, 1887 Burschenschaft wurde. In seiner o. g. autobiographischen Schrift hat er ein ganzes Kapitel seiner Zeit als *"Berliner Couleurstudent"* gewidmet. Danach hatte er zwei Bestimmungsmensuren geschlagen. *"Sie verliefen ohne Schande, aber auch ohne jeden Ruhm für mich und wurden ausgepaukt ... und hinterließen auf meinem Gesicht ein paar kleine Schmisse, auf dem des Gegners gar keine"*. Als Mitglied des Vorstands der burschenschaftlichen historischen Kommission hat Meinecke von 1910 bis 1921 die ersten sieben Bände der *"Quellen und Darstellungen zur Geschichte der Burschenschaft und der deutschen Einheitsbewegung"* mit herausgegeben und auch mehrfach - u. a. den ersten Aufsatz (*"Zur Geschichte des Hoffmannschen Bundes"*) - dort Beiträge veröffentlicht. Wegen des übertrieben stark veräußerlichten Treibens unter dem Einfluß der Corps (*"Das schneidige Auftreten, das verlangt wurde, lag mir nicht"*) und wohl auch wegen der zunehmenden Frontstellung der Couleurstudenten gegen die Weimarer Republik trat Meinecke 1923 aus der Saravia aus. *"Das Ideal burschenschaftlicher Poesie, das ich im Herzen trug, war ... damals nicht mehr zu verwirklichen"*, schrieb er rückblickend 1941. *"Ich hatte nach der blauen Blume der Romantik gestrebt und war dabei in Auerbachs Keller geraten"*. Auf Grund seiner jahrzehntelangen burschenschaftlichen Sozialisation und weil *"seine höchsten Lebenswerte ... , das Allerhöchste, ... Gott, Freiheit und Vaterland"* blieben, kann man ihn deshalb - ähnlich wie z. B. Max Weber und Hermann Höpker-Aschoff - m. E. auch nach seinem formalen Austritt aus der Burschenschaft als Burschenschafter bezeichnen.

führt". Den aufkommenden Nationalsozialismus lehnte er schon früh bedingungslos ab und warnte bis 1933 öffentlich vor ihm. In der Kölnischen Zeitung vom 21. Dezember 1930 warnte er vor der *„suggestive[n] Wirkung der nationalsozialistischen Bewegung"*. Tritt das Wollen der neuen Bewegung, so fragte der damals schon fast 70jährige Historiker, *„nicht in einer demagogischen Verzerrung und Vergröberung auf, die es realpolitisch nicht nur unbrauchbar, sondern schädlich macht? ... Die Nazis"*, so schrieb er, *„zu der für das Ganze verantwortlichen Regierung heranlassen, heißt den Bock zum Gärtner setzen, heißt wirtschaftliche und politische Erschütterungen schwerster Art riskieren"*. In einem Wahlaufruf für Hindenburg im Demokratischen Zeitungsdienst vom 26. Februar 1932 wurde er noch deutlicher: *„Ob das tausendjährige Reich ... auf kommunistischer oder auf nationalsozialistischer Grundlage ausprobiert werden soll, was macht das eigentlich viel aus? Es ist derselbe Typus politischer Gemütskrankheit"*. Und er fügte ahnungsvoll für den Fall eines Sieges der Nationalsozialisten hinzu: *„Wer nicht das Hakenkreuz auf die Brust sich heftet, würde mißhandelt und geächtet zu werden Gefahr laufen. Und für das Reich im Ganzen würde eine wirtschaftliche und politische Katastrophe drohen"*. In der Vossischen Zeitung vom 12. Oktober 1932 warnt er *„Deutschland vor den Schrecken einer nationalsozialistischen Parteiherrschaft"*. Er war der letzte, der wenige Tage vor dem Reichstagsbrand (27. Februar 1933) in der Presse öffentlich vor Hitler warnte und angesichts der Reichstagswahlen am 5. März 1933 in der Berliner Volkszeitung vom 22. Februar 1932 *„den Wille[n] zur Abwehr einer faschistischen Diktatur"* beschwor. Danach schwieg er in der Öffentlichkeit, setzte aber seine vehemente Kritik am Nationalsozialismus in seinen Briefen fort. Nach dem Krieg war er 1947 Mitbegründer und 1. Rektor der Freien Universität Berlin. Im Alter von mehr als 91 Jahren starb er am 6. Februar 1954 in Berlin.

Ohne Nationalsozialist zu sein glaubte *„Österreichs größter Historiker"* (Hans Mommsen) **Heinrich Ritter von Srbik** (1878-1951, 1899 Burschenschaft Gothia-Wien) - im Gegensatz zu Meinecke, der ihm den Weg zur neueren Geschichte wies - nach 1938 zunächst, im *„Großdeutschen Reich"* sein Ideal eines universalen deutschen Reiches gefunden haben. In zeitgemäßer Abwandlung des Gagernschen Planes von 1848/49, eines *„engeren und weiteren Bundes"*, dachte er aber dabei keineswegs an einen bedingungslosen *„Anschluß"* Österreichs, sondern nur an ein möglichst enges Bundesverhältnis mit dem Deutschen Reich. Offiziell als wissenschaftlicher Wegbereiter einer von ihm ganz anders verstandenen *„deutschen Einheit"* gefeiert, wurde er *„von der* *nationalsozialistischen Parteidogmatik aus wegen seines Universalismus und seines österreichischen Traditionsbewußtseins mit Mißtrauen betrachtet"* (Pasteiner). Von Reichsstatthalter Seyß-Inquart ohne vorherige Verständigung als Vertreter der österreichischen Wissenschaft für den *„Deutschen Reichsrat"* nominiert und selbst kein Mitglied der NSDAP mußte er es hinnehmen, daß ihm die Parteimitgliedschaft gleichsam *„ehrenhalber verliehen"* wurde. Hervorzuheben ist Srbiks Einsatz für verfolgte jüdische Wissenschaftler, z. B. den Sprachwissenschaftler Norbert Jokl (gest. im Mai 1941 in einem KZ bei Wien), sein Eintreten für den Dozenten Paul Müller, der wegen unvorsichtiger Äußerungen von der Gestapo verhaftet worden war, seine Bemühungen um die Befreiung des niederländischen Kulturhistorikers Johan Huizinga aus der KZ-Haft, seine vergeblichen Bemühungen um die Rettung des Jesuitenpaters Grimm sowie die provokante Verleihung des Grillparzer-Preises an den Schriftsteller Max Mell. Srbik stand in Kontakt zu Karl Goerdeler, was ihm nach dem 20. Juli 1944 Hausdurchsuchungen und drohende KZ-Haft einbrachte. Eine Glückwunschadresse der Wiener Akademie der Wissenschaften an deren letzten Kurator, Erzherzog Eugen, führte zu einem offenen Konflikt mit den nationalsozialistischen Machthabern.

Auch **Ferdinand Tönnies** (Arminia auf dem Burgkeller-Jena 1872, vgl. gesonderten Beitrag) - einer der heute fast vergessenen, allenfalls noch durch sein Hauptwerk *„Gemeinschaft und Gesellschaft"* (1887) bekannte Wegbereiter der Soziologie in Deutschland - verteidigte in Wort und Schrift die Weimarer Republik. Er war u. a. Ehrenmitglied des Reichsbanners Schwarz-Rot-Gold, einer Vereinigung zum Schutze der Weimarer Republik. Wohl als bewußtes Zeichen seiner Verbundenheit mit der niedergehenden Weimarer Republik wurde er als 75jähriger, damals schon weltberühmter Hobbes-Forscher und Soziologe, im April 1930 Mitglied der SPD. Die Etablierung des Nationalsozialismus zwischen September 1930 und März 1933 konnten an einem so engagierten Wissenschaftler nicht vorbeigehen, ohne eine Reaktion hervorzurufen. In Veröffentlichungen, Briefen und privaten Notizen brandmarkte er den Nationalsozialismus als eine existenzielle Gefahr nicht nur für Deutschland, sondern für die ganze Welt. Seine Warnungen vor dem aufkommenden Nationalsozialismus, die er zwischen 1930 und 1933 veröffentlichte, sind bemerkenswerte Dokumente einer damals wie heute seltenen Zivilcourage. Auch wenn er die Ursachen des Nationalsozialismus nicht ganz durchschaute, in der Analyse der Konsequenzen, nämlich den Untergang Deutschlands, wenn Hitler an die Macht käme, zeigte er eine bemerkenswerte Hellsicht. *„Auf Grund mei-*

ner Erfahrungen und meiner Beobachtung des sozialen Lebens, die mehr als 60 Jahre gedauert hat", schrieb er 1932 in einem Wahlaufruf für die SPD, *„behaupte ich, daß der Weg, den die sogenannte Nationalsozialistische Deutsche Arbeiterpartei geht und euch führen will, ein Irrweg ist. Aus dem Wahn ... kann es nur ein trübseliges Erwachen geben"*. Variierend attackierte er immer wieder die Verworrenheit der Partei und ihres Programms. *„Die Lächerlichkeit gehört zum Wesen des Hakenkreuzes"*, schrieb er 1931 in einem Aufsatz; *„wenn es einmal dahin kommt, daß die Logiker über Symbole sich einigen..., so werde ich den Antrag stellen, das Hakenkreuz als Zeichen für das Absurde zu verwenden"*. Weiter meint er in einem Brief vom November 1931, *„daß es höchste Zeit ist, mit den schärfsten Mitteln gegen das Hakenkreuz vorzugehen"*. Dabei hat Tönnies die NSDAP als eine *„Umsturzpartei"* gesehen, die *„keinen Frieden, weder inneren noch äußeren Frieden"* will. Eindringlich warnt er vor einem Krieg mit Frankreich, den die Politik der Nationalsozialisten zur Folge haben werde. Am Ende eines unveröffentlichten und undatierten Aufsatzes stellt er die Frage: *„...oder hofft ihr wirklich auf einen neuen Weltkrieg?* (handschriftlicher Zusatz im Manuskript:) *auf die völliger Zertrümmerung Europas?"*. Nicht nur die Partei und deren Programm, auch der Führer selbst werden mit Hohn und Verachtung bedacht. Da erscheint Hitler als ein *„Ausländer, der unsere Verhältnisse nicht kennt"* und *„den ein unklares schwärmerisches, auf Unkenntnis der Wirklichkeit beruhendes Denken auszeichnet"*. Dieser *„braunschweigische Regierungsrat, von dem man sonst nichts weiß, als daß er eine außerordentliche Gewandtheit im Schimpfen und Schelten durch Rede und Schrift hat"*, heißt es an anderer Stelle, sei ein *„gedankenarmer, unkundiger Agitator"*.

Damit hatte Tönnies es natürlich mit den Nationalsozialisten verdorben. Hinzu kam, daß er sich immer entschieden gegen jede Form von Antisemitismus ausgesprochen hatte. Ende Dezember 1932 kritisierte er in der Vossischen Zeitung die antisemitischen Ausschreitungen an der Universität Breslau, die er *„als die Gefahr eines Rückfalls in die Barbarei"* kennzeichnete. Hochbetagt mußt er überdies schmerzvoll erleben, daß *„Gemeinschaft"* von den Nationalsozialisten als *„Volksgemeinschaft"* rassistisch mißbraucht wurde. Seine Mitgliedschaft im Reichsbanner war sicher nur ein formaler aktenkundiger Grund, mit dem der betagte Gelehrte mit Bescheid des Preußischen Ministers für Wissenschaft, Kunst und Volksbildung vom 26. September 1933 ohne Bezüge *„aus dem Staatsdienst entlassen"* wurde. Die kleine Gnadenpension, die ihm etwas später für zwei Jahre gewährt wurde, rettete ihn nicht vor existenziellen Sorgen. 1934 schrieb Tönnies an seinen Kollegen Franz Boas in den USA: *„Nachdem ich schon in der Inflation mein Vermögen bis auf einen geringen Rest verloren hatte, lerne ich jetzt in meinem Alter also noch die reale Armut kennen, mit der ich theoretisch oft genug mich beschäftigt habe".* Sein nationales und internationales Renommé sowie sein hohes Alter bewahrten ihn sicher vor dem Schlimmsten. Zwei Jahre später, am 9. April 1936, starb Ferdinand Tönnies in Kiel.

Zu denjenigen, die noch wenige Wochen vor Kriegsende in Plötzensee hingerichtet wurden, gehörte auch der Wiesbadener Studienrat und Hauptmann a. D. **Hermann Kaiser** (1885-1945), Alemannia auf dem Pflug-Halle (1903). *„Wenn es unter den Verrätern des 20. Juli überhaupt eine Steigerung an Gemeinheit geben kann",* führte der berüchtigte Präsident des Volksgerichtshofes, Dr. Freisler, in seiner Urteilsbegründung aus, *„so ist einer der gemeinsten Hermann Kaiser. Dreimal hat er unserem Führer den Eid geleistet: als Beamter, als Parteigenosse und als Offizier. Diesen Eid hat er schmählich gebrochen ... Er ist Komplice der Verräter Graf von Stauffenberg und Goerdeler".* Am 23. Januar 1945 wurde er zusammen mit neun anderen - unter ihnen Helmuth James Graf von Moltke und Theodor Haubach vom Kreisauer Kreis sowie Erwin Planck, Sohn des bekannten Physikers und Nobel-Preisträgers Max Planck - in Berlin-Plötzensee hingerichtet. In einem Gedenkaufsatz *„Zum Tag der zehn Toten"* (Neue Zeit vom 23. Januar 1946) hat Jakob Kaiser seinen (nicht verwandten Namensvetter) Hermann Kaiser gekennzeichnet: *„Ein überzeugter, evangelischer Christ, bewegte ihn nichts, als die Sorge um sein Volk... Er* [war] *leidenschaftlich überzeugt, daß unser Volk den Akt der Selbstreinigung vollziehen müsse, wenn es je wieder zur Gemeinschaft der zivilisierter Völker gerechnet werden wolle".*

Kaiser gehörte innerhalb der Widerstandsbewegung zum bürgerlich-konservativen Lager. Obwohl die verschiedenen Gruppen und Zirkel des deutschen Widerstands sehr heterogen zusammengesetzt waren, in den fundamentalen Zielsetzungen - der Ablehnung und Beseitigung des NS-Systems (verbunden mit einer Bestrafung der Schuldigen für Mord und Terrror), dem Sturz Hitlers und der Sicherung des Friedens – stimmten sie überein, mochten ihre Meinungen über eine zukünftige Ordnung von Staat und Gesellschaft sowie über die Rolle Deutschlands in der Welt auch auseinandergehen, ja einander sogar widersprechen. Es mindert die Bedeutung der Bürgerlichen (z. B. Hermann Kaiser) und der Militärs (z. B. Ludwig Beck) unter den Männern des 20. Juli 1944 nicht, wenn man der historischen Redlichkeit wegen festhält, daß viele von ihnen die

Weimarer Republik ablehnten und keineswegs Widerstandskämpfer der *"ersten Stunde"* waren. Wie die Mehrheit der Deutschen (und nicht nur die Eliten) begrüßten viele von ihnen anfangs begeistert den Nationalsozialismus und dessen Erfolge bei der Beseitigung der Arbeitslosigkeit und in der Außenpolitik. Allen Warnungen und Prophezeiungen von einem raschen und katastrophalen Ende der NS-Politik eilte der „*Führer*" zunächst von einem außenpolitischen Erfolg zum anderen und strafte damit seine Kritiker Lügen. „*Weder die Masse der Arbeiter noch weite Teile des Bürgertums blieben ... von den Verlockungen und Verheißungen des Systems verschont, zumal sich ihre materielle Lage beachtlich zu verbessern begann*" (Jacobsen). Viele spätere Widerstandskämpfer hatten im NS-Staat Karriere gemacht und erst nach 1938, dann allerdings in aller Konsequenz und unter Einsatz ihrer bürgerlichen Existenz und ihres Lebens den Weg zum organisierten Widerstand gefunden. Der Lebenslauf von Hermann Kaiser ist dafür symptomatisch.

Hermann Kaiser wurde am 31. Mai 1885 in Remscheid als Sohn eines Realschul-Oberlehrers und späteren Provinzialschulrats geboren. Mit seinen Geschwistern - zwei Brüder und vier Schwestern - verbrachte Kaiser seine Jugend in Wiesbaden und Kassel. Die politische Gedankenwelt des Elternhauses war nationalliberal und vom Vorbild Bismarcks geprägt. Auf Musik wurde in der Familie großer Wert gelegt. Kaiser studierte in Halle und Göttingen Mathematik und Physik, daneben – bezeichnend für die Vielfalt seiner Interessen - Geschichte und Kunstgeschichte. Wie vor ihm sein Vater und sein Onkel Ludwig wurde auch er in Halle Mitglied der Burschenschaft der Pflüger. Nach Studienabschluß 1912 war er bis zu seinem frühen Tod 1945 Oberlehrer und später Studienrat an der Wiesbadener Oranienschule. Diese Tätigkeit wurde nur durch seine Teilnahme am Ersten Weltkrieg (in dem er früh zum Leutnant befördert und mehrfach ausgezeichnet wurde) und am Zweiten Weltkrieg unterbrochen. Als Lehrer war er bei seinen Schülern außerordentlich beliebt - nicht zuletzt wegen seiner Gabe, „*trockene*" Geschichte faszinierend zu vermitteln. Kollegen und Schülern blieb nicht verborgen, daß er der Weimarer Republik zunächst ablehnend, später noch immer skeptisch gegenüberstand. Der nationalsozialistischen Bewegung brachte Kaiser - wie viele Deutsche - anfangs deutliche Sympathien entgegen. Insbesondere mag es die von den Nationalsozialisten beschworene *"Wehrhaftmachung"* des deutschen Volkes gewesen sein, die 1933 zu seinem Eintritt in die NSDAP führte.

Die Wandlung seiner Einstellung zum Nationalsozialismus wurde jedoch schon durch die Niederschlagung des angeblichen Röhm-Putsches (30. Juni/1. Juli 1934) eingeleitet, bei dem neben SA-Leuten auch politisch mißliebige Persönlichkeiten liquidiert wurden. Im Kreise seiner Angehörigen und Freunde hat er wiederholt seinen Abscheu über diese Morde zum Ausdruck gebracht. Seine impulsive Art riß ihn oft zu unvorsichtigen kritischen Äußerungen über das NS-Regime hin. Offizieren, die ihn mit dem Hitlergruß grüßten, pflegte er zu sagen: *„Lassen Sie das. Sie kommen mir vor wie Pastoren, die etwas segnen wollen, wo nichts zu segnen ist"*. Bald wurde ihm klar, daß Hitler sich der preußisch-deutschen Tradition nur als Instrument für seine Politik bediente und zwischen den Zielen Hitlers und denen eines Stein oder Scharnhorst ein unüberbrückbarer Gegensatz bestand. Auch in seiner Schrift *„Gedanken über Reformen des Erziehungswesens"*, in der er u. a. die Methode anprangerte, *„propagandistisch aufgetriebene, unverdaute Halbwahrheiten als Weltanschauung dem Volke einzutrichtern"*, wird die Ablehnung des Nationalsozialismus deutlich. 1939 einberufen, schrieb er empört schon im Januar 1940, vielleicht unter dem Eindruck der ihm bekannt gewordenen Greuel, die der Wehrmacht in Polen folgten: *„Habe oft eine unbändige Kraft mit Mut, die Wahrheit zu sagen. Ein Leben ohne Wahrheit ist schlimmer als Sklaverei. Wie tief viele Menschen gesunken sind, ist kaum zum Bewußtsein gekommen"*.

Mehrere Gespräche, die er 1940/41 mit Friedrich Meinecke führte, bestätigten ihn in seinem Widerstand gegenüber dem Nationalsozialismus. Bei diesen Gesprächen kam die Rede auch auf ein Thema, über das sie beide geforscht hatten: die politischen Geheimbünde aus der Zeit der Befreiungskriege, insbesondere auf die Widerstandszellen im Deutschen Bund von 1812/13, dem Eichhorn und Friesen angehört hatten. *„Ich merkte, worauf er hinaus wollte"*, schreibt Meinecke 1946 rückblickend in seinen Erinnerungen, *„und er begann nun Becks und Goerdelers Pläne zu enthüllen"*. In Kreisen des Widerstands ist Kaisers 1940 erschienener Aufsatz über Johann Albrecht Friedrich Eichhorn (1779-1856, 1840-1848 preußischer Kultusminister) vielfach als ein verschlüsseltes Programm des Widerstands verstanden worden.

Während des Zweiten Weltkriegs wirkte Hermann Kaiser zunächst als Oberleutnant d. R., dann als Hauptmann d. R. an einer zentralen Schaltstelle des Widerstands in Berlin. In der äußerlich ziemlich unscheinbaren Position eines Kriegstagebuchführers (seit Juni 1940) beim Befehlshaber des Ersatzheeres im OKH (Oberkommando des Heeres, im sogen. *„Bendler-Block"*), Generaloberst Fromm stand er in engem

Kontakt zu Beck, Goerdeler und von Stauffenberg, den drei führenden Persönlichkeiten des Widerstands, aber auch zu Olbricht sowie mit den beiden Frontoffizieren von Tresckow und von Schlabrendorff. Er wirkte als *"Vermittler zwischen militärischem und zivilem Widerstand"* (van Roon). Seine verschlüsselten, leider nur z. T. erhaltenen Tagebücher vermitteln sehr interessante Aufschlüsse über die politischen und militärischen Vorgänge jener Jahre. Nach Kaisers Meinung war der Krieg schon im September 1941 nicht mehr zu gewinnen. Es müsse der Versuch zu einem sofortigen Verständigungsfrieden gemacht werden, um Deutschland vor einer Katastrophe zu retten (Tagebucheintragung vom 11. September 1941). Unter dem Datum vom 18. Oktober 1941 vertraut er dem Tagebuch seine Empörung über die Behandlung von Juden an *("Gewaltakte von Verbrechern")*.

Kaisers Dienststelle entwickelte sich bald zu einem der wichtigsten Zentren der Widerstandsbewegung in Berlin. Im Laufe des Jahres 1942 erweiterten sich seine Kontakte zum Widerstand. Goerdeler schätzte Kaiser, der sein Berliner Kontaktmann zum Militär wurde. So nahm er u. a. Verbindung auf zu dem katholischen Gewerkschaftsführer Jakob Kaiser, zu Oberst Wilhelm Staehle, Goerdelers Verbindungsmann in Holland, und zu Oberst i. G. Berndt von Kleist. Außerdem hatte er gute Kontakte zum Chef des Allgemeinen Heeresamtes, Olbricht, der Kaiser oft ins Vertrauen zog und seine Tätigkeit deckte. Bald rang sich auch er sich zu der Entscheidung durch, daß die gewaltsame Beseitigung Hitlers die notwendige Voraussetzung für das Gelingen eines Staatsstreiches sei. Aus dem Tagebuch Kaisers geht hervor, daß um die Jahreswende 1942/43 ein erneuter Attentatsversuch bei der Heeresgruppe Mitte geplant war. Als er sich 1943 in einer privaten Runde über die *„unhaltbare Kriegslage im Osten"* äußerte, wurde er denunziert und gegen ihn wegen *„Zersetzung der Wehrkraft"* ein Ermittlungsverfahren vor dem Kriegsgericht eröffnet, das nur durch das Eingreifen General Osters und Heeresrichters Dr. Karl Sack niedergeschlagen wurde. Mehrfach besprach er mit Henning von Tresckow von der Heeresgruppe Mitte Details einer Aktion. Goerdeler drängte unablässig zur Eile. Der Entwurf eines Aufrufs an die Wehrmacht, der beim Gelingen des Staatsstreichs über den Rundfunk verlesen und in der Presse veröffentlicht werden sollte, stammte von Kaiser. Die eigentliche Initiative mußte jedoch von militärischer Seite kommen.

Die Dienststelle des Befehlshabers des Ersatzheeres wurde zum Aktionszentrum für die Vorbereitung des Staatsstreichversuches vom 20. Juli 1944. In Kaisers Dienstzimmer trafen sich Graf Stauffenberg und

Goerdeler zum ersten Mal. Seine Aufgabe war es, die Verbindung zwischen Goerdeler und von Stauffenberg aufrechtzuerhalten. Auch an den unmittelbaren Vorbereitungen des Attentats war er beteiligt. Er war bis zuletzt der Berliner Vertreter und Vertrauensmann Goerdelers beim Militär. Dies geht aus der Bemerkung in einem Brief hervor, den er wenige Wochen vor dem 20. Juli schrieb: *„War viel durch Goerdeler in Anspruch genommen".* Kaiser spielte, wie es in einem späteren Bericht der Partei-Kanzlei an Reichsleiter Bormann vom 18. Januar 1945 über die Hauptverhandlung gegen Kaiser hieß, *„den dienstfertigen Lakai zwischen Stauffenberg und Goerdeler und stellte sein Dienstzimmer für Besprechungen dieser beiden zur Verfügung ... Er* [war] *mit allen Gedanken und Wünschen bei dem Meuchelmörder".* Bezeichnend für Kaisers Position im Widerstand ist, daß ihm Goerdeler das Amt eines zukünftigen Kultusministers anbot. Kaiser lehnte dies ab. Auf Goerdelers Regierungsliste war er als Staatssekretär im Kultusministerium und als Verbindungsoffizier zum Wehrkreis XII (Wiesbaden) vorgesehen.

Die Meldung vom gescheiterten Attentat am 20. Juli 1944 hörte Kaiser bei einer Familienfeier in Kassel am Radio. Am frühen Nachmittag des 21. Juli wurde er dort mit seinen Brüdern Heinrich und Ludwig, die ebenfalls den Weg zum Widerstand gefunden hatten, von der Gestapo verhaftet. Er selbst wurde mit Handschellen gefesselt zunächst nach Wiesbaden, wo man in seiner Wohnung Beweismaterial suchte, dann zur Vernehmung in das Reichssicherheitshauptamt nach Berlin gebracht und später in die Lehrter Straße verlegt. Unglücklicherweise wurde bei ihm die Denkschrift Goerdelers *„Das Ziel"* und ein Tagebuch sichergestellt, *„das jeweils unter Decknamen alle die Personen verzeichnet, die nach gelungenem Putsch herangezogen bzw. als Gegner ausgeschaltet werden sollten"* (SD-Bericht vom 26. Juli 1944). Aufgrund dessen wird Kaiser schon kurz nach der Verhaftung *„als einer der wesentlichen geistigen Hintermänner des Anschlags"* (SD-Bericht vom 30. 7. 1944) bezeichnet. Als *„wichtiger Zeuge"* wurde er erst Mitte Januar 1945 zusammen mit Mitgliedern des Kreisauer Kreises dem Volksgerichtshof vorgeführt, das am 17. Januar das Todesurteil fällte. Am 23. Januar 1945 wurde er aus dem Gestapo-Gefängnis nach Plötzensee gebracht und dort hingerichtet. Fabian von Schlabrendorff, der ihn noch im Gefängnis besucht hatte, bezeugte es: *„Hermann Kaiser war bereit, die Konsequenzen aus seiner Haltung zu ziehen. Er ging mit unerschütterlicher Ruhe und innerer Festigkeit in den Tod".*

„Meine Gespräche mit Kaiser", berichtet Meinecke 1946 in seinen bereits erwähnten Betrachtungen und Erinnerungen, *"gehören zu den in-*

nerlich erregendsten meines Lebens. Es genügte ihm, daß ich ihm grundsätzlich zustimmte". Für ihn war Hermann Kaiser *„ein glühender Idealist, eine tief religiöse Natur, die das Hitlertum als Sünde wider Gott empfand"* Preußentum als Gesittung und Haltung, nicht als Kadavergehorsam und Militarismus, das war für Hermann Kaiser die Maxime seines Lebens. Für ihn umfaßte das Pflichtenethos des Kantischen Imperativs auch die Opferbereitschaft bis hin zum Einsatz des eigenen Lebens. *„Er war ein Bekenner, ein tapferes Herz"*, urteilte der Schriftsteller Ernst Wiechert in seiner Gedächtnisrede am 27. Januar 1946 über Hermann Kaiser. *„Er hielt zur Wahrheit statt zum Schweigen, zur Freiheit statt zum dumpfen Gehorsam, zur Menschenwürde statt zum Sklaventum"*. Daß sein Widerstand auch burschenschaftlichem Geist entsprang, geht aus dem unveröffentlichten fragmentarischen *"Brief an einen Patrioten"* hervor, den er angesichts der Luftangriffe auf Mainz im August 1942 schrieb. Nach dem Ende der Zerstörungen sollen die *„noch vorhandenen edelsten Kleinodien"* erhalten werden als *„Ansporn für eine ehrbares Leben im Geiste der Ideale: Ehre Freiheit, Vaterland"*.

Dies könnte auch die Devise für das Leben und Handeln von **Dr. Karl Sack** (Vineta Heidelberg 1914) gewesen sein, der - an allen Plänen des militärischen Widerstands maßgeblich beteiligt und seit 1. Mai 1944 *"Chefrichter des Heeres"* - in zahlreichen Fällen der nationalsozialistischen Terrorjustiz entgegenzuwirken und zumindest im Bereich des Heeres rechtsstaatliche Zustände zu erhalten suchte. Wie Hermann Kaiser fand er als überzeugter Christ, Burschenschafter und Offizier den Weg zum Widerstand. Aufzeichnungen oder gar Tagebücher aus seiner Hand sind leider nicht vorhanden; diesbezüglich war er vorsichtiger als Kaiser oder Canaris. Am 9. Juni 1896 im rheinhessischen Bosenheim als Sohn eines Pfarrers geboren, besuchte er humanistische Gymnasien in Bad Kreuznach und Friedberg/Hessen und begann 1914 in Heidelberg mit dem Studium der Rechtswissenschaften. Dort wurde er Mitglied der Burschenschaft Vineta, zu der er sich zeitlebens bekannte. Als Chef des Heeresjustizwesens bezeichnete sich Sack später gegenüber dem bedeutenden Strafverteidiger Dietrich Wilde-Güstrow (Burschenschaft Franconia-Berlin 1927, Märker Berlin 1950) - bekannt durch sein Buch *„Tödlicher Alltag. Strafverteidiger im Dritten Reich"* (1981) - als Burschenschafter, für *„den der Wahlspruch der Urburschenschaft 'Gott, Ehre, Vaterland' "* gelte. Als Kriegsfreiwilliger wurde der Leutnant d. Res. im Ersten Weltkrieg mehrfach ausgezeichnet. Noch unter schweren Verwundungen leidend, nahm er 1918 in Frankfurt, danach in Gießen das juristische Studium wieder auf. Nach Studienabschluß (1920), Promotion und Staatsexamen (1922) führte ihn sein Berufsweg zunächst in den hessischen Justizdienst. Als Richter am Amtsgericht in Ober-Ingelheim kam er im März 1923 mit den Separatisten in Berührung, die in Bingen eine Rheinische Republik ausgerufen hatten. Seine mutige Haltung im Kampf gegen die rheinischen Separatisten als Richter in Ober-Ingelheim nötigte selbst dem französischen Kreisdelegierten Jean Vermeil Respekt ab. Durch das außenpolitische Programm des Parteiführers und Reichsaußenministers Dr. Gustav Stresemann (Burschenschaft Neogermania-Berlin und Suevia-Leipzig) beeindruckt, wurde er Anfang 1926 Mitglied der Deutschen Volkspartei. 1930 wurde Sack Landgerichtsrat in Mainz und gehörte dort dem Vorstand der DVP an. Wie schon zuvor als Oberamtsrichter in Schlitz bekämpfte er die Nationalsozialisten öffentlich mit allen ihm zur Verfügung stehenden Mitteln. Unter der Überschrift *„Ehescheidung eines Juden im Schnellverfahren"* wurde ihm in der Mainzer Zeitung vom 19. November 1933 vorgeworfen, er *„erniedrige sich zum Hausburschen eines Juden"*. Im übrigen wird in dem Artikel gerügt, es hätten sich am Landgericht Mainz deutsche Richter gefunden, die *„von der Idee des Führers nicht nur keine Notiz nehmen, sondern sie direkt sabotieren"*. Als nach der Machtergreifung seine Lage schwierig wurde, trat er 1934 in den Dienst der Heeresjustiz - damals noch die einzige Körperschaft im Staate, die dem direkten Einfluß der Partei weitgehend entzogen war. Dort machte der begabte Jurist rasch eine glänzende Karriere: 1935 Kriegsgerichtsrat, 1936 Oberkriegsgerichtsrat, 1937 Ministerialrat im Reichskriegsministerium und 1938 Reichskriegsgerichtsrat. Dabei blieb die Haltung Sacks gegenüber dem Nationalsozialismus unverändert feindlich. Es ist belegt, daß er nach dem Röhm-Putsch vom Juni 1938 von den Nationalsozialisten als einer *„Verbrecherhorde"* sprach. Als Urkundsbeamter und Mitglied der Untersuchungsgruppe hatte er 1938 über seine Amtspflichten hinaus maßgeblichen Anteil an der mutigen Aufklärung der von den Nationalsozialisten gegen den Oberbefehlshaber des Heeres, Generaloberst von Fritsch, inszenierten Verleumdung, die in Wirklichkeit auf eine Entmachtung des Heeres und von Fritschs zielte, der sich schon im November 1937 gegen die Kriegspläne Hitlers ausgesprochen hatte. Nach Mitteilung eines Zeitzeugen hielt Sack übrigens damals eine Duellforderung Fritschs an Himmler (Studentenverbindung Apollo-München 1919) für gut und förderlich. Seit November 1939 Rechtsberater bei der Heeresgruppe Rundstedt, wurde er im August 1941 in die Wehrmachtrechtsabteilung versetzt, am 1. Oktober 1942 Chef der Heeresrechtsabteilung im Oberkommando des Heeres mit der Amtsbezeichnung *"Chefrichter des Heeres"* und am 1. Mai 1944 Generalstabsrichter.

Die Auffassungen Hitlers von der Justiz sind bekannt. Selbst bar jeglichen Rechtsgefühls war sein Verhältnis zur Wehrmachtsjustiz von Mißtrauen und Haß gekennzeichnet. Klugheit, aufrechte Gesinnung und ein unerschütterliches Vertrauen in die Würde des Rechtes gehörten dazu, um im Schatten dieses Hasses und unter den stets argwöhnischen Augen der Gestapo, das Richteramt auszuüben und die Wehrmachtsjustiz vor Parteieingriffen zu schützen. Orden, die ihm während des Zweiten Weltkriegs mehrfach angeboten wurden, schlug er mit der doppelsinnigen und vielschichtigen Anwort aus: *„Ich und der Führer werden ohne Auszeichnung aus dem Krieg hervorgehen".* Als von Anfang an grundsätzlicher Gegner des Nationalsozialismus wurde er spätestens nach dem Fritsch-Prozeß zum *„glühenden Hasser Hitlers",* der bis zu *„seinem bitteren Ende"* seine ganze Kraft einsetzte, *„um dieses System zu stürzen und mitzuhelfen, Deutschland wieder ehrenhaft und frei zu machen"* (so sein damaliger Kollege, der spätere Senatspräsident beim Bundesgerichtshof Dr. Ernst Kramer 1959 in einem Brief an Frau Sack). Wie Halder, Beck und Goerdeler lehnte er ein Attentat auf Hitler zunächst ab. Nach seiner Meinung genügte das von Dohnanyi im Justizministerium gesammelte und sichergestellte Anklagematerial völlig zu einer Verurteilung Hitlers und seiner Paladine. Jedoch bestärkten ihn *„die im Verlauf des Krieges durch die Tätigkeit in OKW und OKH und die Verbindung mit der Widerstandsgruppe in der Abwehr um Oster und Dohnanyi gewonnenen deutlichen Kenntnisse vom nationalsozialistischen Gewaltsystem und vom verbrecherischen Charakter Hitlers und seinen Untaten ... in der Erkenntnis von der Notwendigkeit des Umsturzes. Beendigung der Schreckensherrschaft und Rückkehr zur Rechtsstaatlichkeit, Sicherung des Grundbestandes seines Vaterlands durch einen baldigen Friedensschluß, aber entschieden auch religiöse Motive führten Sack in den aktiven Widerstand"* (Bäsch). Karl Sack gehörte bald zu den Aktivsten im militärischen Widerstand - Kontakte bestanden vor allem zu Oster, von Dohnanyi, von Tresckow und Nebe - und war an den verschiedenen Staatsstreichplänen von Beck und Witzleben beteiligt.

In Zusammenhang mit den Ereignissen um den 20. Juli wurde Sack am 8. September 1944 von der Gestapo verhaftet - ein später Triumph der Gestapo über die gehaßte Wehrmachtsjustiz. Ihm wurde vorgeworfen, als Angehöriger der aktiven Opposition innerhalb der Wehrmacht die militärischen Gegner Hitlers abgeschirmt und durch zu milde Urteile der Wehrmachtsgerichte den Defätismus im Heer nicht wirksam bekämpft zu haben. Als *„oberster Gerichtsherr"* schloß Hitler ihn aus der Wehrmacht aus, wagte aber nicht, ihm - wie Hermann Kaiser - vor dem

Volksgerichtshof einen öffentlichen Prozeß zu machen. Kurz vor Kriegsende wurde er in das Konzentrationslager Flossenbürg/Oberpfalz überführt, dort ohne rechtsgültiges Verfahren (keiner der Betroffenen gehörte der SS an, keine Verteidiger) durch ein SS-Standgericht wegen Hoch- und Kriegsverrats zur Todesstrafe verurteilt und in den Morgenstunden des 9. April 1945 zusammen mit Admiral Canaris, Pastor Bonhoeffer, Generalmajor Oster und Hauptmann Gehre entblößt an Klaviersaiten erhängt - vier Tage vor der Befreiung des Lagers durch alliierte Truppen. Seine beiden einzigen Söhne waren vor ihm an der Front gefallen.

Nachdem der Bundesgerichtshof sich 1952, 1954 und 1956 in unterschiedlicher Weise mit dem SS-Standgericht in Flossenbürg auseinandergesetzt hat, wurden diese fünf Todesurteile im August 1997 vom Landgericht Berlin offiziell für aufgehoben erklärt (vgl. Frankfurter Allgemeine Zeitung vom 8. August 1997). Das Verfahren in Flossenbürg habe nicht zur Rechtsanwendung durch unabhängige Richter, *„sondern der Rache an und der Vernichtung von Gegnern des Nationalsozialismus unmittelbar vor dessen Untergang"* gedient. Der Zweck habe nur darin bestanden, die unbequem gewordenen Häftlinge unter dem Schein eines gerichtlichen Verfahrens, das de facto unter Mißachtung aller rechtsstaatlichen Grundsätze stattgefunden habe, beseitigen zu können.

Sack gehörte zu den wenigen Juristen, die sich im Dritten Reich dem Anspruch auf Unterwerfung der Justiz unter das Unrechtssystem vehement widersetzten. Zu den vielen, die bei ihm Hilfe und oft letzte Rettung vor der Gestapo fanden, gehörte, wie erwähnt, Hermann Kaiser. Zutreffend hat der Berliner Justizsenator Hermann Oxfort am 18. April 1984 anläßlich der Enthüllung einer Gedenktafel am Gebäude des früheren Reichskriegsgerichts und heutigen Kammergerichts formuliert: *„Dr. Karl Sack tritt uns aus der Geschichte als ein Mann entgegen, dessen Verantwortungsbewußtsein, dessen Gerechtigkeitssinn und dessen Freiheitsliebe der Tyrannei Widerstand leisteten und der einer rechtsstaatlichen Justiz zum Vorbild dienen kann".*

Neben Kaiser und Sack sind natürlich auch weniger bekannte Burschenschafter zu nennen, die, ohne zum Widerstand zu gehören *als einzelne* Widerstand leisteten. Stellvertretend für sie seien an dieser Stelle nur Hans Menges (Arminia-Karlsruhe 1923) sowie Dr. Friedrich Hölzel (Germania-Würzburg 1913) und Dr. Martin Hohl (Germania-Würzburg 1908) genannt.

Hans Menges (Arminia-Karlsruhe 1923) wurde am 20. April 1909 in Karlsruhe geboren und studierte daselbst Architektur. Als Schüler hatte er sich dem (1933 verbotenen) Jungdeutschen Orden angeschlossen und war als Student zunächst überzeugtes Mitglied des NSDStB sowie der NSDAP. Nach kurzer Assistentenzeit am Lehrstuhl für Kunst- und Baugeschichte der Technischen Hochschule Karlsruhe wechselte der junge Dipl.-Architekt zum Landesamt für Denkmalpflege nach Kassel, wo er bald in Opposition zum Nationalsozialismus trat und sich kritisch über Kriegsführung und politische Maßnahmen äußerte. Mutig versuchte er im Alleingang gegen das Unrecht Front zu machen, auch auf Mißstände innerhalb der NSDAP hinzuweisen, mit Fortgang des Krieges andere von der Aussichtslosigkeit zu überzeugen und Mitstreiter für einen ehrenvollen Frieden zu gewinnen. Von einem BDM-Mädel im Amt denunziert und hier von einem Inspektor bei der Gestapo angezeigt, wurde er im Mai 1944 nach Hanau strafversetzt und zwei Tage nach dem Juli-Attentat während eines Urlaubs in Kassel verhaftet. Nach Berlin-Moabit überführt, wurde er nach mehreren Verhandlungen wegen *„Wehrkraftzersetzung"* zum Tode verurteilt und trotz verschiedener Interventionen, darunter auch des Staatssekretärs Otto Meissner (Germania-Straßburg 1898), am 27. November 1944 in Berlin-Plötzensee hingerichtet.

Die beiden Ärzte und Burschenschafter Friedrich Hölzel und Martin Hohl haben mit hohem persönlichen Risiko Widerstand gegen das Euthanasieprogramm des Dritten Reich geleistet. **Dr. Friedrich Hölzel** (Germania-Würzburg 1913), geboren am 31. Januar 1884 in Zwickau, studierte nach dem Abitur am dortigen Gymnasium - unterbrochen von Kriegseinsatz als Sanitätsoffizier - von 1913-18 in Würzburg Medizin. Nach dem Staatsexamen (1918), der Promotion (München 1920) und der Assistenzarzt-Tätigkeit bei Prof. Dr. Krepelin an der Psychiatrischen Klinik in München übernahm er 1925 als Facharzt für Psychiatrie und Nervenkrankheiten die Kinderabteilung an der Heil- und Pflegeanstalt Eglfing-Haar. Selbst Mitglied der NSDAP, der SA und Redner des Rassenpolitischen Amtes, wurde er 1940 aufgefordert, sich mit seiner Kinderabteilung am Euthanasieprogramm zu beteiligen. Mit Schreiben vom 28. August 1944 legte er seinem Vorgesetzten dar, daß er dies entschieden ablehne; die ethische Auffassung vom Arztberuf mache es ihm unmöglich, etwas zu tun, was seinem Gewissen widerspreche. Dieser Brief ist nach dem Krieg in der Zeitschrift *"Die Wandlung"* (1947/3) veröffentlicht worden. Aufgrund dieser Weigerung mußte er die Leitung der Kinderabteilung abgeben, dann die Anstalt ohne Entschädigung verlassen und den Arztberuf aufgeben. Dank seines musikalischen Talents - er war Absolvent der Bayerischen Akademie für

Tonkunst - erhielt er nach dem Krieg einen Lehrauftrag an der Lehrerbildungsanstalt in Pasing bei München, legte 1946 die pädagogische Schlußprüfung für Musik und Germanistik ab und wurde 1948 Studienrat im Beamtenverhältnis. Trotz heftiger Widerstände von seiten der Ärzteschaft fand er in den Arztberuf zurück und wurde 1953 Leiter der Heil- und Pflegestätte Gabersee. Er starb am 14. Mai 1965 als Medizinaldirektor i. R. In seinem 1947 veröffentlichten Brief vom 28. August 1944 schreibt der Herausgeber im Vorwort: *„Immerhin gab es auch Männer, die nicht imstande waren, diese Dinge zu verkraften und die männlich genug waren, sich dem Mordauftrag zu entziehen".*

Ganz ähnlich war das Schicksal seines Bundesbruders **Dr. Martin Hohl** (Germania-Würzburg 1908). Am 19. April 1888 in Nördlingen geboren, studierte er nach dem Besuch der Gymnasien in Nördlingen und Augsburg 1908-1913 in Würzburg, Marburg und München Medizin. Nach Promotion (1913), Teilnahme am Ersten Weltkrieg (zuletzt als Stabsarzt d. Res.) und Staatsexamen (1921) war er als Facharzt für Psychiatrie und Neurologie zunächst Anstaltsarzt in Wöllershof und Regensburg, später in Regensburg (1921), Klingenmünster (1927) und Ansbach (1935), zunächst als Amts-, ab 1927 als Medizinalrat. Seit 1939 Direktor der Kreisirrenanstalt Wendelhöfen (Bayreuth), wie sein Bundesbruder und Kollege Hölzel selbst Mitglied der NSDAP und der SA, leistete er mit seinem Mitarbeiter Dr. Bornebusch ab 1940 dem Euthanasie-Programm der Nationalsozialisten (Aktion *„T 4"*) durch entsprechende lebensrettende Eintragungen in den Krankenpapieren einen risikoreichen und mutigen Widerstand. Als 1943 die restlichen Kranken *„verlegt"* werden sollten, weigerte er sich aus Gewissensgründen und trotz Drohungen, seine Patienten dem sicheren Tod auszuliefern. Eine zivile Verwendung erhielt er bis Kriegsende nicht mehr. Die ihm nach dem Krieg angebotene Leitung der Heil- und Pflegeanstalt Bayreuth konnte er aus gesundheitlichen Gründen nicht übernehmen. Die Belastungen der Kriegs- und Nachkriegszeit dürften wesentlich zu seinem frühen Tod am 14. März 1954 in Bayreuth beigetragen haben. Seine dort lebende Tochter schrieb 1996 in einem Brief: *„Er leistete Widerstand gegen Unmenschlichkeit aus seinem ärztlichen Gewissen heraus und als christlicher Mensch".*

Sicher gab es noch weitere, bisher über den engeren Kreis ihrer Bundesbrüder hinaus nicht bekannte Burschenschafter, die dem Nationalsozialismus unter Gefährdung von Beruf, oft auch von Leib und Leben Widerstand leisteten. **Carl Bachmann** (1884-1961, Burschenschaft Arminia-Marburg 1903, Arminia-Frankfurt 1928, Brunsviga-Göttingen

1953) - seit 1942 in hoher Stabsstellung bei der Heeresgruppe von Manstein - wurde in Zusammenhang mit dem 20. Juli 1944 verhaftet und bis 1945 gefangen gehalten. **Wilhelm Bogner** (1897-1946, Burschenschaft Bubenruthia-Erlangen 1916) spielte durch den Abdruck wichtiger Texte im „*Evangelischen Gemeindeblatt für Augsburg und Umgebung*" im „*Kirchenkampf*" der NS-Zeit eine wichtige Rolle. **August Dresbach** (1894-1968, Hannovera Göttingen 1913) - seit 1944 Stellvertretender Geschäftsführer der Köln-Aachener Gauwirtschaftskammer - stand dem Widerstandskreis um Johannes Popitz nahe. **Ernst Wilhelm Bohle** (1903-1960, Burschenschaft Gothia-Berlin 1921) - seit 1932 Parteimitglied, seit 1933 Leiter der Auslandsorganisation (AO) und damit Gauleiter - war sicher alles andere als ein Widerstandskämpfer, aber er gehörte zu den wenigen, die beim Nürnberger Prozeß im Nachhinein so etwas wie Reue und Einsicht zeigten. Wie Robert M. W. Kempner, seinerzeit Stellvertreter US-Hauptankläger, in einer Art „*Nachruf*" 1960 bezeugt hat, erklärte Bohle in Nürnberg: „*Ich glaube, es sollte heilige Aufgabe und erste Pflicht eines jedes Deutschen, der während des nationalsozialistischen Regimes eine leitende Stellung bekleidete, sein, alles in seiner Macht Stehende zu tun, um vom Namen Deutschlands den Makel zu entfernen, den die Taten von verbrecherischen Köpfen darauf geworfen haben*". Abschließend sei noch **Alfred Fißmer** (1878-1966, Alemannia-Bonn 1897) erwähnt, der als Oberbürgermeister von Siegen während der von den Nationalsozialisten inszenierten sogenannten "*Reichskristallnacht*" (9.-10.11.1938) der örtlichen Kriminalpolizei Weisung gab, keine Plünderungen jüdischer Geschäfte zuzulassen. Auch sorgte er dafür, daß zumindest anfänglich die jüdischen Bürger in ihren Häusern geschützt blieben.

Ich darf es zusammenfassend noch einmal wiederholen: Die Deutsche Burschenschaft hat gegenüber dem Nationalsozialismus sicher keinen, zu wenig oder zu spät Widerstand geleistet. Die hier skizzierten Schicksale zeigen aber, daß es sehr wohl eine ganze Reihe *einzelner* Burschenschafter gab, die sicher *auch* aus einer burschenschaftliche Gesinnung heraus, die sich in der besonders prägenden Sozialisationsphase ihrer Jugend- und Studienzeit entwickelt hat, frühzeitig vor dem heraufziehenden Nationalsozialismus gewarnt bzw. später mit großem Mut und oft unter Einsatz ihrer beruflichen Karriere, ja ihres Lebens, z. T. aktiven Widerstand geleistet haben. In Zeiten, da Zivilcourage immer seltener und Opportunismus immer häufiger wird, ihrer mit Dankbarkeit und Respekt zu gedenken, ist - meine ich - ein Gebot der bundesbrüderlichen Verbundenheit und der historischen Redlichkeit.

Literatur und Quellen

Auf eine Wiedergabe der sehr umfangreichen Literatur und Quellen zum Widerstand wird hier verzichtet. Für diesen Beitrag wurden verwendet:

A. Bammé (Hrsg.): Ferdinand Tönnies. Soziologe aus Oldenwort, München, Wien 1991 (dort auch die Belege zu den hier referierten Zitaten); L. Bembenek und A. Ulrich: Widerstand und Verfolgung in Wiesbaden 1933-1945. Eine Dokumentation, Gießen 1990 (Kaiser S. 375, 389ff. und 395ff.); G. Berger und D. Aurand (Hrsg.): Weiland Bursch zu Heidelberg. Eine Festschrift zur 600-Jahr-Feier der Ruperto Carola, Heidelberg 1986 (Karl Sack S. 424); H. Berndt: Historiker und ihre Gegenwart, in: Leben und Leistung, Bd. 2, Heidelberg 1967 (F. Meinecke S. 199-220); H. Bösch: Heeresrichter Dr. Karl Sack im Widerstand, München 1967; Ders.: Dr. Karl Sack. Wehrmachtsrichter in der Zeit des Nationalsozialismus, Bonn 1993; S. Dignath (Hrsg.): Dr. Karl Sack. Ein Widerstandskämpfer aus Bosenheim, Bad Kreuznach 1985; H. Dvorak (Hrsg.): Biographisches Lexikon der Deutschen Burschenschaft, Bd. 1 Politiker, Teil 1, Heidelberg 1996 (Artikel Bachmann, Bogner, Bohle und Dresbach), Teil 2 i. V. (Artikel Hölzel, Hohl, Kaiser, Menges und Sack); H.-A. Jacobsen (Hrsg.): *"Spiegelbild einer Verschwörung"*. Die Opposition gegen Hitler und der Staatsstreich vom 20. Juli 1944 in der SD-Berichterstattung, 2 Bde., Stuttgart 1984 (dort S. 726-730 Abdruck des Urteils des Volksgerichtshofes über H. Kaiser und Busso Thoma); V. Kähne: Karl Sack zum Gedenken, in: BBl. 1984, H. 5, S. 132 f.; H. Kaiser: Rede zum Totensonntag. Nachrichtenblatt der 76. Reservedivision, 1930; Ders. (Hrsg.): Festschrift zur Erinnerung an die Weihe des Denkmals des Nassauischen Feldartillerieregimentes Nr. 27 Oranien und seine Kriegstruppenteile, Wiesbaden 1934; Arminius Arko (d. i. H. Kaiser): Lieder für alte und junge deutsche Krieger, Wiesbaden o. J.; H. Kaiser (Hrsg.): Aus der Kriegsgeschichte Deutscher Divisionen und des Oberkommandos der 10. Armee. Kriegserinnerungen von Mitkämpfern Nassauischer und Hessischer, Thüringischer und Rheinischer Truppen 1914-1918, 1. Teil, Hanau 1940 (darin sechs Beiträge von H. Kaiser, u. a.: Johann Albrecht Friedrich Eichhorn. Ein deutscher Patriot 1806-1813); Ders.: Wesen und Aufgaben der Politik. Denkschrift für Generaloberst Fromm, Tagebücher 1941/1943 (Bundesarchiv Koblenz, Kl. Erw. 657, 2); Ders.: Gedanken über Reformen des Erziehungs- und Bildungswesens, Denkschrift (in die Hände der Gestapo gefallen, auszugsweise veröffentlicht bei Jacobsen, Bd. 1, 1984, S. 342-45); J. Kaiser: Zum Tag der zehn Toten, in: Neue Zeit (Berlin) v. 23. Januar 1949; P. M. Kaiser: Hermann, Ludwig und Hermann Kaiser und der 20. Juli 1944, in: Informationen, hrsg. vom Studienkreis zur Erforschung und Vermittlung der Geschichte des deutschen Widerstands 1933-1945, Nr. 2/3 1984, S. 4-7; Ders.: Über H. K. (Vortrag vom 5. Juli 1994 in der Wiesbadener Oranienschule, unveröffentlichtes Manuskript); Ders.: Anmerkungen zu H. Kaiser, in: Republik, Diktatur und Wiederaufbau. Hessische Persönlichkeiten des 20. Jahrhunderts, Wiesbaden o. J. (1995), S. 55-60; Ders.: Die Verbindung der Verschwörer des *"20. Juli 1944"* nach Hessen am Beispiel der Brüder Kaiser, in: R. Knigge-Tesche und A. Ulrich (Hrsg.): Verfolgung und Widerstand in Hessen 1933-1945, Wiesbaden 1996; Ders.: Über H. Kaiser, in: P. J. Riedle (Hrsg.): Wiesbaden und der 20. Juli 1944, Wiesbaden 1996 (Schriften des Stadtarchivs Wiesbaden, Bd. 5), S. 83-98; P. Kaupp: Hermann Kaiser (1885-1945) und Ludwig Beck (1880-1944) im Widerstand, ebd. S. 45-54; Ders.: Frühe Prägungen. Aus den Erinnerungen des Soziologen Ferdinand Tönnies an seine Studienzeit in Jena (1872/73), in: Tönnies-Forum 1/96, S. 56-78; H. Klappert: Gesellschaftliche Distanz zu jüdischen Mitbürgern, in: Siegerland, 3-4/1997, S. 105 f.; W. Küntzel: Karl Sack (Vineta-Heidelberg), in: BBl. 1959, H. 7, S. 166 f.; F. Meinecke: Erlebtes. 1862-1901, Leipzig 1941; Ders.: Die deutsche Katastrophe, Betrachtungen und Erinnerungen, Wiesbaden

1946 (dort über H. Kaiser S. 144-146); Ders.: Politische Schriften und Reden, 3. Aufl., Darmstadt 1968; J. M. Pasteiner: Das freiheitliche Porträt: Heinrich Ritter von Srbik, der große österreichische Historiker, in: freie argumente, 4/1986, S. 243-251; L. Paulmann: Burschenschafter in Darmstadt. 100 Jahre VaB 1891-1991, Darmstadt 1991; B. Richarz: Heilen, Pflegen, Töten, Göttingen 1987 (Hölzel a. m. O.); H. Ries: Hans Menges (Arminia-Karlsruhe) zum Gedächtnis, in: BBl. 1959, H. 5, S. 121; G. B. Ringshausen: Drei Brüder: Heinrich, Hermann und Ludwig Kaiser (unveröffentlichtes Manuskript); H. Rössler und G. Franz: Wörterbuch zur Deutschen Geschichte, Bd. 3, München 1975 (Sack S. 2420 f.); Ger van Roon: Hermann Kaiser und der deutsche Widerstand, in: Vierteljahreshefte für Zeitgeschichte, 24. Jg. 1976, S. 259-286; F. v. Schlabrendorff: Begegnungen in fünf Jahrzehnten, Tübingen 1979 (dort über K. Sack S. 265-268 und H. Kaiser S. 289-320); P. J. Winters: *"Das Verfahren der SS-Standgerichte diente der Rache"*, in: Frankfurter Allgemeine Zeitung v. 8. Juli 1997; E. W. Wreden: In Erinnerung an Friedrich Hölzel und Martin Hohl, in: BBl. 1966, H. 6, S. 138.

Die integrierende Funktion studentischen Brauchtums
Eine soziologische Betrachtung[1]

Peter Kaupp

Wenn ich heute mit einem kurzen Beitrag zu einem soziologischen Thema um Ihre Aufmerksamkeit bitte, dann einmal deshalb, weil dies meiner eigentlichen Profession entspricht (ich bin gelernter Soziologe, wenngleich als gemäßigt Konservativer nicht von der systemverändernden Sorte, wie man meine Zunftmitglieder im allgemeinen kennt, und Historiker eigentlich nur im Nebenfach), zum anderen als Beleg dafür, daß sich Hochschulkunde im allgemeinen und Studentengeschichte im besonderen im Sinne einer modernen Wissenschaftsorientierung interdisziplinär verstehen muß.

Es ist schon sehr verwunderlich, daß gestandene, nüchtern denkende, wissenschaftlich ausgewiesene Persönlichkeiten (überwiegend männlichen Geschlechts) weder Zeit noch Mittel scheuen, um sich - aus entlegenen Teilen der Republik, ja aus dem Ausland, herbeieilend - etwa bei Stiftungsfesten oder Tagungen für einige Stunden oder Tage mit ihresgleichen zusammenzufinden, bunte Bänder quer über die Brust und farbige Mützen auf dem Kopf tragen, antiquierte Lieder singen, einem mit altdeutschen oder lateinischen Vokabular angereicherten Kneipkomment huldigen, ihre mit einem Krakel (sprich: Zirkel) versehenen Namen in dicke Gästebücher eintragen, von mit Schlägern ausgetragenen Mensuren schwärmen, kurzum: einem Brauchtum nachkommen, das Außenstehenden rational nicht nachvollziehbar, höchst suspekt und im mildesten Fall als karnevalsähnlicher Mummenschanz erscheint.

Fast alle Bräuche unserer Korporationen, die sich in den letzten 200 Jahren entwickelt haben und in ihrem Ursprung z. T. bis in die Zeit der freimaurerisch beeinflußten studentischen Orden des 18. Jahrhunderts zurückreichen[2], haben, rational und nüchtern gesehen, in der heutigen Zeit ihren ursprünglichen funktionalen Sinn, falls sie diesen überhaupt jemals gehabt haben, verloren. Meine Burschenschaft bezeichnet sich z. B. nach dem Burgkeller, der 1945 zerstört wurde, wir nennen uns nach einer in den 1820er Jahren innerburschenschaftlichen Parteibildung Ar-

---
[1] Leicht überarbeitete und um Anmerkungen ergänzte Fassung eines Vortrags, den der Verfasser am 11. Oktober 2003 auf der 63. Studentenhistoriker-Tagung in Heidelberg gehalten hat.
[2] vgl. Kaupp, Peter: Freimaurerei und Burschenbrauch. Kontinuität von Ordenstraditionen im Korporationsstudententum. In: Einst und Jetzt 46 (2001), S. 33-68, und, leicht gekürzt, in: Quatuor Coronati 40 (2003), S. 193-215

minen. Wir alle unterscheiden uns durch Wappen, Fahnen, farbige Bänder und (im Sommer ziemlich unbequeme) Mützen, die ihre ursprüngliche, wahrscheinlich militärische Funktion (nämlich im Kampf von Ferne die Zugehörigkeit zu einer Kriegspartei zu signalisieren), längst eingebüßt haben. Der (im Vergleich zu anderen ziemlich schmucklose) Chargenwichs meiner Burschenschaft orientiert sich am Vorbild der Lützower bzw. der Vandalia und steht damit in der Tradition der allgemeinen studentischen Tracht, die ebenfalls stark von militärischen Vorbildern beeinflußt war.

Der Ursprung der Mensur liegt, auch wenn sie heute nichts mehr mit Verteidigung und Ehrenhändeln zu tun hat, in jenen Zeiten, da der freie Bürger und Student zu seiner Verteidigung noch Waffen trug. Auch unsere Zirkel haben ihren ursprünglich praktisch-funktionalen Sinn geheimer Erkennungszeichen freimaurerisch beeinflußter Studentenorden des ausgehenden 18. Jahrhunderts längst verloren. Der ursprüngliche Sinn des Landesvaters liegt - wie schon der Name sagt - in dem vordemokratischen Vivat auf den Landesherrn. Generell hält von unserem Liedgut so gut wie nichts einer kritischen, ausschließlich gegenwartsbezogenen, nüchternrationalen, eben *„vernünftigen"* Überprüfung stand. Lieder wie *„Schwört bei dieser blanken Wehre", „Student sein, wenn die Veilchen blühen"* oder *„Ihren Schäfer zu erwarten"* (um nur drei herauszugreifen) lösen bei ausschließlich dem Zeitgeist verpflichteten Skeptikern allenfalls ein mildes Lächeln, wenn nicht wütenden Protest über so viel rückwärtsgewandten Pathos aus. Das gilt übrigens auch für Nationalhymnen, die, meist im 18. und 19. Jahrhundert entstanden, nur vor dem Hintergrund der Zeit ihrer Entstehung zu verstehen, schon deshalb oft nicht mehr zeitgemäß sind, aber dennoch eine außerordentlich integrierende Funktion haben.

Wäre nun aus meinen bisherigen kurzen Ausführungen nicht der Schluß naheliegend, sich von allem, was im Verlauf der historischen Entwicklung seinen ursprünglichen Sinn verloren hat, zu verabschieden? Ergibt sich daraus nicht zwangsläufig die Forderung, auf sinnentleertes Brauchtum und Liedgut (sofern man darauf überhaupt noch Wert legt!) zu verzichten und stattdessen nach neuen, zeitgemäßen äußeren Formen studentischen Gemeinschaftslebens zu suchen, um ein Weiterbestehen des deutschen Korporationsstudententums im beginnenden 21. Jahrhundert sicherzustellen?

Spätestens an dieser Stelle wird der Soziologe auf die sozial integrierende und bestandssichernde Wirkung auch und gerade äußerer Gemeinsamkeiten bei Gruppen hinweisen. Aus soziologischer Sicht weist eine studentische Korporation alle Merkmale auf, die man einer sozialen Gruppe zuschreiben kann. Viele dieser Merkmale, auf die wir noch näher zu sprechen kommen, hat übrigens schon Ferdinand Tönnies (1855-1936) - 1872 Mitglied der Burgkellerburschenschaft und neben Lorenz von Stein (1812-1890, 1836/37 Kieler und Jenaer Burschenschafter)[3] und Max Weber (1864-1920, bis 1918 Mitglied der Burschenschaft Allemania Heidelberg) Wegbereiter der Soziologie in Deutschland - in dem erkannt, was er als *„Gemeinschaft"* bezeichnet. In seinem heute weitgehend vergessenen Hauptwerk *„Gemeinschaft und Gesellschaft"* (1887)[4] stellt Tönnies der auf Freundschaftsbeziehungen, auf dem Gefühl von Zusammengehörigkeit gründenden *„Gemeinschaft"* die von rationaler Zweckmäßigkeit getragene *„Gesellschaft"* gegenüber. Vielleicht hat sein Gemeinschaftsleben auf dem Burgkeller sein berühmtes idealtypisch antithetisches Konstruktpaar mitbeeinflußt.[5] In Tönnies' auf *„Wesenwillen"* gegründeten *„Gemeinschaft"* leben die Menschen in engen persönlichen, organisch gewachsenen und um ihrer selbst willen bejahten Beziehungen. Dieser Gemeinschaftsbegriff spielt auch bei seinem Schleswiger Landsmann und Bundesbruder Lorenz von Stein eine zentrale Rolle. Gemeinschaftliche Bündnisse werden nach Tönnies am vollkommensten als Freundschaften aufgefaßt. Auch in seinen späteren Werken hat er Freundschaft und Zusammengehörigkeitsgefühl als Wesensmerkmale von Gemeinschaften betont. Die Idee der Gemeinschaft erfüllt sich für Tönnies in Freundschaft. Demgegenüber ist die auf *„Kürwillen"* beruhende *„Gesellschaft"* eher zweckrational orientiert; die einzelnen Mitglieder bejahen sie nur wegen der rationalen Förderung gemeinsamer Interessen und Zielsetzungen. Als lebenslanger Freundschaftsbund fällt eine einzelne studentische Verbindung sicher unter die Kategorie *„Gemeinschaft"*, die Vereinigung aller Studierenden oder von Korporationsstudenten in einem Verband sicher unter die Kategorie *„Gesellschaft"*.

Die Soziologen Hermann Schmalenbach[6] und Max Weber haben Tönnies' Kategorien von *„Gemeinschaft"* und *„Gesellschaft"* noch durch die des *„Bundes"* ergänzt. In der Weberschen Herrschaftstypologie ist die

---

[3] vgl. entsprechende Aufsätze in diesem Buch
[4] Tönnies, Ferdinand: Gemeinschaft und Gesellschaft: Grundbegriffe der reinen Soziologie. 8. Aufl. 1935. Neudruck Darmstadt 1991.
[5] Vgl. Kaupp, Peter: Frühe Prägungen. Aus den Erinnerungen des Soziologen Ferdinand Tönnies (Burschenschaft Arminia a. d. Burgkeller 1872) an seine Studienzeit in Jena (1872/73). In: Darstellungen und Quellen zur Geschichte der deutschen Einheitsbewegung im neun-zehnten und zwanzigsten Jahrhundert. Bd. 15. Heidelberg 1995. S. 246-268.
[6] Schmalenbach, Hermann: Die soziologische Kategorie des Bundes. In: Die Dioskuren. Jg. 1(1922).

charismatische Herrschaft für den „*Bund"*, die traditionale Herrschaft für die „*Gemeinschaft"* und die rationale Herrschaft für die „*Gesellschaft"* kennzeichnend. Schmalenbach sieht den „*Bund"* als eine dritte grundlegende Sozialform neben Gemeinschaft und Gesellschaft. Typisch für einen Bund sind Freundschaftsbeziehungen, Spontaneität sowie Begeisterung für eine Sache und einen Führer. Seine Mitglieder sind durch ein Erleben gemeinsamer Ziele und Wertvorstellungen und durch rauschhaftes Erleben gemeinsamer Ziele und Wertvorstellungen verbunden. Klassische Beispiele für Bünde sieht Schmalenbach u. a. in der Urburschenschaft und in der vom Wandervogel ausgehenden Jugendbewegung. In der modernen Soziologie ist dieser Begriff weitgehend durch den der „*Primärgruppe"* ersetzt worden. Zur Charakterisierung der studentischen Korporationen ist er weniger geeignet, weil er zwar auch auf Freundschaft, verbindende Wertvorstellungen und integrierende Äußerlichkeiten zielt, aber - wie die beiden genannten Beispiele schon erkennen lassen - mehr für von charismatischen Führerpersönlichkeiten geleitete Bewegungen konzipiert wurde.

Die integrierende und bestandssichernde Wirkung lebenslanger Freundschaftsbünde, wie sie für alle studentischen Korporationen kennzeichnend ist, wird in der modernen Soziologie heute nicht mehr durch den Begriff der „*Gemeinschaft"*, sondern treffender durch den der Gruppe erklärt. Die studentischen Korporationen weisen geradezu beispielhaft alle Merkmale auf, welche der Soziologe einer Gruppe zuschreibt[7]:

1. in Bezug auf die Größe eine für alle Mitglieder überschaubare, persönlich-direkte Beziehungen ermöglichende soziale Einheit,
2. hinsichtlich der Zugehörigkeit für Mitglieder und Außenstehende auch äußerlich erkennbare, von der sozialen Umwelt und von ähnlichen Gruppen abhebbare Gemeinsamkeiten (Band, Mütze, Liedgut, Brauchtum usw.),
3. räumlich, zeitlich und kooperativ zumindest indirekt gemeinsames Handeln (z. B. auf Versammlungen/Conventen nach vorheriger Beschlußfassung),
4. im Hinblick auf die interne Orientierung und externe Abgrenzung ein ausgeprägtes und alle Mitglieder verbindendes „*Wir-Gefühl"*,
5. gegenseitige Hilfsbereitschaft (Solidarität), wie es sich bei allen studentischen Korporationen in Form einer lebenslangen freundschaftlichen Verbundenheit artikuliert und auch den ritualisierten Austausch

---

[7] Vgl. Mills, Theodore Mason: Soziologie der Gruppe. 5. Aufl., München 1976, und Schäfers, Bernhard [Hrsg.]: Einführung in die Gruppensoziologie: Geschichte, Theorien, Analysen. 3. Aufl., Heidelberg u. a., 1999.

kleiner Präsente (z. B. Zipfel) beinhaltet,
6. gemeinsame Ziele (z. B. Richtlinien, Satzungen, Wahlsprüche), aus denen Gruppenzusammenhalt, Solidarität nach außen und Kooperation im Inneren erwachsen und die entschieden nach außen verteidigt werden (z. B. *„Vaterland"* bei der Burschenschaft),
7. eine interne Rollenstruktur und Statusverteilung (z. B. Chargierte, Vorstand, Alte Herren, Aktive, künstliche Familienstruktur des *„Leibverhältnisses"*), sowie
8. ein relativ langfristiger (in unserem Fall: über die Studentenzeit nur einer Generation hinausreichender) Bestand.

Gleich anderen auf Dauer angelegte Gruppen verfügen studentische Korporationen über formale (schriftlich fixierte, Comment) und informelle (mündlich tradierte) Normen, deren Einhaltung durch soziale Kontrolle von Seiten der Mitglieder sichergestellt wird. Abweichungen von den Normen haben Sanktionen zur Folge. Positive Abweichungen werden mit positiven Sanktionen belohnt, negative Abweichungen mit negativen Sanktionen bestraft, wobei die Sanktionen jeweils materieller oder immaterieller Art sein können.

Gruppen, deren Mitglieder in relativ intimen, vorwiegend emotional bestimmten, direkten und häufigen persönlichen Beziehungen miteinander stehen, sich gegenseitig stark beeinflussen und so relativ ähnliche Einstellungen, Wertvorstellungen und Normen entwickeln (all dies ist sicher auch für unsere Korporationen typisch), werden nach dem amerikanischen Soziologen Charles Horton Cooley[8] auch als Primärgruppen (primary groups) bezeichnet. Primär sind solche Gruppen vor allem in dem Sinne, daß sie schon früh erheblichen Einfluß auf die Sozialisation und die Entwicklung des Individuums ausüben. Die wichtigsten Beispiele für Primärgruppen sind die Familie, Gleichaltrige (peer groups), Freundschaft und die Nachbarschaft. Ihnen gegenüber stehen die Sekundärgruppen (secondary groups), d. h. Gruppen, deren Mitglieder in relativ unpersönlichen und spezifischen, wenig emotionalen Beziehungen zueinander stehen und durch bewußte rationale Zweck- und Zielorientierung des Zusammenschlusses gekennzeichnet sind. Eine gewisse Ähnlichkeit zu Tönnies eher emotionaler Gemeinschaft und eher zweckrationaler Gesellschaft ist auffallend.

Gefestigt wird das emotionale Zusammengehörigkeitsgefühl vor allem von Primärgruppen wie denjenigen unserer Korporationen durch bestimmte Rituale. Ursprünglich in der Religionswissenschaft verwendet,

---

[8] Cooley, Charles Horton: Social Organization. 4. Aufl., New York 1972.

hat dieser Begriff auch in die Soziologie Eingang gefunden. Er beschreibt dort genau festgelegte, einheitlich gehandhabte (ritualisierte), von Generation zu Generation tradierte Bräuche und wie sie bei bestimmten Anlässen praktiziert werden (z. B. Zutrinken, Rezeption, Landesvater, Kneipen, Salamander, „*Mitternachtsschrei*"). Gerade für diese Rituale typisch ist, daß sich ihr Ursprung im mythischen Dunkel verliert und ihre ursprünglich vielleicht einmal vorhandene funktional-rationale Bedeutung längst verloren gegangen ist (z. B. Händeschütteln und Hut/Mütze abnehmen, Landesvater.[9]

Selbstverständlich sind die Zielsetzungen einer Gruppe höher zu bewerten als deren äußere Gemeinsamkeiten. Formen können Inhalte nicht ersetzen. Formen tun ihrer selbst willen zu bewahren, ist Unsinn. Dennoch ist es unbestritten, daß jede Gruppe - um das Zusammengehörigkeitsgefühl ihrer Mitglieder zu bestärken und nach außen kenntlich zu machen und damit den Bestand der Gruppe auf Dauer sicherzustellen - auf ein Minimum an äußerlich erkennbaren Gemeinsamkeiten nicht verzichten kann. Nur deshalb konnten sich z. B. vorwiegend männerbündische Organisationen - neben den studentischen Korporationen z. B. Freimaurer, Rotarier, Lions, Schlaraffen - bis heute erhalten, wenngleich sie mehr oder weniger alle über Nachwuchsmangel klagen. Andere, vor allem neu entstehende Organisationen, die zu Gunsten rationaler Zielsetzungen bewußt auf jegliche tradierte äußere Formen verzichten, überstehen häufig nicht die Generation ihrer Gründer. Andere verfügen zwar über einen bewährten Mindestkanon integrierenden Brauchtums, sind aber nicht in der Lage, diesen an die nächste Generation weiterzugeben. Letzteres scheint mir vor allem für Studentinnen-Verbindungen zuzutreffen[10], obwohl diese, lediglich die Mensur ausgenommen, selbstverständlich, weil grundsätzlich nicht geschlechtsgebunden, alle Prinzipien männerbündischer Korporationen übernehmen können. Wie wichtig die nach innen integrierende und nach außen abgrenzende Funktion von Äußerlichkei-

---

[9] Gehler, Michael: Männer im Lebensbund. Studentenvereine im 19. und 20. Jahrhundert unter besonderer Berücksichtigung der österreichischen Entwicklung. In: Zeitgeschichte. Wien 1994. H. 1-2. S. 45-46. G. interpretiert die studentische Korporation als Ritualgemeinschaft. - Ulrich Steuten (Das Ritual in der Lebenswelt des Alltags. Gießen 1998) hat die soziale Funktion der Rituale am Beispiel der studentischen Verbindungen analysiert (ebd. S. 156-186) und kommt u. a. zum Ergebnis, daß sie „den Zusammenhalt der Gemeinschaft als einer besonderen Gemeinschaft nach innen [bewirken]... Hier, sagt das Ritual, was im Einzelnen die korporationsstudentische Lebensform ausmacht und welche Normen in ihr gelten" (ebd. S. 208f.).

[10] Wie die älteste deutsche Studententinnen-Verbindung Hilaritas-Bonn (1889) hat keine der 57(!) vor dem Ersten Weltkrieg bestehenden Studentinnen-Verbindungen den Ersten Weltkrieg überstanden (vgl. Krause, Peter: Mädchen in Couleur. In: Gaudeamus Igitur. Studentisches Leben einst und jetzt. Ausstellungskatalog. Schallaburg 1992).

ten ist, zeigt sich z. B. in den Fahnen, Hymnen, Grußformen und Maskottchen von Fußballvereinen und ihren Fanclubs. Sportliche, politische, kulturelle, religiöse u. a. Zielsetzungen und ein emotionales Verbundenheitsgefühl allein genügen nicht, um den Bestand einer Gruppe auf Dauer und generationsübergreifend sicherzustellen - einmal weil diese vordergründig-äußerlich oft nicht erkennbar sind, zum anderen weil in vielen Gruppen (wohl auch bei uns) die Mehrheit der Mitglieder zwar den geistigen ‚Überbau' (etwa unsere satzungsgemäßen Ziele) akzeptiert, aber primär nicht durch deren geistigideelle Zielsetzungen, sondern durch emotionale Verbundenheit und äußere Gemeinsamkeiten zusammengehalten wird. Im Gegensatz zu den geistig-ideellen sind die vordergründig-äußerlichen Gemeinsamkeiten auch unmittelbar und ohne besonderen intellektuellen Aufwand jedermann zugänglich.

Die eine Gruppe verbindenden äußeren Merkmale können, wie bereits erwähnt, formal (d. h. schriftlich fixiert) oder informell (d. h. nicht schriftlich fixiert, sondern mündlich tradiert) festgelegt sein. Wichtig ist, daß sie sich von entsprechenden Merkmalen anderer Gruppen unterscheiden. Besonders wirksam sind solche Äußerlichkeiten, die symbolhaft zeitlich überdauernde geistig-ideelle Zielsetzungen repräsentieren und damit eine gewisse Tradition verkörpern, wie z. B. die ursprünglich burschenschaftlichen Farben Schwarz-Rot-Gold. Den Wert und Unwert derart sozial integrierender Äußerlichkeiten ausschließlich an ihrem heutigen rational-vordergründigen Sinn zu messen, ggf. zu reformieren und u. U. aufzugeben, ist immer problematisch. Ich habe versucht zu zeigen, daß fast alle uns verbindenden äußerlichen Gemeinsamkeiten im Laufe der Geschichte ihren ursprünglichen Sinn längst verloren, ihre sozial integrierende Funktion und ihre symbolische Kraft jedoch behalten haben. In der Geschichte gibt es genügend Beispiele dafür, daß die Beibehaltung aus heutiger rationaler Sicht vorgeblich sinnentleerter Bezeichnungen sowie ritualisierter Formen und Äußerlichkeiten mit dazu beigetragen hat, den Bestand bestimmter Gemeinschaften und Institutionen über lange Zeiträume hinweg und - trotz Verfolgungen - sicherzustellen (z. B. Juden, Freimaurer, katholische Kirche).

Desgleichen gibt es Beispiele dafür, daß mit der voreiligen Preisgabe nicht mehr zeitgemäßer äußerer Formen Desintegration und Verfall sozialer Gruppen, Gemeinschaften und Institutionen eingesetzt haben. Und es gibt schließlich auch genügend Beispiele dafür, daß neu entstehende Gruppierungen verschiedenster Art, die bei anderen das Festhalten an vorgeblich sinnentleerten Formen anprangern, selbst integrierende, sie deutlich - mitunter geradezu provozierend - von der sozialen Umwelt und anderen Gruppierungen distanzierende äußerliche Unterscheidungsmerkmale entwickeln (z. B. Kleidung, Haartracht, Sprache, Verhaltensweisen und Symbole von jugendlichen Subkulturen sowie von radikalen linken und rechten Gruppierungen).

Zusammenfassend und abschließend ist festzuhalten: Wie für jede Gruppe ist auch für den Zusammenhalt und die Existenz unserer studentischen Korporationen nicht nur ein konsensfähiger Fundus spezifisch geistig-ideeller Zielsetzungen, sondern auch ein Minimum äußerer Formen unerläßlich, selbst wenn diese im Verlauf der historischen Entwicklung vielfach ihren ursprünglichen funktionalen Sinn verloren haben.

Selbstverständlich müssen wir uns von einem nicht mehr zeitgemäßen und die heutige Jugend nicht mehr ansprechenden Übermaß studentischen Brauchtums trennen. Korporationen deutscher Provenienz verzichten z. B. schon seit mehr als 200 Jahren auf die unmenschlichen Initiationsriten, wie sie z. T. heute noch oder wieder in holländischen oder amerikanischen Studentenverbindungen üblich sind. Formen können Inhalte nicht ersetzen. Oft geht aber mit der Form auch der Inhalt verloren. Ich habe manchmal den Eindruck, daß gerade die älteren und ältesten studentischen Korporationen deshalb so alt geworden sind, weil sie die Zeichen der Zeit besser erkannt und im Laufe ihrer Geschichte ein akzeptables und vernünftiges Maß an integrierenden Formen entwickelt haben, das sie deutlich vom überfrachteten Brauchtum mancher jüngerer und neu gegründeter um ihren Bestand ringender Korporationen unterscheidet.

Wir sollten aber das berühmte Kind nicht mit dem bekannten Bad ausschütten, uns in diesem Zusammenhang vor zweifelhaften Modernisierungsbestrebungen, voreiligen Zugeständnissen an den Zeitgeist und fragwürdigen Anpassungen an veränderte politische und gesellschaftliche Verhältnisse hüten. Wir sollten ohne Not nicht noch mehr von dem preisgeben, was uns traditionell auch äußerlich verbindet. Ich glaube, daß die meisten Korporationen zwischen der erforderlichen Anpassung an die veränderten gesellschaftlichen Verhältnisse und der Bewahrung unserer (auch in Liedgut und Brauchtum fixierten) spezifischen Tradition einen akzeptablen Kompromiß gefunden haben. Die äußerst vielfältigen, durch maßvolles Brauchtum gekennzeichneten, Studenten ein Leben lang mit ihrer Alma Mater verbindenden und damit allen anderen Hochschulgruppierungen überlegenen studentischen Verbindungen haben sich in Deutschland, Österreich, der Schweiz, in Chile und in anderen Ländern bewährt. Die Neu- oder Wiedergründung studentischer Verbindungen in Osteuropa und im Baltikum, z. T. nach deutschem Vorbild, läßt mich um die Zukunft eines reformwilligen und anpassungsbereiten Verbindungswesens nicht bange sein. Das traditionelle Brauchtum des Korporationsstudententums grundsätzlich beizubehalten, schließt maßvolle Anpassungen an den Zeitgeist nicht aus. Zwar hat Sören Kierkegaard einmal gesagt: *„Wer sich mit dem Zeitgeist vermählt, der wird bald Witwer",* aber man kann sich ja dem Zeitgeist nähern, ohne sich mit ihm gleich zu vermählen.

Goethe und die Burschenschaft

von Peter Kaupp

Es gibt wohl kaum ein Thema in Zusammenhang mit Goethe, über das nicht bereits mehr oder weniger Kluges geschrieben worden ist. *„Goethe und kein Ende",* überschrieb schon Emil Du Bois-Reymond seine Berliner Rektoratsrede vom 15. Oktober 1882, und es ist eigentlich merkwürdig, daß - abgesehen von zwei Aufsätzen des Altmeisters der burschenschaftlichen Geschichtsforschung Hermann Haupt und des Goetheforschers Hans Tümmler[1] - die Beziehungen Goethes zur Burschenschaft in den letzten anderthalb Dezennien seines Lebens (1815-1832) bisher noch nicht näher dargestellt worden sind. Zwar war der Dichterfürst während seines Studiums in Leipzig und Straßburg ein flotter Student, hat uns auch zwei bis heute viel gesungene Studentenlieder hinterlassen (*„In allen guten Stunden"* 1775 und *„Ergo bibamus!"* 1810), sich selbst aber keiner akademischen Verbindung angeschlossen. Nach einer Familienüberlieferung hat er jedoch in Leipzig mit dem Livländer Gustav von Bergmann wegen einer diesem verabreichten Ohrfeige ein Duell ausgefochten, bei dem er am Oberarm verwundet wurde.[2] Daß er ab 1786 in Jena zu einem entschiedenen Gegner der studentischen Orden und des unmäßigen Duellwesens wurde, ist bekannt und braucht hier nicht näher dargestellt zu werden.

Goethes Stellung zur Burschenschaft ist maßgeblich von seiner Einstellung zu den Freiheitskriegen geprägt.[3] Sein im Kern unbezweifelbarer Patriotismus bezog sich weniger auf die politische Einheit und Freiheit

---

[1] Der vorstehende Beitrag stellt die erweiterte Fassung eines Vortrags dar, den der Verfasser auf der 62. Deutschen Studentenhistorikertagung in Ilmenau gehalten hat. – Zum Thema vgl. Haupt, Herman: Goethe und die deutsche Burschenschaft. In: Quellen und Darstellungen zur Geschichte der Burschenschaft und der deutschen Einheitsbewegung. Bd. 8. Heidelberg 1925. S. 1-30 und Tümmler, Hans: Goethe-Burschenschaft-Wartburgfest. In: Kaupp, Peter und Stegmann, Reinhard [Hrsg.]: 150 Jahre Burschenschaft auf dem Burgkeller. Festschrift zur 150. Wiederkehr der Gründung der Burschenschaft in Jena. Mainz 1965. S. 131-147. Benutzt wurden außerdem die Beiträge *„Befreiungskriege"* (Peter Burg), *„Deutschland"* (Ehrhard Bahr), *„Karlsbader Beschlüsse"* (Peter Burg), *„Nation"* (Ehrhard Bahr), *„Patriotismus"* (Theo Stammen), *„Christoph Friedrich Schultz"* (Roland Barbig) und *„Wartburgfest"* (Hans-Dietrich Dahnke). In: Dahnke, Hans-Dietrich und Otto, Regine Hrsg.]: Goethe-Handbuch. Bd. 4. Stuttgart und Weimar 1998.
[2] Vgl. Kern, Otto: Goethe und die Universität. Schriften der Gesellschaft der Freunde der Universität Halle-Wittenberg. 3. Heft. Halle 1932. S. 18.
[3] Die Gründung der Jenaer Urburschenschaft erfolgte 1815 im Gasthof *„Grüne Tanne",* Goethes *„Zinne über dem rauschenden Brückenbogen",* wo er 1817/18 wiederholt Quartier nahm. - Zum folgenden vgl. Tümmler (wie Anm. 1), S. 131ff., und Burg *„Befreiungskriege"*

als auf die deutsche Kultur in ihrer ganzen Vielfalt und Tiefe, die er durch Napoleon - den er, anders als die Burschenschaft, sein Leben lang bewunderte[4] - nach Bändigung der revolutionären Kräfte nicht als gefährdet, sondern eher als geschützt ansah. Zwar bekannte er sich in dem berühmten Gespräch mit dem Jenaer Historiker Heinrich Luden vom November 1813 ausdrücklich zu den großen Ideen von Freiheit, Volk und Vaterland: *„Glauben Sie ja nicht, daß ich gleichgültig wäre, gegen die großen Ideen Freiheit, Volk, Vaterland. Nein! Diese Ideen sind in uns; sie sind an Theil unseres Wesens, und niemand vermag sie von sich zu werfen. Auch liegt mir Deutschland warm am Herzen."*[5] In ihren Hauptzügen empfand er die deutsche politische Bewegung jedoch eher als revolutionär und darum als bedrohlich. Gegen die in den Befreiungskriegen (an denen Carl August als Führer eines Armeekorps aktiv teilnahm) aufflammende nationale Begeisterung verhielt er sich ablehnend, ja geradezu feindselig, die Völkerschlacht bei Leipzig bleibt in seinen Briefen fast unerwähnt. Noch im Herbst 1814 trug er in Wiesbaden in aller Ruhe das rote Band der französischen Ehrenlegion. Die Begeisterung der jungen Burschenschafter für die deutsche Einheit, für welche die erstrebte allgemeine Burschenschaft eine Vorreiterrolle übernehmen sollte, konnte bei ihm keine Zustimmung finden. *„Wiederaufbauen, Bewahren, Erhalten, allenfalls Fortentwickeln unter den alten Gesetzlichkeiten"*[6] das war nach dem siegreichen Ende der Freiheitskriege Goethes Devise. Die - aus seiner Sicht - revolutionären *„ Umwälzungen"* zur Herstellung politischer Einheit, *„die in Deutschland classische Werke vorbereiten könnten"*[7], wünschte er nicht. *„Bewahrung des Bestehenden, Fernehaltung von politischen Neuerungen war sein politischer Leitgedanke. Die heilige Allianz galt ihm zeitlebens als eine ideale Schöpfung.*[8]

---

[4] (wie Anm. 1).
[5] Erinnert sei in diesem Zusammenhang an Goethes vielzitierte Prophezeiung gegenüber Theodor Körner, der sich freiwillig zu den Lützower Jägern gemeldet hatte: *„Schüttelt nur an Euren Ketten, der Mann ist Euch zu groß, Ihr werdet sie nicht zerbrechen."* In: Goethes Gespräche. Eine Sammlung zeitgenössischer Berichte aus seinem Umgang. Aufgrund der Ausgabe und des Nachlasses von Flodoard Freiherrn von Biedermann. Ergänzt und herausgegeben von Wolfgang Herwig. Bd. 2. Zürich 1971. S. 795. Zu Goethes Stellung zu Napoleon, Geiger, Ludwig: Goethe und Napoleon. In: Goethe-Jahrbuch 27 (1906), S. 254-257; Berglar, Peter Goethe und Napoleon. Darmstadt 1968; Vierhaus, Rudolf: Napoleon Bonaparte. In: Dahnke/Otto (wie Anm. 1), S. 745-748, und Schuster, Gerhard/Grille, Caroline [Hrsg.] Wiederholte Spiegelungen. Weimarer Klassik 1795-1832. Ständige Ausstellung des Goethe-Nationalmuseums. Bd. 2. München-Wien 1999. S. 551 ff.
[6] Goethes Werke. Sophien-Ausgabe. Anhang: Gespräche. Bd. 3. 1889. S. 103. November 1813. Tümmler (wie Anm. 1),S. 135.
[7] Goethes Werke. Sophien-Ausgabe. IV. Abt., Bd. 40. 1901. S. 199.
[8] Haupt (wie Anm. 1), S. 7.

Der namentlich von der Burschenschaft getragenen nationalen und liberalen Protestbewegung gegen die politischen Verhältnisse im nachnapoleonischen Deutschland stand Goethe fern. Hinzu kam, daß das kleine Großherzogtum seit Gewährung der Verfassung am 5. Mai 1816 und damit der vollen, für Goethe viel zu weit gehenden und höchst problematischen Pressefreiheit zu einem Mittelpunkt der nationalen und liberalen Publizistik geworden war, allen voran Ludens „*Nemesis*" und Okens „*Isis*". Vor diesem Hintergrund ist es verständlich, daß der Dichterfürst „*dem machtvoll, ja ungestüm herandrängenden Neuen eher mit Unruhe als mit freudiger Zuversicht entgegensah.*"[9]

Wir dürfen davon ausgehen, daß Großherzog Carl August von Sachsen-Weimar und Goethe über die Vorbereitungen zur Gründung der Burschenschaft nicht orientiert waren. Vielmehr haben die verantwortlichen Führer sicher alles getan, um der Obrigkeit keine Gelegenheit zu einem eventuellen Einspruch gegen die im Einverständnis mit einigen liberalen Professoren geplanten Maßnahmen zu geben. Die politischen Ereignisse des Frühjahrs und Sommers 1815 sowie die längere Abwesenheit des Landesherrn wie auch Goethes kamen der ungestörten Entwicklung der Jenaischen Burschenschaft sehr zu gute. Die Gründung selbst am 12. Juni 1815 dürfte Carl August aus seinem entschiedenen deutschen Nationalgefühl heraus warm begrüßt haben. Bis zum Wartburgfest standen Goethe und Carl August mit der Jenaischen Burschenschaft in gutem Einvernehmen, Duellunwesens sowie eine sittliche und staatsbürgerliche Erziehung der Studierenden - zu den erklärten Zielsetzungen der jungen Burschenschaft, wenngleich zunächst mehr im Programm als in der Realität. Anders als Schillers Sohn Ernst, der sich in Jena als Mitglied der Landsmannschaft Vandalia der Jenaischen Burschenschaft anschloß, durfte Goethes Sohn August in Jena keiner studentischen Korporation beitreten. Während seines eineinhalbjährigen Studiums der Jurisprudenz in Heidelberg schloß er sich dem Corps Guestphalia an. Als er 1810 seine Ausbildung in Jena fortsetzen wollte, bat sein prominenter Vater -

---

[9] Tümmler (wie Anm. 1), S. 136. Zu Goethes politischer Einstellung vgl. ders.: Goethe in Staat und Politik. Göttingen u. a. 1964; ders.: Goethe als Staatsmann. Göttingen 1976; Sengle, Friedrich: Das Genie und sein Fürst. Stuttgart und Weimar 1993; Krippendorff, Eckehart: Politik. In: Dahnke/Otto (wie Anm. 1), S. 865-868; ders.: „*Wie die Großen mit den Menschen spielen!*" Versuch über Goethes Politik. 2. Aufl., Frankfurt a. M. 1990; ders.: Goethes Frieden. Essays über Weimarer Politik. Frankfurt a. M. 1998. Greiling, Werner: Goethe - unser Staatsminister. Sein politisches Wirken in Sachsen-Weimar-Eisenach. Rudolstadt 1999; Scholl, Adolf: Goethe als Staatsmann. Schutterwald/Baden 1999; Stammen, Theo: Goethe und die politische Welt. Würzburg 1999. - Zur älteren Literatur zu dieser Thematik vgl. Haupt (wie Anm. 1), S. 7, und Mommsen, Wilhelm: Die politischen Auffassungen Goethes. Stuttgart 1948.

etwas früh, aber erfolgreich - Herzog Carl August, den jungen Mann zum Kammerassessor zu ernennen. In dem entsprechenden Schreiben vom 10. Oktober 1810 wird (als Empfehlung?) ausdrücklich erwähnt, daß er, August, auf Wunsch des Vaters die studentischen Verbindungen meide. 1813 untersagte Goethe seinem einzigen Sohn, als „*Jäger zu Fuß*" aktiv an der „*Befreiung des Vaterlands*" teilzunehmen, was ihm den Spott seiner Kameraden einbrachte und zur Entfremdung zwischen Vater und Sohn nicht unwesentlich beitrug. Augusts Sohn Maximilian Wolfgang – „*das liebe Wölfchen*", des Dichters Lieblingsenkel und ebenfalls Jurist - wurde 1841 Mitglied der burschenschaftlichen „*Fäßlianer*" in Heidelberg.[10]

Johann Wolfgang von Goethe (1749-1832)
Weiß gehöhte Kreidezeichnung von Ferdinand Jagemann 1817.
Aus Göres, Jörn: Goethe und seine äußere Erscheinung. Frankfurt a. M. 1980.

---

[10] Goethes Enkel Maximilian Wolfgang schrieb die anonym erschienenen „*Studenten Briefe. Erstes Semester. Briefe und Lieder eines alten Burschen und eines krassen Fuchses*". Jena 1842. Als Fäßlianer war er Bundesbruder einiger ausgesprochen revolutionärer Burschenschafter; wenn das sein Großvater noch erlebt hätte! - Vgl. Dvorak, Helge: Biographisches Lexikon der Deutschen Burschenschaft. Bd. 1: Politiker. Tl. 2. Heidelberg 1999. S. 152f.

Karl Hermann Scheidler (1795-1866).
Jugendbild (Maler unbekannt) im Besitz der Burschenschaft Arminia auf dem Burgkeller. Mitglied der Jenaer Landsmannschaft Thuringia, Freiwilliger im Lützowschen Freicorps, 1815 einer der Mitbegründer der Jenaischen Urburschenschaft, 1817 Anführer des Burschenzuges zur Wartburg, später Philosophieprofessor in Jena.

Durch freundschaftliche persönliche Kontakte zu einigen ihrer führenden Mitglieder war Goethe sicher schon früh auch über interne Vorgänge der Burschenschaft gut informiert. Im gastfreien Haus des Buchhändlers Frommann,[11] dessen Sohn Friedrich Johann 1815 Mitglied der Urburschenschaft war, lernte er einige der führenden Jenaer Burschenschafter kennen, nicht nur die beiden Mitgründer Heinrich Arminius Riemann und Karl Hermann Scheidler, sondern auch Christian Eduard Leopold Dürre (wie Riemann und Scheidler führend am Wartburgfest beteiligt; Dürre hatte Goethe schon zuvor ein Exemplar des gerade erschienenen Lehrbuchs von Jahn und Eiselen *„Die deutsche Turnkunst"* überreicht), Karl Müller (später Mitverfasser der *„Grundsätze*

---

[11] Vgl. dazu: Freundliches Begegnen. Goethe, Minchen Herzlieb und das Frommannsche Haus. Auf Grund von Fr. Frommann, Das Frommannsche Haus und seine Freunde, neu herausgegeben von Günther E. Wahnes. 4. Aufl. Stuttgart und Jena 1927. S. 93f. und S. 225f. Eine knappe Schilderung über Goethes Umgang im Frommannschen Haus bietet Kaufmann, Ernst: Goethe in Jena. Anekdoten und Geschichten. 2. Aufl. Bucha bei Jena 1999. S. 50-52.

und Beschlüsse" von 1817), August Daniel von Binzer, Heinrich von Gagern (der spätere erste Präsident der Frankfurter Nationalversammlung) und Dietrich Werner Graf von Bocholtz. Am 22. Mai 1818 hatte von Gagern, wie er selbst schrieb, *„das Glück, ihn [Goethe] [...] in der heitersten Laune und in der ganzen Liebenswürdigkeit seines Selbsts zu sehen, ein Glück, das ich umso höher zu schätzen weiß, je weniger Fremden es zuteil wird."*[12]

August Daniel von Binzer (1793-1868)
Teilnehmer am Wartburgfest 1817. Dichter der frühen Burschenschaft („Wir hatten gebauet..."), später Schriftsteller in Österreich

Frommannschen Haus lauschte Goethe auch einem burschenschaftlichen Männerchor, der von Binzer geleitet wurde, zumeist aus ehemaligen Freiwilligen bestand und vor allem die in den Freiheitskriegen entstandenen Vaterlandslieder zu Gehör brachte. *„Unseren Gesang hörte Goethe aus dem Nebenzimmer [...] mit Vergnügen an."*[13]
Ebenfalls mit Beifall schaute er den Turnübungen der jungen Burschenschafter zu, zog einzelne Turner in angeregte Unterhaltung, be-

---

[12] Vgl. Goethes Gespräche (wie Anm. 4), Bd. 3/1. 1971. S. 64.
[13] Vgl. Aufzeichnungen von Chr. Eduard L. Dürre: Aufzeichnungen, Tagebücher und Briefe aus einem deutschen Turner- und Lehrerleben. Hrsg. von Ernst Friedrich Dürre, Leipzig 1881. - Ferner Goethes Gespräche (wie Anm. 4), Bd. 5. 1987. S. 240-242.

fragte sie über ihr Verbindungsleben und belustigte sich gelegentlich auch an dem Mummenschanz des Lichtenhainer Bierstaates. Auf ein Bittgesuch des Theologiestudenten Karl Ludwig Sand vom 14. November 1817 stellte Goethe der Burschenschaft das frühere fürstliche Ballhaus als Turnhalle zur Verfügung.[14] Carl Wilhelm von Knebel - ein illegitimer Sohn des Großherzogs Carl August aus seiner Liaison mit der Schauspielerin Louise Rudorf, Adoptivsohn von Goethes *„Urfreund"* Carl Ludwig von Knebel und ebenfalls Mitglied der Urburschenschaft (1815) - wurde in seinen zeichnerischen Bemühungen vielfach von Goethe unterstützt und angeregt. Eine Abordnung der Burschenschaft, die ihn um Vorlesungen über Ästhetik und Literatur bat, nahm er sehr wohlwollend auf und entließ sie mit dem Versprechen, er werde *„zu gelegener Zeit"* gerne diesem Wunsch entsprechen.[15] Angesichts seiner spröden Zurückhaltung und gravitätischen Gemessenheit, vor allem gegenüber jungen Leuten, durften die jungen Jenaer Burschenschafter das anfängliche Vertrauensverhältnis zwischen ihnen und dem großen deutschen Dichter hoch einschätzen. Zu den vielen Persönlichkeiten, die Goethe später in Weimar ihre Reverenz erwiesen, befanden sich auch zahlreiche Burschenschafter, u. a. die Dichter Heinrich Heine und Viktor von Strauß und Torney, der Publizist und Abenteurer Ferdinand Wit, genannt von Dörring (der allerdings bei Goethe einen denkbar schlechten Eindruck hinterließ), sowie der spätere Präsident der Frankfurter Nationalversammlung Eduard von Simson. Mehr von anekdotischem Charme ist, daß das Äußere und die vielseitigen Veranlagungen des Heidelberger Burschenschafters, Mediziners und Dichters Karl Gustav Jung (Teutonia Heidelberg) zu dem irrigen Gerücht führten, er sei ein Sohn Goethes gewesen.

Die guten Beziehungen Goethes zur Jenaischen Burschenschaft wurden getrübt, als dieser schon früh, vermutlich im Frommannschen Haus, von dem Plan der Errichtung einer allgemeinen deutschen Burschenschaft erfuhr. Am 5. Juni 1817 schrieb er an seinen Freund und Kollegen Christian Gottlob von Voigt: *„Daß die deutschen Studirenden eine einzige Burschenschaft errichten, ist der Zeit ganz gemäß, und der allerliebste Zeitgeist präsidirt auch hier".* Ohne Verständnis für den darin zum Ausdruck kommenden Wunsch nach nationaler Einheit befürchtete er jedoch: *„[...] so entstehen Corporationen* [hier im Sinne von Zusammenschlüssen], *denen das neuste deutsche Reich nicht zu befehlen hat, und vor denen der Bundestag sich entsetzen müßte".*[16]

---

[14] Details in: Goethes Gespräche (wie Anm. 4), Bd. 3/1. 1971. S. 32.
[15] Belege im einzelnen bei Haupt (wie Anm. 1), S. 6.
[16] Goethes Werke. Sophien-Ausgabe. IV. Abt., Bd. 28. 1903. S. 120.

*Heinrich Herrmann (Arminius) Riemann (1815-1893).
Altersfoto im Besitz der Burschenschaft Arminia auf dem Burgkeller. Mitglied der
Jenaer Landsmannschaft Vandalia, Freiwilliger im Lützowschen Freicorps, 1815
einer der Mitbegründer der Urburschenschaft. Festredner auf dem Wartburgfest
1817. Später Lehrer in Friedland. Seine Bekanntschaft mit Goethe entstand im
Frommannschen Haus.*

Er befürchtete, daß die Burschenschatten zu „Staaten im Staate' werden konnten, schätzbar durch allgemeinen guten Willen, gefährlich durch besondere Zwecke, unentbehrlich, weil jeder sich selbst zu helfen und zu schützen sucht".[17] Die aus diesen Zeilen erkennbaren Bedenken sind aus Goethes bereits skizzierter politischen Grundanschauungen leicht erklärbar. Das Streben der Burschenschaft nach einem einzigen deutschen Vaterland, unter dem Einfluß des „Turnvaters" Friedrich Ludwig Jahn nicht frei von Deutschtümelei und Franzosenhaß, kollidierte mit Goethes leidenschaftlichem Kosmopolitismus und seiner bereits erwähnten Bewunderung für Napoleon. Daß die burschenschaftlichen Einheitsbestrebungen dazu noch in einer öffentlichen Versammlung deutschlandweit hinausgetragen werden sollten, konnte nicht im Sinne des Dichters sein. „Er war den zukunftsfrohen Burschen wohlgesinnt" erinnert sich Friedrich J. Frommann, „doch konnte er ihre überschwengliche Hoffnung auf

---

[17] An Fritz von Stein, 11.-14. März 1819. In: Goethes Werke. Sophien-Ausgabe. IV. Abt., Bd. 31.1905. S. 97.

ein nahendes goldenes Zeitalter nicht teilen, das sie für Deutschland heraufführen zu können meinten ".[18]

Friedrich Johannes Frommann (Urburschenschaft Jena 1816)
Teilnehmer und Chronist des Wartburgfestes 1817, übernahm 1847 das väterliche Unternehmen, war Mitbegründer und mehrfach 1. Vorsitzender des Börsenvereins des Deutschen Buchhandels.

Trotz dieser politischen Grundeinstellung unternahm Goethe - seit November 1815 offiziell mit der „*Oberaufsicht über die unmittelbaren Anstalten für Wissenschaft und Kunst und Weimar"* betraut - nichts, um die Abhaltung des von dem studentenfreundlichen Großherzog Carl August wärmsten begrüßten Wartburgfestes zu verhindern. „*Gegen Voigt"*, äußerte er sich später (5. März 1818) gegenüber dem Kanzler von Müller, „*saß mir die Missbilligung der Erlaubnis zur Wartburgfeier schon auf den Lippen; ich habe sie aber verschluckt, um mich nicht zu compromittiren ohne Erfolg."*[19] Nach aufschlußreicher ist das Argument, das dieser

---
[18] Freundliches Begegnen (wie Anm. 11), S. 169.
[19] Goethes Werke. Sophien-Ausgabe. Anhang: Gespräche. Bd. 3. 1889. S. 712. –Anmerkung der Schriftleitung: Der Kanzler Friedrich [von] Müller (1779-1849), mit Goethe lange Jahre befreundet und besonders vertraut, aber auch einflußreicher Berater seines Landesherrn, war einst während seiner Erlanger Studentenzeit (immatr. 3.5.1796 jur.) der letzte Senior des Schwarzen Ordens der Harmonie gewesen und hatte 1798 eine herausragende Rolle im Kampf gegen die neuen Gesellschaften, u. a. das noch heute bestehende Corps

Aussage vorausgeht: *„Quiconque rassemble le peuple, l'erneut"* [Wer immer das Volk versammelt, versetzt es in Aufruhr].[20] Gegenüber Jakob von Willemer erwähnt er am 17. Oktober die *„liebe nach Eisenach ziehende Jugend*, die er *„in dem einzigen Sinne"* beneide, *„nicht weil* [er] *die dortigen Feier und Feuer zu schauen wünschte"*, sondern weil er sich dort an den 1815 gemeinsam mit den Willemers begangenen Jahrestages der Leipziger Schlacht hätte erinnern können.[21] Auf das Wartburgfest hat der Dichterfürst zunächst gelassen, ja eher freundlich reagiert, auch dann, als ein Hagel von Vorwürfen aus Wien, Berlin, St. Petersburg, Dresden und Hannover auf das kleine Land und seinen Fürsten, den seine Gegner respektlos als den *„Altburschen"* verspotteten, hernieder prasselte. Über den Verlauf des Festes ließ er sich unverzüglich durch Teilnehmer aus Weimar und im Jenaer Frommannschen Haus informieren. Die ersten Eindrücke, die Berichte bei ihm hinterließen, waren wider Erwarten erstaunlich positiv. Studentischen Teilnehmern gegenüber gab er sich aufgeräumt und verhehlte nicht seine Freude über den Geist des jugendlichen Aufbegehrens. *„Heute früh"*, schrieb Goethe am 28. November 1817 an seinen Sohn, *„war Studiosus R*[ödi-ger] *bey mir, der in der Wartburgsgeschichte eine bedeutende Rolle spielt. Es ist ein allerliebstes Wesen, wie die Jugend überhaupt mit allen ihren Fehlern von denen sie sich zeitig genug verbessert, wenn nur die Alten keine solche Esel wären, denn die verderben eigentlich das Spiel."*[22] Robert Wesselhöft - ein Neffe des alten Frommann, selbst Sohn eines Druckers, der u. a. für Goethe arbeitete (er hatte im Auftrag der Jenaischen Burschenschaft zum Wartburgfest eingeladen) - überbrachte dem Dichterfürsten den Wortlaut aller Reden und Lieder der Wartburgfeier. Goethe monierte allerdings, daß die Jugend so selbständig, ohne den Rat der Älteren gehandelt habe. Keck erinnerte Wesselhöft Goethe daran, daß dieser es bei Abfassung seines *„Götz von Berlichingen"* nicht anders gehalten habe, worauf der Dichter lächelnd mit dem Toast antwortete *„Götz soll leben!"*[23] Wie sich Johanna Frommann etwa am 7. Dezember 1817 erinnert, stellte Goethe die Frage, *„ob es etwas Schöne-*

Onoldia, gespielt. Dieser Streit und die Ordenszugehörigkeit hatten 1799 zu seiner Relegation geführt. In Weimar gehörte Müller wie Goethe der Freimaurerloge Amalia an. Leider scheint wenig bekannt zu sein über sein späteres Verhältnis zu studentischen Korporationen und speziell zur jungen Burschenschaft. Vgl. auch Hümmer, H.P.: Die Stammbücher der Erlanger Westfalen Davidis. In: Einst und Jetzt Bd. 46. 2001. S. 99-152, speziell S. 123ff.
[20] Goethes Gespräche (wie Anm. 4), Bd. 3/1. 1971. S. 47.
[21] Goethes Werke. Sophien-Ausgabe. IV. Abt., Bd. 28. 1903. S. 285f.
[22] Ebd., S. 317.
[23] Goethes Gespräche (s. Anm. 4), Bd. 3/1. 1971, S. 267.

res geben könne, als wenn die Jugend aus allen Weltgegenden zusammenkäme, um sich fester für das Gute zu verbinden mit dem Entschlusse, in jeder Lage ihres Lebens alle ihre Kräfte aufzuwenden."[24] Selbst über die hochexplosive Feuerrede, die der Jahn-Jünger Ludwig Rödiger bei der sogenannten Bücherverbrennung auf dem Wartenberg gehalten hatte, urteilte er nach der Lektüre ziemlich wohlwollend. *„Ja, ein paar Ungeschicklichkeiten etc. etc. abgerechnet"*, bezeichnete er am 4. Dezember 1817 Rödigers Rede als *„sogar in sich gut"*.[25] Daß dem Autodafé auch das Buch *„Geschichte des deutschen Reichs"* seines erfolgreicheren langjährigen literarischen Gegners Kotzebue zum Opfer fiel, begrüßte er mit grimmiger Schadenfreude und verspottete ihn mit den Versen:

> *„Daß Du dein eignes Volk gescholten,*
> *Die Jugend hat es dir vergolten:*
> *Aller End' her kamen sie zusammen,*
> *Dich haufenweise zu verdammen,*
> *St. Peter freut sich dieser Flammen."*[26]

Im übrigen waren derartige Bücherverbrennungen den Zeitgenossen wohl vertraut und damals schon seit Jahrhunderten üblich. Goethe selbst hatte als Kind eine solche in Frankfurt erlebt und später in *„Dichtung und Wahrheit"* beschrieben. Auch als sich wegen der *„Bücherverbrennung"* bald das Gewitter über der Burschenschaft zusammenzog, blieb er zunächst noch auf ihrer Seite. Wie Johanna Frommann am 15. Dezember 1817 ihrem Sohn schrieb, hatte Rödiger am 28. November 1817 Goethe besucht. Hinterher habe der Dichter ihr anvertraut, *„daß er sich hätte zurückhalten müssen, er hätte dem R. um den Hals fallen, ihn tüchtig küssen und sagen mögen:, Lieber Junge sei nur nicht so dumm'"*; im Gespräch mit Leopold Graf Zichy, österreichischer Geschäftsträger am Berliner Hof, täte er nichts anderes, *„als niederschlagende Pülverchen anrühren, damit sie nur seinen lieben jungen Leuten nichts täten, seinen lieben Brauseköpfen"*.[27] In diesem Sinne hielt er auch bei dem ersten, von Metternich eingeleiteten Vorgehen gegen die Jenaische Burschenschaft im Dezember 1817, fast über Amt und Pflicht hin-

---

[24] Ebd., S. 38, und Freundliches Begegnen (wie Anm. 11), S. 242.
[25] November oder Dezember 1817. In: Goethes Werke. Sophien-Ausgabe. Anhang: Gespräche. Bd. 3, 1889. S. 703; vgl. Freundliches Begegnen (wie Anm. 11), S. 100.
[26] Goethes Werke. Sophien-Ausgabe. I. Abt., Bd. 5. 1893. S. 182; vgl. Freundliches Begegnen (wie Anm. 11), S. 229.
[27] Goethes Gespräche (wie Anm. 4), Bd. 3/1. 1971. S. 39, und Freundliches Begegnen (wie Anm. 11), S. 243.

aus, schützend seine Hand über diese.²⁸ Auch ihn besuchende auswärtige Burschenschafter durften ihn als Patron der Burschenschaft sehen. Der Heidelberger Burschenschafter Friedrich Wilhelm Carové - der „berühmte Wartburger", wie ihn Goethes Tagebuch nennt – durfte am 11. April 1818 Goethe „sein Büchlein" (womit wohl seine berühmte Wartburgrede gemeint ist) überreichen.²⁹ Auch sein Bundesbruder, der später ebenfalls als Schriftsteller bekannt gewordene Theodor Kobbe, wurde anläßlich des Ersten Burschentages in Jena (29. März bis 3. April 1818) von Goethe auf der „Grünen Tanne", seinem damaligem Quartier in Jena³⁰, wohlwollend empfangen.

August von Kotzebue (1761-1819)
erfolgreicher und auch unter Goethes Intendanz in Weimar meistgespielter Bühnenautor, verspottete die Zielsetzungen der Burschenschaft, denunzierte sie als Brutstätte aller gegenwärtigen und künftigen Übel, befürwortete die Pressezensur und wandte sich gegen jede akademische Selbstbestimmung. Seine Ermordung durch den Fanatiker Karl Ludwig Sand führte zu einem Umschwung von Goethes zunächst positiver Einstellung zur Burschenschaft.

Auch Großherzog Carl August nahm die burschenschaftliche Bewegung gegenüber den von allen Seiten auf ihn eindringenden Verdächtigungen

---

²⁸ Belege bei Haupt (wie Anm. 1), S. 9.
²⁹ Goethes Werke. Sophien-Ausgabe. I. Abt., Bd. 3. 1890. S 141. Vgl. auch Goethes Gespräche (wie Anm. 4), Bd. 3/1, 1971. S. 52f.
³⁰ Vgl. Kaupp, Peter: „Zinne über'm Brückenbogen". Festschrift anläßlich der Erneuerung der „Grünen Tanne" in Jena. Jena 1994. S. 62ff.

und Denunziationen in Schutz. Als zum Entsetzen der Gefolgschaft um Metternich die Jenaischen Burschenschafter dem Fürsten aus Anlaß der Taufe seines Enkels Carl Alexander (des späteren Großherzogs) am 5. Juli 1818 in Weimar einen Fackelzug brachten und zur Festtafel eingeladen wurden, dürfte das auch Goethe bereits Unbehagen bereitet haben. Am 25. Juli 1818 schrieb Friedrich von Gentz einem Vertrauten, daß der Großherzog in Weimar ein Diner - wohl aus Anlaß dieser Taufe - gegeben habe, wobei sechs (?) Studenten in altdeutscher Tracht anwesend waren. Der Herzog trank auf die Gesundheit der Universität Jena, worauf *„einer dieser Unholden"* mit dem Gegentoast aufwartete: *„Dem einzigen deutschen Fürsten, der sein Wort gehalten hat."*[31] Erst die Ereignisse der Jahre 1818/19 führten zu einem jähen Bruch der guten Beziehungen zwischen Goethe und der Burschenschaft. Nicht so sehr vom Wartburggeschehen selbst als von seiner publizistischen Resonanz nach außen befürchtete Goethe Unheil für Weimar und den Großherzog.

Das Jenaer Gasthaus „Grüne Tanne", in dessen oberstem Stockwerk der Dichter wiederholt, insbesondere 1817/18, weilte, sich Dichtungen und wetterkundlichen Beobachtungen widmete und zahlreiche Burschenschafter empfing. 1815 Gründungsstätte der Jenaischen Burschenschaft, seit 1994 Sitz der Burschenschaft Arminia auf dem Burgkeller.

---

[31] Briefe 1, S. 285, nach Ludwig Geiger (wie Anm. 4); Miszellen S. 258.

*Reichsfreiherr Heinrich von Gagern (1799-1880),
Teutonia Heidelberg 1815, Burschenschaft Jena 1818.
Teilnehmer an der Schlacht bei Waterloo. 1818 Generalführer des Zuges der
Jenaischen Burschenschaft zur Taufe des Erbprinzen Karl Alexander, später
Führer der liberalen Opposition im hessen-darmstädtischen Landtag. 1848
Ministerpräsident in Darmstadt, erster Präsident der Frankfurter
Nationalversammlung. Goethe besuchte er am 22. Mai 1818 auf der Grünen
Tanne in Jena (Tagebucheintrag Goethes).*

Die Prozesse gegen die liberalen Professoren und Protektoren der jungen Burschenschaft, Lorenz Oken und Heinrich Luden, das Publikwerden von Graf Stourdzas geheimem Memorandum gegen die deutschen Universitäten[32], die Pressefehde zwischen Kotzebue und Luden (der in seiner Zeitschrift Nemesis dessen gehässigen Geheimbericht über die Zustände in Deutschland veröffentlicht hatte), aber auch der zunehmende Einfluß des radikalen Gießener Schwarzen Karl Folien sowie die nachlassende Disziplin innerhalb der Jenaischen Burschenschaft – insbesondere die unerfreulichen Auftritte im Weimarer Theater sowie die groben Ausschreitungen in Jena und Weimar im Dezember 1818 aus Anlaß des Besuchs der Zarin-Mutter Maria Feodorowna bei ihrer mit dem Erbprinzen verheirateten Tochter, Großherzogin Maria Pawlowna[33] - all das kühlte Goethes Sympathie für die Burschenschaft mehr und mehr ab.

---

[32] Stourdza, Alexander Demetrius Graf von: Memoire sur l'etat actuel de l'Allemagne. Aachen 1818.
[33] Belege bei Haupt (wie Anm. 1), S. 11.

Vor allem führten die von dem *„garstigen Wartburger Feuerstank,... den ganz Deutschland übel empfindet"* [34] ausgehenden Presse- und sonstigen Angriffe, von denen er Nachteile für die Universität, den Staat und den Großherzog persönlich befürchtete, zu einem Stimmungsumschwung. Verständlicherweise nahm die Burschenschaft leidenschaftlich für Luden und gegen Kotzebue Partei. Auch der Geheimbericht, den der unter dem Namen *„Herr von Schmidt"* entsandte Wiener Polizei-Oberkommissar Sicard, der auch bei Goethe Eingang fand[35], nach Wien schickte, dürfte Metternich in seiner Ansicht bestärkt haben, daß sich hier eine revolutionäre Verschwörung anbahne. Mehr und mehr gelang es Metternich und seinem nicht minder einflußreichen antirepublikanischen Pressechef Friedrich von Gentz, Goethe namentlich bei dessen Besuchen in Karlsbad von seinem liberaler denkenden fürstlichen Freund Carl August zu trennen und auf die Seite der Reaktion zu ziehen. Gentz zufolge beteiligte sich Goethe bei einem Diner beim Fürsten Schwarzenberg an *„einer lange[n\ Unterredung über den Studenten-Unfug [...], wobei er [...] seine tiefste Indignation gegen Alles was sich seit Jahr und Tag in Weimar und Jena zugetragen hat, nicht verbarg."*[36] Die nahe politische Gesinnungsverwandtschaft zu Metternich[37] ist nicht zu übersehen.

Es waren vor allem die politischen Auswirkungen des Festes, die im Winter 1817/18 Goethes Einstellung veränderten. Von der starken publizistischen Resonanz des Wartburgfestes und deren Rückwirkung auf Weimar fürchtete er Unheil. Nichts konnte seinen Vorstellungen von einer Hochschulerneuerung und wissenschaftlicher Arbeit diametraler entgegengesetzt sein als eine auch nur ansatzweise Politisierung der Universität, wofür er freilich weniger die Studenten als bestimmte Professoren und Journalisten verantwortlich machte. Vor allem die liberalen Professoren, die beim Wartburgfest aktiv mitgewirkt hatten, waren für ihn eher aufrührerische Demagogen als besonnene akademische Lehrer. Heinrich Luden und Lorenz Oken sprach er eine besondere Schuld zu, weil sie die politische Lage in ihren Zeitschriften ausnutzten und mißbrauchten, ja er schreckte nicht vor Ratschlägen zurück, die Publikationen zu verbieten.

---

[34] Goethe zu Zelter (16. Dezember 1817). In: Goethes Werke. Sophien-Ausgabe. IV. Abt., Bd. 28.1903. S. 335.
[35] Flach, Willy: Ein Polizeiagent Metternichs bei Goethe. Eine unbekannte Quelle zum Wartburgfest 1817. In: Festschrift für Wolfgang Vulpius ..., Weimar 1957. S. 7-35.
[36] Briefe von Friedrich von Gentz an Pilati. Bd. 1. Leipzig 1868. S. 301. Weitere Belege bei Haupt (wie Anm. 1), S. 12.
[37] Vgl. Tümmler (wie Anm. 1), S. 136.

Karl Ludwig Sand (1795-1820;
Teutonia Tübingen 1815, Urburschenschaft Teutonia Erlangen 1816,
Burschenschaft Jena 1817)
Fahnenbegleiter auf dem Wartburgfest 1817, erreichte 1817 bei Goethe, daß der Burschenschaft das frühere fürstliche Ballhaus als Turnhalle zur Verfügung gestellt wurde. Als Anhänger des radikalen Flügels um Karl Folien ermordete Sand 1819 den russischen Staatsrat August von Kotzebue. - Kolorierte Zeichnung von Johann Michael Voltz (vgl. Konrad, Bilderkunde Nr. 232,1); Originalgraphik im Besitz der Universitätsbibliothek Erlangen.

Die Ermordung des russischen Staatsrats und Dramatikers August von Kotzebue durch den früheren Erlanger und Jenaer Burschenschafter Karl Ludwig Sand am 23. März 1818 beeindruckte Goethe außerordentlich und setzte sein ganzes politisches und persönliches Empfinden in Aufruhr. Bei aller Mißachtung Kotzebues – „*einer der gründlichsten Schufte, die Gott erschuf*"[38] mußte er seiner ganzen Denkart nach in dieser Tat eines irregeleiteten Einzelgängers die Auswirkung eines allgemeinen revolutionären Zeitgeistes erblicken. Gegenüber Kanzler von Müller äußerte er, daß in Kotzebues gewaltsamen Ende „*eine gewisse notwendige Folge einer höheren Weltordnung*"[39] liege. Daß er auch sein eigenes Leben vor politischen Fanatikern nicht gesichert glaubte, zeigt sein fassungsloses Verhalten gegenüber einem studentischen Verehrer, der ihn

---

[38] Goethes Werke. Sophien-Ausgabe. I. Abt., Bd. 5. 1893. S. 173.
[39] Freundliches Begegnen (wie Anm. 11), S. 109.

kurz nach Sands Bluttat in Weimar aufsuchen wollte, und gegen den Goethe sogar die Polizei in Bewegung setzte. In Weimar kursierte sogar das Gerücht von einem Gießener Studenten, der es auf Goethes Leben abgesehen habe. Auch die Lektüre der von Carové verfaßte Schrift „*Über die Ermordung Kotzebues*" (Anfang 1819) nahm ihm offenbar nicht die Furcht vor den akademischen Umstürzlern. Anders als die Weimarische Regierung, die von einer Untersuchung gegen die Burschenschaft absah, stand es für Goethe jetzt fest, daß es an den Universitäten so nicht weitergehen könne. „*Jetzt verschlimmern sich die Zustände bis zum Extrem*", schrieb er im Juli 1819, „*das Gouvernement muß doch zuletzt wieder eingreifen, und, weil in der Sache keine Folge ist, geschieht dieß vielleicht auch zur unrechten Zeit und mit bedenklichen Mitteln unausreichend.*"[40] Ihm schien es vielmehr angebracht, „*das Extrem auch extrem zu behandeln, frei, grandios, imposant*", so im Gespräch mit Kanzler Friedrich von Müller am 16. Juni 1819.„*Man hätte Oken das Gehalt lassen, aber ihn exilieren sollen.*"[41] Zu einem solchen „*grandiosen*" Vorgehen kam es schneller als der Dichterfürst dachte. Vielleicht war es ein Zufall, daß Goethes Kuraufenthalt in Karlsbad vom 28. August bis 28. September 1819 zum Teil mit den dort vom 6. bis 31. August abgehaltenen Ministerkonferenzen zusammenfiel, die am 20. September 1819 zur Annahme der verhängnisvollen Karlsbader Beschlüsse standen, welche die Auflösung der Burschenschaft bestimmte und ab 1824 zur ersten größeren sogenannten „*Demagogenverfolgung*" führte. Zu den teilnehmenden Diplomaten, namentlich zu Metternich, Gentz und dem preußischen Vertreter Graf Bernstoff, stand Goethe z. T. in engen freundlichen Beziehungen. Metternich zog den Dichter zwar nicht ins Vertrauen, unterhielt sich mit ihm aber über Fragen der Pressefreiheit. Goethe dürfte Metternichs Spiel nicht durchschaut haben, als er am 3. September über dessen vertrauliche Mitteilung sehr optimistisch an seinen Landesherrn berichtete. In Weimarer Regierungskreisen war man über die Karlsbader Beschlüsse zutiefst empört, während Goethe sich wohl im ganzen damit zufrieden gab.[42] In Ausführung der Karlsbader Beschlüsse trug Carl August von Sachsen-Weimar Goethe im Herbst 1819 die Stelle eines Regierungsbevollmächtigten zur Überwachung der Jenaer Universität an, was dieser unter Hinweis auf sein hohes Alter jedoch ablehnte. Er hatte noch für ihn und die Welt Wichtigeres vor. Da-

---

[40] An C. L. Weiden, 17. Juli 1819. In: Goethes Werke. Sophien-Ausgabe. IV. Abt., Bd. 31.1905. S. 237.
[41] Th. Distel in Goethe-Jahrbuch 33, 1912. S. 218f.. Zitiert nach Haupt (wie Anm. 1), S. 218 f.
[42] Belege dafür bei Haupt (s. Anm. 1), S. 14.

raufhin wurde die schwierige und unangenehme Stelle im Dezember 1819 dem Juristen und Kanzler der Universität Philipp Wilhelm von Motz übertragen, der die harten Bundesbeschlüsse gegen die Burschenschaft und die liberalen Hochschullehrer mit Strenge umsetzte.[43]

Die Beziehungen der am 26. November 1819 aufgelösten, aber insgeheim weiterbestehenden Jenaischen Burschenschaft zu Goethe hatten unter den neuen Verhältnissen zunächst nicht zu leiden. Noch war die Verehrung für den großen deutschen Dichter weit verbreitet. Zu seinem 71. Geburtstag, den er in Jena verbrachte, huldigte ihn auch die Jenaische Burschenschaft am 28. August 1820 durch ein feierliches gemeinsames Mittagsmahl sowie durch Darbringung eines Musikständchens und eines Fackelzugs. Sicher galt die Verehrung mehr dem Dichter als dem verantwortlichen Staatsmann, dem die von den Studenten mehrheitlich geforderte Liberalisierung und Nationalisierung an den deutschen Universitäten zutiefst widerstrebte.[44] *„Früh hatten Studenten ein Gedicht gebracht",* erwähnt er unter diesem Datum in seinem Tagebuch. *„Abends Ständchen mit Fackeln"*[45] - eine Ehrung, die das gegenseitige Einvernehmen jedoch nicht fördern sollte. Goethe empfing zwar die drei ihm gratulierenden Kommilitonen - unter ihnen der Jenaische und Hallesche Burschenschafter Heinrich Clemen - sehr liebenswürdig. Nach dem Lied und dem tausendstimmigen studentischen Vivat wurden die jugendlichen Gäste mit Champagner bewirtet, die erwartete Dankesrede blieb jedoch aus. Stattdessen beließ er es bei stummen Verbeugungen vom Fenster aus und Winken mit dem Taschentuch. Nach Angaben eines Augenzeugen wäre Goethe ob der Huldigung so gerührt gewesen, daß ihm die Worte versagten. Die Mehrheit der Burschenschafter war jedoch empört und empfand Goethes Schweigen als hochmütige Zurückhaltung. *„Unter allgemeinem Gelächter",* so berichtet Arnold Ruge - später führender Linkshegelianer und zeitweise Weggefährte von Karl Marx - in seinen Memoiren, *„riefen einige sogar: Rede halten! Aber die Anführer des Zuges winkten mit den Schlägern und führten die unzufriedene Menge auf den Markt, wo ein Körnersches Lied gesungen wurde."*[46] So endete die gutgemeinte Huldigung mit einem schrillen Mißklang. Einer der erwähnten drei Abgeordneten, die Goethe die Glückwünsche der Burschenschaft persönlich überbracht hatten, Heinrich

---
[43] Ebd.
[44] Vgl. Tümmler, Hans: Wie Goethe 1820 in Jena seinen 71. Geburtstag feierte. In memoriam Ludger Graf von Westphalen. Essen 1992. S. 24. Leider geht Tümmler auf die folgenden Sachverhalte nicht ein.
[45] Goethes Werke. Sophien-Ausgabe. III. Abt., Bd. 7. 1895. S. 28.
[46] Ruge, Arnold: Aus früherer Zeit. Bd. 2. Berlin 1862. S. 305.

Clemen (Urburschenschaft Jena 1818), äußerte sich später in seinen Erinnerungen rückblickend ziemlich enttäuscht über diesen Geburtstagsempfang und fand sein Urteil bestätigt, *„daß Goethe keineswegs der Mann der Burschenschaft [...] war, vielmehr manche Glieder derselben wegen seiner bekannten Abgewandtheit von aller Politik, die sie ihm als Mangel an Vaterlandsliebe und als Teilnahmslosigkeit an den dermaligen jugendlichen Idealen auslegten, [...] sehr übel auf ihn zu sprechen waren".*[47] Auch außerhalb Jenas hatte der alternde Goethe nach seiner Stellungnahme gegen die vaterländisch-freiheitliche Bewegung der Burschenschaft an Ansehen verloren. Der Leipziger Burschenschafter Karl August Hase, später geadelter Kirchenhistoriker in Jena, schwärmt in seinem Tagebuch über seine Rhein- und Lenzfahrt im Jahre 1820[48] in höchsten Tönen von allen möglichen Dichtern und von Frankfurt, ohne den Namen Goethes auch nur zu erwähnen.

In seiner Einstellung zur Burschenschaft negativ beeinflußt wurde Goethe auch durch seine freundschaftliche Beziehung zu dem preußischen Staatsrat Christoph Schultz (1781-1834), einem begeisterten Anhänger von Goethes Farbenlehre sowie unerbittlichen Verfolger aller *„demagogischen Umtriebe"* und rigorosen Gegner der Burschenschaft.[49] Im November 1819 zum außerordentlichen Regierungsbevollmächtigten für die Berliner Universität ernannt, entfaltete Schultz einen derart maßlosen Verfolgungseifer, daß er im Juli 1824 seines Amtes enthoben wurde. In zahlreichen Briefen[50] und Begegnungen bestärkte er Goethe in dessen Auffassungen von der Staatsgefährlichkeit der burschenschaftlichen Bestrebungen und von der Notwendigkeit ihrer schärfsten Unterdrückung. Beide lehnten eine Beteiligung des Volkes an der Staatsverwaltung und ein Nachgeben gegenüber den Rufen nach mehr Freiheit entschieden ab. Auch die Salana bekam Schultz' Verfolgungseifer zu spüren, als dieser im Frühjahr 1823 die Anklageschrift gegen Professor Luden wegen Verbreitung staatsgefährdender Lehren verfaßte. Vermutlich hat Goethe, der sich Luden längst entfremdet hatte, das Vorgehen seines Freundes Schultz gegen den gefeierten liberalen Freund der Jenaischen Burschenschaft vollauf gebilligt. Luden selbst hat seine Entfremdung zwischen

---

[47] Vgl. Clemen, Heinrich Christian Albert: Ein Stück Geschichte der ersten deutschen Burschenschaft. Aus meinem Leben. Lemgo 1867. Hier zitiert nach: Goethe und die Jenaer Burschenschaft 1820. Mitgeteilt von Robert Pahncke. In: Jahrbuch der Goethe-Gesellschaft. Bd. 3,1912. S. 268.
[48] Vgl. Bruchmüller, Wilhelm: Karl Hases Rhein- und Lenzfahrt vom Jahre 1829. In: Quellen und Darstellungen zur Geschichte der Burschenschaft und der deutschen Einheitsbewegung. Bd. 8. Heidelberg 1925. S. 154-186.
[49] Zum folgenden vgl. Dahnke/Otto (wie Anm. 1), Bd. 4/1, S. 599.
[50] Vgl. Düntzer, H.: Briefwechsel zwischen Goethe und Staatsrath Schultz. Leipzig 1853.

ihm und Goethe, zu Recht oder Unrecht, auf die Einflüsterungen des preußischen Staatsrats zurückgeführt.[51] Die Karlsbader Beschlüsse vom September 1819 waren für Goethe eine legitime Reaktion auf die „*unaufhaltsam wirkenden revolutionären Potenzen"*[52], deren Beleg er auch in der Ermordung Kotzebues durch Sand (23. März 1819) sah. Wie weit sich Goethe unter Schultz' Einfluß damals dem Geist der Karlsbader Beschlüsse angepaßt hat, belegt eine Notiz in den Berliner Demagogenakten. Als im Laufe des Jahres 1820 von einzelnen Bundesstaaten und in der Presse die Auflösung der Mainzer Zentraluntersuchungskommission gefordert wurde, konnte sich der preußische Minister von Schuckmann, Vorgesetzter und Vertrauter von Staatsrat Schultz, zur Rechtfertigung einer Weiterführung der Demagogenverfolgungen auch auf Goethe berufen. Am 9. Dezember 1820 fügte er einem Bericht der preußischen Ministerkommission an den Staatskanzler die Bemerkung bei: „*Göthe erklärt die Aufhebung der Central-Unters[uchung].-Kommission für gefährlich, weil die Demagogen die Kommission fürchten und deren Auflösung wünschen "*[53] Vermutlich ist Goethes Äußerung in einem Gespräch oder in einem Brief an Schultz gefallen und von diesem an den preußischen Minister weitergegeben worden. Eng dem Geist der Karlsbader Beschlüsse verbunden, sprach er sich noch 1820 gegen den Druck seines in der Sturm- und Drang-Zeit verfaßten Dramenfragments „*Prometheus"* aus, weil er annahm, die zeitgenössische Jugend könne sich gegen die staatliche Obrigkeit auflehnen, gleich Prometheus gegenüber Zeus (gedruckt wurden seine „*Jünglings-Grillen"* allerdings noch zu seinen Lebzeiten, 1830).

Wie stark der Dichter noch 1822 am Fortgang der Demagogenverfolgung auch außerhalb Jenas interessiert war, belegen seine eigenhändigen Aufzeichnungen über die Entwicklung des burschenschaftlichen Lebens jener Zeit an der Universität Halle.[54] Als im November 1822 der Regierungsbevollmächtigte von Motz das althergebrachte Singen der Studenten auf den Straßen verbot (vermutlich richtete sich die Verordnung vor allem gegen den bereits erwähnten burschenschaftlichen Sängerchor und dessen vaterländische Gesänge), vermutete die Studentenschaft Goethe als Mitschuldigen und beklagte seine Gleichgültigkeit gegenüber den

---

[51] Einzelheiten dazu, mit Quellenangaben, vgl. Haupt (wie Anm. 1), S. 16ff.
[52] Vgl. Tag- und Jahreshefte 1819, und Goethes Werke. Sophien-Ausgabe. I. Abt., Bd. 36. 1893. S. 148.
[53] Geheimes Staatsarchiv Preußischer Kulturbesitz: R 77, IX 1. Bd. III, Bl. 137ff.. Hier zitiert nach Haupt (wie Anm. 1), S. 18f.
[54] Faksimile-Wiedergabe bei Haupt (wie Anm. 1), dem Titelblatt dieses Bandes der Quellen und Darstellungen ... vorgeheftet. Original im Goethe- und Schiller-Archiv Weimar.

Anliegen der Studentenschaft. Es gibt jedoch keine Belege dafür, daß dieser die schroffen Maßnahmen, die zu dem bekannten Auszug nach Kahla führten, gebilligt hätte. Zum Vorwurf machte man dem alten Goethe auch die Suspendierung von Professor Fries 1819, eines weiteren liberalen Förderers der Burschenschaft, ja sogar – weit zurückgreifend und hier völlig zu Unrecht - die Verdrängung Fichtes 1799 aus Jena. Auch kritisierte man (nicht nur in der Burschenschaft) sein ungeregeltes Hauswesen *(„entre la cour et la basse-cour", „zwischen Hof und Hinterhof")*, die Unschicklichkeiten in seinen Epigrammen und in seinem Roman *„Wilhelm Meisters Lehrjahre"* sowie seine Dramen, in denen er nur saft- und kraftlose Schwächlinge, keine Männercharaktere geschaffen habe. Einigen jugendlichen Hitzköpfen galt er geradezu als *„sittenloser Fürstenknecht".*

Der Höhepunkt der Mißachtung wurde erreicht, als ein Teil der Jenaischen Studentenschaft, die meisten wohl Burschenschafter, dem Dichter zu seinem Geburtstag am 28. August 1823 - Goethe selbst befand sich in Karlsbad - auf dem Jenaer Markt ein *„Pereat"* ausbrachte, weil dieser sich gegen den der Burschenschaft nahestehenden Philosophen Jakob Friedrich Fries ausgesprochen hatte. Nach anderen Quellen beschuldigten die Studenten Goethe des Indifferentismus gegenüber einem das Singen auf den Straßen beschränkenden Erlaß des Rektors und Senats.[55] Als ein Teil der Versammelten mit Vivatrufen konterte, kam es zu einem handfesten allgemeinen Tumult. Der skandalöse Vorgang fand sofort schärfste Mißbilligung, vor allem von Seiten Professor Ludens, der seinen burschenschaftlichen Freunden darob kräftig den Kopf wusch. Ruge rechtfertigte sich damit, Goethe hätte ihn und seine Gesinnungsfreunde durch *„sein höfisches Benehmen und seine Eitelkeit",* die *„Mißhandlung des Volks"* im Egmont und auch durch seine *„Maitressen-Wirtschaft"* abgestoßen.[56]

Unter dem Einfluß des Jenaischen Burschenschafters und späteren Literaturhistorikers und -kritikers Wolfgang Menzel (1789-1873), der schon als Student heftig gegen den Dichter polemisierte und ihm mangelndes Nationalgefühl und Tugendlosigkeit vorwarf, stand auch sein Bundesbruder Martin Disteli aus Olten/Schweiz, der durch Karikaturen über Goethe hervortrat und an dem erwähnten *„Pereat"* gegen den Dichter maßgeblich beteiligt war. Dafür mit der Relegation bestraft, machte er

---

[55] Brief August von Goethes an seine Frau vom 13. September 1823 aus Jena. Vgl. Pahncke (wie Anm. 47), S. 271.
[56] Vgl. Ruge (wie Anm. 46), S. 304.

sich später als Illustrator von Dichtungen Goethes einen Namen.[57] Übrigens lehnte es die Vertreterversammlung der korporierten Studentenschaft in Breslau auf Betreiben des Vertreters der Burschenschaft noch 1897 ab, Goethes 150. Geburtstag zu feiern, u. a. weil der Dichter der nationalen Bewegung kein Verständnis oder Sympathie entgegengebracht habe. Darüber wunderte sich ein alter Burschenschafter in den *„Burschenschaftlichen Blättern"*, nicht ohne daran zu erinnern, *„unter welchen politischen Verhältnissen unseres Vaterlandes Goethe groß geworden ist und wie er, als der Korse unser Vaterland knechtete, schon zu den Jahren gekommen war, in denen man sich nicht mehr umzustimmen pflegt. "*[58]

Wolfgang Menzel (1798-1873)
Urburschenschaft Jena 1818/19, einflußreicher Publizist und Literaturkritiker
schon in jungen Jahren scharfer Kritiker Goethes (1823 „Streckverse", 1828
„Die deutsche Literatur"), den er für einen „aristokratischen,
vaterlandsvergessenen, unsittlichen und areligiösen Dichter" hielt
(Biographisches Lexikon der Deutschen Burschenschaft).

Wie mancher Teilnehmer an dieser unschönen Veranstaltung zu Goethes Geburtstag am 28. August 1823 sich schon bald aufrichtig geschämt haben dürfte, sind auch Goethes zeitweise hoch gegangenen Wogen des

---
[57] Vgl. Dietschi, H.: Martin Disteli als Student in Jena. In: Historische Mitteilungen. Gratisbeilage zum Oltener Tagblatt und Volksblatt vom Jura. 6. Jg., 1913. S. 10 f. - Zu Disteli vgl. auch: Develey, Robert: Über studentische Ikonographie in der Schweiz des 19. Jahrhunderts. In: Einst und Jetzt. Sonderband 2002. S. 5-115, speziell Abb. 2 und 3 (Karikaturen aus Jena) und S. 113.
[58] Burschenschaftliche Blätter. 13. Jg., Heft 11. 1899. S. 237

Unmuts über die burschenschaftlichen Umstürzler mit der Zeit wieder abgeebbt. Ängstlich hütete er selbst sein Manuskript des Prometheus-Dramas, um mit dessen revolutionärem Inhalt nicht das Mißfallen der Mainzer Untersuchungskommission zu erregen. Wenige Jahre, nachdem er selbst für das Weiterbestehen dieser Kommission eingetreten war, distanzierte er sich von dem Verfolgungseifer der reaktionären Ultras. *„Im Prinzip das Bestehende zu erhalten, Revolutionärem vorzubeugen, stimme ich ganz mit ihnen überein, nur nicht in den Mitteln dazu"*, bemerkte er am 18. September 1823 bezüglich der vom Kanzler Friedrich von Müller gerügten freiheitlichen Bestrebungen. *„Sie nämlich rufen die Dummheit und die Finsternis zu Hilfe, ich den Verstand und das Licht."*[59] Daß man ihm in weiten Kreisen, namentlich in der Burschenschaft, seine scharfe Wendung gegen die liberale Bewegung übel nahm, ließ ihn nicht gleichgültig. Empört trat er dem schon vor Ludwig Börne (in seinen *„Briefen aus Paris"*, 14. Brief vom 20. November 1830) erhobenen Vorwurf entgegen, er sei ein Fürstendiener, ja Fürstenknecht. Wie dies zu verstehen sei, hat der mit Goethes Einstellungen gut vertraute Wiemarische Prinzen-Erzieher Frederic Jacob Soret damals in seinem Urteil zusammengefaßt: *„Goethe ist liberal in der Theorie; in der Praxis huldigt er entgegengesetzten Anschauungen."*[60] Und an anderer Stelle zitiert Soret Goethes Liberalität mit dessen Worten: *„Der wahre Liberale sucht mit den Mitteln, die ihm zu Gebote stehen, soviel Gutes zu wirken, wie er nur kann; er zieht nicht blindwütig mit Feuer und Schwert gegen Mißstände zu Felde, sondern sucht das Gute zu benutzen, um das Bessere zu erreichen."*[61]

Goethe war Aristokrat und Humanist zugleich.[62] Aristokrat insofern, als eine *„Volksherrschaft"* für ihn unvorstellbar war. Regieren konnten seiner Auffassung nach nur dafür prädestinierte Personen. Eine Demokratie als Herrschaft des Volkes bedeutete für ihn das *„Chaos"*. Dem monarchischen System fühlte er sich deshalb eng verbunden. Daß Goethe auf Seiten der Restauration stand, ist nicht verwunderlich. Den Regierungen erschienen damals die demokratischen Bestrebungen ebenso gefahrvoll wie uns heute die totalitären Umtriebe von rechts und links. Wie sein Landesherr war Goethe ein Gegner aller demokratischen Bestrebungen, duldete keine Kritik, hätte die in Weimar bestehende Pressefreiheit am

---

[59] Goethes Gespräche (wie Anm. 4), Bd. 3/1. 1971. S. 578. .
[60] Soret, Frédéric: Zehn Jahre bei Goethe. Erinnerungen an Weimars klassische Zeit 1822-1832. Nachdruck der Ausgabe Leipzig 1929. 1991. S. 466.
[61] Ebd., S. 370.
[62] Zum folgenden vgl. Klien, Wolfgang: *„Er sprach viel und trank nicht wenig"*. Goethe - Wie berühmte Zeitgenossen ihn erlebten. 3. Aufl. München 2000. S. 66ff.

liebsten aufgehoben und die Zensur wieder eingeführt. Nach Pressefreiheit strebte seiner Meinung nach ohnehin nur derjenige, der sie mißbrauchen wolle.[63] Namentlich aus Kreisen der Burschenschaft ist Goethe deshalb als „*Erz-Konservativer*" bezeichnet, ja sogar als „*Reaktionär*", „*Despotendiener*" oder „*Fürstenknecht*" beschimpft worden. Gegen diese Vorwürfe hat sich Goethe mit Recht gewehrt. Im Alter hat er sich gegenüber Eckermann im Sinne eines durch Aufklärung gemäßigten Absolutismus geäußert -eine Auffassung, die sich seit seiner Jugend kaum geändert hatte. „*Nun heißt es wieder, ich sei ein Fürstendiener, ich sei ein Fürstenknecht. - Als oh damit etwas gesagt wäre! - Diene ich denn etwa einem Tyrannen ? einem Despoten ? - Diene ich denn etwa einem Solchen, der auf Kosten des Volkes nur seinen eigenen Lüsten lebt? – Solche Fürsten und solche Zeiten liegen gottlob längst hinter uns. Ich bin dem Großherzog seit etwa einem halben Jahrhundert auf das innigste verbunden und habe ein halbes Jahrhundert mit ihm gestrebt und gearbeitet; aber lügen müßte ich, wenn ich sagen wollte, ich wüßte einen einzgen Tag, wo der Großherzog nicht daran gedacht hätte, etwas zu tun und auszuführen, das dem Lande zum Wohl gereichte und das geeignet wäre, den Zustand des Einzelnen zu verbessern.*"[64] So setzte sich Goethe z.B. für eine Auflösung der Kammergüter und eine Landverteilung zugunsten der armen Landbevölkerung ein und in den „*Wilhelm Meisters Lehrjahre*" läßt er Lothario den Wunsch äußern, die „*Leibeigenschaft aufzuheben*" sowie Pächter und Bauern „*am Gewinn zu beteiligen*", während Therese von einer „*Lockerung der Standesgrenzen*" spricht.[65]

Wenig bekannt, von Goethe selbst verschwiegen und wegen Geheimhaltung der Quellen bisher auch Kennern unbekannt ist, daß er selbst als Br. Abaris, wie auch Großherzog Carl August als Br. Aeschylus, Mitglied des Geheimbundes der Illuminaten war, der als Fernziel zumindest nominell die Abschaffung von Monarchien und Staaten anstrebte. Die Diskrepanz zwischen den angeblich revolutionären Zielen dieses Geheimbundes und Goethes konservativen politischen Anschauungen, die sich u. a. in seiner Teilnahme und Einschüchterung liberaler Kräfte in seiner Eigenschaft als leitender Beamter des Herzogtums artikulierten, hat Wilson mit der nicht unumstrittenen These erklärt, daß beide dem Orden nicht aus Überzeugung, sondern zum Zwecke der Überwachung

---

[63] Goethes Landesherr gilt als Anhänger eines aufgeklärten Absolutismus. Vgl. Goethes Werke. Sophien-Ausgabe. Maximen und Reflexionen. I. Abt., Bd. 42, Tl. 2. S. 237.
[64] Vgl. Goethes Werke. Sophien-Ausgabe. Anhang: Gespräche. Bd. 5. 1890. S. 177f.
[65] Vgl. Goethes Werke. Hamburger Ausgabe in 14 Bänden. Bd. 7. München 1981. S. 430, S. 462 und S. 507f.

und aus Angst vor konspirativen Verschwörungen beigetreten wären.[66]

Im übrigen ist darauf hinzuweisen, daß die Zielsetzungen der Burschenschaft, wie sie auf dem Wartburgfest zum Ausdruck kamen und in den programmatischen *„Grundsätzen und Beschlüssen des achtzehnten Oktobers"* (1817) zum Ausdruck kamen [67], sich weniger gegen das Großherzogtum Sachsen-Weimar, das bereits 1816 als erster deutscher Staat eine landständische und ausdrücklich die Pressefreiheit beinhaltende Verfassung erhalten hatte, als gegen die übrigen Staaten des Deutschen Bundes richteten, allen voran die Großmächte Preußen und Österreich.

Auch aus dem Bedürfnis seiner eigenen Rechtfertigung ist Goethe in den folgenden Jahren noch einige Male auf das burschenschaftliche Wartburgfest und seine Haltung dazu zurückgekommen. Dabei ist eine Tendenz erkennbar, die ursprünglich abgelehnten liberalen Bestrebungen, aus einem weiten geschichtlichen Winkel etwas anders zu interpretieren.[68] In seinem am 8. November 1824 mit Kanzler von Müller geführten Gespräch deutet er sein Vorhaben an, *„eine pragmatische Geschichte der demagogischen Umtriebe auf unseren Universitäten zu schreiben, die erst im 20. Jahrhundert solle gedruckt werden".*[69] Und als der Dichter zwei Jahre später den Entwurf einer Würdigung von Carl Augusts Haltung in Zusammenhang mit dem Wartburgfest vorlegte, hob er ausdrücklich hervor, diesen Text in einem Sinne verfasst zu haben, *„wie sie etwa in fünfzig Jahren ein freydenkender Geschichtsschreiber aufführen würde."*[70] Diese Zeugnisse lassen vermuten, daß Goethe gegen Lebensende bereit war, seine Position zur Burschenschaft und zum Wartburgfest wenn nicht zu revidieren, so doch noch einmal zu problematisieren.

Abschließend ist mit Bedauern festzustellen, daß die warmen Sympathien des großen Dichters für den burschenschaftlichen Elan der Frühzeit nach der Bluttat Sands (1818) ein jähes Ende fanden und ihn an die Seite der Reaktion um Metternich führten. Zutreffend hat der Burschen-

---

[66] Vgl. Wilson, W. Daniel: Geheimräte gegen Geheimbünde. Ein unbekanntes Kapitel der klassisch-romantischen Geschichte Weimars. Stuttgart 1991. S. 12f. - Zur Kritik vgl. Klien (Wie Anm. 62), S. 79-82.
[67] Vgl. dazu Kaupp, Peter: *„Aller Welt zum erfreulichen Beispiel".* Das Wartburgfest von 1817 und seine Auswirkungen auf die demokratischen deutschen Verfassungen, S. 181ff., Einst und Jetzt Bd. 48, Jahrbuch 2003 des Vereins für corpsstudentische Geschichtsforschung, S. 181-203, abgedruckt in dieser Festschrift
[68] Vgl. dazu und zum Vorgehenden Dahnke/Otto (wie Anm. 1), Bd. 4/2, S. 1122.
[69] Goethes Gespräche (wie Anm. 4), Bd. 3/1. 1971. S. 735.
[70] Brief an C. W. von Fritsch vom 7. Januar 1826. In: Goethes Werke. Sophien-Ausgabe. IV. Abt., Bd. 40. 1907. S. 193.

schaftshistoriker Hermann Haupt darauf hingewiesen[71], daß es bei Goethe die Angst vor den Auswirkungen des einen gemessenen Lauf der Entwicklung störenden neuen Zeitgeists vor einem ihm durch die Demagogenverfolger vorgetäuschten weitverzweigten Netz geheimer Verbindungen war, die ihn blind machte gegenüber den fortschrittlichen sittlichen und politischen Reformbemühungen der jungen Burschenschaft. Sie hat ihn auch das Unheil übersehen lassen, das nach den Karlsbader Beschlüssen über die Burschenschaften hereinbrach und die demokratische Entwicklung Deutschlands um Jahrzehnte zurückwarf. An dem für seine politischen Gedankengänge so verhängnisvoll gewordenen Wahn einer *„Burschenverschwörung auf der Wartburg"* als einer unheilvollen Auswirkung der für das Germanentum typischen Idee der persönlichen Freiheit hat Goethe noch bis in seine letzten Lebensjahre festgehalten.[72] Sein anhaltendes Interesse speziell an der Burschenschaft in Jena wurde jedoch dadurch nicht beeinträchtigt. Noch wenige Wochen vor seinem Tod, am 27. März 1832, hat sich Goethe lebhaft mit den Vorgängen innerhalb der Jenaischen Burschenschaft beschäftigt, über die ihn deren Mitbegründer Friedrich Johann Frommann informierte. Er freute sich dabei über die durch den Durchzug flüchtiger Polen veranlaßte Wiedervereinigung der beiden burschenschaftlichen Parteien (Arminen und Germanen) im Januar 1832 und verurteilte prophetisch die *„Erbärmlichkeit und Verderblichkeit"* der studentischen Zwietracht.[73] Abschließend auf diese weitblickende, damals wie heute berechtigte Klage des großen deutschen Dichters über die Zersplitterung des deutschen Korporationsstudententums im allgemeinen und der Burschenschaft im besonderen hinzuweisen, scheint in diesem Zusammenhang nicht unangemessen zu sein.

---

[71] Vgl. Haupt (wie Anm. 1), S. 29.
[72] Vgl. Eckermann, Johann Peter: Gespräche mit Goethe in den letzten Jahren seines Lebens. Hrsg. von Christoph Michel. Frankfurt a. M. 1999. S. 232f. II, 4. Aufl., S. 332f. (6. April 1829).
[73] Vgl. Goethes Gespräche (wie Anm. 4), Bd. 3/2, 1972, S. 842 sowie Keil, Richard und Robert: Geschichte des Jenaischen Studentenlebens. Leipzig 1858. S. 533f.

Johann Wolfgang von Goethe (1749-1832)
*Stich von Carl Schwerdtgeburth 1832
(unvollendet; letztes Bild nach dem Leben).*

Heinrich von Gagern als Burschenschafter in Heidelberg, Göttingen und Jena[*]

Peter Kaupp

In Zusammenhang mit dem vielfältigen Gedenken an die 150. Wiederkehr des Zusammentritts des ersten frei gewählten gesamtdeutschen Parlaments im Mai 1848 in Frankfurt wird an erster Stelle immer wieder eines Mannes gedacht, der zum ersten Präsidenten des Paulskirchenparlaments gewählt wurde, der seine politischen Ziele dort nicht durchsetzen konnte, dessen Verdienste als einer der Wegbereiter unserer freiheitlichen Rechtsordnung aber allseits unbestritten sind: Heinrich von Gagern. Im folgenden soll etwas näher dargestellt werden, was bei nahezu allen Veranstaltungen und Publikationen, von Historikern, Journalisten und Politikern häufig ausgeblendet, allenfalls am Rande und eher beiläufig erwähnt wird: seine frühe politische Sozialisation durch die Burschenschaft, der er - wie etwa 150 weitere Mitglieder der Frankfurter Nationalversammlung - als Student angehört hatte. Daß viele von denjenigen, die im Vormärz als „Demagogen" verfolgt wurden, aktiv an der Revolution von 1848 teilnahmen und - wie Heinrich von Gagern - als gewählte Volksvertreter in der Frankfurter Nationalversammlung saßen, Burschenschafter waren, wird nur ungern zugegeben. Man könnte ja in der Geschichte der Burschenschaft auch einmal etwas Positives entdecken. Stattdessen ist, wie z. B. beim Festakt der Akademikerverbände am letzten Sonntag (natürlich nicht falsch, aber eben gezielt ungenau), oft nur von „Studenten", allenfalls von „Korporierten" oder „Verbindungsstudenten" die Rede, wo „Burschenschafter" die korrekte Bezeichnung wäre.

Wilhelm Heinrich August Reichsfreiherr von Gagern wurde am 20. August 1799 in Bayreuth geboren, wo die Familie vor den französischen Revolutionstruppen Zuflucht genommen hatte. Von seinen neun Geschwistern wurden vor allem die Brüder Friedrich als General und Maximilian als Politiker bekannt. Die ursprünglich auf der Insel Rügen beheimatete Familie entstammte der Reichsritterschaft und fühlte sich deshalb - was für das politische Denken Heinrich von Gagerns wichtig ist - seit jeher unmittelbar dem Kaiser und dem Reich eng verbunden. Sein Vater, Hans Christoph von Gagern, war seit 1788 leitender Minister des Fürsten von Nassau-Weilburg und trat später auch als

---

[*] Überarbeitete Fassung eines Vortrags, den der Verfasser am 10. Oktober 1998 auf der Studentenhistoriker-Tagung in Rostock gehalten hat.

Diplomat und politischer Publizist hervor. Mit Freiherr vom Stein befreundet, war er ein Gegner Napoleons und Metternichs. Sein Briefwechsel mit dem Sohn ist eine wichtige Quelle für die Geschichte der frühen Burschenschaft und die politische Biographie Heinrich von Gagerns.

Wilhelm Heinrich August Reichsfreiherr von Gagern
geb. 20. August 1799 in Bayreuth   gest. 22. Mai 1880 in Darmstadt

Nach dem Besuch des Gymnasiums in Weilburg und der Kadettenschule in München nahm Heinrich von Gagern als blutjunger 16jähriger nassauischer Unterleutnant an den Freiheitskriegen teil und wurde in der Schlacht von Waterloo leicht verwundet. Im Sommer 1816 wandte er sich mit seinem fünf Jahre älteren Bruder Friedrich zum Studium der Rechtswissenschaften zunächst nach Heidelberg. Dort trat er sofort in die burschenschaftliche „*Teutonia*" ein, die sein Bruder drei Semester zuvor im Gegensatz zu den Landsmannschaften und in engem Kontakt mit den deutschen Gesellschaften des Justizrats Hoffmann mitgegründet hatte. An den akademischen Reformbewegungen sowie an den langwierigen Verhandlungen und der Gründung einer allgemeinen Heidelberger Burschenschaft nahmen die Brüder von Gagern regen Anteil. Auch ihre jüngeren Brüder August (gestorben bereits 1824), Moritz und Maximilian ließ der Vater später in Heidelberg studieren und der dortigen Burschenschaft beitreten, ungeachtet der politischen Bedenken, welche die im Jahr 1819 einsetzende erste sogenannte „*Demagogenverfolgung*" bei ihm auslösen mochte. Sein Heidelberger Bundesbruder Heinrich Karl Alexander Pagenstecher, später ein bekannter Arzt und Politiker in Elberfeld, schreibt in seinen handschriftlichen Aufzeichnungen, Heinrich von Gagern sei ein „*blühender, starker blonder Bursche gewesen, von ernsthaftem, stolzen Wesen*". Bei den burschenschaftlichen Beratungen habe ihn seine „*ruhige, ich möchte sagen, staatsmännische Behandlungsweise der Dinge ... frappiert*". Und ein anderer Bundesbruder, Ferdinand Walter, schildert ihn als „*einen blühenden Jüngling, aus dessen Augen Geist, Mut und Sittenreinheit leuchteten*". Besonders nachhaltig beeindruckte ihn in Heidelberg der Philosoph Jakob Friedrich Fries (seit Herbst 1816 in Jena ein Förderer der Urburschenschaft), der gerade in Südwestdeutschland gegenüber den einflußreichen französischen Freiheitsideen eine „*Mäßigung in allen Dingen des öffentlichen Lebens*" und Reformen anstelle von Revolutionen forderte. Auch der patriotische Hoffmannsche Bund, der eine nationale Einheit Deutschlands unter preußischer Führung erstrebte, beeinflußte ihn erheblich.

Als überzeugter Anhänger der burschenschaftlichen Sache setzte Heinrich von Gagern im Sommer 1817 sein Studium zunächst in Göttingen fort. Hatte er in Heidelberg noch den Aufbau der Burschenschaft und kurz vor seinem Abgang dort ihre Begründung miterlebt, so fand er in Göttingen ganz andere Verhältnisse vor. Dort hatte sich die Burschenschaft gegenüber den Landsmannschaften noch nicht durchsetzen können. Dafür fehlten an der Georgia Augusta alle politischen und geistigen Voraussetzungen. Immerhin war es aber seinem Heidelberger Bundesbruder Johann Friedrich Böhme gelungen, im Dezember 1816 eine Anzahl von auswärtigen Burschenschaftern und Renoncen zu einer burschenschaftlichen „*Lesegesellschaft*" zu sammeln. Über Heinrich von Gagerns Leben und Treiben in den beiden Göttinger Semestern sind wir aus Stammbuchblättern ganz gut orientiert. Sein Bekanntenkreis war ziemlich groß. Er umfaßte nicht nur eine Reihe früherer Heidelberger Burschenschafter, sondern auch zahlreiche Corpsstudenten, mit denen er freundschaftlichen Kontakt pflegte, zumal die Abgrenzungen damals noch fließend waren und häufig Übertritte von einer Burschenschaft in ein Corps (wie auch umgekehrt) erfolgten. Die *„Memorabilien"* der Stammbuchblätter belegen ein fröhlich-unbeschwertes Studentenleben, zahlreiche Ausflüge in die Umgebung sowie die Teilnahme an Kommersen, gemeinsamem Fechtboden und Mensuren. Aus Briefen wissen wir, daß er in Göttingen zumindest ein Duell ausgefochten und sich dabei eine Abfuhr in Gestalt einer schlimmen Außenquart eingefangen hatte. In einem ersten, nicht mehr erhaltenen Brief scheint er dem besorgten Vater das Märchen erzählt zu haben, er sei in Glasscherben gefallen. Der Vater antwortete ziemlich verstimmt: *„Das Glasscherbenfallen will mir nicht so recht gefallen. In meinem Lexicon heißt das etwas anderes. Und da wäre es fast besser gewesen, gar nicht zu schreiben oder an den Vater die nackte Wahrheit".* Wie in Heidelberg und später in Jena scheint er seine Wechsel oft erheblich überschritten zu haben, was den Vater - wie wir aus Briefen wissen - genau so wenig erfreute, wie der breite Schmiß, den er als Folge zumindest eines Duells in Göttingen davontrug. Briefe ganz ähnlichen Inhalts mit Warnungen vor dem Fechten und Schuldenmachen sowie Ermahnungen zum fleißigen Studieren - daran wird man in diesem Zusammenhang erinnert - schrieb einige Jahre später der Vater von Karl Marx an seinen Sohn, damals ein trink-, fecht-, duell- und ausgabenfreudiger Verbindungsstudent in Bonn (vgl. entsprechenden Aufsatz in dieser Festschrift).

Als Heinrich von Gagern Ostern 1818 nach Jena kam, ging ihm der Ruf eines schneidigen Verfechters der burschenschaftlichen Ziele voraus. Sein Auftreten in Heidelberg und in Göttingen sicherten ihm die Stellung eines gewandten Verhandlungsführers, der seinen Argumenten auch mit der Klinge Nachdruck zu verschaffen wußte. In Jena fand er die Burschenschaft in gesicherten und geordneten Verhältnissen vor. Obwohl die burschenschaftlichen Anfänge in Jena später lagen als in Südwestdeutschland, z. B. in Tübingen und Heidelberg sowie in Gießen, Marburg und Halle, hatte die Burschenschaft in Jena seit ihrer Begründung am 12. Juni 1815 im Gegensatz zu den genannten Hochschulorten einen ununterbrochenen Fortbestand. Sie war das anerkannte Haupt der Burschenschaften an den deutschen Hochschulen geworden. Von ihr ging die Einladung zum Wartburgfest am 18. Oktober 1817 aus, desgleichen der Beschluß, zu Ostern 1818 den ersten deutschen Burschentag in Jena abzuhalten.

Es war also eine Zeit gesteigerter Aufbautätigkeit, als Heinrich von Gagern von Göttingen nach Jena wechselte. Sicher hat ihn das Verlangen getrieben, gerade jetzt im Brennpunkt der burschenschaftlichen Bewegung in Jena mitwirken zu können. Rasch wurde er dort zu einem der führenden Vertreter der Jenaischen Burschenschaft. Bereits Anfang Juni 1818, war Heinrich von Gagern auch maßgeblich an der Gründung der im harten Ringen mit den örtlichen Landsmannschaften entstandenen Leipziger Burschenschaft beteiligt. Ende Juni marschierte er an der Spitze eines Zuges von etwa 550 Burschenschaftern zur Taufe des Prinzen Karl Alexander von Sachsen-Weimar-Eisenach nach Weimar. Daß die Burschenschaft bei der Taufe des Erbprinzen Pate gestanden habe, ist eine in Kreisen der Jenaischen Burschenschaft liebevoll gepflegte Legende. Vielmehr war es so, daß - dem Hofprotokoll entsprechend - zwei oder drei ihrer aristokratischen Mitglieder (neben von Gagern waren dies wahrscheinlich Eduard Graf von Keller bzw. Daniel von Binzer) bei dieser Feier die Jenaische Burschenschaft repräsentierten - eine Ehre, die auch anderen Korporationen zuteil wurde. Goethe hatte er bereits Ende Mai 1818 bei einer Gesellschaft im Frommannschen Haus kennengelernt: *„Bekanntschaft mit dem jungen Herrn v. Gagern",* lautete eine Tagebucheintragung des Dichterfürsten vom 22. Mai 1818. An allen zentralen Begebenheiten der Jenaischen Burschenschaft in jenem spannungsreichen Jahr 1818 war er maßgeblich beteiligt. Das zentrale Ereignis dieses Jahres war die Gründung der ersten *„Allgemeinen deutschen Burschenschaft"* auf dem 2. Burschentag in Jena, an dem er als offizieller Vertreter der vorsitzenden Jenaischen Burschenschaft teilnahm. Er hatte die wichtige Aufgabe, zusammen mit zwei weiteren Bundesbrüdern die schon grundsätzlich genehmigte Verfassung der allgemeinen deutschen Burschenschaft in geordnete Form zu bringen, die dann am 16. Oktober von der Vollversammlung genehmigt wurde. In den vorbereitenden Diskussionen zu dieser Verfassung - die Urkunde trägt auch seine Unterschrift - gewann der spätere erste Präsident der Frankfurter Paulskirchenversammlung seine ersten politisch-parlamentarischen Erfahrungen. Die Verfassung verband hochschulpolitische und politische Ziele: *„Die allgemeine deutsche Burschenschaft ist die freie und natürliche Vereinigung der gesamten wissenschaftlich auf den Hochschulen sich bildenden deutschen Jugend zu einem Ganzen, gegründet auf das Verhältnis der deutschen Jugend zur werdenden Einheit des deutschen Volkes".* Auch wurde er mit fünf weiteren Burschen am 12. Oktober in den Festausschuß gewählt, der die Aufgabe hatte, die Anordnung der Feier des 18. Oktober durchzuführen. Am 15. Oktober wurde ihm ferner die Abfassung des wichtigen Briefes übertragen, der die Streitigkeiten zwischen der alten und neuen Burschenschaft in Würzburg schlichten und die beiden Parteien zur Vereinigung auffordern sollte. Heinrich hatte die Genugtuung, daß sein Brief am 17. Oktober von der Versammlung vollauf gebilligt und ihm damit sein diplomatisches Geschick bestätigt wurde, mit dem er diese heikle Aufgabe gelöst hatte. Am 19. Oktober 1818 schließlich hat er das Gesamtprotokoll des Burschentages als Vertreter von Jena mit unterschrieben. Den Ehrbegriffen der damaligen Zeit entsprechend verlieh Heinrich von Gagern seinen Überzeugungen auch mit der Klinge Respekt. So übersandte er im Februar 1819 zusammen mit seinen Bundesbrüdern Dietrich Werner Graf von Bocholtz und Gustav Ludwig Friedrich von Henning auf Schönhoff die Forderung zu einem (allerdings nicht ausgetragenen) Duell an den russischen Staatsrat Alexander Graf Demetrius von Stourdza, der sich in seiner Schmähschrift *„Mémoires sur l'état actuel de l'Allemagne"* erfrecht hatte, *„einen großen Teil der deutschen Jugend und nebst ihr die Ehre des Vaterlands anzugreifen".*

Als Heinrich von Gagern Ostern 1818 in Jena eintraf, tobte dort gerade innerhalb der Burschenschaft, der damals die Mehrheit der Jenaer Studenten angehörte, ein heftiger Streit zwischen der Minderheit der *„Lichtenhainer"* und der Mehrheit der *„Altdeutschen".* Erstere huldigten in dem beliebten Bierdorf Lichtenhain einem flotten trinkfreudigen Studentenleben, hielten nichts vom Turnen, dafür aber viel von einem renommistischem Gehabe. Die nach ihrer Tracht (deutscher Rock, bloßer Hals und langes Haar) als *„Altdeutsche"* bezeichnete Gruppe sah dagegen die Hauptaufgabe der Burschenschaft in der Erziehung ihrer Mitglieder zum Dienste für das Vaterland und zu einer sittlichen Lebensführung. Heinrich von Gagern schlug sich auf die Seite der letzteren und ließ auf den Versammlungen lautstark seine Stimme ertönen, wenn es darum ging, die Zweikämpfe nach Möglichkeit einzuschränken, die Einstellung der Burschen zu den Jenaischen Philistern zu verbessern, die lächerlichen Übertreibungen in der Tracht der *„Lichtenhainer"* (Stürmer und Kanonenstiefel) sowie die für Füchse schimpfliche Roheit des Fuchsenritts und des Fuchsenbrennens, die totale Diffamierung eines Studenten durch den endgültigen Verruf (Verschiß) und den Gebrauch der Hetzpeitsche im Umgang mit solchen Studenten zu verbieten.

Wie wir u. a. aus Briefen an seinen Vater wissen, war von Gagern in Jena auch sehr engagierter Teilnehmer eines kurzlebigen auf der *„Grünen Tanne"* tagenden burschenschaftsinternen wissenschaftlichen Vereins, der sich mit geschichtlichen, staatsrechtlichen und philosophischen Fragen beschäftigte. Zum Nutzen für seine spätere parlamentarische Tätigkeit verbesserte er hier seine staatsrechtlichen Kenntnisse und seine rhetorischen Fähigkeiten. Anfang Dezember 1818 berichtete ein Freund in einem Brief nach Heidelberg, daß jetzt auch Gagern zu den Teilnehmern gehöre, *„ein herrlicher tatkräftiger Mensch, den wir früher von seiner herrlichen Seite noch nicht so kannten".* In diesem Verein diskutierte man sicher auch über die auf dem Wartburgfest 1817 verabschiedeten *„Grundsätze und Beschlüsse des 18. October's"* – programmatische liberale Zielsetzungen des Vormärz, die später auch das Verfassungswerk der Frankfurter Nationalversammlung beeinflußt haben. Insbesondere erörterte man, wie Artikel 3 der Beschlüsse (Förderung der Wissenschaften zum Nutzen von Volk und Vaterland) verwirklicht werden sollte. Zu den 50 bis 70 Teilnehmern dieses Kränzchens gehörten übrigens auch der spätere Kotzebue-Mörder Karl Ludwig Sand, der Schleswiger Uwe Jens Lornsen, der später bekannt gewordene Historiker Heinrich Leo, der liberale Jenaer Philosophieprofessor Jakob Friedrich Fries, der radikale Gießener *„Schwarze"* Karl Follen und der Darmstädter Reinhard Eigenbrodt, der im Vormärz sein politischer Weggenosse, ein geschätzter Briefpartner und gleich ihm Mitglied der Frankfurter Nationalversammlung wurde.

Vieles von dem, was in diesem Kreis diskutiert wurde, hat seine staatsbürgerlichen Anschauungen und sein späteres politisch-parlamentarisches Handeln beeinflußt. In einem ausführlichen Brief an seinen Vater vom 17. Juni 1818 erläuterte Heinrich von Gagern auch die Zielsetzungen der Burschenschaft. *„Wir wünschen unter den einzelnen Staaten Teutschlands größeren Gemeinsinn, größere Einheit in ihrer Politik und in ihren Staatsmaximen",* schrieb er. *„Keine eigene Politik der deutschen Staaten, sondern das engste Bundesverhältnis. Überhaupt wünschen wir, daß Teutschland als ein Land und das teutsche Volk als ein Volk angesehen werden könne. So wie wir dies so sehr als möglich in der Wirklichkeit wünschen, so zeigen wir dies in der Form unseres Burschenlebens... Wir leben in einer teutschen Burschenschaft im Geiste als ein Volk, wie wir es in Wirklichkeit gerne in ganz Teutschland täten. Wir geben uns die freieste Verfassung, so wie wir sie gerne in Teutschland möglichst frei hätten... Wir wünschen eine Verfassung für das Volk nach dem Zeitgeist und nach der Aufklärung desselben. Nicht daß jeder Fürst seinem Volke gibt, was er Lust hat und wie es seinem Privatinteresse dienlich ist... Die bestehende Meinung ist auch, daß überhaupt die Verfassung nicht von den Einzelstaaten ausgehen solle, sondern daß die eigentlichen Grundzüge der teutschen Verfassung gemeinschaftlich sein sollten, ausgesprochen durch die teutsche Bundesversammlung".* Unübersehbar klingen hier bei dem jungen Heinrich von Gagern bereits von seiner Zugehörigkeit zur Burschenschaft geprägte Vorstellungen an, die er dreißig Jahre später in der Frankfurter Nationalversammlung politisch umzusetzen suchte.

Bereits Anfang November 1818 hatte der um die Zukunft seines in Jena studierenden Sohnes besorgte Vater diesen noch einmal sehr nachdrücklich aufgefordert, sich keinesfalls führend in der Burschenschaft hervorzutun. *„Ich begreife, ... daß Du dort jugendliche Feste mitfeierst. Aber das Voranstehen ist mir nicht recht ... Ich ersuche Dich also, so viel möglich Dich von diesen Anführungen zu dispensieren, besonders da, wo es auf Verbindungen mit anderen Universitäten abgesehen ist. Sonst würdest Du mich nötigen"*, fügte er drohend hinzu, *„Dich mitten im Cursus abzurufen".* Zur Jahreswende forderte der Vater sehr ernst eine Entscheidung über den künftigen Beruf seines Sohnes, rügte zudem mehrfach, daß er auch in Jena mit dem recht erheblichen Wechsel nicht auskomme. Heinrich war bereit, das *„Glücksspiel seiner Zukunft"* völlig dem väterlichen Wunsch zu überlassen. Sein eigenes Ideal sei, lediglich dem Vaterlande zu dienen: *„denn ich will nicht dienen, um zu dienen, sondern dem nützlich sein, dem ich alles zu verdanken habe".*

Als im Frühjahr 1818, nach der Ermordung des Literaten, Bühnenautors und russischen Staatsrats August von Kotzebue durch den Jenaischen Burschenschafter Karl Ludwig Sand am 23. März 1819 in Mannheim, die Untersuchung gegen die Mitglieder der Burschenschaft, vor allem gegen die Freunde Karl Ludwig Sands - zu denen Heinrich von Gagern gehörte - begannen, verließ dieser Jena. Das geschah wohl nicht ganz freiwillig. Aus Besorgnis, Heinrich könne vielleicht in die für eine spätere berufliche Karriere schädlichen Untersuchungen verwickelt werden, hat ihn der Vater dazu sicher gedrängt. Die Furcht war nicht ganz unbegründet, denn im April 1819, wohl auf der Heimreise begriffen, hatte sich Heinrich in Eisenach zusammen mit einigen Bundesbrüdern und Paul Follen mit einem Vertreter der politisch-radikalen Gießener *„Unbedingten"* getroffen. Außerdem geriet der Vater, Hans Christoph von Gagern, selbst unter Verdacht, weil er im Herbst 1818 in Hornau mit seinem Sohn Heinrich auch zwei von dessen burschenschaftlichen Freunden, Robert Wesselhöft und August Daniel von Binzer, empfangen hatte. In den Untersuchungsakten der Mainzer Zentraluntersuchungskommission spielt die *„Zusammenkunft zu Hornau"*, hinter der man wohl ein konspiratives Treffen vermutete, eine große Rolle. Im 4. Band seines Buches *„Mein Anteil an der Politik"* (1837) hat sich der Vater ausführlich darüber ausgelassen. Seine Ausführungen belegen auch das große Verständnis, das der Vater seinem Sohn Heinrich während dessen Studentenzeit entgegenbrachte: *„Meine Söhne, jeder in seiner Art, gehörten fast alle zu den raschesten in den akademischen Jahren, sei es zu Jena, Heidelberg oder Göttingen. Auch in die Fragen von Burschenschaft oder Landsmannschaft habe ich mich als Vater niemals verbietend gemischt. Wenn man Landsmannschaften zugibt, so weiß ich bis zur Stunde nicht, was man der Burschenschaft vorwirft, insofern sie eben dem Provincialismus entgegenwirkt. In diesem Alter hat man sich schon mit diesen Ideen zu beschäftigen; denn sie sind Teil des Staatsrechts, also des akademischen Unterrichts... Ich litt es, daß meine Söhne in späteren Jahren mir etliche ihrer brausendsten Kameraden und Freunde einzeln praesentierten, teils weil sie ihre Freunde waren, teils um solche Charaktere, ihre Triebfedern und Ansichten kennen zu lernen; oder auch, um ihnen ... ein ... für das Leben zurechtweisendes Wort zu sagen... Übrigens waren die beiden jungen Leute* [gemeint sind die o. g. Wesselhöft und von Binzer] *weder unbärtig noch fratzenhaft; sondern sie benahmen sich sehr anständig und drückten sich verständig aus. Bereits ist der eine ein sehr angesehener Hausvater im preußischen Staate. Das Vaterland wird auf ihn zählen können. Das Schicksal des anderen ist mit nicht bekannt".* Hans Christoph von Gagern hatte sich jahrelang der Verdächtigungen erwehren müssen, bis ihm eine guter Freund, der württembergische Bundestagsgesandte Karl August Freiherr von Wangenheim, dessen Sohn ebenfalls Burschenschafter war, am 12. April 1819 beruhigen konnte, daß sein Sohn Heinrich nicht in Untersuchung gezogen werden würde, wie er selbst den Untersuchungsakten entnommen habe. Er schrieb ihm, *„daß zwar der Name Ihres Sohnes in den Untersuchungsakten häufig vorkommt, weil er mit Sand in dem vertrautesten Einverständnis lebte, daß er aber dessen ungeachtet nicht nur der Tat, sondern auch einem Bunde, der zu ähnlichen Handlungen auffordern könnte, völlig ferngeblieben".* Ganz beruhigt scheint der alte Herr aber dennoch nicht gewesen zu sein, wie sein Brief vom 8. Mai 1819 an seinen ältesten Sohn, den in niederländischen Diensten stehenden Hauptmann Friedrich, belegt: *„Der Heinrich macht mir mehr zu schaffen... Dieses Jena hat nun großen Argwohn und Abneigung auf sich! Daher zu kommen, ist ein ungünstiges Vorurteil, vermehrt dadurch, daß hier Henri die letzte Wartburgfeier angeführt hat und in zweiter Klasse derer steht, die den Sand kannten. Die Narrheit, an Konspirationen zu glauben, mindert sich zwar schon, sed semper aliquid haeret".*

Obwohl der spätere erste Präsident der Frankfurter Nationalversammlung nur etwa ein Jahr in Jena verbracht hat, diese Zeit in seiner fragmentarischen Autobiographie nicht erwähnt und in seinen Lebensbeschreibungen meist nur knapp darauf eingegangen wird, haben diese zwei Semester seine Persönlichkeit und sein politisches Denken maßgeblich geprägt. Nach seinem eigenen Bekenntnis erwarb er sich hier die Grundlagen staatsbürgerlicher Bildung. *„Ich habe meinem hiesigen Aufenthalte so unendlich viel zu danken, ich habe mich hier in vielen Rücksichten so sehr gebessert, sittlich und wissenschaftlich, ich habe so vieles Schlechte und Mangelhafte abgelegt",* schrieb er 1819 bei seinem Abschied rückblickend an den Vater. *„Ohne zu übertreiben, kann ich sagen, an meinen Aufenthalt in Jena, in dem verschrieenen Jena, werde ich mein ganzes Leben hindurch die schönsten Gefühle in ihrer geläuterten Reinheit zu knüpfen haben. So viele treffliche junge Leute sind in der ganzen Welt in einem Orte nicht mehr zusammen wie hier".* In Jena hatte man das nicht vergessen. Fast genau dreißig Jahre später, am 19. Januar 1849, verlieh die Alma Mater Jenensis ihrem einstigen Studenten die Würde eines Ehrendoktors.

Auf Wunsch seines Vaters vertiefte Heinrich von Gagern seine Sprach- und Rechtskenntnisse in Genf, von wo aus er im Februar 1820 über Paris in die Heimat zurückkehrte. Im gleichen Jahr bestand er das Staatsexamen in Gießen und trat in den hessen-darmstädtischen Verwaltungsdienst ein, den er jedoch 1833 wegen seines Eintretens für liberale Verwaltungsreformen verlassen mußte. Seit 1832 Mitglied der Zweiten Kammer des Darmstädter Landtags und dort bald Sprecher einer gemäßigt liberalen Mitte, verließ er 1836 nach erneuten Differenzen als Liberaler mit der Regierung freiwillig den Staatsdienst und zog sich 1836 auf das Familiengut Monsheim bei Worms zurück, ohne jedoch seinen Einsatz für den Liberalismus und die deutsche Einheitsbewegung aufzugeben.

Wie wir aus seinem Briefwechsel wissen, gab Heinrich von Gagern den persönlichen Kontakt zu seinen alten Jenaer Bundesbrüdern nicht auf. Anders als manche seiner burschenschaftlichen Weggefährten bekannte er sich auch später offen zu seiner burschenschaftlichen Vergangenheit und zur Mitwirkung an der Gründung einer Allgemeinen deutschen Burschenschaft. So verteidigte er am 24. Juni 1833 in einer Rede in der Zweiten Kammer des Hessen-Darmstädtischen Landtags die Burschenschaft vehement gegen die Karlsbader Beschlüsse. Anlaß war die Beschwerde zweier Theologiekandidaten, die wegen ihrer Zugehörigkeit zur Gießener Burschenschaft nicht zur Fakultätsprüfung zugelassen worden waren. *„Ich bekenne",* sagte er nicht ohne einen gewissen Stolz, *„daß ich selbst unter den Stiftern der burschenschaftlichen Verbindung in Heidelberg war, daß ein ähnliches Bestreben in Göttingen mißlungen* *ist, und daß ich in Jena unter den Deputierten war, die damals die sogenannte allgemeine Burschenschaft gründen wollten, und die Statuten dieser Verbindung, welche vielleicht zunächst Veranlassung zu den Karlsbader Beschlüssen gaben, entworfen und öffentlich diskutiert haben".* Grundsätze, die den Verfassungen der deutschen Staaten feindlich, mit der Aufrechterhaltung der Ruhe und Ordnung unvereinbar sind, seien jedoch in diesen Statuten nicht ausgesprochen worden.

Den weiteren Lebenslauf, das politische Wirken Heinrich von Gagerns und seinen Anteil am Zustandekommen der Paulskirchen-Verfassung, die maßgeblich unser Grundgesetz beeinflußt hat, näher darustellen, ist weitgehend bekannt und braucht hier abschließend nur kurz skizziert zu werden.

In der 2. Kammer des Hessen-Darmstädtischen Landtags (seit 1832) kämpfte er als liberaler Oppositionsführer gegen die reaktionäre Regierung und forderte eine konstitutionelle Monarchie. Im Oktober 1847 nahm er an einem Treffen führender südwestdeutscher und rheinischer Liberaler in Heppenheim (*"Heppenheimer Versammlung"*), im März 1848 an einem Parlamentariertreffen führender, vor allem südwestdeutscher Liberaler und Demokraten teil. Auf dieser *"Heppenheimer Versammlung"* wurde von den deutschen Regierungen eine *"Vertretung der deutschen Nation"* gefordert, von Gagern selbst in einen geschäftsführenden *"Siebenerausschuß"* gewählt. Im kurzfristigen nunmehr liberalen hessen-darmstädtischen Märzministerium übte er als Ministerpräsident sowie als Minister des Innern und der Auswärtigen Angelegenheiten auf die revolutionären Unruhen in Hessen einen mäßigenden Einfluß aus. Als Mitglied des vom *"Siebenerausschuß"* berufenen Frankfurter Vorparlaments war er maßgeblich an der Vorbereitung der Wahl zur Nationalversammlung beteiligt.

Als Führer der stärksten, der gemäßigt liberalen Casino-Fraktion setzte er die Wahl von Erzherzog Johann zum Reichsverweser durch. Mit seinem nach ihm benannten Programm (Schaffung eines *"engeren"* und eines *"weiteren"* Bundes) suchte er die deutsche Frage zunächst im großdeutschen Sinn zu lösen. Als er damit scheiterte, setzte er sich mit den Erbkaiserlichen für die kleindeutsche Lösung ein und erreichte eine Mehrheit für die Wahl König Friedrich Wilhelms IV. von Preußen als *"Kaiser der Deutschen"*. Als dieser die ihm angebotene *"mit dem Ludergeruch der Revolution behaftete"*, wie er es nannte, Kaiserkrone ausschlug, legte Heinrich von Gagern am 17. Mai 1849 sein Ministeramt nieder und trat wenige Tage später aus der Nationalversammlung aus.

Auch als Mitglied des *„Gothaer Nachparlaments"* (1849) und des *„Erfurter Unionsparlaments"* (1850) konnte er die bundesstaatliche Idee nicht retten. Zutiefst resigniert, vielleicht den Tod suchend, nahm er als 51jähriger 1850-1851 als Major im Generalstab der schleswig-holsteinischen Armee am Freiheitskampf der Schleswig-Holsteiner gegen die Dänen teil, um, wie vermutet worden ist, zutiefst enttäuscht von seinen politischen Mißerfolgen, den Tod zu suchen. Nach dem Verkauf seines Monsheimer Gutes übersiedelte Heinrich von Gagern 1852 mit seiner Familie nach Heidelberg, um dort seinen Freunden und politischen Weggefährten *(„Heppenheimer Kreis")* näher zu sein. Als Mitglied des Abgeordnetentages von Weimar (1860) und Sprecher des großdeutschen *„Reformvereins"* in Frankfurt am Main (1862) trat er noch einmal für die Einigung Deutschlands unter einer paritätischen Zentralgewalt von Österreich und Preußen ein. 1863 folgte er als Wirklicher Geheimer Rat und hessen-darmstädtischer Gesandter seinem Bruder Max nach Wien, wurde 1866 noch einmal Mitglied der Zweiten Kammer des Hessen-Darmstädtischen Landtags und trat 1871 in den Ruhestand. Noch fast ein Jahrzehnt lebte Heinrich von Gagern im Ruhestand in Darmstadt, wo er am 22. Mai 1880 starb.

Das Hauptverdienst Heinrich von Gagerns lag wohl in seiner Fähigkeit, die politisch-divergierenden Flügel (auch unter den Burschenschaftern) in der Frankfurter Nationalversammlung auf den großen Wurf dieses Verfassungswerkes zu vereinigen. Diese Integrationsfähigkeit sollte uns, dies sei abschließend erwähnt, angesichts der Divergenzen innerhalb der Burschenschaft und auch in den Reihen der Altakemikerverbände ein Vorbild sein. Das Wesentliche, was Heinrich von Gagern bei Abschluß seiner Universitätszeit in Jena beseelte, hat er in das Stammbuch seines Bundesbruders Heinrich von der Hude, 1818 bis 1819 Mitglied der Jenaischen Urburschenschaft, eingetragen: *„Man muß der Sache einen Weg bahnen, auf dem man anspruchslos fortwandelt, der Sache wegen, niemals seiner selbst wegen".*

Literatur

Gerber, Harry: Heinrich von Gagern als Student, in: Nassauische Annalen 68 (1957), S. 175-202.
Küntzel, Georg: Aus dem Leben Heinrich von Gagerns, in: QuD 15 (1938), S. 262-298.
Wentzcke, Paul: Zur Geschichte Heinrich von Gagerns. Seine Burschenschafterzeit und seine deutsche Politik, in: QuD 1 (1910, 2. Aufl. 1966), S. 162-239.
Ders.: Ideale und Irrtümer deutschen Einheitsstrebens der Brüder Fritz, Heinrich und Max von Gagern, in: Historisches Jahrbuch 71, 1952, S. 212-245

Ders.: Anfänge und Aufstieg H. v. G. (1799-1836), in: DuQ 1 (1957 und Sonderdruck), S. 9-117.
Ders.: Heinrich von Gagern, Vorkämpfer für deutsche Einheit und Volksvertretung, in: Persönlichkeit und Geschichte, Bd. 4 (1957).
Ders.: Ideale und Irrtümer des ersten deutschen Parlaments (1848-1849), in: DuQ 3 (1959).
Ders. und Wolfgang Klötzer (Bearb.): Deutscher Liberalismus im Vormärz. H. v. G. Briefe und Reden 1815-1848 (1959).

Der junge Lorenz von Stein

Zur 170. Wiederkehr seines Geburtstages am 15. November 1985

Peter Kaupp

Vorbemerkung

„Die Zugehörigkeit zu einer bestimmten Verbindung ist meist von außerordentlicher Wichtigkeit für die Lebensauffassung und Lebenshaltung der einzelnen Persönlichkeit. Nur im Augenblick der Aktivität kommt dies dem Studenten nicht zu Bewußtsein, aber sein späteres Leben ist meist beeinflußt durch die Gedanken, die er während seiner Studentenzeit in sich aufgenommen hat" (Friedrich Koch: Die burschenschaftliche Bewegung in Kiel 1836-1855. Berlin 1936, S. 5)

In der umfangreichen Marx-Literatur, auch in den zahlreichen Publikationen, die anläßlich des 100. Todestages von Karl Marx erschienen sind, wird vielfach ein Name unterschlagen, allenfalls beiläufig genannt, der es wert ist, erwähnt zu werden, weil sein Träger auf Marx starken Einfluß ausgeübt hat.

Zu denjenigen, die Marx beeinflußt und einige seiner zentralen Einsichten vorweggenommen haben, gehört auch ein eher konservativer Autor, dessen Name in dem umfangreichen Lebenswerk von Marx nur an wenigen Stellen[1], in seinem ausgedehnten Briefwechsel und in der *„klassischen"* Marx-Biographie von Franz Mehring überhaupt keine Erwähnung findet. Gemeint ist der Staatsrechtslehrer, Nationalökonom und Sozialwissenschaftler Lorenz von Stein (1815-1890, 1836/37 Mitglied der Kieler und der Jenaischen Burschenschaft).

Stein war einer der universalistisch gebildeten deutschen Gelehrten, wie sie im 19. Jahrhundert häufiger anzutreffen waren. Sein Werk ist von imponierender Breite und reicht von der Gesellschafts- und Finanzwissenschaft über die Verwaltungslehre bis hin zur Geschichte und Rechtsgeschichte. Er gilt als einer der Wegbereiter der modernen Sozialwissenschaften und hat noch vor Marx die Bedeutung der sozialen Frage für die industrielle Gesellschaft deutlich erkannt. Namentlich seine *„Verwaltungslehre"* (1865-84) enthält heute noch aktuelle Einsichten zur

---

[1] Das berühmte, von der Forschung unbesehen übernommene Zitat, Stein sei *„ein Realist, der im weiten idealistischen Mantel einherschreitet"* (G. Salomon im Vorwort zu Stein, L. von: *Geschichte der sozialen Bewegung in Frankreich von 1789 bis auf unsere Tage* (1850, Ausgabe München 1921) Neudruck 1959, Bd. 1, S. XLII), scheint nicht von Marx, sondern von L. Gumplowicz zu stammen, der über Stein schreibt, er sei *„ein Realist der im breiten Faltenwurf des Idealismus einherschreitet"* (Rechtsstaat und Sozialismus (1881), Neudruck Osnabrück 1964, S. 151).

Problematik des modernen Sozialstaats. Franz Oppenheimer (1864-1943) - der Stein für den ersten deutschen, Stein und Marx für die beiden führenden deutschen Soziologen hält - sieht ihn nur insofern begrifflich als Wegbereiter von Marx an, als er sich vor Marx mit dem französischen Sozialismus und Kommunismus, dem Problem der Klassen und des Klassenkonfliktes, dem Proletariat, der Gesellschaft, dem Arbeitswert und dem Arbeitslohn sowie mit der Bedeutung des Besitzes und der Industrie auseinandergesetzt hat[2].

„Geistiger Wegbereiter" von Karl Marx?

Stein ist aber sicher mehr als der nur begriffliche Wegbereiter von Marx. Als einer der ersten hat Ernst Grünfeld 1910 auf einige punktuelle, wenn auch wesentliche Gemeinsamkeiten von Marx und Stein hingewiesen: *„Die moderne Auffassung des Proletariats, die Verwertung seines Klassencharakters zum Aufbau der Gesellschaftsordnung, die auf wirtschaftlicher Grundlage in Klassen organisierte Gesellschaft mit ihren aufeinanderfolgenden Stufen, die ökonomische Deutung ihres Werdens und Vergehens, die Beherrschung der allgemeinen Geschichte, insbesondere der Staatengeschichte durch die vom Güterleben bestimmte Gesellschaft, das Auftreten des Proletariats als kämpfender Gesellschaftsklasse, die Notwendigkeit eines neuen Gesellschaftsideals und die Freiheit als das Ziel menschlichen Fortschritts"*[3]. Nach einem jahrzehntelangen Gelehrtenstreit - an dem sich u. a. Franz Mehring, Heinrich Cunow, Thomas G. Masaryk, Georg von Below, Gottfried Salomon, Max Adler und Karl Vorländer beteiligten und in dem es um die Originalität und Unabhängigkeit des Marxschen Systems ging - gilt es heute zumindest unter *„bürgerlichen"* Historikern wohl als gesichert, daß Marx in erheblichem Umfang von Stein beeinflußt wurde. Umgekehrt scheint die Einflußnahme geringer gewesen zu sein[4]. Stein scheint die Arbeiten von Marx zwar verfolgt, sich aber nicht intensiv damit auseinandergesetzt zu haben. Zwar gestand er dessen Arbeiten (wie auch denjenigen Proudhons) *„eine große historische, aber nur eine sehr geringe wissenschaftliche Bedeutung"* zu. *„Der Einfluß, den solche Werke haben, kann nicht länger als eben ein halbes Menschenalter dauern"*[5]. Dies hat sich - wie

---

[2] Vgl. Wallner, E. M.: Soziologie. Einführung in Grundbegriffe und Grundprobleme, 6. Aufl. Heidelberg 1979, S. 36.
[3] Grünfeld, E.: Lorenz von Stein und die Gesellschaftslehre, Jena 1910, S. 239. Vgl. Uhl, H.: Lorenz von Stein und Karl Marx. Zur Grundlegung von Gesellschaftsanalyse und politischer Theorie 1842-1850, Phil. Diss. Tübingen 1977, S. 24ff.
[4] Zum Verhältnis Stein - Marx s. Blasius, D., und Pankoke, E.: Lorenz von Stein, Darmstadt 1977, S. 3ff. und 34f. sowie die dort angegebene Literatur.
[5] Stein, L. von: Die Volkswirthschaftslehre, 2. Aufl., Wien 1878, S. 536.

immer man zu Marx und seiner Lehre stehen mag - als eine Fehleinschätzung herausgestellt.

Marx und Engels haben nicht sehr viel, aber doch einiges (wenngleich nicht immer Freundliches) über Lorenz Stein geäußert, so in dem gemeinsam verfaßten und im August und September 1847 in der deutschen Monatsschrift „*Das Westphälische Dampfboot*" veröffentlichten Aufsatz „*Karl Grün: die soziale Bewegung in Frankreich und Belgien (Darmstadt, 1845), oder: die Geschichtsschreibung des wahren Sozialismus*". Die dort enthaltenen Äußerungen über Stein dienen allerdings insbesondere dazu, den „*wahren Sozialisten*" Grün in seine Schranken zurückzuweisen und als einen üblen Abschreiber zu desavouieren. Marx zufolge steht „*das Grünsche Machwerk weit unter dem Buche von Stein..., der wenigstens versuchte, den Zusammenhang der sozialistischen Literatur mit der wirklichen Entwicklung der französischen Gesellschaft darzustellen*"[6]. Davon, daß sich Marx und Engels im sogenannten „*Anti-Grün*" über Stein nie anders als „*wegwerfend*" geäußert hätten - so Franz Mehring[7] -, kann also keine Rede sein. Der Marxist Max Adler betont, daß „*bekanntlich Marx in seiner Kritik gegen Grün über Stein einige Male sich lobend ausgesprochen hat*"[8].

Wichtiger als dieser Befund ist jedoch die Vermutung, daß Karl Marx, der Hauptverfasser des *Kommunistischen Manifestes* von 1848, zu einer Zeit, als er erklärtermaßen noch wenig von Nationalökonomie und Sozialismus verstand, von Steins Buch „*Der Socialismus und Communismus des heutigen Frankreichs*" (1842) beeinflußt und angeregt worden ist. Schon in seiner Arbeit über das Holzdiebstahlgesetz (1842) hat Marx – damals Chefredakteur der *Rheinischen Zeitung*, zu deren Mitarbeitern zeitweise auch Stein gehörte - wesentliche Einsichten Steins verarbeitet. Winkler vermutet, daß der Weg von Étienne Cabets katechismusartigem „*Credo Communiste*" (1841) über Steins Verdeutschung *(„Kommunistisches Glaubensbekenntnis")* und erläuternde Bezeichnung als „*Manifest*", den „*Entwurf des Kommunistischen Glaubensbekenntnisses*" (Juni 1847, im wesentlichen von Engels) und die ebenfalls noch katechismusartigen „*Grundsätze des Kommunismus*" (Engels, Oktober und November 1847) geradeaus zum *Kommunistischen Manifest* führt[9]. „*Überleg Dir doch das Glaubensbekenntnis [!] etwas*", schrieb Engels am 23.

---

[6] Marx, K. und Engels, F.: Werke, Berlin 1956-1968, hier Bd. 3, S. 480.
[7] In der marxistischen Wochenschrift Die neue Zeit, 15. Jg. 1896/97, Bd. 1, S. 451. Hier nach Winkler, A.: Die Entstehung des „*Kommunistischen Manifestes*", Wien 1936, S. 89. Im folgenden nach Winkler.
[8] Adler, M.: Die Staatsauffassung des Marxismus, Wien 1922, S. 46 Anm.
[9] Vgl. Winkler (s. Anm. 6), S. 119 und 235ff.

November 1847 an Marx. *„Ich glaube, wir tun am besten, wir lassen die Katechismusform [!] weg und titulieren das Ding: Kommunistisches Manifest"*[10]. Auch die berühmte erste Zeile der Einleitung *„Ein Gespenst geht um in Europa - das Gespenst des Kommunismus"* erinnert an Stein: *„... der Kommunismus, ein finstres drohendes Gespenst"*[11].

Nicht nur in Überschrift und Einleitung, sondern auch in den wichtigsten Absätzen und Aussagen hat man eine erstaunliche Ähnlichkeit mit dem Inhalt des Steinschen Buches festgestellt[12], ohne daß jedoch die Hauptquelle auch nur an einer einzigen Stelle erwähnt wird. *„Alle bisherige Gesellschaft beruhte ... auf dem Gegensatz unterdrückender und unterdrückter Klassen"*, heißt es z. B. im *Kommunistischen Manifest*. Stein äußert sich dazu an mehreren ähnlichen Stellen, etwa: *„Die ganze Masse des [französischen] Volkes teilt sich in Besitzer und Nichtbesitzer, oder in solche, die mit ihrer Arbeitskraft das Kapital verbinden, und solche, die nichts sind wie Arbeiter. Die ersteren siegen unbedingt auf dem Gebiete des Erwerbs; die letzteren unterliegen"*[13]. Dieser Satz des Manifestes *„ist bloß die zeitliche und räumliche Verallgemeinerung der einschlägigen Steinschen Darstellungen"*[14]. Ein weiterer Beleg für viele: der bestehende Zustand der Eigentumsverhältnisse schließt, so Stein, *„von zwanzigen neunzehn aus"*[15]. Das Manifest sagt, daß das Privateigentum für neun Zehntel der Mitglieder der Gesellschaft aufgehoben sei; es existiere daher für neun Zehntel nicht. *„Neun Zehntel"* im Manifest, *„neunzehn"* bei Stein - Lesefehler, Druckfehler oder gar absichtliche Änderung zwecks Unkenntlichmachung der Quelle? Für Winkler ist dies ein weiterer Beleg dafür, *„daß sich das Manifest einen Gedanken Steins ohne Scheu angeeignet hat"*[16].

Die Verfasser des Kommunistischen Manifestes kannten demnach offenbar Steins Buch und wußten es zu benutzen. In den vierziger Jahren des 19. Jahrhunderts war Lorenz Stein der berühmteste Autor, der sozusagen ein Gesamtwerk zu all den Fragen vorgelegt hatte, die Marx und Engels bewegten. Marx dürfte das Werk gleich im Herbst 1843, als er nach Paris kam, kennengelernt haben. Vielleicht wäre Marx nicht auf die Bearbeitung der Gesellschaftslehre, insbesondere auf die Verbin-

---

[10] Zit. nach Winkler (s. Anm. 6), S. 120.
[11] Stein, L.: Der Socialismus und Communismus des heutigen Frankreichs, Leipzig 1842, S. 4, zit. nach Winkler (s. Anm. 6), S. 125.
[12] Vgl. im einzelnen die Belege bei Winkler (s. Anm. 6), S. 128ff.
[13] Stein (s. Anm. 10), S. 73.
[14] Winkler (s. Anm. 6), S. 175.
[15] Stein (s. Anm. 10), S. 106.
[16] Winkler (s. Anm. 6), S. 197.

dung des Materialismus mit der Gesellschaftslehre gestoßen, wenn nicht Stein dieses Werk geschrieben und darin alles zur Anregung Erforderliche komprimiert, sozusagen „gebrauchsfertig" angeboten hätte.[17] „Alles [!] steht bei Stein, was sowohl dem Ausdruck wie dem Sinn nach im Manifest wiederkehrt, in diesem freilich engst zusammengedrängt"[18]. Diese Abhängigkeit ist freilich im Sinne sowohl der Übernahme von Gedankengut wie auch des Anreizes zu Widerspruch zu verstehen.[19] Zum Widerspruch mögen Marx dabei besonders Steins wiederholte und deutliche Äußerungen über den „Unsinn des Kommunismus"[20] veranlaßt haben.

Wer war nun jener Mann, der in den 1840er Jahren eine so große Geltung besaß, später aber hinter Marx, Engels und anderen, die auf ihn aufbauten, in den Schatten zurücktrat? Wie verlief sein Leben, seine politisch-wissenschaftliche Entwicklung? Es ist die Biographie eines Mannes, der aus bescheidenen Verhältnissen stammte, sich aber seit frühester Jugend aus eigener Kraft einen Weg bahnte und zu höchstem wissenschaftlichen und sozialen Ansehen gelangte[21].

Jugend ohne Elternhaus

Lorenz Jacob Stein wurde am 15. November 1815 in dem Dorfe Borby bei Eckernförde als Sohn der Witwe Anna Elisabeth Stein geb. Helms und des Obristleutnants in dänischen Diensten Lorenz Jacob von Wasmer geboren. Die Mutter entstammte einer alteingesessenen Eckernförder Familie, der Vater einem in den Dithmarschen beheimateten Juristen- und Offiziersgeschlecht. Stein war also von der Mutter her Schleswiger, vom Vater her Holsteiner. Aus den ersten beiden Jahrzehnten fehlen leider alle persönlichen Zeugnisse. Vielleicht hat seine nach den bürgerlichen Maßstäben jener Zeit diskreditierende uneheliche Herkunft

---

[17] Vgl. Winkler (s. Anm. 6), S. 169.
[18] Winkler (s. Anm. 6), S. 229.
[19] Vgl. Winkler (s. Anm. 6), S. 235.
[20] Stein (s. Anm. 10),
[21] Die folgenden Ausführungen beruhen auf der Biographie von W. Schmidt (Lorenz von Stein. Ein Beitrag zur Biographie, zur Geschichte Schleswig-Holsteins und zur Geistesgeschichte des 19. Jahrhunderts, Eckernförde 1956) und ergänzenden Angaben bei D. Blasius (Lorenz von Stein. Grundlagen und Struktur seiner politischen Ideenwelt, Phil. Diss. Köln 1970), D. Blasius u. E. Pankoke (s. Anm. 3a) sowie A. Boockmann (Lorenz von Stein (1815-1890). Nachlaß, Bibliothek, Biographie, Kiel 1980).
Der Nachlaß Lorenz von Steins befindet sich seit 1972 - inzwischen geordnet und katalogisiert - in der Schleswig-Holsteinischen Landesbibliothek Kiel. Auffallend ist, daß sich darunter so gut wie keine autobiographischen Zeugnisse befinden. Die hinterlassene Bibliothek von Steins enthält interessanterweise kein einziges Werk seines großen Zeitgenossen Karl Marx (vgl. A. Boockmann ebd. S. 7f.).

dazu beigetragen, daß er selbst später die Spuren seiner Kindheit verwischt hat. Immerhin erreichte der Vater, daß sein Sohn Ostern 1821, also noch nicht sechsjährig, in das Christians-Pflegeheim in Eckernförde aufgenommen wurde. Elf Jahre verbrachte er in dieser militärähnlichen, aber nach damals modernsten pädagogischen Grundsätzen geführten Erziehungsanstalt für Soldatenkinder. Als König Friedrich VI. im Juni 1831 das Heim besuchte, machte man ihn auf den frühreifen und begabten Jungen aufmerksam. Dies war ein Wendepunkt in seinem Leben. Mit königlichem Stipendium besuchte Stein 1832-35 die Lateinschule in Flensburg, legte dort seine *„Maturitätsprüfung"* ab und begann 1835 - gefördert durch Stipendien des Königs und der Stadt Flensburg - sein Studium an der Universität Kiel. Am 8. Mai 1835 immatrikulierte er sich als stud. iur. et phil. unter dem Namen Lorenz Jacob Stein und fügte etwas verschämt den Vatersnamen in Klammern hinzu.

Studienjahre in Kiel. Erster Sprecher der Kieler Albertina

Bei welchen akademischen Lehrern er damals gehört hat, ist nicht mehr genau festzustellen. Jedenfalls dürften seine wissenschaftlichen Jugendeindrücke von der Auseinandersetzung um Hegel und die Philosophie des deutschen Idealismus sowie von der Historischen Schule - in Kiel vertreten durch den Savigny-Anhänger Nikolaus Falck - beeinflußt worden sein. Zwei Nachschriften der Vorlesungen - bei Etatsrat Falck (Deutsches Privatrecht) und Prof. Burchardi (Pandekten) - sind im Nachlaß Steins erhalten. Sicher gehörte auch Justus Olshausen (1800-1882, Mitglied der alten Kieler Burschenschaft; er brachte 1817 Franz Hermann Hege-Wischs Entwurf zu politischen Grundsätzen mit zum Wartburgfest) zu seinen Kieler akademischen Lehrern.

Arm, aber liebenswürdig, elegant und militärisch-sportlich ausgebildet, war Stein am Kieler Studentenleben führend beteiligt. Als sich am 3. September 1836 in der Kneipe *„Krusenrott"* bei Kiel die alte Kieler Burschenschaft unter dem Namen *Studentenschaft Albertina* rekonstituierte, war Lorenz Stein deren erster Sprecher[22]. Droysen bezeichnet

---

[22] Vgl. Schmidt (s. Anm. 20), S. 23, G. Heer: Geschichte der Deutschen Burschenschaft, Bd. 3 (= QuD, Bd. 11), Heidelberg 1929, S. 21, Koch, F.: Die burschenschaftliche Bewegung in Kiel 1836-1855, Berlin 1936, S. 9, 37, 43 und 47, NN Q. Hedde]: Mitteilungen über die einstmalige Kieler Burschenschaft Albertina ..., in: BBl, WS 1891/92, Nr. 5, S. 103f., und Nr. 6, S. 125f., hier S. 103 sowie Möller, H.: Zur Geschichte der *„Albertina'* in Kiel, in: Das Teutenblatt Mitteilungen der Burschenschaft Teutonia zu Kiel, H. 41, Dez. 1984, S. 59-65, hier S. 59.
Die Zeit, in der Stein an der Kieler Universität studierte, ist schon von früheren Historikern als ausgesprochen quellenarm bezeichnet worden. Das allgemeine Urteil von Georg Heer gilt - so Friedrich Koch - auch für die Kieler Universität jener Jahre: *„An zusammenfassen-*

Stein als den eigentlichen Gründer der *Albertina, „der sich auch nach Ablauf seines Trienniums weiter zu ihr hielt"*[23]. Aus dieser Zeit stammen auch seine Wein- und Studentenlieder, die er trinkfesten Kneipen beigesteuert haben dürfte.

„Ich war ein Jüngling noch an Jahren,
Zwei Semester zählt' ich nur,
Und ich träumte nicht Gefahren,
Folgte flotter Burschen Spur,
Legte los in Lust und Freud,
Stets den Humpen an den Mund,
Alles nahm ich auf die Kreide,
Und so kam ich auf den Hund."

„Solche Studenten müssen wir haben,
Die da versaufen, was sie haben,

Strümpf und Schuh,
Strümpf und Schuh,
Laufen dem Teufel barfuß zu!"*[24]

Unter den herrschenden politischen Verhältnissen vermied die *Albertina* bewußt die Bezeichnung Burschenschaft, bekannte sich aber zu deren Grundsätzen. Ihre Farben (Lila-Weiß) entsprachen denen der *Alma Mater Christiana-Albertina;* das schwarz-rot-goldene Band wurde verdeckt getragen. Politisch wirkte die *Albertina* gegen den deutschen Absolutismus, die dänische Hegemonie und einen Obrigkeitsstaat, der mit Polizei und Verboten jeden Ansatz zu freiheitlich-demokratischem Denken zu unterbinden und derart ausgerichtete Gruppen zu eliminieren suchte. Die

---

den, quellenmäßigen Darstellungen fehlt es bisher so gut wie ganz. Die Archive, die uns für die Geschichte der alten Burschenschaft so reiche Quellen bieten, versagen hier nahezu völlig... Ausführliche Schilderungen von Einzelheiten, von persönlichen Erlebnissen stehen klaffende, kaum ausfüllbare Lücken gegenüber" (Heer ebd., S. 3. Vgl. Koch ebd. S. 7). Als Ursache für diese Quellenarmut dürfen die damalige politische Instabilität und persönliche Unsicherheit - Ergebnis der parallel verlaufenden Auseinandersetzungen zwischen Schleswig-Holstein und Dänemark einerseits und zwischen *„revolutionären"* Studenten und Landesregierung andererseits - vermutet werden. So konnte bisher z. B. nicht festgestellt werden, wohin die (mit Sicherheit geführten) Protokolle der Albertina gekommen sind. Wahrscheinlich hat nach dem Zusammenbruch der Schleswig-Holsteinischen Erhebung 1848 der Altburschenschafter Justus Olshausen, 1848-52 Kurator der Kieler Universität, die Unterlagen an sich genommen und sichergestellt. Vielleicht sind sie nach seinem Tod in das Dänische Reichsarchiv nach Kopenhagen gelangt (vgl. Koch ebd. S. 7f.). Für zusätzliche Informationen ist der Verfasser Dr. med. Helmut Möller (Kiel) zu Dank verpflichtet.

[23] Droysen, G: Johann Gustav Droysen, Leipzig und Berlin 1910, S. 251.
[24] zit. nach Schmidt (s. Anm. 20), S. 23.

neue Verbindung unterschied sich insofern deutlich von der alten und „urdeutschen" Burschenschaftsbewegung, charakterisiert Werner Schmidt die Kieler *Albertina*, als zwar *„die Politik in den folgenden Jahren immer mehr in den Mittelpunkt* [tritt], *aber Politik heißt nicht mehr Verschwörung und Emotion, sondern sachliche Detailarbeit, ausgeführt in Arbeitskreisen oder ‚Kränzchen'"*[25]. Noch acht Jahre später wird Stein von Seiten der Regierung seine aktive burschenschaftliche Betätigung vorgeworfen. Der bis zum Wintersemester 1844/45 bestehenden *Albertina* gehörten später führende Persönlichkeiten an, so der Geschichtsforscher und Jurist Theodor Mommsen (1817-1903), der Chirurg Friedrich von Esmarch (1823-1908), der Germanist Karl Müllenhoff (1818-1884) und der Philosoph Friedrich Harms (1819-1880)[26].

Ein Jahr in Jena. Mitglied der Burgkellerburschenschaft

Trotz seiner aktiven burschenschaftlichen Betätigung gewann Stein einen akademischen Preis, der ihm für zwei Semester den Besuch einer *„ausländischen"* Universität erlaubte. Am 26. April 1837 immatrikulierte er sich in Jena und schloß sich sofort der damals etwa 150 Mitglieder zählenden Burgkellerburschenschaft an[27], die seit jeher gute Beziehungen zur Kieler Burschenschaft unterhielt; ob er auch hier *„als Senior* [Sprecher] *der Burschenschaft aktiv"* war[28], ist nicht zu belegen[29]. In der Jenaischen Burschenschaft setzten sich damals Oskar von Wydenbruck (1815-1876, 1848 Weimarischer Staatsminister und Mitglied der Frankfurter Nationalversammlung) und Wilhelm Adolf von Trützschler (1818-1849, 1848 Mitglied der Frankfurter Nationalversammlung, 1849 standrechtlich erschossen) für eine straffere Organisation ein. Das Leben in der Verbindung haben die Gebrüder Keil geschildert[30]. Innerhalb der

---

[25] Schmidt, W.: Der junge Lorenz von Stein zwischen Nationalität und Europa. In: Staat und Gesellschaft, Studien über Lorenz von Stein, hrsg. von R. Schnur, Berlin 1978, S. 33.
[26] Näheres zur Kieler Albertina s. NN (J. Hedde] (s. Anm. 21), Koch (s. Anm. 21), Andresen, L. (Hg.): Kieler Studenten im Vormärz, Kiel 1940 und Möller (s. Anm. 21).
[27] Vgl. Keil, Richard und Keil, Robert: Geschichte des Jenaischen Studentenlebens, Leipzig 1858, S. 558.
[28] Schmidt (s. Anm. 20), S. 24.
[29] In den gedruckten, bis zur Gründung zurückreichenden Mitgliederverzeichnissen und sonstigen (allerdings durch Kriegseinwirkungen stark dezimierten) Unterlagen der Burschenschaft Arminia a. d. Burgkeller (Mainz) ist Stein nicht aufgeführt. Die Burschenschaftlichen Blätter erwähnen ihn jedoch in einer *„Zusammenstellung bekannter alter Burschenschafter"* als Mitglied des Burgkellers (WS 1889/90, H. 11/12, S. 332), anläßlich seines 50jährigen Doktorjubiläums als Mitglied der alten Jenaischen Burschenschaft (WS 1889/90, H. 1, S. 139) und in einem kurzen Nachruf als *„eines der hervorragendsten Mitglieder und Senior* [sic!] *der Jenaischen Burschenschaft"* (SS 1890, H. 1, S. 22).
[30] Keil/Keil (s. Anm. 26), S. 558 ff. Dazu auch Zeiß, H.: Geschichte der alten Jenaischen Burschenschaft und der Burgkeller-Burschenschaft seit 1859 Arminia a. d. B., Jena 1903,

Burschenschaft bestand Duellzwang; die Wirksamkeit des Ehrengerichtes war meist rein formell. Die enge Verbindung, die bis 1842 weiterbestand, unterhielt Kontakte zum demokratischen Geheimbund „*Das junge Deutschland*".

An der Universität scheint sich Stein vor allem philosophischen und historischen Studien gewidmet zu haben. Wie viele seiner Jenaer Kommilitonen war er ein begeisterter Hörer des Historikers Heinrich Luden (1778-1847, Schüler Fichtes und liberaler Freund der Urburschenschaft). „*Gewiß öffnet sich sein Blick hier noch mehr für das größere Vaterland, besonders auch durch die aktive Verbindung mit der burschenschaftlichen Bewegung*", schreibt sein Biograph Werner Schmidt. „*Der Traum von der Einheit des Vaterlands gewinnt Konturen, führt aber doch nicht zu einem engen Nationalismus*"[31]. In jene Zeit fällt auch Steins Begegnung mit dem Problem der deutschen Wirtschaftseinheit, für die sich insbesondere Friedrich List (1789-1846) so entschieden einsetzte. Im Kreise der Jenaischen Burschenschaft hatten sich zwei Jahrzehnte zuvor der Friese Uwe Jens Lornsen (1793-1838) und der Nassauer Heinrich von Gagern (1799-1880, später erster Präsident der Frankfurter Nationalversammlung) für die Sache Deutschlands und der Freiheit verbunden. Kurz vor seinem Selbstmord in Pressy am Genfer See (12. Februar 1838), im Herbst 1837, hatte Lornsen seinen Bundesbruder von Gagern brieflich zum Verwalter seines Vermächtnisses bestimmt. Stein hat es später in Form der „*Unionsverfassung*"[32] kennengelernt. „*Jedoch dürfen wir sicher sein, daß die in jenem Brief ausgesprochenen politischen Visionen mit denen Steins übereinstimmten*"[33].

Zurück nach Kiel. Zwang zum Studienabschluß

Ostern 1838 finden wir den jungen Lorenz Stein wieder in Kiel. Die bis in die Gründerjahre zurückreichenden guten Beziehungen zwischen der Kieler und der Jenaischen Burschenschaft - stellvertretend sei hier außer Lornsen nur noch August Daniel von Binzer (1793-1868) genannt – scheinen damals besonders eng gewesen zu sein. Jedenfalls schrieb der spätere Oberlandesgerichtsrat Sam. Heinrich Hall (1819-1896. Er bezog Ostern 1838 die Kieler Universität, war wie Stein Albertine, mit diesem befreundet und auch in Leipzig und Jena burschenschaftlich „*aktiv*") in

---

S. 145f.
[31] Schmidt (s. Anm. 20), S. 33f.
[32] Lornsen, U. J.: Die Unions- Verfassung Dänemarks und Schleswigholsteins, hg. Von Georg Beseler, Jena 1841. Beseler war 1827 Mitglied der Kieler Burschenschaft Germania, Vorläuferin der Albertina.
[33] Schmidt (s. Anm. 20), S. 34.

einem Brief vom 19. Juni 1841 an seinen Bundesbruder Karl Friedrich Lucian Samwer u. a.: *„Hast Du unsere Jenenser schon kennengelernt? Die Leute werden Dir gewiß besser gefallen... Und ich kann Sie Dir mit zehnmal größerem Rechte empfehlen... Fünf Kieler sind auch nach Jena gegangen; wenn sie mir nicht ganz verwahrlost sind, so sollten sie dort schon zur Einsicht kommen: Freilich in die Schule gehen müssen sie noch bedeutend".* Im gleichen Brief schreibt er über Stein, der nach Paris gehe und darum beneidet werde. *„Daß Stein nach seiner Rückkehr von Jena nicht mehr für die Sache getan hat, ist mir noch immer ein Rätsel gewesen. Denn er war der Mann dazu und unzufrieden war er immer damit... Wann wird Stein nach Kiel zurückkehren und wird er alsdann wohl gewisser Leute, die es sehr groß nötig haben, sich annehmen?"*[34]. (Samwer war väterlicherseits mit Stein verwandt; sie nannten einander deshalb stets *„Vetter"*. Samwers Dissertation über das Staatserbfolgerecht der Elbherzogtümer erregte 1844 großes Aufsehen.) In einem wieteren Brief von Christian Henop an Samwer (16. 12. 1842) urteilt dieser sehr positiv über die Begabung Steins[35]. Des Rätsels Lösung ist einfach: der Ablauf der Stipendien zwingt Stein zum Studienabschluß. Zuvor, im September 1838, macht er *„wegen eines durch 6 Lauenburger auf ihn geschleuderten babylonischen Thurms [?]"* noch für 14 Tage Bekanntschaft mit dem Kieler Karzer; er schmückte das Karzerbuch mit einem lateinischen Gedicht, einer Art Parodie Catullischer Verse, *„Salvete o Sanssouci Aranjuezque"*[36].

Im Frühjahr 1839 legte Stein in Kiel ein hervorragendes juristisches Examen ab. Er hatte das Glück, dieses Ergebnis dem *„guten König"* Friedrich VI. bei dessen Besuch in Kiel vorzulegen und von diesem die Zusage weiterer Förderung zu bekommen.

Über den geistigen Raum der Kieler Alma Mater hinausgreifend stößt er auf die *Hallischen Jahrbücher,* das Sprachrohr der Hegelschen Linken, seit 1838 unter der Redaktion von Ernst Theodor Echtermeyer (1805-1844) und Arnold Ruge (1803-1880), vormaliger Hallischer, Jenaer und Heidelberger Burschenschafter, außerdem eifriger Werber für den geheimen *Jugend- oder Jünglingsbund,* im Zuge der Demagogenverfolgung 1826-30 inhaftiert). Politische Überzeugung und finanzielle Bedrängnis zwingen den jungen Referendar zu publizistischer Tätigkeit: 1839 er-

---

[34] Staatsarchiv Kiel, Samwer Abt. 399.52, zit. nach Koch (s. Anm. 21), S. 50f.
[35] Ebd., zit. nach Koch (s. Anm. 21), S. 51.
[36] Vgl. Andresen (s. Anm. 25), S. 326f.
Vgl. Kaupp, P.: Karl Marx als Waffenstudent. Burschenschafter an seinem Lebensweg. In: Jahresgabe der Gesellschaft für burschenschaftliche Geschichtsforschung 1984/85.

scheint sein erster Beitrag in den *Hallischen Jahrbüchern*. Im gleichen Jahr war er kurze Zeit als (wahrscheinlich unbesoldeter) Volontär in der schleswig-holstein-lauenburgischen Kanzlei in Kopenhagen tätig. Entschlossen, die akademische Laufbahn einzuschlagen, erbittet und erhält er die Entlassung aus dem dänischen Staatsdienst. Im Juli 1840 promoviert Stein an der Kieler Universität mit einer Arbeit über den dänischen Zivilprozeß.

Aufenthalt in Berlin und Paris

Ausgestattet mit einem kgl.-dänischen Reisestipendium, wendet sich Stein 1840 zunächst nach Berlin, um den Kontakt zur jungen philosophischen und politischen Avantgarde um die Hallischen jetzt Deutschen Jahrbücher zu vertiefen. Vielleicht lernte er damals im Kreise der Berliner Linkshegelianer um Arnold Ruge, Ludwig Feuerbach, Adolf Rutenberg u. a. (etwa im sogen. Doktorklub) auch seinen wohl berühmtesten Zeitgenossen Karl Marx (1818-1883, 1836-1842 in Berlin) kennen.

Mitte Oktober 1841 wandte er sich nach Paris. Da er bereits auf der Reise von Metternichs Agenten beobachtet wurde, sind wir über seinen Reiseweg genau orientiert. Stein machte die Reise über Lausanne, wo er - wohl auf Empfehlung Ruges hin - mit Wilhelm Weitling (1808-1871), dem ersten deutschen Theoretiker des Kommunismus, zusammentraf. Die Begegnung Steins mit den Handwerkern und Gesellen des Weitlingschen Arbeitervereins war der erste Kontakt mit jenen Kreisen, die Steins weiteren Weg erheblich beeinflußt haben, auch wenn er deren sozialistische Ziele strikt ablehnte. Die Zeit in Paris (1841/43) widmete Stein insbesondere dem intensiven Studium der französischen Frühsozialisten (vor allem Saint-Simon und Fourier). Er stand mit den bedeutendsten Führern der sozialen Bewegung (Considerant, Reybaud, Blanc, Cabet) in Kontakt. Nach wenigen Monaten Arbeitszeit erscheint 1842 das fast 500 Seiten starke Werk *„Der Socialismus und Communismus des heutigen Frankreichs"*, das ihm - so das spätere Urteil Gustav Schmollers - *„in jungen Jahren einen europäischen Namen gemacht"* hat. 1848 erschien das Werk in zweiter Auflage, jetzt schon zweibändig, 1850 in dritter Auflage, aber als ein fast neues Werk unter dem Titel *„Geschichte der sozialen Bewegung in Frankreich von 1789 bis auf unsere Tage"*.

Die österreichischen Polizeiagenten scheinen Steins Aktivitäten in Paris damals diskret beobachtet zu haben. Jedenfalls heißt es in einem mit Datum vom 7. April 1843 nach Wien gesandten Pariser Konfidentenbericht: *„In Lausanne... besteht die Weitlingianische Pension, wo die kom-*

munistischen Arbeiter in Gütergemeinschaft leben... Die Neuheit der Erscheinung zieht viele Fremde, selbst ausgezeichnete Personen in die Versammlungen, welche dann, selbst wider ihren Willen, der kommunistischen Propaganda dienen, indem man ihnen die Katechismen [des Kommunismus] *und das Buch der Garantien* [der Freiheit und Harmonie von Weitling] *(natürlich gegen Vergeltung) aufdrängt... Der Dr. Stein (nicht aus Leipzig, sondern aus dem Holsteinischen und in Göttingen graduiert) hat diese Anstalt ebenfalls besucht. Dr. Stein befindet sich dermalen in Paris, wo er sich viel mit Victor Considerant und den übrigen Phalansteristen*[37] *herumtreibt"*[38]. Diese sogenannten *„vertrauten Berichtleger"* waren meist vorzüglich unterrichtet. Auch an diesem Brief ist bloß irrig, daß Stein seinen akademischen Grad in Göttingen erworben habe.

Stein selbst war, wie wir heute wissen, während der Pariser Zeit als preußischer Agent tätig. Was ihn dazu bewogen hat, ist heute kaum noch genau zu ermitteln. Vielleicht waren es der liberale Optimismus zu Beginn der 40er Jahre in Preußen und die Reformerwartungen, die in die Herrschaft Friedrich Wilhelms IV. gesetzt wurden. Die im Zentralarchiv Merseburg erhaltenen Berichte lassen jedoch deutlich erkennen, daß es nicht Steins Aufgabe war, einzelne Personen zu bespitzeln. Sie zeigen vielmehr von Anfang an das wissenschaftliche Interesse an der Entwicklung Frankreichs und seinen gesellschaftlichen Verhältnissen[39].

Professor in Kiel

Reich an neuen Eindrücken, aber fast so mittellos wie zuvor, kehrt er im Frühjahr 1843 nach Kiel zurück, wo neben dem älteren Justus Olshausen jetzt zahlreiche jüngere Professoren wirkten, etwa die Historiker Georg Waitz (1813-1886) und Johann Gustav Droysen (1808-1884) sowie der Philologe Karl Müllenhoff. Für Inhaber des Doktorgrades war in Kiel eine gesonderte Habilitation nicht erforderlich, und so kündigt Stein im Wintersemester 1843/44 seine ersten juristischen und staatswissenschaftlichen Vorlesungen an. Finanzielle Gründe - außer den Hörergeldern hat er keine Einnahmen - zwingen ihn jedoch weiterhin auch zu journalistischer Tätigkeit, so seit 1843 vor allem für die Augsburger *All-*

---

[37] Der französische Sozialist Charles Fourier (1772-1837) forderte zur Änderung der Gesellschaft im kommunistischen Sinne, daß die Menschen gemeinsam in großen Häusern, Phalanstères genannt, leben sollten.
[38] Brügel, L.: Geschichte der österreichischen Sozialdemokratie, Wien 1922, S. 31, zit. nach Winkler (s. Anm. 6), S. 6. Vgl. Grolle, J.: Lorenz von Stein als preußischer Geheimagent, in: Archiv für Kulturgeschichte 50, 1968, H. 1, S. 82-96 und Uhl (s. Anm. 3), S. 44ff.
[39] Vgl. Uhl (s. Anm. 3), S. 44ff.

gemeine Zeitung - das Organ der gesamtdeutschen Kultur- und Wirtschaftspolitik, damals die größte deutsche Zeitung - und die deutschnationalen *Neuen Kieler Blätter*, zu deren Gründung (1843) der Kieler Geschichtsprofessor Droysen und Mitglieder der *Albertina* angeregt hatten. Bereits Ende der 30er Jahre hatte sich in Kiel ein Arbeitskreis von Professoren und Burschenschaftern gebildet, der sich vorwiegend mit historischen und philosophischen Themen, speziell auch mit der *„schleswig-holsteinischen Frage"* befaßte und seine Ansichten in der lokalen und überregionalen Presse (insbes. in der Augsburger *Allgemeinen Zeitung*) bekannt machte. Auch Stein ist in diesem Sinne publizistisch tätig. Er schreibt allerdings meist anonym, um die angestrebte Professur nicht zu gefährden. Auf der von ca. 6000 Menschen besuchten volksfestähnlichen Feier anläßlich der 1000. Wiederkehr des Vertrages von Verdun (Kiel 10. August 1843) - gleichzeitig Großkundgebung für den deutschen Charakter der Elbherzogtümer; Festredner: J. G. Droysen -hielt er neben anderen eine patriotische Ansprache. Nach einem vergeblichen Anlauf (insbesondere machten ihn seine Beziehungen zu dem *„gefährlichen Demokraten"* Ruge für die dänische Regierung suspekt) wurde er 1846 zum a. o. Professor für Staatswissenschaft ernannt. Damit endlich der materiellen Sorgen enthoben, heiratet Stein noch im gleichen Jahr Dorothea Steger, eine Kieler Kaufmannstochter, die ihn in Glück und Unglück 31 Jahre lang begleitet hat.

Revolutionärer Kommunist oder demokratischer Sozialist ?

Das in seinem Dankschreiben für die Ernennung geäußerte Versprechen, *„seine Kräfte ausschließlich seinen Fachwissenschaften zuzuwenden"*, hat Lorenz Stein nicht gehalten. Als Reaktion auf den *„Offenen Brief"* des Dänenkönigs Christian VIII. vom 8. Juli 1846 wiesen Stein und sieben andere Kieler Professoren unter Führung Falcks in einer Denkschrift die dänischen Ansprüche auf das Herzogtum Holstein aus juristischen und historischen Gründen zurück. Seit 1848 nahm er mit zahlreichen anderen (früheren) Burschenschaftern (z. B. Fr. Hedde, A. L. J. Michelsen, Theodor Olshausen und Theodor Mommsen) führend an der schleswig-holsteinischen Erhebung gegen Dänemark teil. Am 21. März 1848 verfügte König Friedrich VII. die Einverleibung Schleswig-Holsteins in Dänemark, worauf am 24. März Wilhelm Hartwig Beseler - der Bruder von Georg Beseler - mit der Ausrufung einer provisorischen Regierung in Kiel antwortete. *„Vertrauen, Macht und Ansehen der alten Regierung ist verschwunden"*, hatte Stein am Tag zuvor im Kieler *Correspondenzblatt* geschrieben, „und bald ist es Zeit, daß eine neue Regierung entstehe, welche, volkstümlich, das Vertrauen des Volkes hat, die notwendig gewordene Neugestaltung der Dinge zu bewirken, und das Recht, den Frieden und die Wohlfahrt des Landes zu sichern vermag[40]. Zwar trat er am gleichen Tage als Führer der auf dem Kieler Rathaus versammelten Linken hervor, doch zeigen seine Unterschrift zum Gründungsaufruf eines *Deutschen Vereins* in Kiel (Mitunterzeichner u. a. Franz Hermann Hegewisch und Justus Olshausen; Programm: ein deutscher Bundesstaat mit starker Volksvertretung, konstitutionelle Monarchie in den Bundesstaaten) und seine Wahl in die Landesversammlung ihn bald als durchaus gemäßigten Liberalen. 1848 begab er sich im Auftrag der provisorischen Regierung Schleswigs als Beobachter nach Paris. Hier wurde er Zeuge des *Juniaufstands* der Pariser Arbeiterschaft und dessen blutiger Niederwerfung. 1849 wurde er in die schleswig-holsteinische Landesversammlung gewählt. Im Dienste der provisorischen Regierung wirkte Stein vor allem für den Aufbau einer deutschen Flotte. Daneben setzte er rastlos seine publizistische und wissenschaftliche Tätigkeit fort. Zwei Gesuche um eine ordentliche Professur wurden jedoch seitens der deutschen provisorischen Regierung abgelehnt. Begründung: Etatschwierigkeiten und politische Bedenken. Zu Unrecht galt Stein als republikanischer Aufrührer; die Titel seiner bisherigen Veröffentlichungen mögen dazu beigetragen haben. Daß er sich als Mitbegründer des *Deutschen Vereins* für eine konstitutionelle Monarchie und in seiner gerade abgeschlossenen „*Gesellschaftslehre*" für ein soziales Königtum einsetzte, wurde von seinen politischen Gegnern nicht zur Kenntnis genommen. Nachdem der *Deutsche Bund* unter dem Einfluß Österreichs zunächst Schleswig, dann Anfang 1852 auch Holstein den Dänen überlassen hatte, setzte umgehend eine gründliche „*Säuberung*" ein. Im Juni 1852 wurden Lorenz Stein, Justus Olshausen und sechs weitere Kieler Professoren wegen ihres entschiedenen Eintretens für die Rechte der Elbherzogtümer entlassen. Im Falle Steins lautete die Begründung: „*Mitglied der letzten Landesversammlung auf der äußersten Linken, Verfasser eines Buches über Kommunismus und Sozialismus nach französischen Mustern*"[41]. Hinsichtlich seines berühmten Erstlingswerkes vertraute man offenbar mehr dem Titel als dem Inhalt. Dabei hatte Stein das Buch schon 1843 dem Vater des Königs überreicht, ohne daß dieser daran Anstoß genommen hätte. Tatsächlich war „*Steins Ablehnung des Kommunismus ebenso groß wie seine Neigung zum Sozialismus mit menschheitsbeglückender Bestrebung*"[42]. Sein Urteil über die „*negative*" und

---

[40] Zit. nach Schmidt (s. Anm. 20), S. 46.
[41] Zit. nach Schmidt (Anm. 20) S. 64.
[42] Winkler (s. Anm. 6), S. 47. Im folgenden nach Winkler.

zerstörende Haltung des Kommunismus[43] ist eindeutig. *„So darf man sagen"*, schreibt er, *„daß alle Vorstellungen vom Kommunismus wesentlich gestaltlos sind"*[44]. Auch an anderen Stellen hebt er den Mangel an Klarheit und Bewußtheit im Kommunismus hervor, spricht er von der *„dunkel vorschwebenden Idee"*[45] und der *„innere*[n] *Nichtigkeit und Resultatlosigkeit"* der kommunistischen Bewegung[46]. *„Betrachtet man nun diesen Begriff des Kommunismus genauer"*, schreibt er in der 2. Auflage seines Werkes *„Der Socialismus und Communismus des heutigen Frankreichs"* (1848), *„so ergibt sich, daß sein Ziel ursprünglich die absolute Freiheit und Selbständigkeit des Einzelnen ist, daß aber die Verwirklichung dieses Zieles nur durch die Aufhebung eben dieser Selbständigkeit geschehen kann. Er will die Freiheit des Individuums, und langt unabweisbar bei der absolutesten Despotie Aller über jeden Einzelnen an. Er will die Gleichheit der Glieder der Gesellschaft, und erreicht die Vernichtung der Persönlichkeit"*.

Frieden mit dem System. Internationale Anerkennung in Wien

Versuche, in der deutschen Publizistik festeren Fuß zu fassen (etwa in Augsburg Schriftleiter von Cottas *Allgemeiner Zeitung* zu werden) oder einen Ruf nach Würzburg, Königsberg, Erlangen oder München zu erhalten, scheitern. Die preußische Regierung vereitelte diese Anstellung, weil Stein aus seiner politischen Einstellung, insbesondere seiner skeptischen Haltung gegenüber Preußen, keinen Hehl machte.

Tief enttäuscht sieht Lorenz Stein in seiner Heimat jetzt keine Fortkommensmöglichkeiten mehr. Auch die Rücksicht auf seine Familie, zu der jetzt zwei Kinder gehören, zwingt ihn dazu, sein Glück in der Fremde zu suchen. Durch Vermittlung Frhr. Karl Ludwig von Brucks (1798-1860) - der es als Elberfelder Buchbindersohn zum Triester Schiffahrtsmagnaten und österreichischen Finanzminister gebracht hatte - wird Stein 1855 zum ordentlichen Professor der politischen Ökonomie in Wien ernannt. Die Kontakte zu seinen Kieler und Jenaer Bundesbrüdern waren offenbar schon vor seinem Wegzug nicht mehr sehr eng. Das für die heutigen Korporationen selbstverständliche Lebensbundprinzip gab es damals noch nicht; mit dem Verlassen einer Universität war die formale Mitgliedschaft beendet.

---

[43] Vgl. Stein (s. Anm. 10), S. 131.
[44] Stein (s. Anm. 10), S. 349.
[45] Stein (s. Anm. 10), S. 131.
[46] Stein (s. Anm. 10), S. 353.
Stein, L.: Der Socialismus und Communismus des heutigen Frankreichs, 2. Aufl. Leipzig 1848, S. 447, zit. nach Winkler (s. Anm. 6), S. 193.

Zur Wiener Studentenschaft hielt Stein gute Kontakte[47]. Mit anderen freiheitlich gesinnten Professoren wird er (nach 1866) bejubelt, wo immer sie sich zeigten. 1876 nimmt Stein am Schiller-Kommers des *Deutschen Lesevereins* in Wien teil. Als der Leseverein 1877 eine Anastasius-Grün-Feier veranstaltete, nahm er als einziger Vertreter der Universität daran teil; nach Gründung eines regierungsfreundlichen deutschösterreichischen Lesevereins wagten es die meisten Professoren offenbar nicht mehr, sich zum *Deutschen Leseverein* zu bekennen. In der Volkswirtschaftslehre löste sich Stein von herkömmlichen dogmatischen Lehrmeinungen. *„So kam es"*, schreibt Beurle, *„daß die neueren volkswirtschaftlichen Lehren, in denen sich auf der von dem alten Burschenschafter Lorenz von Stein geschaffenen Grundlage ein bemerkenswerther Umschwung vom starren Dogma zu sittlicher Veredelung geltend gemacht hatte, ein gerne gelesenes und gehörtes, begeistert weiterverkündetes Evangelium der studirenden Kreise wurden"*[48]. Von Kontakten Steins zur Wiener Burschenschaft ist wenig bekannt[49].

Immerhin wissen wir von einer erstaunten Anfrage Professor Steins an die Wiener Burschenschaft *Silesia,* warum diese 1862 keine Rückert-Feier durchgeführt habe. Ein Jahr später veranstaltete die *Silesia* im *„großen Zeisig"* auf dem Burgglacis einen gut besuchten Kommers, auf dem ein politischer Trinkspruch Steins und die zündende Rede Max Hösslingers den Höhepunkt bildeten. Der Dichter Friedrich Hebbel schrieb in sein Tagebuch: *„ Großer Studenten-Commersch zu meinen Ehren im Zeisig ... Wohl vier Hundert junger Männer; alle Facultäten zahlreich vertreten. An Professoren: ... Stein für die National-Oeconomie ... Stein tickte mit Vorsicht an die Schleswig-Holsteinische Frage und rief dadurch viele Unvorsichtigkeiten hervor. Ovationen der Art setzen mich immer in Verlegenheit, aber ich ertrage diese, weil sie wahr sind. Die Jugend ist unbestechlich; sie ruft nicht Hurrah! wenn sie Nichts empfindet"*[50]. Im Herbst 1863 konstituierte sich unter dem Schutz der Professoren Binz und Stein ein studentischer Hilfsausschuß für die kämpfenden Kieler Studenten. Überliefert ist jedoch auch, daß Stein anläßlich eines Saxonenkommerses das den Tendenzen der Burschenschaften Österreichs in Wien zuwiderlaufen corpsstudentische Prinzip als

---

[47] Vgl. Beurle, C.: Beiträge zur Geschichte der deutschen Studentenschaft Wiensy Wien 1892, S. 22, 37 und 40. Für diesen Hinweis ist der Verf. Herrn Dr. Günter Cerwinka zu Dank verpflichtet.
[48] Beurle ebd. S. 95.
[49] Zum folgenden vgl. Bilger, F.: Die Wiener Burschenschaft Silesia von 1860 bis 1870 und ihre Bedeutung für die Anfänge der deutschnationalen Bewegung in Österreich, in: QuD, Bd. 2, Heidelberg 1911, S. 1-74, hier S. 12 und 19.
[50] Tagebucheintrag vom 2. Juni 1863, zit. nach Bilger (s. Anm. 50), S. 19.

„das für die österreichischen Verbindungen geeignetste [!]"[51] empfahl.

In Wien entfaltete Lorenz Stein eine ungewöhnlich fruchtbare akademische und publizistische Tätigkeit, die ihm rasch zu internationaler Anerkennung verhilft. In kurzer Folge erscheinen seine Hauptwerke zur Gesellschaftslehre, Nationalökonomie, Verwaltungslehre und Finanzwissenschaft. Steins Entwicklung vom revolutionären Demokraten zum konservativen Sozialisten findet hier ihren Abschluß. Ausweg und Lösung des Klassenkampfproblems liegen für ihn im *„sozialen Königtum"* - eine Haltung, die ihn den österreichischen Politikern nach 1848 ebenso empfehlen mußte[52] wie seine nicht gerade preußenfreundliche Einstellung[53]. Bis 1866 war Stein - wie sein Gönner von Brück - der Überzeugung, daß Österreich die politische Führung in Deutschland gebühre. Die Dankbarkeit gegenüber seiner neuen Heimat, die ihm eine so glänzende Karriere ermöglichte, mag diese Einstellung noch bestärkt haben.

1856 kauft er mit dem Erbteil seiner Ehefrau bei Cilli (jetzt Celje, Jugoslawien) in der Steiermark eine Thermalquelle, die er Kaiser-Franz-Josef-Bad, wegen des nahen Ortes Markt Tüffer (jetzt Lasko) auch Bad Tüffer nennt. In seinem Nachlaß ist ein von ihm selbst verfaßter Werbeprospekt aus dem Jahr 1879 erhalten. Nach 1857 starb die offenbar einzige, nicht mit Namen bekannte Tochter. Sein Sohn Alwyn wurde 1848 in Kiel, die Söhne Ernst Ludwig und Hermann Peter Hugo 1858 bzw. 1860 in Wien geboren. Neben seiner Lehrtätigkeit ist Stein hier weiterhin journalistisch für Cottas Augsburger *Allgemeine Zeitung* tätig. Seit 1862 gibt er im Auftrag des Handelsministeriums das Wochenblatt *Centralblatt für Eisenbahnen und Dampfschiffahrt der Österreich-Ungarischen Monarchie*, seit 1863 außerdem die Zeitschrift *Austria. Wochenschrift für Volkswirtschaft und Statistik* heraus. Mit wechselndem Erfolg beteiligt er sich auch privat an größeren und kleineren wirtschaftlichen

---

[51] Scheuer, O.: Die geschichtliche Entwicklung des Deutschen Studententums in Österreich, Wien und Leipzig 1910, S. 322.

[52] Vgl. Novotny, A.: Lorenz von Steins Berufung nach Wien. In: Festschrift zur Feier des zweihundertjährigen Bestandes des Haus-, Hof- und Staatsarchivs, hg. von L. Santifaller, Bd. 2, Wien 1951, S. 476.

[53] Schon in seinem bei der Bewerbung um die Wiener Professur eingereichten Lebenslauf schreibt Stein: *„Ich habe, lange ehe ich daran dachte, in der Oesterreichischen Monarchie meine Heimath zu suchen, und ich darf sagen, im Anfange sehr allein stehend und keineswegs in einem dankbaren Kreise, immer [!] an der innigen Überzeugung festgehalten, daß auch der Norden Deutschlands, und namentlich daß mein spezielles Vaterland seiner vollen Entwicklung erst dann entgegengeht, wenn diese Lande in das durch die Natur der Dinge bezeichnete nähere Verhältnis zu Oesterreich treten"* (Lebenslauf Lorenz von Steins, eingereicht bei seiner Bewerbung um eine Professur in Wien, abgedruckt bei Blasius/Pankoke (s. Anm. 3a), S. 183-189, Zitat ebd. S. 188).

Unternehmungen der Gründerjahre (u. a. Gründung einer Aktiengesellschaft zur Auswertung eines Torfmoors bei Salzburg). Durch einen Konkurs verliert er 1879 fast sein ganzes Vermögen. Nur das als Vermögensanteil der Ehefrau vor dem Zugriff der Gläubiger geschützte Erbteil der Söhne kann er retten. Ähnlich wie Marx[54] - dem es zeitlebens allerdings wirtschaftlich erheblich schlechter ging - fehlte es offenbar auch Stein (u. a. Verfasser eines in vielen Auflagen erschienenen „*Lehrbuchs der Finanzwirtschaft"*) an praktischem finanziellem Geschick.

Zu Schleswig-Holstein und zur Burschenschaft unterhielt er in den letzten Lebensjahren kaum noch Kontakte. Außerdem hatten die meisten seiner Freunde aus der Erhebungszeit inzwischen die Heimat verlassen. 1868 wird er in den erblichen österreichischen Ritterstand erhoben. Zahlreiche in- und ausländische Ehrungen treten hinzu. Besondere Beziehungen entwickeln sich gegen Ende seines Lebens zu dem Anschluß nach Westen suchenden Japan.

1877 stirbt Lorenz von Steins Ehefrau, 1884 heiratet er Therese Ruhland, die langjährige Haushälterin der Familie. Im gleichen Jahr ist sein umfangreichstes Werk, die achtbändige „*Verwaltungslehre"*, abgeschlossen.

Die letzten fünf Lebensjahre verbringt Lorenz von Stein - einsam, körperlich gebrochen, aber immer noch voller Ideen und Projekte, jedoch früh vergessen - in seinem Landhaus in Weidlingau bei Wien. Hier stirbt er am 23. September 1890. Die respektvollen Worte an seinem Grab und die vielen ehrenden Nachrufe änderten nichts daran, daß Stein und sein umfangreiches wissenschaftliches Œuvre rasch in Vergessenheit gerieten. Anders als seinem revolutionären Zeitgenossen Karl Marx war es ihm nicht vergönnt, eine „*Schule"* zu gründen, Anhänger um sich zu scharen oder gar eine politische Bewegung ins Leben zu rufen. Statt dessen mußte er sein Werk dem Urteil einer späteren Generation überlassen.

---

[54] Vgl. Kaupp (s. Anm. 36). Außer der genannten sei noch auf folgende Literatur verwiesen: Inama-Sternegg, K. Th. von: Staatswissenschaftliche Abhandlungen, Bd. 1, Leipzig 1903, S. 41-56 (enthält auf S. 53-56 Angaben des Sohnes Dr. Ernst von Stein); Schmid, Carlo: Lorenz von Stein 1815-1890, in: Die großen Deutschen. Deutsche Biographie, Bd. 5, Berlin 1957, S. 318-330; Mengelberg, K.: Lorenz Von Stein and His Contribution To Historical Sociology, in: Journal of the History of Ideas, Bd. 22, April/Juni 1961, Nr. 2, S. 267-274; Blasius, D.: Lorenz von Stein, in: Deutsche Historiker, Bd. 1, hg. von H.-U. Wehler, Göttingen 1971, S. 25-38.

Lorenz von Stein 1883
(Fotografie eines Gemäldes von Alwyn von Stein,
Schleswig-Holsteinische Landesbibliothek Kiel)

Karl Marx als Waffenstudent
- Burschenschafter an seinem Lebensweg -

Peter Kaupp

Es soll hier nicht der angesichts des rapiden weltweiten Niedergangs des real existierenden Sozialismus naheliegende Versuch einer Ehrenrettung wenigstens der theoretischen Grundlagen des Marxismus unternommen werden. Stattdessen soll mit folgendem Beitrag zunächst einmal daran erinnert werden, daß der Begründer der marxistischen Weltanschauung in seiner kurzen Bonner Studienzeit (1835/36) auch ein trink- und fechtfreudiger Verbindungsstudent war. Seine marxistisch-sozialistischen Biographen haben davon, wie auch von manchen anderen seiner herkunfts- und zeitbedingt durchaus *„bürgerlichen Relikte"* - denken wir nur an Marx' nationalistische und militaristische Neigungen sowie an seinen Antisemitismus bzw. jüdischen Selbsthaß-, kaum oder keine Notiz genommen. Die klassische, trotz vieler neuerer Einzelergebnisse bis heute nicht überholte Marx-Biographie von Franz Mehring geht über dessen Bonner Studentenzeit mit wenigen Zeilen hinweg *(„unmittelbare Kunde liegt auch über diese Zeit nicht vor")* und erwähnt eher beiläufig *„die lustigen Jahre in Bonn."*

Ebenfalls unerwähnt bleibt meistens, daß sich unter den Männern, die den Lebensweg von Marx gekreuzt, z. T. auch sein Werk (mehr oder weniger) beeinflußt haben, zahlreiche Burschenschafter oder der Burschenschaft nahestehende Persönlichkeiten befanden, die zumindest in ihrer Jugend (insbesondere unter dem Einfluß des studentischen *Progresses*) oft radikaldemokratisch, ja z. T. kommunistisch-revolutionär gesinnt waren, in ihrer Mehrheit allerdings später ins bürgerlich-nationalliberale Lager überwechselten. Verständlicherweise galt dieser radikaldemokratischen, z. T. revolutionären Minderheit innerhalb der Burschenschaft das besondere Interesse der burschenschaftlichen Geschichtsforschung in der früheren *„DDR"*.

Direkte Äußerungen von Marx über die Burschenschaft sind nicht bekannt, wohl aber von Engels, dem - im Gegensatz zu Marx[1] *„die Burschenschaft ...die Bahn zum politischen Leben eröffnet hatte."*

In den Briefen an seine Schwester und an die Brüder Friedrich und

---

[1] Cornu, Auguste: Karl Marx und Friedrich Engels, Leben und Werk, Berlin 1953, S. 230. Biographische Angaben zu den im folgenden genannten Personen bieten u. a. Mehring (s. Anm. 16), S. 575 ff., und Koszyk, Kurt und Obermann, Karl (Hrsg.): Zeitgenossen von Marx und Engels. Ausgewählte Briefe aus den Jahren 1844 bis 1852, Amsterdam 1975.

Wilhelm Graeber (September 1838 bzw. Dezember 1840) preist Engels die Farben der *Burschenschaft* als Symbol der neugewonnenen freiheitlichen Ansichten. Sein in Terzinen verfaßtes Jugendgedicht *Florida* (1839) verherrlicht die Burschenschaft, sein im Januar 1841 im *Telegraph für Deutschland* erschienener Artikel über Ernst Moritz Arndt enthält eine gründliche Analyse der die frühe Burschenschaft kennzeichnenden Deutschtümelei *(„notwendige Bildungsstufe unseres Volksgeistes")*.

Das *Friedrich-Wilhelm-Gymnasium* besuchte Marx zu einer Zeit, als es wegen *„demagogischer Umtriebe"* überwacht wurde. Seine Mitschüler beteiligten sich z. T. an oppositionellen und reaktionären Bestrebungen. 1833 wurde nach Berlin berichtet, daß unter Trierer Gymnasiasten *„verbotene Schriften"* zirkulierten, u. a. ein Exemplar mit Reden vom *Hambacher Fest* (1832). Zu seinen Konabiturienten gehörte u. a. Ludwig Simon (1810-1872), später Burschenschafter in Bonn, Mitbegründer der *Palatia* und radikaldemokratisches Mitglied der *Frankfurter Nationalversammlung*[2].

Die Bonner Studentenjahre (1835/36). Die Vorherrschaft des SC.

Der mühelos niedergeschlagene *Frankfurter Wachensturm* vom 3. April 1833, an dem sich etwa 40 radikale Burschenschafter beteiligt hatten, führte in Bonn wie an anderen Hochschulen zu einer rücksichtslosen Verfolgung der *Burschenschaft*. Im Herbst 1835, als Marx zu Schiff vom heimatlichen Trier nach Bonn kam (genauer: am 17. Oktober, der *Halleysche Komet* stand am Himmel), um mit dem Studium der Rechte zu beginnen, erreichte die *Demagogenverfolgung* dort ihren Höhepunkt. Die Schwächung der politisch aktiven *Burschenschaft* begünstigte auch in Bonn ein Wiedererstarken der eher unpolitischen Corps, von denen ein Zeitgenosse klagte, daß sie *„im Raufen und Saufen die höchsten Ziele des Studentenlebens"* erblickten. Der Bonner SC bestand damals aus den Corps *Rhenania, Guestphalia* und *Borussia*; 1836 konstituierte sich die *Saxonia*, 1838 kamen *Hansea* und *Palatia* hinzu. Die Corps hielten sich fern *„von allen politischen Absichten, die nur den Untergang aller Burschenfreiheit herbeiziehen"* (so die Constitution der *Rhenania* von 1820).

Neben den Corps gab es damals in Bonn drei landsmannschaftliche Ver-

---

[2] Zu den Beziehungen zwischen Marx und Trier vgl. Der unbekannte junge Marx. Neue Studien zur Entwicklung des Marxschen Denkens 1835-1847, Mainz 1973, sowie Monz, Heinz: Karl Marx und Trier, Trier 1964, in erweiterter Fassung unter dem Titel: Karl Marx - Grundlagen der Entwicklung in Leben und Werk, Trier 1973.

bindungen (vom SC auch als Tisch- oder Kneipgesellschaften, oft wenig liebevoll als „*Kamelcliquen*" bezeichnet): die Trierer, Kölner und Aachener. Diese rekrutierten sich aus den Gymnasien dieser Städte und zeichneten sich ebenfalls nicht gerade durch politische und geistige Aktivitäten aus. Treffend hat Heinrich Bürgers, der vom Wintersemester 1838/39 bis Januar 1843 ohne Abschluß an der Bonner Universität Philologie studiert hatte und (wie er sich 1876 erinnerte) „*im Herbst 1844 mit einer Empfehlung an Marx nach Paris gekommen und dessen Freund geworden*" war, in seinen Erinnerungen (1876) die Atmosphäre an der Bonner Universität der 30er Jahre beschrieben[3]:

„*Es war damals eine dumpfe Zeit für die Jünger der rheinischen Alma mater; von Bildungsbestrebungen, die über das Brotstudium hinausgingen, oder von Ideen, wie sie früher das Studententum beherrscht hatten, war kaum noch die Rede. Die Demagogenhetze im Anfange der dreißiger Jahre hatte die Erinnerungen an die Burschenschaften fast ausgelöscht, und wer sich mit einem politischen Gedanken zu wissen glaubte, der hütete ihn still und heimlich. Alles verengte sich auf das Kneipleben in den Korps-Verbindungen, die eigentlich verboten waren und als geduldetes Unwesen unter der strengen Überwachung durch Kurator und Universitätsrichter standen. Den Paukereien, den Ruhmestiteln der Korpsburschen, wurde fleißig nachgespürt, und häufig waren die gefallenen Schmisse, die ‚Korpshatzen' und die sie begleitenden Exzesse Gegenstand von Untersuchungen, die mit Karzer, Consilium oder Relegation endeten. Die Heranbildung des zahmen Philisters, den man aus dem jugendlichen Überschwange sich austoben ließ, war das System der obrigkeitlichen Universitätszucht, und dieser Richtschnur wurde auch im Ganzen von Studenten, wiewohl sie die Fesseln fühlten und sich manchmal dagegen bäumten, gehorsam nachgelebt. Auf der Kneipe war es sehr mißliebig, „gelehrt" zu sprechen, und an den eigentlichen Kneipabenden wurde darob sogleich der „Bierkonvent" berufen, um den Missetäter mit der gebührenden Strafe in Biersatz zu belegen. Von öffentlichen Angelegenheiten war vollends keine Rede; weder die literarische Bewegung des Jungen Deutschlands noch der damalige Kirchenstreit am Rhein kümmerte diese Jugend, die sich glücklich fühlte, in einfarbigen Mützen einherzustolzieren, die mehrfarbigen Bänder sorgfältig unter der Weste verborgen zu tragen und voll Hochmut auf das „Kameel" wie auf den „Philister" herabzublicken. Privatim wurden wohl etwas Literatur getrieben oder der Versuch gemacht, einen Philosophen zu*

---

[3] Zit. nach Karl Marx, Dokumente seines Lebens 1818 bis 1883, zusammengestellt und erläutert von Manfred Kliem, Leipzig 1970, S. 67 f.

verstehen, namentlich um sich auf dem Gebiete der religiösen Mysterien zurechtzufinden ... Wer sich zufällig zu politischer Lektüre angeregt fühlte, der las etwa Heine und Börne, wenn er sie haben konnte, und verstieg sich leicht zu radikalen Stimmungen, die hinlänglichen Stoff zum oberflächlichen Räsonieren gewährten."

Den Corps[4], *„die die straffen, Mannesmut fordernden und fördernden Normen des Komments vertreten"*, war *„die platte Biergemütlichkeit ... der neuen Vereine natürlich ein Dorn im Auge"*, und sie versuchten mit den z. T. recht rüden, aber letztlich erfolgreichen Praktiken jener Zeit, diese Verbindungen in den waffen- und kommentfreudigen Hort des SC hinüberzuziehen.

Gerhardt hat dieses *„burschikose"* Mittel ebenso knapp wie anschaulich beschrieben[5]: Man *„verweigerte ihnen einfach bei einem gegebenen Anlaß die Satisfaktion und stellte ihnen dann volle Gleichberechtigung in Aussicht, wenn sie sich als Corps konstituierten."*

Am längsten widerstand die älteste der landsmannschaftlichen Verbindungen, die der bereits im Winter 1832/33 gegründeten und etwa 30 Mitglieder zählenden Trierer, dem vehementen Werben der Corps. Die Trierer *(„Treviraner")* rekrutierten sich vor allem aus Abiturienten des Trierer Friedrich-Wilhelm-Gymnasiums. Zu ihnen gesellten sich bald Studierende aus der Umgebung von Mosel, Saar und Hunsrück. Sie kneipten bis 1834 im *„Weißen Haus"* am Dreiecksplatz, danach beim *„Madämchen"* in der Josephsstraße. *„Die Landsmannschaft trieb keine Politik"*, schreibt Richard Friedenthal,[6] einer der Biographen von Karl Marx, *„sie trank, sang und randalierte oder schlug sich mit dem feudalen Corps Borussia, dem meist Adlige angehörten."* Wahrscheinlich war es Christian Heinrich Wienenbrügge, den Marx schon von Trier her kannte (er hatte am gleichen Gymnasium ein Jahr zuvor das Abitur gemacht) und mit dem er in Bonn ein gemeinsames Zimmer bewohnte, der ihn bei den Trierern einführte. Mit Marx wurden Ende 1835 fünf seiner in Bonn studierenden Konabiturienten bei den Trierern aktiv. Nach anfangs noch guten Kontakten zwischen den Trierern und den Rhenanen (z. B. gemeinsame Kommerse und Mensuren) kam es im Winter 1835/36 zu anhaltenden Zusammenstößen zwischen den landsmann-

---

[4] Gerhardt, Hans: Hundert Jahre Bonner Korps, Frankfurt a. M. 1926, S. 82.
[5] Gerhardt (s. Anm. 4), S. 101.
[6] Friedenthal, Richard: Karl Marx. Sein Leben und seine Zeit, 2. Aufl., München 1990, S. 61.

Abbildung 1: Bonner Studentenverbindung „Trierer Tischgesellschaft" vor dem „Weißen Roß" in Bad Godesberg 1836, unsignierte Lithographie (47,2 x 44,1 cm) von D. Levy-Elkan, mit Skizzenbuch aus dem Fenster schauend (Konrad, Karl: Zur Bilderkunde des deutschen Studentenwesens, Breslau 1921, 2. Aufl. 1931, S. 165). In der hinteren Reihe, dritter von rechts, ist der Überlieferung nach Karl Marx abgebildet. Nach Auskunft des Corps Palatia (Bonn) im Original nicht mehr erhalten, hier nach Gerhardt, S. 87.

schaftlichen Kneipvereinen und den Corps. Im Frühjahr 1836 verlangten die Corps, die Kneipvereine sollten sich dem Bonner SC anschließen. Dies stieß insbesondere auf seiten der Trierer auf stärkste Ablehnung und führte zu zahlreichen Corpshatzen und Duellen, an denen mit Sicherheit auch Marx beteiligt war, zumal er im Sommersemester 1836 zum fünfköpfigen Vorstand der Trierer gehörte. Auf einem Semesterbild der Trierer aus diesem Jahr ist auch Karl Marx abgebildet (Abbildung 1 u. 2). Am 18. Januar 1838 konstituierten sich die Kölner zum Corps *Hansea*, am 10. August 1838 die Trierer (nicht Teile der Kölner, wie Fabricius annimmt[7]) zum Corps *Palatia* - benannt nach der alten Kaiserpfalz bei Kaub, nicht nach der Rheinpfalz. Karl Marx war damals jedoch längst in Berlin; die Übernahme früherer Mitglieder einer Verbindung in

---

[7] Vgl. Fabricius, Wilhelm: Die deutschen Corps, Berlin 1898, S. 352.

ein neues Corps war zu jener Zeit nicht üblich[8]:

Abbildung 2: *Ausschnitt aus dem Gruppenbild, wahrscheinlich früheste erhaltene Abbildung von Karl Marx.*

„*Nur sehr wenige dieser Trierer waren später auch Mitglieder des Corps Palatia ... Das „Lebensbundprinzip ... war in der ersten Hälfte des 19. Jahrhunderts noch ziemlich unbekannt. Es gab keine Altherrenverbände. Nach Weggang von der betreffenden Universität schied man aus dem Corps bzw. der Kneipgesellschaft aus. Ein neuer Lebensabschnitt begann. Aus diesem Grunde sind auch Fragen müßig, die in Zusammenhang mit später sehr berühmt gewordenen Corps- oder Ge-*

---

[8] Palatia. 150 Jahre Corps Palatia Bonn 1838-1988, Bonn 1988, S. 10. Friedrich Schneider hat 1890 die Namen der auf Elkans Stich Dargestellten zu identifizieren versucht und einige auf die Rückseite des (heute leider nicht mehr erhaltenen) Originals notiert [vgl. Gerhardt (s. Anm. 4), S. 441 f., und Palatia, S. 9 f.]. Danach haben nur die beiden Juristen Clemens und Staud erst etwa 1860, als sie bereits Landgerichtsdirektor bzw. -präsident waren, die Corpsschleife erhalten. „*Dr. Karl Marx*" ist von Schneider als „*sozialistischer Schriftsteller in London*" apostrophiert (Palatia, S. 10). Einer der mit Marx abgebildeten Trierer, der Philologe Schwabe (später Inhaber eines Mädchenpensionats in Neuwied), war ein Neffe von J. G. Fichte (vgl. Palatia, S. 10). - Das Corps Palatia rekonstituierte am 27. 2. 1953, wurde 1957 vom Vorort wegen Abschaffung der Bestimmungsmensur suspendiert. und 1958 aus dem Kösener Senioren-Convents-Verband ausgeschlossen.

sellschaftsmitgliedern immer wieder gestellt werden. Karl Marx war während der zweisemestrigen Zeit seines Jurastudiums in Bonn, im WS 1835/36 und SS 1836, ein ganz normales, höchst aktives Mitglied der ‚Trierer'. Dem späteren Corps Palatia oder auch einer anderen Verbindung hat er nie angehört."

Auch wenn man Marx deshalb, genau genommen, nicht als Corpsstudenten bezeichnen kann[9], ist es doch eine Ironie der Studentengeschichte, daß ausgerechnet Karl Marx - dessen Anschauungen das politische Weltgeschehen des 20. Jahrhunderts maßgeblich beeinflußt haben - in einer gewissen Beziehung zu den traditionsgemäß eher unpolitischen Corps steht. Ein Großneffe von Friedrich Engels wurde übrigens 1913 im Corps Palatia aktiv.

Feuchtfröhliches Verbindungsleben

Das knappe Jahr, das Marx in Bonn verbrachte, war das einzige, in dem er an einer Universität ernsthaft studierte. Bekanntlich eignete sich Marx seine umfassende Bildung überwiegend außerhalb des *„Vorlesungsbetriebes"* an. Nach Zeugnis seiner Bonner Professoren hörte er alle Vorlesungen *„fleißig"* und *„sehr fleißig"*, u. a. Institutionen bei dem Juristen Eduard Böcking (1802-1870, 1818 Mitglied der Heidelberger, 1819 der Bonner Burschenschaft). So attestierte ihm Professor Friedrich Gottlieb Welcker (1784-1868, ein Freund und Förderer der frühen Burschenschaft), bei dem er Mythologie der Griechen und Römer gehört hatte, *„vorzüglichen Fleiß und Aufmerksamkeit."* Daneben führte er im Kreis der Treviraner ein frohes und ausgelassenes Studentenleben. *„Wegen nächtlichen Lärmens und Trunkenheit"* wurde er am 13. Juni 1836 angezeigt und vom Universitätsrichter zu einer eintägigen Karzerstrafe verurteilt, die er am 16./17. Juni verbüßte. Die Strafe war nicht besonders streng, da Besuche von Kommilitonen gestattet waren, die den Haftierten bei Bier und Kartenspiel Gesellschaft leisten durften. Außerdem ist in Marx' Bonner Abgangszeugnis ausdrücklich vermerkt, daß er einer *„Teilnahme an verbotener Verbindung unter Studirenden"* nicht verdächtig wurde. Das gleiche steht in seinem Berliner Abgangszeugnis. Allerdings ist dort ausdrücklich erwähnt, *„daß er mehrmals wegen Schulden verklagt worden ist."* Kein Wunder, daß Vater Marx über die *„Verwildrung bei dem Bierglase"* und *„das wilde Toben in Bonn"*, auch über die Rechnungen *„à la Karl, ohne Zusammenhang, ohne Resultat"* alles andere als angetan war. Schon damals hatte *„der klassische Theoretiker des Geldes"* (Mehring) im privaten Umgang mit Geld offenbar

---

[9] Vgl. Einst und Jetzt, Bd. 5, 1960, S. 173 f.

erhebliche Schwierigkeiten.

In Bonn war Karl Marx nicht nur bei den Trierern, sondern auch im Poetenbund ein eifriges Mitglied. Dieser Klub schwärmerischer Jünglinge war nicht ganz so harmlos, wie sein Name vermuten läßt. Die Begründer des Bundes waren nämlich zwei revolutionäre Studenten: der Österreicher Ferdinand Fenner von Fenneberg, ehemaliges Mitglied der Unbedingten und 1848/49 einer der aktivsten Revolutionäre in Wien und Baden, und der Trierer Biermann, der schon als Gymnasiast durch seine aufrührerischen Gedichte unliebsam aufgefallen war. Dieser Zirkel - zu dem Karl Grün, einer der späteren Begründer des *„wahren"* Sozialismus gehörte - wurde wegen seiner sehr wahrscheinlich politischen Tendenzen und der Kontakte zu gleichermaßen verdächtigen Poetenbünden anderer Universitäten polizeilich überwacht. Dort lernte Marx auch Emanuel Geibel (1815-1884) kennen, den späteren offiziellen und gefeierten Lyriker der deutschen Reichseinigung unter Preußen. Geibel gehörte 1835/36 der formlosen Vereinigung der Ruländer an, die sich - anfangs noch burschenschaftlichen Charakters - am 6. März 1836 als Corps Saxonia konstituierten. Die Zugehörigkeit zum Poetenbund sagte dem Vater eher zu, weil er befürchtete, sein Sohn könnte sich bei den Trierern duellieren. Erleichtert schrieb er Anfang 1836[10]: *„Dein Kränzchen spricht mich ... besser an als die Kneipe ... Junge Leute, die an einer solchen Zusammenkunft Vergnügen finden, sind notwendig gebildete Menschen und fühlen besser ihren Wert als künftige vorzügliche Staatsbürger denn jene, welche ihren vorz*[üglichen] *Wert in vorzüglicher Roheit finden."*

Auch später verblieb ihm, worauf seine Biographen ausdrücklich hinweisen[11], eine studentische Lust an Streichen, wie sie damals als Privileg der studierenden Jugend galten. Noch als reifer Mann und erklärter Führer der kommenden proletarischen Revolution liebte er es - wie Wilhelm Liebknecht (wie Marx alter Waffenstudent) berichtet - gelegentlich mit jüngeren Genossen eine Bierreise durch ein Dutzend Londoner Kneipen in Tottenham Court Road zu unternehmen. Nicht mehr ganz nüchtern, demolierten Marx, Liebknecht und Genossen dabei gelegentlich schon einmal ein paar Laternen. Auf der Flucht vor der Polizei entkam Marx - er wurde nicht festgenommen wie seinerzeit in Bonn, als er

---

[10] Marx, Karl und Engels, Friedrich: Historisch-kritische Gesamtausgabe, Werke-Schriften-Briefe [MEGA], Erste Abteilung, Bd. 1. Karl Marx: Werke und Schriften bis Anfang 1844, Zweiter Halbband, Berlin 1929, S. 189.
[11] Zum folgenden vgl. Friedenthal (s. Anm. 6), S. 62 ff. und 72, sowie Nicolaevsky, Boris und Maenchen-Helfen, Otto: Karl Marx, eine Biographie, Frankfurt a. M. 1982, S. 42.

wegen ruhestörenden Lärmens und Trunkenheit arretiert wurde und Bekanntschaft mit dem Karzer machte. Liebknecht berichtet auch, daß Marx in London manchmal einen von den Anhängern Auguste Blanquis eingerichteten Fecht- und Schießsaal besuchte[12], *„nicht um in den nächsten Wochen den Sturm auf das Pariser Hotel de Ville zu leiten, sondern eher in Erinnerung an das Jahr in Bonn".*

„Famos", „Philister" u. a. damals modisches studentisches Vokabular, wie er es in seiner Bonner Studentenzeit kennengelernt hatte, finden wir des öfteren in Marx' Briefen und Werken. Noch der alte Marx hat auf der Kurpromenade von Karlsbad mit einem aufmerksamen Zuhörer über sein Erleben der Romantik gesprochen und wie er als *„schwarzlockiger enthusiastischer Geselle zu Schlegels Füßen saß."*

Das Duell - *„gewisse feudale Formen der Individualität"*

Die Angst von Vater Marx, sein Sohn könne sich in Duelle verstricken, war nicht unbegründet. Zu Karl Marx' Bonner Studentenzeit provozierten, höhnten und forderten vor allem die *„stockpreußischen"* und aristokratischen Borussen die *„plebejischen"* Trierer, wo immer sie konnten. Sicher steckte hinter diesem Streit auch ein Stück Klassenkampf zwischen den Trierer Bürgersöhnen und dem Bonner Feudalkorps. Besorgt fragte Vater Marx im Mai 1836 seinen Sohn[13]: *„Ist denn das Duellieren so sehr mit der Philosophie verwebt? ... Lasse diese Neigung ..., diese Sucht nicht Wurzel greifen. Du könntest am Ende Dir und Deinen Eltern die schönsten Lebenshoffnungen rauben. Ich glaube, daß ein vernünftiger Mann sich leicht und mit Anstand darüber hinwegsetzen kann."*

Aber die väterlichen Ermahnungen fruchteten nichts. Etwa im August 1836 duellierte sich Marx, wahrscheinlich mit einem Bonner Borussen, was ihm einen Hieb über dem linken Auge einbrachte. Da sein Vater bereits mit Datum vom 1. Juli 1836 der Universität seinen Willen zum Universitätswechsel nach Berlin mitgeteilt hatte (Bonn scheint von vornherein nur als *„Auftakt"* gedacht worden zu sein), liegt die Vermutung nahe, daß Karl Marx in Kenntnis dessen die Gelegenheit nutzte, zum Nutzen der verbleibenden Trierer Freunde, die mit den Corps in Fehde lagen, mit einem Corpsburschen abzurechnen. Ein *consilium abeundi* konnte in so kurzer Zeit, wenn die Sache herauskam, nicht ausgesprochen werden. Jedenfalls enthielt das Abgangszeugnis der Bonner Universität vom 22. August 1836 den Vermerk: *„Nachträglich ist gegen ihn angezeigt worden, daß er verbotene* [d. h. zum Duell geeignete (Pi-

---

[12] Nicolaevsky und Maenchen-Helfen (s. Anm. 11), S. 225.
[13] MEGA (s. Anm. 10), S. 192.

stolen?) P. K.] *Waffen in Cöln getragen habe. Die Untersuchung schwebt noch"* und ist wohl - darf man ergänzen - nach dem Universitätswechsel eingestellt worden.

In der Duellfrage nahm Marx übrigens einen pragmatischeren Standpunkt ein als sein späterer politischer Gegenspieler Ferdinand Lassalle (1842 Mitglied der Breslauer Burschenschaft). Lassalle wurde 1858 von dem Berliner Intendanturrat Fabrice unter einem nichtigen Vorwand auf Säbel gefordert und bat am 4. Juni Marx brieflich um dessen Stellungnahme. Er selbst hielt das Duell[14] *„für ein unsinniges Petrefakt einer überwundenen Kulturstufe",* war sich aber unklar, ob seine Gesinnungsgenossen gleicher Meinung waren. Marx antwortete ihm, nachdem er die Stellungnahme von Engels und Friedrich Wilhelm Wolff eingeholt hatte, am 10. Juni 1858[15]: *„Wir glauben nicht, daß im allgemeinen gesprochen solch relative Affäre wie ein Duell unter die Kategorie von gut oder schlecht zu subsumieren ist. Daß das Duell an sich nicht rationell ist, unterliegt keinem Zweifel. Ebensowenig, daß es Reliquie einer vergangenen Kulturstufe [ist]. Indes bringt es die Einseitigkeit der bürgerlichen Gesellschaft mit sich, daß im Gegensatz zu derselben gewisse feudale Formen der Individualität ihr Recht behaupten ... Individuen können in solch unerträgliche Kollisionen miteinander geraten, daß ihnen das Duell als einzige Lösung erscheint ... Es gehört dazu ein wichtiges persönliches Verhältnis. Sonst ist das Duell reine Farce ... Wir machen daher das Duell rein von Umständen abhängig, so daß zu ihm als ausnahmsweisen pis aller in ausnahmsweisen Umständen gegriffen werden kann."* (pis aller, franz. i. S. schlimmsten Fall)

In der Gründerzeit der kommunistischen Partei gab es dort zu viele ehemalige Offiziere und Waffenstudenten, als daß das Duell generell hätte abgelehnt werden können. So hatte Wolff *(„Lupus"),* der engste Freund von Marx und Engels, 1849 Karl Vogt einer parlamentarischen Rede wegen auf Pistolen gefordert, was Marx zehn Jahre später in seiner Schrift gegen Vogt zumindest nicht tadelnd erwähnt. Andererseits mißbilligte er *(„preußische Offiziersspäßchen")* die Duellforderung seines Freundes und Kampfgefährten Konrad Schramm auf der von heftigen Spannungen begleiteten Sitzung des Bundes der Kommunisten am 15. September 1850 in London an August Willich, einen ehemaligen preußischen Leutnant und ebenfalls Mitglied des Kommunistenbundes. Das

---

[14] Lassalle, Ferdinand: Nachgelassene Briefe und Schriften, hrsg. von Gustav Meyer, 3. Band. Der Briefwechsel zwischen Lassalle und Karl Marx, Stuttgart/ Berlin 1922, S. 128.
[15] Lassalle (s. Anm. 14), S. 130. Vgl. Marx, Karl: Chronik seines Lebens in Einzeldaten, zusammengestellt vom Marx-Engels-Lenin-Institut Moskau, Moskau 1934, S. 172.

Duell wurde in der Nähe von Antwerpen ausgetragen und führte zu einer leichten Verwundung Schramms.[16] Marx selbst bot noch 1852 in London einem Gegner Genugtuung mit der Waffe an.[17] Lassalle starb bekanntlich am 31. August 1864 an den Folgen eines im Wald von Carrouge bei Genf ausgetragenen Pistolenduells gegen den rumänischen Fürsten Yanko von Racowitza (Corps *Neoborussia Berlin*). Anlaß war eine der vielen Frauen-Affären Lassalles, die letzte betraf Helene von Dönniges.

Berliner Studienjahre (1836-1842), burschenschaftliche Junghegelianer

In Berlin, wo er sich außerhalb des Lehrbetriebs selbständig seinen Weg bahnte, fand Marx im *„Doktorklub"* rasch Kontakt zu den radikalen Junghegelianern, welche die Lehre Hegels den liberalen Bestrebungen ihrer Zeit anzupassen suchten, insbesondere zu Adolf Rutenberg (1808-1869), Ludwig Feuerbach (1804-1872) und Arnold Ruge (1803-1880).

Rutenberg *(„mein intimster der Berliner Freunde"),* Feuerbach und Ruge waren alte Burschenschafter. Von ihnen hat namentlich Ludwig Feuerbach[18] - Erlanger und Heidelberger Burschenschafter - die philosophische Entwicklung von Marx beeinflußt, insbesondere durch sein Werk *Das Wesen des Christentums* (1841). Ruge - vormaliger Hallischer, Jenaer und Heidelberger Burschenschafter, darüber hinaus eifriger Propagandist für den geheimen *„Jugend-"* oder *„Jünglingsbund",* im Zuge der Demagogenverfolgung 1826-1830 inhaftiert - gründete 1838 mit Theodor Echtermeyer die radikalen Hallischen Jahrbücher für Deutsche Wissenschaft und Kunst (weitergeführt als Deutsche Jahrbücher), das führende theoretische Organ der Linkshegelianer, zu dessen Mitarbeitern auch Marx gehörte. Rutenberg kam im Januar 1842 auf Empfehlung von Marx zur Kölner Rheinischen Zeitung für Politik, Handel und Gewerbe. Im Oktober 1842 übernahm Marx dessen Posten als verantwortlicher Redakteur für die Bereiche *„Politik"* und *„Nachrichten".* Seit 1866 im nationalliberalen Lager, versuchte Rutenberg später als Redakteur des Königlichen Preußischen Staatsanzeigers (erfolglos), Marx zu '*kaufen*' oder zumindest zu korrumpieren.

---

[16] Vgl. Mehring, Franz: Karl Marx. Geschichte seines Lebens, 6. Aufl., Berlin [Ost] 1985, S. 213, und McLellan, David: Karl Marx. Leben und Werk, München 1974, S. 262 f. Eine Schilderung des Duells bietet Liebknecht, Wilhelm: Karl Marx zum Gedächtnis. Ein Lebensabriß und Erinnerungen, Nürnberg 1896, S. 59.
[17] Karl Marx 18. 10. 1852 an A. v. Brüningk (Entwurf), vgl. Raddatz, Fritz: Karl Marx. Eine politische Biographie, Hamburg 1975, S. 30.
[18] Ludwig Feuerbach war ein Sohn des Begründers der modernen deutschen Strafrechtslehre, Paul Johann Anselm von Feuerbach (1775-1833), und Onkel des Malers Anselm Feuerbach (1829-1880).

Als 18jähriger hatte sich Marx schon 1836 (also bereits während seiner Bonner Studienzeit) mit seiner Trierer Jugendfreundin Jenny von Westphalen verlobt, 1838 starb sein Vater. Beides verstärkte sein Bemühen um einen bürgerlichen akademischen Abschluß. Die Aussichten für eine Promotion waren in Berlin ungünstig. Seine Dissertation hätte der erzkonservative Friedrich Julius Stahl (1802-1861, früher Mitglied der Heidelberger Burschenschaft) prüfen müssen, gegen den die Berliner Studenten - unter ihnen sicher auch der junge Marx - stürmisch protestiert hatten. Im Vormärz stand die Jenaer Universität in dem Ruf, ihre Doktorhüte besonders umstandslos und freigiebig zu verteilen. Am 6. April 1841 schickte Marx seine Dissertation (*Differenz der demokritischen und epikureischen Naturphilosophie*) nach Jena, bereits am 15. April[!] wurde ihm das Doktordiplom ausgestellt. Es enthält übrigens die Unterschriften von zwei gemäßigt liberalen Ordinarien der Philosophischen Fakultät, die in jüngeren Jahren eng mit der Jenaer Burschenschaft verbunden waren und am Wartburgfest von 1817 teilgenommen hatten: des Historikers Heinrich Luden (1778-1847) und des Philosophen Jakob Friedrich Fries (1773-1843). Karl Marx wurde *'in absentia'* promoviert. In Jena ist er nie gewesen.

Heinrich Heine unter kommunistischem Einfluß?

1842/43 leitete Marx die liberaldemokratische Kölner *Rheinische Zeitung*, (1843 verboten, 1848 als *Neue Rheinische Zeitung* neu gegründet), zu deren Mitarbeitern damals auch zahlreiche Burschenschafter gehörten, u. a. Berthold Auerbach (1832 Tübinger Burschenschafter), Karl Ferdinand Gutzkow (1829 Berliner Burschenschafter) und August Heinrich Hoffmann von Fallersleben (1819 Bonner Burschenschafter). Karl Heinrich Brüggemann, glanzvoller Redner auf dem Hambacher Fest (1829/31 Bonner und Heidelberger Burschenschafter), war 1842 Mitbegründer dieser Zeitung. Nach seinem kurzen Zwischenspiel als Redakteur der oppositionellen *Rheinischen Zeitung* wandte sich Marx im November 1843 nach Paris, dem damaligen Zentrum der deutschen politischen Emigranten, wo er u. a. zu Ruge, Herwegh, Heine und Fröbel enge Kontakte pflegte. Zu den „*plus de vingt Allemands, tous docteurs en philosophie*" (Brief vom 8. Januar 1845 an die Brüder Gauthier) zählten außerdem Venedey und von Rochau.

Der Plan einer Phalanstère-Wohngemeinschaft mit kollektiver Küche und Versorgung - der Ehepaare Herwegh, Ruge und Marx (eine Idee von Herwegh, über die dessen Sohn berichtet) zerschlug sich relativ schnell.

Georg Herwegh (1815-1875, 1835 Mitglied der burschenschaftlichen Tübinger Patrioten) war der gefeierte „*Dichter der Revolution*". Er galt als unbestrittener Wortführer der deutschen Opposition. Die Pariser deutsche Demokratische Gesellschaft unter Herwegh und Adalbert von Bornstedt vereinigte in ihren Reihen zahlreiche Kleinbürger und Arbeiter, die eine Deutsche Legion bilden (Paris, März 1848), bewaffnet nach Deutschland einfallen und die Republik ausrufen wollten. Marx selbst beurteilte diese Revolutionsspielerei ziemlich skeptisch. Die Deutsche Legion Herweghs geriet kurz nach ihrem Grenzübertritt in einen Hinterhalt und wurde bei Dossenbach vernichtend geschlagen. Einigen Zeitungen zufolge, soll Marx Briefe an die Legionsführer geschickt haben, die bei deren Gefangennahme sichergestellt worden seien. Daran war jedoch genau so wenig wahr wie an Berichten, daß Marx zu Mordbrennereien und Plünderungen aufgerufen sowie von Paris aus die ganze Aktion gelenkt habe. Wegen der Herweghschen Legion führte Marx Anfang April 1848 in Paris Gespräche mit dem Publizisten Jakob Venedey (1805-1871, 1824 Mitglied der Heidelberger Burschenschaft, Teilnehmer am Hambacher Fest 1832). Der Sohn eines Jakobiners lebte schon seit einem Jahrzehnt in Paris. Als Gründer und Herausgeber des *Geächteten* (1834) und Korrespondent mehrerer Zeitungen war er dort für Marx und andere Emigranten ein wichtiger Gesprächspartner. 1848 Mitglied des linken Flügels in der *Frankfurter Nationalversammlung*[19], war er nach der Ausweisung aus Berlin und Breslau (1850) Dozent für Geschichte in Zürich (1853). Seit 1855 wirkte er als Publizist und Journalist in Heidelberg, Oberweiler und Berlin. 1863 nahm Venedey am deutschen Abgeordnetentag in Frankfurt a. M. teil.

Namentlich zu Heinrich Heine (1797-1856, 1819 Mitglied der Bonner Burschenschaft) entwickelte Marx, wie seine Tochter Eleonor Marx-Aveling überliefert, eine äußerst herzliche Beziehung. Zeitweise las dieser täglich dem jungen Ehepaar Marx seine Verse vor und holte deren Urteil ein. Den persönlichen Beziehungen zu Marx, Lassalle und Ruge ist es zuzuschreiben, daß Heine zwischen 1843 und 1847 eine Reihe von politischen und sozialen Zeitgedichten mit z. T. eindeutig kommunistischen Gedankengängen verfaßte (z. B. *Die schlesischen Weber* und in seinem satirischen Epos *Deutschland, ein Wintermärchen*, von dem einige Kapitel im *Vorwärts* veröffentlicht wurden). Arnold Ruge zufolge, waren es er und Marx, die Heine veranlaßt hatten, politische Satiren zu

---

[19] Vgl. Kaupp, Peter: „*Bezüglich revolutionärer Umtriebe*". Burschenschafter im „*Schwarzen Buch*" (1838). Ein Beitrag zur Sozialstruktur und zur Personengeschichte des deutschen Frühliberalismus, in: Jahresgabe der Gesellschaft für burschenschaftliche Geschichtsforschung 1980/81/82, Frankfurt a. M. o. J. [1988], S. 73-99, hier S. 88 f.

schreiben[20]: *„Wir [Marx und Ruge, P. K.] sagten zu Heine: Lassen Sie doch mal die ewige Liebesnörgelei und zeigen Sie den politischen Lyrikern mal, wie man es richtig macht - mit der Peitsche."*

Und Friedrich Engels schrieb am 5. Oktober 1844 in der kommunistischen Zeitschrift *The New Moral World* einen Beitrag, in dem es u. a. heißt[21]: *„Heinrich Heine, der berühmteste unter allen lebenden deutschen Dichtern, hat sich unseren Reihen angeschlossen und veröffentlicht einen Band politischer Dichtungen, worin manche Stücke enthalten sind, die den Kommunismus predigen."*

Es handelt sich dabei um Heines 1844 erschienene *Neue Gedichte*, von denen Marx und Engels hellauf begeistert waren. *„Lieber Freund! ... Von Allem, was ich hier an Menschen zurücklasse"*, schrieb Marx im Januar 1845, als er Paris verlassen mußte, an Heine[22], *„ist mir die Heinesche Hinterlassenschaft am unangenehmsten. Ich möchte Sie gern mit einpacken."* Auch im Kapital (7. Abschnitt, XX. Kapitel) nennt Marx Heine seinen Freund, dessen *„Courage"* er bewundert. Engels hatte die Absicht, den einzigen Brief, den Heine an Marx gerichtet hatte, zu veröffentlichen und die Beziehungen zwischen beiden zu schildern, verstarb aber, ohne diesen Plan zu verwirklichen.

Mit Ruge und Julius Fröbel (1805-1893, 1830 Jenaer Armine, ein Neffe des berühmten Pädagogen Friedrich Fröbel und über Caroline von Westphalen, geb. Heubel, weitläufig mit Jenny Marx verwandt) gab Marx in Paris die Deutsch-Französischen Jahrbücher heraus, nachdem er vorher bereits an Fröbels Schweizer Literarischem Comptoir mitgearbeitet hatte. Die Mittel für diese Zeitschrift brachten Fröbel (ca. 3000 Fr.) und Ruge (6000 Taler) auf. Für Marx wurde ein Redakteurgehalt von 500 Talern festgesetzt, was ihn ermutigte, am 12. Juni 1843 seine Trierer Jugendliebe, Jenny von Westphalen, zu heiraten. Fröbel war seit 1833 Professor für Mineralogie in Zürich und hatte 1841 in Winterthur einen gegen die deutsche Zensur gerichteten radikaldemokratischen Verlag gegründet, das *Literarische Comptoir*, für das gelegentlich auch Marx schrieb. 1846 kehrte Fröbel nach Deutschland zurück und widmete sich als Publizist der Verbreitung revolutionärer Ideen. Als einer der Führer der demokratischen Linken wurde er 1848 in die Frankfurter Nationalversammlung gewählt. Im Oktober 1848 eilte er mit Robert Blum (1839 Germania Leipzig) nach Wien, um in der freiheitlichen Studentenlegion

---

[20] Zit. nach Hirth, Friedrich: Heinrich Heine. Bausteine zu einer Biographie, Mainz 1950, S. 124.
[21] Zit. nach Hirth (s. Anm. 20), S. 124.
[22] Zit. nach Hirth (s. Anm. 20), S. 125.

die Stadt gegen heranrückendes Militär zu verteidigen. Ebenfalls verhaftet und zum Tode verurteilt (Robert Blum am 9. November 1848), wurde Fröbel jedoch begnadigt. 1849-1857 lebte er in den USA, in Wien setzte er sich 1862-1866 für die großdeutsche Bundesreformpolitik Österreichs ein. 1867-1873 leitete er die von ihm gegründete gemäßigt liberale Münchner Süddeutsche Presse, 1873-1891 war er deutscher Konsul in Smyrna und Algier. In den Jahrbüchern erschienen auch Heines aggressivste antipreußische Gedichte. Ebenfalls in die Zeit seines Pariser Exils fallen die Anfänge der Deutschen Ideologie, in der sich Marx u. a. mit Feuerbach und dem in Deutschland herrschenden, vorwiegend philosophischen und gefühlsmäßigen Kommunismus - dem sogenannten „*wahren Sozialismus*" - auseinandersetzte.

August Ludwig von Rochau (1810-1813, Jenaer Burschenschaft 1830, Germania Jena 1831), mit Marx u. a. Teilnehmer eines Emigranten- und Journalistentreffens am 7. März 1844 in Paris, war damals Pariser Korrespondent der Allgemeinen Zeitung. Wegen seiner Teilnahme am Frankfurter Wachensturm (1833) zum Tode verurteilt, war ihm 1836 die Flucht nach Paris gelungen. 1848 amnestiert, gehörte er dem Frankfurter Vorparlament an. Als Mitbegründer des Nationalvereins hat er die deutsche Einheits- und Freiheitsbewegung maßgeblich mitbeeinflußt. Seine Grundsätze der Realpolitik (1853) schlugen „*wie ein Blitz*" (von Treitschke) in die Köpfe der Jugend ein.

1845-1848 in Brüssel. Burschenschafter als Anwalt und Hausarzt.

Aus Frankreich ausgewiesen, lebte Marx mit seiner Familie von Anfang Februar 1845 bis Anfang März 1848 in Brüssel.[23] Um dort eine Aufenthaltsgenehmigung zu erhalten, bediente er sich des aus Essen gebürtigen Karl Gustav Maynz (1812-1882, 1829 Mitglied der Bonner Burschenschaft). Als Sprecher der Bonner Burschenschaft war Maynz 1832 mit 22 Studenten relegiert worden. Im April 1834 in Berlin wieder zum Rechtsstudium zugelassen, entzog er sich im Oktober durch die Flucht nach Lüttich einer drohenden Verhaftung. Dort setzte er sein Studium fort und war 1835-1837 als Mitarbeiter der dortigen liberalen Zeitung *L'Espoir* der Brüder Bayet tätig. Nach seiner Promotion 1835 in Gent arbeitete er bis 1838 als Anwalt in Lüttich. Seit Sommer dieses Jahres war er Professor der Rechtswissenschaft an der Universite Libre und Anwalt in Brüssel. Marx besaß ein Exemplar von Maynz' *Elements du droit romain* (Brüssel 1845).

---

[23] Zum folgenden vgl. Barzen, Marion, u. a.: Studien zu Marx' erstem Paris-Aufenthalt und zur Entstehung der Deutschen Ideologie, Trier 1990, S. 227 f.

Auch der Hausarzt der Familie, zeitweise zugleich deren Hauswirt in Brüssel, war ein Burschenschafter. Friedrich Martin Albert Breyer (1812-1876) war 1837, *„demagogischer Umtriebe"* wegen verfolgt, aus Berlin nach Lüttich geflohen. 1840 schloß er sein Medizinstudium in Brüssel ab und engagierte sich in den dortigen demokratischen und oppositionellen Kreisen. Mit seinem Freund, dem ebenfalls emigrierten Burschenschafter und späteren Arzt Franz Gustav Gottlieb von Stockhausen (1815-1888) nahm er Kontakte zu deutschen Arbeitern in Brüssel auf. Mit dem Chirurgen Bougard unterhielten sie 1843 ein *„Bureau de consultations medicales gratuites."* 1845 suchte Breyer für die in Brüssel lebenden Deutschen einen Lesezirkel ins Leben zu rufen.

Zwei Burschenschafter als Mitunterzeichner der „Forderungen der Kommunistischen Partei in Deutschland" (1848)

Nachdem er sich schon vorher zu Besuchen, Studienreisen und Kongressen in England aufgehalten hatte, übersiedelte Marx, im März 1848 auch aus Belgien ausgewiesen, nach kurzem Aufenthalt in Köln im August 1849 mit seiner Familie nach London. Dort lernte er u. a. die Burschenschafter Karl Schapper und Friedrich Wilhelm Wolff kennen, die 1848 mit Marx, Engels, dem Schuhmacher Heinrich Bauer und dem Uhrmacher Joseph Moll die Forderungen der Kommunistischen Partei in Deutschland unterzeichneten.

Seit 1837 wirkte, von Paris ausgehend, der *Bund der Geächteten* für die Errichtung einer deutschen Republik. Ihm gehörten Intellektuelle an, vermehrt um zugezogene Handwerker. Bald lösten sich in diesem Bund die Proletarier von den Intellektuellen und formierten sich zum *Bund der Gerechten* (seit 1847 *Bund der Kommunisten*). Marx lehnte zwar diesen Handwerkerkommunismus als *„roh und gedankenlos"* ab, schätzte aber dessen Kritik am Bestehenden und den Willen, es gewaltsam zu stürzen. In diesem Kreis dürfte er auch Schapper, der den *Bund der Gerechten* nach London überführt hatte, Bauer und Moll kennengelernt haben.

Karl Schapper (1812-1870) - ehemaliger Forststudent und Gießener Burschenschafter, Teilnehmer am Frankfurter Wachensturm (1833) – hatte sein Studium aufgegeben, war schon in Paris Setzer geworden und fungierte auch als Korrektor des Kommunistischen Manifestes. Engels erinnert sich Schappers (Abbildung 3) als eines Hünen von Gestalt.[24]

---

[24] Vgl. Nicolaevsky und Maenchen-Helfen (s. Anm. 11), S. 112.

Abbildung 3: *Karl Schapper (1812-1870), Mitglied der Gießener Burschenschaft, Mitunterzeichner der „Forderungen der Kommunistischen Partei in Deutschland".*

Resolut und energisch, war er stets bereit, Leben und bürgerliche Existenz aufs Spiel zu setzen. Er war das Musterbild eines profesionellen Revolutionärs jener Jahre. Bei einer gewissen Schwerfälligkeit des Denkens war er besserer theoretischer Einsicht keineswegs unzugänglich, um dann aber um so starrer am einmal Erkannten festzuhalten. Deshalb ging seine revolutionäre Leidenschaft des öfteren mit seinem Verstand durch. Stets habe Schapper aber - so das Urteil Engels' -seine Fehler im nachhinein eingesehen und öffentlich bekannt. Mit Marx und anderen rief er am 8. April 1848 in Paris den Klub der deutschen Arbeiter ins Leben. An der kurzlebigen *Neuen Rheinischen Zeitung. Organ der Demokratie* - Mitherausgeber: Eduard Lintz aus Trier, ein Schulkamerad von Marx und Mitbegründer der Palatia 1838; Redakteur en chef: Karl Marx - wirkte er 1848/49 als Korrektor mit. Infolge interner Querelen spaltete sich im September 1850 um Schapper und August Willich eine kleinbürgerliche Fraktion vom *Bund der Kommunisten* ab und gründete einen eigenen Sonderbund. In seinen Enthüllungen über den *Kommunistenprozeß* zu Köln stellte Marx später fest, daß Willich und Schapper „*die un-*

freiwilligen Helfershelfer des gemeinsamen Feindes" geworden waren[25]: *"Schapper, lebenslang Vorkämpfer der Arbeiterbewegung, erkannte und bekannte bald nach Ende des Kölner Prozesses seine augenblickliche Verirrung. Viele Jahre später, auf seinem Sterbebett, einen Tag vor seinem Tode, sprach er mir noch mit beißender Ironie von jener Zeit der Flüchtlingstölpelei'."*

Abbildung 4: *Friedrich Wilhelm Wolff (1809-1864), Mitglied der Breslauer Burschenschaft („Kasematten-Wolff", „Lupus"). Ihm widmete Marx den 1. Band seines Hauptwerkes „Das Kapital".*

Der zweite Burschenschafter, der 1848 die Forderungen der Kommunistischen Partei in Deutschland mitunterzeichnete, war Friedrich Wilhelm Wolff (1809-1864), genannt „*Lupus"* (Abbildung 4), der beste Freund von Marx und Engels. Wolff war als Student 1833 ein Führer des radikalen Flügels der Breslauer Burschenschaft. Nach der Demagogenverfolgung wurde er 1835 wegen seiner Zugehörigkeit zu einer verbotenen Verbindung und Majestätsbeleidigung zu acht Jahren Festung *(„Kasematten-Wolff")* und Verlust der Nationalkokarde verurteilt, jedoch bereits ein Jahr später außer Haft gesetzt. Seine sozialen Ansichten hatten später großen Einfluß auf Lassalle, der 1842 ebenfalls der Breslauer Burschenschaft angehörte. Wolff war Sprachlehrer und Journalist, einer

---

[25] Zit. nach Marx (s. Anm. 3), S. 314 f.

der treuesten privaten und politischen Weggefährten von Marx in dessen Brüsseler, später im Londoner Exil. Im Auftrag von Marx nahm er mit Engels am 1. Bundeskongreß im Juni 1847, mit beiden am 2. Bundeskongreß vom 30. November bis 8. Dezember 1847 teil. In den Monaten April und Mai 1848 versuchten die Emissäre der Brüsseler Zentrale des *Bundes der Kommunisten*, in Deutschland den Boden der Revolution vorzubereiten: Wolff reiste über Hannover und Berlin nach Schlesien, Schapper nach Mainz und Wiesbaden. 1848/49 war Wolff Redakteur bei der von Marx geleiteten Kölner *Neuen Rheinischen Zeitung*. 1852 unterschrieb er - mit Engels, Marx, Freiligrath und anderen - in London einen Aufruf zur Unterstützung der in Köln verurteilten Vertreter des Proletariats und ihrer Familien. Bald darauf übersiedelte er nach Manchester. „Lupus" war, wie Jenny Marx ihn charakterisierte, *„eine kreuzbrave, tüchtige, plebejische Natur"*, kein origineller Kopf, theoretisch und politisch Marx bedingungslos ergeben, treu und uneigennützig, mit Freuden dabei, wenn es galt, gemeinsame Feinde niederzupoltern, ein zünftiger Saufkumpan, der in manche nächtliche Schlägerei verwickelt war. Schon vom 40. Lebensjahr an bedenklich gealtert (Marx nannte ihn deshalb nur „*den Alten"*), gab er den Freunden im Exil nicht mehr viel. Als er am 9. Mai 1864 in Manchester starb, war Marx an seinem Totenbett und hielt auch die Trauerrede. Wolff hinterließ ihm testamentarisch einen großen Teil seines Barvermögens (825 Pfund). Von dieser Erbschaft konnte die Familie Marx einige Jahre hindurch ihren Lebensunterhalt bestreiten. Marx dankte es ihm dadurch, daß er seinem *„unvergesslichen Freunde, dem kühnen, treuen, edlen Vorkämpfer des Proletariats, Willhelm Wolff"* 1867 den 1. Band seines Hauptwerkes *Das Kapital* widmete. Wolff war der einzige Freund und Kampfgefährte, dem Marx eines seiner Werke widmete.

Karl Marx und Carl Schurz

Im April 1848 war Karl Marx nach Köln zurückgekehrt und hatte die Chefredaktion der *Neuen Kölnischen Zeitung* übernommen. Unter seinem Einfluß trat im August der erste *Rheinische Demokratenkongreß* zusammen. Zu den Teilnehmern gehörte auch der junge Carl Schurz (1829-1906), schon damals ein glänzender Redner, später Publizist und amerikanischer Politiker. 1848 war er Mitglied der Bonner *Franconia*, mit Professor Gottfried Kinkel radikaler Wortführer der Bonner Allgemeinheit, einer der Hauptinitiatoren des radikal-demokratischen studentischen Gesamtausschusses von Eisenach und 1849 Gründungsmitglied der kurzlebigen demokratischen Bonner Burschenschaft *Normannia*. Im November 1850 wurde er durch seine spektakuläre Spandauer Befreiungsaktion des wegen Teilnahme am pfälzisch-badischen Aufstand zu lebenslanger Festungshaft verurteilten Bonner Professors Kinkel in ganz Deutschland bekannt. In seinen Erinnerungen (um 1880) schildert er Marx[26]: *„Marx war damals dreißig Jahre alt und bereits das anerkannte Haupt einer sozialistischen Schule. Der untersetzte, kräftige Mann mit der breiten Stirn, dem pechschwarzen Haupthaar und Vollbart und den dunklen, blitzenden Augen zog sofort die allgemeine Aufmerksamkeit auf sich. Er besaß den Ruf eines in seinem Fach sehr bedeutenden Gelehrten, und was er sagte, war in der Tat gehaltreich, logisch und klar. Aber niemals habe ich einen Menschen von so verletzender, unerträglicher Arroganz des Auftretens kennengelernt."*

Insbesondere erinnerte sich Schurz, *„dieser Held der Bourgeoisie"* (Mehring), des schneidenden, sozusagen ausspuckenden Tons, mit dem Marx das Wort *„Bourgeois"* aussprach.

Burschenschafter im Kommunistenbund

Die zweite Hälfte seines Lebens (seit Sommer 1849) verbrachte Karl Marx - von kurzen Reisen abgesehen - in England, zeitweise in katastrophalen und entwürdigenden wirtschaftlichen Verhältnissen. Hier war ihm zunächst der Schriftsteller und Journalist Karl Blind (1826-1907, 1845 Führer der Heidelberger *Neckarbündler*, 1846 der *Bonner Allgemeinheit*), der die englische Sprache beherrschte, behilflich. Blind war 1848 von den revolutionären Regierungen in Baden und Rheinbayern als Bevollmächtigter nach Paris gesandt worden, wo er die offizielle Anerkennung seitens der Französischen Republik erwirken und mit denjenigen Parteiführern in Verbindung treten sollte, die mit der Deutschen Revolution sympathisierten. Diese Mission schlug jedoch fehl. Blind wurde verhaftet, in das Gefängnis *„La Force"* eingeliefert, aber im August 1849 mit der Auflage, Frankreich sofort zu verlassen, überraschend wieder freigelassen. Bereits Mitte September 1849 gründete er mit Marx und anderen in London ein Komitee zur Unterstützung von Flüchtlingen. Als Mitglied dieses Unterstützungskomitees durfte Marx, obwohl er es selbst bitter nötig gehabt hätte, diese Kasse nicht beanspruchen. Als er entgegen diesen Bestimmungen 1850 nach der Ausweisung aus Chelsea die Unterstützungskasse dennoch in Anspruch nehmen mußte, wurde ihm das noch jahrelang nachgetragen.

In London dürfte Marx auch Kontakte zu dem Politiker und Publizisten Ludwig Bamberger (1823-1899, Mitglied der *Walhalla Heidelberg*) und

---

[26] Zit. nach Mehring (s. Anm. 16), S. 179.

zu dem ebenfalls emigrierten Oscar Heinrich Carl Graf Reichenbach (1815-1893, 1832-1839 stud. jur. in Jena, Breslau und Paris, Jenaer und Breslauer Burschenschafter) gefunden haben. Bamberger war in London einer der Führer der dortigen „kleinbürgerlich"-demokratischen Emigranten. Er hatte 1848/49 am badisch-pfälzischen Aufstand teilgenommen und mußte, zur Zuchthausstrafe verurteilt, Deutschland verlassen. 1866 kehrte er nach Deutschland zurück, wurde hier Nationalliberaler, finanzpolitischer Berater Bismarcks und ein Vorkämpfer des Freihandels. Bamberger schloß sich 1880 den nationalliberalen Sezessionisten, 1884 der Deutsch-Freisinnigen Partei an und war 1871-1893 Mitglied des Reichstags.

Graf Reichenbach hatte schon als Student 1834 in Paris Kontakte zu Vertretern des Jungen Deutschlands und wurde 1837 durch sein Sendschreiben an Kronprinz Friedrich Wilhelm von Preußen bekannt, in dem der schlesische Rittergutsbesitzer zur Einigung Deutschlands unter preußischer Führung aufforderte. 1848-1849 war er Mitglied der Frankfurter Nationalversammlung. Nach Ablehnung der Kaiserwürde durch Friedrich Wilhelm IV. wechselte er in das revolutionäre Lager. 1839-1849 Justizrat in Domeczko bei Oppeln, 1850 wegen Hochverrats zu zehn Jahren Haft verurteilt, gelang ihm die Flucht nach Belgien und London (1850-1853). In London gehörte er zu den Initiatoren einer „Revolutionsanleihe", von der er sich aber später distanzierte. 1854 emigrierte er in die USA, 1863 kehrte er nach London zurück. Bis zu seinem Tod im Londoner Exil (1893) widmete er sich in Deutschland und England literarischen und wissenschaftlichen Studien (u. a. *Das Weltgebäude*, Berlin 1846).

Nach der gescheiterten Revolution von 1848/49 schlossen sich dem Kommunistenbund noch weitere radikale frühere Burschenschafter an, etwa Hermann Heinrich Becker (1820-1885), der Arzt Karl Ludwig Johann d'Ester (1811-1859), der Rechtsanwalt Johannes von Miquel (1828-1901) sowie der Journalist Hermann Kriege (1820-1850), ein Schüler von Feuerbach. Einige von ihnen „wandelten" sich später zu Nationalliberalen, z. B. Becker und Miquel.

Becker war 1842/43 Führer der progressistisch-burschenschaftlichen *Lumpia* in Heidelberg und 1844 am progressistischen Kurs der Bonner *Fridericia* maßgeblich beteiligt. Er nahm in Köln an der Revolution von 1848/49 teil *(„der rote Becker")* und wurde zu fünf Jahren Festung verurteilt. Der Haftbefehl nennt neben Marx und Engels drei ehemalige bereits erwähnte Burschenschafter: Hermann Becker, Wilhelm Wolff und Karl Schapper, allesamt „*deutsche Kommunisten und Republikaner*".

Vorzeitig aus der Haft entlassen, gab er 1851 in Köln die erste Sammlung von Marx' Schriften heraus. Wie viele andere der politischen Weggefährten von Karl Marx wechselte er später ins nationalliberale Lager. 1871 wurde Becker Oberbürgermeister von Dortmund, 1875-1885 war er Oberbürgermeister von Köln, seit 1862 im preußischen Abgeordnetenhaus, 1867-1874 auch im Reichstag. 1872 wurde Becker ins Herrenhaus, 1884 in den Staatsrat berufen.

D'Ester hatte mit Engels am badischen Aufstand teilgenommen, wurde von den hessischen Truppen verhaftet, zuerst nach Darmstadt, dann nach Frankfurt transportiert und dort wieder freigelassen.

Miquel gehörte 1845 mit Blind zu den studentisch und politisch radikalen Heidelberger *Neckarbündlern*; er hatte sich 1848 am 2. Wartburgfest sowie an studentischen Unruhen in Göttingen beteiligt. 1850 bot er in seinem ersten Brief an Karl Marx diesem seine Dienste an und bezeichnete sich dabei als *„Kommunist und Atheist"*, der wie Marx die[27] *„Diktatur der Arbeiterklasse"* wolle. 1859 war Miquel Mitbegründer des Nationalvereins, 1867-1882 Führer des rechten Flügels der Nationalliberalen im preußischen Abgeordnetenhaus, 1867-1877 und 1887-1890 Mitglied des Reichstags und seit 1882 auch des Herrenhauses. Johannes von (seit 1897) Miquel wirkte außerdem lange Jahre als Oberbürgermeister von Osnabrück, später von Frankfurt a. M., sowie 1890-1910 als preußischer Finanzminister. Miquel, ehemaliges Mitglied des *Bundes der Kommunisten* und seit 1859 führender Kopf der Nationalliberalen, gehörte 1870/71 zum Stabe Bismarcks. Im Mai 1871 unterrichtete er Marx von dem am 6. Mai 1871 zwischen dem bürgerlichen französischen Außenminister, Jules Favre, und Bismarck geschlossenen Geheimabkommen über ein gemeinsames Vorgehen gegen die am 18. März 1871 vor dem Pariser Stadthaus proklamierte Pariser Kommune (Engels: *„intellektuell unbedingt das Kind der Internationale"*). Marx gab seine Informationen sofort an die militärische Führung der Kommune weiter.[28]

Kriege (1842 Sprecher der Leipziger burschenschaftlichen Kochei und ein eifriger Werber für den studentischen Progreß) hatte schon Ende Februar 1845 auf einer Reise nach London mit einer Empfehlung von Engels Marx in Brüssel besucht. Mitte der 1840er Jahre leitete er die Gruppe der deutschen *„wahren Sozialisten"* in New York. Gegen den von Kriege in New York redigierten Volkstribun und dessen nichtkommunistische Tendenz wie überhaupt gegen eine die Arbeiter demorali-

---

[27] Vgl. Marx (s. Anm.15), S. 84
[28] Vgl. Marx (s. Anm. 3), S. 432 f.

sierende *„phantastische Gemütsschwärmerei, die Kriege unter dem Namen 'Kommunismus' predigt"*, wurden auf der Sitzung des Brüsseler *Kommunistischen Korrespondenzkomitees* Mitte Mai 1846 heftige Proteste erhoben. Kriege nahm 1849 in Dresden an der Revolution teil, kehrte in die USA zurück und starb 1850, zuletzt geisteskrank, in New York.

Eine Fundgrube an Material über die Emigration nach 1848/49 bildet Karl Marx' ausführliche Streitschrift *Herr Vogt* (1860). Gemeint ist damit Karl Vogt (1817-1895), Gießener Burschenschafter und Corpsstudent *(Palatia Gießen* 1833). Marx hat den Arzt und Naturwissenschaftler 1844 in Pariser Emigrantenkreisen kennengelernt. Vogt mußte 1835 wegen seiner politischen Aktivitäten in die Schweiz flüchten, wo er sein Medizinstudium fortsetzte und abschloß (Dr. med., Genf 1839). 1839-1844 wirkte er als Privatdozent der Zoologie, Anatomie und Geologie in Bern und Neuenburg. 1844-1846 in Paris, wurde er 1847 Professor der Zoologie in Gießen. 1848 war Vogt Mitglied des Vorparlaments, 1849 der Frankfurter Nationalversammlung (mit Robert Blum Führer der Linken) und der provisorischen Reichsregierung. 1848 Oberst der Gießener Bürgergarde, mußte er erneut nach Bern flüchten. In Genf wurde Vogt 1852 Professor der Geologie, 1872 auch der Zoologie. Rektor der Universität Genf, Mitglied des Großen Rates und der eidgenössischen Ständeschaft, wurde er 1878 zum Mitglied des Schweizer Nationalrates gewählt. Im Paulskirchenparlament spielte er als schlagfertiger Redner eine hervorragende Rolle. Da er annahm, daß der Mensch in seiner Entwicklung eine Stufe durchlaufe, die ihn in Schädel- und Gehirnbildung dem Affen ähnlich mache, nannten klerikale Gegner ihn „Affenvogt". Als entschiedener Gegner der kommunistischen Bewegung beschuldigte er Marx, mit Wissen der Polizei Verschwörungen deutscher Arbeiter anzuzetteln und das Haupt einer Londoner Erpresserbande zu sein. Marx überführte Vogt in dieser Flugschrift der Lüge und verdächtigte ihn (was 1871 dokumentarisch belegt wurde), ein bezahlter Agent Napoleons III. zu sein. Marx' Gewährsmann für letztere Informationen war übrigens der bereits erwähnte Journalist und Schriftsteller Karl Blind.

Karl Marx, Wilhelm Liebknecht und Ludwig Büchner

Im Kommunistenbund lernte Marx auch den jüngeren Wilhelm Liebknecht (1826-1900) kennen, später neben August Bebel der erste Abgeordnete der Sozialdemokratischen Partei im Reichstag und langjähriger Leiter des *Vorwärts*. Liebknecht war als Student in Gießen zunächst 1844 Mitglied der burschenschaftlichen *Allemannia* und 1846 des (aus der *Allemannia* hervorgegangenen) Corps *Rhenania*. In Marburg schloß er sich 1847 dem Corps *Hasso-Nassovia* an und gehörte im gleichen Jahr zu den Gründern des Corps *Rhenania*. Liebknecht, einer der treuesten Anhänger von Marx, lebte seit 1850 in enger Freundschaft mit diesem im Londoner Exil. Von ihm stammen sehr anmutige Beschreibungen von Sonntagsausflügen, die der *„Mohr"* (Marx' Spitzname, wegen seiner dunklen Haar- und Hautfarbe) mit seinen Freunden nach Hampstead Heath, im Norden von London, unternahm. Anschaulich berichtet er auch über die nationalökonomischen Vorträge, die Marx 1850/51 im *Kommunistischen Arbeiterbildungsverein* hielt. Im Juni 1855 nahmen Marx und Liebknecht tätigen Anteil an einer Demonstration von 200 000 Arbeitern und Handwerkern im Hydepark. Marx sah darin irrigerweise *„den Beginn der englischen Revolution"*. 1862 amnestiert, durfte Liebknecht nach Deutschland zurückkehren, stand aber in ständigem Briefwechsel mit Marx. Bei Marx' Beerdigung am 17. März 1883 auf dem Friedhof in Highgate sprach Wilhelm Liebknecht, ein alter Burschenschafter und Corpsstudent, für die deutschen Arbeiter.

Einen Bundesbruder von Wilhelm Liebknecht, den Arzt und Philosophen Ludwig Büchner (1824-1899) - jüngerer Bruder des jungverstorbenen Arztes und Schriftstellers Georg Büchner (1813-1837) - lernte Marx spätestens auf dem *2. Kongreß der Internationalen* 1867 in Lausanne kennen. 1844 Mitglied der burschenschaftlichen Gießener *Allemannia*, lebte Ludwig Büchner später als praktischer Arzt und materialistisch-naturwissenschaftlicher Schriftsteller (Kraft und Stoff 1855) in Darmstadt.

Karl Marx, Ferdinand Lassalle und Lorenz von Stein

1862 besuchte Lassalle in London Marx und schlug ihm vor, Marx solle sich mit ihm an die Spitze der neuen deutschen Arbeiterbewegung stellen. Marx lehnte ab - aus persönlichen und politischen Gründen. So wurde nicht Marx, sondern Ferdinand Lassalle (1825-1864, 1842 Mitglied der Breslauer Burschenschaft) zum Begründer der sozialdemokratischen Arbeiterbewegung in Deutschland. Marx schätzte Energie und Begabung des Jüngeren, fühlte sich aber von Anfang an von der maßlosen Eitelkeit und dem verzehrenden Ehrgeiz Lassalles abgestoßen, was sich in einigen unflätigen, z. T. geradezu antisemitischen Beschimpfungen – Lassalle stammte wie Marx aus einer jüdischen Familie - äußerte *(„Baron Itzig", „jüdischer Nigger", „Jüdel Braun", „wasserpolackischer Jude")*. Derartige Belege für einen *„jüdischen Antisemitismus"* (Karl Kraus) sind übrigens gar nicht selten. Man findet sie - wie Künzli in seiner Marx-Psychographie zusammengestellt hat[29] - auch bei Lassalle

---

[29] Vgl. Künzli, Arnold: Karl Marx, eine Psychographie, Frankfurt a. M., Zürich 1966.

selbst, bei Rahel Varnhagen von Ense, dem Nietzsche-Freund Paul Ree, dem Psychologen und Philosophen Otto Weininger, dem Schriftsteller und Philosophen Theodor Lessing sowie bei den Nationalsozialisten Arthur Trebitsch - einem Verbündeten von Mathilde Ludendorff - und Reinhard Heydrich.

Marx stand auch in Kontakt mit Max Friedländer (1829-1872) - einem Vetter von Lassalle, aktives Mitglied der Bonner Progreßverbindung und Anhänger des linken Flügels der auf dem 2. Wartburgfest von 1848 vertretenen Progreßverbindungen. Als Redakteur der *Wiener Presse* (später *Neue Freie Presse*) versuchte er 1858 und später (auch über Lassalle) erfolglos, Karl Marx für eine Mitarbeit an dieser Zeitschrift zu gewinnen. Dagegen gelang es einem anderen ehemaligen Breslauer Burschenschafter, dem Redakteur Moritz Elsner (1831/33 Mitglied der *Raczeks*), Marx zur Mitarbeit an seiner Breslauer *Neuen Oder-Zeitung* heranzuziehen. Im Mai, Juli und September 1855 erschienen dort insgesamt 35 Korrespondenzen von Marx, vorwiegend über England und den Krimkrieg. Anfang Mai 1853 ersuchte Marx Elsner vergeblich, einen Verleger für Engels' Broschüre über *Deutschland und das Slawentum* zu finden.

Zu den neben Lassalle bedeutendsten deutschen Zeitgenossen von Karl Marx gehörte zweifellos Lorenz von Stein (1815-1890, 1836 erster Sprecher der unter dem Namen *Albertina* rekonstruierten Kieler Burschenschaft, 1837/ 38 Mitglied des Jenaer Burgkellers).[30] (vgl. entsprechenden Beitrag in diesem Buch) Dieser *„konservative Sozialist"* hatte auf Marx nicht unerheblichen Einfluß. Zwar kann man ihn kaum als direkten geistigen Vorgänger von Marx in die *„Ahnenreihe des Sozialismus"* stellen. Aber er hat zweifellos einige zentrale Einsichten Marx' vorweggenommen[31], auch wenn sich dieser Einfluß nicht mit direkten

---

[30] Vgl. Keil, Richard und Keil, Robert: Geschichte des Jenaischen Studentenlebens, Leipzig 1858, S. 558, Heer, Georg: Geschichte der Deutschen Burschenschaft, 3. Bd. (QuD, Bd. 11), Heidelberg 1919, S. 21, Kaupp, Peter: Der junge Lorenz von Stein in: DuQ, Bd. 12, Heidelberg 1986, S. 167-185, und 175 Jahre Jenaische Burschenschaft, Mainz-Göttingen-Berlin 1990, S. 121.

[31] E. Grünfeld (Lorenz von Stein und die Gesellschaftslehre, 1910, S. 239) hat die übereinstimmenden Anschauungen wie folgt zusammengefaßt: *„Die moderne Auffassung des Proletariats, die Verwendung seines Klassencharakters zum Ausbau der Gesellschaftsordnung, die auf wirtschaftlicher Grundlage in Klassen organisierte Gesellschaft mit ihren aufeinanderfolgenden Stufen, die ökonomische Deutung ihres Werdens und Vergehens, die Beherrschung der allgemeinen Geschichte, insbesondere der Staatsgeschichte, durch die vom Güterleben bestimmte Gesellschaft, das Auftreten des Proletariats als kämpfender Gesellschaftsklasse, die Notwendigkeit eines neuen Gesellschaftsideals und die Freiheit als das Ziel menschlichen Fortschritts"* (zit. nach Lorenz von Stein: Der Begriff der Ge-

Zitaten belegen läßt. Daß Marx bei seinem Quellenstudium der französischen Sozialisten auch Steins *Der Socialismus und Communismus des heutigen Frankreichs* (1842) benutzt hat, darf als gesichert gelten. Stein gilt als einer der Begründer der modernen Sozialwissenschaften und hat noch vor Marx die Bedeutung der sozialen Frage für die industrielle Gesellschaft deutlich erkannt. Namentlich seine *Verwaltungslehre* (1865-1884) enthält heute noch aktuelle Ideen zur Problematik des modernen Sozialstaats. Schon in seiner Arbeit über das Holzdiebstahlgesetz (1842) hat Karl Marx - damals Chefredakteur der *Rheinischen Zeitung*, zu deren Mitarbeitern auch Stein gehörte - wesentliche Einsichten Steins verarbeitet. Dieser selbst scheint die Arbeiten von Marx zwar verfolgt, jedoch nicht intensiv studiert, im übrigen in ihrer Bedeutung erheblich unterschätzt zu haben. Den Werken von Marx gestand er zwar *„eine große historische, aber eine nur sehr geringe wissenschaftliche Bedeutung"* zu. *„Der Einfluß, den solche Werke haben, kann nicht länger als eben ein halbes Menschenalter dauern"*[32] - eine Fehleinschätzung, die vor allem auf die unterschiedliche Bedeutung der geschichtlichen Rolle des Privateigentums zurückzuführen ist.

Carlo Schmid sah zwischen den beiden Burschenschaftern Lorenz von Stein und Carl Schurz eine Parallele[33]: *„Beide traten an, um in der Heimat die Idee der Freiheit und des Rechts zu verwirklichen, und beide beendeten ihr Leben in der Fremde, wo sie versuchten, ohne Verzicht auf das Pathos von der Erfahrung her die Welt dem Ideal wenigstens anzunähern, an das sie in ihrer Jugend geglaubt, das sie aber nicht in die Wirklichkeit umzusetzen vermochten."*

1815 in Barby bei Eckernförde in Schleswig als Sohn des dänischen Obristleutnants von Wasmer und der Witwe Stein geboren, besuchte er zunächst das Militärinstitut von Eckernförde, dann das Flensburger Gymnasium und ab 1835 die Universitäten Kiel und Jena. 1840 promovierte er in Kiel zum Dr. iur. Ein Reisestipendium ermöglichte ihm wis-

---

sellschaft und die soziale Geschichte der Französischen Revolution bis zum Jahre 1830, Bd. 1, Nachdruck Darmstadt 1959, Vorwort des Herausgebers, S. VII).
Zum Verhältnis von Stein und Marx vgl. Osske, Katharina und Ibrahim, Aiman: Karl Marx und Lorenz von Stein - ein theoriegeschichtlicher Vergleich, in: Zeitschrift für Geschichtswissenschaft, Berlin [Ost], 58. Jg. 1990, Heft 12, S. 1059-1068, sowie Uhl, H.: Lorenz von Stein und Karl Marx, Tübingen 1977.
[32] Stein, Lorenz von: Die Volkswirtschaftslehre, 2. Aufl., Wien 1878, S. 536 (zit. Nach Blasius, Dirk und Pankoke, Eckart: Lorenz von Stein, Darmstadt 1977, S. 39 f.).
[33] Schmid, Carlo: Lorenz von Stein 1815-1890, in: Die großen Deutschen. Deutsche Biographie, Bd. 5, Berlin 1957, S. 318 f. Zur Studentenzeit Lorenz von Steins und seinen Beziehungen zur Burschenschaft in Kiel und Jena vgl. Kaupp (s. Anm. 30).

senschaftliche Studien in Berlin (wo er im Kreis der radikalen *Linkshegelianer* um Rutenberg, Feuerbach und Ruge vielleicht Marx begegnete) und Paris. In Paris arbeitete er außerdem als Journalist und (wenig ruhmvoll, aber aktenkundig) als Informant für die preußische Regierung. Vor Marx beschäftigte er sich intensiv mit der sozialen Lage in Frankreich und Deutschland. Nach seiner Rückkehr aus Paris hielt er Vorlesungen an der Kieler Universität und wurde dort 1846 zum a. o. Professor ernannt. Wie vor ihm seine Bundesbrüder Uwe Jens Lornsen und August Daniel von Binzer setzte er sich für die Selbständigkeit Schleswig-Holsteins ein, war während des Aufstands gegen Dänemark Delegierter der provisorischen Kieler Regierung in Paris und wurde 1849 in den Landtag gewählt. Wegen seiner aktiven Teilnahme an der schleswig-holsteinischen Bewegung verlor er 1852 mit acht anderen Kieler Professoren sein Lehramt. Seit 1855 Professor der Staatswissenschaft in Wien, entfaltete er eine umfangreiche wissenschaftliche und publizistische Tätigkeit. 1868 in den erblichen Ritterstand erhoben, starb er 1890 in Weidlingau bei Wien.

Marx war der Meinung, daß die Menschen durch die Verhältnisse und die Umwelt, in die sie hineingeboren sind, geistig geprägt werden. In diesem Sinne haben sicher auch die bürgerlichen Lebensformen und –anschauungen, unter denen er aufgewachsen ist, sein Denken und Handeln beeinflußt. Die kurze, aber wohl intensiv erlebte Zeit als Bonner Waffenstudent scheint Karl Marx bis ins hohe Alter in guter Erinnerung geblieben zu sein. Noch im Londoner Exil hingen Band, Mütze und Schläger über seinem Schreibtisch.[34] Auch die vielen, überwiegend dem radikalen Flügel zugehörigen oder diesem nahestehenden Burschenschafter, die seinen Lebensweg kreuzten, haben Marx' Persönlichkeit mitgeprägt - auch wenn man sicher nicht sagen kann, daß hier der Nährboden für seine revolutionären Ideen zu suchen ist und viele seiner burschenschaftlichen Weggefährten im Alter vom linken ins konservative Lager wechselten und mit der Bismarckschen Reichseinigung ihren Frieden machten (z. B. Fröbel, Ruge, Becker und von Miquel). Die Biographie von Marx (wie auch die von Ferdinand Lassalle, Wilhelm Liebknecht, Karl Füllen und Victor Adler) ist im übrigen auch ein Beleg dafür, daß in ihrer Jugend nicht nur (wie häufig angenommen wird) konservative, sondern auch sozialistische Geister vom Korporationsstudententum angezogen und beeinflußt wurden.

---

[34] Vgl. Klose, Werner: Freiheit schreibt auf Eure Fahnen. 800 Jahre deutsche Studenten, Oldenburg-Hamburg 1967, S. 163.

Frühe Prägungen
Aus den Erinnerungen des Soziologen Ferdinand Tönnies an seine Studienzeit in Jena (1872/73)
Peter Kaupp

Ferdinand Tönnies (1855-1936), einer der heute fast vergessenen, allenfalls noch durch sein Hauptwerk „Gemeinschaft und Gesellschaft" (1887) bekannten Wegbereiter der Soziologie in Deutschland, wurde am 26. Juli 1855 auf dem Marschhof „Op de Riep" im Kirchspiel Oldenswort (Landschaft Eiderstedt, Schleswig-Holstein) geboren. Sein Vater war Grundbesitzer und Viehzüchter, die Mutter stammte aus einer protestantischen Pastorenfamilie. Nach seiner Schulzeit an der renommierten Husumer Gelehrtenschule (1865-1872), wo er von seinem Lehrer J. H. Heinrich Schmidt zum Studium der klassischen Philologie angeregt wurde, wollte er zunächst an der Universität Straßburg studieren, deren Einweihungsfeierlichkeiten er am 30. April 1872 miterlebte. Jedoch wandte er sich noch im Sommersemester 1872 - keine 17 Jahre alt - nach Jena und wurde dort „ein verspäteter Fuchs" der Arminia auf dem Burgkeller" (Tönnies, 1922, S. 206) wie vor ihm vier seiner Vettern. Vielleicht empfing der junge Tönnies in dieser Gemeinschaft erste Eindrücke, die er später in seinem Hauptwerk „Gemeinschaft und Gesellschaft" verarbeitete.

Sein Studium war nach eigenem späteren Eingeständnis „von vornherein planlos" (Tönnies, 1922, S. 206). Er hörte u. a. Sprachwissenschaft bei Berthold Delbrück (1842-1922) sowie Philosophie bzw. Kirchengeschichte bei den alten Burschenschaftern Kuno Fischer und Karl August von Hase. Daneben befaßte er sich mit den Werken von David Friedrich Strauß, Fichte, Hobbes und Nietzsche. Im März 1873 nahm er am „Fuchsenbrennen" der Kartellburschenschaft der Bubenreuther in Erlangen teil. Daß er auch dem unbeschwerten fröhlichen Verbindungsleben zugetan war, ist belegt

Dem etwas älteren Schopenhauer-Verehrer und Burschenschafter Arnold [1],den er in Erlangen kennengelernt hatte und mit dem er später lange in freundschaftlicher Verbindung stand, widmete Tönnies in seinen 1922 herausgegebenen Lebenserinnerungen ein ehrendes Angedenken:

„*Arnold war mir im Lebensalter um einige Jahre, an philosophischer Bildung bedeutend überlegen. Wir haben lange in lebhaftem Briefwechsel gestanden, der mir neue Horizonte eröffnete ... Seine Briefe waren tief und fein ... Ich kann auch heute ... jene Briefe nicht lesen, ohne mich zu wundern über die Reife und Kraft des Zwanzigjährigen, über die Fülle seines Wissens und die Sicherheit seines Denkens"*. (Tönnies, 1922, S. 208)

Ab Wintersemester 1873/74 setzte Tönnies sein Studium in Leipzig, Bonn, Berlin und Kiel fort. Zwischendurch verbrachte er seine Rekrutenzeit in Jena - was ihm offenbar gesundheitlich nicht sehr gut bekam:

„*Es war zu meinem Schaden, daß ich die Kaserne mit der Kneipe, den Füsilier mit dem Verbindungsstudenten vereinigen wollte. Übrigens blieb ich doch einigermaßen meiner geistigen Förderung beflissen ... Im Januar, bei Gelegenheit eines Kommerses, brach ich zusammen... Ich erholte mich freilich bald soweit, daß ich wieder Dienst tun konnte, brachte es sogar zum Gefreiten"* (Tönnies, 1922, S. 209).

Im Juni 1877 schloß Tönnies - noch keine 22 Jahre alt - sein Studium in Tübingen mit einer in Latein verfaßten klassisch-philologischen Dissertation „*De Jove Ammone quaestionum specimen"* ab. Seine erste Schrift, die er zwei Jahre zuvor, im Juni 1875, in Jena unter dem Namen

---

[1] *Carl Franklin Arnold* (1853-1927), Sohn eines Missionars und Pflegesohn des Bremer Patriziers und Privatgelehrten C. H. Gildemeister, Burschenschaft der Bubenreuther-Erlangen 1872/73, stud. phil. und theol. in Erlangen, Leipzig und Königsberg; 1878 Dr. phil. und Gymnasiallehrer in Königsberg, 1895 Professor. für Kirchengeschichte in Breslau, 1911 Geheimer Konsistorialrat, 1912 Rektor der Universität Breslau, Verfasser zahlreicher kirchenhistorischer Schriften, schrieb u. a. eine *Philosophische Begründung des Bubenreuther Wahlspruchs*. Vgl. Tönnies-Forum Nr. 2/92, S. 93f.

Julius Tönnies und dem Titel „*Eine höchst nötige Antwort auf die höchst unnötige Frage: ‚Was ist studentische Reform?'* " veröffentlicht hatte, stand noch ganz unter dem Eindruck seiner Studien- und Aktivenzeit in Jena und auf dem Burgkeller. Über diesen Zeitraum hat Tönnies rückblickend 1922, ausführlicher 1935, berichtet. Die Lebenserinnerungen, die Tönnies etwa ein Jahr vor seinem Tod einer Bekannten diktiert hat und die leider nur den Zeitraum von etwa 1855 bis 1894 umfassen, gelangten mit Unterstützung seiner ältesten Tochter Franziska Heberle[2] in den Tönnies-Nachlaß, der in der Schleswig-Holsteinischen Landesbibliothek in Kiel verwahrt wird, und wurden erst 1980 von Polley herausgegeben. Sie enthalten - was bisher weder für die Biographie von Tönnies noch in der burschenschaftlichen Literatur hinreichend berücksichtigt worden ist - eine sehr aufschlußreiche und persönliche Schilderung seiner Studien- und Aktivenzeit in Jena und auf dem Burgkeller. Darüber urteilt Polley:

„Das beschwingte, oft selbstironische Diktat frisch von der Leber weg läßt nichts von den Anfechtungen und Belastungen erahnen, denen Tönnies nach 1933 durch seine Entlassung aus dem Staatsdienst ohne Pension, wie auch durch Krankheit, zunehmende Vereinsamung und durch begründete Ängste über Deutschlands Zukunft ausgesetzt war" (Tönnies, 1935, S. 189).

Bekanntlich war Tönnies einer der wenigen Gelehrten seiner Zeit, der die Gefahren des heraufziehenden Nationalsozialismus rechtzeitig und deutlich erkannt und der vor allem seit seinem Eintritt in die SPD (1930) auch publizistisch davor gewarnt hatte.

Der Text enthält (worauf schon Polley hingewiesen hat), da Tönnies selbst ihn nachträglich offenbar nicht mehr redigiert hat, nicht immer eindeutige Sinnzusammenhänge, gelegentlich Gedankensprünge und des

---

[2] Der in den USA lebende, aus Deutschland stammende Soziologe *Rudolf Heberle* (1896-1991), Schwiegersohn von Tönnies, hatte auf die Tönnies-Rezeption in den USA erheblichen Einfluß.

öfteren Wiederholungen.[3] Die nachfolgenden Überschriften wurden vom Verfasser dieses Beitrags gewählt[4].

Die Aktivenzeit auf dem Burgkeller

Ich stand nun auf einer Höhe, die für mein Alter etwas zu hoch war. Meine Mutter charakterisierte mich treffend, wenn sie damals an ihre Schwester schrieb: "Ferdinand ist ja in gewisser Beziehung recht selbständig, aber noch so unerfahren und jung. Hier hat er sich die Liebe aller Lehrer erworben, und so wird er sich auch dort seinen Weg bahnen. Empfehlungen hat er mehrere, unter anderem eine vom Dichter Storm an den Professor Max Müller[5], aus Oxford nach Straßburg gegangen". In dem gleichen Brief schrieb sie, es sei nicht leicht und mache dem Mutterherzen viel Sorge, einen so jungen Menschen von sechzehneinhalb Jahren so weit fort in das Studentenleben gehen zu lassen. Von diesen Sorgen ist damals nichts an mich herangetreten, und ich hätte sie schwerlich auf mich wirken lassen. Andererseits darf ich sagen, daß ich nicht geschwollen war: das Kritische und Skeptische in meiner Natur war schon angelegt, wenn auch noch wenig entwickelt; ich dachte überhaupt kaum darüber nach, so daß auch das glänzende Abiturientenzeugnis, das ich erhielt – „vorzüglich" in vier Hauptfächern und „gut" in allen übrigen -, mir keinen großen Eindruck machte. Die Hauptsache

---

[3] Vgl. die editorischen Hinweise bei Polley (1980, S. 189 f.).

[4] Für die biographischen Anmerkungen dieser Arbeit wurden - z. T. Polley folgend – nächstehende Nachschlagewerke verwendet: Allgemeine Deutsche Biographie (ADB, 1875 ff.); Brederek, E.: Verzeichnis der Geistlichen und Gemeinden in Schleswig-Holstein 1864-1933, Wismar 1933; Höhne, Ernst: Die Bubenreuther. Geschichte einer deutschen Burschenschaft, Erlangen 1936; Neue Deutsche Biographie (NDB, 1953 ff.); Klose, Olaf u. a. (Hrsg.): Ferdinand Tönnies-Friedrich Paulsen, Briefwechsel 1876-1908, Kiel 1961; Brockhaus-Enzyklopädie (1966 ff.) sowie verschiedene gedruckte Mitgliederverzeichnisse der Burschenschaft Arminia auf dem Burgkeller-Jena.

[5] *Friedrich Max Müller* (1823-1900) - deutsch-englischer Sanskritist und Sprachforscher (Herausgeber des Rigweda), Begründer der Vergleichenden Religionswissenschaft, 1854-1875 Professor in Oxford - nahm als Gast an den Einweihungsfeierlichkeiten in Straßburg teil.

war mir zunächst Straßburg - dahin rief mich meine Gesinnung, und diese hatte ich in dem Geiste des Tages gebildet, so daß ich mir damit wichtig vorkam. Übrigens schien es sich von selbst zu verstehen, daß ich klassische Philologie mit dem Hauptgewicht der griechischen Dichtung studieren wollte ...

...In Straßburg suchte ich den einzigen deutschen Gasthof auf und hatte noch eine kurze Weile vor dem Feste[6] Muße genug, den Münster zu besteigen, um die damals nicht gerade anmutige Stadt - sie trug überall noch die Spuren der langen Belagerung - neugierig zu betrachten. Die Feier des ersten Mai war höchst würdig und verfehlte ihres Eindrucks auf mich nicht. Es waren auch einige Professoren der ehemaligen französischen Hochschule geblieben und nahmen an der Feier teil. Die Studentenschaft des gesamten neuen Reiches hatte eine Auslese gesandt, in der ich einige Bekannte wiederfand, andere bald kennenlernte: Mitglieder von Burschenschaften, Corps und anderen Verbindungen. Nachdem die Feier vorüber war, bemühte ich mich zunächst um eine neue Bude und fand dabei zunächst die Unterstützung eines anziehenden jungen Mannes, des Herrn von Beaulieu-Marconnay[7], eines Oldenburgers, der gleich vielen seiner Herkunft der berühmten Germania zu Jena angehörte. Wir hatten keinen Erfolg. Ich quartierte mich zunächst in einem der Zelte ein, die für die Studenten hergerichtet waren, und habe dort noch mehrere Nächte geschlafen. Inzwischen wuchs mein Entschluß rasch, Straßburg, noch ehe das Semester im Gange war, mit einer anderen Universität zu vertauschen. - In meinem Sinne und in einem für mich hellen Licht lag Jena, wovon ich durch mehrere Vettern, die zur Mau-Vetteria[8] gehörten, viel Schönes gehört hatte. Etwas trug auch

---

[6] Ab 1. Mai 1872 Feierlichkeiten zur Neugründung der nunmehr deutschen Universität Straßburg.

[7] *Frhr. W. von Beaulieu-Marconnay* (1848-1884), aus Oldenburg, Burschenschaft Germania-Jena 1867/68, stud. iur. Jena und Berlin, später Amtsrichter, dann Landrichter in Norden, als Nationalliberaler 1879-84 Mitglied des Deutschen Reichstags, 1882-84 Mitglied des Preußischen Abgeordnetenhauses.

[8] Siehe zu *Mau* auch Anm. 10, 17 und 22.

dazu bei die von mir im Winter vorher gelesene Novelle meines Landsmannes Wilhelm Jensen;[9] *ich glaube, es war die zweite der „Drei Sonnen". Überdies befand sich ein leiblicher und längst bekannter Vetter Friedrich Mau*[10] *unter den Studierenden, die das Straßburger Fest zierten; er war als Abgeordneter der Kieler Teutonia aus Jena, wo er, schon ein Student der Theologie höheren Semesters, verweilte, hergekommen. Mit ihm war für die Arminia auf dem Burgkeller ein gleichfalls etwas angejahrter Mediziner, Christian von Harbou,*[11] *Sohn des fürstlich reußischen Ministers*[12]*, der wegen einer entfernten Verwandtschaft sich auch zu der Vetteria rechnete, da[h]er um so mehr auch mir sein Wohlwollen schenkte. Auf der Reise verweilten wir noch in Heidelberg, wo wir einem Kneipabend der Alemannia beiwohnten, welcher Burschenschaft später auch Max Weber*[13] *angehört hat; für meinen Geschmack war dieser Abend und das Zechen etwas zu stürmisch; es waren viele „Füchse" aus Ostpreußen vorhanden, darunter ein Sohn des bekannten*

---

[9] *Wilhelm Hermann Jensen* (1837-1911) - Burschenschaft Teutonia-Kiel, Dr. phil., Schriftsteller, Freund Wilhelm Raabes - schrieb Gedichte, Dramen sowie seinerzeit vielgelesene Romane und Erzählungen, u. a. *'Drei Sonnen'*, 1873, Bd. 2 *'Auf der Universität'*. Daß Tönnies darauf nicht näher eingeht, ist deshalb verwunderlich, weil hier das Leben der Jenaischen Burschenschaft (auch auf dem Burgkeller) auch kritisch dargestellt wurde.

[10] *Friedrich Mau* (1850-1919), Burschenschaft Teutonia-Kiel 1870, Sohn von Heinrich August Mau (s. Anm. 22), stud. theol. Kiel, 1871 Berlin, 1871/72 Jena, später Pfarrer in Wethen (Waldeck), 1877 Waltershausen, dann Hohenkirchen (Thüringen), 1891 Hauptpastor in Marne.

[11] *Christian von Harbou* (1845-1891), Burschenschaft Arminia a. d. Burgkeller-Jena 1865, stud. med., später Dr. med., oldenburgischer Stabsarzt, dann prakt. Arzt in Stollhamm (Oldenburg).

[12] *Andreas Paul Adolf von Harbou* (1809-1877), in Holstein tätig, später fürstlich reußischer Minister.

[13] *Max Weber* (1864-1920), Burschenschaft Allemannia-Heidelberg 1882-1918, Nationalökonom und Soziologe, Begründer der Religionssoziologie (u. a. *'Die protestantische Ethik und der Geist des Kapitalismus'* 1920. Hauptwerk: *'Wirtschaft und Gesellschaft'*, 1922.

freisinnigen Abgeordneten von Saucken-Tarputschen[14]. Um nach Jena zu kommen, mußte man noch in Apolda aussteigen, um sich dann in den „Bummler", einen etwas gebrechlichen Omnibus, verladen zu lassen, der in etwa zweieinhalb Stunden uns, wenn meine Erinnerung richtig ist, durch das Johannistor führte. Jedenfalls sah ich bald die roten Mützen und schwarz-rot-goldenen Bänder, die mich lockten. Es war ein schöner Sommerabend, dieser Tag meiner Ankunft. Ich lernte bald einige von den Arminen kennen. Es waren zumeist Neulinge (Füchse) wie ich selber. Schnell lernte ich die Reize des Bummels um den Fürstengraben kennen und begegnete dort zuerst zwei stattlichen Jünglingen, die sich mir als Landsleute vorstellten: die Brüder Carl[15] und Hermann Nissen [16], von denen Carl, der ältere, der Medizin, Hermann wenigstens dem Namen nach der Jurisprudenz beflissen waren. Sie waren zwar ihrer Herkunft nach Schleswig-Holsteiner, hatten aber das Lübecker Katharineum absolviert, und der Vater war Rechtsanwalt in Grevesmühlen (Mecklenburg). Von Anfang an waren sie mir natürlich etwas näher als die Thüringer, an deren Wesen und Umgangsformen der Norddeutsche sich erst gewöhnen muß. Ich hatte ein vorläufiges Quartier in der Bude meines Vetters Friedrich Mau, der noch einige Tage länger auf sich warten ließ und mir diese Gastfreundschaft angeboten hatte. Er hätte eigentlich als Kieler Teutone bei den Jenenser Teutonen Kneipgast sein

---

[14] *August von Saucken* (1852-1923) aus Tataren (Krs. Darkehnen) in Ostpreußen, Burschenschaft Allemannia-Heidelberg 1873, stud. jur., später Staatsanwalt, Rittergutsbesitzer auf Tarputschen bei Insterburg, Hauptvorstand des landwirtschaftlichen Zentralvereins, Vorstandmitglied der Landwirtschaftskammer u. a. m., Ehrenritter des Johanniterordens, Sohn des freisinnigen preußischen Landtagsabgeordneten Kurt von Saucken (1826-1890).

[15] *Karl Nissen* (1852-1923), Burschenschaft Arminia auf dem Burgkeller-Jena 1872, stud. med., später Dr. med. und prakt. Arzt in Magdeburg, Sanitätsrat in Schwerin; Bruder von Hermann Nissen (s. folgende Anm.).

[16] *Hermann Nissen* (1855-1914), Burschenschaft Arminia a. d. Burgkeller-Jena 1872, stud. iur., später Schauspieler (Heldendarsteller und Bonvivant) u. a. in Meiningen, Wien und Berlin (1887-1901, wieder seit 1907), 1895-1901 und 1908-1914 Präsident der Deutschen Bühnengenossenschaft; Bruder von Karl Nissen (s. vorherige Anm.).

müssen, denn es bestand schon damals das sogenannte süddeutsche Kartell. Er zog es aber vor, nur einmal in der Woche dahin zu gehen, im übrigen aber sich an den Burgkeller zu halten, zu dem er ebenso wie ich schon eine Beziehung zu haben meinte, er durch seinen Bruder [17] und die Vettern Jeß[18]. Ich machte in seiner Bude Bekanntschaft mit seinen Studien, die er damals wohl nicht mit Eifer betrieb. So las ich nicht ohne einen gelinden Schauder den Hutterus ,[19] der ja von Karl Hase [20] unter dem Titel „Hutterus redivivus"[21] als Kompendium der altlutherischen Dogmatik erneuert war. Ich selber hing noch mit der Theologie insoweit zusammen, daß ich meinte, gleich meinem längst verstorbenen Oheim[22], dem ältesten Bruder meiner Mutter, mich in den beiden Fakultäten, der philosophischen und der theologischen, immatrikulieren lassen zu sollen. Es hatte wohl eine Portion Eitelkeit ihren Teil daran, denn ich hatte keine Neigung, die Theologie näher kennenzulernen. Vielmehr belegte

---

[17] Wohl *Heinrich Mau* (1842-1916), Burschenschaft der Bubenreuther-Erlangen 1863, Burschenschaft Arminia a. d. Burgkeller-Jena 1865, stud. theol., 1869 Pfarrer in Meldorf, 1877 in Rellingen, seit 1879 in Kiel (an der Heilig Geist-Kirche).

[18] *Karl Jeß* (1843-1924), Burschenschaft Arminia a. d. Burgkeller-Jena 1863, stud. iur., später Dr. iur. und Senatspräsident beim Reichsgericht, Wirklicher Geheimer Rat, Exzellenz. *Theodor Jeß* (1847-1926), Burschenschaft Arminia a. d. Burgkeller-Jena 1866/67, stud. iur., später Landgerichtsdirektor, Geheimer Justizrat in Marburg/Lahn.

[19] *Leonhard Hutter(us)*, auch *Hütter* (1563-1616), Theologe, radikaler Vertreter der lutherischen Orthodoxie. Sein *'Compendium locorum theologicorum'*, 1610, war das Lehrbuch der altlutherischen Dogmatik.

[20] *Karl August von Hase* (1800-1890), 1818 Mitglied der burschenschaftlichen Leipziger Teutonia, 1821 der Erlanger Burschenschaft, zeitweise auch des revolutionären Jünglingsbundes, später Ehrenmitglied der Burschenschaft Arminia auf dem Burgkeller-Jena, evangelischer Theologe und Kirchenhistoriker, seit 1830 Professor in Jena.

[21] 1828, 12. Auflage 1883.

[22] *Heinrich August Mau* (1806-1850), evangelischer Theologe, seit 1836 Professor in Kiel, seinerzeit bedeutender Exeget, war an der schleswig-holsteinischen Erhebung beteiligt.

ich bei Kuno Fischer[23] *die Logik morgens um sieben bis acht Uhr, setzte aber den Besuch nicht lange fort und hatte irgendwo sein gedrucktes Lehrbuch gefunden, in dem ich dann Ersatz suchte. Auch belegte ich lateinische Grammatik bei Nipperdey*[24]*, habe aber auch davon nur wenig genossen. Ich gab mich dem Studentenleben hin, freilich gehemmt durch Knappheit meiner Mittel, nachdem ich nicht gewagt hatte, meinem lieben Vater den selbstverschuldeten Ausfall, der mir in Frankfurt am Main zuteil geworden war*[25] *zu bekennen. Unter meinen Gefährten waren einige sehr respektable ältere Semester, von denen mehrere erst vor einem Jahr aus dem Feldzug heimgekehrt waren, darunter der bekannte spätere Staatsminister Karl Rothe*[26]*. Aber auch unter meinen Konfüchsen war wenigstens einer, der den Feldzug mitgemacht hatte: es war Paul Herpich*[27] *aus Berlin; er stammte aus der bekannten Pelzfirma und war wohl, wie man seinem greisen Vater, den ich später kennenlernte, es ansah, israelitischer Herkunft; ihm selber war davon nichts*

---

[23] *Kuno Fischer* (1824-1907), Burschenschaft Marcomannia-Leipzig 1844, Philosoph, seit 1856 Professor in Jena, seit 1872 in Heidelberg, Hegelianer. Mit seiner Kant-Biographie (1860/61) schuf er die Grundlage für den Neukantianismus.

[24] *Karl Ludwig Nipperdey* (1821-1875), Klassischer Philologe, stud. phil. 1840 Leipzig, 1843 Berlin (Schüler von August Boeckh und Leopold von Ranke), 1850 Habilitation in Leipzig, 1852 Professor in Jena. Starb nach langer Krankheit durch Selbstmord.

[25] An anderer Stelle seiner Lebenserinnerungen aus dem Jahr 1935 gibt Ferdinand Tönnies eine Schilderung dieses Vorfalls: "In Frankfurt am Main begegnete meiner Unerfahrenheit und Dummheit ein ärgerlicher Unfall, indem ich durch ein kleines Kollegium von Taschendieben, oder wie ich sie nennen soll, zu einem Spielchen (Gimmelblättchen) verführt wurde, das mich um ein ganzes Bündel der schmutzigen Talerscheine, mit denen man damals reiste, erleichterte. Wahrscheinlich hatte man mich vorher durch ein unschädlich schmeckendes milchartiges Getränk betäubt. Szene: ein einsamer Wirtschaftsgarten - es war ja noch früh in der Jahreszeit".

[26] *Karl Rothe* (1848-1921), Burschenschaft Arminia auf dem Burgkeller-Jena 1869, stud. iur., später Dr. h. c. aller Fakultäten der Universität Jena, Exzellenz und Wirklicher Geheimer Rat, Staatsminister von Sachsen-Weimar-Eisenach. Ihm gelang es, Ernst Abbe dafür zu gewinnen, die Carl-Zeiß-Stiftung dem Weimarischen Staat zuzusprechen.

[27] *Paul Herpich*, Burschenschaft Arminia a. d. Burgkeller-Jena 1872, vorher Kriegsteilnehmer 1870/71, stud. iur., später Kaufmann in Rheinsberg (Mark), gest. 1880 in Berlin.

anzumerken, außer seiner geistigen Lebhaftigkeit und einem ebenso freundlichen wie intelligenten Wesen. Sein späteres Schicksal aber ist nicht heiter gewesen. Mit ihm und Hermann Nissen wurde ich bald befreundet. Ja, wir drei ließen uns zusammen abbilden unter dem von Nissen erfundenen Namen: das „Rehaugen-Kartell", welcher Name der Bewunderung für die Rehaugen meiner schönen zweiten Kusine Thomsen aus Tönning galt, an der eben Nissen nichts so anbetungswürdig fand als ihre Augen und in seiner Art dafür schwärmte. Übrigens aber galt mein täglicher Umgang, durch Nachbarschaft vermittelt, mehr einem anderen Kameraden, der mir im Lebensalter erheblich, aber auch sonst durchaus überlegen war. Er hieß Ludolf Weidemann[28], war ebenfalls vom Lübecker Gymnasium, ebenfalls Holsteiner und Theologe. Er hat bis ins hohe Alter als Pfarrer in Südholstein - Kirchspiel Quickborn – gelebt, nachdem er viele Jahre lang nach einem anderen Beruf sich umgesehen und auch als Dichter sich versucht hatte. Ich besuchte ihn ziemlich oft in seiner Bude auf der Lachenbrücke, nachdem ich selbst Stube und Kammer im Hause des Seilers Artus gefunden hatte, der außer seinem Handwerk einen Laden in allerhand nützlichen Waren betrieb. Meine Wohnung, in einem neuen Haus, war stattlicher als die gewöhnlichen jenaischen Studentenbuden jener Zeit. Durch Weidemann wurde mein Interesse für theologische Kontroversen gesteigert. Ich war schon mitten darin, nachdem ich als „mulus" aus Büchern meines Oheims Jeß[29] und

---

[28] Ludolf Weidemann (1849-1939), Burschenschaft der Bubenreuther-Erlangen 1870, stud. theol., 1877 Pfarrer in Oldenburg i. H., 1880 wissenschaftlicher Lehrer in Lübeck, 1890 in Hamburg, 1900 Pfarrer in Elmshorn, 1910/11 Kurprediger an der deutschen Kirche in Bordighera. War auch als Schriftsteller tätig ('Karl Maria Kasch, ein Lebensroman', 1904, 'Weltgeschichte am Kamin', 1929, 'Wintersturm, Lieder von der Ostsee,' 1905, 'Briefe eines Glücklichen' 1919).

[29] Wohl Adolf Jeß (1804-1894), Pächter des Gutes Probsteierhagen (heiratete 1840 Elisabeth Mau (1810-1886), eine Schwester der Mutter von Ferdinand Tönnies). Vielleicht handelt es sich auch um dessen Bruder Theodor Jeß (1839-1891), 1865 Diakon, 1865 Archidiakon in Itzehoe, 1869 Kiel, 1879 dort Propst. Die Mutter von Elisabeth Jeß geb. Mau, Maria Elisabeth Carstens geb. Jansen (1766-1809), war eine Urgroßmutter des Altbundespräsidenten Karl Carstens.

Zeitschriften, die er gehalten hatte, Kunde von F. C. Baur[30] und der Tübinger Schule empfangen hatte. Das Neueste auf diesem Gebiet aber nahm meine Aufmerksamkeit sehr in Anspruch: David Friedrich Strauß [31]: „Der alte und der Neue Glaube", welches Buch nebst dem bald folgenden „Ein Nachwort als Vorwort zu den späteren Auflagen" ich käuflich erwarb. Auch suchte und las ich mit Eifer viele Besprechungen, die ich bald im Museum, einem Leseraum, suchte und fand. Von den Arminen war ich wohl der einzige, der dort abonniert war; der Bund hatte früher die Zugehörigkeit obligatorisch gemacht; nach dem Kriege begnügte er sich damit, einige Zeitungen auf dem Burgkeller zu halten: Die Geldverhältnisse waren offenbar schlechter geworden. Ich lernte im Museum zuerst die Frankfurter Zeitung kennen, die meinen politischen Verstand erheblich bildete und mich besonders den Kulturkampf Preußens, dem ich mit Eifer meinen Beifall gegeben hatte, von einer andren Seite beurteilen lehrte. Übrigens stand ich mit allen Interessen dieser Art ziemlich allein. Am ehesten fand ich einen gewissen Anschluß an den ziemlich rechtgläubig sich gebenden, wenn nicht gesinnten Privatdozenten für Theologie Dr. Edmund Spieß[32], der mir immer freundlich entgegenkam, während seine Persönlichkeit mir mehr und mehr unsympathisch wurde: Er war eine problematische Natur, ein altes Mitglied des Burgkellers aus der Reformzeit, der aber auch an dem gegenwärtigen Treiben ziemlich lebhaften Anteil nahm. Daß ich nun durch diese verschiedenen und zum Teil entgegengesetzten theologischen Einflüsse stark bewegt worden wäre, kann ich nicht von mir sagen. Wenn ein Einfluß Bedeutung für mich hatte, so war es der von Strauß, für dessen

---

[30] *Ferdinand Christian Baur* (1792-1860), evangelischer Theologe, Dogmen- und Kirchenhistoriker, seit 1826 Professor in Tübingen. Führte die historisch-kritische Methode in die neutestamentliche Forschung ein und nahm damit Anteil an dem Streit um D. F. Strauß und dessen Werk 'Das Leben Jesu', 1835.

[31] *David Friedrich Strauß* (1808-1874), evangelischer Theologe, mußte nach dem Erscheinen seines Buches die akdemische Laufbahn aufgeben und wirkte als Gymnasialprofessor und Schriftsteller in Ludwigsburg.

[32] *Edmund Spieß* (gest. 1889), Burschenschaft Arminia a. d. Burgkeller-Jena 1855/56, Dr. phil., Professor., Schloßprediger in Küstrin.

Denkungsart ich vorläufig sozusagen gewonnen war, da sie auch gegen den liberalen Protestantismus mich kritisch stimmte.

Übrigens machte ich schon in diesem meinem ersten Semester auch die Bekanntschaft mit Namen und Werk des Thomas Hobbes[33]. *Ich besuchte nämlich oft mit Weidemann die Nachmittagsvorlesung Kuno Fischers über Geschichte der neueren Philosophie, die mich mehr als seine Logik fesselte und vor allem auch bequemer lag, denn am frühen Morgen mußte ich auch meine Fechtstunde einhalten. Die Darstellung, die Kuno Fischer von Hobbes gab, machte einen starken Eindruck auf mich durch ihre offenbar von dem rhetorischen Professor unterstrichenen Paradoxien, an denen aber die politische Seite mich damals nur schwach in Anspruch nahm. Auch dem viel reiferen Weidemann lag es damals gänzlich fern.*

Ich beging meinen siebzehnten Geburtstag unter liebenswürdiger Teilnahme mancher Bundesbrüder, bei denen ich als der Kleine, „Lütter", auch zuweilen Martin Luther oder auch als „Minimum" oder unter anderen Benennungen vielen freundlichen Anteil genoß. Von den damaligen lebt wohl nur noch im höchsten Alter der ehemalige Staatsminister Johannes Hunnius[34], *damals ein hurtiger und redegewandter Jüngling, der vielfachen Neckereien begegnete, aber doch eine stille Achtung genoß wie sein jüngerer Bruder, mit dem ich noch, als ich in Hamburg*

---

[33] *Thomas Hobbes* (1588-1679), englischer Philosoph, zeitweise Sekretär von Francis Bacon (1561-1626). Beeinflußt vom deduktiven systematischen Wissenschaftsideal des 17. Jahrhunderts, sah er in der natürlichen Vernunft das Modell seiner Philosophie. Tönnies erlangte später als Hobbes-Forscher internationalen Ruf. Er gab 1889 die Originaltexte von *'The elements of law natural and politic'.* 1640, deutsch 1926 und von *'Behemoth'.* 1668, deutsch 1927) heraus, außerdem u. a. *'Hobbes' Leben und Werk'*, 1896.

[34] *Johannes Hunnius* (1852-1943), Burschenschaft Arminia a. d. Burgkeller-Jena 1871/72, stud. jur., später Dr. jur., Dr. phil. h. c. Universität Jena, Wirklicher Geheimer Rat, Exzellenz, 1901-1918 Chef des großherzoglich sachsen-weimar-eisenachischen Finanzdepartementes, Bruder des Folgenden.

wohnte, öfter verkehrt habe: ein achtenswerter Mann. Dieser Bruder[35], *Geheimer Medizinalrat, ist schon vor etwa zwanzig Jahren in Wandsbek gestorben ...*

...Es verstand sich für mich von selbst, daß ich nun Mitglied der Arminia auf dem Burgkeller geworden war, und die feierliche Aufnahme, nachdem ich emsig die ziemlich umfangreiche Verfassungsurkunde gelesen hatte, auch versprechen mußte, über das, was ich in dem Bunde erleben und hören würde, Verschwiegenheit bewahren würde, hat mir einen dauernden Eindruck gemacht. Das Semester war, wie andere Fuchssemester, großenteils dem Vergnügen gewidmet; indessen hemmte mich der Umstand, daß ich schon viel Geld auf der Reise verbraucht hatte, auch (in Frankfurt am Main) etlichen Bauernfängern in die Hände gefallen war und ihnen einen für mich nicht unerheblichen Betrag lassen mußte[36]; *ich befliß mich um so mehr einer ängstlichen Sparsamkeit. - In der Universität waltete noch die imponierende, aber nicht sympathische Gestalt Kuno Fischers*[37], *bei dem ich die Logik belegt hatte, aber der frühen Morgenstunde halber bald zu besuchen aufhörte. Dagegen besuchte ich öfter mit Weidemann des großen Mannes Nachmittagsvorlesungen über die Geschichte der neueren Philosophie, nachmittags vier bis fünf Uhr, in der ich zuerst den Namen des Thomas Hobbes*[38] *vernahm, der später so große Bedeutung für mich gewonnen hat. Fischer gab eine tendenziös gefärbte grausige Darstellung von den erschrecklichen Meinungen dieses Philosophen. Die Philologen waren Nipperdey*[39]

---

[35] *Hermann Hunnius* (1854-1925), Burschenschaft Arminia a. d. Burgkeller-Jena 1874, stud. med., später Dr. med. und Geheimer Medizinalrat, Kreisarzt in Wandsbek; Bruder des Vorhergehenden.

[36] Vgl. Anm. 25.

[37] Vgl. Anm. 23.

[38] Vgl. Anm. 33.

[39] Vgl. Anm. 24.

und Moritz Schmidt[40]*. Ich glaube, daß ich bei Nipperdey überhaupt nicht und bei M. Schmidt in diesem Semester nicht belegt habe.*

Anders war es im zweiten Semester, in dem ich ein eifriger Zuhörer des trefflichen Adolf Schmidt[41] *wurde, der in vier Stunden über Geschichtsphilosophie las, und zwar im ersten Teil die Geschichte dieser Disziplin in einer anziehenden Schilderung darbot. Dies war schon damals stark in meiner Linie, und ich hätte, wenn ich dazu ermutigt worden wäre, gern in dieser Linie mich fortbewegt, also Philosophie und Geschichte betrieben, nachdem ich mit beiden Fächern schon als Primaner nicht ohne Eifer mich beschäftigt hatte; besonders las ich in der dänischen Stunde gern in Schweglers*[42] *Lehrbuch*[43] *und begeisterte mich etwas für Fichte*[44]*, insbesondere für den Atheismus-Streit [1795], der ja auch durch den Ort, an dem er spielte - es war eben Jena -, für mich merkwürdig war. - Dies zweite Semester ist mir in besonders lieber Erinnerung geblieben. Es traten zwei neue „Füchse"*[45] *aus Magdeburg ein, die*

---

[40] Moritz Wilhelm Konstantin Schmidt (1823-1888), Klassischer Philologe, zunächst Gymnasiallehrer in Schweidnitz und Oels, 1857-1885 Professor der Klassischen Philologie an der Universität Jena, veröffentlichte Arbeiten auf dem Gebiet der griechischen Dialektforschung und der Epigraphik, wurde durch die Entzifferung des kyprischen Syllabars international bekannt.

[41] Wilhelm Adolf Schmidt (1812-1887), Althistoriker, 1845 Professor in Berlin, 1851 in Zürich, 1860 in Jena; Mitglied des Frankfurter Parlaments und 1873-1876 des Deutschen Reichstags, war er früh sozialpolitisch engagiert ('*Die Zukunft der arbeitenden Klassen und die Vereine für ihr Wohl'*, Berlin 1845).

[42] Friedrich Karl Albert Schwegler (1819-1857), Philosoph, Theologe und Historiker, Schüler von F. C. Baur (vgl. Anm. 30), 1848 Professor für römische Literatur und Altertümer in Tübingen.

[43] Gemeint ist hier wohl seine weitverbreitete '*Geschichte der Philosophie im Umriß',* 1848, 17. Auflage 1950).

[44] Johann Gottlieb Fichte (1762-1814), Philosoph, 1794-1799 Professor in Jena. Seine '*Reden an die deutsche Nation'* (Berlin 1807/08) hatten auf die frühe Burschenschaft erheblichen Einfluß.

[45] Gemeint sind Ernst Schroeder (1852-1938), Burschenschaft Arminia auf dem Burgkeller-Jena 1872/73, stud. med., später Dr. med., praktischer Arzt und Sanitätsrat in Nien-

beide als Achtziger, während ich dies schreibe, noch leben: Beide sind geschätzte Ärzte geworden und waren damals gute „Schläger". Ich selber bestand meine erste Mensur mit leidlichem Erfolg, nachdem ich schon am Schluß des ersten Semesters mit allen Konfüchsen rezipiert worden war, also nun „Bursch" hieß. Ich erinnere mich gern unseres liebenswürdigen „Fuchsmajors", der Anton Paulssen[46] hieß und aus Weimar war. Neben ihm war eines der Häupter im Bunde Karl Rothe[47], der später viele Jahre den Weimarischen Staat regiert hat und das volle Vertrauen des Großherzogs Karl Alexander[48] genoß. Ich bin erst viele Jahre später des öfteren sein Gast gewesen. Er ist schon 1921 plötzlich gestorben; seine liebe Frau geb. Eggeling folgte ihm bald.

Mein drittes Semester in Jena verlief auch für mich in erfreulicher Wiese. Ich faßte das philologische Studium etwas fester an, indem ich bei Herrn Moritz Schmidt[49] Enzyklopädie der Philologie belegte und auch regelmäßig hörte. Gegen Ende des Semesters holte ich mir einen Schmiß auf der Stirn[50], der unter dem (studentischen) Paukarzt langsam heilte.

Ich hatte nunmehr genügend Semester, um die auswärtige Mitgliedschaft zu erwerben. Ich wählte [zum Wintersemester 1873/74.] als nächsten Ort für mein Studium die Universität Leipzig, wo die Arminia,

---

burg (Weser), und *Georg Schenk* (1852-1934), Burschenschaft Arminia auf dem Burgkeller-Jena 1872/73, stud. med., später Dr. med., prakt. Arzt und Sanitätsrat in Blankenburg (Harz).

[46] *Anton Paulssen* (gest. 1893), Burschenschaft Arminia d. d. Burgkeller-Jena 1869, stud. jur., später Landgerichtsrat in Gera. Mit Barop (Germania) und Bayer (Teutonia) vertrat er bei den Feierlichkeiten zur Eröffnung der Straßburger Universität den Jenenser D. C.

[47] Vgl. Anm. 26.

[48] Großherzog *Carl Alexander von Sachsen-Weimar-Eisenach* (1818-1901), Enkel von Großherzog Carl-August von Sachsen-Weimar-Eisenach (1757-1828), ließ die Wartburg wiederherstellen und pflegte die Tradition des klassischen Weimars.

[49] Vgl. Anm. 40.

[50] Als "besonderes Kennzeichen" stand in seinem Personalausweis von 1924 "Narben auf der Stirn".

auch die Bubenruthia, ziemlich stark vertreten waren... Am Studentenleben nahm ich nicht mehr teil, kam aber durch den Beistand, den ich meinem ehemaligen Jenaischen Konfuchs Hermann Nissen[51], dem später berühmten Schauspieler, leistete, in die Lage, noch einmal zu fechten, und zwar mit der mir ungewohnten Leipziger Waffe, der „Glocke" Die Mensur wurde 'ausgepaukt'.

Im Sommersemester in Leipzig zu bleiben, hatte für mich keinen Reiz; lieber ging ich nach Bonn, für das ich schon längst eine Schwärmerei gehegt hatte. Ich wurde hier Gast bei der Alemannia, deren Lob ich oft gehört hatte. Ich fand auch eine gute Gesellschaft, zum Teil aus Kneipgästen anderer Universitäten bestehend, und ich lernte etwas von dem katholischen Leben kennen, sonntags auch von dem heiteren Leben auf dem Rhein, da fast regelmäßig Fahrten unternommen wurden, bei denen das Trinken einer Bowle üblich war.

Zu Hause in Husum nahm ich Rücksprache mit meinem alten Arzt Dr. Storm[52], dem Bruder des Dichters, der mit Rücksicht darauf, daß ich wieder über häufige Kopfschmerzen klagte, den Rat gab, ich solle zunächst meinen einjährigen Dienst abmachen. Ich entschloß mich, sehr zum Schaden meines Studiums, in diesem Sinne. Es war mir auch eine erwünschte Gelegenheit, obgleich es töricht war, wieder nach Jena zu gehen; es war töricht, denn der Einjährige hatte es zweifellos besser [anderswo.] als in der Universitätsstadt, zumal wenn ihn hier seine Verbindung, oder wie jetzt gesagt wird, sein 'Bund' in Anspruch nahm, was in meinem Falle freilich viel mehr meine eigene Schuld als die des Bundes war. Ich fand die Rekrutenzeit ganz erträglich und erhielt nach einem halben Jahr wie üblich die Knöpfe des Gefreiten, obwohl inzwi-

---

[51] Vgl. Anm. 16.

[52] *Aemil Storm* (1833-1879), stud. med. Kiel, später Dr. med. und praktischer Arzt in Husum (seit 1858), jüngerer Bruder des Dichters Theodor Storm. Seit 1864 lebten die Brüder mit ihren Familien in Husum in enger Nachbarschaft. Mit seinem Landsmann Theodor Storm verband Tönnies eine lebenslange Freundschaft. Tönnies hielt 1898 bei der Einweihung des Storm-Denkmals in Husum die Festrede und veröffentlichte zum 100. Geburtstag des Dichters *'Theodor Storm, Gedenkblätter zum 14. September 1917'.*

schen schon eine Katastrophe bei mir eingetreten war: bei Gelegenheit des Winterkommerses, an dem ich beurlaubt einen lebhaften Anteil nahm, habe ich durch einen unvorsichtigen Trunk um eines närrischen Zweckes willen (Erwerb des 'großen Kannenordens') mich schwer beschädigt, indem ich davon ein Leiden mir zugezogen habe, das mich viele Jahre lang bedrückt hat: anfallsweise auftretende heftige Schmerzen im Hinterkopf. Unser alter Arzt in Eiderstedt, der Physikus Dr. Thomsen[53], dem meine Eltern davon erzählt hatten, war, wie diese berichteten, der Meinung, es sei die Folge meiner allzufrühen und raschen Entwicklung; ein anderer Arzt hat mir später ausgesprochen, es werde wohl ein kleines Blutgefäß gesprungen sein. Wenn dies der Fall war, so bin ich ja noch verhältnismäßig gut weggekommen, habe aber an den Folgen viel gelitten. Mein Freund Oskar Vogt[54] hat mir gegenüber die Ansicht vertreten, ich habe es diesem Unfall zu verdanken, daß ich seitdem vorsichtig und behutsam gelebt habe.

Nachdem ich im Sommer 1875 daheim und durch einen Badeaufenthalt in Scheveningen - bei welcher Gelegenheit ich zuerst die von mir als stammverwandt empfundenen Niederlande kennenlernte[55] - [mich erholt hatte.], fühlte ich mich ermutigt, das Wintersemester in Berlin zu verleben. Es war für mich folgenreich, weil ich dort bald mit Friedrich Paulsen[56] bekannt wurde und eine Freundschaft eröffnete, die bis an sein

---

[53] *Heinrich Christian Thomsen* (1810-1885), Dr. med. und Physikus in Eiderstedt.

[54] *Oskar Vogt* (1870-1959), Burschenschaft Teutonia-Jena 1890, Neurologe, arbeitete mit seiner Frau, Dr. Cécile Vogt (1875-1962), über die Gliederung der Großhirnrinde, Leibarzt der Familie Krupp, wurde 1925 von sowjetischen Kommunisten beauftragt, das Gehirn Lenins auf Genialitätsmerkmale zu untersuchen, 1913 Professor in Berlin, Leiter des Instituts für Gehirnforschung in Berlin-Buch (dem Tönnies 1935 testamentarisch sein Gehirn und seinen Schädel überließ), 1937 Gründer und Direktor eines Instituts für Hirnforschung in Neustadt/Schwarzwald.

[55] Nach einer (nicht belegten) Familientradition stammt die Familie Tönnies aus den Niederlanden.

[56] *Friedrich Paulsen* (1846-1908), Burschenschaft der Bubenreuther-Erlangen 1866, Philosoph und Pädagoge, seit 1878 Professor in Berlin, forderte die Gleichstellung des Real- und des Humanistischen Gymnasiums, später eng mit Tönnies befreundet. Er schrieb u. a.

Ende gewachsen ist und in meinem Herzen dauert. Es war das erste Semester seiner akademischen Lehrtätigkeit, die später so reich wurde. Ich belegte seine Übungen über Kants[57] *'Kritik der reinen Vernunft', nachdem ich schon während meines Einjährigenjahres in Jena das berühmte Werk zu lesen versucht hatte, zu gleicher Zeit auch Schopenhauers*[58] *'Abhandlung über die vierfache Wurzel des Satzes vom zureichenden Grunde'. Wie ich an anderer Stelle*[59] *erzählt habe, pflegte unsere Sitzung regelmäßig mit einer Nachsitzung beschlossen zu werden, die Paulsen mit seinen zwei schleswig-holsteinischen Landsleuten, Kuno Francke*[60] *und mir, verplauderte. Paulsen hielt damals am meisten von*

'Ein Wort über das Wesen der Burschenschaft', 1895. *"Paulsens Einfluß auf mich ist von Anfang an bedeutend gewesen"* (Tönnies, 1922, S. 210). Die erste Auflage von *'Gemeinschaft und Gesellschaft'* (1887) hat Tönnies seinem *"Freunde Friedrich Paulsen als Denkmal früherer Gespräche"* gewidmet. Für die Tönnies-Forschung grundlegend: Klose, Olaf; Jacoby, Eduard Georg; Fischer, Irma (Hrsg.): *'Ferdinand Tönnies-Friedrich Paulsen. Briefwechsel 1876-1908'*, Kiel 1961. Zur Beziehung zwischen Tönnies und Paulsen vgl. Edgar Weiß: *'Tönnies und Paulsen – Konsonanzen und Dissonanzen einer nicht unkomplizierten Freundschaft'*, in: Clausen, Lars; Schlüter, Carsten (Hrsg.): *"Ausdauer, Geduld und Ruhe".* Aspekte der Tönnies-Forschung, Hamburg 1991, S. 115-132.

[57] *Immanuel Kant* (1724-1804), führender Philosoph der Aufklärung in Deutschland, wollte mit seiner *'Kritik der reinen Vernunft'* von 1781 (nach eigenen Worten) eine *"kopernikanische Wende der Philosophie"* einleiten.

[58] *Arthur Schopenhauer* (1788-1860), Philosoph, bezeichnete sich selbst als echten Kantianer und schloß die Bewegung des deutschen Idealismus ab. Mit der Abhandlung über die vierfache Wurzel des Satzes vom zureichenden Grunde promovierte er 1813 in Jena.

[59] Vgl. Tönnies, 1922, S. 8.

[60] *Kuno Francke* (1855-1930), gebürtiger Kieler, Jugendfreund von Tönnies, Historiker und Germanist, 1873-1878 stud. phil. Kiel, Berlin, Jena und München, beeinflußt u. a. von F. Paulsen (vgl. Anm. 54) und Rudolf Eucken, später zeitweise Mitherausgeber der *'Monumenta Germaniae Historica'*, seit 1884 Lehrtätigkeit an der Harvard University/ Cambridge (Mass.), 1896 dort Professor für deutsche Kulturgeschichte, 1891 amerikanischer Staatsbürger, richtete 1902 aus Mitteln von amerikanischen Spendern und von Kaiser Wilhelm II. in Harvard ein Germanisches Museum ein. Er galt als einer der führenden Germanisten seiner Zeit in den USA. Tönnies besuchte ihn dort 1904.

John Stuart Mill[61] *und dem reinen Empirismus, worin ich ihm nicht ganz folgen konnte. Außerdem las er damals nicht ohne eigenen Enthusiasmus Ferdinand Lassalles*[62] *kleine Schriften und interessierte sich sehr für Malthus*[63] *und erwartete von der Anwendung ebenso wie die damaligen liberalen Ökonomen eine heilsame Wirkung auf die Arbeiterfrage, zugunsten nämlich der Lohnerhöhungen".*

Eine publizistische Verteidigung der Burschenschaft

Wie bereits erwähnt stand Tönnies' erste Publikation, die er 1875 in Jena veröffentlichte, stark unter dem Eindruck seiner Studien- und Aktivenzeit in Jena und auf dem und auf dem Burgkeller. Es erscheint deshalb angemessen, hier etwas näher darauf einzugehen, auch wenn Tönnies selbst später diese publizistische *'Jugendsünde'* recht kritisch beurteilte. Es war *"eine ziemlich gehaltlose Verteidigung der Burschenschaft und des Couleurwesens gegen einen Siebenbürgen Herfurth, der über studentische Reform geschrieben hatte"* (Tönnies, 1922, S. 209)

Die kleinformatige, der studentischen Reformverbindung zu Jena gewidmete schmale Broschüre *"Eine höchst nötige Antwort auf die höchst unnötige Frage: 'Was ist studentische Reform?'* ist an den deutschen Bibliotheken ein Rarissimum und wohl nur in Kiel und Jena erhalten. Hier wurde ein Widmungsexemplar aus den Beständen der Universitätsbibliothek Jena verwendet. Unter dem Namen *Julius Tönnies* und dem Goethe-Motto (auf der Titelseite) *"Sie peitschen den Quark, ob er*

---

[61] *John Stuart Mill* (1806-1873), englischer Philosoph und Nationalökonom, führte in seinem *'System der deductiven und inductiven Logik'* (1843, deutsch 1849) die Philosophie auf Erfahrung zurück und bezeichnete als ihre Methode die Induktion.

[62] *Ferdinand Lassalle* (1825-1864), Burschenschaft der Raczeks-Breslau 1843, Jurist, radikaldemokratischer Publizist und Arbeiterführer, Gründer der sozialdemokratischen Bewegung in Deutschland, starb an den Folgen eines Duells.

[63] *Robert Malthus* (1766-1834), englischer Sozialforscher und Nationalökonom, vertrat in seiner gegen den Sozialisten W. Goodwin gerichteten Streitschrift *'Versuch über das Bevölkerungs-Gesetz'* (1798, deutsch 1807) eine pessimistische Sicht der zukünftigen Bevölkerungsentwicklung.

nicht etwa zu Creme werde" setzt er sich darin ziemlich polemisch *("Seien Sie doch nicht so furchtbar ironisch, Herr H.")* mit der im gleichen Jahr unter dem Titel *"Was ist Studentische Reform? Ein Wort an die deutsche Studentenschaft"* erschienenen Schrift von F. K. Herfurth[64] auseinander. Ihm zufolge waren die Reformverbindungen in Jena, Königsberg und anderen Orten (auch wenn sie z. T. noch die alten Bezeichnungen *'freie studentische Vereinigungen'* führten) auf der richtigen Bahn (vgl. Tönnies, 1875, S. 10). Wie andere *"Reformvereine"* oder *"permanente Studentenkomitees"* suchte die *"Akademische Reformverbindung zu Jena"* alte progressistische Forderungen wieder zu beleben (vgl. Heer, 1939, S. 32): Abschaffung der Sonderstellung der Studenten (einschließlich der studentischen Gerichtsbarkeit), Beseitigung des Duellzwangs und Schaffung gemeinnütziger Einrichtungen. Da die Reformverbindung den studentischen Zweikampf, die Schlägermensur und die Satisfaktion ablehnte, kam es im Wintersemester 1876/77 in Jena zu Reibereien mit der korporierten Studentenschaft, insbesondere mit der Burschenschaft.

"Die Besorgniß, daß einschneidende Reformen oder eine Umgestaltung, wie sie die Freie Vereinigung plante, die viel gerühmte Jenaische Burschenherrlichkeit schädigen oder gar vernichten könne, erwies sich glücklicher Weise als irrig; das junge Geschlecht stand unter dem Eindrucke der von Kraft und Leben überschäumenden Zeit unmittelbar nach den gewaltigen politischen Ereignissen und der Entstehung des jungen Reiches ... Ihre Blüthezeit hatte diese Vereinigung [1876/77 P.K.] schon hinter sich und es ging jetzt rasch abwärts mit ihr"[65]. Un-

---

[64] *Franz Karl Herfurth*, geb. 01.01.1853 in Kronstadt/Siebenbürgen, gest. ebd. 11.12.1914, studierte 1871-1875 in Berlin, Jena und Leipzig evangelische Theologie und nahm im Sinne einer umfassenden Reformbewegung regen Anteil am Studentenleben. Nach Studienabschluß war er seit 1877 Gymnasiallehrer in seiner Heimatstadt, 1889 Pfarrer in der burgenländischen Gemeinde Neustadt, 1898 Dr. theol. h. c. der Universität Königsberg. Vgl. Trausch, J. u. a.: Schriftsteller-Lexikon der Siebenbürger Deutschen, Bd. 4, Hermannstadt 1902, Nachdruck Köln/Wien 1983.

[65] Schneider (1897) S. 462 und 480.

nötig war die von Herfurth aufgeworfene Frage für Tönnies deshalb, weil er die wesentlichen Ziele der Reformverbindungen in der modernen Burschenschaft längst verwirklicht sah:

"*Sie wissen zwar das Wesen, die Ziele und Ideale einer Verbindung... mit einer Klarheit und Sicherheit im Gedanken und zugleich einer Genauigkeit und Treue in den Ausdrücken zu schildern*", räumt er dem Verfasser der studentischen Flugschrift ein, "*daß man schier glaubt, Sie hätten das Grundgesetz einer nach Ihnen bloß sogenannten Burschenschaft gelesen oder einem geschickt geleiteten Fuchskränzchen derselben beigewohnt. Wenigstens haben wir das oft genug ebenso oder doch ähnlich gesagt; auch wir' wollen unsere Mitglieder heranbilden zu männlicher Tüchtigkeit, auch wir wollen dem Vaterlande biedere und brauchbare Männer erziehen; die Individualität eines Jeglichen soll sich am Gesamtgeist und an anderen Individualitäten abschleifen; ihr Kern, von ungehörigen Schlacken gereinigt, wird desto leichter hervortreten und in seiner Eigentümlichkeit unter Einwirkung des Ganzen sich fortbilden zum Charakter. Charaktere zu bilden ist unser endliches Ziel. Die vorwiegend sittliche Grundlage und Bedeutung und der familiäre, brüderliche Verkehr unserer Mitglieder unterscheidet uns vom Verein'. - Wie? Dieses Programm hat wohl die moderne Burschenschaft der Reformverbindung abgelauscht?*" (Tönnies, 1875, S. 11).

Vor allem in der Jenaischen Burschenschaft, "*wo die Verhältnisse ... mit Recht instar omnium zu gelten pflegen*", seien - so Tönnies - die Bestrebungen der studentischen Reformverbindung "bereits in die richtigen Bahnen eingelenkt". Dort hatte man "*den damals sehr großen Gedanken gefaßt, die ganze Studentenschaft, wenn nicht zu umfassen, so doch zu beherrschen, und verwirklichte diesen großen Gedanken in eminenter Weise; groß war der Gedanke, denn er war entsprossen dem Gegensatze gegen die kleinliche Art, auf welche die alten Landsmannschaften das Princip der Exclusivität darstellten als ein getreues Abbild der Zerspaltung des Deutschtums und gar zugleich als einzigen erbärmlichen Zweck ihres Bestehens*" (Tönnies, 1875, S. 14).

Diese Zielsetzung läßt Tönnies jedoch nur für die Zeit des politischen Drucks auf die patriotischen Bestrebungen der alten Burschenschaft gelten: *"Aber darauf kommt es mir an zu sagen, daß in der Burschenschaft erst ganz allmählich, durch mannigfache Kämpfe und Wandelungen gereift, die Erkenntniß sich Bahn gebrochen hat, daß die ursprüngliche Idee, eine möglichst große Schaar von Jünglingen in sich zu vereinigen, ihre Berechtigung wesentlich hatte in dem Gegensatz, welchen sie überwinden wollte, und daß die Scheidung in kleinere, engere, aber um so fester geschlossene Kreise der innigen Begeisterung und vollen Hingabe des Einzelnen an den freigewählten Bund nur förderlich sein könne, und daher auch dieser dem Einzelnen mehr abgeben könne von seiner bildenden Kraft, seinem ideellen Gehalt"* (Tönnies, 1875, S. 16).

Tönnies' Verteidigungsschrift zeigt sehr deutlich seine Einstellung zur Burschenschaft und zum Farbenstudententum seiner Zeit. Was den *"Begriff der Couleur"* betrifft, so ist Tönnies der Meinung, daß die Burschenschaften *"nunmehr schon lange mit den Corps auf demselben Boden stehen"* (Tönnies, 1875, S. 18). Der allein wesentliche Gegensatz aber zwischen Corps und Burschenschaft, *"an welchen sich im Laufe dieser fünfzig Jahre viele der bedeutungsvollsten politischen und sozialen Erscheinungen geknüpft haben"*, liegt seiner Meinung nach darin, *"unsern* [der Burschenschaft - P. K.] *Geist unvermischt zu wahren in Leben und Bewegung gebärendem Streite"*. Dies *"ist unsre Pflicht und soll unser Streben sein - trotz des gemeinsamen Bodens"* (Tönnies, 1875, S. 19). Was Herfurth über das Farbentragen, aber auch den Trinkcomment, *"die Stellung der Novizen zur Gesammtheit"* usw. schreibt,*" kann man fast wörtlich als Burschenschafter unterschreiben, wenn man freilich auch noch Manches hinzufügen möchte"* (Tönnies, 1875, S. 20 f.).

Wenn die Reform des Studentenlebens darüber hinaus vor allem das Ziel habe, daß sich der einzelne intensiv mit seiner Fachwissenschaft sowie mit den politischen und studentischen Verhältnissen beschäftigen solle (ohne damit ein politisches oder religiöses Parteibekenntnis abzulegen), so weist Tönnies auch hier mit Nachdruck darauf hin, *"daß dieses ... von den ersten Anfängen der Burschenschaft an bis auf den heutigen Tag i h r e spezifische Forderung gewesen ist, genau nach dieser Richtung hin, wenn auch ein bedeutender Zweig derselben in politisch hocherregter Zeit dieselbe schärfer präcisirte und ein t ä t i g e s Eingreifen der Jugend in das Staatsleben verlangte"* (Tönnies, 1875, S.24).

Bekenntnishaft und vor dem Hintergrund seiner persönlichen gemeinschaftsfördernden Erfahrungen in der Burgkellerburschenschaft schreibt der 20jährige spätere Mitbegründer der deutschen Soziologie: *"Das ist unser Ideal und wir wissen auch, daß, wer dieses Ideal richtig und tief erfaßt hat, auch seine Fachwissenschaft richtig und tief erfaßt hat, ob er gleich etliche Semester dem Interesse für die gemeinsame Sache opfere, wie manche von uns und nicht die Schlechtesten, mit vollem Bewußtsein es tun"* (Tönnies, 1875, S. 25).

Dem zu erwartenden Einwand, daß seine Meinung nur eine von vielen sei, da jede Burschenschaft ihren eigenen Standpunkt habe, begegnet Tönnies mit dem Hinweis daß es in dieser Hinsicht nur *einen* Hauptgegensatz gebe, nämlich denjenigen *"zwischen arministischer und germanistischer Richtung, von welchen jene nur Vorbereitung, diese nötigenfalls tätiges Eingreifen ins Staatsleben wollte, hervorgegangen ist und sich an die Frage knüpft, ob eine allgemeine politisch-wissenschaftliche Ausbildung oder eine besondere mit ausgesprochener Parteirichtung das Ziel sein solle"* (Tönnies, 1875, S. 26).

Letztere Anschauung teilt Tönnies (vgl. Tönnies, 1875, S. 26) nicht, ohne zu leugnen, daß es zu jener Zeit Burschenschaften gab, welche auf das Prinzip der wissenschaftlichen und politischen Bildung nur geringen oder gar keinen Wert legten. Auch wenn er nur wenige Burschenschaften mehr oder weniger näher kannte (die drei Jenaischen sowie - s. o. - Allemannia-Heidelberg, Alemannia-Bonn und die Bubenreuther in Erlangen) und von diesen nicht auf die übrigen schließen durfte, war er doch der Meinung, *"daß zum eigentlichen und ursprünglichen Wesen der Burschenschaft ein solches Princip im hohen*

Grade gehört und, daß welche immer es nicht festhält, in d i e s e m Punkte keine echte Burschenschaft mehr ist, was freilich nicht hindert, daß sie es in andern Stücken sein könne" (Tönnies, 1875, S. 27). Auch in dieser Hinsicht glaubt Tönnies damit belegt zu haben, *"daß die sehr anerkennenswerten Grundsätze ... von der 'Idee' der freien Vereinigungen ... keineswegs neu noch der 'studentischen Reform' eigentümlich, sondern theils von seinen* [Herfurths. P.K.] *Gegnern überhaupt, theils insbesondere von der Burschenschaft entnommen sind"* (Tönnies, 1875, S. 28).

Die soziale Funktion der studentischen Mensur

Eine solche Verbindung, wie sie Herfurth in seiner Schrift als Reformideal aufstellt, kommt der Burschenschaft sehr nahe - bis auf die studentische Mensur, die dieser (in Verwechslung mit dem lebensgefährlichen Duell) ablehnt, Tönnies dagegen als wesentliche Grundlage des Korporationsstudententums entschieden befürwortet (zum folgenden vgl. Tönnies, 1875, S. 30 ff.). Tönnies weist zu ihrer Verteidigung nicht nur auf die Ungefährlichkeit hin *("die Lebensgefahr bei einer Schlägermensur [ist] nicht sehr viel größer ... als beim Fahren im Courirzug über faule Schwellen"),* sondern auch auf *"die Berechtigung der Mensur, ihre praktische Zweckmäßigkeit, ihre Nothwendigkeit für eine stramme geschlossene Verbindung"* (Tönnies, 1875, S. 35f.), hin, wohlwissend, *"daß jedem, der nicht selber das Leben einer solchen Verbindung kennt, oder doch es unbefangen, objektiv zu beurteilen vermag, für alle solche Erörterungen der Sinn abgeht"* (Tönnies, 1875, S.36).

Was die soziale Funktion der studentischen Mensur betrifft, so betont Tönnies insbesondere deren integrierende und disziplinierende Wirkung: *"Zwei Verbindungen - oder mehrere - stehen sich gegenüber, jede mit dem Princip der unbedingten Satisfaction; jede will ihre Mitglieder allzeit bereit halten zum ernsten Duell, in einem jeden soll das Bewußtsein rege sein, daß er für seine Ehre wie für die seiner Verbindung mit Wort und Tat einstehen muß; um sein Gefühl für die enge Zugehörigkeit zu seiner Verbindung zu stärken, muß sein Selbstgefühl erhöht, eine gewis-*

se Kampfeslust für seine Sache wachgerufen werden. Das liegt im Interesse der Verbindung, weil sie es mit jungen Leuten zu tun hat, welche aus dem Schulzwange unmittelbar in die akademische Freiheit treten und welche sie erziehen will; im Interesse der Verbindung liegt es aber nun ebensosehr, jene Kampfeslust vor allen Ausschreitungen zu bewahren, sie nicht zu Verletzung des anständigen Tones, nicht zu Mißbrauch des Duellprincips führen zu lassen. Beiden Gefahren zu wehren dient der gemeinsame Comment; er weist der natürlichen und wünschenswerten Kampfeslust die Wege, dämmt alles Ueberfluten von ernsteren Conflicten, welche vermöge derselben notwendiger Weise entstehen müßten, durch feste Schranken ein, innerhalb deren sich alle Feindseligkeiten halten müssen, deren Folge dann eben die leichtere Art von Zweikampf, die studentische Mensur zu sein pflegt" (Tönnies, 1875, S. 36f.).

Herfurths Einwand, daß man sich die von der ganzen gebildeten Welt gebrauchten Anstandsregeln gegenseitig versage, weist Tönnies zurück: *"denn gerade weil junge Leute verschiedener Verbindungen, welche sich grundsätzlich Satisfaction geben, sowie nur von der einen Seite der Wille dazu da ist, in Conflict geraten müssen, und sich dabei leicht über solche 'Regeln', wie sie die conventionelle Gesellschaft der Natur entgegen vorschreibt, hinwegsetzen, gibt es jene Arten 'commentmäßiger' Beleidigungen, über welche hinaus alles strafbar ist; weiß der liebe Himmel, die 'gebildete' Gesellschaft hätte oft genug Gelegenheit, sich ein Beispiel daran zu nehmen!"* (Tönnies, 1875, S. 38f.).

Aus allen diesen Gründen halte die Burschenschaft am Pauken fest: *"es dient unsern Zwecken nach außen und innen, dient uns zur Wahrung der ächten Burschenfreiheit nach außen, zur Wahrung strenger Zucht nach innen"* (Tönnies, 1875, S. 42). Die mit jugendlicher Begeisterung und einem gehörigen Schuß Polemik verfaßte Verteidigungsschrift von Ferdinand Tönnies ist im übrigen angereichert mit Bemerkungen, die von der Belesenheit des jugendlichen Verfassers künden, z. B. über Schopenhauer - *"der größte Philosoph, den dies unphilosophische Jahrhundert gesehen hat"* (Tönnies, 1875, S. 4), Kant, die homerische Liedertheorie und den Kathedersozialismus. Als die Schrift 1875 in Jena veröffentlicht wurde, setzte Tönnies sein Studium in Berlin fort, wo er - wie bereits erwähnt - mit Friedrich Paulsen und Kuno Francke bekannt wurde sowie die Werke Kants, Schopenhauers, John Stuart Mills und Ferdinand Lassalles näher kennen lernte.

Prägendes Gemeinschaftserleben in der Burschenschaft?

Ohne den Einfluß überbewerten sowie hier auf die Darstellung und Kritik seines genialen Jugendwerkes 'Gemeinschaft und Gesellschaft' (1887) [66] näher eingehen zu wollen: vielleicht war es das Gemeinschaftserleben in der Jenaer Burgkeller-Burschenschaft, das den jungen Tönnies – vielleicht unbewußt, denn Belege dafür fehlen in seinem Ouevre - bei der Konzeption seines berühmten idealtypischen antithetischen Konstruktpaars zumindest m i t beeinflußt hat. Damit würden - entgegen der Annahme von Bickel[67]- die ersten Anregungen der Entstehung bereits in die erste *"konventionelle"*, mit der Promotion (1877) abschließende Phase seines Studiums fallen und nicht erst in die zweite durch die rechtstheoretische Ihering-Kritik und die sogenannte Habilitationsschrift (1879-1881 in Leipzig und Kiel) gekennzeichnete Phase. Es ist vielleicht kein Zufall, daß seine anonyme Erstveröffentlichung von 1875 - wie gezeigt wurde - ein emphatisches Bekenntnis zur Burschenschaft enthält und diese vehement gegenüber Angriffen von außen verteidigt. In Tönnies' auf *"Wesenwillen"* gegründeten "Gemeinschaft" leben die Menschen in engen persönlichen, organisch gewachsenen und um ihrer selbst willen bejahten Beziehungen. Dieser Gemeinschaftsbegriff spielt bei Hegel und im Anschluß an ihn bei Tönnies' Landsmann und Bundesbruder Lorenz von Stein eine zentrale Rolle [68]. Tönnies unterscheidet drei Arten von

---

[66] Grundlegend dazu immer noch König (1987) S. 122-197.

[67] Vgl. Bickel (1991) S. 51 und 70.

[68] Vgl. König (1987) S. 172. *Lorenz von Stein* (1815-1890) war 1836 Mitglied und erster Sprecher der Kieler Burschenschaft Albertina und 1837 - wie Tönnies - Mitglied der Jenaer Burgkellerburschenschaft (vgl. Peter Kaupp: Der junge Lorenz von Stein, in: Darstel-

Gemeinschaft [69]: die des Blutes (Verwandtschaft), die des Ortes (Nachbarschaft) und die des Geistes (Freundschaft). Demgegenüber ist die auf *"Kürwillen"* beruhende *"Gesellschaft"* eher zweckrational orientiert; die einzelnen Mitglieder bejahen sie nur wegen der rationalen Förderung gemeinsamer Interessen und Zielsetzungen. *"Freundschaft"* wird *"von Verwandtschaft und Nachbarschaft unabhängig als Bedingung und Wirkung einmütiger Arbeit und Denkungsart"*[70] gesehen, *"die gemeinschaftliche 'Bündnisse' ... am vollkommensten als Freundschaften aufgefaßt"*[71]. Später hat Tönnies noch einmal Freundschaft und Zusammengehörigkeitsgefühl als Wesensmerkmale von Gemeinschaften betont. So *"darf man sagen, daß sich die Idee der Gemeischaft in Freundschaft erfüllt"*[72]. Dabei unterscheidet er *"als Ausdrücke und Gründe der Gemeinschaft das Zusammenwesen, das Zusammenwohnen und das Zusammenwirken ... Zusammenwesen ist die ins Bewußtsein erhobene Zusammengehörigkeit, Zusammenwohnen die Bejahung der räumlichen Nähe als Bedingung vielfacher Wechselwirkungen, Zusammenwirken endlich die Wechselwirkungen selber aus Ausfluß eines gemeinsamen Geistes und Wesenswillens"*[73] Als lebenslanger Freundschaftsbund fällt eine einzelne studentische Verbindung sicher unter die erste, die Vereinigung aller Studierenden sicher unter die zweite Kategorie. Seiner Burschenschaft blieb er übrigens bis zum Lebensende verbunden, auch wenn er sich in seinem umfangreichen akademischen Oeuvre später kaum wieder mit ihr geistig auseinandergesetzt hat[74] und auf die Geschicke seines

---

lungen und Quellen zur Geschichte der deutschen Einheitsbewegung im neunzehnten und zwanzigsten Jahrhundert, Bd. 12 (1986), S. 167-185).

[69] Vgl. Tönnies, 1979, S. 12

[70] Ebd. S. 13

[71] Ebd. S. 169.

[72] Tönnies, 1926, S. 271.

[73] Ebd. S. 272.

[74] Auch im Briefwechsel mit Paulsen (vgl. Anm. 54) werden burschenschaftliche Themen nur gelegentlich angesprochen. So bemühten sich beide, den Kartellbruch zwischen ihren beiden Burschenschaften (1880) zu beseitigen (vgl. Klose u. a. (1961) S. 97, 120 und 148

Bundes keinen Einfluß nahm. Nachweislich eines erhaltenen Fotos nahm er 1890 am 75jährigen *"Burschenfest"* in Jena teil [75]. Seit 1924 Ehrenmitglied des zur Verteidigung der Weimarer Republik und ihrer Verfassungsordnung gegründeten Reichsbanners Schwarz-Rot-Gold, marschierte er mit dem schwarz-rot-goldenen Burschenband über der Brust 1926 in Kiel bei einem Aufmarsch des Reichsbanners mit. Sein jüngster Sohn Kuno (geb. 1907) war 1926 ebenfalls - allerdings nur für ein Semester – Mitglied der Burschenschaft Arminia a. d. Burgkeller-Jena.

Ferdinand Tönnies schrieb u. a. mehrere Studien über den Streik der Hamburger Hafenarbeiter und Seeleute von 1896/97 sowie 1921 ein Werk über Karl Marx. Wohl als bewußtes Zeichen der Verbundenheit mit der niedergehenden Weimarer Republik trat er 1930 der SPD bei. Daß sein geniales Jugend- und Hauptwerk *'Gemeinschaft und Gesellschaft'* erst nach der 2. Auflage (1912) nationale und internationale Anerkennung fand, hängt wohl damit zusammen, daß sich die Soziologie in Deutschland erst nach der Jahrhundertwende durchsetzen konnte. Tönnies gehörte im übrigen zu den wenigen international renommierten deutschen Gelehrten, die schon früh öffentlich vor den Gefahren des heraufziehenden Nationalsozialismus warnten. *"Auf Grund meiner Erfahrung und meiner Beobachtung des sozialen Lebens, die mehr als sechzig Jahre gedauert hat"*, schrieb er im Juli 1932 in einem Wahlaufruf für die SPD, *"behaupte ich, daß der Weg, den die sogenannte Nationalsozialistische Deutsche Arbeiterpartei geht und euch führen will, ein Irrweg ist. Aus dem Wahn ... kann es nur ein trübseliges Erwachen geben"*[76]. Hochbetagt mußte er schmerzvoll erleben, daß Gemeinschaft von den Nationalsozialisten als *"Volksgemeinschaft"* rassistisch mißbraucht wurde. Ende Dezember 1932 kritisierte er in der *"Vossischen*

---

f.). "Im nächsten Semester werde ich einen geharnischten Brief [nach Jena P. K.] schreiben" (Tönnies an Paulsen 27.03.1881, Klose ebd. S. 120).

[75] vgl. sein Brief an Paulsen vom 26.06.1890 (Klose ebd. S. 284).

[76] Schleswig-Holsteinische Volkszeitung vom 29. 7. 1932, Nr. 176, zit. nach Tönnies-Forum, Nr. 3/95, S. 1.

Zeitung" die antisemitischen Ausschreitungen an der Universität Breslau, die er "*als die Gefahr eines Rückfalls in die Barbarei*"[77] kennzeichnete.

Wegen seines mutigen demokratischen Engagements wurde er 1933 ohne Bezüge aus dem Staatsdienst entlassen. Ferdinand Tönnies starb hochgeehrt am 9. April 1936 in Kiel.

---

[77] Zit. nach König (1987) S. 124.

Literatur

Bickel, Cornelius: Ferdinand Tönnies. Soziologie als skeptische Aufklärung zwischen Historismus und Rationalismus, Opladen 1991
Heer, Georg: Geschichte der Deutschen Burschenschaft, 4. Bd. (= Quellen und Darstellungen zur Geschichte der Burschenschaft und der deutschen Einheitsbewegung Bd. 16), Heidelberg 1939
Klose, Olaf / Jacoby, E. G. / Fischer, Irma (Hrsg.): Ferdinand Tönnies - Friedrich Paulsen. Briefwechsel 1876-1908, Kiel 1961
König, René : Soziologie in Deutschland. Begründer, Verfechter, Verächter, München und Wien 1987
Schneider, Gustav Heinrich: Die Burschenschaft Germania zu Jena, Jena 1897
Tönnies, Ferdinand (Ps. Tönnies, Julius): Eine höchst nötige Antwort auf die höchst unnötige Frage: 'Was ist studentische Reform?', Jena 1875
Tönnies, Ferdinand: Friedrich Paulsen, in: Quellen und Darstellungen zur Geschichte der Burschenschaft und der deutschen Einheitsbewegung, Bd. 7, Heidelberg 1921, S. 238-246
Tönnies, Ferdinand: Ferdinand Tönnies, in: Die Philosophie der Gegenwart in Selbstdarstellungen , herausgegeben von Raymund Schmidt, Bd. 3, Leipzig 1922 [hier zitiert nach der 2. Aufl., Leipzig 1924, S. 203-242]
Tönnies, Ferdinand: Der Begriff der Gemeinschaft, in: Soziologische Studien und Kritiken, Zweite Sammlung, Jena 1926, S. 266-276
Tönnies, Ferdinand: Lebenserinnerungen aus dem Jahr 1935 an Kindheit, Schulzeit, Studium und erste Dozententätigkeit (1855-1894), aus dem Nachlaß herausgegeben von Rainer Polley, in: Zeitschrift der Gesellschaft für Schleswig-Holsteinische Geschichte, Bd. 105, 1980, S. 187-227.
Tönnies, Ferdinand: Gemeinschaft und Gesellschaft, Grundbegriffe der reinen Soziologie, Neudruck der 8. Auflage von 1935, Darmstadt 1979
Ohne Verfasser: Tönnies-Forum 1. Jg. Nr. 2/92 und 4. Jg. Nr. 3/95.

Nachträge

Killy 11 (1991), S. 30 f.
zu Franz Karl Herfurth s. Friedrich Schuller, Schriftsteller-Lexikon der Siebenbürger Deutschen, Hermannstadt 1902 (Nachdruck 1983), Stadtbibliothek Mainz vorh.

Nikolaus Lenau

Peter Kaupp

Der *„Dichter des Weltschmerzes"* wurde vor 200 Jahren geboren *„Lieblich war die Maiennacht / Silberwölklein flogen, / Ob der holden Frühlingspracht, / Freudig hingezogen "*. Wer auf einem guten alten Gymnasium noch Gedichte gelernt hat, dem ist dieser erste Vers des Gedichtes *„Der Postillion"* vielleicht noch wohlvertraut. Sein Verfasser, Nikolaus Lenau, ist heute nahezu vergessen, findet aber bei den Germanisten auch zweihundert Jahre nach seiner Geburt ungebrochen großes Interesse.

Nikolaus Lenau (eigentlich: Nikolaus Franz Niembsch Edler von Strehlenau), der *„Klassiker des Weltschmerzes"*, war schlesisch-schwäbischer Herkunft und wurde am 13. August 1802 in Csatád bei Temesvár/Ungarn (heute: Lenauheim, Rumänien) im Banat als Sohn eines Kameralschreibers geboren. Als Fünfjähriger verlor er seinen leichtsinnigen, der Spielsucht und Hochstapelei verfallenen Vater, worin manche die Ursache seines lebenslangen Schwermuts sehen. *„Der Grundton der Stimmung Lenau's ist Schwermuth"* (Auerbach). 1812-1815 besuchte er das deutschsprachige Piaristengymnasium in Pest, außerdem erhielt er Privatunterricht in Gitarre und Geige (zeitlebens war er ein begnadeter Violinspieler). 1816 übersiedelte Lenau mit seinen zwei Schwestern und der wiederverheirateten Mutter nach Tokaj. Nach der Matura in Pest 1818 zog er zu seinen wohlhabenden Großeltern Niembsch nach Stockerau bei Wien und studierte ab Oktober zunächst Philosophie. 1821 zog er wieder zu seiner Mutter nach Preßburg und studierte dort vorübergehend ungarisches Recht, 1822 Landwirtschaft in Ungarisch-Altenburg. Seine Kinder- und Jugendjahre in Ungarn waren die glücklichste Zeit seines Lebens. In dieser Zeit entstanden auch seine ersten empfindsamen, an den *„Weltschmerz"* Byrons erinnernden Dichtungen. 1823 nach Wien zurückgekehrt, widmete er sich dort englischen und französischen Sprachstudien, dem Studium der Philosophie sowie der intensiven Lektüre Goethes. Vom Studium der Rechtswissenschaften (1824-1826) wechselte er 1826 zum Studium der Medizin. Schwer erkrankt, mußte er vor der letzten Prüfung mit dem Studium aussetzen. Krankheit und Tod seiner Mutter verstärkten seine Melancholie. Im *„Silbernen Kaffeehaus"*, dem Treffpunkt der Wiener Literaten, knüpfte er Kontakte u. a. zu Franz Grillparzer, Eduard von Bauernfeld, Ferdinand Raimund und Ernst von Feuchtersieben. Durch Vermittlung seines Freundes Anastasius Grün (Anton Graf Auersperg) veröffentlichte er seit 1827 in Almanachen, Zeitungen und literarisch-kulturellen Zeitschriften Gedichte, die ihn schnell bekannt machten. Ab 1830 lebte er, dank einer kleinen Erbschaft der Großmutter finanziell unabhängig, als freier Schriftsteller unter dem Pseudonym Nikolaus Lenau (nach seinem 1820 zum *„Edlen von Strehlenau"* geadelten Großvater). Im Juni 1831 wandte er sich nach Stuttgart, wo er Anschluß an den schwäbischen Dichterkreis um Justinus Kerner, Karl Mayer, Ludwig Uhland, Gustav Schwab, Alexander Graf von Württemberg u. a. fand. Am 5. November 1831 in Heidelberg immatrikuliert (eigenhändiger Eintrag), versucht er erfolglos, dort sein Medizinstudium abzuschließen. Stattdessen befaßte er sich mit philosophischen Studien, insbesondere der Werke Spinozas. Durch die Revolution in Polen beeinflußt, entstanden seine ersten politischen Gedichte. Die erste Auflage seiner 1832 bei Cotta erschienenen *„Gedichte"* (sieben Auflagen bis 1844) wurde teilweise überschwenglich rezensiert. Unglücklich in seiner persönlichen Situation und unzufrieden mit der politischen Entwicklung in Deutschland sah er, wie damals viele andere, sein Heil in Amerika. Ende Juli 1832 reiste er von Amsterdam in die USA, zunächst mit der Absicht, für immer auszuwandern. Vergeblich suchte er in Crawford County (Ohio) als Farmer Fuß zu fassen. Tief enttäuscht kehrte er jedoch bereits ein Jahr später nach einer Reise über Baltimore, New York, Pittsburgh und zu den Niagara-Fällen nach Wien zurück und nahm, inzwischen als Dichter bekannt geworden, sein unstetes Reiseleben wieder auf. Obwohl selbst Katholik, gewann der dänische evangelische Theologe Hans Lassen Martensen auf ihn großen Einfluß. Mehrere gescheiterte Verlobungen sowie die Liebe zu Sophie von Löwenthal, der Frau seines Jugendfreundes, förderten seine latente Schwermut. Der Plan einer Professur für Ästhetik an der k. u. k. Theresianischen Ritterakademie in Wien scheiterte an seiner hartnäckigen Weigerung, sich darum zu bewerben. Bis zum Ausbruch einer schweren Geisteskrankheit als Folge einer luetischen Infektion 1844 pendelte er als reisender Poet, ohne bürgerlichen Beruf und ohne festes Einkommen, zwischen Wiener Kaffeehäusern und schwäbischen Dichtersalons. Nach einem Schlaganfall, Tobsuchtsanfällen und mehreren Suizidversuchen wurde er 1844 in die Heilanstalt nach Wiesenthal bei Stuttgart, 1847 in die Heilanstalt nach Oberdöbling bei Wien gebracht, wo ihn am 22. August 1850 der Tod erlöste. Seine letzte Ruhestätte fand er auf dem Friedhof von Weidling bei Wien. Auf seinem Grab wurde sein Wappenschild umgekehrt angebracht, er war der letzte seines Namens.

Lenaus Beziehungen zur Burschenschaft werden in kaum einer seiner zahlreichen Biographien erwähnt, von einer formalen Mitgliedschaft kann man sicher nicht sprechen. Wahrscheinlich unterhielt er jedoch schon ab 1820 in Wien freundschaftliche Beziehungen zum ersten burschenschaftlichen Kreis, der im Gasthof „Schwan" tagte, jedoch bereits im April 1820 polizeilich verboten wurde. Lenau war mit zahlreichen Burschenschaftern bekannt, z. T. sogar befreundet, etwa mit den Dichtern Berthold Auerbach (der von ihm sogar eine Biographie verfaßte), Emanuel Geibel, Hofmann von Fallersleben und Ludwig Uhland, sowie mit den württembergischen Liberalen

Nikolaus Lenau
geb. 13.8.1802, gest. 22.8.1850

Gustav Pfizer, Friedrich Rödinger und Friedrich Theodor Vischer. In Heidelberg hielt er 1831 enge Kontakte zu Mitgliedern der verbotenen, aber formlos weiterbestehenden Burschenschaft (nach ihrem damaligen Kneiplokal, dem „Gasthaus zum goldenen Fäßchen", „Fäßlianer" genannt), deren Mitglieder bereits im Oktober 1831 wieder der Heidelberger Burschenschaft (Frankonia I) beitraten. Zu den „Fäßlianern" gehörten übrigens u. a. Karl Heinrich Brüggemann, einer der Festredner des Hambacher Festes von 1832, Karl Peter Körner, Anführer beim Frankfurter Wachensturm 1833, später Freund und Berater Lincolns, Vizegouverneur von Illinois und führender Deutsch-Amerikaner, sowie Goethes Lieblingsenkel Maximilian Wolfgang von Goethe („das liebe Wölfchen"). Die 1856 gegründete Heidelberger Burschenschaft Frankonia

(II) besitzt einen Druck des Lenau-Gemäldes von Karl Rahl mit dem handschriftlichen Vermerk *„Nicolaus Lenau, alte Franconia 1831-32"*. Unter dem Eindruck der allgemeinen Begeisterung für die damals auch durch Heidelberg nach Frankreich ziehenden revolutionären Polen dichtete Lenau am 29. November 1831 im Kreis der „*Fäßlianern"* das bekannte Lied *„An die Heidelberger Burschen"*. Der Begleitbrief an Karl Friedrich Hartmann Mayer (Gedicht und Brief s. Kasten auf der folgenden Seite) ist der einzige bisher bekannte Beleg für Lenaus Beziehung zur Burschenschaft. Erstmals gedruckt wurde das Gedicht 1832 in der oppositionellen Heidelberger Zeitschrift *„Microcosmos"*. Gleichzeitig erschien dort auch sein Gedicht *„Am Grabe eines Ministers *** "* – gemeint war der den Burschenschaftern besonders verhaßte Clemens Fürst von Metternich. Vielleicht wurde seine Dichtung *„Savanorala"* - ein Hohelied auf die Freundschaft unter Gleichgesinnten als Grundlage des Kampfes um eine bessere soziale Welt - auch durch seine Beziehung zur Burschenschaft beeinflußt.

Neben Franz Grillparzer war Nikolaus Lenau der bekannteste österreichische Dichter der Restaurationszeit. Er machte sich selbst zur Poesie: *„Ich will mich selbst an das Kreuz schlagen, wenn es nur ein gutes Gedicht gibt"*. Seine frühe Lyrik (bis 1830) stand noch unter dem Einfluß von Klopstock und Hölty, wobei sich schon früh eine morbide Steigerung der Empfindsamkeit bemerkbar macht. Er gilt als großer Lyriker der Melancholie, dem die Natur zum beseelten Träger seiner Stimmungen und Erlebnisse wurde. Seine von Jugendeindrücken in der ungarischen Puszta und von seinem Amerikaaufenthalt (1832/33) zehrenden Genrebilder stellen einen bedeutenden Ansatz zum lyrischen Realismus dar. Einsamkeit, Heimatlosigkeit und ruhelose Zerrissenheit prägen seine Lyrik. Lenau trat auch als politischer Lyriker hervor, vor allem durch seine nach der Niederschlagung des Polenaufstandes entstandenen *„Polenlieder"* (1832-1835). Seine episch-dramatischen, an Stoffen der Weltliteratur orientierten Dichtungen (*„Faust"* 1836, *„Savanarola"* 1837, *„Die Albigenser"* 1842, *„Don Juan"* im Nachlaß) blieben z. T. fragmentarisch. Das starke Interesse an Lenau ist bis heute nicht abgebrochen (Peter Härtling *„Niembsch oder Der Stillstand"*, Roman 1964, oder Manfred Karger *„Lieber Niembsch"*, Theaterstück 1989). Mehrere Romane (u. a. Albert Emilian, *„Wer zweimal stirbt, lebt ewig"*, 1990) befassen sich mit dem *„Dichter des Weltschmerzes"*. Richard Strauß' Tondichtung *„Don Juan"* (1889) hat sein gleichnamiges Versepos zum Vorbild. Eines seiner berühmten *„Schilflieder"* wurde von Felix Mendelssohn Bartholdy vertont. In Stockerau besteht eine Gedenk- und Forschungsstätte. Auffallend stark ist die Rezeption im osteuropäischen

Raum, wobei der 1964 gegründeten internationalen Lenau-Gesellschaft in Wien (Herausgeberin des „*Lenau-Jahrbuchs*" 1996 ff. und des „*Lenau-Almanachs*" 1959-1980/81) eine wichtige Vermittlerrolle zukommt. Anläßlich der 200. Wiederkehr seines Geburtstages in diesem Jahr sind eine Biographie (Michael Ritter „*Zeit des Herbstes*") und ein Roman (Roman Rocek „*Dämonie des Biedermeier*") erschienen.

An die Heidelberger Burschen. 29. November

Unsre Gläser klingen hell,
Freudig singen unsre Lieder;
Draußen schlägt der Nachtgesell
Sturm sein brausendes Gefieder,
Draußen hat die rauhe Zeit
Unsrer Schenke Thür verschneit.

Haut die Gläser an den Tisch!
Mit den rauhen kalten Sohlen
Tanzt nun auch der Winter frisch
Auf den Gräbern edler Polen,
Wo verscharrt in Eis und Frost,
Liegt der Menschheit letzter Trost.

Um die Heldenleichen dort
Rauft der Schnee sich mit den Raben,
Will vom Tageslichte fort
Tief die Schmach der Welt begraben;
Wohl die Leichen hüllt der Schnee,
Aber nicht das bittre Weh.

Wenn die Lerche wieder singt
Im verwaisten, öden Thale,
Wenn der Rose Knospe springt,
Aufgeküßt vom Sonnenstrale:
Reißt der Lenz das Leichentuch
Auch vom eingescharrten Fluch.

Rasch aus Schnee und Eis hervor
Werden dann die Gräber tauchen;
Aus den Gräbern wird empor
Himmelwärts die Schande rauchen,
Und dem schwarzen Rauch der Schmach
Sprüht der Rache Flamme nach

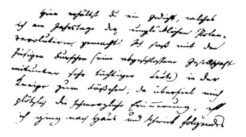

„Hier erhältst Du ein Gedicht, welches ich am Jahrestage der unglücklichen Polenrevolution gemacht. Ich saß mit den hiesigen Burschen (eine abgeschlossene Gesellschaft, mitunter sehr tüchtiger Leute) in der Kneipe zum Fäßchen; da überfiel mich plötzlich die schmerzliche Erinnerung, ich ging nach Hause und schrieb folgendes ..."

Begleitbrief Nikolaus Lenaus zu seinem Gedicht „An die Heidelberger Burschen" vom 1.12.1831 an seinen Freund aus dem schwäbischen Dichterkreis Karl Friedrich Hartmann Mayer (1786-1870), Vater von Karl Friedrich Mayer (1819-1889, Germania-Tübingen), 1848/49 Abgeordneter der Frankfurter Nationalversammlung. Württembergische Landesbibliothek Stuttgart, Cod. Hist 2° 770, Fasz. 3, Nr. 1

Verzeichnis der Veröffentlichungen von Peter Kaupp

1. Burschenschaft und Korporationen
1.1. Bücher, sonstige Veröffentlichungen, Beiträge in Sammelwerken

1. Mit Reinhard Stegmann (Bearb.): 150 Jahre Burschenschaft auf dem Burgkeller. Festschrift zur 150. Wiederkehr der Gründung der Burschenschaft in Jena, Mainz 1965

2. mit Klaus Asche und Ernst Wilhelm Wreden, 1815-1990, 175 Jahre Jenaische Burschenschaft. Festschrift der Jenaischen Burschenschaften Arminia a. d. Burgkeller, Germania und Teutonia zur 175. Wiederkehr der Gründung der Burschenschaft in Jena, Mainz, Göttingen und Berlin 1990

3. Jena in alten Ansichten, Zaltbommel/Niederlande, 1. Aufl. 1980, 2. Aufl. 1990

4. Beiträge *„Gründerfahne"* und *„Wartburgfahne"*. In: Kultusministerium von Rheinland-Pfalz (Hrsg.): Hambacher Fest 1832-1982, Ausstellungskatalog, Neustadt a. d. W. 1982, S. 36 und S. 53-55

5. Der junge Lorenz von Stein. Zur 170. Wiederkehr seines Geburtstages am 15. November 1985, in: Darstellungen und Quellen ..., Bd. 12, Heidelberg 1986, S. 167-185

6. *„Bezüglich revolutionärer Umtriebe"*. Burschenschafter im *„Schwarzen Buch"*. Ein Beitrag zur Sozialstruktur und zur Personengeschichte des deutschen Frühliberalismus, in: Jahrbuch der Hambach-Gesellschaft, 1988, S. 105-150

7. Die Entstehung der Bundesfarben Schwarz, Rot, Gold, in: W. Benz und D. Moos (Hrsg.): Das Grundgesetz der Bundesrepublik Deutschland. Bilder und Texte zum Jubiläum 19149-1989, München 1989, S. 78-80 (Moos)

8. Von den Farben der Jenaischen Urburschenschaft zu den deutschen Farben, in: Einst und Jetzt, Bd. 34, 1989, S. 77-106

9. *„Lasset uns eine Farbe tragen, die Farbe des Vaterlands"*. Von den Farben der Jenaischen Urburschenschaft zu den deutschen Farben. Ein Beitrag zur Frühgeschichte von Schwarz-Rot-Gold, in: Jahrbuch der Hambach-Gesellschaft, 1991, S. 9-44

10. mit Klaus Malettke (Hrsg.): Robert Wesselhöft: Geschichte der Jenaischen Burschenschaft, in: Darstellungen und Quellen ..., Bd. 14, Heidelberg 1992, S. 233-362

11. Karl Marx als Waffenstudent. Burschenschafter an seinem Lebensweg. In: Darstellungen und Quellen ..., Bd. 15, Heidelberg 1994, S. 141-168

12. „Zinne über'm Brückenbogen". Festschrift anläßlich der Erneuerung der „Grünen Tanne" in Jena - Gründungsstätte der Jenaischen Burschenschaft, neuer Sitz der Burgkellerburschenschaft. Unter Mitarbeit von Hylko Fromme und Alfred Thullen, Dieburg 1994

13. Frühe Prägungen. Aus den Erinnerungen des Soziologen Ferdinand Tönnies (Burschenschaft Arminia a. d. Burgkeller Jena 1872) an seine Studentenzeit in Jena, in: Darstellungen und Quellen ..., Bd. 15, Heidelberg 1995, S. 246-268

14. Hermann Kaiser (1885-1945) und Ludwig Beck (1880-1944) im Widerstand gegenüber dem Nationalsozialismus. In: Republik, Diktatur und Wiederaufbau. Hessische Persönlichkeiten des 20. Jahrhunderts (= Kleine Schriftenreihe zur Hessischen Landeskunde), hrsg. von der Hessischen Landeszentrale für Politische Bildung, Wiesbaden o. J. (1995), S. 45-54

15. Warnung und Widerstand. Burschenschafter in Opposition zum Nationalsozialismus, in: Korporierte im Widerstand gegen den Nationalsozialismus. Hrsg. im Auftrag des Österreichischen Vereins für Studentengeschichte von Peter Krause und Herbert Fritz, Wien 1997, S. 91-105

16. Moriz Briegleb (1809-1872). Burschenschafter in Jena - Coburgs großer Liberaler, in: Schriftenreihe der Historischen Gesellschaft Coburg e. V., Band. 12, Coburg 1998, S. 115-121

17. Herausgeber: Burschenschafter in der Paulskirche. Aus Anlaß der 150. Wiederkehr der Frankfurter Nationalversammlung 1848/49 im Auftrag der Gesellschaft für burschenschaftliche Geschichtsforschung(GfbG), o. O. und o. J. (Dieburg 1999)

18. Von Aldenhoven bis Zittler (recte: Zittel). Mitglieder der Burschenschaft Arminia auf dem Burgkeller-Jena, die in den letzten 100 Jahren im öffentlichen Leben hervorgetreten sind. Mit einem Verzeichnis aller lebenden Bundesbrüder, o. O. und o. J. (Dieburg 2000)

19. Freimaurerei und Burschenbrauch. Kontinuität von Ordenstraditionen im Korporationsstudententum, in: Einst und Jetzt, Bd. 46, 2001, S. 33-68

20. Alumni, in: GDS-Archiv für Hochschul- und Studentengeschichte, Bd. 5 2000, Köln 2001, S. 197-198

21. *„Ich habe ein gewagtes Spiel gespielt"*. Johannes Wit genannt von Dörring (1799-1863). Urburschenschafter, politischer Abenteurer, Spion und Schriftsteller, in: GDS-Archiv für Hochschul- und Studentengeschichte, Bd. 6 2002, Köln 2003, S. 7-29

22. Das Wartburgfest von 1817 und seine Auswirkungen auf die deutschen Verfassungen, in: Einst und Jetzt, Bd. 48, 2003, S. 181-203

23. Johann Wolfgang von Goethe und die Burschenschaft, in: Einst und Jetzt, Bd. 48, 2003, S 205-226

24. Freimaurerei und Burschenbrauch, in: Quatuor Coronati, Jahrbuch 2003, herausgegeben von der Freimaurerischen Forschungsstelle e. V. und der Forschungsloge Quatuor Coronati Bayreuth, No. 808 der Vereinigten Großlogen von Deutschland, Nr. 40, S. 193-215

25. Die integrierende Funktion studentischen Brauchtums, in: Einst und Jetzt, Bd. 49, 2004, S. 13-20

26. Mitherausgeber und Mitautor: Helge Dvorak: Biographisches Lexikon der Deutschen Burschenschaft, Band I: Politiker, Heidelberg, Teilband 1: A-E 1996, Teilband 2: F-H 1999, Teilband 3: I-L 1999, Teilband 4 M-Q (2002), Teilband 5: R-S (2002), Teilband 6: T-Z (2005). Nachtragsband i. V.

27. (Bearb.): Stamm-Buch der Jenaischen Burschenschaft. Die Mitglieder der Urburschenschaft 1815-1819 (= Abhandlungen zum Studenten- und Hochschulwesen, hrsg. von Friedhelm Golücke, Rainer A. Müller und Paul Warmbrunn, Bd. 14), SH-Verlag Köln 2005 (gleichzeitig als Sonderdrucke für die jenaischen Burschenschaften Arminia auf dem Burgkeller, Germania und Teutonia sowie als Jahresgabe 2005/06 der Gesellschaft für burschenschaftliche Geschichtsforschung

1.2. Beiträge in Zeitungen und Zeitschriften

1. Für Freiheit und Einheit. Das Wartburgfest von 1817. In: Das Parlament, 4. Oktober 1967, S. 6-7

2. Karl Marx als Waffenstudent, in: Beiträge zur deutschen Studentengeschichte. Der Convent 1983/2 (Kurzfassung eines auf der 43. Tagung der Deutschen Studentenhistoriker 1983 in Aachen gehaltenen Vortrags)

3. Ursprung und Bedeutung der Deutschen Farben, in: Unterrichtsblätter der Deutschen Bundespost, Ausgabe B Fernmeldewesen, 1985/1, S. 3-6

4. Lorenz von Stein - Burschenschafter und konservativer Sozialist, in: Die Aula, Stimmen zur Zeit, 1986/1, S. 25-28 (Vortrag auf der 45. Tagung der Deutschen Studentenhistoriker 1985 in Würzburg)

5. Der junge Lorenz von Stein. In: Lorenz-von-Stein-Institut für Verwaltungswissenschaften an der Christian-Albrechts-Universität zu Kiel (Hrsg.): Tätigkeitsbericht 1986/87, Anhang S. 59 ff.

6. Die Insignien der Jenaischen Burschenschaft und die Entwicklung ihrer Farben zu den deutschen Nationalfarben. (Erweiterte und Argumente der Diskussion berücksichtigende Fassung eines am 11. Oktober 1987 auf der 47. Tagung Deutscher Studenten- Historiker gehaltenen Vortrags), in: Beiträge zur deutschen Studentengeschichte. Der Convent 1988/4, S. 109-130

7. 175 Jahre Schwarz-Rot-Gold, in: Das Parlament, Nr. 6, 2. Februar 1990, S. 16

8. 175 Jahre Schwarz-Rot-Gold, 1990 wie 1815: Symbol der Freiheits- und Einheitsbewegung, in Deutschland, in: Berliner Morgenpost, 18. März 1990

9. 175 Jahre Schwarz-Rot-Gold, in: Europa. Berichte zur Zeitenwende, 1990/2, S. 34-40

10. Nochmals: Zur Herkunft von Schwarz-Rot-Gold, in: Kleeblatt. Zeitschrift für Heraldik und verwandte Wissenschaften, 1/1991, S. 25-27

11. Vor 150 Jahren entstand unsere Nationalhymne, in: Zeitschrift für Post und Telekommunikation ZPT 1991/9, S. 24-27

12. Mit Jenas Farben fing es an, in: Rheinischer Merkur 27.9.1991, S. 18 (= Rezension von Bernd Guben, Schwarz, Rot, Gold. Biographie einer Fahne, Berlin und Frankfurt a. M. 1991)

13. Ein Fest „aller Welt zum erfreulichen Beispiel ...". Zum 175. Jubiläum der Feier auf der Wartburg, in: SK Studenten-Kurier Nr. 14, Winter 1992/93, S. 16

14. Frühe Prägungen. Aus den Erinnerungen des Soziologen Ferdinand Tönnies. In: Tönnies-Forum. Mitglieder-Rundbrief der Ferdinand-Tönnies-Gesellschaft e. V. für ihre Mitglieder und Freunde, 1/96, S. 56-78

15. Nikolaus Lenau. Der „*Dichter des Weltschmerzes*" wurde vor 200 Jahren geboren, in: SK Studenten-Kurier 2002, Heft 3, S. 5-7

16. Axel W.-O. Schmidt: Der Rothe Doktor von Chicago. Ein deutsch-amerikanisches Auswandererschicksal. Biographie des Dr. Ernst Schmidt 1830-1900. Arzt und Sozialrevolutionär (Rezension), in: Beiträge zur Geschichte der Arbeiterbewegung, 45, Jg., 2003, Heft 1, S. 157-158

17. Corinna Hübener: Uwe Jens Lorensen: Ein Leben für Recht und Freiheit (Buchrezension), in: Studenten-Kurier, 2005, Heft 2, S. 35, und in: Burschenschaftliche Blätter 2005, Heft 2, S. 79

18. Holger Zinn: Die Kameradschaften der Bünde der Deutschen Landsmannschaften (DL) und des Vertreter-Convents (VC) in den Jahren zwischen 1933 und 1945 (Buchrezension), in: Nassauische Annalen, 116. Jg., 2005, S. 661-663

Außerdem zahlreiche Beiträge in den „Burschenschaftlichen Blättern" und in der „Burgkeller-Zeitung" (Mitteilungsblatt der Burschenschaft Arminia auf dem Burgkeller Jena). In Vorbereitung: mit Josef Ulfkotte: Die Jahnsche Burschenordnung (1810/11), umfangreicher Beitrag über Wilhelm Adolph von Trützschler (1818-1849)

2. Veröffentlichungen über Geschichte, Soziologie, Psychologie, Konsumentenverhalten, Werbepsychologie
2.1. Bücher, sonstige eigenständige Veröffentlichungen, Beiträge in Sammelwerken

1. Toynbee und die Juden. Eine kritische Untersuchung der Darstellung des Judentums im Gesamtwerk Arnold J. Toynbees. Phil. Diss. Mainz 22. Februar 1964, Buchausgabe mit einer ausgewählten Bibliographie zwei Beiträgen von Arnold J. Toynbee, Meisenheim/Glan, 1967 (= Archiv für Vergleichende Kulturwissenschaft, hrsg. von Anton Hilckman, Bd. 1) (Hain)

2. Das Heiratsinserat im sozialen Wandel. Ein Beitrag zur Soziologie der Partnerwahl, Stuttgart 1968 (Enke)

3. Der Hochschul-Assistent und seine Probleme. Ergebnisse einer Umfrage zur sozialen, wirtschaftlichen und beruflichen Situation der wissenschaftlichen Assistenten an der Johannes-Gutenberg-Universität Mainz. Mit einem Geleitwort von W. Rüegg, Stuttgart 1969 (Enke)

4. Die schlimmen Illustrierten. Massenmedien und die Kritik ihrer Kritiker. Eine soziologische Analyse, Düsseldorf und Wien 1971 (Econ)

5. Texte der Soziologie, Bd. 1 Textband, München 1975 (Bayerischer Schulbuch-Verlag)

6. Texte der Soziologie, Bd. 2 Kommentarband, München 1977 (Bayerischer Schulbuch-Verlag)

7. Presse - Hörfunk - Fernsehen. Funktion, Wirkung, 2. Aufl., Frankfurt a. M. 1980 (dipa)

8. Zwölf-Stunden-Schicht. Eine Literatur-Studie. Hrsg. vom Rationalisierungs-Kuratorium der Deutschen Wirtschaft, Eschwege 1983 (RKW)

9. Artikel „Gesellschaft", in: Historisches Wörterbuch der Philosophie, Bd. 3, Basel und Stuttgart 1974, Sp. 459-466

10. Die Medien zu Hause, in: Wege zu Wissen und Bildung, hrsg. von Heinz Theodor Jüchter, Gütersloh 1978 (Bertelmann Lexikon-Verlag), S. 368-377

11. Massenmedien und „Soraya-Presse". Inhalt, Leser und Wirkungen der unterhaltenden Wochenzeitschriften, Hamburg 1969 (Bauer)

12. Unterhaltung – Information – Bildung. Inhalte, Möglichkeiten und Grenzen der Massenmedien in der Freizeit, Frankfurt a. M. 1973 (Paritätisches Bildungswerk)

13. The misunderstood Best-Seller. The social Function of Entertainment Literature, in: Heinz-Dietrich Fischer and Stefan Reinhard Melnik (Ed.s), Entertainment. A Cross Cultural Examination, New York 1979, p. 234-246 (Hastings House)

14. Die Funktion der aktuellen Illustrierten, Hamburg o. J. [1980] (Bauer-Verlag)

15. Psychologische und soziologische Aspekte der Werbung der Deutschen Bundespost, in: Jürgen Hesse und Helmut Bott (Hrsg.), Beiträge zu einer Betriebswirtschaftslehre der Deutschen Bundespost, Heidelberg 1983, S. 155-184 (R. v. Decker's Verlag G. Schenk)

16. Deutsche Bundespost. 500 Jahre Posthorn. Historischer Ursprung, hoheitliche Funktion, postalische Symbole, Bonn 1990 (= Nr. 45)

17. Wege zu einer neuen Marktsegmentierung. (IFAWISO Working Paper 03/94, ISSN 0946-1035), Dieburg 1995

18. Wertewandel – Werbewandel, in: Frank Dulisch und Hans-Ludwig Schmahl (Hrsg.), Wertewandel und Werbevermittlung, Brühl/ Rheinland 1996 (– Schriftenreihe der Fachhochschule des Bundes für öffentliche Verwaltung Bd. 26)

19. Ältere im Schatten der Werbung? Eine Literaturstudie zur Seniorendarstellung in der Werbung, Berlin 1997 (Berlin Verlag Arno Spitz)

20. Neuere Ansätze zur psychosozialen Ansprache von Kunden - eine Einführung in die Werbepsychologie, in: Jürgen Hesse und Peter Kaupp (Hrsg.), Kundenkommunikation und Kundenbindung. Neue Ansätze zum Dialog im Marketing,

2.2. Beiträge in Zeitschriften und Zeitungen

1. Johann Gottlieb Fichte, *„Reden an die Französische Nation"*?, in: Geschichte in Wissenschaft und Unterricht, Jg. 13, 1963, Heft12, S. 787-790

2. Johann Gottlieb Fichte und die Mainzer Zentralschule, in: Jahrbuch der Vereinigung *„Freunde der Universität Mainz"*, Bd. 12, 1963, S. 26-38

3. *„Der Osten"* – eine kulturelle Einheit?, in: Jahrbuch der Vereinigung *„Freunde der Universität Mainz",* Bd. 13, 1964, S. 91-102

4. Das Judentum in der universalhistorischen Lehre Arnold J. Toynbees, in: Saeculum. Jahrbuch für Universalgeschichte, Bd. 17, 1966, Heft 3-4, S. 223-276

5. Toynbee and the Jews, in: The Wiener Library Bulletin, Winter 1966/67, vol. XXI, No. 2, N. S., pp 21-28

6. Das Institut für Vergleichende Kulturwissenschaft an der Johannes-Gutenberg-Universität Mainz, in: Jahrbuch der Vereinigung „Freunde der Universität Mainz", Bd. 16, 1967, S. 72-81

7. Medizinische Assistenten haben am wenigsten Zeit für eigene wissenschaftliche Arbeiten, in: Die Welt, 14./15. Mai 1969, S. 13

8. Der „Dritte Stand" an den Hochschulen. Ergebnisse einer Umfrage unter wissenschaftlichen Assistenten, in: Rheinischer Merkur, 30. Mai 1969, S. 4

9. Soziologen in Überfluß?, in: Frankfurter Allgemeine Zeitung, 7. Februar 1969, S. 17

10. Das Dilemma der Soziologen. Schlechte Berufsaussichten, schwieriger Weg von der Theorie zur Praxis, in: Rheinischer Merkur, 13. Juni 1969, S. 26

11. Utopie als Aktion, Instrument einer kritischen Gesellschaftstheorie, in: Christ und Welt, 14. März 1969 (= Rezension von Arnhelm Neusüß (Hrsg.), Utopie, Begriff und Phänomen des Utopischen, Soziologische Texte Bd. 44, Neuwied 1968)

12. Ein neues Utopie-Verständnis?, in: Archiv für Rechts- und Sozialphilosophie, Bd. 55, 1969, Heft 2, S. 249-258

13. Gustave A. de Cocq, Citizen Partizipation: Doomed to Extinction or last Foothold of Democracy?, Leyden 1969, in: Vierteljahrschrift für Wirtschafts- und Sozialgeschichte, Jg. 1971, S. 222-224 (Rezension)

14. Regenbogen-Presse, Maßanzug für Millionen, in: Die Anzeige, 1970, Heft 9, S. 34-38

15. Die Regenbogenpresse, Inhalt – Leserschaft – Wirkung, in: Internationale Zeitschrift für Kommunikationsforschung, 1974, Heft 2, S. 168-187 und Heft 3, S. 321-339

16. Lebenshilfe in Illustrierten und Regenbogenpresse?, in: Aus Politik und Zeitgeschichte, Beilage zur Wochenzeitung „Das Parlament", B 6/74, 9. Februar 1974

17. Lebenshilfe in Illustrierten und Regenbogenpresse?, in: Der neue Vertrieb, 25. Februar 1974 (Auszug aus Nr. 28)

18. Die Regenbogenpresse, Inhalt – Leserschaft – Wirkung, in: Anstöße. Aus der Arbeit der Evangelischen Akademie Hofgeismar, 1974, Heft 4/5, Oktober, S. 118-140

19. Plädoyer für die Unterhaltungsliteratur, in: Börsenblatt für den deutschen Buchhandel, 1975, Heft 40, S. 670-674, Heft 43, S. 723-725, Heft 45, S. 749-752 und Heft 47, S. 777-779

20. Der mißachtete Schmöker. Zur Geschichte und sozialen Funktion der Unterhaltungsliteratur, in: Bertelsmann-Briefe, 1976, Heft 85, Januar, S. 10-27

21. Macht der Schmöker dumm?, in: Bertelsmann-Briefe, 1977, S. 32-37

22. Wer liest denn Schmöker?, in: Archiv für Soziologie und Wirtschaftsfragen des Buchhandels XLVII, Beilage zum Börsenblatt für den Deutschen Buchhandel, Frankfurter Ausgabe, Nr. 99, 7. Dezember 1979, W 1122-W 1135

23. Manipulation durch Werbung? In: Zeitschrift für das Post- und Fernmeldewesen, 1983, Heft 4, S. 22-24

24. Image und Kommunikation. Die Deutsche Bundespost aus der Sicht der Öffentlichkeit, in: Archiv für das Post- und Fernmeldewesen, 1985, Heft 4, S. 301-318

25. Reichweite, Akzeptanz und Erfolg der Zeitschriften als Werbeträger am Beispiel der „*Schreib mal wieder-Kampagne*", in: Archiv für das Post- und Fernmeldewesen 1986, Heft1, S. 1-9

26. Die Einstellung der Bevölkerung zur Deutschen Bundespost 1985, Darstellung und Kritik der Erhebungsmethoden, in: Archiv für das Post- und Fernmeldewesen, 1986, Heft 4, S. 320-323

27. Das Posthorn. Historischer Ursprung, hoheitliche und vermittelnde Funktion eines internationalen Unternehmenssymbols, in: Unterrichtsblätter der Deutschen Bundespost, Ausgabe B Fernmeldewesen, 1987, Heft 1, S. 359-370 (gekürzte Fassung von Nr. 44)

28. Post und Postler im Nationalsozialismus, in: Der Verwaltungswirt, 1988, Heft 2, S. 14-17

29. 500 Jahre Posthorn. Historischer Ursprung, hoheitliche und kommunikative Funktion postalischer Symbole, in: Archiv für das Post- und Fernmeldewesen, 1988, Heft 3, S. 193-224 (= Nr. 16)

30. „Human Relations" bei der DBP, in ihrer Bedeutung unterschätzt. Ein Stiefkind des Marketing?, in: Der Verwaltungswirt, 1989, Heft 1, S. 2-7

31. 500 Jahre deutsche Post. Neue Literatur zur deutschen Postgeschichte, in: Der Verwaltungswirt, 1989, Nr. 3, S. 9-15 (Sammelbesprechung)

32. Wolfgang Lotz (Hrsg.), Deutsche Postgeschichte, Berlin 1989, Rezension in: Archiv für das Post- und Fernmeldewesen, 1989, Heft 4, S. 465-467

33. Der Einfluß der neuen Medien auf die unmittelbare persönliche Kommunikation, in: Der Verwaltungswirt, 1989, Heft 5, S. 33-37, und Heft 6, S. 9-14

34. Neue Medien – neue Gesprächsfeindlichkeit? Die Auswirkungen der neuen Informations- und Kommunikationstechniken auf die unmittelbare persönliche (face-to-face-) Kommunikation, in: Archiv für das Post- und Fernmeldewesen, 1989, Heft 4, S. 370-408

35. Post für den Kaiser, in: Verbindungen. Das Magazin zum Postjubiläum, hrsg. vom Bundesminister für Post- und Telekommunikation, Bonn 1990, S. 18-20

36. 500 Jahre Posthorn. Historischer Ursprung, hoheitliche und kommunikative Funktion eines internationalen Unternehmenssymbols, in: Unterrichtsblätter Postwesen, 1990, Heft 8, S. 35-40, und Heft 9, S. 19-26

37. Glaser/Werner, Die Post in ihrer Zeit, Heidelberg 1990, Rezension in: Der Verwaltungswirt, 1990, Heft 5, S. 39

38. Die Zwölf-Stunden-Schicht, in: Industriegewerkschaft Chemie-Papier-Keramik VB Tarifpolitik-Humanisierung (Hrsg.), Vollkontinuierliche Schichtarbeit und Arbeitszeitverkürzung. Betriebliche und tarifliche Gestaltungsmöglichkeiten. 5.-7. Dezember 1990, Tagungsbericht, Hannover, S. 107-116

39. Publikationen zum 500jährigen Bestehen der Deutschen Bundespost, in: Archiv für das Post- und Fernmeldewesen, 1991, Heft 1, S. 137-139 (Sammelbesprechung, Fortsetzung von Nr. 47)

40. Kontrovers diskutiert: Die Zwölf-Stunden-Schicht. Das Schichtmodell der Zukunft?, in: Leistung und Lohn, Nr. 241-243, August 1991

41. 500 Jahre Post – Ein Rückblick auf das Jubiläumsjahr 1990, in: Archiv für das Post- und Fernmeldewesen, 1991, Heft 3, S. 332-342

42. Werbung und Manipulation, in: Zeitschrift für Post und Telekommunikation ZPT, 1991, Heft 12, S. 44-49

43. Werbung im Wandel, in: Der Verwaltungswirt, 1993, Heft 6, S. 23-29, und 1994, Heft 1, S. 9-14

44. Die Aktualität Lorenz von Steins, in: Staatswissenschaften und Staatspraxis, 1993, Heft 4, S. 728-742

45. Wertewandel – Werbewandel, in: Betrieb & Management, 1996, Heft 4, S. 8-16, und Heft 5

46. Senioren als Zielgruppe der Werbung, in: Meyer-Hentschel: Management-Consulting (Hrsg.), Handbuch Senioren-Marketing. Erfolgsstudien aus der Praxis, Frankfurt am Main 2000, S.171-215